Internationale Bibliothek
Band 79

Kritischer Rationalismus und Sozialdemokratie

Herausgegeben von Georg Lührs, Thilo Sarrazin, Frithjof Spreer und Manfred Tietzel

Mit einem Vorwort von Helmut Schmidt

Verlag J. H. W. Dietz Nachf. GmbH
Berlin · Bonn-Bad Godesberg

2. Auflage 1975
ISBN 3-8012-1079-0

Berlin · Bonn-Bad Godesberg
53 Bonn-Bad Godesberg 1, Kölner Straße 149

Umschlag: Die Arbeitsgemeinschaft Uwe Loesch, Düsseldorf
Herstellung: Göttinger Druckerei- und Verlagsgesellschaft mbH
Printed in Germany 1975

Inhalt

Helmut Schmidt

Vorwort

Rationalität des Handelns war immer notwendig. Sie ist heute, in einer Welt, in der unbedachte Folgen unserer Handlungen die größte Bedrohung unserer künftigen Existenz darstellen, so notwendig wie je. So schreibt der Oxford-Philosoph und Labour-Parlamentarier *Bryan Magee* zu Recht in seinem Buch „Die Demokratische Revolution", die größte Bedrohung des menschlichen Überlebens bestehe in der ideologischen Trägheit, in der Tendenz der Ideen, auch dann noch weiterzubestehen, wenn sich die Tatsachen in einem Maße geändert hätten, das eine Anwendung dieser Ideen ausschließe. *Konservatismus sei ideologische Trägheit als Lebensstil.*

Politische Rationalität geht von dem Werturteil aus, die Gestaltung der sozialen und politischen Umwelt nach eigenem Willen sei besser, als sich den bestehenden Verhältnissen zu unterwerfen oder dem Zufall auszuliefern. Deshalb ist *„Kritischer Rationalismus und Sozialdemokratie"* ein Thema, das Interesse verdient. Im angelsächsischen Raum gibt es hierzu eine breite Diskussion und eine umfangreiche Literatur.

Dies Thema ist also nicht neu, aber es jetzt in der deutschen Gesellschaftspolitik zur Diskussion stellen, heißt eine Lücke ausfüllen. Ich freue mich, daß die Herausgeber diese politisch-wissenschaftliche Marktlücke gespürt und das Thema für die Bundesrepublik aufgegriffen haben. Ich selbst habe mich, allerdings mehr am Rande, mit einigen Gedanken des kritischen Rationalismus und vornehmlich mit *Popper* beschäftigt. In meiner Einführung zum ersten Entwurf eines ökonomisch-politischen Orientierungsrahmens für die Jahre 1973–1985 schrieb ich, auf das Beispiel der Umweltgestaltung und des Umweltschutzes bezogen: „Der Entwurfstext mag manchem sehr technokratisch vorkommen; doch ihm sei gesagt, daß es *die* große Reform, *den* einzig-großen Wurf nicht gibt. Auch in ganz anderen gesellschaftlichen Systemen sind die Probleme der an der Lebensqualität zu messenden Gestaltung von Städten und ländlichen Räumen äußerst komplex. Hieran zu arbeiten, bedeutet deshalb: systematisch und schrittweise viele einzelne Gesetze und Vorschriften zu ändern, Einzelprobleme anzupacken und zu lösen, die Veränderung eben ‚Stück für Stück' in konkreten Reformschritten herbeizuführen (‚piecemeal social engineering' – wie Karl Popper sagt)."

Damit war gleichzeitig, wenn auch recht beiläufig, die Ablehnung der zeitweilig beliebten Unterscheidung zwischen „system-stabilisierenden" und „system-verändernden" Reformen gemeint. Jede Reform ist ex definitione eine Veränderung des Bestehenden, jede gesellschaftliche Reform verändert die betroffene Gesellschaft und damit ihr „System". Offenbar soll mit dem (zur Tautologie führenden) Adjektiv „system-verändernd" eine solche Reform gekennzeichnet werden, von der unterstellt oder erhofft wird, sie würde die betroffene Gesellschaft in einem einzigen Schritt in einem oder mehreren ihrer bisherigen Grundzüge verändern. Ich halte dergleichen weder für wünschenswert, weil die Risiken des Fehlschlags und der negativen Auswirkungen für Millionen von Menschen dabei nicht kalkuliert und nicht limitiert werden können. Noch halte ich eine solche, in einem Schritte den Grund verändernde Reform im demokratischen Verfassungsstaat für möglich; in unserem Staate stünden dem z. T. die Grundrechte und die Staatsziel-Postulate des Grundgesetzes entgegen, vor allem aber dessen Verfahrensregeln für Verfassungs- und Gesetzgebung.
Totale Utopien können zur totalitären Gewaltanwendung verleiten. „Offene", d. h. demokratische Gesellschaften (oder modisch: pluralistische Gesellschaften) sind mit den politischen Maximen einer totalen Utopie oder Handlungsanweisung zur Verwirklichung eines total anderen gesellschaftlichen Systems nicht vereinbar. Eine demokratische, eine offene Gesellschaft pervertiert nur zu leicht zum geschlossenen, totalitären Staat, wenn zugunsten eines abstrakten Ideals die Pluralität der politischen Zielsetzungen selbst aufgegeben wird. Wenn man unseren Staat davor bewahren will, so bleibt der Politiker angewiesen auf eine dergestalt schrittweise Veränderung, daß jedem einzelnen Schritt ein dafür ausreichender Konsensus (und das heißt: Kompromiß!) vorausgeht. Nur dies kann der Demokrat eine *rationale* Art der Politik nennen.
Das Konsensus- und Kompromißgebot demokratischer Verfassungen führt im praktischen Ergebnis zu Verlusten an Stringenz und Konsequenz des politischen Handelns. Dieser Verlust muß vom Demokraten in Kauf genommen werden; er kann relativ umso kleiner gemacht werden, je begrenzter und je konkreter der jeweilig zu beschließende Schritt geplant ist, mit anderen Worten: je deutlicher die zu erwartenden Wirkungen und Nebenwirkungen, Vorteile und Nachteile, Begünstigungen und Benachteiligungen im Vorwege erkennbar sind. Der Wähler wird allerdings häufig genug seine eigene Entscheidung und seine Kontrolle der Politiker oder der politischen Parteien, die Reform-Schritte vorschlagen, nur teilweise kritisch-rational und nur im teilweisen Besitz der jeweils möglichen Information über die vorhersehbaren Folgen des geplanten Schrittes treffen und ausüben; die ihn beeinflussenden Politiker, Parteien und deren Medien müssen es ja geradezu darauf anlegen, die positiven Folgen ihrer eigenen Entwürfe und die nega-

tiven Folgen der Entwürfe ihrer politischen Opponenten einseitig hervorzuheben. Der Wähler wird durch die politisch gewollte Einseitigkeit der Information und durch die ungewollte Vermischung von theoretischen Schlüssen mit Werturteilen (und ebenso durch die Tarnung von Werturteilen und von Zielsetzungen) zusätzlich irregeführt. Der Wähler trifft Tendenz-Entscheidungen, weil Einzelentscheidung in voller Kenntnis ihrer Voraussetzungen ihm kaum möglich ist. Der demokratische Politiker wird diesen unvermeidlichen Mangel demokratischer Entscheidungsprozesse prinzipiell in Kauf zu nehmen haben; aber er wird sich auch moralisch verpflichtet wissen, so weit wie möglich dem wählenden Bürger eines demokratischen Staates zur Transparenz des zu entscheidenden Gegenstandes zu verhelfen. Auch aus diesem Grunde ist die schrittweise Reform der Gesellschaft die der Demokratie angemessene Reform. *Bernstein* war nicht nur intellektuell redlicher als *Kautsky* (und – in diesem Punkte – auch als *Bebel*) – sondern er war auch viel mehr Demokrat als *Marx*.

Es ist nicht nur die bei manchen Marxisten (aller Provenienzen) zu beobachtende fatale Neigung zur Freund-Feind-Kategorisierung, zum totalen Alternativdenken, die sie zur Ablehnung des „piecemeal social engineering" führen kann; es ist darüber hinaus die Geringschätzung für ein politisches Handeln, das sich nicht an einem umfassenden Endkonzept, an einer einzigen gesellschaftlichen Gesamtzielsetzung orientiert. So kann es dazu kommen, daß schrittweise Reform, welche Schritte nach dem jeweils Möglichen („Machbaren") bemißt, als „Pragmatismus" denunziert wird. Dabei wird nicht an jene Pragmatismus genannte amerikanische philosophische Denkschule von *Peirce* bis *Dewey* gedacht; der Vorwurf des „bloßen Pragmatismus" meint vielmehr eine „theorielose" Durchwurstelei ohne klare Zielsetzung; er will insinuieren, der als „bloßer Pragmatiker" kritisierte Politiker sei, weil nicht von einer umfassenden (und allein richtigen!) Theorie geleitet, in Wahrheit ein Opportunist, der infolgedessen keineswegs zum Endziel führen könne – auch wenn er (was dann widerwillig zugegeben wird) im Einzelfall die Mehrung oder die Bewahrung des allgemeinen Wohlstands der Arbeitnehmerschaft bewirke. Mit solcher Klassifizierung wird – ohne daß dies bewußt ist – der überwiegende Teil der – in der bislang noch relativ kurzen Geschichte der Demokratie – von Demokraten geleisteten Arbeit (vom angelsächsischen oder skandinavischen Parlamentarismus bis zu den deutschen Gewerkschaften) abqualifiziert – einschließlich der gegenwärtig tätigen „Pragmatiker" der deutschen Sozialdemokratie. Die Betroffenen allerdings werden solche „anti-pragmatische" Polemik ertragen können.

An dieser Stelle liegt mir nur daran, den heutigen Begriff des Pragmatischen, im wesentlichen von *Kant* vorgeformt, vor Verdrehung, Verunglimpfung und vor Mißverständnissen bewahren zu helfen. Dabei bekenne ich mich gern als Pragmatiker – wenngleich keineswegs als „theorieloser" Pragmatiker.

Es gibt – entgegen landläufiger Fehlinformation – bei *Kant* keinen absoluten Gegensatz zwischen pragmatischer Vernunft und sittlicher Pflicht –, etwa in dem Sinne, daß das eine das andere ausschlösse. Ganz im Gegenteil! Zwar kann zwischen pragmatischem Denken und sittlicher Pflicht ein Gegensatz aufbrechen, zumal *Kant* das erstere zunächst als moralisch wertfrei darstellt. *Kant* spricht aber auch von der moralischen „Pflicht", auf die Wohlfahrt anderer Menschen hinzuwirken und deren (erlaubte) Zwecke zu den eigenen zu machen; wobei den anderen Menschen „selbst zu beurteilen überlassen" bleibe, was sie zu ihrer Wohlfahrt zählen mögen. (Metaphysik der Sitten, 1797). Und an anderer, früherer Stelle: „Pragmatisch" bedeutet „zur Wohlfahrt gehörig"; z. B. Gesetzgebungen seien pragmatisch, die „aus der Vorsorge für die allgemeine Wohlfahrt fließen" (Grundlegung zur Metaphysik der Sitten, 1785). „Pragmatisch ist eine Geschichte abgefaßt, wenn sie klug macht, d. h. die Welt belehrt, wie sie ihren Vorteil besser ... als die Vorwelt besorgen könne" (ebenda); pragmatisch bedeutet hier also: lehrreich für konkretes Handeln. Freilich darf nach *Kant* der pragmatisch handelnde Politiker nicht das Sittengesetz, den kategorischen Imperativ, verletzen. Moralischer Politiker ist nur derjenige, der die pragmatischen Prinzipien der allgemeinen Wohlfahrt in Übereinstimmung mit den Geboten der Moral anwendet. Er bedarf also der moralischen Legimitation (wovon für den Demokraten die verfassungsrechtliche Legimitation nur ein kleiner, allerdings wichtiger Ausschnitt ist).

Ich habe diese und andere Gedanken *Kants* gelegentlich für mich so zusammengefaßt: Politik ist pragmatisches Handeln zu sittlichen Zwecken; und an anderer Stelle: Politik ist die Anwendung feststehender sittlicher Grundsätze auf wechselnde Situationen (am 21. 5. 74 habe ich in einer improvisierten Debattenrede im Bundestag gesagt, *Kant* nenne pragmatisches Handeln jenes Handeln, das sittlichen Zwecken dient. Dies war nicht gerade wörtlich zitiert – wenngleich Kröners philosophischem Wörterbuch entnommen – es hat mir seitens einiger Fachphilosophen Kritik, aber auch prinzipielle Zustimmung eingetragen).

Politisches Handeln ist keineswegs allein aus der Sittenlehre oder Ethik zu begründen, ebenso wenig wie umgekehrt allein aus der theoretischen Vorhersicht eines unvermeidlichen Ablaufes der gesellschaftlichen Entwicklung. Vielmehr hat *Max Weber* recht: Der Politiker hat „für die (voraussehbaren) Folgen seines Handelns aufzukommen" (vgl. *Max Weber*, Politik als Beruf). Ich habe dazu für mich vor fünfzehn Jahren diese Konsequenz gezogen: „Die Frage nach den Folgen, die der politisch Handelnde sittlich zu verantworten hat, reißt allerdings das ganze Feld der Fragen nach den ethisch gerechtfertigten Zwecken, nach den zweckmäßigen Mitteln, nach den unvermeidlichen Nebenwirkungen und nach dem Zusammenhang von Zwecken, Nebenwirkungen und Mitteln auf – und damit ist des Fragens noch kein

Ende. Mit einem Wort: wer als Politiker ... entscheidet, muß sich bei der Kalkulation der erstrebten wie der abgelehnten Folgen zunächst der ... Analyse bedienen, um erst anschließend die damit klargestellten Ziele, Mittel und Nebenwirkungen ethisch bewerten und gegeneinander abwägen zu können" (Helmut Schmidt, Verteidigung oder Vergeltung). Die vorweggehende theoretische Analyse ist unverzichtbar, sie kann aber den Politiker vor der Notwendigkeit zu ethisch begründeten eigenen Werturteilen nicht bewahren; mit anderen Worten: Der Politiker muß – ehe er handelt – prüfen, wieweit seine moralische Legimitation reicht, um die Folgen seines Handelns verantworten zu können.

Ich habe mit Zustimmung registriert, daß die Herausgeber dieses Sammelbandes am Anfang ihrer Einführung auf *Kant* – diesen kritischen, nüchternen, im positiven Sinne preußischen, was hier heißen soll: an der Pflicht orientierten Philosophen – verweisen und auf das für Sozialdemokraten historisch bedeutsame Thema *Marx* und *Kant*. *Kant*s Nüchternheit und Klarheit im Denken wird heute von den kritischen Rationalisten geteilt, denen ich unter Sozialdemokraten interessierte Leser wünsche.

Man wird von einem, der an Verantwortung für Staat und Partei schon genug trägt, nicht erwarten, daß er sich außerdem den politischen Schulmeister in Sachen Philosophie antragen läßt. Ich nehme die Aufforderung des Godesberger Programms ernst, daß unsere Partei keine letzten Wahrheiten verkünden will; und auch die andere, daß nicht geistige Herkunft und Motiv, Sozialdemokrat zu sein, zählen, sondern die praktischen Ziele, die in dieser Partei und mit dieser Partei durchgesetzt werden sollen. Das bedeutet nicht, daß nicht Sozialdemokraten je für sich ihren theoretischen Standort und ihren moralischen Standort suchen müssen. Daß dabei der erkenntnistheoretische Standpunkt, an dem jeder – sich dessen bewußt oder nicht– festmacht, eine zentrale Rolle spielt, ist unabweislich. Niemand kann rational handeln, wenn er keine Gedanken auf die Umstände und Bedingungen des Handelns verwendet und keine Vorstellungen von den Folgen seines Tuns hat. Einordnung der eigenen Handlungen in diesen Rahmen erfordert Vorstellungen, vielleicht auch nur Vermutungen, von den Gesetzmäßigkeiten der Wirklichkeit. Die Summe dieser Vorstellungen ist wohl das, was im weiteren Sinn mit Theorie gemeint sein sollte, wenn etwa von einem „Theorie-Defizit" geredet wird. Theoretische Fragen in diesem Sinne sind dann allerdings keine Fragen, die mit Mehrheit einfach zu entscheiden sind; deshalb haben Gremien, in denen Argumente letztlich nach der Zahl der abgegebenen Stimmzettel gewogen werden, nur recht begrenzte Kompetenz zur Entscheidung „theoretischer" Fragen.

Auch wenn die konkrete Politik mit der praktischen Lösung konkreter Fragen zu tun hat, so gehören Praxis und Theorie doch zusammen: zwischen Geschichte und Erfahrung, Idee, Programm und Tat besteht Interdependenz. Die Einheit von Theorie und Praxis muß aus zwei Gründen gefordert werden. Erstens aus dem Grundsatz der Wahrhaftigkeit und zweitens aus dem Grundsatz der Rationalität des Handelns. Ich möchte dabei der verbreiteten These, daß eine Theorie mehrheitsfähig sein müsse, widersprechen. Diese These würde die Einführung des grundsätzlichen Opportunismus in die Wissenschaft bedeuten; nicht mehrheitsfähig muß eine Theorie sein, sondern richtig. Und wenn meine Handlungen, die aus theoretischen Überlegungen abgeleitet sind, oder wenn meine Theorien in der Wirklichkeit scheitern, so muß ich prüfen, ob und wieweit meine theoretischen Überlegungen richtig oder falsch waren. Hier liegt das Kriterium für den Unterschied zwischen Dogmatismus und kritischer Haltung. Bei allem Respekt vor unserer frühen Parteigeschichte kann nicht oft genug betont werden, daß es für die deutsche Sozialdemokratie und für ihre Leistung zugunsten der ersten deutschen Demokratie der Weimarer Zeit ein Verhängnis war, vorher zwei Jahrzehnte lang „mit *Kautsky* zu theoretisieren und mit *Bernstein* zu handeln", wie ich das einmal genannt habe. Was mich an manchen – oft selbst ernannten – Theoretikern stört, ist, daß sie versuchen, ihre Theorien anderen vorzuschreiben, statt sie kritisch an der Wirklichkeit zu überprüfen. Gesellschaftliche und insbesondere ökonomische Theorie bedarf fortgesetzt der empirischen Überprüfung.

Allerdings bin ich bereit zuzugeben, daß sich der Politiker – anders als der Philosoph – in einem Dilemma befindet, nämlich für neue Ideen zu werben und gleichzeitig den eigenen Ideen kritisch gegenüber zu stehen. Er muß sich immer fragen: Lassen sich meine Vorstellungen für eine gerechte Gestaltung unserer Gesellschaft verwirklichen? Oder bestehen dagegen Hindernisse – etwa weil die Interessen des Statuts quo so mächtig sind oder weil die Denkgewohnheiten der Wähler nicht oder noch nicht zu überwinden sind; oder liegt es daran, daß unsere theoretischen Vorstellungen über menschliches Gruppenverhalten falsch sind; unterliege ich inneren Widersprüchen oder widerspricht mir die tatsächliche Erfahrung? Das ist oft schwer zu beantworten; es macht auch den Streit um die Beurteilung von gesellschaftlichen Fakten, die eine Theorie widerlegen können, so schwierig.

Wir haben in der Gesellschaftspolitik eben keine abgegrenzten klaren experimentellen Situationen, wie es etwa bei Lichtbeugung durch die Masse der Sonne für die Bewährung der Einsteinschen Theorie der Fall war. Was uns bleibt, ist deshalb nur der Kampf der Argumente und die Vermutung, daß dort die besten Lösungen gefunden werden, wo sich die Argumente am freiesten bewegen können. Diese Freiheit müssen wir schützen, auch und gerade institutionell, damit sich die Freiheiten nicht selbst aufheben. Und unsere Hoffnung kann nur bleiben, daß die pluralistische Gesellschaft mit verfassungsrechtlichen und institutionellen Sicherungen für die Freiheit der Argumentation nicht nur die am wenigsten repressive Gesellschaftsform ist, sondern, daß sie auch diejenige ist, in der sich letztlich die Vernunft am ehesten durchsetzt, weil Theorien und aus Erfahrung gewonnenes Wissen in ihr dem härtesten Test der Argumente ausgesetzt sind.

Wer freilich von dem Anspruch beseelt ist, das, was sein soll, zwingend aus seiner theoretischen Erklärung dessen abgeleitet zu haben, was ist, der wird es schwer haben; ja, er wird es vielleicht unmöglich, weil verboten finden, seine Soll-Sätze zu revidieren. Hier liegt eine der großen inneren Gefährdungen des Marxismus. Im Bewußtsein, „wissenschaftlich" den unvermeidlichen Verlauf der gesellschaftlichen Entwicklung auf den Sozialismus hin vorherzusehen, und durchdrungen von der Pflicht, dieser Entwicklung dienen zu sollen, gehen in vielen Ländern immer neue Generationen von Marxisten an die sich immer schwieriger stellende Aufgabe, Prophezeiungen *Marx*ens, die nicht eingetroffen, ja geradezu von der seit ihrer Verkündung stattgefundenen Geschichte falsifiziert worden sind, durch immer neue Hilfskonstruktionen aufrechtzuerhalten. Ob sie dem großen *Marx* damit wirklich dienen, war mir immer zweifelhaft; denn für das Verständnis anderer wird damit zugleich die Glaubwürdigkeit jener bedeutenden Erkenntnisse herabgesetzt, um die *Marx* unser philosophisches, soziologisches und ökonomisches Wissen bereichert hat.

Umfassende Versuche, den Verlauf der menschlichen Geschichte aus einer einzigen Perspektive heraus durch ein einziges „Bewegungsgesetz" zu erklären und aufgrund der ihm vermeintlich innewohnenden Prinzipien auch für die Zukunft vorherzusagen, haben etwas Faszinierendes – von *Marx* bis zu *Spengler* (ja: selbst *Spengler* – etwa „Jahre der Entscheidung", zu Beginn der Nazi-Ära gelesen –, konnte Erhellung über die wahrscheinliche Entwicklung auslösen, die *Hitler* bewirken würde). Aber man darf sich davon nicht allzu sehr gefangen nehmen lassen, sondern muß die Wirklichkeit befragen und an ihr die Theorie überprüfen. Kritische Vernunft darf sich nicht bloß auf den Gegner und dessen Argument richten.

Die dialektische Methode, als heuristische Methode, und nicht der dialektische Materialismus als Weltanschauung, kann dem kritischen Urteil sehr wohl nützlich sein und zum Ausscheiden des als falsch Erkannten führen. Allerdings: die Vorstellung, daß aus einer These notwendig die Antithese und aus den Bestandteilen beider eine Synthese folge, halte ich sowohl in der Logik als auch hinsichtlich der tatsächlichen Entwicklung organischen und gesellschaftlichen Lebens für eine bisweilen gefährliche Irreführung. Desgleichen ist die Vorstellung vom „Grundwiderspruch", dem wir ausgesetzt seien, oder von der Selbstentfremdung des Menschen, die beide „aufgehoben" werden können, ebenso falsch wie gefährlich; es handelt sich um Chiliasmus im Gewande von Wissenschaftlichkeit. Die Heilsgewißheit des Leninismus oder des Maoismus entspringt von daher – ebenso wie die Bereitschaft, demjenigen gegenüber Gewalt zu gebrauchen, der nicht willig ist.

Kritisch-rationales Denken kann die Notwendigkeiten oder die Neigungen des Menschen zur Transzendenz *inhaltlich* nicht bestimmen und befriedigen. Es muß vielmehr der Transzendenz Raum lassen und darf die Tür zum Raum des Glaubens nicht vermauern. Wer die menschliche Notwendigkeit zur Transzendenz leugnet, kann für das moralische Scheitern anderer (und seiner selbst) verantwortlich werden. Kritische Rationalität kann aber unsere Hoffnungen und Erwartungen sehr wohl kontrollieren, ihre Stringenz, Konsistenz und ihre Implikationen überprüfen. Sie öffnet den Blick für den Realisierbarkeitsaspekt. Dergestalt hebt sich die moralische Qualität unserer Entscheidungen, da diese eben nicht bloß durch die Werte des Zieles, sondern nur dann sittlich legimitiert werden können, wenn auch die Folgen einbezogen werden.

Mit Recht hatte die alte Arbeiterbewegung den Wahlspruch „Wissen ist Macht“. Der politische Wert einer Theorie besteht in der Dienstleistung, dem politisch Handelnden die tatsächlichen Möglichkeiten zum Handeln und die vorhersehbaren Folgen verschiedener Handlungsweisen aufzuzeigen. Der politisch Handelnde bleibt aber belastet mit einem großen Rest von Ungewißheit. Vor allem aber bleibt er belastet mit der Verantwortung für die Werturteile, die nur sittlich zu begründen sind und auf die hin er letztlich seine alternative Entscheidung trifft. Und er bleibt belastet mit der Verantwortung dafür, in jedem konkreten Fall die Werte gegeneinander abzuwägen, die auf dem Spiele stehen. Keine „Theorie“ kann ihm das Werturteil abnehmen.

Marxens grandiose Erkenntnis, nach der das Sein das Bewußtsein bestimmt, ist zu einer ungeheuren Hilfe für uns alle geraten. Jedoch: eine Handlungsanweisung liegt darin nicht. *Marx* war in seinem wissenschaftlichen Werk insgesamt von größter Zurückhaltung, was Handlungsanweisungen betrifft. Der Marxist, der politisch handeln will, ist darin auf sich selbst angewiesen (oder auf andere Ratgeber als *Marx*). Dies ist kein wirkliches Dilemma; denn schließlich muß jedermann auf der Welt sein Handeln selbst verantworten. Es kann gleichwohl für denjenigen ein Dilemma werden, der bis zum Zeitpunkt seines eigenen Handelns geglaubt hatte, innerhalb seiner „marxistischen“ Theorie eine vollständige Handlungsanweisung zu besitzen. Hier erklärt sich zum Teil die beklagenswerte Beschränktheit des Handlungswillens und des eigenen geistigen Handlungsspielraumes der Weimarer Sozialdemokratie 1918/1919 und später.

Hier erklärt sich aber auch die Neigung einiger junger Sozialisten, lieber in der Opposition zu verharren (oder im Parlament ihre eigene Partei in die Opposition zurückkehren zu sehen), als selbst durch konkrete Handlung Staat, Gesellschaft und Wirtschaft zu gestalten; denn in der konkreten (noch dazu parlamentarisch, d. h. kompromißweise auszuübenden) Praxis des Ratsherrn, des Gesetzgebers oder des Staatsmannes stellt sich heraus – für manche wohltätigerweise ernüchternd, für andere leider „frustrierend" – wie begrenzt die Hilfe der „Theorie" nur sein kann, wie hart im Raum aber sich die Sachen stoßen.

Ich bin kein Marxist; ich bin ebensowenig ein Anhänger des kritischen Rationalismus. Jedoch empfehle ich, *Marx* zu lesen, ebenso *Popper* (wobei man sich an dessen Polemik nicht allzusehr stören sollte; *Marx* war als Polemiker auch ganz schön saftig); und viele andere – *Kant* bitte nicht zu vergessen (und auch nicht dessen Schrift „Zum ewigen Frieden"!). Denn: eine „Hauptursache philosophischer Krankheiten ist einseitige Diät" (*Wittgenstein*). Alles, was wir an theoretischer Erkenntnis anderer lesen, haben wir zu prüfen: zum einen an der Wirklichkeit (und an den in ihr gegebenen Möglichkeiten zur Realisierung theoretisch begründeter Programme) und zum anderen am eigenen, immer wieder neu geschärften, moralisch begründeten Werturteil.

Die Überzeugungen des demokratischen Sozialismus fließen nicht aus einer einzigen Theorie; sie fließen aus eigener Erfahrung mit der Wirklichkeit, aus deren Interpretation, letztlich aber aus sittlichem Urteil über das, was – innerhalb des Möglichen – sein soll.

Die letzte sittliche Grundlage seines politischen Handlungswillens mag einer in seiner religiösen Vorstellung vom Sinne des Menschen gefunden haben oder in der Philosophie oder anderswo: sie allein reicht für konkretes politisches Handeln in keinem Falle aus: die geistige (gleich „theoretische") Durchdringung des Möglichen und der Folgen möglichen Handelns gehören ebenso dazu wie eigene Erfahrung und Einübung im eigenen Handeln, d. h. eigene Handlungsfähigkeit i. e. S. des Wortes.

Deshalb ist kritische Grundhaltung demjenigen nötig, der politisch handeln will. Kritische Haltung und der Wunsch, andere zu überzeugen, sind zwei entgegengesetzte Antriebe. Aber kritische Menschen werden – auf diese Hoffnung gründet sich mein Vertrauen in die Demokratie – auf die Dauer nur den kritischen Geist auch überzeugend finden. Deshalb ist ein theoretischer, d. h.: ein kritischer Geist eine notwendige Voraussetzung für eine erfolgreich verändernde, d. h.: fortschrittliche Politik.

Niemals aber dürfen wir vergessen, daß unsere politische Verantwortung für die Existenz und die Wohlfahrt unserer Bürger, für den endlichen Abbau von Privilegien zugunsten einer freien, offenen Gesellschaft, in der jeder seine gleiche Chance im Leben wahrnehmen kann, uns verbietet, in einer Enttäuschungsreaktion aus der Welt der Tatsachen in die Welt der Gedanken zu flüchten. Und diejenigen, die es dennoch leidenschaftlich gern tun, möchte ich bitten: Macht Euch verständlich! oder, um es mit den Maximen des Königsberger Philosophen zu sagen:

„1. Selbst denken.
2. Sich (in der Mitteilung mit Menschen) in die Stelle jedes anderen denken.
3. Jederzeit mit sich selbst einstimmig denken."
(Anthropologie in pragmatischer Hinsicht, 1798).

Zum Schluß: Sich selbst an die Stelle des anderen zu denken, ist eine kardinale Notwendigkeit für politisches Handeln. Wer dies nicht kann oder nicht will, ist für eine friedliche Außenpolitik nicht zu brauchen – ebensowenig für eine demokratische Innenpolitik. Wer die Ziele und die Interessen des anderen nicht ernst nehmen will, der taugt nicht zum Kompromiß. Wer zum Kompromiß nicht taugt, kann den Frieden nicht bewahren.

Georg Lührs, Thilo Sarrazin,
Frithjof Spreer, Manfred Tietzel

Kritischer Rationalismus und Sozialdemokratie

„Das Feld der Philosophie läßt ...
sich auf folgende Fragen bringen:

1. Was kann ich wissen?
2. Was soll ich tun?
3. Was darf ich hoffen?
4. Was ist der Mensch?“[1]

Kant

Kants Fragen an die Philosophie sind immer noch gültig, und die Antworten sind so umstritten wie je. Noch immer gilt Goethes Wort: „Verwirrende Lehre zu verwirrtem Handeln waltet über der Welt.“ Wir wissen mehr als vor zweihundert Jahren, aber wir wissen immer noch nicht, was wir wissen können. Wir fragen uns täglich neu nach der Richtung unserer Handlungen. Unsere Hoffnungen schwanken, denn nur wenige haben den festen Glauben oder die Heilsgewißheit des unaufhaltsamen historischen Fortschritts; Enttäuschung und Erfüllung halten sich, wenn es gut geht, die Waage. Wir verlangen Selbstbestimmung, und wir kämpfen gegen Entfremdung, doch wir wissen nicht, wer wir sind.
Aber unser Wissen wächst, wir handeln, wir hoffen. Wir haben auch ein Bild von uns, denn sonst könnten wir nicht handeln und hoffen. Unsere Philosophien, unsere theoretischen Vorstellungen mögen unvollkommen sein, aber wir *haben* theoretische Vermutungen über die Folgen unserer Handlungen, wir haben eine „Philosophie“, und diese – mag sie gut oder schlecht, falsch oder richtig sein – prägt unsere Handlungen. Hier treffen sich Philosophie und Politik[2].

---

1 *Immanuel Kant:* Vorlesungen Kants über Logik, in: Gesammelte Schriften, hrsg. von der Preußischen Akademie der Wissenschaften, Berlin 1902–1941, Bd. Iff, S. 25.

2 Vgl. Die Ausführungen *K. R. Poppers* in *B. Magee:* Kritischer Rationalismus. Eine Unterhaltung mit Karl Popper, in diesem Band, S. 55 ff.

Deshalb stehen die Fragen der Erkenntnis „Was kann ich wissen?" und die Fragen nach unseren Handlungsmaximen „Was soll ich tun?" völlig zu Recht im Zentrum sozialdemokratischer „*Theoriediskussion*" – eine Diskussion, welche – so alt wie die deutsche Arbeiterbewegung – viele Jahrzehnte durch die Gedanken *Kants* stark befruchtet wurde. Allerdings wurde diese Quelle immer wieder verschüttet durch marxistische Ansätze oder durch einen theoretischen Pragmatismus, der sich der eigenen „Philosophie" nicht immer hinreichend bewußt war. *Kant* war als Philosoph der Aufklärung – in *Kants* Worten „die Maxime, jederzeit selbst zu denken"[3] – Rationalist; er glaubte, daß menschlicher Fortschritt, die Befreiung „aus selbstverschuldeter Unmündigkeit"[4], durch rationale Auseinandersetzung möglich sei, daß der Probierstein des philosophisch Richtigen die gemeinschaftliche Menschenvernunft sei[5]. Gleichzeitig zeigte er die Unmöglichkeit auf, auf rein spekulative Weise, nur mit Hilfe der „reinen Vernunft", ohne Rückgriff auf die Erfahrung, Erscheinungen der Wirklichkeit zu erklären; hierauf zielte sein Werk „Kritik der reinen Vernunft"[6].

Im Glauben an die Fähigkeit des Menschen zu kritischer Vernunft und ethischer Selbstbestimmung, in der Kritik einer spekulativen Rationalität, welche nicht an der Erfahrungswirklichkeit kontrolliert wird und deshalb letztlich irrational ist, und in der Erkenntnis, daß es die aktive menschliche Vernunft ist, welche durch ihre Theorien die Welt ordnet, gründet *Kants* Stellung als geistiger Ahne des *kritischen Rationalismus*[7].

Der kritische Rationalismus ist zugleich Erkenntnislehre und *politische Philosophie*. Als Erkenntnislehre gründet er auf dem Prinzip der ständigen kritischen Prüfung und Revision unserer Theorien anhand der Erfahrungswirklichkeit. Der Erkenntnisfortschritt vollzieht sich durch die Ausmerzung von an der Erfahrung gescheiterten, *falsifizierten* Theorien und ihren Ersatz durch neue Theorien. Diesen nie abgeschlossenen, sich ständig neu vollziehenden Prozeß kennzeichnet *Popper* als „die Methode der kühnen Vermutungen und der sinnreichen und ernsthaften Versuche, sie zu widerle-

---

3 *Immanuel Kant:* Was heißt: sich am Denken orientieren, in: Gesammelte Schriften, a. a. O., Bd. VIII, S. 146.

4 Ders.: Beantwortung der Frage: Was ist Aufklärung, in: a. a. O., S. 35.

5 Ders.: Über eine Entdeckung, nach der alle neue Kritik der reinen Vernunft durch eine ältere entbehrlich gemacht werden soll, in: a. a. O., S. 219.

6 Ders.: Kritik der reinen Vernunft, in: a. a. O., Bd. III.

7 Siehe hierzu die Rede *K. R. Poppers* zum hundertfünfzigsten Todestage Kants „Immanuel Kant: Der Philosoph der Aufklärung", abgedruckt in: ders.: Die offene Gesellschaft und ihre Feinde, Band I, Der Zauber Platons, 2. Auflage, Bern und München 1970, S. 9 ff.; sowie ders.: Was ist Dialektik?, abgedruckt im vorliegenden Band, S. 167 ff.

gen"[8]. Diese Methode vereint das Bewußtsein um die Grenzen und die Unsicherheit unserer Erkenntnisse, die immer wieder an der Erfahrung scheitern, mit dem Wissen um unsere Fähigkeit, durch den Entwurf neuer Theorien der Wahrheit näher zu kommen. Sie ist rational, weil sie an die menschliche Vernunft und ihre Erkenntnismöglichkeiten glaubt, und selbstkritisch, weil sie deren Grenzen kennt; sie erhebt die Suche nach Irrtümern und deren Ausmerzung zum methodischen Prinzip. Dieses Prinzip prägt auch den Charakter des kritischen Rationalismus als *politischer Philosophie.* Sie steht politischen Wahrheitsmonopolen und Heilslehren kritisch gegenüber, weil sie um die Grenzen unserer Erkenntnis, um die Allgegenwart des *Irrtums* weiß. Sie sieht deshalb die freie Konkurrenz der Anschauungen in der Demokratie als die einzig *rationale* Form der politischen Auseinandersetzung an. Ein Rationalist in diesem Sinne „ist ein Mensch, der sich bemüht, Entscheidungen durch Argumente herbeizuführen, in gewissen Fällen durch Kompromisse, aber nicht durch Gewalt. Ein Rationalist ist ein Mensch, der lieber erfolglos bleibt bei seinem Versuch, einen anderen durch Argumente zu überzeugen, als erfolgreich darin, ihn durch Gewalt, durch Einschüchterung oder durch Drohung oder auch nur durch propagandistische Überredungskünste zu überwältigen[9]."

Die politische Haltung des kritischen Rationalismus ist mit konservativer Erstarrung wie mit der Flucht in ideologische Systeme und politische Heilslehren gleichermaßen unvereinbar. Die Verbindung zwischen der philosophischen Tradition der Sozialdemokratie und der politischen Philosophie des kritischen Rationalismus wird hergestellt durch das beiden gemeinsame Bekenntnis zur Kritik des Bestehenden als dem Motor des Fortschritts und durch die Verteidigung der Demokratie als der rationalen Form politischer Auseinandersetzung. Kritischer Rationalismus ist der Name für den Geist der Aufklärung in der zweiten Hälfte dieses Jahrhunderts. Er ist deshalb auch keine neue Lehre, die nun geglaubt oder nicht geglaubt werden soll, sondern eine wissenschaftliche Methode und ethisch-politische Haltung in der Tradition der Aufklärung, deren Nutzen darin besteht, „anstatt Wahrheit zu entdecken. . ., Irrtümer zu verhüten"[10].

Die insbesondere durch *Kant* geprägte Tradition der kritischen Vernunft in der theoretischen Diskussion der Sozialdemokratie findet im kritischen Rationalismus ihre folgerichtige Fortsetzung. Dies soll im folgenden zunächst gezeigt werden. Sodann gehen wir auf die methodischen Prinzipien des kritischen Rationalismus näher ein, unternehmen eine Abgrenzung zu

---

8 *K. R. Popper:* Objektive Erkenntnis, Hamburg 1973, S. 95.

9 *K. R. Popper:* Utopie und Gewalt, abgedruckt im vorliegenden Band, S. 303 ff.

10 *Immanuel Kant:* Kritik der reinen Vernunft, a. a. O., Bd. III, S. 517.

wichtigen anderen erkenntnistheoretischen Ansätzen, befassen uns mit den wichtigsten Folgerungen aus dem kritischen Rationalismus für die politische Praxis und setzen uns abschließend mit dem Verhältnis von Wissenschaft und Politik aus der Sicht des kritischen Rationalismus auseinander. Durch wiederholte Querverweise wird hierbei der Bezug zu den einzelnen Beiträgen dieses Sammelbandes hergestellt.

1. Tradition der Kritischen Vernunft

Die lange währende Dominanz marxistischer Theorieansätze in der Sozialdemokratie führte zu einer steten Spannung zwischen „revolutionärer" Theorie und „revisionistischer" Praxis, eine Spannung, welche nicht nur innerhalb der Partei, sondern oft genug in den handelnden Personen selbst auftrat und auch die Grundsatzprogramme der Partei prägte. Die „Revisionisten" betrieben (und betreiben) ihre Politik der stückweisen und allmählichen Reformen oft genug mit einem Anflug „schlechten Gewissens" gegenüber den marxistischen Theoretikern, deren heftigen Angriffen wegen mangelhafter Grundsatztreue sie häufig recht hilflos gegenüberstanden[11].
Auch heute tun viele das Richtige und vertreten es mit schlechtem Gewissen, weil sie fürchten, ihre mangelnde Sympathie für neomarxistischen Soziologenjargon spiegele ein „Theoriedefizit" wider. Andere wundern sich fälschlicherweise darüber, daß durch die Diskrepanz zwischen Sprache und Handeln positive Erwartungen wachgerufen werden, die dann nicht mehr befriedigt werden können, auch nicht durch noch so erfolgreiche Reformpolitik, oder daß Befürchtungen geweckt werden, die nur in radikalen Formulierungen, nicht aber in der praktischen Reformpolitik begründet sind.
Der nüchterne Geist *Kants*, seine oben zitierte Maxime „statt Wahrheit zu entdecken . . ., Irrtümer zu verhindern", hatte zwar in der Sozialdemokratie eine lange Tradition, es war jedoch nur *eine* Tradition neben der marxistischen, und es hat fast 100 Jahre gedauert, bis sich dieser Geist (immer noch gefährdet) im offiziellen Grundsatzprogramm der Partei niederschlagen konnte.
Es soll keine nachträgliche Besserwisserei sein, wenn wir uns im folgenden bemühen, Zeugen aus der Parteigeschichte für die Auseinandersetzung mit den zwei *Kant*schen Grundfragen „Was kann ich wissen?" und „Was soll ich tun?" anzuführen. Wir wollen vielmehr die Kontinuität der kritischen geistigen Haltung und Auseinandersetzung mit der Wissenschaft (auch der

---

11 Solch ein Angriff stellt z. B. *Marx*ens „Kritik des Gothaer Programms" dar, in dem er die aus den Kompromißbemühungen des Programms folgenden Inkonsistenzen erbarmungslos offenlegt.

Naturwissenschaft) in der Partei aufzeigen, eine Kontinuität, die ihre Fortsetzung in der Auseinandersetzung mit dem kritischen Rationalismus findet. In der theoretischen Diskussion zwischen Marxisten und Neukantianern in der Sozialdemokratie stand – mindestens bis zum 1. Weltkrieg – der größere Teil der Partei immer auf Seiten der Marxisten. *Popper*s Hinweis ist sicher richtig, daß die Prophezeihung *Marx*ens den Arbeitern in der Stunde ihres tiefsten Elends und ihrer tiefsten Schmach einen begeisternden Glauben an ihre Mission und an die Zukunft gab, und vielleicht hätte auch „in Europa unter dem Einfluß dieser prophetischen Religion ... ein nicht-kollektivistischer Sozialismus ... entstehen können, wäre da nicht der relativ zufällige Umstand, daß *Marx*ens Autorität die meisten Menschen von sozialtechnologischen Untersuchungen abhielt. Eine gründliche Vorbereitung auf soziales Bauen, eine Vorbereitung auf das Planen der Freiheit vonseiten der russischen Marxisten sowie auch vonseiten der Marxisten in Mitteleuropa hätte vielleicht zu einem Erfolg geführt, der überzeugend gewesen wäre für alle Freunde der offenen Gesellschaft“[12]. Allein es dominierte das prophetische Element von *Marx*ens Credo in den Köpfen seiner Nachfolger und „fegte alle anderen Überlegungen beiseite. Es bannte die Macht kühlen und kritischen Urteils, und es zerstörte den Glauben, daß wir durch Anwendung unserer Vernunft vielleicht die Welt verändern können. Was von der Lehre *Marx*ens übrigblieb, war die orakelnde Philosophie *Hegel*s, die in ihren marxistischen Verkleidungen noch immer den Kampf für die offene Gesellschaft zu lähmen droht“[13].
Die Marxisten in der Partei waren zwar kompromißbereit, soweit es um gemeinsame Aktionen ging, wollten aber über philosophische Fragen gar nicht erst mit sich reden lassen. Hier hielten sie durchweg an der „reinen Lehre“ fest, wie etwa die folgende Äußerung *Franz Mehring*s aus dem Jahre 1899 als Beispiel für viele belegen mag: „... Deshalb darf man aber nicht verkennen, daß von den nachgerade zahlreichen Gruppen der bürgerlichen Ideologie, die eine ernsthafte Verständigung mit dem Sozialismus suchen, die Neukantianer gleichwohl die ernsthaftesten sind ... Sie stehen in allem wesentlichen den sozialdemokratischen Forderungen sehr nahe und können sich nur die ideologische Nebelkappe nicht vom Kopfe reißen. Bis *dahin* (Hervorhebung d. Verf.) ist eine Verständigung zwischen Marxisten und Neukantianern sehr wohl möglich; so wenig wie Wallenstein fragt die

12 *K. R. Popper:* Die offene Gesellschaft und ihre Feinde. Band II. Falsche Propheten. Hegel, Marx und die Folgen, Bern und München, 2. Auflage 1970, S. 241 f.

13 Ders.: Ebenda, S. 242; vgl. auch „Was ist Dialektik?, S. 167 ff. sowie S. 30 ff. in diesem Aufsatz.

Sozialdemokratie nach dem ideologischen Katechismus, wenn sonsten der Mann nur brav und tüchtig ist."

„Allein wie Wallenstein nur deshalb Meßbuch und Bibel in seinem Heere dulden konnte, weil er sich in seine weltliche Kriegsführung schlechterdings nicht von dem geistlichen Hader hineinreden ließ, so kann sich auch die Sozialdemokratie nicht den klaren Himmel ihrer wissenschaftlichen Weltanschauung durch ideologische Wolkenbildung trüben lassen. Insoweit die Neukantianer diesen Anspruch erheben, ist jede Möglichkeit einer Einigung ausgeschlossen . . .[14]."

Die Marxisten erhoben also einen philosophischen *Alleinvertretungsanspruch* (der ja auch logisch aus der marxistischen Lehre folgt), und dies wurde ihnen durch die säkularisierte Heilserwartung ihrer Philosophie, der die Neukantianer mit ihrem Appell an die aufgeklärte kritische Vernunft nichts Vergleichbares entgegensetzen konnten, erleichtert. Einige Neukantianer versuchten *Marx* gerecht zu werden, indem sie die Elemente betonten, die *Marx* mit *Kant* verbanden und von *Hegel* trennten, so schrieb etwa *Ludwig Woltmann*: „Eine tiefere Einsicht in das Wesen und die Geschichte des Marxismus hat mir überdies die Überzeugung aufgedrungen, daß *Marx* und *Kant* in Fragen der wissenschaftlichen Methode einander viel näher stehen als *Marx* und *Hegel*, und daß eine Annäherung der beiden Gedankensysteme viel leichter und folgerichtiger sich vollzieht, als man auf den ersten Eindruck anzunehmen pflegt. Überhaupt bedeutet *Marx'* kritische Stellungnahme zur *Hegel*schen Philosophie im Grund eine Rückkehr zur *Kant*ischen Lehre, ohne daß er sich dieses prinzipiellen Zusammenhanges selbst klar bewußt geworden wäre[15]." *Woltmann* war der Meinung, „daß der Sozialismus an wissenschaftlicher Kraft nur gewinnen kann, wenn er in seinen geistigen Voraussetzungen auf *Kant* zurückgeht"[16]. Hierzu wäre zwar kritisch anzumerken, daß sich der Sozialismus nur noch ethisch, nicht aber „wissenschaftlich" begründen läßt, wenn man einmal von der Geschichtsmetaphysik des historischen Materialismus Abschied genommen hat, die Neukantianer hatten aber recht, wenn sie betonten, daß die großen Leistungen von *Marx* gerade *nicht* unter dem Einfluß von *Hegel* standen. Sie treffen sich hierin mit *Popper*, der seinen Angriff auf *Marx* ausschließlich mit dem Einfluß der *Hegel*schen Geschichtsphilosophie begründet, welche dem Marxismus den Charakter einer historischen Prophezeiung ver-

---

14 *F. Mehring*: Die Neukantianer, in: Die Neue Zeit 18 (1899/1900), S. 33 ff., wiederabgedruckt in: Marxismus und Ethik, Frankfurt 1974, S. 367.
15 *L. Woltmann:* Der historische Materialismus, Düsseldorf 1900, S. 296 f.
16 Ders.: Die Darwinsche Theorie und der Sozialismus, Düsseldorf 1899, S. 33.

lieh – um den Preis, daß die konstruktiven Aufgaben der Veränderung der Gesellschaft vom Marxismus völlig vernachlässigt wurden[17].

Es fehlte gleichwohl auch unter den Marxisten von Anfang an nicht an Versuchen, die *praktische* Politik zu Lasten der historischen Prophezeiung in den Vordergrund zu stellen, wie etwa der Ausspruch *Eduard Bernsteins* zeigt: „Die Sozialdemokratie hat, statt auf den großen Zusammenbruch zu spekulieren, noch auf lange hinaus die Aufgabe, die Arbeiterklasse politisch zu organisieren und für alle Reformen im Staate zu kämpfen, welche geeignet sind, das Staatswesen im Sinne der Demokratie umzugestalten[18]."

Der Riß zwischen praktischer allmählicher Reformpolitik und marxistischer Theorie trat mit der Zeit immer schärfer hervor – eine Entwicklung, die wohl erkannt wurde, aber kaum gesteuert werden konnte. So äußerte *Ignaz Auer* gegenüber *Bernstein*: „Hältst Du es wirklich für möglich, daß eine Partei, die eine fünfzig Jahre alte Literatur, eine fast vierzig Jahre alte Organisation und eine noch ältere Tradition hat, im Handumdrehen eine solche Wandlung machen kann? Speziell seitens der maßgebenden Parteikreise so zu handeln, wie Du es verlangst, hieße einfach die Partei sprengen, jahrzehntelange Arbeit in den Wind streuen. Mein lieber Ede, das, was Du verlangst, so etwas beschließt man nicht, so etwas sagt man nicht, so etwas tut man. Unsere ganze Tätigkeit war die einer sozialdemokratischen Reformpartei ... Sie kann auch gar nicht anders sein[19]."

Vielleicht hatte *Ignaz Auer* recht für die Zeit der Sammlung der Bewegung, des Wachstums und Aufstiegs der Partei, für eine Zeit, in der die Partei zwar in manchen Bereichen praktisch tätig war, aber noch keinen entscheidenden Einfluß auf die große Politik nehmen konnte. Vielleicht

17 Der scharfe Angriff auf den Marxismus hindert *Popper* nicht daran, ausdrücklich die Person und die wissenschaftliche Leistung *Marx*ens zu würdigen: „Außerdem machte Marx ... einen ehrlichen Versuch, rationale Methoden auf die dringlichsten Probleme des sozialen Lebens anzuwenden ... Marx versuchte; und obwohl er in seinen Hauptlehren irrte, war sein Versuch doch nicht vergeblich. Er öffnete unsere Augen und er schärfte unseren Blick für viele neue Fragen. Eine Rückkehr zur vormarxistischen Sozialwissenschaft ist undenkbar ... Man kann Marx nicht gerecht werden, ohne seine Aufrichtigkeit zuzugestehen ... Er war ein echter Wahrheitssucher, und seine intellektuelle Redlichkeit unterscheidet ihn, wie ich glaube, von vielen seiner Anhänger (wenn er sich auch leider selbst von dem verderblichen Einfluß einer Erziehung in der Atmosphäre Hegelscher Dialektik nicht ganz befreien konnte, einer Atmosphäre, die Schopenhauer intelligenzzerstörend genannt hatte)." Die offene Gesellschaft, Bd. II, a.a.O., S. 103.

18 Zitiert nach *W. Eichler:* 100 Jahre Sozialdemokratie, Bonn o.J., S. 32.

19 Ebenda, S. 33.

war aber *Bernstein* doch weitsichtiger, als er 20 Jahre vor der Novemberrevolution 1918 an *August Bebel* schrieb:

„Tatsächlich hat ja die deutsche Partei oft genug, oder vielmehr immer, Opportunismus getrieben, und war ihre Politik jedenfalls immer sehr viel richtiger als ihre Phraseologie. Ich will daher auch gar nicht die wirkliche Politik der Partei reformieren ..., wonach ich strebe, ..., ist die *Einheit zwischen Theorie und Wirklichkeit,* zwischen Phrase und Aktion herzustellen ..."

„... Der klaffende Unterschied zwischen den Voraussetzungen unserer Theorie und der Wirklichkeit würde in seiner vollen Größe hervortreten, wenn irgendein Ereignis der Sozialdemokratie in nächster Zeit die Herrschaft in die Hand spielte, dann würde sich der grandiose Fehler offenbaren, der hinter dem Satz von der ‚Besitzergreifung der Produktionsmittel durch die Gesellschaft' steckt, das Unorganische der Auffassung, die in dieser Übertragung der Maßnahmen der französischen Revolution auf die moderne Gesellschaft wurzelt, das Verkennen, oder ich will lieber sagen, Vergessen der wahren Natur dessen, was heute summarisch als einheitliche Masse ‚Proletariat' gerechnet wird, indem man Oberknecht und Kuhjungen, Buchhalter und Hausknecht, gelernte Arbeiter und Handlanger in einen Topf wirft ..."

„... Wenn also eine Anzahl Literaten heute bei den Arbeitern durch forcierte Sprache die Vorstellung erwecken oder nähren, als stünden wir vor solcher Katastrophe (der Revolution; die Verf.) und als sei alles, was nicht durch sie berechnet ist, kleinbürgerlicher Quark, laden sie damit eine schwere Verantwortung auf sich ..."

„Ich sagte schon, die deutsche Sozialdemokratie als Partei hat sich durch die Fehler ihrer Theorie eigentlich nie sehr beirren lassen. Teils der gesunde Menschenverstand ihrer Führer, teils die Macht der Verhältnisse hat sie davor behütet.

In der Jugend sind ja außerdem solche Irrtümer nicht sehr gefährlich. *Mit der Macht der Partei wächst aber die Verantwortung und wird es immer notwendiger, sich völlig klar darüber zu werden, wo man steht* (Hervorhebung durch die Verfasser). Darum ist die Prüfung der Theorie heute viel notwendiger als je[20]."

Diese Argumente *Bernsteins* wurden auch nur von wenigen bestritten. *Bebel* warf den Revisionisten in der Hauptsache vor, daß sie der sozialistischen Arbeiterbewegung den Glauben und die Begeisterung raubten, was ein prag-

---

20 *M. Adler:* Briefwechsel mit *August Bebel* und *Karl Kautsky,* gesammelt und erläutert von *Friedrich Adler,* Wien 1954, S. 258 ff., wiederabgedruckt bei *W. Eichler:* Individuum und Gesellschaft im Verständnis demokratischer Sozialisten, Hannover 1970.

matischer und kein inhaltlicher Vorwurf war. Die von *Bernstein* geforderte „Prüfung der Theorie" brauchte allerdings sechzig Jahre Zeit, bis sie im *Godesberger Programm* ihre Früchte trug, und die kritische Prüfung der eigenen theoretischen Grundlagen hat auch heute noch nicht die ihr zukommende Bedeutung, wie das ungebrochene Fortleben der säkularisierten Heilserwartung des historischen Materialismus gerade bei jenen Gruppen zeigt, denen das Schlagwort vom „Theoriedefizit" der jeweiligen Gegner besonders leicht über die Lippen geht.

Die auch in den „Gründerjahren" schon bei einem (kleinen) Teil der Partei anzutreffende Ablehnung der Geschichtsphilosophie des historischen Materialismus zeigt sich etwa in einem Brief des Kantianers *Karl Höchberg* an *Kautsky* aus dem Jahre 1877 (also zwei Jahre nach dem Vereinigungsparteitag in Gotha): „Ich las mit einigem Erstaunen, daß Sie Geschichtssozialist sind (d. h. Anhänger des historischen Materialismus, die Verfasser) – ich bin geneigt, Sie trotzdem für einen Gefühlssozialisten zu halten, denn der Geschichtssozialismus ist mir ein psychologisches Rätsel ... Die Überzeugung, daß der Sozialismus einmal kommen wird, könnte mich ebensowenig veranlassen, einen Finger für ihn zu rühren, wie die andere, allerdings weit sicherere Überzeugung, daß einmal der Sozialismus aufhören wird, wenn die Verlöschung des Lebens auf der Erde den Kampf ums Dasein unendlich verschärfen wird, mich abhalten kann, für den Sozialismus zu wirken. Wenn man nicht in dem Sozialismus etwas Wünschenswertes sieht, so wird man kein Interesse für seine Geburt haben[21]."

Solche vom *Kant*schen Geist der Nüchternheit und der Kritik geprägten Stimmen, welche die Entscheidung für den Sozialismus als ethisch bestimmt und wissenschaftlich nicht begründbar erkannten, hatten jedoch viele Jahre keine Chance gegenüber der begeisternden Kraft der historischen Prophezeiung von der *notwendigen* Ankunft des Sozialismus. Das rauschhafte Gefühl, mit der Geschichte im Bunde zu sein, im Nachen der Zeit zu sitzen, erwies sich als stärker. Erst *Bernsteins* empirischer Nachweis, daß der „große Kladderadatsch" (wie *Bebel* das bezeichnete, was man heute „Systemkrise" nennt) nicht nur nicht näher kam, sondern nach allen empirischen Kriterien in immer weitere Fernen rückte, bewirkte eine Revision der Krisenlehre und entfesselte den „Revisionismusstreit". Die Diskussion über die ethische Begründung des Sozialismus setzte bezeichnenderweise in den Jahren ein, „in denen die dogmatische Gewißheit des notwendigen Zusam-

---

21 Zitiert nach *H. J. Steinberg:* Sozialismus und deutsche Sozialdemokratie – Zur Ideologie der Partei vor dem 1. Weltkrieg, 3. Auflage, Bonn–Bad Godesberg 1972, S. 97.

menbruchs des Kapitalismus in der Partei einer nüchternen Einschätzung der Entwicklung Platz machte"[22].

Zur hundertsten Wiederkehr von *Kants* Todestag im Jahre 1904 schrieb *Max Adler* in seinem Jubiläumsartikel „Kant und der Sozialismus": „Daß es insbesondere kein Arbeiterblatt gab, das nicht von Kant zu seinen Lesern gesprochen hätte ... stellt ein Kulturmoment von so hervorstechender Bedeutung dar, daß niemand daran vorübergehen kann, der den Charakter des gegenwärtigen Zeitalters wirklich erkennen will[23]." Und der sozialdemokratische Reichstagsabgeordnete *David* sagte in seiner Gedächtnisrede vor dem Reichstag: „Der Kerngedanke seiner (*Kants*; die Verfasser) sozialen Ethik war der, daß niemand einen anderen Menschen als bloßes Mittel zum Zweck brauchen dürfe, weil jede menschliche Persönlichkeit Selbstwert, Selbstzweck in sich sei. Die ganze kapitalistische Gesellschaft beruht auf einer Verletzung dieses Prinzips ... Wir wollen den Selbstwert und die Selbstwürde jeder menschlichen Persönlichkeit zur Anerkennung gebracht wissen. Das kann nur dadurch geschehen, daß für jeden eine materiell wohlständige Lebenslage geschaffen wird, daß das Massenelend, daß die Massensorge aus unserer Kultur verschwindet[24]."

Die Verbindung zwischen Politik und Erkenntnistheorie – welche der Kern jeder politischen Philosophie ist – war auch vielen Sozialdemokraten offenbar.

So schrieb *Max Adler* in seiner Würdigung *Kants*: „Wir ... finden diesen Zusammenhang (von Sozialismus und *Kant*, die Verf.) auch schon in seiner erkenntniskritischen Arbeit gegeben, was vom Standpunkt des modernen Sozialismus nicht überraschend ist, da ja sein Grundcharakter ein theoretischer ist. Und in der Tat ist ja seit Karl Marx und Friedrich Engels der Begriff der Wissenschaft in ihrer besonderen Eigenschaft für das soziale Leben eine immer wieder erörterte Grundlage des Sozialismus geworden. Daher sind die erkenntniskritischen Fragen, was unter Wissenschaft zu verstehen sei, worin die Eigenart der Sozialwissenschaft bestehe, wie sich das Müssen des Kausalgeschehens zu dem Sollen der Ethik und Vernunft verhält – für den Sozialismus keine müßigen Doktorfragen, sondern leidenschaftlich erörterte Probleme, weil in ihnen über sein theoretisches Sein oder Nichtsein gekämpft wird, weil in ihnen das wissenschaftliche Selbstbewußtsein sich klarzuwerden versucht über die der theoretischen Erkenntnis möglichen Ziele und Wege[25]."

---

22 *H. J. Steinberg:* Sozialismus a.a.O., S. 105.

23 *M. Adler:* Kant und der Sozialismus, in: Marxismus und Ethik, Frankfurt 1974, S. 158.

24 Zitiert nach *H. J. Steinberg:* Sozialismus a.a.O.

25 *M. Adler:* Kant und der Sozialismus, a.a.O., S. 97.

Vielleicht wäre die philosophische Ethik und Erkenntnislehre des Neukantianismus zur Theorie des deutschen und internationalen Sozialismus geworden, wenn sich die Revisionisten durchgesetzt hätten – so jedenfalls glaubt *Hermann Lübbe*[26]. Aber diejenigen, die wie *Clara Zetkin* dachten, daß *Bernstein* aus dem Sozialismus einen „Quark" gemacht hätte, einen Sozialismus der Gutmütigkeit, und diejenigen, die wie *August Bebel* und *Ignaz Auer* um Glaube, Begeisterung und Zusammenhalt der Partei fürchteten, waren in der Mehrheit und blieben es bis 1945. Der Versuch zu einer grundsätzlichen „Kritik und Revision des Marxismus, wie sie der Göttinger Philosoph Leonard Nelson, der auf den Gedanken von Kant und Jacob Friedrich Fries gründete, der Arbeiterbewegung als neuen theoretischen Ausgangspunkt anbot, wurde von der SPD abgelehnt . . . Neukantianer und religiöse Sozialisten wirkten zwar fort innerhalb der Partei, hatten jedoch auf ihre geistige Orientierung geringen Einfluß. Eine breitere Kreise der Mitgliedschaft erfassende Auseinandersetzung über Fragen einer sozialistischen Theorie kam in der Weimarer Zeit nicht zustande. Offiziell verstand sich die deutsche Sozialdemokratie weiter als marxistische Partei"[27]. Das geringe Interesse an anderen theoretischen Ansätzen zeigte sich u. a. in dem Einstellen der Zeitschrift „Die Neue Zeit" im Jahre 1923. Und die von *Hilferding* redigierte „Gesellschaft" kam nie über eine Auflage von einigen hundert Exemplaren hinaus[28].

Durch den Einfluß *Willi Eichlers* und *Gerhard Weissers* setzte sich schließlich der „ethische Realismus" *Nelsons* im Godesberger Grundsatzprogramm 1959 durch und fand in den „Grundwerten" und „Grundforderungen" seinen Niederschlag. *Willi Eichler* äußerte in einem posthum 1972 veröffentlichten Aufsatz über die Folgen des *Godesberger Programms*: Die „Entideologisierung hat bei der SPD wirklich stattgefunden. Es ist nicht der Ort für eine Marxismuskritik, auch nicht für die Feststellung der Meriten des Marxschen Werkes. Seiner Geschichtsphilosophie hat die SPD jedenfalls entsagt"[29].

Das *Godesberger Programm* erfuhr jedoch nie eine philosophische und erkenntnistheoretische Grundlegung, und dies bereitete seinen Verfechtern in den letzten Jahren Schwierigkeiten, die mit dem Wiedererstarken neomarxistischer Theorieansätze in der Partei rapide zunahmen. Wie sehr *Willi*

---

26 Vgl. *H. Lübbe:* Politische Philosophie in Deutschland, München 1974, S. 111.

27 *S. Miller:* Zur Rezeption des Marxismus in der deutschen Sozialdemokratie, in: *H. Flohr, K. Lompe, L. F. Neumann* (Hrsg.): Freiheitlicher Sozialismus, Bonn–Bad Godesberg 1973, S. 29.

28 Vgl. Dies.: Ebenda, S. 32.

29 *W. Eichler:* Zur Einführung in den demokratischen Sozialismus, Bonn-Bad Godesberg 1972, S. 122.

Eichler mit seiner Ansicht irrte, die SPD habe der Geschichtsphilosophie des Marxismus entsagt, ist an der großen Verbreitung von Theorien der „Systemkrise", an der Verwendung von Begriffen wie „Spätkapitalismus" oder „Übergangsstadium" zu ersehen, die sämtlich erst vor dem Hintergrund der marxistischen Geschichtsphilosophie ihren Sinn gewinnen. Die inflatorische Verwendung des Begriffes „Widerspruch" oder gar die Bemühung des „Grundwiderspruchs" zur Kennzeichnung gesellschaftlicher Probleme mag häufig auf Gedankenlosigkeit beruhen oder eine kalkulierte semantische Konzession zur Vermeidung inhaltlicher Zugeständnisse sein (so war wohl der „Widerspruch unserer Zeit" im *Godesberger Programm* gemeint), häufig kennzeichnet sie den Rückgriff auf die „dialektische Methode" und damit auf die geschichtsphilosophischen Kategorien von *Marx* und *Hegel*. Die Kantsche Einsicht, „daß die Grenzen möglicher Sinneserfahrung und die Grenzen vernünftigen Theoretisierens über die Welt identisch sind"[30] liegt der Erkenntnistheorie, die solchen Sprachgebrauch beflügelt, sicherlich *nicht* zugrunde.
Wir wollen zeigen, daß der kritische Rationalismus eine Erkenntnistheorie und eine politische Philosophie entwickelt hat, welche als theoretische Grundlegung eines *ethischen* und demokratischen Sozialismus das Erbe *Kants* antreten kann, und welche den Ausspruch *Max Adlers* mit Inhalt füllt, daß „die erkenntniskritischen Fragen ... für den Sozialismus keine müßigen Doktorfragen sind".

2. *Die Methode des kritischen Rationalismus*

In seinem ersten Buch und erkenntnistheoretischen Hauptwerk „Logik der Forschung" entwickelte *Popper* in Auseinandersetzung mit dem logischen Positivismus des Wiener Kreises die grundlegenden Gedanken, welche nicht nur die Erkenntnistheorie, sondern auch die politische Philosophie des kritischen Rationalismus prägten[31]. Die Gedanken dieses Werks fanden erst weltweite Verbreitung, als es 25 Jahre später in englicher Sprache veröffentlicht wurde. Auch wenn man vielleicht nicht das emphatische Urteil *Bryan Magees* teilt, daß möglicherweise die Philosophie einer ganzen Generation anders ausgesehen hätte, wenn das Werk eher auf Englisch erschienen wäre[32] – der mit diesem Werk geleistete erkenntnistheoretische Beitrag

30 Dies ist *Poppers* Formulierung zur Würdigung der „Kritik der reinen Vernunft" in: Immanuel Kant: Der Philosoph der Aufklärung, a.a.O., S. 15.

31 Vgl. *K. R. Popper:* Logik der Forschung, Wien 1935; 4. verbesserte Auflage Tübingen 1971.

32 Vgl. *B. Magee:* Kritischer Rationalismus – eine Unterhaltung mit Karl Popper,

läßt sich kaum überschätzen. *Popper* löste das seit *Hume* als „Induktionsproblem" bekannte Problem der *Begründung* von Theorien, indem er zeigte, daß kein theoretischer Allsatz, auch nicht die durch noch so viele Prüfungen bestmöglich abgesicherte empirische Theorie, jemals „*bewiesen*" werden kann. Alle Bestrebungen nach Verifikation sind zum Scheitern verurteilt. Theorien können sich nur *bewähren* und besitzen so lange eine vorläufige Geltung, als nicht ihre *Falsifikation* anhand der Erfahrungswirklichkeit und ihr Ersatz durch eine neue, umfassendere Theorie erfolgt. An die Stelle des positivistischen *Sinnkriteriums* zur Abgrenzung zwischen wissenschaftlichen und nicht-wissenschaftlichen Aussagen setzt *Popper* das *Abgrenzungskriterium* der Falsifizierbarkeit[33]. Da wir keine theoretische Aussage je *beweisen* können, können wir nur den Grad ihrer Bewährung erhöhen, indem wir sie unablässig in immer neuen Anwendungsbereichen *prüfen* und versuchen, sie durch neue allgemeinere Theorien zu ersetzen, welche die Lücken und Fehler der alten vermeiden. Der Fortschritt der Erkenntnis findet statt durch die systematische Suche nach und Ausmerzung von Fehlern in unseren Theorien. Empirisch gehaltvolle Theorien schließen bestimmte logisch mögliche Zustände der Wirklichkeit aus, ihr empirischer Gehalt – also die in ihnen enthaltene Information über die Wirklichkeit – ist umso höher, je *strenger* sie formuliert sind, d. h. je kleiner der Ausschnitt der logisch möglichen Zustände der Wirklichkeit ist, der mit ihnen vereinbar ist. Mit dem empirischen Gehalt einer Theorie steigt auch der Grad ihrer Prüfbarkeit, weil der Anteil der logisch möglichen Zustände der Wirklichkeit, die sie *falsifizieren* können, steigt. Theorien, welche sich mit sämtlichen logisch möglichen Zuständen der Wirklichkeit vereinbaren lassen, sind zwar nicht falsifizierbar, aber sie liefern auch keine Aussage über die Wirklichkeit: Sie sind ohne empirischen Gehalt. Sie ähneln der Wetterprognose „Wenn der Hahn kräht auf dem Mist, ändert sich das Wetter oder es bleibt wie es ist".

Popper erläutert sein Prinzip des Erkenntnisfortschritts durch ständige kritische Prüfung und die Bemühung zur Falsifizierung bestehender Theorien anhand der Ablösung der *Newton*schen Theorie durch die Einsteinsche

---

a.a.O., S. 55 ff. sowie ders.: Karl Popper und der kritische Rationalismus, im vorliegenden Band, S. 73 ff.

33 Siehe *K. R. Popper:* Logik der Forschung a.a.O., passim, weiterhin die direkte Auseinandersetzung mit dem Induktionsproblem unter Bezugnahme auf *Hume* bei ders.: Objektive Erkenntnis, Hamburg 1973, S. 13 ff.; ferner die sehr geschlossene und eingängige Darstellung bei *H. Albert:* Traktat über kritische Vernunft, 2. Auflage, Tübingen 1969, S. 8 ff.; außerdem im vorliegenden Band *K. R. Popper:* Die Aufgabe der Wissenschaft, S. 89 ff. sowie die beiden oben zitierten Beiträge von *B. Magee.*

Theorie[34]. Die *Newton*sche Theorie war die am meisten geprüfte Theorie aller Zeiten, welche sich in den verschiedensten Anwendungsbereichen bewährt hatte und die Grundlage des gesamten wissenschaftlichen Weltbildes lieferte, und doch wurde sie ersetzt durch die *Einstein*sche Relativitätstheorie, so wie sie einst die *Kepler*sche Theorie ersetzt hatte. Ebenso mag eines Tages *Einsteins* Theorie durch eine neue, umfassendere Theorie ersetzt werden. Keine Theorie kann durch noch so viel Beweismaterial, durch noch so viele aus ihr abgeleitete richtige Prognosen *begründet* werden. Wir müssen vielmehr ihre empirische Überprüfung als Versuch ihrer *Widerlegung* ansehen, der, wenn er mißlingt, den Bewährungsgrad der Theorie erhöht, ohne sie zu beweisen, und der, wenn er erfolgreich ist, die Theorie *falsifiziert* und so den Anstoß zur Entwicklung einer *neuen* Theorie gibt, welche die Fehler der alten vermeidet.

Die Erkenntnis unserer Irrtümer ist zugleich die Quelle unseres Erkenntnisfortschritts. Wir schreiten fort durch Versuch und Irrtum. „Versuch und Irrtum" ist das Prinzip der Evolution überhaupt. Die Differenzierung der Arten, die Entwicklung „vom Spulwurm zum Menschen", läßt sich als ein gigantischer Prozeß des „trial and error" auffassen. Die Evolution und der menschliche Erkenntnisfortschritt vollziehen sich nach dem grundsätzlich gleichen Prinzip: Die „Methoden der fast zufälligen wolkenartigen Versuchs- und Irrtums-Schritte" sind bei *Einstein* und der Amöbe „im Grunde nicht sehr verschieden, jedoch haben sie *sehr verschiedene Einstellungen gegenüber Irrtümern* (Hervorhebung durch die Verfasser). Im Gegensatz zu der Amöbe versuchte Einstein immer, wenn ihm eine neue Lösung eingefallen war, nach Kräften, sie zu widerlegen und einen Fehler in ihr zu finden: er verhielt sich gegenüber seinen eigenen Lösungen *kritisch*[35]."

Die *Kritik als methodisches Prinzip* bildet den Motor des Erkenntnisfortschritts. Durch die Kritik unserer Hypothesen und Erwartungen und durch die ständige *aktive* Fehlersuche schreitet unser Wissen fort. „Beim primitiven Menschen und bei der Amöbe ist es anders. Da gibt es keine kritische Einstellung, und daher geschieht es nur zu oft, daß die natürliche Auslese eine falsche Hypothese oder Erwartung durch Ausmerzung der an sie glaubenden Organismen beseitigt. Man kann also sagen, die kritische oder vernünftige Methode bestehe darin, daß wir unsere Hypothesen anstelle von uns selbst sterben lassen[36]."

---

34 Vgl. *K. R. Popper:* Die Aufgabe der Wissenschaft a.a.O., S. 96 ff., *B. Magee:* Kritischer Rationalismus – eine Unterhaltung mit Karl Popper a.a.O., S. 59 ff.; ders.: Karl Popper und der Kritische Rationalismus, a.a.O., S. 79 ff.

35 *K. R. Popper:* Objektive Erkenntnis a.a.O., S. 273 f.

36 Ders.: Ebenda, S. 274. Die Brisanz der im Zitat skizzierten „kritischen Me-

Die Erkenntnis, daß unser Wissen von der Welt den Charakter theoretischer Hypothesen besitzt, teils mehr, teils weniger bewährt, teils fragwürdig, daß diese Hypothesen sich im Erkenntnisfortschritt ändern, und, soll der Erkenntnisfortschritt nicht zum Stillstand kommen, stets offen für Kritik sein müssen, diese Erkenntnis macht den kritischen Rationalismus *antidogmatisch,* mißtrauisch gegenüber allen „Wahrheiten ex cathedra“ und zugleich *antiautoritär.*

An diesem Punkte treffen sich die *Erkenntnislehre* und die *politische Philo-*

---

thode“ für die Einschätzung dogmatisch fixierter politischer Philosophien wird deutlich an der wütenden Attacke, die in der „Einheit“, dem theoretischen Organ der SED, gegen *Popper*s Auffassung unternommen wurde. Unter Bezugnahme auf das obige Zitat heißt es „Man muß dieses Poppersche Resümee zweimal lesen, um seinen infamen Gehalt zu erkennen. Hier wird deutlich, wozu Sir Charles die unappetitlichen Einzeller überhaupt seitenlang bemüht hat: letztlich doch mit der Absicht, alle jene Menschen zu verunglimpfen, die ihre Ansichten und Überzeugungen für ein Wesenselement ihrer Persönlichkeit halten und daher bereit sind, ihre ganze Person für ihre Überzeugungen einzusetzen! Popper nennt alle überzeugungstreuen und prinzipienfesten Menschen dieser Erde geistige Amöben! Es sei „vernünftiger“, die Überzeugungen zu opfern, statt sich für sie zu opfern! Und ausgerechnet Albert Einstein wird als Kronzeuge für dieses Opportunisten-Credo herangezogen! ... Und somit muß Poppers Amöben-Modell vor allem als Aufforderung an die Wissenschaftler verstanden werden, lieber ihre gewonnenen Überzeugungen zu opfern, als sich der geistigen Auseinandersetzung mit reaktionären Auffassungen und Kräften zu stellen.

...Poppers Rezept ist eine Zumutung an den Menschen und an unsere Zeit, weil es uns auf das Niveau der Amöben, auch Wechseltierchen genannt, herabdrücken will, auf das Niveau von ‚vernünftigen‘ Zweibeinern, die, um ‚vorwärtszukommen‘, ihre Überzeugungen und ihre Prinzipien wechseln wie die Amöben ihre Gestalt, und die dabei den Sinn ihres Lebens und ihr persönliches Gesicht verlieren.“ *R. Steigerwald, H. Wessel:* Sir Poppers Manöver gegen die objektive Wahrheit, in: Einheit, Heft 8/1974, S. 997 f.

Der an *Popper* gerichtete Vorwurf, sich nicht „der geistigen Auseinandersetzung mit reaktionären Auffassungen und Kräften zu stellen“, ist absurd. Er hat sich dieser Auseinandersetzung z. B. gestellt in Band II der „Offenen Gesellschaft“: „Falsche Propheten. Hegel, Marx und die Folgen“. Die Auseinandersetzung wird wohl eher gescheut von den Ideologen der SED. Sonst wäre das oben zitierte Buch neben den anderen Werken Poppers sicherlich auch den Bürgern des „ersten sozialistischen Staates deutscher Nation“ zugänglich, wovon jedoch keine Rede sein kann. Dies ist auch kaum weiter verwunderlich in einem System, das aus Furcht vor der Auseinandersetzung sogar seinen Chemikern weitgehend die Lektüre westlicher Fachliteratur verbietet. Zur obigen Argumentation kann man nur mit *Popper* sagen: „Dies ist ein Niedergang: Der Niedergang von Marx zu Göbbels.“

sophie des kritischen Rationalismus. Die politische Philosophie des kritischen Rationalismus tritt für die Demokratie in der offenen Gesellschaft ein, weil es in der Politik ebensowenig wie in der Wissenschaft gesicherte Wahrheiten gibt, weil wir in der Politik ebenso wie in der Wissenschaft ständig Fehler machen, und weil die freie Konkurrenz der Meinungen, die ständige kritische Prüfung der eigenen und der fremden Hypothesen und Argumente zur Ausmerzung von Fehlern und Entwicklung neuer Ansätze unerläßlich ist[37]. *Popper* bezeichnet den Rationalismus in der Politik als „eine Einstellung, die bereit ist, auf kritische Argumente zu hören und von der Erfahrung zu lernen. Er ist im Grunde eine Einstellung, die zugibt, daß ‚*ich mich irren kann, daß du recht haben kannst und daß wir zusammen vielleicht der Wahrheit auf die Spur kommen werden*' "[38].

Diese rationale, der Veränderung zugewandte und dem Dogma abgewandte Einstellung des kritischen Rationalismus rechtfertigt den Ausspruch des Philosophen und Labour-Parlamentariers *Bryan Magee*: „Es schien mir immer offensichtlich, daß dieses – der kritische Rationalismus *Popper*s – eine sozialdemokratische Philosophie ist – so antikonservativ auf der einen Seite wie antitotalitär (und als solche antikommunistisch) auf der anderen. Denn sie ist vor allem eine Philosophie über das Wie der Veränderung, und dabei einer Veränderung, die, anders als Revolution mit Gewalt, zuerst Maßstäbe der Menschlichkeit und Vernunft anlegt[39]."

Magee glaubt, „daß der junge Popper wie kein anderer vor und nach ihm eine Theorie ausgearbeitet hat, die die philosophische Grundlage des demokratischen Sozialismus sein sollte"[40]. In dieser Meinung folgen ihm die Herausgeber dieses Bandes. Viele vom kritischen Rationalismus vertretenen Gedanken sind nicht neu und haben in der philosophischen Diskussion der Sozialdemokratie eine lange Tradition. Nie aber wurden diese Gedanken mit solch einer erkenntnistheoretischen Fundierung, in solcher Schlüssigkeit und Systematik, in solch sprachlicher Prägnanz und mit solchem Engagement vorgetragen.

---

37 Vgl. Die Ausführungen *Poppers* in *B. Magee:* Kritischer Rationalismus – Eine Unterhaltung mit Karl Popper, a. a. O., S. 70 f.

38 *K. R. Popper*: Die offene Gesellschaft II, a. a. O., S. 276. An dieser Stelle setzt sich *Popper* näher mit dem Verhältnis zwischen rationaler Einstellung in der Politik und in der Wissenschaft auseinander.

39 *B. Magee:* Popper, 3. Auflage, London 1974, S. 83, Übersetzung des Zitats durch die Verfasser.

40 Ders.: Ebenda, S. 84, Übersetzung des Zitats durch die Verfasser.

3. *Die Stellung des kritischen Rationalismus zu anderen Erkenntnistheorien*

Der vorliegende Sammelband soll kein „philosophisches Grundsatzwerk" sein; aber erkenntnistheoretische Systeme entwickeln und profilieren sich stets im Kontrast zu ihren Alternativen und Antipoden, und hiervon macht der kritische Rationalismus keine Ausnahme.

3.1. Kritischer Rationalismus und Positivismus

Es ist ein weitverbreitetes und besonders von neomarxistischer Seite gepflegtes Vorurteil, der kritische Rationalismus sei eine Spielart des Positivismus. Nur steigt bekanntlich mit der Entfernung die perspektivische Verkürzung, und so mag die beliebte neomarxistische Kennzeichnung des kritischen Rationalismus als „neopositivistisch" subjektiv verständlich sein – mit den Tatsachen hat diese Kennzeichnung nicht viel zu tun. Wie *Popper* in seinem Vorwort zur zweiten deutschen Ausgabe der „Logik der Forschung" schreibt, und wie an vielen Stellen seiner Werke zu belegen ist, entwickelte er seine grundlegenden erkenntnistheoretischen Überlegungen gerade in Auseinandersetzung mit dem logischen Positivismus des Wiener Kreises[41].

Wir wollen die Position des kritischen Rationalismus gegen *positivistische Grundideen* abgrenzen. Der kritische Rationalismus befindet sich im Spannungsfeld zwischen zwei erkenntnistheoretischen Extrempositionen, die in der Geschichte der Philosophie immer wieder auftauchen: dem reinen Rationalismus und dem reinen Positivismus; und er versucht, wie schon viele Philosophien vor ihm, eine Synthese von beiden.

Den *erkenntnistheoretischen Standpunkt* eines Forschers charakterisiert die Methode, mit Hilfe von *Theorie* und *Erfahrung* zu Erkenntnis über die Realität zu gelangen. Der erkenntnistheoretische Standpunkt des kritischen Rationalismus ist durch seine normative Festlegung auf das Wissenschaftsideal der *Intersubjektivität*, der intersubjektiven Überprüfbarkeit gekennzeichnet. Ein kritischer Rationalist wird daher jede Möglichkeit zur Prüfung und Kontrolle theoretischer Aussagen nutzen. Er wird sich nicht allein auf die Vernunft, auf seinen Verstand, verlassen, sondern bereit sein, seine Theorien mit der Wirklichkeit zu konfrontieren. Dies ist zunächst nur ein Programm, das nicht etwa problemlos durchgeführt werden kann. Es dürfte aber klar sein, daß Aussagen von tatsachenimmuner „Wahrheit" wohl kaum geeignet sind, uns Informationen über die empirische Welt zu vermitteln.

41 Vgl. *Poppers* Ausführungen in: Logik der Forschung a. a. O., S. XXV.

Ebensowenig ist es möglich, reine Tatsachenforschung zu betreiben, d. h. ohne theoretische Aspekte („vorurteilsfrei") an das empirische Material heranzugehen, um aus ihm *rein induktiv* Theorien zu gewinnen. *Aussagen über „Fakten" sind stets Interpretationen im Lichte von Theorien*[42], zumal schon sprachliche Kategorien wesentlich theoretischer Natur sind.
Sowohl beim reinen Rationalismus als auch beim reinen Positivismus werden sich in jedem einzelnen Fall Verstöße gegen das eigene Programm feststellen lassen, m. a. W. beide sind nicht konsistent. Angesichts dieser Situation war der Versuch einer „Synthese" beider methodologischen Extrempositionen naheliegend. Auch *Hegel* glaubte, mit seiner idealistischen Identitätsphilosophie eine solche „Synthese" gefunden zu haben, freilich wollte er damit weit über die vorher von *Kant* gebotene hinausgehen[43]. Für *Kant* war der Bereich rationaler Erkenntnis mit dem Bereich der möglichen Erfahrung identisch, jenseits dessen das Gebiet der Metaphysik, der reinen unkontrollierbaren Spekulation, begann. Eine solche „empiristische" Beschränkung vernünftigen Denkens war für *Hegel* und seine Verehrer nicht akzeptabel. Vernunft und Realität seien identisch, sagte *Hegel*, denn die reale Welt sei geist-gleich und nicht nur vom Geist geformtes oder verarbeitetes Material, wie *Kant* glaubte. Daher könne das reine Denken empirisch gültige Theorien kreieren.
Aber reines Denken kann zu Theorien führen, die sich kontradiktorisch (d. h. logisch) widersprechen, von denen also nur *eine* empirisch gültig sein kann. Dieses *Kant*ische Argument setzt freilich die Anerkenntnis logischer Schlußregeln voraus, insbesondere des Satzes vom ausgeschlossenen Widerspruch. *Hegel* war also gezwungen, die Logik zu ersetzen, zu „erweitern". Er tat dies mit Hilfe der Dialektik, die mit dem Problem der gleichzeitigen Gültigkeit kontradiktorischer Theorien fertigzuwerden versprach.
Popper wird in diesem Band untersuchen, ob das Versprechen der Dialektiker eingehalten werden konnte. Uns bleibt zunächst folgendes festzuhalten: Hegelisierende Philosophen behaupten, daß sich eine Überprüfung von Theorien verbiete, wenn diese Überprüfung (a) mit Hilfe der Logik geschähe (dann hätten wir „das Dialektische nicht gehörig aufgefaßt und erkannt", wie *Hegel* schreibt) und/oder (b) einen Test an den Tatsachen impliziere (dann wären wir „faktizistisch gekrochen", um *Bloch* zu folgen; *wir wären Positivisten!*)
Wir vermögen nicht zu sehen, welche Möglichkeiten intersubjektiv nachvollziehbarer Kontrolle theoretischer Gebilde es darüber hinaus geben sollte. Kurz: die dialektisch-rationalistische Philosophie bringt Theorien

42 Vgl. Ebenda S. 378 und 376.
43 Vgl. hierzu die ausführliche Darstellung *Poppers* in seinem hier abgedruckten Aufsatz „Was ist Dialektik?" S. 183.

hervor, die schlicht unüberprüfbar sind, sie sind immun und daher für kritische Rationalisten, welche sowohl logische als auch empirische Überprüfung fordern, unakzeptabel. Dieses Immunisierungsprogramm des unkritischen, zudem dialektischen Rationalismus mußte zu all jenen absurden Konsequenzen und verfahrenen Problemen führen, in die sich unsere modernen dialektischen Propheten hineingehegelt haben[44].

Wir werden nun auch leichter verstehen, weshalb die hegelisierende Philosophie von dem Prädikat „positivistisch" so reichhaltig Gebrauch zu machen pflegt. Darin war sie in gewisser Weise sogar erfolgreich: Es ist ihr gelungen, das Wort „positivistisch" zu einem Schimpfwort zu machen, dessen Anwendungsbereich schier unerschöpflich groß zu sein scheint. Wie verwerflich ein solcher „Positivismus" auch sein mag, er scheint zumindest auf eine Klasse von Adressaten stets anwendbar: auf die, zu denen man selbst um keinen Preis gezählt werden möchte.

Mit dem Bannspruch „Positivismus" wird heute jeder belegt, der sich auch nur im entfernten die Unvorsichtigkeit zuschulden kommen ließ, die Idee einer Kontrolle unserer Theorien (oder sogar: Orientierung derselben) an empirischen Gegebenheiten zu äußern; denn alle empirische Erfahrung sei, meint z. B. *Habermas*, „selbstdefiniert", und verleite daher zu methodischen Selbstbetrügereien.

Es könnte der Eindruck erweckt werden, wir hielten eine Verteidigung oder Rehabilitation des „Positivismus" für nötig. Dem ist nicht so, es sei denn man erweiterte den Begriff des „genuin Positivistischen" derart, daß er alle Philosophien umfaßt, die *auch* der empirischen Erfahrung eine Rolle im Erkenntnisprozeß zugestehen wollen; oder man erweiterte ihn derart, daß er alle Philosophien umfaßt, bis auf die eine, die man selbst vertritt. Dies wäre wahrhaftig methodisch geübter Selbstbetrug – und vor allem ziemlich einfältig. *Adorno* hat übrigens diese Taktik im „Positivismusstreit" auf beispielgebende Weise vorgemacht und wird darin seitdem erfolgreich kopiert. Diese Taktik, welche sich inhaltlichen Diskussionen durch begriffliche Abqualifizierung entziehen möchte, ist offenbar dermaßen weit verbreitet gewesen, daß der – „positivistische" – kritische Rationalismus im deutschen Sprachgebiet eine Randerscheinung bleiben konnte (ganz im Gegensatz zu seinem unbestreitbaren Erfolg im angelsächsischen und skandinavischen Raum)[45].

Der kritische Rationalismus ist „positivistisch", wenn man unter Positivis-

---

44 Vgl. unsere Kritik zu *Habermas*' Strategie, im vorliegenden Band, S. 213 ff.

45 „Es ist immer wieder erstaunlich, mit welcher Intransigenz der bislang wirksamste Kritiker des Positivismus, K. R. Popper, namentlich in Deutschland als unverbesserlicher ‚Positivist' abzustempeln gesucht wird". *D. Aldrup:* Das Rationalitätsproblem in der politischen Ökonomie. Methodenkritische Lö-

mus eine Auffassung versteht, nach der unsere Theorien und Prognosen über Dinge der realen Welt (etwa: Inflation, Umweltverschmutzung, Konsumverhalten usw.) so zu formulieren sind, daß sie an eben diesen realen Dingen scheitern können, daß sie also falsifizierbar sind. Diese *Forderung* ist nichts als eine Konsequenz der kritisch-rationalen Maxime der Intersubjektivität wissenschaftlicher Erfahrung, deren Gegenposition etwa die Theorie elitären oder parteiischen Wissens wäre. Und diese Forderung kann erfüllt werden. Freilich hat sie mit dem *historisch* (und nicht ad hoc) geprägten Begriff des Positivismus und seinen modernen Formen kaum etwas gemein. *Denn die positivistischen Forderungen sind unerfüllbar.* Folgende Gedankengänge mögen den Unterschied plausibel machen[46]:

Nach der *positivistischen Grundidee* gewinnen wir Erkenntnis über die Realität *allein* durch Erfahrung – genauer gesagt: durch unsere Sinnesorgane. Es müsse daher gelingen, durch genaue, „vorurteilsfreie"[47] und theoriefreie Faktenanalyse *induktiv* zu generellen Gesetzen zu kommen. Unsere Theorien und Gesetze müßten auf Beobachtungen bzw. auf Protokollsätze über Beobachtungen zurückgehen und durch diese kontrolliert und schließlich *verifiziert*, d. h. mit ihnen in Übereinstimmung gebracht werden.

Der Positivist sieht daher nur Sätze über Erlebnisdaten (Beobachtungsaussagen) und logisch-mathematische Formen der „objektiven", also bewußtseinsunabhängigen Realität als *„sinnvoll"* an. Insbesondere spekulativ-metaphysische Elemente in unseren theoretischen Aussagen klassifiziert er als sinnlos. Diese Auffassung mag als historische Reaktion gegen metaphysische, insbesondere idealistisch-dialektische Verirrungen gut zu verstehen sein; *sie ist aber unhaltbar.*

Nach Auffassung des kritischen Rationalismus ist positivistisch-theoriefreie Faktenerkenntnis unmöglich. In jedem einzelnen Fall ist leicht zu zeigen,

---

sungsansätze, Tübingen 1971, S. 40, Fn. 74, vgl. auch *Aldrups* Aufsatz im vorliegenden Band, S. 245 ff.

46 Vgl auch die Darstellungen von *Bryan Magee* und *Peter Clever* im vorliegenden Band.

47 In der utopischen Forderung, „vorurteilsfrei" vorzugehen, treffen sich übrigens die *Positivisten* mit denjenigen unkritischen Rationalisten, die eine „Wissenssoziologie" vertreten. „Auch hier wurden nicht selten utopische Forderungen gestellt, die den menschlichen Möglichkeiten nicht Rechnung trugen, wie zum Beispiel die Forderung, den Geist zunächst von allen Vorurteilen reinigen, um ihn für die Offenbarung der reinen Wahrheit vorzubereiten, eine Parallele übrigens zu der entsprechenden politischen Forderung nach Herstellung eines institutionellen Vakuums, das dem Aufbau einer neuen Gesellschaft vorausgehen soll." (*H. Albert:* Konstruktion und Kritik, Hamburg 1972, S. 22; vgl. auch *Hans Alberts* im vorliegenden Band abgedruckte Arbeiten).

daß bei jeder *Erklärung* eines realen Vorgangs oder Zustands das spekulativ-theoretische Element eine unverzichtbare Rolle spielt – also das nach positivistischer Auffassung „Sinnlose". Man kann die Unverzichtbarkeit dieses Elements an einem einfachen Beispiel zeigen[48]:

Eine *Erklärung* eines „Falles" ist die logische *Deduktion* eines erklärenden Satzes aus Anfangs- bzw. Randbedingungen *und* allgemeinen Hypothesen, welche unabhängig vom zu erklärenden Fall begründet sein müssen (sonst wäre die Erklärung zirkulär). Beispielsweise folgt (logisch-deduktiv) aus der Tatsache, daß man Zyankali im Körper einer Leiche findet *und* aus der allgemeinen Hypothese, daß Zyankali tödlich ist, der Erklärungssatz, der vorgefundene Mensch sei durch Zyankalivergiftung gestorben. Die allgemeine Hypothese, d. h. das theoretische Element, erweist sich als das *„logische Band"*, das Ursacheereignis (Zyankalieinnahme) und Folgeereignis (Tod) miteinander verknüpft. Und es ist offensichtlich unverzichtbar für eine *Erklärung*, wenn es auch oft derart bekannt ist, daß es als trivial einfach weggelassen wird.

Nehmen wir nun einmal an, das „Zyankaligesetz" sei bisher völlig unbekannt gewesen. Dann wären unsere Detektive gezwungen, spekulativ-hypothetisch vorzugehen, um das „logische Band" zu finden. Kein Gericht würde den Fall als gelöst bezeichnen, bevor ihm nicht eine plausible und begründete, fallunabhängige allgemeine Hypothese präsentiert worden wäre, mit deren Hilfe man Ursache- und Folgeereignisse verknüpfen könnte. Ließen sich für die spekulative Hypothese keine anderen Gründe anführen als der Fall selbst, wäre das Gericht zu Recht unzufrieden: die Hypothese müßte irgendwie bewährt sein.

Wie ist eine solche *Bewährung* möglich? Offenbar nicht allein durch vernünftige Argumentation zugunsten der Hypothese, denn mit der gleichen Vernunft werden Staatsanwalt und Verteidiger zu völlig verschiedenen Ergebnissen kommen. Der Richter muß sich aber entscheiden, er wird daher nach *Bestätigungen* der verschiedenen Auslegungen suchen. Eine Bestätigung des „Zyankaligesetzes" läge etwa vor, wenn sich in der Kriminalstatistik eine große Menge gleich oder ähnlich gelagerter Fälle finden ließe: ein häufiges Zusammenauftreten von „Zyankali im Körper" und „Tod". Es ist m. a. W. offenbar möglich, eine als allgemeingültig behauptete Hypothese an historischen und/oder zukünftigen Fällen *induktiv zu testen*. Wir können also *induktive* Bestätigungen *deduktiv* abgeleiteter Erklärungsansätze finden. Und es ist sogar möglich, daß wir auf *induktivem* Wege zu unserer zunächst spekulativen Erklärungshypothese gelangt sind. Allerdings

48 Vgl. die hervorragende Darstellung dieses Beispiels bei *K. R. Popper:* Naturgesetze und theoretische Systeme; in: *H. Albert* (Hrsg.): Theorie und Realität a. a. O., S. 49 ff.

hätte uns die Hypothese auch im Traum einfallen können, oder mit Hilfe einer anderen „Methode" – an der logischen Situation hätte sich nichts geändert: unser Richter hätte sich für das *Zustandekommen* unserer Hypothese kaum interessiert, er hätte in jedem Falle *Bestätigungen* verlangt. Und es hätte auch keinen großen Unterschied gemacht, wenn wir – wie im vorliegenden Fall – nicht nach einem Naturgesetz, sondern etwa nach Verhaltenshypothesen gesucht hätten, um soziale Prozesse oder Vorfälle zu erklären. Bei *gleichen* richterlich-kritischen Ansprüchen an den Grad der Intersubjektivität einer Erklärung müßte die Erklärungsmethode die gleiche sein.

Setzen wir voraus, daß *Erkenntnisfortschritt* gleichbedeutend ist mit Fortschritt in unseren Erklärungsbemühungen, dann müssen wir folgendes festhalten: Erkenntnisfortschritt findet nur statt, wenn wir unsere Theorien – wie immer sie zustandegekommen sein mögen – unablässigen empirischen Überprüfungen aussetzen, wenn wir die Methode von Versuch und Irrtum annehmen. Jeder Test einer Hypothese bedeutet den Versuch, sie zu falsifizieren, Fehler an ihr nachzuweisen, sie zu revidieren; und in dem Maße, wie uns das gelingt, steigt unser Erkenntnisfortschritt; „sicheres Wissen" bringt diesen Fortschritt zum Stillstand.

Ist dieses Programm nun *positivistisch*? Weit gefehlt! Denn ebenso wie seine dialektisch-rationalistischen Feinde will auch der Positivist zu „sicherem Wissen" vordringen – jeder auf seine Weise. Der Positivist sucht nach *induktiv-sicherem Wissen,* der Dialektiker gar „nackte Wahrheit" (*Bloch*). Beides ist unkritisch und führt zu Erkenntnisstillstand. Während der Dialektiker rationalistische Immunisierung betreibt, scheitert der Positivist am *Induktionsproblem.*

Der Positivist – auch der Neopositivist – behauptet bekanntlich, die Induktion brächte uns *sicheres Erfahrungswissen.* Nach seiner Meinung lassen sich aus einer endlichen Menge von Beobachtungsaussagen *generell* gültige Gesetze induzieren, indem sie verifiziert werden. Induktion hat für ihn einen Status, der die gleiche Sicherheit impliziert, wie wir sie aus der Logik kennen: kurz, für ihn hat die Induktion logischen Charakter[49]. Theorien müßten stets aus Beobachtungssätzen logisch ableitbar und somit vollständig verifizierbar sein. Dies war die ursprüngliche These des *Neopositivismus.* Nach *Poppers* fundamentaler Kritik am Neopositivismus[50] wird sie heute nur noch von wenigen Positivisten vertreten. *Popper* wies nach, daß raum-zeit-unabhängige All-Aussagen (Gesetze) dank ihrer logischen Form immer über das hinausgehen müssen, was durch eine endliche Anzahl von

---

49 Vgl. die interessanten Ausführungen des Positivisten *Bela Juhos;* Formen des Positivismus; in Z. f. allg. Wissenschaftstheorie II/1 (1971), S. 461.

50 In seiner „Logik der Forschung" a. a. O., passim.

Beobachtungen festgestellt werden kann; er wies nach, daß eine *Verifikation* logisch unmöglich ist.
Modernere Formen des Neopositivismus argumentierten daraufhin mit Hilfe der *Wahrscheinlichkeitslogik* (insb. *Carnap*). Danach sollte ein Wahrscheinlichkeitsgrad der Verifikation angegeben werden können. Nach *Poppers* Kritik an der Vermengung verschiedener Wahrscheinlichkeitsbegriffe erwies sich auch dieser positivistische Weg als unbegehbar. *Popper* wies nach, daß die „Überlebenswahrscheinlichkeit" einer Theorie ausschließlich eine Funktion unserer *kritischen Attitüde* ist; eine unkritische Haltung macht die Wahrheit einer Theorie wahrscheinlicher als eine kritische. Einige Positivisten verwechselten auch den von *Popper* vorgeschlagenen Begriff des *Bewährungsgrades* mit dem Grad einer Wahrscheinlichkeit. *Popper* stellt diesen Irrtum daher später[51] klar, indem er darauf hinwies, daß der Bewährungsgrad schließlich ein „bewertender Bericht über die *bisherigen* Leistungen"[52] einer Theorie ist, über zukünftig wahrscheinliche Leistungen derselben jedoch keinerlei Auskunft geben kann, zumal alle „bisherigen Leistungen" durch kritisch verstärkte Fehlersuche infrage gestellt werden können.
Wieder andere Neopositivisten – sie gehören zu den modernsten – interpretieren die alte These von der Erfahrung als einziger Erkenntnisquelle neu: „Wenn eine Theorie auch nicht auf endlich viele Beobachtungssätze reduzierbar und ihr Wahrheitswert auch niemals endgültig bestimmbar ist, so muß sie doch derart beschaffen sein, daß man sie aufgrund von Beobachtungen zumindest bestätigen oder gar widerlegen kann. Dies wiederum – so scheint es – setzt voraus, daß die deskriptiven Grundbegriffe der Theorie etwas bezeichnen, was prinzipiell der Wahrnehmung zugänglich ist. Allgemeiner: alle deskriptiven Begriffe einer Theorie müssen Beobachtungsbegriffe sein oder mit Hilfe von Beobachtungsbegriffen vollständig definiert werden können. Erst wenn diese Bedingung erfüllt ist, so lautet ein wichtiger Grundsatz des modernen Empirismus, erhält die Theorie faktischen Gehalt und damit überhaupt kognitiven Sinn[53]." Diese bei oberflächlicher Betrachtung dem kritischen Rationalismus sehr nahekommende Auffassung setzt die scharfe Unterscheidbarkeit zwischen *Beobachtungsausdrücken* und *theoretischen Begriffen* voraus. Wir wiesen bereits darauf hin, daß dies unmöglich ist. *Popper* zeigte schon in seiner Logik der For-

51 In seiner „Objektiven Erkenntnis", a. a. O.

52 Ebenda S. 19 („Vermutungswissen: meine Lösung des Induktionsproblems").

53 Im kritischen Sinne: *A. Bohnen:* Zur Kritik des modernen Empirismus. Beobachtungssprache, Beobachtungstatsachen und Theorien; in: Ratio 1, 11. Band (1969), S. 33–49, wiederabgedruckt in: *H. Albert* (Hrsg.): Theorie und Realität, 2. Aufl., Tübingen 1972, hier S. 172 f.

schung, daß alle Beobachtungsausdrücke Interpretationen im Lichte von Theorien sind. Ein primitiver Realismus, der „die Welt an sich" erfassen möchte, ist also nicht möglich[54]. Auch *Bohnen* kommt in seiner „Kritik des modernen Empirismus" zu diesem Ergebnis: „Jede Wahrnehmung ist das Ergebnis einer Interpretation sensorischer Daten. Interpretationen aber sind wandelbar, weil sie in entscheidendem Maße von unserem theoretischen Wissen abhängen, das seinerseits tiefgreifenden Veränderungen unterliegt. Die empiristische Idee von der Stabilität und Theorieunabhängigkeit von Beobachtungstatsachen bleibt im höchsten Grade problematisch[55]."

Dieses Ergebnis nun bildet die Basis der Kritik vieler positivistischer wie auch antipositivistischer Gegner kritischer Vernunft. Die ersten, zu denen etwa Bela *Juhos* gehört[56], argumentieren wie folgt: erstens sei die kritisch-rationale Behauptung einer Asymmetrie von Falsifizierung und Verifizierung (Falsifizierung ist möglich, Verifizierung aber nicht) ungerechtfertigt, denn wenn schon die mangelnde Theorieunabhängigkeit von Beobachtungsaussagen eine vollständige Verifizierung verbiete, so gelte dies für eine vollständige Falsifizierung natürlich auch; zweitens verzichte der kritische Rationalismus in Wahrheit ja gar nicht auf das Induktionsprinzip, wenn er etwa empirische Überprüfung anstrebe: eine Bewährung oder Stärkung von Theorien in empirischen Tests sei ja nicht anders als induktiv-empiristisch möglich. Kritischer Rationalismus sei daher nichts als Positivismus im neuen Kleide oder aber eine unstimmige Philosophie.

Neben solchen Argumenten entnehmen die *antipositivistischen Kritiker*[57] des kritischen Rationalismus dem oben skizzierten Ergebnis ein weiteres: Die „positivistische Restproblematik" (*Habermas*) des kritischen Rationalismus bestehe in seinem *Realismus* und der vertrage sich nicht mit der Einsicht, alle Beobachtungsausdrücke seien Interpretationen im Lichte von Theorien. Weiter führe es zum unendlichen Regreß, wenn man Erklärungs-

---

54 Offenbar der oben angedeuteten *Adorno*schen Strategie folgend, interpretiert *Schnädelbach* in seinem „Nachtrag zum Positivismusstreit" den kritischen Rationalismus als solch primitiven Realismus, der die „systematische Basis dessen (sei), was im Positivismusstreit attackiert worden war". Dürfen wir demnächst einen ebenso unerquicklichen „Realismusstreit" erwarten? Man braucht offenbar einen abqualifizierenden Begriff, um mit dem kritischen Rationalismus „fertig" zu werden. Vgl. *H. Schnädelbach:* Über den Realismus. Ein Nachtrag zum Positivismusstreit in der deutschen Soziologie; in: Zeitschrift für allgemeine Wissenschaftstheorie III/1 (1972), S. 88 ff.

55 *A. Bohnen:* Zur Kritik des modernen Empirismus. a. a. O., S. 190.

56 Vgl *B. Juhos:* Formen des Positivismus a. a. O., S. 54–57.

57 Vgl. die zitierte Arbeit von *Schnädelbach* und *Habermas'* Ausführungen in: *Th. Adorno* u. a.: Der Positivismusstreit in der deutschen Soziologie, Neuwied–Berlin, 3. Aufl. 1971.

ansätze aus Hypothesen *und* Tatsachenfeststellungen deduzieren wolle, welch letztere ja zugegebenermaßen ihrerseits theoretische Aspekte enthielten (dies ist der sog. *Basissatzregreß*). Außerdem sei es unstimmig, von Annäherung an die Wahrheit zu sprechen (dies tut *Popper* tatsächlich), wenn ein Begriff der Wahrheit – sozusagen als logischer Referenzpunkt – nicht gegeben werde.
All diesen Argumenten kann in gleicher Weise begegnet werden: Dem kritischen Rationalismus geht es nicht um *Sicherheit* in der Erkenntnis, sondern um *Intersubjektivität.* Alle Sicherheit der Erkenntnis ist selbstdefiniert; der Glaube, sie (auch nur annähernd) erreicht zu haben, zeugt von unkritischer Haltung den Produkten unseres Geistes gegenüber und führt zum Dogmatismus. Kritik ist dem kritischen Rationalismus oberstes Ideal, sie hört niemals auf. Nichts zwingt uns, bei irgendwelchen Festlegungen, Tatsachenaussagen und Begriffen festzuhalten: sie alle können revidiert werden.

Behandeln wir nun die Argumente im einzelnen:

(1) Eine *vollständige Falsifizierung* einer Theorie ist weder möglich noch notwendig noch ist sie vom kritischen Rationalismus behauptet worden. Wenn eine Theorie nicht mit dem übereinstimmt, was wir als Wirklichkeit erkannt haben, so ist zu untersuchen, welche Elemente in ihr für die Falsifizierung verantwortlich sind, und nur diese werden revidiert. Jedes andere Vorgehen bedeutete die Kapitulation vor der Rätselhaftigkeit unserer Welt, es wäre zudem höchst unökonomisch und würde den Erkenntnisfortschritt behindern. Eine Theorie kann für die Erklärung gewisser Vorgänge ausreichend sein, in anderer Hinsicht kann sie versagen. Es kann daher sein, daß wir eine Theorie vollständig durch eine andere ersetzen, *wenn* letztere neben den Vorgängen, die die alte Theorie erklärte, noch andere Vorgänge erklären kann (ein Beispiel für solch eine allgemeinere und zugleich exakter erklärende Theorie ist Einsteins Relativitätstheorie)[58]. Kritisch-rationales Denken ist ein Denken in *Alternativen,* das sich davor hüten wird, eine Theorie vollständig zu eliminieren, die „neue Phänomene“ nicht erklären kann, solange nicht eine allgemeinere und exaktere Theorie zur Verfügung steht. Aber die Suche nach solchen „neuen Phänomenen“ ist die Suche nach *Fehlern* in unseren alten Theorien, und nur sie treibt den Erkenntnisfortschritt voran.

(2) Der kritische Rationalismus hält daran fest, daß ein *Induktionsprinzip*

58 Siehe z. B. *Popper,* Die Aufgabe der Wissenschaft, im vorliegenden Band S. 100.

nicht existiert: durch induktive Verallgemeinerung beobachteter Zusammenhänge können wir nicht zu generellen Aussagen kommen. Das schließt nicht aus, daß wir Theorien sozusagen induktiv *entdecken* können (ein psychischer Vorgang); freilich ist der Entdeckungszusammenhang einer Theorie irrelevant. Jedes andere Verfahren der Theorieentdeckung kann zu wertvollen Ideen führen, hier herrscht vollkommene Methodenpluralität. Gerade aber metaphysisch-spekulatives „Tagtraumdenken", also kontra-induktive Einfälle, haben den Erkenntnisfortschritt oft vorangetrieben, wie ein Blick auf die Geschichte der Wissenschaft deutlich zeigt[59]. Freilich können solche Einfälle eine Theorie nicht *begründen*. Hierfür ist nur das oben skizzierte deduktiv-nomologische Verfahren akzeptabel.

(3) Der *empirische Test* einer Theorie erfolgt „induktiv". Auch diese Induktion hat aber nichts mit dem Induktionsprinzip (als logischem Prinzip) der Positivisten zu tun. Es führt lediglich zur vorläufigen Bestätigung einer Theorie. Keine Methode zwingt uns, weitere induktiv-empirische Tests nunmehr zu lassen. Vielmehr wird die unablässige kritische Prüfung früher oder später in eine Richtung führen, die dem Positivisten nicht besonders angenehm sein dürfte, nämlich zur Falsifizierung, und mit jeder Falsifizierung wird nicht nur der Erkenntnisfortschritt vorangetrieben, sondern das Induktionsprinzip des Positivisten stets von neuem falsifiziert (woraus auch folgt, daß es nicht logischen Charakters sein kann).

(4) Einen *Realismus* in dem Sinne, daß wir „die Welt an sich" erfassen könnten, gibt es nach Auffassung des kritischen Rationalismus nicht. Der Realismus des kritischen Rationalismus ist das Programm, die *Suche* nach intersubjektiv gültiger Wahrheit nicht aufzugeben. Daß solche Wahrheit – irgendwann, irgendwo – erreicht werden kann oder gar erreicht wurde, kann nicht begründet behauptet werden.

(5) Da alle *Beobachtungsaussagen* (Basissätze) theoriebehaftet, also Interpretationen von Tatsachen im Lichte (aber nicht im Sinne!) von Theorien sind, führt das Verfahren der Deduktion von Erklärungssätzen aus Basissätzen und Hypothesen nicht zu endgültigen Ergebnissen. Zum hier angesprochenen unendlichen Regreß der Erklärung (Basissatzregreß) schreibt

59 „Die Wirtschaftswissenschaft hat sich hauptsächlich aus der Untersuchung und Widerlegung einer Abfolge utopischer Vorschläge entwickelt ..." (*F. A. v. Hayek*, in: Economica Bd. XIII (1933), S. 122 f.) *Popper* schreibt: „Die Sozialwissenschaften verdanken ihre Entwicklung in sehr großem Maße der Kritik sozialer Verbesserungsvorschläge ..." (ders.: „Das Elend des Historizismus", 3. verb. Auflage, Tübingen 1971, S. 47).

Popper[60]: „Aber niemals zwingen uns die logischen Verhältnisse dazu, bei bestimmten ausgezeichneten Basissätzen stehenzubleiben und gerade diese anzuerkennen oder aber die Prüfung aufzugeben; jeder Basissatz kann neuerdings durch Deduktion anderer Basissätze überprüft werden; wobei unter Umständen die gleiche Theorie wieder verwendet werden muß oder auch eine andere. Dieses Verfahren findet niemals ein ‚natürliches' Ende. Wenn wir ein Ergebnis erzielen wollen, bleibt uns also nichts anderes übrig, als uns an irgendeiner Stelle für (vorläufig) befriedigt zu erklären." Ist dies nun ein dogmatisch-konventionalistischer Abbruch des Erklärungsverfahrens? Nein, denn zwar ist „die Kette der Deduktion grundsätzlich unendlich, aber dieser ‚unendliche Regreß' ist unbedenklich, weil durch ihn ... keine Sätze bewiesen werden sollen und können", wie es der Positivismus anstrebt. Es ist also *jederzeit* eine kritische Revision der Beobachtungssätze aufgrund neuerer Einsichten, Interpretationen oder Prüfungsverlangen möglich[61].

(6) Aus dieser Situation folgt auch, daß der kritische Rationalismus einen Begriff absoluter *Wahrheit* weder geben will noch kann. Wir kamen vielmehr zu dem Ergebnis, daß all unser Wissen unvollkommen sein muß. Der Begriff empirischer Wahrheit ist fiktiv, solange er mehr charakterisiert als das Bemühen, in unserer Suche nach Fehlern fortzufahren. Hier steht der kritische Rationalismus im begründeten Gegensatz zu seinen positivistischen *und* antipositivistischen Feinden. Hier dürfte auch der Hauptgrund für seine Gegner liegen, von dem Versuch nicht abzulassen, dem kritischen Rationalismus etwas „genuin Positivistisches" oder eine „positivistische Restproblematik" anzulasten.
Unsere Analyse hat ergeben: *Der kritische Rationalismus ist kein Positivismus.* Er ist vom Positivismus ebenso weit entfernt wie vom unkritischen Rationalismus; denn bei beiden wird die *Wahrheitssuche* dem Streben nach *Gewißheit* geopfert. Wir wissen nicht, was „Realität" ist, wir wissen nicht, was „Wahrheit" ist, aber wir wissen, daß wir beide *suchen* müssen. Bei der Wahrheitssuche müssen wir stets der Tatsache eingedenk sein, daß wir zwar sehr viel, aber nichts *sicher* wissen.

---

60 *K. R. Popper:* Logik der Forschung a. a. O., S. 69 f.

61 Dies gilt nicht für die Revision der Randbedingungen, unter denen unsere *Prognosen* gelten sollen. Diese liegen in der Zukunft und können heute nicht revidiert werden. Daraus folgt: Alle wissenschaftlichen Prognosen sind bedingt. Wenn die – unprognostizierbaren – Bedingungen nicht eintreten, können es unsere Prognosen auch nicht.

3.2. Kritischer Rationalismus und Systemtheorie

In letzter Zeit ist eine Inflation des Systembegriffs festzustellen. Die Wortkombinationen, in denen „System" vorkommt, sind schier unzählig. Beim „System" scheint es sich um etwas sehr Universelles zu handeln. Hinter der Systemvorstellung steht offenbar die Idee, die Welt müsse irgendwie systemhaft strukturiert sein (oder vernünftigerweise strukturiert werden). So versteht man unter „Systemtheorie" bald ein gleichnishaft-deskriptives Modell (systemtechnische Elemente werden analog in idealtypischer Manier auf die soziale Realität übertragen, die man als „System" interpretiert), bald einen Satz entscheidungslogischer Verhaltensempfehlungen („systematisch vorgehen"), bald eine Methodologie zur Erklärung und Kontrolle sozialer Vorgänge und Gebilde.

In ihren ersten beiden Funktionen hat die „Systemtheorie" den Sozialwissenschaften unbestreitbar fruchtbare Denkansätze gegeben. Wie aber steht es mit ihrem dritten Aufgabenbereich, mit der *funktionalistischen „Systemtheorie der Gesellschaft"?* Stellt sie wirklich eine methodologische Alternative zur natur- und sozialwissenschaftlichen Kausalerklärungsmethode dar? Die funktionalistischen Systemtheoretiker – etwa *N. Luhmann* – behaupten eine Alternative vor allem für die Sozialwissenschaften; ihre Methode sei diesem Gegenstandsbereich angemessener.

Warum könnte die Systemtheorie soziale Phänomene angemessener erklären? Sie sei der *Komplexität* sozialer Systeme *adäquat*, sagen die Systemtheoretiker; eine auflösend-isolierende und anschließend rekonstruierende Kausalerklärungsmethode verbiete sich bei hoher „Komplexität des Systems".

Der kritische Rationalismus ist von solchen Ideen in zweierlei Hinsicht betroffen:

1. Er richtet sich in Konsequenz seines Wissenschaftsideals der Intersubjektivität gegen alle Versuche, eine „gegenstandsadäquate" *Methodenautonomie* zu schaffen und so die einheitliche (Forschungs-)Logik aller Realwissenschaften zu beseitigen.
2. Die Kausalerklärungsmethode ist nach kritisch-rationaler Auffassung diese einheitliche Forschungsmethode aller Realwissenschaften. Sie ist sowohl auf Natur- als auch auf Sozialwissenschaften anwendbar.

Die funktionalistische Systemtheorie versteht sich als *ganzheitliche* Methode[63], die der Komplexität, Offenheit, Wandelbarkeit, Eigendynamik,

---

62 Vgl. *P. Clever:* Kritischer Rationalismus und die Komplexität sozialer Systeme, im vorliegenden Band, S. 127.

63 Vgl. dazu *T. Sarrazin, F. Spreer, M. Tietzel:* Ganzheitsdenken und Gesellschaftsplanung: Ein methodenkritischer Überblick; in: Wirtschaftspolitik. Zu

Rückkopplung und Ganzheitlichkeit der sozialen Welt Rechnung zu tragen verspricht. Die in soziale Komplexität eingebetteten Einzelbeziehungen möchte sie nicht kausalanalytisch-isolierend, sondern in ihrer systemhaften Funktion erklären. Ihr Erklärungsrezept lautet: Man sammle die verschiedensten „funktionaläquivalenten" Vorschläge zur Lösung des gleichen sozialwissenschaftlichen Problems (z. B. zur Erklärung des Konsumverhaltens) und überlasse die Auswahl dem „System". Diese „neuzeitliche Erkenntnistechnik", sagt *Luhmann,* möchte „Erkenntnisgewinn" durch „Vergleichenkönnen", durch „bewußte Handhabung des Vergleichens" erhalten[64].
Auch der kritische Rationalist zieht es vor, mehrere Lösungsvorschläge zur Auswahl zu haben. Aber welchen Vorschlag soll man nehmen? Die Auswahl aus dem Angebot besorgt nicht etwa ein intelligenter, entscheidungsfreudiger Diktator, sondern das als „bekannt"[65] vorausgesetzte „System", indem es nämlich a priori diejenigen Angebote ablehnt, die anderen Problemlösungen im Wege stehen. Was aber ist das „System"? Ist es die soziale Erfahrungswirklichkeit? Dann würden wir keinen großen Unterschied zur kritisch-rationalen trial-and-error-Methode des Erkenntnisfortschritts sehen, denn es handelte sich lediglich um empirische Tests. Von derartigen „Einschmelzungstendenzen" will *Luhmann* jedoch nichts wissen, er hält an seiner „andersartigen Orientierung" fest[66].
Peter Clever diskutiert in seiner Analyse[67], ob die Systemtheorie der Gesellschaft ihr Kernproblem, das der Komplexität, besser zu lösen imstande ist als der kritische Rationalismus, und ob die Systemtheorie tatsächlich – wie behauptet – eine *methodologische Alternative* zur Kausalerklärungsmethode anbietet. Jedenfalls klingen die systemtheoretischen Argumente recht plausibel, was ihre große Verbreitung erklären mag. „Jede Kausalfeststellung", sagt *Luhmann,* „impliziert in verschiedenen Richtungen Verweisungen ins Unendliche: Jede Wirkung hat unendlich viele Ursachen, jede Ursache unendlich viele Wirkungen." Ist es „dann nicht mehr möglich, Ursache und Wirkung als bestimmte Seinszustände zu deuten und die Kausalität als invariante Beziehung zwischen einer Ursache und einer Wirkung festzustellen"[68]? Muß der kritische Rationalist daher die Kausalforschung aufgeben?

---

einer erklärungsrelevanten Ökonomie, Berlin 1975; vgl. auch *F. Spreer:* Zur Wissenschaftstheorie der Wirtschaftsplanung, Bonn-Bad Godesberg 1974, passim.

64 *N. Luhmann:* Funktionale Methode und Systemtheorie; in: Soziale Welt 15 (1964), S. 35 f.

65 Ebenda, S. 37. 66 Ebenda, S. 49. 67 In diesem Band S. 127 ff.

68 *N. Luhmann:* Funktion und Kausalität; in: Kölner Zeitschrift für Soziologie und Sozialpsychologie 14 (1962), S. 16.

Keineswegs! Wie *Clever* eingängig zeigt, hat der kritische Rationalismus sich mit dem Problem der Komplexität und Offenheit sozialer Systeme bereits auseinandergesetzt, als es noch keine Systemtheorie im heutigen Sinne gab. Sozialwissenschaft war und ist ohne Systemtheorie möglich, ja, die Systemtheorie stellt gar keine methodologische Alternative dar, sondern lediglich eine verbale Neufassung altbekannter Probleme und Verfahren. Sie vermag vor allem die Frage nicht zu beantworten, wie sie zur Einsicht in die Komplexität und Systemhaftigkeit der Welt gelangt, wenn nicht aufgrund vorausgegangener kausalanalytischer Untersuchungen. Es ist zu vermuten, daß auch die Ergebnisse der Systemtheorie nur die kritisch-rationale Auffassung bestärken können, daß all unser Wissen (um Kausalzusammenhänge) vorläufig und unvollständig bleiben muß, gerade angesichts einer Komplexität der Welt. Auch die Systemtheorie kann vermeintlich größere Sicherheit nur zu Lasten der Intersubjektivität wissenschaftlicher Erfahrung erstreben. Nur eine Kausalforschungsmethode, die davon ausgeht, daß unter ähnlichen Bedingungen (Ursachen) ähnliches geschieht, macht wissenschaftliche Orientierung und praktisches Handeln möglich. Nur sie erlaubt uns *systematische* Durchdringung der komplexen Realität.

3.3. Kritischer Rationalismus und „Dialektische Methode"

Von marxistischen Theoretikern ist der kritische Rationalismus stets mit besonderer Heftigkeit angegriffen worden, zumeist mit der Unterstellung, es handle sich hier um eine Spielart des Neopositivismus[69]. Diese heftige Stellungnahme gegen den kritischen Rationalismus hat ihren guten Grund. Aus der Sicht des kritischen Rationalismus gibt es weder eine „dialektische Methode", noch ist die dem historischen Materialismus zugrundeliegende und mit Hilfe der dialektischen Methode durchgeführte geschichtsphilosophische Spekulation über den gesetzmäßigen Verlauf der Geschichte, welche in die *Marx*sche Prophezeiung von der unvermeidlichen Ankunft des Kommunismus mündet, methodisch haltbar. Hiernach bleibt vom Marxismus nichts übrig als die Tatsache, daß *Marx* ein ausgezeichneter Ökonom und Soziologe, aber ein von der *Hegel*schen Dialektik auf Abwege geführter Geschichtsphilosoph, und *Engels* ein glühender Sozialist mit bemerkenswerten literarischen Fähigkeiten war, der *Marx*ens Irrtümer teilte.
Das sozialphilosophische Hauptwerk *Popper*s, „Die offene Gesellschaft und ihre Feinde", zieht die Linie der utopischen Geschichtsphilosophen von *Platon* über *Hegel* und *Marx* bis ins 20. Jahrhundert und zeigt, daß die utopische Geschichtsphilosophie als Quelle von Irrationalismus und Into-

---

69 Vgl auch Abschnitt 3.1.

leranz die philosophischen Grundlagen totalitärer Ideologien und Gesellschaftssysteme geschaffen hat[70].

Besonders die *Hegel*sche Dialektik ist nach *Popper*s Auffassung durch die Möglichkeit, mit ihrer Hilfe alles und jedes zu rechtfertigen und jede beliebige Entwicklung tendenziös zu deuten, zutiefst antirational und fördert totalitäre Denkweisen[71]. *Popper*s These, „daß die *Lehre von der geschichtlichen Notwendigkeit* der reinste Aberglaube ist und bleibt, wie sehr sie sich auch als ‚wissenschaftlich' gebärden mag, und daß man den Lauf der Geschichte nicht rational voraussagen kann", ist in gedrängter Form ausgeführt in „Das Elend des Historizismus" (Philosophien, welche die abgelehnte These vertreten, werden *historizistisch* genannt) – ein Buch, dessen Titel die antimarxistische Spitze bereits deutlich macht[72].

Die Auseinandersetzung des kritischen Rationalismus mit der „Dialektischen Methode" ist philosophisch und politisch gleichermaßen von Bedeutung[73].

Von der Einstellung zur „dialektischen Methode" hängt auch die Einstellung zu anderen grundlegenden methodisch-logischen und politisch-philosophischen Fragen ab; der Dialektiker hat hier i. d. R. eine grundsätzlich andere Haltung als der kritische Rationalist. Hierhin gehört die Beurteilung des methodischen Prinzips der Kritik, der Rolle der Erfahrung, der Rolle von Werturteilen, der Rolle von Utopien, die Vorstellung von den Wegen, auf denen unsere Gesellschaft geändert werden könnte (durch Stückwerk-Sozialtechnik oder durch „Systemüberwindung"), und die Entscheidung für oder gegen die Annahme historischer Gesetzmäßigkeiten, welche historischen Prophezeiungen ermöglichen. Die Auffassungen von der Aufgabe der Wissenschaft und die Haltung zu demokratischen Entscheidungsstrukturen bleiben gleichfalls nicht unberührt.

Popper baut seine Kritik der Dialektik auf der Analyse ihrer Entstehung

---

70 Vgl. *K. R. Popper:* Die offene Gesellschaft und ihre Feinde, Band I und II, a. a. O., passim.

71 *Popper* entfaltet gegen *Hegel,* den er für einen Scharlatan hält, eine überaus heftige Polemik, während er *Marx*ens ökonomische und soziologische Leistungen positiv würdigt und für die *Marx*sche Geschichtsphilosophie *Hegel*s negativen Einfluß verantwortlich macht. (Vgl. Fußnote 17)

72 *K. R. Popper*: Das Elend des Historizismus, 3. Aufl., Tübingen 1971, S. VII.

73 Vgl. im vorliegenden Band *K. R. Popper:* Was ist Dialektik? S. 167 ff. Dieser bereits 1940 erschienene und relativ bekannte Aufsatz wurde in einer vom Verfasser 1975 revidierten Form wiederabgedruckt, weil er die Auseinandersetzung mit der Dialektik in hervorragend konzentrierter Form führt und weil hierzu bis heute keine wesentlich neuen Argumente aufgeführt wurden, sieht man von mannigfachen Relativierungs-, Immunisierungs- und Vernebelungsversuchen der Befürworter einer „dialektischen Methode" ab.

und ihrer ursprünglichen Funktionen auf. Die Dialektik ist Ausdruck der richtigen Erkenntnis, daß es in der Geistesgeschichte, insbesondere in der Philosophie, nichts „Fertiges“ und „Abgeschlossenes“, keinen geistigen Stillstand gibt, daß vielmehr neue Gedanken und Argumente auftreten, die zu den alten im Widerspruch stehen, und daß aus dem sich hieran entfaltenden Prozeß der Auseinandersetzung und Diskussion weitere neue Anschauungen entstehen, welche in der Regel Elemente der alten, einander widerstreitenden Auffassungen in sich vereinen. Diese in der dialektischen Triade (These, Antithese, Synthese) zusammengefaßte Argumentationskette, die sich unablässig wiederholt, weist starke Ähnlichkeit mit dem Modell des Erkenntnisfortschritts durch Versuch und Irrtum (trial and error) auf, allerdings mit einem wesentlichen Unterschied: Der unscharfe Begriff Synthese spiegelt nicht die Tatsache wider, daß es bei der trial-and-error-Methode um die *Ausmerzung* des als unwahr Erkannten, nicht um seine *Auflösung* in einer Synthese geht. Die Anregung zur Bildung einer „Synthese“ bringt das Element der *Kritik* als Bedingung und Motor des Erkenntnisfortschritts (vgl. Abschnitt 2) nicht genügend zum Ausdruck.
Ferner bringt nicht der „Widerspruch“ zwischen These und Antithese, sondern erst unsere kritische Attitüde, welche uns an der Ausmerzung von falschen Thesen zur Auflösung von Widersprüchen interessiert sein läßt, den Erkenntnisfortschritt zustande.
Während die Dialektik, insoweit sie im obigen Sinne interpretiert wird (unklar bleibt freilich noch, was die Eigenart der „dialektischen Methode“ ist), als harmlose, wenn auch nicht ganz exakte Beschreibung des trial-and-error-Prinzips und als plausible Darstellungsform geistesgeschichtlicher Erkenntnisprozesse aufgefaßt werden kann[74], ergeben sich unhaltbare methodische Konsequenzen aus den Auffassungen von der Natur des dialektischen „Widerspruchs“. Die Aufdeckung von Widersprüchen verliert ihre kritische Funktion, wenn Widersprüche zwischen Theorien oder in einer Theorie nicht als Ansporn zu ihrer Beseitigung durch Entwicklung neuer Hypothesen aufgefaßt, sondern als Elemente, die die „Widersprüchlichkeit der Wirklichkeit“ widerspiegeln, geduldet werden.
Die unscharfe Benutzung des Begriffs „Widerspruch“ im Rahmen der dialektischen Methode gibt einem schweren Denkfehler Raum, nämlich der Gleichsetzung oder mangelhaften Unterscheidung von logischen (kontradiktorischen) Widersprüchen und in der Wirklichkeit auftretenden Gegensätzen (Konflikte, Interessengegensätze, Polaritäten). Dies kann zur Verwechslung von formaler Logik und Dialektik führen, und damit ist dem

74 Vgl. *R. Simon-Schaefer:* Karl Marx – Dialektiker oder Positivist? in: Beiträge zur Theoriediskussion II, hrsg. v. *G. Lührs*, Berlin – Bad Godesberg 1974, S. 207 ff.

irrationalen Denken Tür und Tor geöffnet, denn die hieraus folgende Verwerfung des Satzes vom ausgeschlossenen Widerspruch macht es möglich, auf „dialektische" Weise aus beliebigen Tatsachen beliebige Schlüsse zu ziehen[75].

Schärfste Kritik übt *Popper* an *Hegels* Versuch, *Kants* Widerlegung des unkritischen Rationalismus (durch den Nachweis, daß sich widersprüchliche rationale Systeme konstruieren lassen, vgl. auch Abschnitt 1), durch die Behauptung zu überwinden, Widersprüche seien in der Entwicklung des Denkens und der Vernunft angelegt und daher unvermeidlich[76]. Damit schuf *Hegel* die oben dargelegte Verwirrung zwischen logischen Widersprüchen (die *Kant* in seiner Widerlegung des Rationalismus meinte) und sachlichen, in der realen Welt auftretenden „Widersprüchen" (die man exakter mit Worten wie Gegensätze, Konflikte o. ä. belegt). Natürlich gilt *Kants* Widerlegung nur, wenn man den logischen Satz vom Widerspruch oder vom ausgeschlossenen Dritten akzeptiert. *Hegel* meinte nun (und irrte hierbei), er müsse die Logik ändern und eine neue „dialektische Logik" machen. Allerdings ist es weder ihm noch irgendeinem anderen Dialektiker gelungen, logische Schlußbeispiele zu nennen, die ohne das Gesetz vom Widerspruch auskommen oder dieses widerlegen, oder die Existenz logischer Widersprüche in der realen Welt (die ja gemäß *Hegels* System durchaus bestehen dürfen) nachzuweisen.

Die Möglichkeit, logische Widersprüche nicht als Denkfehler, sondern als Widersprüche der realen Welt, die sich in der Theorie widerspiegeln, zu interpretieren, öffnet der *dogmatischen* Argumentation Tür und Tor, indem der in Beweisnot gekommene Dialektiker die Fehlerhaftigkeit seiner eigenen Argumentation ohne weiteres auf die „Widersprüche" der realen Welt zurückführen kann[77]. Die Auseinandersetzung mit *Hegels* Dialektik wäre

---

75 Vgl. *K. R. Popper:* Was ist Dialektik? S. 173 ff.

76 Vgl. ders.: Ebenda, S. 173 ff.

77 Schwer tut sich allerdings der Dialektiker angesichts der Entwicklung der modernen Logik, welche klar die Unverzichtbarkeit des Satzes vom ausgeschlossenen Widerspruch belegt. So konstatiert *G. Klaus,* der promimenteste Logiker der DDR, daß die Aufgabe des Satzes vom Widerspruch „unser Denken in chaotische Verhältnisse brächte". (*G. Klaus:* Moderne Logik, 8. Aufl., neubearb. u. erweitert, Berlin 1972, S. 54). Er kritisiert *Hegel,* weil er den Unterschied zwischen logischen und dialektischen Widersprüchen verwischt habe, und bezeichnet es als einen „von Hegels schwerwiegenden philosophischen Fehlern", „dieser Verwechslung in gewissem Umfang Vorschub geleistet zu haben". (Ders.: ebenda, S. 55). Des weiteren versucht sich *Klaus* – zumal ihm ja kaum etwas anderes übrig bleibt – an einer Ehrenrettung der Dialektik und stellt schließlich fest, „Die Behandlung von dialektischen und logischen Widersprüchen in der Wissenschaft muß ... ganz verschieden sein. Es gilt, die dialektischen

heute weitgehend überflüssig (der Rechtshegelianismus, der u. a. Wegbereiter faschistischen Gedankengutes war, hat heute seinen Einfluß verloren), wenn die dialektische Methode nicht im Marxismus weiterleben würde, über den sie bis heute gewaltige Wirkungen entfaltet. Die marxistische Geschichtsphilosophie, welche in die historische Prophezeiung vom Untergang des Kapitalismus und der Ankunft des Kommunismus mündet, bedient sich der dialektischen Methode, Kernthesen des „Kapitals" bauen auf angeblich dialektischen Widersprüchen auf und die Angriffe marxistischer Theoretiker gegen den „positivistischen" kritischen Rationalismus[78] rekurrieren ständig auf die dialektische Methode. *Marx* und *Engels* hatten bei der Verwendung der Dialektik eine ursprünglich antidogmatische Attitüde. Sie wollten zeigen, daß die Welt nichts Fertiges und Gewordenes ist, sondern sich ständig ändert und daß wir als Teil dieser Welt uns der Veränderung nicht entziehen können. Diese antidogmatische Attitüde wird durch die Möglichkeit, mit ihr beliebige Zustände und Anschauungen dogmatisch zu rechtfertigen und durch die auf der dialektischen Methode beruhende historische Prophezeiung, welche die menschliche Entwicklung in ein Korsett besonderer Art zwängen will, in ihr Gegenteil verkehrt[79].

Widersprüche aufzusuchen und ihre höhere Einheit festzustellen. Dialektische Widersprüche lassen sich *nicht theoretisch* ausmerzen". (Ders.: ebenda, S. 59) Das heißt, der Dialektiker kann sich nicht zur Erklärung logischer Widersprüche in dialektische Widersprüche flüchten. Dies erklärt die Skepsis und Feindschaft, auf die die moderne Logik bei Marxisten stieß und, insb. bei westlichen Marxisten, teilweise heute noch stößt. Vgl. zur Auseinandersetzung mit der Dialektik und insb. zur Argumentation von *G. Klaus* das Buch von *F. Spreer:* Zur Wissenschaftstheorie der Wirtschaftsplanung, Bonn-Bad Godesberg 1974, S. 182 ff.

78 Vgl. Abschnitt 3.1.

79 *Engels* spricht von dem „große(n) Grundgedanke(n), daß die Welt nicht als ein Komplex von fertigen *Dingen* zu fassen ist, sondern als ein Komplex von *Prozessen,* worin die scheinbar stabilen Dinge nicht minder wie ihre Gedankenabbilder in unserem Kopf, die Begriffe, eine ununterbrochene Veränderung des Werdens und Vergehens durchmachen, in der bei aller scheinbaren Zufälligkeit und trotz aller momentanen Rückläufigkeit schließlich eine fortschreitende Entwicklung sich durchsetzt". *F. Engels:* Feuerbach und der Ausgang der klassischen deutschen Philosophie, in: *Marx/Engels:* Ausgewählte Schriften, Band II, Berlin 1972, S. 355 f. Hier kommt die Ambivalenz sehr gut zum Ausdruck: Einerseits wird die Welt begriffen als Prozeß der Veränderung, andererseits soll es eine „fortschreitende Entwicklung" geben. Eine Entwicklung, deren Gesetzmäßigkeit vom Dialektiker behauptet wird, und die er zur Grundlage einer historischen Prophezeiung macht, deren Inhalt dem Prozeß der Veränderung entzogen wird. Zum Verhältnis von dialektischer Methode und historischer Prophezeiung siehe insb. *K. R. Popper:* Die Offene Gesell-

Wesentliche Grundkategorien des Kapitals, die für *Marx*ens Analyse und insbesondere seine Ergebnisse von entscheidender Bedeutung sind, haben aufgrund ihrer „dialektischen" Verwendung zu logischen Fehlschlüssen geführt, deren Beseitigung die in der *Marx*schen Wertlehre enthaltene kritische Argumentation gegen die kapitalistische Produktionsweise zusammenbrechen läßt. Dies zeigt *Werner Becker* in seinem Beitrag „Zur Kritik der *Marx*schen Wertlehre und ihrer Dialektik"[80]. Mit dem alten dialektischen Verfahren der Interpretation eines logischen Widerspruchs (in *Marx*ens Theorie) als eines in der Realität bestehenden dialektischen Widerspruchs (der kapitalistischen Produktionsweise) hat *Marx* die entscheidende Schwäche seiner Beweisführung in das entscheidende Argument gegen die kapitalistische Produktionsweise verwandelt, indem er den logischen Widerspruch zwischen zwei Interpretationen der Wertgleichung in eine objektive Eigenschaft der Warenform, nämlich den Gegensatz von Gebrauchswert und Tauschwert, ummünzt und damit den Grund für sämtliche marxistische Widersprüche, einschließlich des „Grundwiderspruchs", legte. Der Beitrag *Beckers* zeigt in exemplarischer Weise, wie die kritisch-rationale Analyse bestehender Theorien zum Erkenntnisfortschritt beitragen kann. Die Aufdeckung der in der Wertlehre enthaltenen irrationalen Schlußfolgerung müßte zur Revision des *Marx*schen Theoriegebäudes Anlaß geben. Dieser Fall dürfte allerdings nur dann eintreten, wenn auch der Anhänger der dialektischen Methode die Verbindlichkeit logischer Schlußregeln anzuerkennen geneigt ist.

Auch die in der Bundesrepublik Deutschland zeitweilig wohl einflußreichste Variante des Marxismus, die „kritische Theorie" der Frankfurter Schule, sieht in der dialektischen Methode die methodische Überlegenheit des Marxismus begründet. Die Auseinandersetzung zwischen kritischer Theorie und kritischem Rationalismus wurde in der Bundesrepublik im sogenannten „Positivismusstreit" in extenso geführt. Dieser drehte sich neben der Frage, ob der kritische Rationalismus „positivistisch" sei[81] vor allem um das Problem, was denn nun die methodische Alternative der kritischen Theorie sei[82]. Heraus kam dabei nur, daß der „dialektische Begriff der Totalität" für das Selbstverständnis der „kritischen Theorie" irgendwie entscheidend

---

schaft II, a. a. O., passim; ders.: Das Elend, a. a. O., S. VII f., ferner: *T. Sarrazin:* Historische Analyse und Zukunftsplanung, in *G. Lührs* (Hrsg.): Beiträge zur Theoriediskussion II, a. a. O., S. 169 ff.

80 Vgl. S. 201 ff. in diesem Band; siehe auch sein Buch: Kritik der Marxschen Wertlehre, Hamburg 1972.

81 Vgl. Abschnitt 3.1.

82 Vgl. den Sammelband von *Adorno* u. a.: Der Positivismusstreit in der deutschen Soziologie, 4. Aufl., Neuwied 1974.

ist. Allerdings lasse sich dieser Begriff nicht direkt „bezeichnen“, „denn in der Sprache der formalen Logik würde er aufgelöst, in der Sprache der Dialektik aufgehoben werden müssen“[83]. Er überschreite die Grenzen formaler Logik, „in deren Schattenbereich Dialektik selber nicht anders scheinen kann denn als Schimäre“[84]. Mit einem Wort, die Verwendung der Dialektik ist nach Ansicht der „kritischen Theorie“ logischer Analyse nicht zugänglich, damit allerdings ist sie auch der Kritik und rationalen Diskussion entzogen.

Auch im weiteren Verlauf des Positivismusstreits blieb unklar, worin denn nun die Leistungsfähigkeit und die Vorzüge der „dialektischen Methode“ liegen, wozu nicht zuletzt die verschleiernde, unklare Sprache der „kritischen Theorie“ beitrug[85].

Das bereits im Positivismusstreit behandelte Legitimationsproblem praktischen Handelns hat *Habermas* in seinem jüngsten Werk „Legimitationsprobleme im Spätkapitalismus“ wiederaufgenommen. Er relativiert in diesem Buch die *Marx*sche Prophezeiung dahingehend, daß zwar die ökonomische Krise vom Kapitalismus vermieden werden konnte, aber nur um den Preis einer drohenden Legitimationskrise, und, sollte diese vermieden werden können, einer Rationalitätskrise. Die Kritik dieses Schulbeispiels verschleiernder, kritikimmunisierter, „dialektischer“ Argumentationsweise ist enthalten in dem Beitrag „Krise und Planung in marxistischer Sicht: Das Beispiel Habermas“[86].

4. *Kritischer Rationalismus und Politik*

Die Erkenntnis, daß sich die Wahrheit nicht offenbart, sondern daß nachprüfbare – und damit auch in verständlicher Sprache ausgedrückte – Hypothesen, die an der Wirklichkeit scheitern können, die Grundlage unseres Wissens sind, die Erkenntnis, daß wir also mit *vorläufigem* Wissen arbeiten müssen, die Erkenntnis, daß unsere Fähigkeit zur Vorausschau begrenzt

---

83 *J. Habermas:* Analytische Wissenschaftstheorie und Dialektik, wiederabgedruckt in: *E. Topitsch* (Hrsg.): Logik der Sozialwissenschaften, Köln, Berlin, 5. Auflage 1968, S. 292.

84 Ebenda, S. 291; zur Kritik siehe: *H. Albert:* Der Mythos der totalen Vernunft. Dialektische Ansprüche im Lichte undialektischer Kritik, wiederabgedruckt in: Konstruktion und Kritik, Hamburg 1972, S. 265 ff. Eine kritische Analyse der obengenannten beiden Zitate wird vorgenommen auf S. 270 f.

85 Darauf weist etwa *H. Albert* hin, siehe: Im Rücken des Positivismus? Dialektische Umwege in kritischer Beleuchtung, in: Konstruktion und Kritik, a. a. O., S. 340 f.

86 Vgl. S. 213 ff. in vorliegendem Band.

ist, weil wir *künftiges* Wissen eben noch *nicht* wissen können, diese Erkenntnisse sind Basis vernünftigen politischen Handelns.
Der am häufigsten von der politischen Linken gegen den kritischen Rationalismus erhobene Vorwurf besagt nicht etwa, der kritische Rationalismus sei falsch begründet, sondern er sei, unabhängig von seiner Begründung, im Ergebnis des sich an ihm orientierenden Handelns zu konservativ; er begünstige einen *Inkrementalismus,* der die gesellschaftlichen Probleme nicht im großen Zusammenhang sehe und nicht entschlossen genug in Angriff nehme, der eher „systemstabilisierend" als „systemüberwindend" wirke, kurz, die vom kritischen Rationalismus begünstigte Technik der kleinen Schritte reiche nicht aus, die großen Probleme zu meistern. Die Stückwerk-Sozialtechnik (eine etwas unglückliche Übersetzung des englischen piecemeal social engineering) des kritischen Rationalismus ermöglicht nach einer in bestimmten Gruppen gängigen Auffassung eine lediglich eingeschränkte gesellschaftliche Rationalität, da die große Gesamtkonzeption, der utopische Entwurf der künftigen Gesellschaft, fehle, an dem sich die Rationalität der Einzelmaßnahmen zu bemessen habe.
Dieser Einwand wird vor allem von marxistischer Seite erhoben. Er ergibt sich folgerichtig aus der teleologischen Geschichtsphilosophie und aus dem dialektischen Ganzheitsdenken, welches sich auf „die" Gesellschaft oder „die" Arbeiterklasse zu beziehen pflegt. Ohne eine umfassende Vorstellung von der „neuen" Gesellschaft scheinen stückwerkartige Reformen der „alten", gegenwärtigen Gesellschaft sinnlos, der Wert der Reformen soll gerade daran gemessen werden, ob sie bei der Erreichung des utopischen Fernzieles dienlich sind oder nicht.
Die seit einigen Jahren modisch gewordene Unterscheidung zwischen „systemstabilisierenden" und „systemverändernden" Reformen ist der semantische Ausdruck utopischen Denkens, das den Wert von Reformen nicht daran mißt, ob und inwieweit sie bestehende Übel lindern, sondern ob sie geeignet sind, das utopische Fernziel der „neuen" Gesellschaft zu erreichen, ob sie in den großen Gesellschaftsplan passen. Es sei hier nur an bestimmte einschlägige Auseinandersetzungen über Reformmaßnahmen in Mitbestimmung und Vermögensbildung erinnert. In der Tat scheint der Gedanke unmittelbar einleuchtend, man müsse sich erst einen Plan von der „wünschenswerten" Gesellschaft machen, ehe man die bestehende verbessern könne. So heißt es in einer DDR-Kampfschrift gegen den kritischen Rationalismus: „Das Stück hat keinen guten Ruf. Stückwerk widerstrebt der Natur des schöpferisch tätigen Menschen, der das Werk, das er vollbringen will, zuvor im Geiste entwirft. Nur wenn das Ganze geschafft wird, sieht sich sein Schöpfer bestätigt. Gedeiht bloß ein Stück des Werkes, so ist das Ganze eben nicht bewältigt, der Plan wird nicht erfüllt und das Entworfene kommt nicht zu seinem Ziel. Die Sache bleibt eine Halbheit. Sie erzeugt

dann den faden Geschmack des Mißerfolges. Deshalb versteht man unter Stückwerk das Gegenteil von Qualität, Solidität, Gediegenheit und ganzer Arbeit[87]."

Die Utopisten neigen (ebenso wie die Konservativen) zu einem „radikalen Alternativdenken" (*Lompe*), das unkritisch und antikritizistisch ist, unkritisch in bezug auf die Realisierungsmöglichkeit der jeweils bevorzugten „Alternative", und antikritizistisch in Bezug auf den Willen und die Möglichkeit, die eigenen Positionen zu überprüfen. Umso erstaunlicher mutet dieses radikale Alternativdenken an, als der von einer kritisch-rationalen Auffassung geforderte Zwang zum *„Denken in konkreten Alternativen"* vom politischen Utopismus (und vom politischen Konservatismus) scharf angegriffen wird.

Für den Alternativ-Radikalismus der Utopisten und der Konservativen kommen nur *abstrakte Alternativen* in Betracht: „einerseits das bestehende System mit allen seinen Schwächen und andererseits ein vollkommen verändertes System, dessen Zustandekommen eine Umwälzung aller Verhältnisse erfordern würde, wenn man einmal vom Realisierbarkeitsproblem abstrahiert. Die *Bewertung* dieser beiden Alternativen ist bei den Radikalen und den Konservativen naturgemäß verschieden. Die einen sehen nur die Fehler des bestehenden Systems und plädieren, da sie sich um das Realisierbarkeitsproblem wenig scheren und die Kosten außer acht zu lassen gewohnt sind, für den radikalen Umsturz. Die anderen sehen den utopischen Charakter der radikalen Alternativen und die Kosten eines Versuchs, sie zu verwirklichen, und geben sich daher lieber mit dem bestehenden System zufrieden. Die einen werden daher durch ihren Alternativ-Radikalismus zur totalen Kritik verleitet, die anderen durch die gleiche Denkweise zur totalen Anerkennung des gegenwärtigen Zustandes"[88].

Die „dialektische Einheit" von „Hoffnung und Prozeßerkenntnis"[89] mag zwar zum totalen Engagement führen, sie führt bestimmt *nicht* zur Erweiterung unseres Wissens und über die bloße Utopie hinaus. Der total Engagierte versäumt es, seine politischen und wissenschaftlichen Anschauungen der eigenen Reflexion auszusetzen und sie in einer Weise zu äußern, die der rationalen Kritik förderlich ist. Er ist auch nicht in der Lage, seine utopischen Auffassungen an der Realität zu prüfen, ehe er an ihre Realisierung geht, etwa auf dem Wege des kontrollierten Experiments. Ein sinnvolles

---

87 *H. Wessel:* Philosophie des Stückwerks – Eine Auseinandersetzung mit dem positivistischen „Kritischen Rationalismus", in der Reihe: Zur Kritik der bürgerlichen Ideologie, hrsg. von *M. Buhr,* Frankfurt am Main 1971, S. 9.

88 *H. Albert:* Traktat über kritische Vernunft, a. a. O., S. 176.

89 Vgl. *E. Bloch:* Projekte und Fortschritt zur Wissenschaft; in: ders.: Freiheit und Ordnung, Reinbek 1969, S. 180.

soziales Experiment muß in seinen Folgen überschaubar und kontrollierbar sein, damit man aus seinem eventuellen Fehlschlag überhaupt noch sinnvolle Konsequenzen ziehen kann. Die ganzheitlichen (holistischen) Experimente, die dem Utopisten allein möglich sind (Beispiel: Der Kriegskommunismus der Bolschewisten), können „nur insofern ‚Experimente' genannt werden . . . , als dieser Ausdruck *ein Unternehmen* bedeutet, *dessen Ausgang ungewiß ist,* aber nicht in dem Sinne, in dem ein Experiment *ein Mittel* ist, das gestattet, *durch den Vergleich der erreichten mit den erwarteten Resultaten Wissen zu gewinnen*"[90].

Das Ganzheits- oder Totalitätsdenken, in seinen Intentionen auf die Errichtung einer umfassenderen, „organischeren", „besseren" Ordnung gerichtet (die Forderung nach Beseitigung des „Grundwiderspruchs" zur Aufhebung der „Entfremdung" mag als Beispiel für eine solche Intention gelten), wirkt in seinen Konsequenzen *chaotisch* und ist zugleich *willkürlich* in der Definition seiner Ordnungsbegriffe[91]. Wir können aus unseren Fehlern lernen, aber diese lassen sich nur erkennen, wenn wir Ursachen und Wirkungen noch unterscheiden können. Dies fällt schon schwer genug bei kontrollierten Einzelmaßnahmen, es ist *unmöglich* im ganzheitlichen Experiment.

Die Auffassung der Utopisten, erst der Plan von der vollkommenen Gesellschaft mache rationale Reformpolitik möglich, ist nicht nur falsch, sie ist politisch gefährlich und, zur Maxime politischen Handelns gemacht, eine Quelle der Gewalt und Unterdrückung.

Popper hat den engen Zusammenhang belegt, der zwischen den geschichtsphilosophischen Vorstellungen von einem gesetzmäßigen Ablauf der Geschichte, etwa nach den Bewegungsgesetzen des historischen Materialismus, der utopischen Vorstellung von der Realisierung einer vollkommenen Gesellschaft und totalitären politischen Organisationsformen besteht[92]. Sein im vorliegenden Band abgedruckter Aufsatz „Utopie und Gewalt"[93] kennzeichnet die Irrationalität und Verderblichkeit der Versuche, „das Himmelreich auf Erden zu verwirklichen"[94].

Natürlich braucht der Mensch Ziele und Ideale, natürlich soll er Vorstellungen von einer „besseren" Gesellschaft haben. Aber seine Bemühungen um eine Verbesserung des Bestehenden sollten auf eine Beseitigung der kon-

---

90 *K. R. Popper:* Das Elend des Historizismus, a. a. O., S. 68.

91 Zur Kritik des Ganzheitsdenkens vgl. *Sarrazin/Spreer/Tietzel:* Ganzheitsdenken und Gesellschaftsplanung. Ein methodenkritischer Überblick, a. a. O.

92 Vgl. *K. R. Popper:* Die offene Gesellschaft, Bd. I u. II, a. a. O.; sowie: Das Elend des Historizismus, a. a. O.

93 Vgl. S. 303 ff.

94 *K. R. Popper:* Das Elend . . ., a. a. O., S. VIII.

kreten Übel gerichtet sein. Sinnvoller, als das Glück zu erzwingen, ist es, die Ursachen des Unglücks auszurotten, gegen Armut, Krankheit, Unterdrückung und Ausbeutung in jeder Form zu kämpfen.

Über konkrete Mißstände der Gesellschaft und ihre Bekämpfung läßt sich leichter Einigkeit herstellen als über abstrakte Zukunftsvisionen. Über Schritte zur Bekämpfung unmittelbarer Mißstände oder zur Abwendung drohender Gefahren läßt sich argumentieren, über Zukunftsvisionen einer „neuen" Gesellschaft kann man meist nur streiten. Denn Übel sind handgreiflich, Glück ist utopisch. Da der utopische Entwurf nur gültig ist, wenn die Gesellschaft das Zielsystem annimmt, das ihm zugrundeliegt, und da er nur realisiert werden kann, wenn sich die gesellschaftlichen Ziele auf dem langen Weg zur Realisierung der Utopie nicht ändern, ist die Unterdrückung von Abweichungen und gesellschaftlichen Änderungen, die das utopische Ziel gefährden könnten, ein notwendiges Resultat des Versuchs, die Utopie zu realisieren.

Hier verschwistert sich die Utopie mit der Gewalt, denn nur gewaltsam können verbindliche „letzte Ziele" langfristig aufrechterhalten werden. Die stete Neubestimmung der gesellschaftlichen Ziele, die friedliche Koexistenz völlig unterschiedlicher Ziele, die das Kennzeichen einer pluralistischen Gesellschaft bilden, sind unvereinbar mit dem utopischen Entwurf. Zudem bietet ja das utopische Endziel der „neuen" Gesellschaft die Rechtfertigung für die Mittel zur Überwindung der Schwierigkeiten auf dem Weg dorthin, seien diese Mittel auch gewaltsam. Die Unzuträglichkeiten, die Leiden und Opfer, die der gegenwärtigen Gesellschaft auferlegt werden, scheinen gering, gemessen an der Verheißung der „letzten Ziele". Wer aber nun der Meinung ist, niemand – keine politische Gruppe und kein einzelner – habe das Recht, anderen die eigenen Ziele aufzuzwingen, wer glaubt, daß die Pluralität der Anschauungen schützenswertes Gut einer humanen Ordnung ist, wer die rationale Auseinandersetzung über die Beseitigung konkreter Ungerechtigkeiten und Mißstände für fruchtbarer hält als den Streit über abstrakte Zukunftsvisionen, wer lieber die Quellen menschlichen Unglücks *beseitigen* als über die Bedingungen menschlichen Glücks *philosophieren* möchte, dem bietet die Stückwerk-Sozialtechnik ein methodisches Prinzip zur Veränderung der Gesellschaft.

Die Stückwerk-Sozialtechnik beruht auf der Erkenntnis, daß unser Wissen von den Wirkungen unserer Handlungen stets unvollkommen ist und umso unzulänglicher wird, je tiefgreifender und umfassender unsere Maßnahmen sind, daß sich unsere Ziele ändern und daß wir uns irren können. Die Veränderung der Gesellschaft bedarf also der ständigen Kontrolle und Revision anhand des Erfolgs und der Nebenwirkungen unserer Handlungen und anhand der Kritik der Betroffenen und Beteiligten. Der Gesellschaftsreformer ist wie ein Bergführer: er kann auch die höchsten Berge nur *schrittweise*

erklimmen, und ein verantwortlicher Bergführer wird lieber einen Haken mehr in das Felsgestein schlagen, ehe er seiner Mannschaft den nächsten Schritt freigibt. Um im Bild zu bleiben: mit dieser Technik werden auch die höchsten Berge bestiegen. Mancher Dialektiker mag zwar in Utopie und Phantasie die höchsten Gipfel der Geistesgeschichte meistern, in der Realität aber wird jede Vernachlässigung der strengen Regeln des Sicherns und Prüfens mit Absturz bestraft. „Umso schlimmer für die Wirklichkeit", das sagte *Hegel* schon, als er auf die Diskrepanz zwischen seiner Theorie und der Realität aufmerksam gemacht wurde. Diese Attitüde der Realitätsverachtung wird sicherlich nicht von allen utopischen Gesellschaftsveränderern geteilt, aber sie kennzeichnet das dogmatische Vertrauen in die eigene Utopie. Die utopische oder holistische Sozialtechnik, die „die Gesellschaft als Ganzes" „nach einem feststehenden Gesamtplan ummodeln will", setzt die Allmacht und Allwissenheit des utopischen Sozialplaners voraus, Allmacht, weil er, soll er Erfolg haben, alle abweichenden Bestrebungen unterdrücken muß, Allwissenheit, weil der utopische Sozialplan die Möglichkeit der eigenen Revision und damit die Möglichkeit des Irrtums ausschließt[95].
Der häufig erhobene Vorwurf gegen die Stückwerk-Sozialtechnik, als „Inkrementalismus", als Technik des „muddling through", des „Durchwurstelns", verliere sie die Zusammenhänge des „Ganzen" aus den Augen und habe deshalb keine gesamtgesellschaftliche Rationalität, verfängt aus mehreren Gründen nicht:
(1) Auch der Ingenieur der Stückwerk-Sozialtechnik ist bemüht, die Gesamtheit der (direkten und indirekten) Auswirkungen seiner Handlungen zu erfassen und im Hinblick auf seine Ziele zu beurteilen. Er wird sich nur „davor hüten, Reformen von solcher Komplexität und Tragweite zu unternehmen, daß es ihm unmöglich wird, Ursachen und Wirkungen zu entwirren und zu wissen, was er eigentlich tut"[96]. Er trägt der Tatsache Rechnung, daß die Gesellschaftspolitik immer den Charakter eines sozialen Experiments hat, wobei die Größe des Risikos durch die Qualität des zugrundegelegten nomologischen Wissens über die Zusammenhänge in der Gesellschaft (und zwar die *konkreten* Zusammenhänge) bestimmt wird[97]. Es ist nicht so, daß „Technokratenwissen" nicht so wichtig sei, solange nur „die Richtung stimmt". Unser vernünftiges Handeln kann nur so weit reichen, wie unser theoretisches Wissen über die Handlungsfolgen reicht (und dieses reicht im gesellschaftlichen Bereich nicht sehr weit, wie auch die praktischen Erfahrungen in der Reformpolitik der letzten Jahre zeigen).

95 Vgl. *K. R. Popper:* Das Elend . . ., a. a. O., auf S. 51 ff. die Gegenüberstellung von Stückwerk-Sozialtechnik und utopischer Sozialtechnik.

96 Ebenda, S. 54.

97 Hier liegt die Bedeutung der *Wissenschaft* für die Politik, vgl. Abschnitt 5.

(2) Auch der utopische Sozialingenieur bedient sich bei der Durchführung des utopischen Gesamtplans der Stückwerktechnik, allerdings einer methodisch verkümmerten und vergröberten Stückwerktechnik: Da der Gesamtplan feststeht, können die im Prozeß der stückweisen Veränderungen gemachten Erfahrungen nicht zur kritischen Revision der künftigen Maßnahmen verwandt werden. Es fehlt die Offenheit für Kritik, die der Stückwerk-Sozialtechnik die ständige Anpassung an Veränderungen und neue Erfahrungen ermöglicht.

(3) Die Anwendung der Stückwerk-Sozialtechnik schließt keineswegs spekulative Überlegungen über die Organisation der Gesellschaft und über die „großen" gesellschaftlichen Zusammenhänge als irrelevant oder gefährlich aus. Vielmehr schätzt der kritische Rationalismus Phantasie und Utopie hoch ein – beide sind dem Denken in sinnvollen Alternativen förderlich, falls sie zu konkreten und überprüfbaren Alternativen führen, zur „*konkreten Utopie*" (*Willy Brandt*). Solche Spekulationen dürfen jedoch nicht eine Eigendynamik als dogmatische, der Kritik entzogene Handlungsanweisung gewinnen, die sich als „durch emotionalen Druck gesteigerte Wunschphantasien gegen jede nüchtern-realistische und kritische Situationsbeurteilung durchsetzen"[98]. Die Utopie hat für das politische Denken etwa die Bedeutung wie die Metaphysik für das wissenschaftliche. „Beide enthalten also eine Negation des Bestehenden, ein kritisches Potential, dessen Ausnutzung allerdings die Ausarbeitung einer konkreten Alternative erforderlich macht . . . Die Konkretisierung der Metaphysik erfolgt durch Ausarbeitung einer theoretischen, die der Utopie durch Ausarbeitung der institutionellen Alternative[99]."

Die Stückwerk-Sozialtechnik ist eine *rationale* Methode der Gesellschaftsveränderung, weil sie den *Grenzen* unserer Kenntnisse über die unbeabsichtigten Rückwirkungen unserer sozialen Handlungen Rechnung trägt und durch einen kontrollierten Prozeß der *allmählichen* Veränderung die ständige Rückkopplung zwischen unseren Maßnahmen und deren Wirkungen ermöglicht. Darüber hinaus ist sie eine *rationale* Methode im *ethischen* Sinne. Der kritische Rationalist bekennt sich zum Rationalismus in der Politik, weil er „im Standpunkt der Vernunft die einzige Alternative zur Herrschaft der Gewalt" sieht[100]. Nur der Wille zu rationalen Formen der Auseinandersetzung und Entscheidung, die Bereitschaft, auch einen Kompromiß zu akzeptieren, wo es Interessengegensätze gibt, könnten die Gewalttätigkeit aus der Politik verbannen. Der Verzicht auf Gewalttätigkeit schließt das Bekenntnis zur allmählichen, schrittweisen Veränderung

98 *H. Albert:* Traktat über kritische Vernunft, a. a. O., S. 73.
99 Ders.: ebenda, S. 50.
100 *K. R. Popper:* Utopie und Gewalt, a. a. O., S. 304.

der Gesellschaft ein. Natürlich ist die Rationalität in der Politik nur lebensfähig, wenn sie von *allen* Beteiligten als politische Haltung akzeptiert wird – wie Popper es formuliert: „Mit einem, der lieber schießt, als sich überzeugen zu lassen, kann man keine rationale Diskussion führen[101]."

D. Aldrup durchleuchtet in seinem Beitrag „Zu einer rationalen Theorie der Politik" vorhandene Ansätze der politischen Theorie „*methodenkritisch* auf ihre ... abgestufte rationale Despektabilität"[102] im Lichte des kritischen Rationalismus. Er beweist die Irrationalität der politischen Harmonielehren, die auf die Existenz einer „natürlichen Ordnung" rekurrieren, des historizistischen Ansatzes der marxistischen politischen Theorie, die letztlich auch auf der Vorstellung von der Harmonie einer „natürlichen Ordnung" beruht, und aller politischen Theorien, die das klassische Rationalitätsdogma zugrundelegen. Nachdem gerade auf dem Gebiet der Politik der Rationalitätsbegriff zunehmend in vieldeutiger Weise verwendet wird, scheint seine Diskussion aus kritizistischer Sicht unumgänglich geworden zu sein.

Das Verhältnis von kritisch-rationaler Wissenschaftstheorie und der *Demokratie* als politischer Methode ist Gegenstand der Abhandlung von *G. Fleischmann*[103]. Stets gab es enge Beziehungen zwischen einem „esoterischen Bereich wie der Wissenschaftstheorie und dem exoterischen Geschäft der Politik"[104]. *Fleischmann* belegt die These, „daß die klassische Wissenschaftstheorie antidemokratische Implikationen hat, weil sie Meinungsverschiedenheit und Irrtum moralisch disqualifiziert"[105], während der kritische Rationalismus Meinungs- und Hypothesenkonkurrenz und deren demokratisch-institutionelle Absicherung zum methodischen Prinzip erhebt. Die Wahrheit – auch politische Wahrheit – ist nicht manifest. Für eine antidogmatische und antikonservative Politik ist daher (selbst-)kritische Fehlersuche der Motor politischen Fortschritts, das Kriterium gesellschaftlicher Veränderung.

Für die Vertreter irgendeiner Manifestationstheorie ist alle von der vermeintlichen Wahrheit abweichende Meinung moralisch verwerflich, ist Demokratie als Meinungskonkurrenz letztlich entbehrlich. Die Annahme einer prinzipiellen Ungewißheit im wissenschaftlichen und politischen Leben, von der der kritische Rationalismus ausgeht, führt freilich unmittelbar zur Notwendigkeit der demokratischen Methode. Kritisch-rationale

---

101 Ebenda, S. 305.

102 *D. Aldrup:* Zu einer rationalen Theorie der Politik, in diesem Band, S. 266.

103 *G. Fleischmann:* Kritischer Rationalismus und Demokratie, in diesem Band, S. 287 ff.

104 Ebenda S. 287.

105 Ebenda S. 289.

Ethik des Argumentierens ist durch eine Rationalität ausgezeichnet, die Kritik und Rechtfertigung nicht mehr vermengt. Die Möglichkeit endgültig gerechtfertigter Meinungen machte Demokratie als politische Methode überflüssig. *Fleischmann* verdeutlicht diese Gedankengänge u. a. am Beispiel der politischen Parteien in der Bundesrepublik Deutschland, indem er das Verhältnis von Dogmatismus und kritischem Rationalismus in der Demokratie untersucht.

5. *Die Aufgabe der Wissenschaft und ihr Verhältnis zur Politik*

Die Antwort auf die *Kant*sche Frage „Was soll ich tun" hängt ab von der Beantwortung der Frage „Was kann ich wissen". Der Zusammenhang zwischen Erkenntnis und Handeln läßt sich übersetzen in die Frage nach dem Verhältnis von Wissenschaft und Politik. Auf diesem Felde sind seit Sokrates von kritischen Philosophen, engagierten Sozialwissenschaftlern, von zahlreichen berufenen und weniger berufenen Geistern so viele Schlachten geschlagen worden, daß eine weitere Auseinandersetzung überflüssig, zumindest aber aussichtslos erscheinen könnte. Die Antwort aber auf diese Frage ist nicht nur von akademischem Interesse für das Selbstverständnis der Wissenschaft, sie birgt unmittelbare Folgen für eine rationale Gestaltung der Politik. Wer etwa an die Fähigkeit der Wissenschaft glaubt, dem praktischen Handeln werthafte Normen zu setzen, wer veralteten wissenschaftlichen Theorien unkritisch anhängt, der dürfte auch fragwürdige Vorstellungen von „rationaler" Politik haben.
Hier offenbart die scheinbar esoterischste Wissenschaft, die Philosophie, ihre politische Relevanz als Erkenntnislehre. Die Methode der kritischen Prüfung, die systematische Suche nach besseren Lösungen, ist die Voraussetzung für rationales Problemlösungsverhalten auch in der Politik und ermöglicht es insbesondere, „Strategien der Immunisierung, der Verdunkelung, Vernebelung und Verklärung, also: dogmatische Verfahrensweisen, zu durchschauen"[106]. Die Philosophie des kritischen Rationalismus prägt durch ihre spezifische Antwort auf die Frage „Was kann ich wissen" unmittelbar auch das politische Problemlösungsverhalten, macht z. B. mißtrauisch gegen die großen Gesamtlösungen, zu denen nur die innere Gewißheit, im Besitz der reinen und sicheren Wahrheit zu sein (welche Produkt unkritischer erkenntnistheoretischer Vorstellungen ist), den politischen Mut gibt.
Popper hat in seinem Aufsatz „Die Aufgabe der Wissenschaft" die Aufgabe der Wissenschaft aus der Sicht des kritischen Rationalismus sehr prägnant beschrieben. Er beschreibt als „Ziel der empirischen Wissenschaft", *„befrie-*

106 *H. Albert:* Traktat über kritische Vernunft, a. a. O., S. 88.

digende Erklärungen zu finden für alles, was uns einer Erklärung zu bedürfen scheint"[107] und erläutert die Bedeutung der *Überprüfbarkeit* der zur Erklärung verwandten universellen Gesetze (Theorien) und Anfangsbedingungen für die Qualität der Erklärung und den Fortschritt der Wissenschaft[108]. Unsere Erklärungen tragen, wie unser gesamtes theoretisches Wissen, vorläufigen Charakter, es gibt keine sogenannten „letzten" Erklärungen, die keiner weiteren Erklärung mehr bedürfen, vielmehr kann „jede Erklärung weiter erklärt werden ... durch eine Theorie von höherer Universalität; und es kann keine Erklärung geben, die nicht einer weiteren Erklärung bedarf"[109]. Unser Wissen ist vorläufig, unsere Theorien sind nicht „beweisbar", aber unsere Erkenntnis schreitet fort, sie kann sich der Wahrheit *annähern* durch ständige Entwicklung neuer Theorien von größerer Universalität und Tiefe.

Aus der Sicht des kritischen Rationalismus konstituiert sich die *Einheit der Wissenschaft* in der Zielsetzung der Suche nach „befriedigenden Erklärungen" und in der Methode „des tentativen Lösungsversuches (oder Einfalls), der von der schärfsten Kritik kontrolliert wird. Es ist eine kritische Fortbildung der Methode des Versuchs und Irrtums (‚trial and error')"[110]. In diesem Sinne besteht zwischen Naturwissenschaft und Sozialwissenschaft (die ja bei der „politischen" Frage nach der Aufgabe der Wissenschaft besonders im Mittelpunkt steht) *kein* Unterschied, und in diesem Sinne gilt die Auffassung des kritischen Rationalismus von der *Objektivität* der Wissenschaft *auch* für die Sozialwissenschaft: „Die sogenannte Objektivität der Wissenschaft besteht in der Objektivität der kritischen Methode; das heißt aber vor allem darin, daß keine Theorie von der Kritik befreit ist, und auch darin, daß die logischen Hilfsmittel der Kritik – die Kategorie des logischen Widerspruchs – objektiv sind[111]."

Die hier gekennzeichnete Wissenschaftsauffassung wird allerdings angegriffen von einem Vertreter der „dialektischen Theorie" wie *Habermas,* der seinen Zweifel ins Feld führt, „daß die Wissenschaft in Ansehung der vom Menschen hervorgebrachten Welt ebenso indifferent verfahren darf, wie es in den exakten Naturwissenschaften mit Erfolg geschieht"[112]. In diesem

---

107 *K. R. Popper:* Die Aufgabe der Wissenschaft, a. a. O., S. 89; siehe auch *B. Magee:* Kritischer Rationalismus – Eine Unterhaltung mit Karl Popper, a. a. O., S. 66.

108 Vgl. auch Abschnitt 2.

109 *K. R. Popper:* Die Aufgabe der Wissenschaft, a. a. O., S. 93.

110 *K. R. Popper:* Die Logik der Sozialwissenschaften, in: *Adorno* u. a.: Der Positivismusstreit in der deutschen Soziologie, a. a. O., S. 106.

111 Ebenda S. 106.

112 *J. Habermas:* Analytische Wissenschaftstheorie und Dialektik, a. a. O., S. 292.

Einwand wird die Verbindung deutlich, die zwischen den Auffassungen von der *Objektivität* und von der *Wertfreiheit* der Wissenschaft besteht. Die Anschauungen über die *Aufgabe* der Wissenschaft und über das Verhältnis von *Wissenschaft und Politik* haben gleichfalls unmittelbare Verbindung zu den Anschauungen von der Wertfreiheit der Wissenschaft. So ist es nicht verwunderlich, daß die Wertfreiheitsdebatte heute nicht weniger als zu Zeiten *Max Weber*s im Zentrum der Auseinandersetzung um das Verhältnis von Wissenschaft und Politik steht. Verwunderlich ist eher, daß nicht viel weniger als vor siebzig Jahren die Auseinandersetzung auch gegenwärtig vornehmlich von Mißdeutungen und Mißverständnissen der Aussagen *Max Weber*s geprägt ist. Da die entscheidenden Argumente im Werturteilsstreit bereits von *Max Weber* selbst bündig und prägnant abgehandelt worden sind, erschien es sinnvoll, *Max Weber*s bedeutendste erkenntnistheoretische Arbeit: „Die ‚Objektivität' sozialwissenschaftlicher und sozialpolitischer Erkenntnis" im vorliegenden Band (stark gekürzt) abzudrucken[113]. *Max Weber* kann übrigens in seinen erkenntnistheoretischen Auffassungen in mancherlei Hinsicht als ein „Vorläufer" des kritischen Rationalismus aufgefaßt werden, wie sich insbesondere in der o. a. Arbeit zeigt (ein Umstand, der zusätzlich für ihren auszugsweisen Abdruck sprach)[114].

---

113 Siehe S. 335 ff. in diesem Band; zu den Auffassungen *Max Webers* siehe weiter: Der Sinn der „Wertfreiheit" der soziologischen und ökonomischen Wissenschaften, in *M. Weber:* Gesammelte Aufsätze zur Wissenschaftslehre, dritte, erweiterte und verbesserte Auflage, hrsg. von *J. Winckelmann,* Tübingen 1968, S. 489 ff.

114 *Max Weber* hat fast alle entscheidenden Elemente des kritischen Rationalismus im Grundansatz voll entwickelt: Er erkannte die Bedeutung der *Kritik* und der *Prüfbarkeit* wissenschaftlicher Aussagen für den wissenschaftlichen Fortschritt. Er unterstrich die *Vorläufigkeit* wissenschaftlicher Erkenntnis. Er wandte sich gegen Versuche, die Erkenntnis für eine bestimmte Gruppe (Klasse, Rasse o. ä.) zu *privilegieren* und legte die Taktik der *Immunisierung* von „wissenschaftlichen" Aussagen gegen die kritische Prüfung anhand der Erfahrungswirklichkeit bloß. Er kritisierte ebenso wie *Popper* die Bemühungen um *„letzte"* Erklärungen, die das *„Wesen"* der Dinge erfassen sollten und betonte den Zusammenhang zwischen *Erkenntnis und Interesse*; das Interesse – und auch die Interessen – bestimmen nach *Max Weber* die Richtung wissenschaftlicher Bemühungen und insofern auch die wissenschaftliche Erkenntnis, bei deren *Beurteilung* allerdings die Interessen des Wissenschaftlers sachlich ohne Relevanz sind.
Max Weber als Vorfahre des kritischen Rationalismus stand in enger Wahlverwandtschaft zu den Ideen von Männern, denen „der Schutz der physischen Gesundheit der Arbeitermassen und die Ermöglichung steigender Anteilnahme an den materiellen und geistigen Gütern unserer Kultur für sie als Ziel – als Mittel aber die Verbindung staatlichen Eingreifens in die mate-

Die noch heute geläufigen Mißverständnisse im Streit um die Wertfreiheit rühren in der Regel auch daher, daß die verschiedenen Ebenen, auf denen Wertungen auftreten können, vermischt werden, nämlich (1) die Tatsache, daß die Auswahl von Forschungsgegenständen durch Wertungen bestimmt wird (die *Wertbasis* der Wissenschaft), (2) die Frage, ob und inwieweit Wertungen zum Gegenstand der Wissenschaft gemacht werden (Wertungen im Objektbereich), (3) die Frage, ob Werturteile Teil wissenschaftlicher Aussagen sein können (das eigentliche Werturteilsproblem)[115]. Nur die letzte Frage wird von den Vertretern des Wertfreiheitsprinzips und wurde von *Max Weber* selber verneint. *Max Weber* meinte, „daß es niemals die Aufgabe einer Erfahrungswissenschaft sein kann, bindende Normen und Ideale zu ermitteln, um daraus für die Praxis Rezepte ableiten zu können"[116]. Die von *Max Weber* befürwortete „prinzipielle Scheidung ... des ‚Seienden' und des ‚Seinsollenden' "[117] bedeutet seiner Meinung keineswegs, daß „Werturteile der wissenschaftlichen Diskussion überhaupt *entzogen* seien"[118], sie sind nur nicht wissenschaftlich ableitbar. Die kritische Überprüfung von Werturteilen, etwa auf ihre logische Vereinbarkeit mit anderen Werturteilen, die Überprüfung scheinbar reiner „Sachaussagen" auf verborgene Werturteile und kryptonormative Funktionen gehören zur Aufgabe einer „wertfreien" Wissenschaft, welche allerdings, der objektiven Erkenntnis verpflichtet, niemanden zu lehren vermag, „was er *soll*, sondern nur, was er *kann* und – unter Umständen – was er *will*"[119].

Die „Wertfreiheit" verbannt „Wertungen" nicht aus der wissenschaftlichen Diskussion, sie überliefert sie vielmehr der erkenntnisfördernden Kritik (etwa der aus ihrer Realisierung folgenden sachlichen Konsequenzen oder

---

rielle Interessensphäre mit freiheitlicher Fortentwicklung der bestehenden Staats- und Rechtsordnung vorschwebten, und die – welches immer ihre Ansicht über die Gestaltung der ferneren Zukunft sein mochte – für die *Gegenwart* die kapitalistische Entwicklung bejahten, nicht weil sie ihnen gegenüber älteren Formen der gesellschaftlichen Gliederung als die bessere, sondern weil sie ihnen als praktisch unvermeidlich und der Versuch grundsätzlichen Kampfes gegen sie nicht als Förderung, sondern als Hemmung des Emporsteigens der Arbeiterklasse an das Licht der Kultur erschien". Vgl. *M. Weber:* Die „Objektivität", a. a. O., Winckelmann-Ausgabe S. 159.

115 Vgl. *H. Albert:* Theorie und Praxis. Max Weber und das Problem der Wertfreiheit und der Rationalität, in: Ders. Konstruktion und Kritik, a. a. O., S. 55. Zur systematischen Abhandlung des Wertfreiheitsproblems aus heutiger Sicht siehe *Alberts* gesamten Aufsatz.

116 *M. Weber:* Die „Objektivität", a. a. O., unsere Kurzfassung S. 336.

117 Ebenda, S. 335.

118 Ebenda, S. 336.

119 Ebenda, S. 338.

ihrer inneren Widerspruchsfreiheit). Die aus Gründen der Klarheit geforderte logische Trennung zwischen Realaussagen über das „Seiende“ und normativen Aussagen über das „Seinsollende“ ist elementarer Bestandteil eines kritisch-rationalen Problemlösungsverhaltens, denn unsere Wünsche und Ziele, die in unseren Wertungen zum Ausdruck kommen, mögen zwar abhängig sein von unserer Kenntnis der realen Welt, aber die Wahrheit unserer erfahrungswissenschaftlichen Theorien und Aussagen hängt nicht ab von unseren Wertungen.

Ein Wort sei noch gesagt zu den Auffassungen des *„ethischen Realismus“* und der Vertreter einer *„normativen Sozialwissenschaft“* über die Rolle von Werturteilen in wissenschaftlichen Aussagen.

Dem ethischen Realismus *Nelsons*, der sich unter dem Einfluß *Willi Eichlers* und *Gerhard Weissers* im Godesberger Programm durchsetzte und dort in den „Grundwerten und Grundforderungen“ seinen Niederschlag fand, lag die Auffassung zugrunde, „daß es unter Anwendung wissenschaftlicher Methoden (wenn auch selbstverständlich nicht naturwissenschaftlicher) möglich“ sei, „die Ideale der Freiheit und Gerechtigkeit als sittlich und rechtlich verbindlich für die menschliche Gesellschaft zu erweisen“[120]. Diese Auffassung ist, was ihren rein sachlichen Gehalt angeht, wohl kaum haltbar: „Es ist ... sicher unmöglich, die Richtigkeit irgendeines ethischen Prinzips zu beweisen oder zu seinen Gunsten so zu argumentieren, wie wir es im Falle einer wissenschaftlichen Behauptung tun. Die Ethik ist keine Wissenschaft. Aber obgleich es keine rationale wissenschaftliche Basis für die Ethik gibt, gibt es doch eine ethische Basis der Wissenschaft und des Rationalismus ... Schließlich ist der Rationalismus mit der Erkenntnis der Notwendigkeit sozialer Institutionen verbunden, die die Freiheit der Kritik, die Freiheit des Denkens und damit die Freiheit des Menschen stützen. Und er begründet so etwas wie eine sittliche Verpflichtung zur Unterstützung dieser Institutionen[121].“ Der Unterschied zwischen den Anschauungen des ethischen Realismus und des kritischen Rationalismus ist inhaltlich wohl nicht so groß, wie es zunächst scheinen mag. Mildert man die Aussage des ethischen Realismus dahingehend ab, daß Wertungen und Werte, wenn nicht wissenschaftlich begründbar, so doch der systematischen Untersuchung und logischen Analyse zugänglich sind, daß hier die Wissenschaft eine Aufgabe hat, dann scheinen beide Auffassungen durchaus vereinbar.

Die Einwendungen des kritischen Rationalismus gegen die normative So-

---

120 *W. Eichler:* Weltanschauung und Politik, Frankfurt 1967, S. 44; siehe dazu auch *L. Nelson:* System der philosophischen Ethik und Pädagogik, in: Gesammelte Schriften, Band V, 3. Auflage, Göttingen, Hamburg 1970, S. 10 ff.

121 *K. R. Popper:* Die offene Gesellschaft II, a. a. O., S. 293 f.

zialwissenschaft *Gerhard Weissers* und seiner Schüler beruhen auf der Überlegung, daß die geforderte Einführung von Werturteilen in sozialwissenschaftlichen Aussagen dem erklärten Zweck, einer Erhöhung des Praxisbezugs wissenschaftlicher Aussagen, nicht dienen kann. Eine vollständige Erfassung der möglichen Kombinationen zwischen Werturteilen und wissenschaftlichen Sachaussagen in allgemeiner Form ist unmöglich, bei der Verwendung wissenschaftlicher Erkenntnisse in konkreten Situationen müssen die wissenschaftlichen Aussagen in jedem Falle um konkrete situationsbezogene Maximen ergänzt werden, um den Praxisbezug herzustellen. „Weder die Wissenschaft, noch ein normatives System von Vorentscheidungen kann die schöpferische Einbildungskraft besitzen, die für die Lösung neuer Probleme erforderlich ist[122]."

Das Verhältnis von Erkenntnis und Handeln behandelt *Hans Albert* in seinem hier abgedruckten Aufsatz „Wissenschaft, Technologie und Politik" in grundsätzlicher Perspektive[123].

Die instrumentalistische Mißdeutung der Wissenschaft als Dienerin der Politik, gekennzeichnet durch die Forderung nach „Parteilichkeit des Denkens" und die Denunzierung eines auf objektive Erkenntnis gerichteten, angeblich bloß „technischen" Erkenntnisinteresses sind kennzeichnend für die neomarxistische Betrachtungsweise (kritische Theorie). Dienen kann die Wissenschaft einer kritisch-rationalen, nicht auf Selbstbestätigung angelegten Politik nur, wenn sie nicht ihre Dienerin ist. Die für den Erkenntnisfortschritt unentbehrliche kritische Attitüde geht verloren, wenn an die Stelle des Strebens nach „objektiver Erkenntnis" die Forderung nach „Parteilichkeit des Denkens" tritt, welche natürlich auch die Ablehnung der „Wertfreiheit" impliziert.

Solche Forderungen sind nicht „ideologiekritisch", sondern hemmen die Entwicklung kritischer Rationalität durch Ideologisierung und Förderung irrationaler Denkweisen[124]. *Albert* arbeitet heraus, daß die Hilfe der Erkenntnis für das Handeln, der Theorie für die Praxis, der Wissenschaft für die Politik in der Bereitstellung (sozial)technologischer Aussagensysteme besteht, welche die rationale Orientierung des Handelns an den realen Möglichkeiten und den voraussehbaren Folgen ermöglichen. Damit leistet die Wissenschaft ihren entscheidenden Beitrag zur Frage der politischen Praxis:

---

122 *H. Albert:* Traktat über kritische Vernunft, a. a. O., S. 67; Zur Haltung der Vertreter einer normativen Sozialwissenschaft siehe etwa: *G. Weisser:* Politik als System aus normativen Urteilen, Göttingen 1951; vgl. auch die von *H. Albert* geübte Kritik in: Traktat über kritische Vernunft, a. a. O., S. 65 ff. sowie die dort angegebene Literatur.

123 Vgl. S. 317 ff. in diesem Band.

124 Vgl. dazu auch die schon zitierten Beiträge *Alberts* zum „Positivismusstreit".

„Was können wir tun?“ Nur diese technologische Aussagesysteme sind „wertfrei“, ihre Anwendung, etwa in einer „Stückwerk-Sozialtechnik“ erfordert wertende Urteile über Ziele und Mittel.

Die Beurteilung eines (sozial)technologischen Aussagensystems kann nur am Kriterium seiner „Wahrheitsähnlichkeit“ erfolgen, in der kritischen Prüfung anhand der Realität und im Vergleich mit konkurrierenden Aussagensystemen. In der „technischen Verwertung“ solcher Aussagensysteme sind werthafte politische Zielvorgaben und Beurteilungskriterien in der Tat unverzichtbar. Sie sollten aber als solche kenntlich gemacht werden, denn der kritischen Diskussion sind Werturteile nur zugänglich, wenn sie nicht hinter scheinbaren Realaussagen und „objektiven Sachzwängen“ verschleiert werden[125]. Die logische Trennung der Aussagen über das „Seiende“ und über das „Seinsollende“ verhindert allein eine letztlich irrationale „Ideologisierung“ der Wissenschaft.

Eine in diesem Sinne „wertfreie“ Wissenschaft erfüllt gegenüber Gesellschaft und Politik ihre kritische Funktion durch „Aufklärung“ und „Steuerung“[126]: Aufklärung, indem sie den Spielraum menschlicher Wirkungsmöglichkeiten durch technologische Aussagensysteme absteckt; Steuerung, indem sie der rationalen Politik die praktischen Konsequenzen ihrer Handlungen aufzeigt und die Kritik politischen Handelns anhand seiner Handlungsfolgen ermöglicht. Die Möglichkeit zur freien Auseinandersetzung und damit die Pluralität der Anschauungen muß in der sozialen Praxis abgesichert sein, damit die Wissenschaft ihre Funktionen „Aufklärung“ und „Steuerung“ wirklich leisten kann. Erst der Abschied vom „naturalistischen Fehlschluß“, daß Entscheidungen aus Erkenntnissen abgeleitet werden können (letztlich der Kern der Werturteilsdebatte)[127], macht den Weg frei zur Lösung des „Überbrückungsproblems“ zwischen Theorie und Praxis durch Aufklärung und Steuerung.

Diese Lösung will freilich einer „kritischen Theorie“ nicht einleuchten, welche meint, das oben skizzierte Wissenschaftsverständnis enge die Vernunft ein auf die Ableitung und Prüfung empirischer Gesetzeshypothesen,

---

125 *H. Hinz* hat in seinem auf S. 349 ff. abgedruckten Beitrag „Wirtschaftstheorie an der ‚Galileischen Wende‘ “ deutlich gemacht, in welchem Ausmaß die Wirtschaftstheorie und die Wirtschaftspolitik von kryptonormativen Aussagensystemen beherrscht werden, wodurch die Kritik der theoretischen Konzepte wie der normativen Aussagen erschwert wird.

126 Vgl. den auf S. 103 ff. abgedruckten Beitrag von *H. Albert:* Aufklärung und Steuerung. Gesellschaft, Wissenschaft und Politik in der Perspektive des kritischen Rationalismus.

127 Siehe dazu ebenda, S. 112 ff. sowie *H. Albert:* Traktat über kritische Vernunft, a. a. O., passim, sowie die dort angegebene Literatur.

während sie den Bereich der sozialen Praxis einem irrationalen und letztlich willkürlichen *Dezisionismus* opfere. Damit verliere sie die „gesellschaftliche Totalität“ aus den Augen, welche nur dialektisch zu erfassen sei „in Anknüpfung an die natürliche Hermeneutik der sozialen Lebenswelt“[128].

Es ist leider in diesem Band nicht möglich, die Auseinandersetzung mit der „kritischen Theorie“ (deren Stern, was die Resonanz ihrer Vorstellungen angeht, freilich auch zu sinken scheint) in extenso zu führen. Gesagt werden soll an dieser Stelle nur dies (auch um der Gefahr willen, daß die apodiktische Kürze der Formulierung überheblich klingt): Methodische Alternativen werden von der kritischen Theorie nicht angeboten. Der von ihr als „dezisionistisch“ angegriffenen Lösung des Überbrückungsproblems hat sie nur allerlei diffuse Forderungen und Betrachtungen gegenüberzustellen, welche sämtlich auf die Anpreisung der „dialektischen Methode“ zur Erfassung der „gesellschaftlichen Totalität“ und damit der „Vermittlung“ von „Erkenntnis und Entscheidung“ hinauslaufen, eine „Lösung“, deren rein sachlicher Gehalt und praktische Anwendung dabei allerdings nicht klar wurde.

Der Vorwurf, die gesellschaftliche Praxis durch bestimmte Verfahren der „Vermittlung“ zwischen Theorie und Praxis der Irrationalität überantwortet zu haben, trifft die „kritische Theorie“ selbst, welche die kritische Überprüfung menschlichen Denkens und sozialen Handelns anhand der Erfahrungswirklichkeit und aufgrund logischer Prinzipien als lediglich „eingeschränkte Rationalität“ zu denunzieren sucht, ohne daß sie in der Lage wäre, ihre Vorstellung von der totalen Vernunft in eine sachliche Form zu gießen, welche der kritischen Prüfung zugänglich ist.

Die Bedeutung des Prinzips der kritischen Prüfung verdeutlicht *Horst Hinz* in seinem Beitrag „Wirtschaftstheorie an der ‚Galileischen Wende‘ “[129]. *Hinz* unternimmt eine kritische Durchleuchtung der ungenannten normativen Voraussetzungen und Implikationen einer angeblich rein „ökonomischen“ Wirtschaftstheorie, deren Tarnung hinter scheinbaren ökonomischen „Sachzwängen“ o. ä. der ökonomischen Theorie teilweise ideologischen Charakter verleiht, während die Aufgabe einer wirklich erfahrungswissenschaftlichen ökonomischen Theorie, die eigenen Hypothesen anhand der Realität ständiger kritischer Prüfung zu unterwerfen, in der Forschungspraxis stark vernachlässigt wurde. Er offenbart, daß sich die Nationalöko-

128 *J. Habermas:* Analytische Wissenschaftstheorie und Dialektik, a. a. O., S. 293.

129 S. 349 ff. in diesem Buch; siehe zu diesem Problem insbesondere auch den Band von *H. Albert:* Marktsoziologie und Entscheidungslogik, Berlin – Neuwied 1967, sowie die bei *H. Hinz* angegebene Literatur.

nomie im Lichte einer kritischen Erfahrungswissenschaft als partielle Soziologie, als *politische Ökonomie* offenbart, welche keinen wie immer gearteten methodischen Autonomieanspruch stellen kann. Die Befreiung von dem Ballast kryptonormativer, *ideologischer* Vorstellungen erleichtert die *aufklärende* Funktion einer ökonomischen Erfahrungswissenschaft. Auch ihre Steuerungsfunktion in der politischen Beratung wird effektiver, wenn normative Urteile über die Gestaltung der Wirtschaft nicht mehr hinter Sachaussagen versteckt werden.

Das politische Handeln wird – wie alles Handeln – stets von theoretischen Vorstellungen geleitet, und zwar auch dann, wenn dies den Handelnden selbst gar nicht bewußt ist. Die Existenz und Benutzung rationaler Theorien ist die Voraussetzung für rationales politisches Handeln. Auf dem Gebiet der Wirtschaftspolitik wird dies besonders deutlich. Die Tatsache, daß die Weltwirtschaftskrise zu einem großen Teil das Ergebnis bestimmter falscher und dogmatisch gehandhabter Theorien der wirtschaftspolitisch Handelnden war, offenbart die besondere Bedeutung des Zusammenhanges zwischen ökonomischen Theorien und wirtschaftspolitischem Handeln. Dieser Zusammenhang ist Thema des in diesem Band abgedruckten Aufsatzes von *Christian Watrin*[130]. Im Lichte der Vielfalt und Konkurrenz einander widersprechender ökonomischer Theorien expliziert *Watrin* die besondere Dringlichkeit ständiger kritischer Prüfung bei der Auswahl zwischen theoretischen Konzepten und bei der Konzeption wirtschaftspolitischen Handelns. Wo die Möglichkeit zur ständigen kritischen Prüfung und entsprechenden Revision wirtschaftspolitischer Handlungsmaximen nicht gegeben ist, stellen sich ökonomisch-strukturelle Mißerfolge und Fehlentwicklungen ein.

Die Vermittlung zwischen Erkenntnis und Entscheidung erfolgt großenteils im institutionalisierten Prozeß der „Wissenschaftlichen Beratung der Politik“, wobei, wie bereits erläutert, die Rolle der Werturteile besonders strittig ist. *H. Zimmermann* versucht in seinem Beitrag „Wirtschaftspolitische Beratung unter Wertabstinenz“[131] die methodischen Prinzipien einer „wissenschaftlichen“ Politikberatung zu analysieren, wobei er die Unmöglichkeit aufzeigt, Hierarchien von Zweck-Mittel-Beziehungen bis hin zu allgemeinsten „Grundforderungen“ oder „Grundwerten“ abzuleiten. Er stellt die recht weitgehende Maxime auf, den Einfluß der Werturteile des Beraters zu minimieren. Hierin muß man ihm nicht zustimmen. Der wissenschaftliche Berater darf und soll Werturteile fällen, sofern er sie als solche kenntlich

---

130 „Ökonomische Theorien und wirtschaftspolitisches Handeln“, S. 421 ff. in diesem Band.

131 S. 379 ff. in diesem Band.

macht und nicht in die falschen Kleider „wissenschaftlicher" Erkenntnis steckt.

Ausgehend von der Kritik an der „formalen Rationalität" von Optimierungsmodellen und Entscheidungskalkülen untersucht *Gérard Gäfgen* den Stellenwert der Entscheidungslogik (als welche sich ein sehr großer Teil der ökonomischen Theorie darstellt) für eine handlungsorientierte Rationalität und arbeitet ihren Charakter als Hilfswissenschaft zur Konzeptualisierung von Entscheidungsproblemen heraus, welche ständiger Korrektur ihrer Handlungsmaximen und Prämissen anhand der organisierten Erfahrung bedarf, um ein „blindes Handeln" zu vermeiden, „welches die Gestaltungsmöglichkeiten unserer Welt völlig verkennt"[132].

---

132 *G. Gäfgen:* Rechtfertigung, Relevanz und Erfahrung. Zum Vernunftbegriff in der normativen Ökonomik, S. 457 ff. im vorliegenden Band. Das Zitat stammt von S. 475.

Bryan Magee

Kritischer Rationalismus — Eine Unterhaltung mit Karl Popper*

Magee: In Wien 1902 geboren, lebte Karl Popper über dreißig Jahre in dieser Stadt. Er gehörte nie zu den Mitgliedern des Wiener Kreises, denn obwohl er die meisten ihrer Interessen teilte, lehnte er ihre philosophischen Auffassungen ab. Man könnte fast sagen, daß sein erstes Buch, *„Logik der Forschung"*, *gegen* den Wiener Kreis geschrieben war. Unglücklicherweise erschien das Buch – obwohl bereits Herbst 1934 publiziert – erst ein Vierteljahrhundert später (unter dem Titel *„The Logic of Scientific Discovery")* in englischer Übersetzung. Ich komme nicht um das Gefühl herum, daß hier in England möglicherweise die Philosophie einer ganzen Generation anders ausgesehen hätte, wenn es früher übersetzt worden wäre. Popper verließ Wien 1937 und verbrachte die Kriegsjahre in Neuseeland. Dort schrieb er, in englischer Sprache, das zweibändige Werk, das ihn erstmals in der englischsprachigen Welt berühmt machte: *„Die offene Gesellschaft und ihre Feinde"*. Es ist eine machtvolle und mit starken Argumenten arbeitende Stellungnahme für die Demokratie und gegen den Totalitarismus – auch gegen die *philosophischen* Hauptfeinde der Demokratie, vor allem Platon und Marx.

Ein kleineres Buch, *„Das Elend des Historizismus"*, welches sich mit den Methoden der theoretischen Sozialwissenschaften befaßte, wurde in seiner ursprünglichen Form als Artikelserie zur gleichen Zeit wie *„Die offene Gesellschaft"* publiziert und kann als Gegenstück dazu angesehen werden. In gleicher Weise kann Poppers zuletzt publiziertes Buch *„Conjectures and Refutations"*[1] als Gegenstück zu seinem ersten und äußerst fruchtbaren Werk *„Logik der Forschung"* angesehen werden. Seit 1945 ist Popper britischer Staatsbürger, und seit diesem Jahr gehörte er auch zum Lehrkörper

* Aus: *Bryan Magee:* Modern British Philosophy, London 1971, vom Autor autorisierte Übersetzung durch *Thilo Sarrazin.*

1 Anm. des Übers.: Nach diesem Rundfunk-Interview erschien 1972 das Buch *„Objective Knowledge"*, welches 1973 in deutscher Übersetzung unter dem Titel *„Objektive Erkenntnis"* herauskam (Hamburg, Hoffmann u. Campe).

der London School of Economics, von der er kürzlich als Professor für Logik und wissenschaftliche Methodenlehre seinen Abschied nahm.
Sir Karl, aus unseren früheren Gesprächen weiß ich, daß Sie glauben, ein Philosoph zu sein sei etwas, das der Rechtfertigung bedürfe. Warum eigentlich?

Popper: Ja, das stimmt. Ich kann nicht sagen, daß ich stolz darauf bin, als Philosoph bezeichnet zu werden.

Magee: Ist das nicht ein bißchen seltsam? Warum meinen Sie das?

Popper: In der langen Geschichte der Philosophie gibt es mehr philosophische Erörterungen, deren ich mich schäme, als solche, auf die man stolz sein könnte.

Magee: Aber offensichtlich glauben Sie doch, daß es zumindest der Mühe wert ist, Philosoph zu sein, auch wenn es keinen Grund gibt, darauf stolz zu sein.

Popper: Ich glaube, ich kann eine Entschuldigung anbieten, so etwas wie eine Apologie für die Existenz von Philosophie, oder einen Grund für die Notwendigkeit, über Philosophie nachzudenken.

Magee: Und was wäre das?

Popper: Es ist so, daß jeder eine Philosophie hat, wir alle, Sie, ich, jedermann. Ob wir uns dessen bewußt sind oder nicht, jeder von uns hält viele Dinge für gegeben, und diese unkritischen Annahmen sind oft philosophischer Art. Manchmal sind sie wahr, aber öfter sind diese unsere Philosophien falsch. Ob sie wahr sind oder falsch, das können wir nur durch eine kritische Prüfung dieser Philosophien, die wir unkritisch als gegeben annehmen, herausfinden. Diese kritische Prüfung ist, so meine ich, die Aufgabe der Philosophie und die Rechtfertigung ihrer Existenz.

Magee: Können Sie ein Beispiel aus der Gegenwart nennen für einen unkritischen philosophischen Glauben, der einer kritischen Überprüfung bedarf?

Popper: Eine sehr einflußreiche philosophische Ansicht dieser Art ist die Ansicht, daß, wenn etwas „Schlechtes" in der Gesellschaft geschieht, etwas das wir nicht mögen, etwa Krieg, Armut, Arbeitslosigkeit, dies das Ergebnis einer schlechten Absicht, eines bösen Willens, eines finsteren Anschlags ist: jemand hat es „mit Absicht" getan, und, natürlich, jemand zieht Gewinn daraus. Ich habe diese philosophische Ansicht als die Verschwörungstheorie der Gesellschaft charakterisiert. Diese Theorie kann kritisiert werden, und es läßt sich nach meiner Ansicht zeigen, daß sie falsch ist: In jeder Gesellschaft geschehen viele unerwünschte Dinge, die unbeabsichtigte und unvorhergesehene Konsequenzen unseres eigenen Handelns sind.

Die Verschwörungstheorie der Gesellschaft gehört zu den vielen unkritischen philosophischen Auffassungen, die eine kritische Untersuchung notwendig machen. Die Existenz dieser Auffassungen ist eine Entschuldigung dafür, ein Philosoph zu sein. Diese falschen Philosophien sind einflußreich, und es ist wichtig, daß jemand sie diskutiert und der Kritik unterzieht.

Magee: Können Sie noch andere Beispiele nennen?

Popper: Ja, eine Menge. Eine sehr verderbliche philosophische Auffassung kann in die Worte gefaßt werden: „Die Ansichten eines Menschen sind immer bestimmt durch seine ökonomischen oder politischen Interessen. "Sehr oft wird dies nur auf den Gegner angewendet, und zwar in der folgenden Weise: „Wenn *Du* nicht dieselbe Ansicht hast wie *ich*, dann mußt Du von bedenklichen ökonomischen Motiven bestimmt sein." Diese Art Philosophie ist deshalb so verderblich, weil sie ernsthafte Diskussionen unmöglich macht. Sie führt zum Verfall des Interesses, die Wahrheit über die Dinge herauszufinden. Denn an die Stelle des Problems „Wie steht es in Wahrheit um diese Sache", tritt die Frage „Was sind Deine Motive?" Und diese Frage ist offensichtlich von geringer Bedeutung.
Eine ähnliche Auffassung, ebenso verderblich, und im Augenblick ungeheuer einflußreich, kann folgendermaßen formuliert werden: „Rationale Diskussion ist nur zwischen Leuten möglich, die hinsichtlich der wichtigsten Grundlagen einer Meinung sind". Wer diese Ansicht teilt, wird auch annehmen, daß eine rationale Diskussion von fundamentalen Problemen unmöglich ist. Diese Philosophie wird manchmal mit der Behauptung verteidigt: „Nur wenn wir von Anfang an einen weitreichenden Rahmen von Grundannahmen gemeinsam akzeptieren, können wir hoffen, in einer rationalen Diskussion Übereinstimmung zu erlangen". Diese Auffassung klingt ganz einleuchtend und vernünftig, aber sie hat schreckliche Folgen. Sie zerreißt nämlich die Menschheit in Gruppen – Kulturkreise –, zwischen denen kein Gespräch möglich ist, sondern nur Kampf. Dies ist nicht nur eine bösartige, sondern meiner Meinung nach auch eine falsche Philosophie, eine Philosophie, die widerlegt werden kann, obwohl ich sie nicht in ein paar Minuten widerlegen könnte. Aber ihr schlimmer Einfluß ist nach meiner Meinung eine der Entschuldigungen dafür, ein Philosoph zu sein.

Magee: Ihre These ist also die folgende: Wir sind alle praktizierende Philosophen in dem Sinne, daß wir philosophische Theorien haben und auf ihrer Grundlage handeln. Aber gewöhnlich bemerken wir nicht, daß wir dabei die Wahrheit einer Theorie ganz unkritisch angenommen haben.

Popper: Ganz richtig.

Magee: Weiter sagen Sie, einige dieser Theorien sind wahr, während andere nicht nur falsch, sondern schädlich sind. Und Sie behaupten, es sei die eigentliche Aufgabe der Philosophie, unsere oft unbewußten philosophischen Vorurteile kritisch zu prüfen und sie, wo nötig, zu berichtigen.

Popper: Richtig. Nebenbei bemerkt, bin ich der Ansicht, daß die Notwendigkeit, die Meinungen von *Berufsphilosophen* zu berichtigen, keine hinreichende Entschuldigung für die Existenz der Philosophie ist.

Magee: Das ist das genaue Gegenteil der Auffassung von Moore. Dieser sagte einmal, daß sich ihm die Welt selbst nicht mit Problemen darbiete, die ihm Lust aufs Philosophieren machten, und daß ihn nur die unannehmbaren Behauptungen anderer Philosophen zum Philosophen gemacht hätten.

Popper: Ich denke, daß das zu einer Art philosophischer Inzucht führen würde. Es würde die Philosophie zu einem Spezialfach machen, nach dem Modell der modernen Wissenschaft. Aber meiner Meinung nach ist diese modische Spezialisierung in den Wissenschaften verfehlt, und die Einwände gegen Spezialisierung in der Philosophie sind noch gewichtiger.

Magee: Sie erwähnen die moderne Wissenschaft – Sie hatten hier einige Schulung, nicht wahr?

Popper: Ja. Ich begann meine Studien auf dem Gebiet der Mathematik und Physik, und meine erste Lehrtätigkeit übte ich als Hauptschullehrer in diesen Fächern aus. Ich war aber nie ein Spezialist, sondern ich arbeitete immer auf den Gebieten, die mich gerade am meisten interessierten. In der Physik war ich nur ein Amateur, niemals ein Fachmann. Eine Arbeit, die ich schrieb, um mich als Mathematiklehrer zu qualifizieren, handelte von den Axiomen der Geometrie, später arbeitete ich über die Axiomatisierung der Wahrscheinlichkeitstheorie.

Magee: Stand dies im Mittelpunkt Ihrer Forschung?

Popper: Das ist schwer zu sagen. Vielleicht könnte man sagen, daß sich meine Forschungen auf die Methoden der Wissenschaft, besonders der modernen Physik oder, um einen mehr modischen Ausdruck zu benutzen, auf die Wissenschaftstheorie konzentrierten. Aber es gab immer auch andere Dinge, die mich interessierten.

Magee: Was waren die zentralen Gedanken Ihres ersten Buches „Logik der Forschung"?

Popper: Ich glaube, der zentrale Gedanke war der, daß angesichts Einsteins neuer Gravitationstheorie alle früheren Darstellungen über die Arbeitsweise der Wissenschaft und über den Charakter wissenschaftlicher Erkenntnis fehlerhaft waren.

Magee: Inwiefern?

Popper: Die allgemeine Auffassung war, daß die Wissenschaft oder die wissenschaftliche Erkenntnis eine besonders gesicherte oder sehr *sichere* Art von Wissen darstellte; weiterhin, daß sie das Ergebnis von Beobachtung und Experiment war. Nach dieser Auffassung führten uns Beobachtung und Experiment zum Entwurf einer Hypothese. Diese wurde geprüft und immer wieder bestätigt und schließlich angenommen, als eine erwiesene wissenschaftliche Theorie. Das war, kurzgesagt, die allgemein anerkannte Auffassung. Ich sah, daß diese Auffassung unhaltbar geworden war, und zwar durch Einsteins Herausforderung der Newtonschen Theorie, der erfolgreichsten und wichtigsten Theorie, die je vorgeschlagen und akzeptiert wurde.

Magee: Weshalb geben Sie Newtons Theorie diesen einzigartigen Status?

Popper: Newton gab uns zum ersten Mal ein Verständnis der Welt, in der wir leben. Und zum ersten Mal hatten wir gute Gründe zu denken, daß wir eine wahre Theorie besaßen. Newtons Theorie ermöglichte nämlich höchst detaillierte Voraussagen von neu auftretenden Effekten, wie etwa Abweichungen von den Keplerschen Gesetzen; und diese Voraussagen bestanden die gründlichste Nachprüfung. Der größte Erfolg der Theorie war die Entdeckung des Planeten Neptun. Diese Entdeckung verwandelte eine drohende Niederlage in einen Sieg.

Magee: Können Sie das etwas weiter ausführen?

Popper: Die Beobachtungen des Planeten Uranus zeigten einige kleinere Abweichungen von den aus Newtons Theorie abgeleiteten Prognosen. Dann zeigten Adams in England und Leverrier in Frankreich, daß diese Abweichungen unter der Annahme erklärt werden konnten, daß es einen noch unentdeckten Planeten weiter außerhalb gibt. Beide berechneten die Position dieses unbekannten Planeten, und er wurde dort prompt aufgefunden (von Galle in Berlin). Ich denke, dies war der größte und überzeugendste Erfolg, den je eine menschliche geistige Leistung errungen hat; allerdings ist zuzugeben, daß ähnlich erfolgreiche Prognosen seitdem nicht selten geworden sind. Jedenfalls bezweifelten nach diesem großen Erfolg nur wenige die Wahrheit von Newtons Theorie. Die übliche Auffassung war, daß diese Theorie auf Beobachtungen errichtet und durch Induktion erwiesen war. Aber dann trat Einstein mit einer konkurrierenden Theorie auf. Die Ansichten über die Verdienste dieser neuen Theorie gingen weit auseinander und sie tun es noch heute: Aus verschiedenartigen Gründen halten einige Physiker noch an Newtons Theorie fest.

Magee: Welche Theorie ziehen Sie vor?

Popper: Ich bin der Meinung, daß die Einsteinsche der Newtonschen Theorie überlegen ist; aber das ist nicht der wichtigste Punkt.

Magee: Welcher ist es . . .?

Popper: Der wichtigste Punkt ist, daß alles durch Beobachtung gewonnene Beweismaterial, von dem gesagt werden kann, daß es Newtons Theorie unterstützte, gleichfalls herangezogen werden kann, um Einsteins ganz andersartige Theorie zu unterstützen. Dies zeigt eindeutig, daß es einfach falsch wäre zu meinen, man könne von Newtons Theorie sagen, sie sei durch das empirische Beweismaterial begründet oder induktiv bewiesen. Es zeigte sich weiter, daß es überhaupt von *keiner* Theorie behauptet werden kann, sie sei induktiv begründet. Denn eine eindrucksvollere Übereinstimmung zwischen Theorie und dem durch Beobachtung gewonnenen Beweismaterial kann es gar nicht geben als im Falle der Newtonschen Theorie. Wenn nicht einmal diese Theorie induktiv begründet werden konnte, dann offenbar überhaupt keine.

Magee: Aus diesem Grunde gaben Sie die Theorie der Induktion auf?

Popper: Ja. Im Grunde ist die logische Situation äußerst einfach. Noch so viele Beobachtungen von weißen Schwänen können nicht die Theorie begründen, daß alle Schwäne weiß sind; aber die erste akzeptierte Beobachtung eines schwarzen Schwans widerlegt sie. Newtons Theorie war natürlich wegen der sehr subtilen Messungen, die durch die Theorie mit großer Genauigkeit prognostiziert wurden, viel eindrucksvoller unterstützt. Aber die erste wirkliche Abweichung kann sie widerlegen.

Magee: Und solch eine Abweichung trat natürlich auf – es hatte etwas mit dem Planeten Merkur zu tun, wenn ich mich nicht irre.

Popper: Richtig, aber diese Abweichung war äußerst gering, und sie könnte möglicherweise (wie Dicke zeigt) innerhalb von Newtons Theorie erklärt werden. Mir kommt es hier nicht so sehr darauf an, daß Newtons Theorie tatsächlich widerlegt worden ist, oder daß sie durch Einsteins Theorie überholt wurde, sondern vielmehr darauf, daß wir seit Einsteins Vorschlag einer konkurrierenden Theorie wissen, daß nicht einmal der größte prognostische Erfolg eine Theorie induktiv begründen kann. Dies bedeutet nun aber einen entscheidenden Umschwung in unserer Auffassung von der Wissenschaft; es bedeutet, daß wir über den Charakter wissenschaftlicher Erkenntnis im Irrtum waren, daß wissenschaftliche Theorien stets Hypothesen geblieben sind, daß selbst die bestbegründete wissenschaftliche Theorie immer durch eine bessere verdrängt werden kann. Alles, was wir sagen können, ist, daß die bessere Theorie jede erfolgreiche und gut überprüfte Vorgängerin als Annäherung enthalten muß. Auf diese Weise würde sie auch erklären, weshalb ihre Vorgängerin erfolgreich war.

Magee: Können Sie die neue Auffassung von Wissenschaft, zu der Sie gelangt sind, zusammenfassen?

Popper: Erstens kann keine wissenschaftliche Theorie je als eindeutig begründet oder bewiesen angesehen werden. Zweitens war die Ansicht, daß die wissenschaftliche Sicherheit (oder Wahrscheinlichkeit) einer Theorie mit der Anzahl der wiederholten Beobachtungen oder Experimente wächst, grundsätzlich fehlerhaft. Vielmehr spielen Beobachtung und Experiment lediglich die Rolle von Nachprüfungen. Diese Nachprüfungen sind umso wichtiger, je *strenger* sie sind. Die Beobachtung des Neptun war, z. B. eine äußerst strenge Prüfung. Nichtsdestoweniger konnte sie Newtons Theorie nicht beweisen. Das alles führte mich dazu, wissenschaftliche Prüfungen einer Theorie als Versuche zur Widerlegung dieser Theorie zu beschreiben. Eine Theorie ist so lange erfolgreich, als sie unsere Prüfungen besteht – so lange, als sie allen Bemühungen widersteht, sie zu widerlegen. Und ist sie widerlegt, so taucht das Bedürfnis nach einer neuen erklärenden Theorie auf, welche sowohl die Erfolge wie die Mißerfolge ihrer Vorgängerin erklärt.

Magee: Was geschieht, wenn wir für die widerlegte Theorie keine zufriedenstellende Nachfolgerin finden können?

Popper: Dann werden wir natürlich die alte widerlegte Theorie weiterhin benutzen, so lange, bis eine bessere Theorie gefunden ist. Aber wir sollten sie mit dem Bewußtsein benutzen, daß irgend etwas an ihr falsch ist. Das heißt, wir haben hier ein offenes Problem; und wir können im voraus die Minimalbedingungen wissen, die eine neue Theorie erfüllen müßte, um als Lösung dieses offenen Problems von Interesse zu sein.

Magee: Und in der Logik des Problemlösens erzielten Sie ihren großen Durchbruch weg von der traditionellen empiristischen Philosophie. Darf ich bis zu diesem Punkt rekapitulieren? Seit Bacon war ungefähr folgende Auffassung über die Art, wie Erkenntnis fortschreitet, anerkannt: Wissenschaftler sammeln durch Beobachtung und Experiment Daten, bis sie so viele gesammelt haben, daß sich bestimmte allgemeine Grundzüge herausbilden. Auf der Basis dieser allgemeinen Grundzüge entwerfen sie Hypothesen. Dann versuchen sie, diese Hypothesen durch weitere Beobachtungen und Experimente zu erhärten. In Fällen, wo ihre Bemühungen erfolgreich sind, ist die Hypothese als Gesetz begründet – und siehe da, wieder ist ein Geheimnis der Natur entschlüsselt worden. Dieser angebliche Fortschritt in den Bemühungen, durch Verallgemeinerung aus beobachteten Beispielen zu Gesetzen zu gelangen, ist als Induktion bekannt. Eine ganz andere Auffassung von der Sache wurde von Ihnen vorgebracht. Sie vertraten die aufsehenerregende Lehre, daß es so etwas wie Induktion gar nicht gibt. Sie sagten, daß der Begriff weder beschreibt, was Wissenschaftler in Wirklichkeit tun, noch ihre Tätigkeit erklärt.

Popper: Ganz richtig. Meine Ansicht war und ist in der Tat eine ganz andere. Nach meiner Ansicht werden Menschen und Tiere mit einem großen Schatz von instinktivem Wissen geboren – von Erwartungen, von Möglichkeiten auf Situationen zu reagieren. Das neugeborene Kind erwartet, ernährt und versorgt zu werden. Seine Erwartungen, sein angeborenes Vermutungswissen, mögen enttäuscht werden. In diesem Falle mag es sterben, wenn es ihm nicht gelingt, seine Probleme irgendwie zu lösen. Die Tatsache, daß unser angeborenes Wissen enttäuscht werden kann, zeigt, daß selbst dieses angeborene Wissen lediglich auf Vermutungen beruht. Darüber hinaus lernen wir nach meiner Auffassung nicht durch Beobachtung, oder durch Assoziation, sondern indem wir versuchen, Probleme zu lösen. Immer dann, wenn unsere Vermutungen oder Erwartungen fehlgehen, taucht ein Problem auf. Wir versuchen, unsere Probleme zu lösen, indem wir unsere Vermutungen modifizieren. Diese neuen tastenden Vermutungen sind unsere Versuchsballons – unsere versuchsweisen Lösungen. Die Lösung, die neue Verhaltensweise, die neue Vermutung, die neue Theorie, mag funktionieren, oder sie mag scheitern. Auf diese Art lernen wir durch Versuch und Irrtum oder genauer, durch eine versuchsweise Lösung und durch ihre Ausmerzung, wenn sie sich als irrtümlich herausstellt. Diese Methode wird selbst von Amöben benutzt, wie H. S. Jennings 1910 zeigte.

Magee: Aber die Methode ist nicht völlig dieselbe, wenn sie von einer Amöbe oder von Einstein benutzt wird, wie Sie selbst irgendwo dargelegt haben.

Popper: Sie haben ganz recht: es gibt da einen äußerst wichtigen Unterschied, und zwar folgenden: Auf vorwissenschaftlichen Stufen hassen wir den bloßen Gedanken, im Irrtum zu sein. Wir halten so lange als möglich dogmatisch an unseren Vermutungen fest. Aber auf der Stufe der Wissenschaft suchen wir systematisch nach unseren Fehlern, unseren Irrtümern. Das ist eine große Sache. Wir sind mit Bewußtsein *kritisch,* um unsere Irrtümer zu entdecken. So werden wir auf einer vorwissenschaftlicher Stufe oft selbst mit unseren falschen Theorien vernichtet und ausgemerzt; wir gehen mit unseren falschen Theorien zugrunde. Auf der Stufe der Wissenschaft versuchen wir es selbst, unsere falschen Theorien systematisch auszumerzen. Wir lassen unsere falschen Theorien an unserer Stelle sterben. Das ist die *kritische Methode der Irrtumsbeseitigung.* Es ist die Methode der Wissenschaft. Sie setzt voraus, daß wir unseren Theorien gegenüber eine kritische Haltung einnehmen können – als etwas, das außerhalb von uns steht. Unsere Theorien sind nicht länger unsere subjektiven Meinungen – sie sind unsere objektiven Vermutungen.

Das allgemeine Bild der Wissenschaft ist also folgendes: Wir wählen ein uns interessierendes Problem aus. Wir schlagen eine kühne Theorie als versuchsweise Lösung vor. Wir versuchen, nach besten Kräften diese Theorie zu kritisieren, und das heißt, daß wir versuchen, sie zu widerlegen. Wenn wir damit Erfolg haben, versuchen wir eine neue Theorie zu entwickeln, die wir wieder kritisieren werden, und so weiter. Auf diese Art werden wir auch dann sehr viel gelernt haben, wenn es uns nicht gelingt, eine zufriedenstellende Theorie zu entwickeln: wir werden etwas über das Problem gelernt haben. Wir werden wissen, wo seine Schwierigkeiten liegen. Das ganze Verfahren kann zusammengefaßt werden mit den Worten: kühne Vermutungen, kontrolliert durch strenge Kritik unter Einschluß strenger empirischer Prüfungen. Und Kritik, wie auch Prüfungen, sind stets *Versuche zur Widerlegung.*

Magee: Und ist es erst im zweiten Schritt, daß Beobachtung und Experiment eine Rolle spielen?

Popper: Ja. Meiner Auffassung nach sind Beobachtung und Experiment im wesentlichen Verfahren, um Theorien zu überprüfen. Man kann sie also als einen Teil der kritischen Diskussion von Theorien ansehen.

Magee: Aus Ihrer Anschauung folgt, daß wir nie wirklich etwas wissen – daß es lediglich unterschiedliche Grade der Unsicherheit gibt.

Popper: Es gibt verschiedene Bedeutungen der Worte „Wissen“ und „Sicherheit“. Eine sehr strenge Bedeutung von „Ich weiß“ kann folgendermaßen umschrieben werden: „Ich weiß“ bedeutet: „Ich glaube, *und* ich habe *hinreichende Gründe* zu glauben: es ist also unmöglich, daß ich mich irre.“ Sie haben Recht, wenn Sie darauf hinweisen, daß wir *in diesem Sinne* niemals *„wissen“:* es gibt *immer* die Möglichkeit eines Fehlers. Aber ich denke, das ist trivial und unwichtig. Wichtig ist die Unterscheidung zwischen *Wissen in subjektivem Sinn und Wissen in objektivem Sinn.*

Magee: Vielleicht könnten Sie diese Unterscheidung erklären.

Popper: Wissen im subjektiven Sinn besteht aus Einstellungen – aus Dispositionen, in bestimmter Weise zu handeln, oder bestimmte Dinge zu glauben, oder bestimmte Dinge zu äußern. *Mein* Wissen besteht aus *meinen* Dispositionen, *Ihr* Wissen besteht aus *Ihren* Dispositionen. Wissen im objektiven Sinn besteht aus gesprochenen oder geschriebenen oder gedruckten Aussagen oder Feststellungen: aus Feststellungen, oder aus Theorien, die im Zusammenhang mit bestimmten Problemen gemacht werden, etwa in wissenschaftlichen Zeitschriften. Newtons Theorie oder Einsteins Theorie sind Beispiele für „Wissen“ im objektiven Sinn des Wortes. Newtons Einstellung, seine Dispositionen, die Gravitationstheorie niederzuschreiben oder sie zu diskutieren, sind Beispiele für Wissen im subjektiven oder persönlichen Sinne. Im Augenblick, als er seine Gedanken in Worte faßte und niederschrieb, gab es auch Wissen in objektivem Sinn. Beide Arten des Wissens sind unsicher oder beruhen auf Vermutungen oder Hypothesen.

Magee: Aber gibt es wirklich so einen entscheidenden Unterschied im logischen Status zwischem dem Wissen, das ich in meinem Kopf habe und demselben Wissen, wenn es niedergeschrieben ist?

Popper: Allerdings. Es macht einen wichtigen Unterschied, wenn wir unsere Gedanken in Worte fassen oder, noch besser, sie niederschreiben. Auf diese Art nämlich werden sie der Kritik zugänglich. Vorher waren unsere Gedanken Teil unserer selbst. Wir mögen Zweifel gehabt haben. Aber wir können sie nicht auf die Art kritisieren, wie wir eine verbal formulierte Behauptung kritisieren können, noch besser, einen niedergeschriebenen Bericht. Es gibt also mindestens eine wichtige Bedeutung von „Wissen", die objektiv ist: „Wissen" im Sinne von „verbal formulierten Theorien, die der Kritik ausgesetzt sind". Das nenne ich eben „Wissen im objektiven Sinne". Die wissenschaftliche Erkenntnis gehört hierzu. Dieses Wissen wird in unseren Bibliotheken aufgespeichert, und nicht in unseren Köpfen.

Magee: Und das in unseren Bibliotheken gespeicherte Wissen halten Sie für bedeutender als das in unseren Köpfen gespeicherte.

Popper: Für viel bedeutender, und zwar aus jeder Perspektive, selbst aus der höchst subjektiven Perspektive unseres persönlichen Genusses von Wissen. Was wir nämlich genießen, das ist die Theorie selbst. Nehmen wir an, Sie oder ich entwickeln einen neuen Gedanken, was eine sehr genußreiche Erfahrung ist; dann hat dieser eine objektive Beziehung zu objektiven alten Gedanken und zu unseren Problemen, die wir durch unsere neuen Gedanken lösen, und diese Beziehungen machen einen wesentlichen Teil unseres Genusses aus. Wir hätten natürlich niemals eine Entdeckung gemacht, ohne zuvor etwas von den bestehenden Theorien und der objektiven Problemsituation zu verstehen – oder mit anderen Worten, ohne wissenschaftliche Bücher oder Zeitschriften zu studieren; und all dies bedeutet Wissen in objektivem Sinn. Auch besteht ein großer Teil unseres Genusses gerade darin, daß wir einen „Beitrag zum Wissen" leisten, wie eine berühmte Redensart lautet. Wir sind gleichsam Arbeiter, die bei der Errichtung eines Gebäudes helfen; Arbeiter, die eine Kathedrale bauen. Es spielt eine Rolle für unseren Genuß, daß wir einen Beitrag zum *Wachstum des Wissens* im objektiven Sinn gemacht haben.

Magee: Ich möchte zur Frage von Sicherheit und Unsicherheit zurückkehren. Gehe ich recht in der Annahme, daß Sie, wenn Sie vom Wachstum des Wissens reden, in Wirklichkeit nur das Wachstum von Systemen aus Hypothesen oder Vermutungen meinen – wenn auch aus zweifellos gründlich kritisierten und streng getesteten Vermutungen?

Popper: Sie haben recht. Alle unsere Theorien sind Vermutungen.

Magee: Und das Wachstum ist *ein Ergebnis der Kritik?*

Popper: Es ist ein Ergebnis von strenger und ideenreicher Kritik, die uns bei der Entdeckung neuer Probleme hilft, und von kühnen und erfinderischen Mutmaßungen, die uns bei der Entwicklung neuer und revolutionärer Theorien helfen, die versuchsweise Lösungen dieser Probleme sind.

Magee: Aber was ist die Grundlage unserer Kritik, wenn wir nie wirklich etwas *wissen?* Auf welcher Grundlage akzeptieren wir eine Hypothese und weisen eine andere zurück?

Popper: Die Grundlagen werden von unserer kritischen Diskussion der verschiedenen konkurrierenden Theorien geliefert. In diesen Diskussionen versuchen wir die Theorien vom Standpunkt ihrer Wahrheit oder Falschheit zu untersuchen. Oder präziser, wir vergleichen sie, indem wir fragen, welche von ihnen der Wahrheit am nächsten zu kommen scheint.

Magee: Aber wenn es keine Sicherheit, kein Wissen gibt, was meinen Sie dann mit „Wahrheit"?

Popper: Übereinstimmung mit den Tatsachen. Wir wissen, was es für eine Theorie bedeutet, mit den Tatsachen übereinzustimmen, selbst dann, wenn wir nicht entscheiden können, ob sie mit den Fakten übereinstimmt oder nicht.

Magee: Sie benutzen den Ausdruck „Wahrheitsähnlichkeit" für das, was Sie auch „Wahrheitsnähe" oder „Annäherung an die Wahrheit" nennen, nicht wahr?

Popper: Ja. Wir versuchen in unserer Diskussion herauszufinden, welche unserer konkurrierenden Theorien die größte Wahrheitsähnlichkeit besitzt. Manchmal enthalten unsere Diskussionen gute Gründe dafür, unter diesem Gesichtspunkt einige gewisse der konkurrierenden Theorien den anderen vorzuziehen: Es ist bestenfalls nur der Vorzug, die *Präferenz* für eine Theorie, die wir rational verteidigen können. Und wenn morgen einer eine andere Theorie entwickelt; dann kann sich die Konkurrenzlage zwischen den Theorien ändern, und mit ihr unsere Präferenzen.

Magee: Das erklärt Ihre Bemerkung, daß wir niemals die Ansicht rechtfertigen können, eine bestimmte Theorie sei wahr, obwohl wir manchmal eine Präferenz für die eine oder andere Theorie rechtfertigen können.

Popper: Richtig. Gewöhnlich haben Philosophen versucht, eine Theorie zu rechtfertigen, oder unseren Glauben an eine Theorie. Das geht aber nicht. Wenn wir Glück haben, können wir eine Präferenz rechtfertigen. Ein Beispiel wäre, zu zeigen, wie wir eine Präferenz für Einsteins Gravitationstheorie rechtfertigen können; auch dann, wenn wir die Bewegung des Merkur als Beweismittel außer acht lassen.

Magee: Könnte man an dieser Stelle fragen, wie Sie das zeigen würden?

Popper: Erstens können wir zeigen, daß für jedes Problem, das mit Newtons Theorie lösbar ist, auch Einsteins Theorie eine Lösung mit zumindest demselben *Präzisionsgrad* anbietet. Man kann dies zum Ausdruck bringen durch die Aussage, daß der informative oder empirische Gehalt von Einsteins Theorie mindestens so groß ist wie der von Newtons Theorie. Wir können dann weitergehen und zeigen, daß Einsteins Theorie einen größeren *Gehalt* hat als Newtons Theorie, weil sie uns ermöglicht, Probleme der Strahlung, der Ausbreitung des Lichts in Gravitationsfeldern, aufzustellen und zu lösen, die in der Newtonschen Theorie nicht formuliert werden können. Wie ich gezeigt habe, bedeutet dieser größere empirische Gehalt von Einsteins Theorie, daß sie *besser überprüft* werden kann als Newtons Theorie, und daß sie sich deshalb auch besser bewähren kann. Und schließlich können wir zeigen, daß sie tatsächlich besser bewährt ist, selbst wenn wir den Fall des Merkur außer acht lassen. Da wir aber unseren kritischen Vergleich unter der Perspektive der besseren oder schlechteren Annäherung an die Wahrheit angestellt haben, können wir zusammenfassend das Ergebnis als ein Anzeichen dafür auffassen, daß Einsteins Theorie gegenwärtig eine bessere Annäherung an die Wahrheit zu sein scheint als Newtons Theorie.

Magee: Wenn Sie „gegenwärtig" sagen, fasse ich das so auf, daß Sie meinen „im Lichte des augenblicklichen Diskussionsstandes"?

Popper: Richtig.

Magee: Führt nicht dieser Gedanke vom „gegenwärtigen Stand der Diskussion" ein Element des Relativismus ein?

Popper: Nein, er führt ein historisches Element ein, aber kein Element des Relativismus. Jede eindeutig formulierte Behauptung oder Theorie ist entweder wahr oder falsch: da gibt es keine dritte Möglichkeit. Aber die eine falsche Theorie mag der Wahrheit näher sein als die andere. Auch kann die eine wahre Theorie mehr Wahrheit enthalten als die andere, ihr „Wahrheitsgehalt", wie ich es nenne, mag größer sein.

Magee: Haben Sie ein Beispiel?

Popper: Nehmen wir an, es ist jetzt drei Minuten vor zwölf; dann ist die Feststellung, es sei jetzt fünf Minuten vor zwölf, einfach falsch; aber sie ist näher an der Wahrheit als die Feststellung, es sei zehn Minuten vor zwölf oder die, es sei zehn Minuten nach zwölf. Auch hat die falsche Feststellung, es sei jetzt fünf Minuten vor zwölf, einen größeren Wahrheitsgehalt als eine vage wahre Feststellung wie etwa „es ist jetzt zwischen elf und ein Uhr". Das bedeutet, daß eine größere Menge wahrer Feststellungen hieraus folgt.

Magee: Wie kommt es, daß Sie Ihr Leben lang vorwiegend mit Wissenschaft und mit wissenschaftlicher Erkenntnis, eher als mit anderen Erkenntnisweisen, befaßt waren.

Popper: Ich war von den großen Wissenschaftlern und vom revolutionären Charakter ihrer Theorien beeindruckt. Außerdem ist Wissenschaft lediglich gesunder Menschenverstand „groß geschrieben". Es gehört zum gesunden Menschenverstand, kritisch zu sein. Es gehört zum gesunden Menschenverstand, die Ansichten, die ihm entspringen, der Kritik zu unterziehen; die Wissenschaft ist, einfach ausgedrückt, das Ergebnis dieser Kritik.

Magee: Jetzt haben Sie die Frage ins Spiel gebracht: „Was ist Wissenschaft?" und die von Ihnen vorgeschlagene Methode der Abgrenzung zwischen Wissenschaft und Nicht-Wissenschaft bildet einen Ihrer bedeutendsten Beiträge zur Philosophie.

Popper: Mein Vorschlag ist, zu sagen, eine Theorie gehöre zur empirischen Wissenschaft, wenn wir angeben können, welche Art von möglichen Ereignissen wir als ihre Widerlegung ansehen sollten. Oder anders ausgedrückt, eine Theorie gehört dann zur Wissenschaft, wenn sie prinzipiell widerlegbar ist. Eine Theorie, die mit keinem möglichen oder denkbaren Ereignis kollidieren kann, liegt nach dieser Ansicht außerhalb der Wissenschaft.

Magee: Damit wir hierüber völlige Klarheit haben – Sie sagen nicht, das, was außerhalb der Wissenschaft sei, sei notwendig unwahr. Und noch viel weniger, es sei bedeutungslos.

Popper: Keineswegs. Wir können nicht Wissenschaft mit Wahrheit gleichsetzen, denn wir meinen, daß sowohl Newtons wie Einsteins Theorie zur Wissenschaft gehören, aber beide *zugleich* können nicht wahr sein, und es können beide falsch sein. Aber sie sind beide überprüfbar; und das bedeutet, daß sie widerlegt sind, wenn sie die Prüfungen nicht bestehen. Deshalb nehme ich die Falsifizierbarkeit oder die Prüfbarkeit oder die Widerlegbarkeit als ein Kriterium für den wissenschaftlichen Charakter einer Theorie.

Magee: Die Mitglieder des Wiener Kreises, in der Tat alle logischen Positivisten, behaupteten, daß jede Aussage außerhalb der Wissenschaft eigentlich sinnlos sei, eigentlich Unsinn. Sie sind dieser Auffassung nie gefolgt.

Popper: Nein, niemals. Nach meiner Auffassung gehört eine Aussage, die nicht widerlegbar ist, nicht zur empirischen Wissenschaft; aber dies macht sie nicht sinnlos. Viele unserer wissenschaftlichen Theorien haben sich aus nichtprüfbaren vorwissenschaftlichen Theorien entwickelt. Man kann die

Spuren der Geschichte von Newtons Theorie bis zu Anaximander und Hesiod zurück verfolgen; und die uralte Atomtheorie war unüberprüfbar bis ungefähr 1905 (dem Erscheinungsjahr von Einsteins Theorie der Brownschen Bewegung). Tatsächlich entstanden die meisten wissenschaftlichen Theorien aus vorwissenschaftlichen Mythen. Es ist irreführend, all diese Mythen und Geschichten als „sinnlos" zu erkennen ... Es scheint jedoch, daß meine Kritik der positivistischen Philosophie ziemlich allgemein anerkannt worden ist.

Magee: Tatsächlich haben Sie sich selbst mit Fragen des Sinns überhaupt nie befaßt, nicht wahr? Noch haben Sie der Sprache selbst eine umfassende Bedeutung zugemessen. Dies ist umso bemerkenswerter in einer Zeit und an einem Ort, wo die Philosophie zum größten Teil dazu tendiert, auf die eine oder andere Art linguistisch zu sein. Weshalb nehmen Sie diese Position ein?

Popper: Ich glaube nicht, daß Sie meine Position richtig formuliert haben. Es ist zwar richtig, daß ich nicht am Problem der Sinnlosigkeit interessiert bin, und daß ich Diskussionen über den Sinn von Worten langweilig finde. Es ist gleichfalls richtig, daß die Leute, die sich manchmal Sprachphilosophen oder linguistische Philosophen nennen, an diesen Sinnproblemen interessiert sind, die mich eben nicht interessieren. Aber wenn Sie darauf hinweisen, daß ich Sprache nicht als wichtig ansehe, dann ist das ganz unrichtig. Erinnern Sie sich nur daran, was ich über das objektive Wissen sagte. Ich meine, es gibt nichts, das so wichtig wäre wie die Sprache: Meine Theorie ist, daß es die Sprache ist, die uns zu Menschen macht, und daß menschliches Bewußtsein – das Ichbewußtsein – ein Ergebnis der Sprache ist. Ich habe kein Interesse, über den Sinn von Worten zu philosophieren; zum Teil auch, weil ich glaube, daß selbst Tiere den Sinn von Worten erlernen können. Menschliche Sprache aber beginnt mit der *beschreibenden Verwendung von Sätzen:* mit der Darstellungsfunktion, wie Bühler es nannte; oder, um es weniger trocken auszudrücken, sie beginnt mit dem Erzählen von Geschichten.

Magee: Ich hatte Sie tatsächlich nicht falsch verstanden, obwohl ich mich schlecht ausgedrückt haben mag. Was ich betonen wollte, war, daß Sie nicht an der Analyse von Wortbedeutungen interessiert sind. Können Sie erklären weshalb?

Popper: Ja, das kann ich. Es gehört zu den ältesten Zeitvertreiben in der Philosophie, sich über Worte und ihre Bedeutungen Sorgen zu machen. Platon erwähnt wiederholt, daß sich der Sophist Prodicus für die Unterscheidung der verschiedenen Wortbedeutungen interessierte; und die Notwendigkeit dieser Unterscheidung ist deshalb (von Sven Ranulf) als das

„Prinzip des Prodicus“ bezeichnet worden. Dieses Prinzip war neu und wichtig im Jahre 420 vor Christus; aber mittlerweile haben vielleicht einige von uns diese Lektion gelernt. Es gibt interessantere Probleme, selbst auf diesem Gebiet.

Magee: Das wären etwa?

Popper: Sich klarzumachen, daß Worte benutzt werden, um *Theorien* zu formulieren, und daß das spezielle Interesse an Worten und ihren Bedeutungen, und besonders an Definitionen, zu leerer Wortklauberei führt. Ich habe die Gehaltlosigkeit von Definitionen dreißig Jahre lang verkündet und den Aberglauben widerlegt, daß wir unsere Ausdrücke definieren müssen, wenn wir präzise sein wollen. Ich habe versucht, den Einfluß dieses Aberglaubens besonders in der Sozial- und politischen Philosophie zu bekämpfen, aber ohne Wirkung. Die politischen Philosophen füllen weiterhin Seiten über Seiten mit dem Vergleich von Definitionen. Z. B. wurde vor kurzem ein Buch über Totalitarismus publiziert, in dem ungefähr vierzehn Definitionen von „Totalitarismus“ verglichen und gegenübergestellt wurden, darunter auch eine, die mir zugeschrieben wurde, obwohl ich in einer Fußnote zensiert wurde, „da Popper Totalitarismus niemals klar definiert“. Der Autor versäumte zu bemerken, daß ich gerade in dem Buch, das er zitierte, gegen die leere Wortklauberei argumentiert hatte, die sich aus der Suche nach Präzision bei Definitionen ergibt.

Magee: Es mag Leuten, die wenig über Ihr Werk wissen, verziehen sein, wenn sie annehmen, daß Ihre politische Philosophie wenig mit Ihrer Wissenschaftsphilosophie zu tun hat. Aber tatsächlich haben Sie im Grunde Ihre Auffassung von den Naturwissenschaften auf die Sozialwissenschaften übertragen – ist das nicht so? Ihre Philosophie auf diesen scheinbar verschiedenen Gebieten ist, mit anderen Worten, aus einem Stück.

Popper: Man könnte vielleicht sagen, daß es da eine Anzahl gemeinsamer Gedanken gibt. Wir machen z. B., in der Politik und anderswo, ständig Fehler, aber wir können versuchen, aus unseren Fehlern zu lernen. Die Bereitschaft, aus unseren Fehlern zu lernen und nach ihnen Ausschau zu halten, nenne ich die rationale Einstellung. Sie steht immer im Gegensatz zu einer autoritären Einstellung. Auf dem Gebiet der Politik setzt die Methode, aus den eigenen Fehlern zu lernen, freie Kritik und Diskussion der von der Regierung unternommenen Handlungen voraus.

Magee: Und Sie haben Ihre Definition von Demokratie eben darauf aufgebaut, und nicht auf dem Postulat von der Herrschaft der Mehrheit.

Popper: Ich will Demokratie überhaupt nicht definieren. Überdies regiert ja die Mehrheit gar nicht: Welche Partei auch immer die Wahlen gewinnen mag, weder Sie regieren, noch ich, noch eine Vielheit von Menschen. Ich möchte aber klarmachen, daß ich zwei Arten von Regierungen unterscheide. Die eine Art können wir ohne Blutvergießen loswerden; die andere Art können wir ohne Blutvergießen nicht loswerden, und vielleicht überhaupt nicht. Ich schlage vor, die erste Art „Demokratie" und die zweite „Tyrannei" zu nennen. Aber nichts hängt von Worten ab. Wie auch immer, wichtig ist folgendes: Wenn ein Land Institutionen besitzt, die einen gewaltlosen Regierungswechsel möglich machen, und wenn eine Gruppe von Leuten versucht, Gewalt anzuwenden, weil sie ohne Gewalt erfolglos war, dann ist ihre Aktion, was immer sie denken oder beabsichtigen, der Versuch, eine Regierung zu errichten, die durch Gewalt aufrechterhalten wird und die man ohne Gewalt nicht loswerden kann, oder mit anderen Worten, diese Leute versuchen, eine Tyrannei zu errichten. Obwohl dies offensichtlich ist, denken die Leute gewöhnlich nicht so weit.

Magee: Warum hat ein so großer Teil Ihrer politischen Philosophie die Form eines Angriffs gegen den Utopismus?

Popper: Es gibt vieles in unserem sozialen Leben, das grausam, häßlich, dumm und ungerecht ist: es gibt immer Platz für Verbesserungen. Stets haben die Menschen von einer besseren Welt geträumt, und einige dieser Träume haben auch zu sozialen Reformen geführt. Aber Träume von einer vollkommenen Gesellschaft sind gefährlich, wie ich in meinem Buch „Die offene Gesellschaft" zeigte. Die Puritaner hofften, eine vollkommene Gesellschaft zu errichten, und das gleiche tat Robespierre. Was sie erreichten, war nicht der Himmel auf Erden, sondern die Hölle einer gewalttätigen Tyrannei.

Magee: Einige Ihrer vernachlässigten Entdeckungen in der politischen Philosophie sind unabhängig von Ihnen durch andere wiederentdeckt worden. So entwickelte etwa Djilas, ehemals eine der führenden Gestalten in der kommunistischen Welt, in seinem nunmehr klassischen Buch *„Die neue Klasse"* Gedanken, die Sie schon lange vor ihm in *„Die offene Gesellschaft"* publiziert hatten. Sein jüngstes Buch *„Die vollkommene Gesellschaft"* erläutert ausführlich die Aussage „Es ist meine Ansicht, daß die Gesellschaft nicht vollkommen sein kann." Er meint nunmehr, daß die Auffassung, die Gesellschaft könne vollkommen sein, der grundsätzliche Fehler der Kommunisten ist.

Popper: Ich denke, Sie haben Recht in bezug auf Djilas: er gelangte durch viele Jahre des Leidens und der Einkerkerung zu einigen Anschauungen, zu denen andere durch kritisches Denken gelangten. Irgendwie finde ich seine Ergebnisse eindrucksvoller und wertvoller.

Magee: Aber gegenwärtig beobachten wir unter der intelligenten Jugend ein markantes Wiederaufleben gerade jener Autoren und jener Lehren, die Sie angegriffen haben: Hegel, Marx, Psychoanalyse, Existentialismus. Wie erklären Sie das?

Popper: Es gab immer eine Strömung, die nach dem Stein der Weisen Ausschau hielt – nach dem Rezept, das alle unsere Krankheiten kuriert. Die gegenwärtige Lage ist schwerlich neu, abgesehen von einem traurigen Niedergang im intellektuellen Niveau der Diskussion. Dies ist teilweise auf Ungeduld zurückzuführen und teilweise auf das Gefühl, daß schon genug geredet wurde, und daß das zu nichts geführt hat. So ist es nicht länger modern, mit einem Gegner zu argumentieren. Man versucht nicht länger herauszufinden, was an den gegnerischen Argumenten wahr und falsch ist. Man schluckt irgendeine eindrucksvolle Theorie als ganzes. Das ist eine verständliche Tendenz; aber es ist traurig, wenn sie das charakteristische Merkmal junger Intellektueller wird. Sie zeigt einen Niedergang der intellektuellen Verantwortlichkeit. Ein Bespiel für die Gedankenlosigkeit dieser Art von Anti-Rationalismus ist die gegenwärtige Anarchismus-Welle. Sicherlich sollten wir dem Wachstum der Bürokratie und dem Wachstum der Staatsmacht Widerstand leisten. Aber es ist unfaßlich für mich, daß dieselben Leute, die erkennen müssen, daß Anarchie auf internationaler Ebene Atomkrieg bedeutet, glauben können, wir könnten auf nationaler Ebene Anarchie haben, ohne in einen Atomkrieg zu geraten.

Magee: Obwohl Sie seit einigen Jahren kein Buch mehr veröffentlicht haben, haben Sie einen ständigen Strom von Artikeln und Vorträgen produziert. Womit haben Sie sich in jüngerer Zeit befaßt?

Popper: Ich habe über viele Themen gearbeitet: über die Theorie der von mir so genannten „Welt 3“, womit ich die objektive Welt der Produkte des menschlichen Geistes meine. Sie umfaßt objektives Wissen – die Welt der wissenschaftlichen Probleme, Theorien und Diskussionen – aber auch die Welt der objektiven Werke der Kunst. Eine andere und damit verbundene Richtung meines Interesses zielt auf die Theorie der Evolution; und die Theorie der menschlichen Sprache stellt eine Verbindung zwischen diesen beiden Gebieten her, insbesondere von einem biologischen Standpunkt aus. Dies hat mich weiterhin zu einem Nachdenken über das Problem des Verhältnisses von Körper und Seele geführt.

Magee: Das ist ein ganzes Bündel von Problemen. Woran arbeiten Sie jetzt gerade?

Popper: Ich arbeite an einer Antwort auf meine Kritiker.

Magee: Für den bevorstehenden Band in der „Bibliothek der lebenden Philosophen", der Ihrem Werk gewidmet ist[2]?

Popper: Ja.

2 *P. A. Schilpp* (Hg.): The Philosophy of Karl Popper – The Library of Living Philosophers, La Salle, Illinois, 1974 (2 Bände).

Bryan Magee

Karl Popper und der Kritische Rationalismus *

I

Seit dem Tode *Bertrand Russells* gibt es keinen englischsprachigen Philosophen, der *Karl Popper* in bezug auf Breite oder Bedeutung seines Einflusses ebenbürtig wäre. *Poppers* Buch *Die offene Gesellschaft und ihre Feinde* hat zum Inhalt, was *Isaiah Berlin* wie folgt beschrieb: „Die gewissenhafteste und vernichtendste Kritik der philosophischen und historischen Doktrinen des Marxismus, die von einem zeitgenössischen Schriftsteller hervorgebracht wurde." Über das gleiche Buch schrieb *Gilbert Ryle:* „Niemals wird Platon-Exegese wieder so sein wie bisher." Seine politische Philosophie hatte einen tiefgreifenden Einfluß auf einige ‚radicals' mit der größten Anziehungskraft in der britischen Politik – und zwar aller Parteien, sei es nun etwa *Anthony Crosland* oder *Edward Boyle.* Gleichwohl ist *Popper* nicht „nur" oder sogar vorrangig ein politischer Philosoph. Im vergangenen Jahr (1973) beschrieb ihn *Peter Medawar,* der für seine Untersuchungen über immunologische Toleranz den Nobelpreis bekam, im BBC als den „unvergleichlich größten Wissenschaftstheoretiker aller Zeiten". Unter den Nobelpreisträgern, die sich als Popperianer bezeichnen, befinden sich auch *Jacques Monod* und *J. C. Eccles,* welch letzterer seinen Kollegen riet, „über *Poppers* Schriften und Wissenschaftstheorie nachzudenken und sich diese als Grundlage ihres wissenschaftlichen Lebens anzueignen". Und *Poppers* Einfluß wirkt auf noch ganz anderen Gebieten. Beispielsweise findet sich in *Ernst Gombrichs „Art and Illusion"* – das vielleicht hervorragendste kunstkritische Werk der letzten Jahre – der Satz: „Ich würde stolz sein, wenn Professor *Poppers* Einfluß überall in diesem Buch zu spüren wäre."

Politik, Wissenschaft, Kunst . . .; tatsächlich bleiben nur wenige Gebiete menschlichen Denkens von Poppers Werk unbeleuchtet; ebenso spielt er in den heute gleichzeitig stattfindenden Kontroversen auf den Gebieten der

---

* Aus: Current Affairs Bulletin Bd. 50, No 8/1974, hrsg. vom Department of Adult Education in the University of Sydney, vom Autor autorisierte Übersetzung durch *Frithjof Spreer.*

Soziologie, Wahrscheinlichkeitstheorie, Interpretation der vorsokratischen Philosophen des Alten Griechenland und der Quantenphysik eine wichtige Rolle. Seine philosophische Breite ist außergewöhnlich. Die bloße Tatsache, daß ein Mensch sie überspannen kann, sprengt viele jener Mythen über das sogenannte Zeitalter der Spezialisierung und enthüllt ein wenig die grundlegende Einheit der Kultur. Es kann schwerlich behauptet werden, *Popper* werde in der geistigen Welt unterschätzt, geschweige denn ignoriert. Doch dies läßt es doppelt erstaunlich erscheinen, daß sein Ruf sich so wenig darüber hinaus erstreckt, nämlich auf die gebildete Öffentlichkeit insgesamt. Man sollte z. B. denken, daß das Zustandebringen der vernichtendsten Kritik des Marxismus in einer Welt, deren Einwohner zu einem Drittel unter marxistischen Regimen leben, schon allein genüge, aus einem Mann eine Weltpersönlichkeit zu machen. Warum dies *Popper* nicht geschehen ist – oder besser: warum dies erst langsam zu geschehen beginnt, jetzt, da er in den Siebzigern ist – das ist eine Frage, über die wir nachdenken werden, nachdem wir einen Blick auf den Mann und seine Ideen geworfen haben.

Wenn man ihn trifft, erscheint er überraschend wenig selbstbewußt – gebückte Haltung, geplagt dreinschauend, schüchtern, leise sprechend, ruhelos, fast nervös. Sein kleiner Körper trägt einen mächtigen Kopf mit großen mephistophelischen Ohren, hellen Augen und Falten wie die eines Löwen, der in die Jahre gekommen ist. Er ist stets beschäftigt. Sobald du über die Schwelle seines Hauses kommst, ergreift er deinen Arm und führt dich geradenwegs durch das Wohnzimmer in den Garten, wo er sich mit stark akzenthaftem Englisch in eine unvermittelte Diskussion dessen stürzt, was ihn gerade beschäftigt. Hin und wieder schießen seine Mundwinkel zu einem schelmischen Lächeln empor – schließlich wird er durch seine Probleme *unterhalten* – und seine Augen tanzen. Dann ist er wieder in seine Probleme versunken.

Er lebt – unwahrscheinlicherweise – im Herzen der Börsenmaklergegend in Buckinghamshire, also kaum in der Nähe seiner Freunde. Die Isolierung ist, selbst sofern unbewußt, motiviert. Seit Jahrzehnten hat er nun kaum etwas anderes getan außer zu arbeiten, und offensichtliche Versuchungen, ihn davon abzulenken, werden von zu Hause ferngehalten: keine Zeitungen werden zugestellt, es gibt weder Fernsehen noch Plattenspieler; gerade ein kleines Transistorradio für die Nachrichten und ein großes Klavier, auf dem selten gespielt wird. Ein gelegentlich vorbeikommender Freund mag eine gelesene Sonntagszeitung liegengelassen, als sei sie eine heimlich und schuldbewußt, aber bequem zu verzehrende Tafel Schokolade. *Popper* spricht für mehrere Stunden im Durchschnitt täglich mit anderen am Telefon, diesem großartigen Gerät zur Milderung der Isolierung. (Jedoch auch dabei dreht es sich meist um seine Arbeit). Er ist – zumindest glaubt er das – allergisch gegen Zigarettenrauch, und dieser Umstand macht die meisten sozialen Kontakte – und öffentliche Treffpunkte wie Restaurants – für ihn unerträglich. So bleiben er und seine Frau nahezu Tag für Tag allein zuhaus – sie haben keine Kinder – und arbeiten: lesen, schreiben, denken, diskutieren. Als seine stets verfügbare Hauskritikerin, Sekretärin und persönliche Assistentin widmet Hennie ihr Leben ebenso vollständig seiner Arbeit wie er selbst.

Sie führten nicht immer einen solchen eingleisigen und selbstaufopfernden Lebensstil. Als junger Lehrer im Wien der Zwanziger Jahre war *Popper* aktiver Sozialdemokrat, Mithelfer in der Organisation von *Schönbergs* berühmten Verein für musikalische Privataufführungen und unter *Adlers* Anleitung begeisterter Teilzeit-Sozialarbeiter bei behinderten Kindern. Tagsüber unterrichtete er in der Oberschule Mathematik und Physik. Mit diesen Problemen also setzte er sich auseinander: Politik, soziale Probleme, Kunst, Naturwissenschaft, Mathematik – allerdings im Drunter und Drüber eines prallgefüllten, physisch aktiven Lebens unter gleichgesinnten Freunden und Kollegen, die stets etwas zu organisieren hatten, sozial engagiert und auf Veränderung bedacht waren und die Dinge vorantrieben. Als er und Hennie heirateten, beschäftigten sie sich gern gemeinsam mit Skilauf und Bergsteigen.

Das Wien der Zwanziger Jahre war ein aufregender Ort und eine erregende Zeit für junge Leute. Ob nun in der Psychologie, der Musik, der Architektur oder der Politik – es vermittelte das Gefühl, an den schnell fortschreitenden Grenzen der Welt zu leben. In der Philosophie war der *Wiener Kreis* die Avantgarde – deren revolutionäre Neuerung der *logische Positivismus* war –, aber auch *Wittgenstein*, der, ebenso wie *Popper*, nicht diesem Kreis angehörte, sondern eher über ihm stand, und der von den Mitgliedern als eine Art heiliger Patron angesehen wurde. Einer der hervorragendsten des Kreises, *Otto Neurath*, ließ *Karl Popper* den Spitznamen „offizielle Opposition" zuteil werden. Und tatsächlich verfaßte *Popper* sein erstes Buch *gegen* die Ansichten des Wiener Kreises. Es war die *Logik der Forschung*, veröffentlich 1934 (und erst nach einem Vierteljahrhundert in Englisch erschienen unter dem Titel *The Logic of Scientific Discovery).* Die logischen Positivisten glaubten von sich, die wissenschaftliche Methode auf philosophische Probleme übertragen zu können. Popper freilich wies nach – und seine Argumente haben schließlich den Sieg davongetragen –, daß ihre Vorstellung von wissenschaftlicher Methode auf grundlegenden Irrtümern beruhte. Aber die Bedeutung seines Werkes ging weit über sie hinaus und alles, womit sie sich beschäftigt hatten; denn das Wissenschaftsprogramm, das er verwarf und zu ersetzen trachtete, hatte eine Jahrhunderte alte Vorgeschichte.

II

Der erste Denker, der sich um die volle explizite Formulierung einer Logik der Forschung bemühte, war *Francis Bacon.* Aus der Erweiterung, Kritik und Verfeinerung seiner Analyse entstand die ständig wachsende Hauptströmung wissenschaftlicher Methodenlehre. Fast alle Leser dieses Artikels, die irgendeine wissenschaftliche Ausbildung genossen haben, wird diese Methode gelehrt worden sein. Ihre Grundzüge lassen sich wie folgt beschreiben: Der Wissenschaftler, so hieß es, führt sorgfältig gemessene Beobachtungen und Experimente dort durch, wo er Entdeckungen zu machen hofft und sammelt so allmählich eine Reihe gesicherter Daten und Fakten. Früher oder später beginnen diese, gewisse allgemeine Konturen zu zeigen, und diese wiederum weisen ihn auf eine gesetzesähnliche Hypothese hin, die alle singulären Fakten und ihren Zusammenhang erklären kann. Zu einer solchen Theorie gelangt, versucht er sie zu verifizieren, indem er Bestätigungen sucht, welche seine Theorie schlüssig beweisen. Hat er damit Erfolg, wird sie zu einer dauernden Bereicherung unseres sicheren Wissensschatzes; und er hat so eine neuerliche Regelmäßigkeit der Natur, ein neues Gesetz entdeckt, welches überall im betreffenden Bereich angewandt werden kann.

Der Weg, generell gültige Aussagen aus beobachteten besonderen Fällen herzuleiten, wurde als der wichtigste Bestandteil dieser Methodologie angesehen, ein Verfahren, das als *Induktion* bekannt ist. Die Verwendung der induktiven Methode wurde als *das* Merkmal der Wissenschaft angesehen, als Abgrenzungskriterium dessen, was als Wissenschaft überhaupt gelten darf und was nicht. Aussagen, die auf Intuition oder Autorität basieren – oder auf irgendeiner anderen Grundlage –, wären nicht wissenschaftlich: wissenschaftlich wären nur Aussagen über beobachtbare Fakten und aus ihnen zwingend abgeleitete Schlußfolgerungen; und nur solche Aussagen konstituierten echte Gewißheit. Wissenschaftliches Wissen wäre einzig auf diese Weise gesichert, und seine Vermehrung bestünde aus der ständigen Hinzufügung neuer Gewißheiten zur Menge der bereits vorhandenen.

Einige unbequeme Fragen zu diesem Verfahren wurden im 18. Jahrhundert durch *David Hume* gestellt, der betonte, daß keine Anzahl von Beobachtungsaussagen eine generelle Aussage logisch nach sich ziehen könne. Nehmen wir z. B. den Satz „Alle Schwäne sind weiß", welcher häufig in mittelalterlichen Lehrbüchern der Logik zu finden war: Millionen von Schwänen mögen von zahllosen Beobachtern über Jahrhunderte hinweg festgestellt worden sein, und jeder von ihnen mag weiß gewesen sein – so folgt daraus gleichwohl nicht, daß *alle* Schwäne weiß sind. Es ist immer möglich, daß irgendwo noch nicht beobachtete schwarze Schwäne vorkommen. (Das war tatsächlich der Fall, nämlich in Australien.) So können also Allsätze der

Form „Alle A sind B“ niemals durch irgendeine Anzahl von Beobachtungen verifiziert werden. Doch erstaunlicherweise sind alle wissenschaftlichen Gesetze so formuliert. Aussagen etwa wie *Newtons* Gravitationsgesetz („Jeder Körper des Universums zieht andere Körper an mit einer Kraft, deren Richtung der Verbindungslinie ihrer Schwerpunkte gleich ist und deren Größe dem Produkt aus den Massen geteilt durch das Quadrat ihrer Entfernungen direkt proportional ist“) werden als überall und jederzeit gültig behauptet. Wenn sie jedoch nicht durch Beobachtung verifiziert werden konnten, wie sind sie dann bewiesen worden?

Genau hier entstand das berühmte *Induktionsproblem*, die verborgene Leiche im Keller der Philosophie. Wissenschaftliche Gesetze schienen rationaler Begründung nicht zugänglich zu sein. Sie alle gingen von Regelmäßigkeiten der Natur aus, davon, daß die Zukunft im Hinblick auf den Geltungsbereich wissenschaftlicher Gesetze der Vergangenheit gleich sein werde – eine Annahme, für die es gleichwohl keine Rechtfertigung gibt. Durch Experimente kann sie nicht gerechtfertigt werden, denn zukünftige Ereignisse bleiben unseren Beobachtungen vorenthalten. Sie kann auch nicht in einem allgemeineren Sinne durch Experimente gerechtfertigt werden, denn die Tatsache, daß bisher die Zukunft so wie die Vergangenheit war, gibt keine Garantie dafür, daß sie es fürderhin ebenso sein werde. Und schließlich kann die Annahme nicht durch die Logik gerechtfertigt werden, denn wissenschaftliche Gesetze sind nicht etwa logische Folgerungen aus beobachteten singulären Fällen, aus denen sie vorgeblich abgeleitet wurden. (Wie ist dann Wissenschaft möglich? Dies war *Kants* zentrales Problem, zu dem er durch die Lektüre *Humes* geführt wurde – und diese erweckte ihn, wie er in einem berühmt gewordenen Satz formulierte, aus seinem dogmatischen Schlummer.) Wissenschaft *funktioniert.* Aber wir sind in der Verlegenheit, zeigen zu müssen, warum sie funktioniert. Von *Hume* bis *Russell* wurde das Problem von einigen der größten Philosophen in Angriff genommen, ohne daß eine Lösung dabei herausgekommen wäre. In seiner *Geschichte der Westlichen Philosophie* schrieb *Russell: „Hume* bewies, daß reiner Empirismus keine hinreichende Basis für Wissenschaft ist. Aber wenn dieses eine Prinzip (Induktion) hinzugenommen wird, kann alles weitere in Einklang mit der Theorie gebracht werden, all unser Wissen beruhe auf Experimenten. Es muß zugegeben werden, daß dies ein bedeutender Schritt weg vom reinen Empirismus ist, und daß Nicht-Empiristen die Frage erlaubt sein muß, warum – wenn schon dies eine Abrücken gestattet wird – ein weiteres Abrücken verboten sein sollte . . .“

III

Als *Russell* diese Worte schrieb, war eine Lösung des Induktionsproblems bereits gefunden worden: in deutscher Sprache, von *Popper.* Dies war seine ursprüngliche Leistung, aus der sich die meisten seiner weiteren letzten Endes herleiten. Sie beginnt mit der Herausarbeitung einer logischen Asymmetrie zwischen Verifizierung und Falsifizierung. Wenn universelle Aussagen zwar nicht bewiesen werden können, so sind sie doch widerlegbar. Keine Anzahl von Beobachtungen kann je die Behauptung beweisen, „Alle Schwäne sind weiß", aber sie kann widerlegt werden, sobald eine einzige Beobachtung eines schwarzen Schwans als korrekt akzeptiert wird. Wenn also jede Suche nach schlüssiger Verifizierung irrational ist, indem sie nämlich als Suche nach etwas Unauffindbarem gelten muß, ist ein Widerlegungsversuch vollkommen rational. Das bedeutet, daß ein schlüssiges Wissenschaftsprogramm auf die Suche nach Widerlegungen festgelegt werden kann. Wissenschaftliche Aussagen können bis zu einem beliebigen Grad durch systematische Versuche überprüft werden, nicht um sie als richtig, sondern als falsch zu erweisen.

Das jedoch bedeutete – ein Skeptiker würde schnell darauf hinweisen –, daß wir nie wirklich *wissen,* ob eine wissenschaftliche Aussage wahr ist. Genau das sagt *Popper:* wir werden es niemals wissen. Wir wissen bestenfalls, daß sie mit allen bisherigen Beobachtungen übereinstimmt und unsere strengsten Bemühungen, Fehler an ihr zu finden, überdauert hat. Wir werden fortfahren sie zu verwenden, solange sie diese Bedingungen erfüllt. Andernfalls werden wir uns herausgefordert sehen, eine bessere Theorie zu finden; immerhin werden wir dann das wesentliche und bisher nicht vorhandene Wissen haben, aus welchen Gründen unsere gegenwärtige Theorie scheiterte. Und genau das ist es, sagt *Popper*, was wir *Erkenntnisfortschritt* nennen. Wir sind mit einem Problem konfrontiert, das gewöhnlich in Gestalt eines Fehlschlages einer Theorie oder Erwartung auftritt; wir versuchen, uns dann eine mögliche Lösung dieses Problems auszudenken; wir unterwerfen unsere versuchsweise Lösung einer Prüfung, welche dann fast immer Irrtümer in ihr aufzeigt; und das veranlaßt uns, sie entweder zu verbessern oder zu ersetzen; und wir fahren in der Verwendung unserer neuen Theorie solange fort, bis wir gezwungen sind, sie wiederum zu ändern. Das induktivistische Verständnis von wissenschaftlicher Methode war in jeder Hinsicht falsch. Wir beginnen *nicht* mit Beobachtungen, wir verallgemeinern sie *nicht,* um Hypothesen zu formulieren, wir verifizieren *nicht* unsere Hypothesen, und wir gelangen schließlich *nicht* zu sicherem Wissen. Die Geschichte der Wissenschaft ist die Geschichte ersetzter Theorien – Theorien, die nicht aus unseren Beobachtungen und Experimenten entstehen, sondern diesen vorausgehen und durch diese überprüft werden.

Die Formulierung einer fruchtbaren Theorie wird also als eine schöpferische menschliche Handlung angesehen, welche große Gaben verlangt, von denen Kühnheit der Phantasie nicht die geringste ist. Das Induktionsproblem wird gelöst, indem es aufgelöst wird. Der Induktionsprozeß ist ein Mythos. Er findet nicht statt. Unser „Wissen" besteht aus unseren Theorien, und unsere Theorien sind das Produkt unseres Verstandes: sie werden von uns nicht der Natur „abgelesen", und wenn sie auch erbarmungslos experimentell geprüft worden sein können, dürfen wir nie auch nur im geringsten gewiß sein, daß sie der Natur in jeder Hinsicht völlig entsprechen.

Tatsächlich stützt die Geschichte der Wissenschaft *Poppers* Ansicht. Fast alles, was in der Vergangenheit „Wissenschaft" war, hat sich aus heutiger Sicht als falsch herausgestellt. Und in der Tat war es das Schicksal der bestbestätigten wissenschaftlichen Theorie aller Zeiten, der *Newton*schen Physik, welches *Popper* zur Formulierung seiner revolutionären Methodologie anregte. *Newtons* Gesetze waren über 200 Jahre lang überall auf der Welt als Naturgesetze, als definitive Fakten, akzeptiert worden. Sie lieferten genaue Prognosen aller Bewegungen des Sonnensystems, angefangen beim Entstehen neuer Planeten bis hin zur Bewegung der Gezeiten. Sie gestalteten die Grundlagen moderner Technologie und folglich einer ganzen Kulturepoche. Sie wurden Generationen lang täglich auf zahllose Weise „verifiziert". Wenn überhaupt etwas *wissenschaftliche Erkenntnis* war, dann sie. Doch in der Zeit, in der *Popper* aufwuchs, wurde eine von der *Newton*schen grundsätzlich verschiedene Theorie zunehmend diskutiert; eine Theorie, die, wie man heute sagen darf, jene ersetzt hat. Die Meinungen mögen über die Verdienste von *Einsteins* Relativitätstheorie auseinandergehen – ihr Anspruch auf ernsthafte Beachtung könnte dennoch von niemandem geleugnet werden. Und dieses Faktum war es, das den jungen *Popper* gehörig beeindruckte. Wenn zwei Jahrhunderte von glänzenden „Verifizierungen" nicht die Wahrheit der *Newton*schen Theorie beweisen konnten, was dann sonst? *Popper* kam zu der Erkenntnis, daß nichts dies vermöchte.

Darüber hinaus war er für sein Leben geprägt durch die Erfahrung der schöpferischen Originalität von *Einsteins* Leistung, von der Kraft seiner Phantasie und seiner intellektuellen Kühnheit. Kaum ein Philosoph hat uns die Vermutungsnatur allen Wissens so überzeugend offengelegt, niemand hat je so beredt die Rollen beschrieben, die Kreativität und Kühnheit für den Erkenntnisfortschritt spielen. Er war insbesondere fasziniert von der Art und Weise wie *Einstein* seine Theorie zur Diskussion stellte und öffentlich zum Zwecke der Widerlegung präsentierte. Beispielsweise war eine bisher ungeahnte Konsequenz der Allgemeinen Relativitätstheorie die, daß Lichtstrahlen von der Schwerkraft beeinflußt werden. Lichtstrahlen, die auf ihrem Weg von den Sternen zur Erde in Sonnennähe passierten, werden durch die Anziehungskraft der Sonne abgelenkt. So wird ein Beobachter auf der Erde diese Sterne in anderen Positionen „sehen", als sie nach allen Berechnungen stehen sollten. Solche Sterne sind, durch die Helligkeit der Sonne bedingt, tagsüber normalerweise unsichtbar, aber während einer Sonnenfinsternis kann man sie beobachten, und es besteht die Möglichkeit, sie zu fotographieren. Bei einem der berühmtesten wissenschaftlichen Experimente des Jahrhunderts führte *Eddington* im Jahre 1919 eine Expedition nach Afrika, um die entscheidenden Aufnahmen zu machen. Und sie bestätigten *Einsteins* Prognose.

IV

Das Experiment hätte auch anders verlaufen können. Und *Popper* stellte fest, daß zwei andere als wissenschaftlich erklärte und dem hohen intellektuellen Standard des damaligen Wien adäquate Theorien, nämlich Psychoanalyse und Marxismus, einer derartigen Überprüfung nicht zugänglich waren. Welche Ereignisse auch immer eintreffen mochten, sie konnten dafür eine Erklärung liefern; und in der Tat war es diese Fähigkeit, alles zu erklären, was ihre Anhänger so erregte und ihnen ein Offenbarungsgefühl vermittelte, als hätten sie den Schlüssel zum Leben gefunden. *Popper* aber begriff, daß gerade dies sie aus der Klasse der wissenschaftlichen Theorien ausschloß. Wenn nämlich alle möglichen Beobachtungen mit der Theorie übereinstimmen müssen, dann kann nach seinem Wissenschaftsverständnis von keinen tatsächlichen Beobachtungen behauptet werden, sie stützten die Theorie; so kann es also nicht so etwas wie eine evidente Bestätigung für sie geben, und ihr Status kann nicht wissenschaftlich sein. Nach *Poppers* Wissenschaftsvertsändnis gilt: wenn alle möglichen Beobachtungen mit der Theorie übereinstimmen müssen, dann ist diese nichtfalsifizierbar, daher unüberprüfbar – und deshalb wiederum unwissenschaftlich. Er merkte damals auch von Beginn an, daß seine Ansichten über die Naturwissenschaften weitgehende Folgerungen für die Sozialwissenschaften bedeuteten. Diese Folgerungen sollten unter anderem zu den verheerenden Angriffen auf die wissenschaftlichen Ansprüche des Marxismus auswachsen, welche er später in *Die offene Gesellschaft und ihre Feinde* konkretisierte. Aber zuerst vernichtete er den logischen Positivismus vollständig.
Das zentrale Anliegen der logischen Positivisten war das *Sinnproblem.* In ihrer Absicht, die Wissenschaft von allem überflüssigen Gerede zu reinigen, trachteten sie jene Aussagen, die wirklichen „Sinn“ hätten, gegenüber solchen abzugrenzen, denen dieses Prädikat nicht zukommt. Und sie kamen zu dem Schluß, daß sinnvolle Aussagen von zweierlei Art sind. Entweder handelt es sich um formale Aussagen in mathematischer oder logistischer Form, deren Wahrheit oder Falschheit sozusagen intern nachgewiesen werden kann, ohne Bezug auf Beobachtung oder Experiment (falsche Aussagen sind letzt-

lich Selbstwidersprüche, richtige sind Tautologien); oder sie sind zur Übertragung empirischer Informationen bestimmt, in welchem Falle es für die tatsächliche oder mögliche Erfahrungswelt einen Unterschied machen müßte, ob die Aussagen wahr oder falsch sind. Um eine empirische Aussage, die uns Informationen vermitteln soll, treffen zu können, müssen wir in der Lage sein zu verstehen, was ihre Wahrheit überhaupt bedeuten soll. Wir müssen wissen, welche Art (unserer oder jemandes anderer) Erfahrung sie verifizieren würde. Aus diesem Problem entstand das berühmte Verifizierungsprinzip, welches davon ausging, daß eine Aussage überhaupt nur Informationen über die Welt enthalte, wenn sie auf die eine oder andere Weise der Verifizierung zugänglich sei. Solche Aussagen könnten natürlich ebenso falsch wie richtig sein, aber in jedem Fall hätten sie einen „Sinn". Aussagen, die durch keine verfügbare Beobachtung verifiziert werden könnten, seien sinnlos: sie seien lediglich Geräusche, die aus dem Mund kommen – Schall und Rauch. Die logischen Positivisten handhabten dieses Prinzip wie einen Säbel; sie trennten alles ihrer Meinung nach sinnlose Geschwätz von den Gebieten intellektueller Tätigkeit ab, auf die sie ihr Augenmerk gerichtet hatten. Und was sie aus der Philosophie herauswarfen, umfaßte das gesamte Gebiet der Metaphysik.

V

Popper brachte von allen Seiten Argumente gegen sie zusammen. Sein stärkstes war, daß das Verifizierbarkeitskriterium nicht nur die Metaphysik, sondern die gesamten Naturwissenschaften eliminierte, indem es alle nichtverifizierbaren Aussagen über die Welt als sinnlos deklarierte – und wissenschaftliche Gesetze sind nicht verifizierbar. Das bedeutete also, daß die logischen Positivisten mit ihrer gescheiterten Suche nach einem Kriterium der Abgrenzung zwischen Wissenschaft und Metaphysik auch bei ihrem erklärten Vorhaben scheiterten, diese von jener abzutrennen. *Popper* argumentierte, daß die Naturwissenschaften ihren historischen Ursprung in metaphysischen Theorien hatten – in religiösen, magischen, mythischen und abergläubischen Weltanschauungen, aus denen sie sich allmählich entwikkelten. So konnten demnach metaphysische Theorien nachweisbar höchst wertvoll und wichtig sein; und wenn man das einmal zugegeben hatte, war es kaum einzusehen, daß man sie für sinnlos halten sollte. Weiter zeigte er, daß wir vor einer Klärung der Frage nach der Verifizierung irgendeiner gegebenen Aussage zunächst einmal wissen müssen, was diese Aussage bedeutet, so daß ihre Verifizierbarkeit nicht als Kriterium ihres Sinngehaltes gelten kann. Darüber hinaus betonte er, daß philosophische Aussagen charakteristischerweise weder tautologisch noch verifizierbar sind, so daß jeder

Versuch, zugunsten des Verifizierbarkeitskriteriums zu argumentieren, an die Verwendung von Aussagen gebunden wäre, welche nach positivistischem Urteil bereits als sinnlos eingestuft worden wären. Tatsächlich gelangte er zu der Auffassung, daß alle Anstrengungen, ein Sinnkriterium zu finden, ohnehin belanglos wären, zumal die Diskussion den Gebrauch undefinierter Begriffe nicht vermeiden könnte. Wir müßten dann z. B. darauf bestehen, unsere Begriffe vor Beginn einer sinnvollen Diskussion zu definieren: jede Definition würde schließlich einen neuen Begriff verwenden müssen, sonst wäre der Vorgang zirkulär, und wir wären gezwungen, auch den neuen Begriff zu definieren. So würde das Verfahren in einen infinitiven Regreß führen, der uns den Beginn unserer Diskussion unmöglich machte. Er betonte, daß Naturwissenschaftler wenig oder gar keine Zeit auf die Analyse solcher Begriffe wie „Masse", „Energie", „Licht" usw. verwendeten; und dennoch haben wir in den Naturwissenschaften unser reichhaltigstes und nützlichstes „Wissen" zur Verfügung, und wir machen dort weiter gute Fortschritte. Um es kurz zu machen: Nachdem *Popper* seine Beschäftigung mit den zentralen Prinzipien des logischen Positivismus beendet hatte, war sehr wenig von ihnen übrig geblieben.

VI

Sein stärkstes Argument, der Nährboden vieler anderer, war, daß das *Wissenschaftsprogramm,* welches die logischen Positivisten meinten der Philosophie vermitteln zu müssen, falsch war; und genau dieses Programm hatte er vernichtet. Diese Idee war so radikal, daß sie von seinen Gegnern nicht begriffen wurde. Sie bemerkten nicht, daß *Popper* dabei war, das, was sie als schon immer gültiges Kriterium der Unterscheidung zwischen Wissenschaft und Nichtwissenschaft entlarvt zu haben glaubten, durch ein anderes zu ersetzen, nämlich durch das der *Falsifizierbarkeit*: Wegen ihrer fixen Idee vom Sinn dachten sie, *Popper* würde Falsifizierbarkeit als *Sinn*kriterium einführen und ihr eigenes Verifizierungsprinzip ersetzen wollen. Und weil sie, ganz im Gegensatz zu *Popper,* dachten, daß empirische Aussagen nichtwissenschaftlichen Charakters sinnlos seien, lehnten sie solche Ersetzungsversuche mit dem Hinweis ab, am Ende liefen beide Prinzipien auf dasselbe hinaus. Es dauerte Jahre, bevor die volle Bedeutung dessen, was er geleistet hatte, seiner Umwelt bewußt wurde. Die Ironie der Geschichte wollte es – und sie hat damit sehr viel Schaden angerichtet –, daß *A. J. Ayers* Buch *Language, Truth and Logic* (Sprache, Wahrheit und Logik) – das Buch, welches den logischen Positivismus in England einführte und dort einen enormen Einfluß ausübte – geschrieben wurde, nachdem *Popper* die meisten entscheidenden Gegenargumente bereits veröffentlicht hatte.

Obwohl *Popper* all dies schon in seinen frühen Dreißigern erarbeitet hatte, war er immer noch Schulmeister und philosophierte in seiner Freizeit. Erst mit 35 Jahren erhielt er seinen ersten Lehrauftrag an der Universität und wurde Berufsphilosoph. Das war 1937, als er zur Universität von Neuseeland ging. Mittlerweile war er von den Realitäten linker Politik gründlich desillusioniert worden – von der Schlaffheit und Ängstlichkeit der Sozialdemokraten nicht weniger als vom selbstbetrügerischen Machiavellianismus der Kommunisten. Als *Hitler* 1933 in Deutschland an die Macht kam, begriff *Popper*, daß auch die Österreichische Linke unfähig sein würde, die Nazis dort aufzuhalten – und daß eine Übernahme Österreichs durch die Nazis wahrscheinlich zu einem europäischen Krieg führen würde, in dem sein geliebtes Land auf der falschen Seite stehen würde. Er entschloß sich, das Land zu verlassen: daher seine Bereitschaft, nach Neuseeland zu gehen. Diese Entscheidung rettete ihm das Leben, wenn er auch zu jener Zeit keine Ahnung davon hatte. Da er von seinen Eltern, die sich hatten taufen lassen, protestantisch erzogen wurde, hielt er sich für nicht besonders jüdisch. *Hitler* wäre da anderer Auffassung gewesen. Viele seiner Verwandten wurden später von den Nazis ermordet.

Ein Jahr nach seiner Ankunft in Neuseeland erreichte ihn die Nachricht, die er so lange gefürchtet hatte, die Nachricht vom Anschluß Österreichs durch *Hitler*. An diesem Tag entschloß er sich, *Die offene Gesellschaft und ihre Feinde* zu schreiben. Er verbrachte den gesamten Zweiten Weltkrieg in Neuseeland, und bis 1943 schrieb er an der *Offenen Gesellschaft*, die er als seinen Beitrag zum Krieg betrachtete – eine Tatsache, die die emotionale Energie und große Eindringlichkeit des Buches erklärt, insbesondere, wenn man sich erinnert, daß *Hitler* die meiste Zeit, während deren es geschrieben wurde, im Kriege die Oberhand hatte. Die beiden Bände sind wohl die massivste und kraftvollste Parteinahme für die politische Demokratie, die je in englischer Sprache geschrieben wurde. Sie zeichnen die Geschichte des Totalitarismus nach und versuchen, dessen Anziehungskraft zu analysieren; auf dieser Grundlage arbeiten sie die Charakteristika „rechter" und „linker" Totalitätstheorie heraus – insbesondere der von *Platon* und *Marx* – und unterziehen deren politische Philosophie einer ausführlichen Kritik von durchgängiger und leidenschaftlicher Brillanz. (Studentengenerationen haben seitdem die kritischen Ideen dieses Buches ausgeschlachtet, viele von ihnen allerdings, ohne es ganz gelesen zu haben – und daher ohne nur zu erkennen, daß diese Kritik nur die negative Seite einer höchst positiven Leistung ist.)

Die *Offene Gesellschaft* ist so reich an Argumenten, daß eine kurze Inhaltsangabe unmöglich ist. Aber ein Argument müßte erwähnt werden; es bezieht sich auf ein Thema, das wir bereits angesprochen haben. *Popper* zeigt, daß der Gedanke, ein wissenschaftlicher Versuch zur Lösung politischer und sozialer Probleme verlange eine zentralgeplante Gesellschaft, auf einer irrigen Vorstellung von wissenschaftlichen Lösungsversuchen beruht. Erfolgreiche Problemlösung verlangt freie Entscheidungsmöglichkeit für alternative Lösungen, die ernsthafter Kritik zu unterziehen sind. Eine politische Auffassung ist eine Hypothese, und die Entscheidung für sie bedeutet ihre Überprüfung an der Wirklichkeit. Daß sie die möglicherweise beste ist, kann niemals bewiesen werden, aber man kann sie in vielen Fällen durch ganz offensichtliche Tatbestände widerlegen. Daher sollten die politisch Verantwortlichen nicht nach Zeichen erhoffter Resultate, sondern nach deren Gegenteil Ausschau halten. Die Hervorbringung politischer Doktrinen und die Kritik politischer Doktrinen hängen eng zusammen; aber während Unzulänglichkeiten in der Hervorbringung durch die Kritik korrigiert werden können, ist der umgekehrte Weg nicht möglich: wenn die Kritik versagt, werden irrige politische Konzeptionen unter Verursachung von unbestimmten Kosten fortbestehen. So sind also – völlig unabhängig von moralischen Erwägungen – die unbehinderte Kritik der Regierungen und ihrer politischen Programme sowie die praktische Möglichkeit, sie häufig durch andere Regierungen mit anderen politischen Programmen zu ersetzen, unverzichtbar für erfolgreiches Handeln. Die leistungsfähigsten Gesellschaften sind daher auf lange Sicht solche, die sogenannte „freie“ Institutionen haben. Die populäre Ansicht, die leistungsfähigste Gesellschaftsform müsse eine irgendwie geartete Diktatur sein, ist falsch – sowohl in der Theorie als auch in der Praxis. (Wo sind sie denn, diese leistungsfähigen Diktaturen?) Die rein praktischen Fragen decken sich hier mit moralischen: Logik, Rationalität, echt wissenschaftliche Versuche zur Lösung sozialer Probleme – all dies deutet auf eine freie, „offene“ Gesellschaft, die nicht zentral kontrolliert, sondern pluralistisch ist; eine Gesellschaft, die sich nicht mit dem Planen von idealen Zuständen befaßt, sondern mit dem nie endenden Rückkopplungsprozeß stetiger Veränderungen, die ihrerseits dauernd zu Revisionen der Zwecke und Ziele führen, die sich ständig im Lichte fortschreitender Erfahrung ändern. Insgesamt gesehen bietet das Buch wie keines zuvor eine voll ausgearbeitete, ausgewogene und vollblütige *Philosophie der Sozialdemokratie*, leidenschaftlich, aber rational; radikal, aber praxisnah; idealistisch vom ethischen Standpunkt, aber äußerst kritisch und in voller Kenntnis erfahrener Wirklichkeit. Und ganz nebenbei sind die zentralen Ansprüche des Marxismus – besonders sein Anspruch auf Wissenschaftlichkeit – völlig vernichtet worden und, wie ich glaube, ohne jede Chance auf ihre Wiederherstellung.

Die *Offene Gesellschaft* war 1945 als *Poppers* erstes in englischer Sprache publiziertes Buch herausgekommen *(The Open Society and its Enemies)*, und es brachte ihm zum ersten Mal Ruhm in der angelsächsischen Welt. Im selben Jahr ging er nach England, wo er seitdem lebt. Vierundzwanzig

Jahre lang war er Professor für Logik und Wissenschaftslehre an der London School of Economics, von der er sich 1969 zurückzog. 1965 wurde er geadelt. Aber weder Oxford noch Cambridge schienen ihn je als Professor gewollt zu haben. Aber das ist eine lange Geschichte.

Als *Popper* im Januar 1946 nach England kam, sollte es noch fast 14 Jahre dauern, bis sein großes Buch *Logik der Forschung* im Englischen erschien, obgleich es schon vor mehr als 11 Jahren auf Deutsch herausgekommen war. Sein Inhalt war in philosophischen Kreisen im Grunde genommen unbekannt – tatsächlich war ja der logische Positivismus an den britischen Universitäten noch sehr verbreitet. Die andere philosophische Richtung, die neben dem Positivismus neuerdings modern wurde, die Sprachphilosophie, hatte auf *Popper* noch weniger Anziehungskraft. Er hatte nicht nur sein Leben der Auseinandersetzung mit einigen der grundlegenden Probleme unserer Zeit gewidmet – wie etwa dem des Charakters menschlicher Erkenntnis, der Methoden der Wissenschaft, der Versöhnung der Rationalität mit der Sozialethik, des Stellenwerts der Gewalt in der Politik, des Marxismus, des Konflikts zwischen Totalitarismus und Demokratie – darüber hinaus leistete er handfeste und deutliche Beiträge zu ihrer Lösung. In England jedoch wurde von ihm erwartet, ernsthaft die Ansicht zu vertreten, daß philosphische Probleme lediglich Scheinprobleme seien, in die wir nur infolge unseres Mißbrauchs der Sprache verwickelt würden. In seinen Augen war dies nicht nur falsch, sondern es bedeutete eine tragische und sträfliche Ableugnung intellektueller Verantwortlichkeit. Seine Sympathien waren völlig auf der Seite des philosophisch interessierten Laien, der der Sprachphilosophie gegenüber oft ein starkes Unbehagen empfand. Zu diesen zählten Männer und Frauen, die auf ihren Gebieten an der Spitze stehen und sein Werk zunehmend begeistert aufnahmen – so etwa Naturwissenschaftler, die Träger des Nobelpreises sind, Minister, weltweit bekannte Ökonomen, wie *Hayek, Haberler* und *Robbins,* Soziologen und Kunsthistoriker. Und dieses war nicht nur passive Zustimmung, sondern eine sehr aktive Aufnahme, die ihre eigene Arbeit unmittelbar beeinflußte. Aber die zunehmende Zahl der Berufsphilosophen, welche eine Philosophie vertraten, die er ablehnte, schien unfähig zu einem ernsthaften Verständnis seiner Arbeit zu sein, und sein Ruf im eigenen Stande hörte auf zu wachsen. Wie schon vorher die logischen Positivisten maßen auch die Sprachphilosophen *Popper* mit ihrer Elle und versäumten es damit, sowohl seine rakidale Originalität als auch die Tatsache richtig einzuschätzen, daß seine Bedeutung weit über die ihre hinausging. Richtig verstanden, hätte sein Werk sie veranlaßt, ihre Einstellung der Philosophie gegenüber zu ändern; so aber schalteten sie ab, nachdem sie einmal mit ihm konfrontiert worden waren. Eine einfache Begebenheit illustriert dieses Verhalten eindrucksvoll: Als mir in den späten fünfziger Jahren einer der berühmtesten Oxforder Philosophen versicherte, der Gegenstand der Philosophie sei die Sprache, erwiderte ich: „Wie steht es mit der *Offenen Gesellschaft*? Das ist fraglos Philosophie, und sie behandelt nichts Linguistisches". Bei dieser Antwort wandte er seinen Blick von mir ab auf einen Gegenstand in der Ferne; und als ob meine Frage das natürliche Ende unserer Unterhaltung markiert hätte, schweifte er ab und redete über etwas anderes. Jener Vorfall wurde für mich das Symbol der Antwort der Oxford-Philosophie auf *Poppers* Herausforderung.

VII

Hinter dem logischen Positivismus stand, ebenso wie hinter der Sprachphilosophie, derselbe geistige Vater, ein Mann von Genius, *Wittgenstein*. Es war für *Popper* ein ganz besonderes Mißgeschick, daß die Philosophie sowohl im Vorkriegs-Wien als auch im Nachkriegs-England durch *Wittgenstein* dominiert wurde. Aber heute, wo diese beiden philosophischen Richtungen aufgegeben werden, beginnt sich die Auffassung durchzusetzen, daß *Popper* derjenige ist, der gegenüber beiden von Anfang an durchweg Recht behalten hat – Recht behalten nicht in dem Sinne, daß er diese Lehren nicht akzeptiert hätte (denn es gab stets viele Philosophen, die das nicht taten), sondern in dem Sinne, daß er von Anfang an diejenigen Argumente vorgebracht hatte, die schließlich als die entscheidenden Argumente gegen beide Philosophien weithin akzeptiert wurden. Hätte man ihm zugehört, wäre die Geschichte der westlichen Philosophie in den vergangenen 40 Jahren völlig anders verlaufen. Die Philosophen wären nicht vom Problem der Wortbedeutungen dermaßen besessen gewesen, ein Problem, über dem sie viel breitere Fragestellungen vernachlässigten, die ebenso philosophische wie auch praktische Probleme des menschlichen Lebens umfassen – manchmal sogar Probleme von Leben und Tod. Sie wären dann auch nicht dermaßen vom Rest der intellektuellen Welt isoliert worden, noch hätten sie von ihr solch wohlverdiente Geringschätzung erfahren. Um meine Auffassung übertrieben vereinfacht und grob darzulegen: Ich glaube, die Tragödie der Philosophie jener Jahrzehnte, die Hauptursache für ihren jetzigen Zustand besteht darin, daß man etwa vom Beginn der dreißiger Jahre an der Führung des falschen Mannes folgte.

Poppers Reaktion auf professionelle Geringschätzung bestand darin, sie zu ignorieren und mit der Arbeit dessen fortzufahren, was ihm wichtig erschien. Seit den Tagen des logischen Positivismus hat er an nur sehr wenigen Kontroversen mit philosophischen Richtungen teilgenommen, deren methdodologische Positionen dem Verständnis seiner eigenen entgegenstanden – nach seiner Ansicht würde ihn das in eine Diskussion über die falschen Fragen verwickeln: Eine Bemerkung des Mathematikers *Karl Menger*, die *Popper* gerne zitiert, sagt, daß „einen Menschen wegen unsinnigen Redens anzugreifen so ähnlich ist, wie seinem im Morast versinkenden Todfeind mit einem Messer bewaffnet nachzuspringen". Während also ein großer Teil der philosophischen Welt noch die volle Bedeutung dessen aufzuarbeiten hat, was *Popper* in den dreißiger Jahren veröffentlichte, hat er in den inzwischen verstrichenen Jahrzehnten in aller Ruhe an seinem Weg zu weitergehenden und neuen Erkenntnissen in anderen Forschungsgebieten gearbeitet. Über *Objective Knowledge* (in Deutschland erschienen als *Objektive Erkenntnis*), das im November 1972 herauskam und dessen bemerkenswerte Gedanken ich in diesem Artikel nicht einmal berühren konnte, schrieb der Rezensent von *The Times Higher Education Supplement*: „*Popper* hat wieder einmal einen Reichtum an originellen und interessanten Gedanken in einer Weise dargeboten, die dem Leser stets Vergnügen bereitet. Ich erwarte, daß dieses Buch auf seine Weise ebenso einflußreich sein wird, wie es seine früheren Arbeiten waren, und daß von dieser Quelle ein weiterer Strom wichtiger und neuer philosophischer Gedanken entspringen wird".

Im nächsten oder übernächsten Jahr wird ein anderes Buch mit dem Titel *Philosophie und Physik* aus seiner Feder erwartet. Und in Kürze wird eine ausführliche zweibändige Würdigung seines Lebenswerkes in der berühmten amerikanischen *Library of Living Philosophers* erscheinen[1]. Ich bin überzeugt, hierdurch erfährt die zeitgenössische Philosophie ihre bedeutendste und zugleich erregendste Bereicherung. Von Philosophen, die ihren Beruf, wenn nicht ihr Leben, auf den *Wittgenstein*schen Abweg verwendet haben, kann eine solche Sicht der Dinge nicht erwartet werden; aber ihre bedauernswerten Schüler, die mit hungrigen Augen zu ihnen aufblicken, sehen die Dinge zunehmend so. Meine Hoffnung ist, daß die fähigsten unter ihnen, im Gegensatz zu *Wittgensteins* Anhängern, *Poppers* Werk näher kommen, und zwar nicht, als hätte es Spuren gelegt, denen man zu folgen hätte, sondern als einem herausfordernden Vorposten, den man einst hinter sich lassen wird.

1 Anm. d. Übers.: Die beiden Bände erschienen Anfang 1974 unter dem Titel „*The Philosophy of Karl Popper*", herausgegeben von *Paul Arthur Schilpp*, Open Court, La Salle, Illinois.

Karl R. Popper

Die Aufgabe der Wissenschaft*

Es mag vielleicht ein wenig naiv klingen, von „dem Ziel" oder „der Aufgabe" der erfahrungswissenschaftlichen Tätigkeit zu sprechen; denn es ist klar, daß verschiedene Erfahrungswissenschaftler verschiedene Ziele haben und daß Erfahrungswissenschaft selbst (was immer das bedeuten mag) keine Ziele hat. Das alles gebe ich gerne zu. Und doch scheint es, daß wir, wenn wir von empirischer Wissenschaft sprechen, mehr oder weniger deutlich fühlen, daß erfahrungswissenschaftliche Tätigkeit etwas Charakteristisches an sich hat; und da erfahrungswissenschaftliche Tätigkeit doch einigermaßen wie eine vernünftige Tätigkeit aussieht und da eine vernünftige Tätigkeit irgendein Ziel haben muß, dürfte der Versuch, das Ziel der empirischen Wissenschaft zu beschreiben, nicht völlig hoffnungslos sein.

Ich nehme an, daß es das Ziel der empirischen Wissenschaft ist, *befriedigende Erklärungen* zu finden für alles, was uns einer Erklärung zu bedürfen scheint. Mit einer *Erklärung* ist eine Klasse von Sätzen gemeint, von denen einer den Sachverhalt beschreibt, der erklärt werden soll (das *explicandum*), während die anderen, die erklärenden Aussagen, die „Erklärung" im engeren Sinne des Wortes bilden (das *explicans* des *explicandums*).

Wir können in der Regel annehmen, daß das *explicandum* als wahr erkannt ist, oder daß von ihm vorausgesetzt wird, es sei als wahr erkannt. Denn es hat wenig Zweck, nach einer Erklärung für einen Stand von Dingen zu fragen, der sich als völlig imaginär herausstellen kann. (Fliegende Untertassen können einen solchen Fall darstellen: Was wir brauchen, ist vielleicht nicht eine Erklärung der fliegenden Untertassen, sondern die Erklärung der Berichte über fliegende Untertassen; sollten aber fliegende Untertassen existieren, dann wäre keine weitere Erklärung

---

* Dieser Aufsatz ist eine vom Verfasser 1975 revidierte Fassung einer zuerst in Ratio, 1. Band, 1957, H. 1 (deutsche Ausgabe) erschienenen Arbeit, wiederabgedruckt in: *Karl R. Popper*, Objektive Erkenntnis – ein evolutionärer Entwurf, Hamburg 2. Aufl. 1974. Mit freundlicher Genehmigung des Verlages Hoffmann und Campe verwendet.

für die Berichte erforderlich.) Das *explicans* andererseits, das wir aufzufinden suchen, wird in der Regel nicht bekannt sein; es muß entdeckt werden. Daher wird eine wissenschaftliche Erklärung, falls sie eine Entdeckung ist, eine *Erklärung des Bekannten durch das Unbekannte sein*[1].

Das *explicans* muß, um befriedigend zu sein (befriedigend in einem höheren oder geringeren Grad), eine Anzahl von Bedingungen erfüllen. Erstens muß das *explicandum* logisch aus ihm folgen. Zweitens sollte das *explicans* wahr sein, obwohl es im allgemeinen nicht als wahr bekannt sein wird; auf jeden Fall darf es, selbst nach strengster kritischer Prüfung, nicht als falsch erkannt werden. Wenn es nicht als wahr erkannt ist (wie dies gewöhnlich der Fall sein wird), dann müssen *unabhängige* Zeugnisse zu seinen Gunsten sprechen, oder, in anderen Worten, es muß auf *unabhängige* Weise prüfbar sein; und es wird desto befriedigender sein, je unabhängiger und strenger die Prüfungen waren, denen es standgehalten hat.

Ich muß nun meinen Gebrauch des Ausdrucks „unabhängig", und seiner Gegenteile, „*ad hoc*" und (in extremen Fällen) „zirkulär", erklären.

Nehmen wir an, daß *a* ein *explicandum* sei, das als wahr erkannt ist. Da es ein Gemeinplatz ist, daß *a* aus *a* selbst folgt, könnten wir immer *a* als eine Erklärung für sich selbst vorschlagen. Dies wäre offensichtlich *unbefriedigend*, obwohl wir in diesem Fall wüßten, daß das *explicans* wahr ist und daß das *explicandum* aus ihm folgt. *Daher müssen wir zirkuläre Erklärungen ausschließen.* Aber Zirkularität ist zum Teil eine Sache des Grades. Betrachten wir den folgenden Dialog: „Wieso ist das Meer heute so stürmisch?" – „Weil Neptun heute sehr zornig ist." – „Auf welche Gründe kannst du deine Aussage stützen, daß Neptun heute sehr zornig ist?" – „Ja, siehst du denn nicht, daß das Meer *sehr* stürmisch ist? Und ist es nicht immer stürmisch, wenn Neptun zornig ist?" Diese Erklärung wird unbefriedigend gefunden, weil, wie im Falle der zirkulären Erklärung, der einzige Grund für das *explicans* das *explicandum* selbst ist. Das Gefühl, daß diese Art von halbzirkulärer oder *ad-hoc*-Erklärung höchst unbefriedigend ist, und die Forderung, Erklärungen dieser Art zu vermeiden, gehören, wie ich glaube, zu den hauptsächlichsten Beweggründen für die Entwicklung der empirischen Wissenschaft; sie sind die ersten Früchte einer kritischen oder rationalen Einstellung.

Damit das *explicans* nicht *ad hoc* sei, muß es reich an Gehalt sein; es muß eine große Zahl prüfbarer Folgerungen enthalten und unter ihnen, vor allem, prüfbare Folgerungen, die von dem *explicandum* ganz verschieden sind. An diese anderen prüfbaren Folgerungen denke ich, wenn

---

1 Siehe den letzten Absatz des Textes vor dem Schlußzitat meiner 'Note on Berkeley as a Precursor of Mach', Brit. Journ. Philos. Science, 4, 1953, pp. 26–36. (Jetzt in meinem Buch *Conjectures and Refutations*, [5]1974, p. 174.)

ich von *unabhängigen* Gründen oder Zeugnissen oder von unabhängigen Prüfungen spreche.

Obwohl diese Bemerkungen vielleicht dazu beitragen können, die intuitive Idee eines unabhängig prüfbaren *explicans* ein wenig zu erläutern, sind sie noch immer ganz unzureichend, um eine befriedigende und unabhängig prüfbare Erklärung zu charakterisieren. Denn wenn *a* wieder unser *explicandum* ist – ein solches wie „das Meer ist heute stürmisch" –, dann können wir immer ein höchst unbefriedigendes *explicans* darbieten, das völlig *ad hoc* ist, obwohl es unabhängig prüfbare Folgerungen enthält. Wir können diese Folgerungen sogar immer nach Wunsch auswählen. Wir können zum Beispiel sagen: „Diese Pflaumen sind saftig" und „Alle Raben sind schwarz". Lassen wir *b* ihre Konjunktion (logisches Produkt) sein. Dann können wir als *explicans* einfach die Konjunktion von *a* und *b* nehmen; sie wird allen Anforderungen entsprechen, die wir bis jetzt gestellt haben.

Nur wenn wir Erklärungen fordern, die universelle Aussagen oder Naturgesetze benutzen (ergänzt durch Anfangsbedingungen), können wir einen gewissen Fortschritt machen in die Richtung auf eine Verwirklichung der Idee unabhängiger Erklärungen oder solcher Erklärungen, die nicht *ad hoc* sind. Denn universelle Naturgesetze können Aussagen mit einem reichen Gehalt sein, so daß sie überall und zu allen Zeiten *unabhängig geprüft* werden können. Wenn sie daher als Erklärungen benutzt werden, so ist es ganz gut möglich, daß sie nicht *ad hoc* sind; denn es ist möglich, daß sie uns gestatten, das *explicandum* als einen typischen Fall eines reproduzierbaren Effekts zu interpretieren. All dies trifft jedoch nur zu, wenn wir uns auf universelle Gesetze beschränken, die prüfbar, das heißt falsifizierbar sind.

Die Frage, was für eine Art Erklärung befriedigend sein kann, führt daher zu der Antwort: Eine Erklärung mit Hilfe von prüfbaren und falsifizierbaren universellen Gesetzen und Anfangsbedingungen. Und eine Erklärung dieser Art wird desto befriedigender sein, je besser prüfbar diese Gesetze (und auch die Anfangsbedingungen) sind und je besser sie tatsächlich geprüft wurden.

Auf diese Weise führt die Mutmaßung, daß es das Ziel der empirischen Wissenschaft sei, befriedigende Erklärungen zu finden, zu der weiteren Idee, die Güte der Erklärungen zu verbessern, indem man den Grad ihrer Prüfbarkeit verbessert, das heißt indem man zu immer besseren und besser prüfbaren Erklärungen fortschreitet. Das bedeutet aber, daß man zu Theorien fortschreitet mit einem reicheren Gehalt, einem höheren Grad von Universalität und einem höheren Grad von Genauigkeit[2]. Dies Resultat

---

2 Zur Theorie der *Prüfbarkeit*, des *Gehalts* und der *Einfachheit*, sowie des Grades

stimmt zweifellos völlig mit der tatsächlichen Praxis der theoretischen Wissenschaften überein.

Wir können zu einem im wesentlichen gleichen Resultat auch auf andere Weise gelangen. Wenn es das Ziel der Wissenschaft ist, zu erklären, dann wird es auch ihr Ziel sein, das zu erklären, was bis jetzt als ein *explicans* angenommen wurde, wie zum Beispiel ein Naturgesetz. Daher erneuert sich die Aufgabe der empirischen Wissenschaft beständig. Wir können immer weiterschreiten zu Erklärungen auf immer höherer Universalitätsstufe – es sei denn, wir kämen tatsächlich zu einer *letzten Erklärung*, das heißt zu einer Erklärung, die einer weiteren Erklärung weder fähig noch bedürftig ist.

Gibt es letzte Erklärungen? Die Lehre, die ich „Essentialismus" genannt habe, ist die Ansicht, daß die empirische Wissenschaft letzte Erklärungen in der Form *essentieller* oder *wesentlicher* Eigenschaften suchen muß[3]; wenn wir das Verhalten eines Dinges kraft seines Wesens – seiner wesentlichen Eigenschaften – erklären können, dann kann keine weitere Frage gestellt werden und braucht auch keine gestellt zu werden (außer vielleicht die theologische Frage nach dem Schöpfer der Wesenheiten). So dachte Descartes, er hätte die Physik völlig durch die wesentliche Eigenschaft eines physikalischen Körpers erklärt, die er für *Ausdehnung* hielt; und einige Newtonianer, von Roger Cotes beeinflußt, glaubten, daß die wesentliche Eigenschaft der Materie ihre Trägheit sei und ihr Vermögen, andere Materie anzuziehen, und daß Newtons Theorie von diesen wesentlichen Eigenschaften aller Materie abgeleitet und daher schließlich durch diese erklärt werden könne. Newton selber war anderer Meinung. Es war eine Hypothese über die *letzte* oder *wesentliche* Kausalerklärung der Schwerkraft, die er im Sinne hatte, als er im *scholium generale* am Ende der *Principia* schrieb: „Bisher habe ich die Erscheinungen ... durch die Schwerkraft erklärt, aber ich habe noch nicht *die Ursache der Schwerkraft selbst* ermittelt ... und ich erfinde Hypothesen nicht willkürlich (oder ich führe sie nicht *ad hoc* ein)[4]."

---

der *Präzision*, siehe die Abschnitte 31–46 meines Buches *Logik der Forschung* (1934, [5]1973), wo der enge Zusammenhang zwischen diesen Begriffen besprochen wird.

3 Ich habe den Essentialismus ausführlicher erörtert und kritisiert in meiner Abhandlung: Three Views Concerning Human Knowledge (in meinem Buch *Conjectures and Refutations*, [5]1974), wo ich mich auch auf meine früheren Erörterungen beziehe (in der letzten Fußnote zu Abschnitt ii).

4 Meine Interpretation dieser Stelle wird unterstützt durch *Newtons* Briefe an *Richard Bentley* vom 17. Januar und besonders vom 25. Februar 1693 („1692–3"). Ein Zitat aus diesem Brief wird in Abschnitt iii meiner Abhandlung Three Views Concerning Human Knowledge besprochen, wo das Problem etwas

Ich glaube nicht an die Lehre von der letzten Erklärung. In der Vergangenheit waren die Kritiker dieser Lehre in der Regel Instrumentalisten; sie interpretierten empirische Theorien nur als Werkzeuge zur Vorhersage, ohne jede erklärende Kraft. Es gibt in der Tat eine dritte Möglichkeit, eine „dritte Auffassung", wie ich sie genannt habe. Sie ist recht gut als ein „modifizierter Essentialismus"[5] beschrieben worden.

Diese „dritte Auffassung" – es ist die, die ich vertrete – modifiziert den Essentialismus auf radikale Weise. Zuerst vor allem durch das Aufgeben der Idee einer letzten Erklärung: Ich behaupte, daß jede Erklärung weiter erklärt werden kann durch eine Theorie von höherer Universalität; und es kann keine Erklärung geben, die nicht einer weiteren Erklärung bedarf, denn keine kann eine sich selbst erklärende Beschreibung einer wesentlichen Eigenschaft sein (etwa eine essentialistische Definition des Wesens eines Körpers, wie sie von Descartes vorgeschlagen wurde). Zweitens müssen wir „Was-ist?"-Fragen aufgeben: Fragen, die danach fragen, was ein Ding ist, was seine wesentliche Eigenschaft oder Beschaffenheit ist. Denn wir müssen die für den Essentialismus charakteristische Ansicht aufgeben, nach der es einen wesentlichen Bestandteil, eine inhärente Beschaffenheit oder ein innewohnendes Prinzip in jedem Ding gibt (ähnlich wie den Weingeist im Wein): die „Natur" des Dinges, die es begründet oder die erklärt, daß es ist, was es ist, und daß es sich deshalb auf seine besondere Weise verhält. Diese animistische Anschauung erklärt nichts; aber sie hat Essentialisten (wie Newton) dazu geführt, relationalen Eigenschaften, wie der Schwerkraft zu mißtrauen und aus als *a priori* gültig angenommenen Gründen zu glauben, daß es eine befriedigende Erklärung in Form inhärenter Eigenschaften (im Gegensatz zu relationalen Eigenschaften) geben müsse. Die dritte und letzte Modifizierung, die wir am Essentialismus vornehmen müssen, ist diese: Wir müssen die eng mit dem Animismus verknüpfte (und für Aristoteles im Gegensatz zu Plato charakteristische) Anschauung aufgeben, daß man sich auf die *jedem individuellen oder*

---

ausführlicher erörtert wird. (Vgl. Conjectures and Reputations, 5/1974, p. 106.)

5 Der Ausdruck „modifizierter Essentialismus" wurde zur Beschreibung meiner eigenen „dritten Auffassung" gebraucht von einem Rezensenten meiner Abhandlung Three Views Concerning Human Knowledge in The Times Literary Supplement 55, 1956, p. 527. Um Mißverständnisse zu vermeiden, möchte ich hier sagen, daß ich diesen Ausdruck übernehme, ohne damit ein Zugeständnis an die Lehre von einer „letzten oder essentiellen Wirklichkeit" zu machen, und noch weniger ein Zugeständnis an die Lehre von den wesentlichen Definitionen. Ich halte voll und ganz an der Kritik dieser Lehre fest, die ich in meiner *Open Society*, Kapitel 11, Abschnitt ii (besondere Anmerkung 42), und an anderen Orten gegeben habe.

einzelnen Ding inhärenten wesentlichen Eigenschaften berufen kann, um das Verhalten dieses Dinges zu erklären. Denn dieser Anschauung gelingt es durchaus nicht, Licht auf das Problem zu werfen, warum verschiedene individuelle Dinge sich auf ähnliche Weise verhalten sollen. Wenn gesagt wird: „Weil ihre wesentlichen Eigenschaften ähnlich sind", so erhebt sich die Frage, *warum es nicht ebenso viele verschiedene wesentliche Eigenschaften geben solle, wie es verschiedene Dinge gibt.* (Plato versuchte genau dieses Problem zu lösen, indem er sagte, daß ähnliche individuelle Dinge Abkömmlinge, und daher Abbilder, derselben ursprünglichen „Form" sind, die daher „außerhalb" der verschiedenen individuellen Dinge besteht und „älter" als diese und ihnen „überlegen" ist; und, in der Tat, wir haben bis jetzt keine bessere Theorie der Ähnlichkeit. Selbst heutzutage berufen wir uns auf ihren gemeinsamen Ursprung, wenn wir die Ähnlichkeit zweier Menschen oder eines Vogels und eines Fisches, oder zweier Betten, oder zweier Automobile, oder zweier Sprachen, oder zweier Rechtsverfahren erklären wollen: das heißt, wir erklären Ähnlichkeit hauptsächlich *genetisch*; und wenn wir daraus ein metaphysisches System machen, so neigt es dazu, eine historizistische Philosophie zu werden. Platos Lösung wurde von Aristoteles verworfen; aber da Aristoteles' Fassung des Essentialismus nicht einmal eine Andeutung einer Lösung enthält, so scheint es, daß er niemals das Problem erfaßt hat[6].)

Indem wir Erklärungen in der Form von universellen Naturgesetzen wählen, schlagen wir eine Lösung für genau dieses zuletzt erwähnte (platonische) Problem vor. Denn wir stellen uns alle individuellen Dinge und alle einzelnen Tatsachen als diesen Gesetzen unterworfen vor. Die Gesetze (die ihrerseits immer einer weiteren Erklärung bedürfen) erklären daher Regelmäßigkeiten oder Ähnlichkeiten individueller Dinge oder individueller Tatsachen oder Ereignisse. Und diese Gesetze sind nicht den einzelnen Dingen inhärent. (Noch sind sie platonische Ideen außerhalb der Welt.) Naturgesetze sind eher aufzufassen als (hypothetische) Beschreibungen struktureller Eigenschaften der Natur – des Kosmos.

Hier nun liegt die Ähnlichkeit zwischen meiner eigenen Auffassung (der „dritten Auffassung") und dem Essentialismus; obwohl ich nicht glaube, daß wir jemals durch unsere allgemeinen Gesetze ein *letztes* Wesen der Welt beschreiben können, so bezweifle ich doch nicht, daß wir danach

---

6 Was Platos Theorie der Formen oder Ideen betrifft, so ist „es eine ihrer wichtigsten Funktionen, die Ähnlichkeit von sinnlich wahrnehmbaren Dingen zu erklären. . . .", vgl. *Open Society*, Kapitel 3, Abschnitt v; siehe auch Anmerkungen 19 und 20 und Text. Daß es Aristoteles' Theorie nicht gelingt, diese Funktion zu erfüllen, wird erst in der 3. Auflage, 1957, am Ende der Bemerkung 54 zu Kapitel 11 erwähnt.

streben, immer tiefer in die Welt oder, wie auch wir sagen können, in immer wesentlichere Eigenschaften der Welt einzudringen.

Jedesmal, wenn wir dazu fortschreiten, irgendein vermutetes Gesetz oder eine Theorie durch eine neue vermutete Theorie von höherem Grad der Universalität zu erklären, entdecken wir Neues über die Welt, indem wir versuchen, tiefer in ihre Geheimnisse einzudringen. Und jedesmal, wenn es uns gelingt, eine Theorie dieser Art zu falsifizieren, machen wir eine neue wichtige Entdeckung. Denn diese Falsifizierungen sind höchst wichtig. Sie lehren uns das Unerwartete; sie lehren uns wieder, daß unsere Theorien, obwohl sie von uns selbst aufgestellt wurden, obwohl sie unsere eigene Erfindung sind, dennoch echte Aussagen über die Welt sind; denn sie können mit etwas kollidieren, sie können an etwas scheitern, das wir nicht selbst erfunden haben.

Unser „modifizierter Essentialismus" ist, wie ich glaube, nützlich, wenn wir die Frage nach der logischen Form der Naturgesetze erheben. Er deutet an, daß unsere Gesetze, oder unsere Theorien, *universell* sein müssen, das heißt, daß sie Aussagen über die Welt machen müssen – über alle räumlich-zeitlichen Gebiete der Welt. Darüber hinaus deutet er an, daß unsere Theorien Aussagen über strukturelle oder relationale Eigenschaften der Welt machen und daß die durch eine erklärende Theorie beschriebenen strukturellen Eigenschaften, in irgendeinem Sinn, tiefer sind als diejenigen, die erklärt werden sollen. Ich glaube, daß das Wort „tiefer" dem Versuch einer erschöpfenden logischen Analyse Widerstand leistet; es ist jedoch ein Hinweis auf unsere Intuitionen. (Es ist ähnlich in der Mathematik: Bei Zugrundelegung der Gültigkeit ihrer Axiome sind alle ihre Lehrsätze logisch äquivalent, da sie voneinander ableitbar sind, und doch besteht ein großer Unterschied in ihrer „Tiefe", der sich kaum logisch analysieren läßt.) Die „Tiefe" einer erfahrungswissenschaftlichen Theorie scheint in sehr enger Beziehung zu ihrer Einfachheit und damit zu ihrem Gehalt zu stehen. (Dies unterscheidet sich völlig von der Tiefe eines mathematischen Lehrsatzes, dessen Gehalt immer gleich Null ist.) Zwei Bestandteile scheinen erforderlich zu sein: ein reicher Gehalt und eine gewisse intuitive Einheitlichkeit oder Geschlossenheit (oder ein „organischer Charakter") des beschriebenen Sachverhalts. Es ist gerade dieser letzte Bestandteil, der so schwer zu analysieren ist und den die Essentialisten zu beschreiben versuchen, wenn sie von wesentlichen Eigenschaften sprechen, im Gegensatz zu einer bloßen Anhäufung von zufälligen Eigenschaften. Ich glaube nicht, daß wir viel mehr tun können, als hier auf eine intuitive Idee zu verweisen. Und ich glaube nicht, daß wir viel mehr tun müssen. Denn bei jeder vorgeschlagenen besonderen Theorie ist es ihr Gehalt, das heißt ihre Prüfbarkeit, die über das Interesse an ihr entscheidet, so wie es der Ausgang der tatsächlichen Prüfungen ist, der über ihr Schicksal entscheidet.

Vom methodologischen Gesichtspunkt aus sind ihre Tiefe, ihr Zusammenhang und ihre Schönheit nichts als Hinweise und Anregungen für unsere Intuition und unsere Phantasie.

Nichtsdestoweniger scheint es etwas wie eine hinreichende Bedingung für Tiefe zu geben, oder für Grade der Tiefe, eine Bedingung, die logisch analysiert werden kann. Ich werde versuchen, sie mit Hilfe eines Beispiels aus der Geschichte der Physik zu erklären.

Es ist bekannt, daß es Newton gelang, mit seiner Dynamik eine Synthese der irdischen Physik Galileis und der Himmelsphysik Keplers durchzuführen. Es wird oft gesagt, daß von Galileis und Keplers Gesetzen auf Newtons Dynamik geschlossen werden kann, und es ist sogar behauptet worden, daß sie sich von ihnen logisch deduzieren lasse[7]. Aber das ist nicht so; von einem logischen Gesichtspunkt aus widerspricht Newtons Theorie, strenggenommen, der Theorie Galileis wie auch der Keplers (obwohl diese beiden Theorien natürlich als Annäherungen erhalten werden können, sobald wir mit Newtons Theorie arbeiten). Es ist daher unmöglich, daß Newtons Theorie von den beiden anderen durch deduktive oder auch durch induktive Schlüsse abgeleitet werden kann. Denn weder deduktive noch induktive Schlüsse können von widerspruchsfreien Prämissen zu Schlußfolgerungen führen, die diesen Prämissen formal widersprechen.

Ich werde zuerst kurz diese Widersprüche besprechen. Galilei behauptet, daß sich ein geworfener Stein oder ein Geschoß in einer Parabel bewegt,

7 Was von *Keplers* Gesetzen abgeleitet werden kann (siehe *Max Born,* Natural Philosophy of Cause und Chance, 1949, pp. 129–133), ist, daß für alle Planeten die Beschleunigung gegen die Sonne hin in jedem Augenblick gleich k/r^2 ist, wobei r die Entfernung zwischen dem Planeten und der Sonne im gegebenen Augenblick ist und k eine Konstante, dieselbe für alle Planeten. Doch gerade dieses Resultat widerspricht formal *Newtons* Theorie (außer unter der Voraussetzung, daß die Massen der Planeten alle gleich oder, wenn ungleich, dann unendlich klein sind, verglichen mit denen der Sonne). Diese Tatsache folgt aus dem, was hier, in dem auf Fußnote 9 folgenden Text, über *Keplers* drittes Gesetz gesagt wird. Aber außerdem sollte man sich daran erinnern, daß weder *Keplers* noch *Galileis* Theorien *Newtons* Begriff der *Kraft* enthalten, der herkömmlicherweise in diesen Deduktionen ohne weiteres Aufheben eingeführt wird – als ob dieser (in *Berkeleys* Sinn „okkulte“) Begriff von den Tatsachen abgelesen werden könnte, anstatt das Resultat einer neuen Interpretation der Tatsachen (das heißt der durch *Keplers* und *Galileis* Gesetze beschriebenen „Phänomene“) im Licht einer völlig neuen Theorie zu sein. Erst *nachdem* der Begriff der Kraft (und selbst die Proportionalität von schwerer und träger Masse) eingeführt worden ist, ist es überhaupt möglich, die oben angeführte Formel für den Beschleunigungszuwachs mit *Newtons* Gesetz der Anziehung im umgekehrten Verhältnis des Quadrates der Entfernung zu verbinden (durch die Annahme, daß die Massen der Planeten außer acht gelassen werden können).

außer beim freien senkrechten Fall, wo sie sich mit gleichmäßiger Beschleunigung in einer geraden Linie bewegen. (Wir lassen den Luftwiderstand in dieser ganzen Erörterung außer acht.) Vom Standpunkt der Newtonschen Theorie aus sind diese Behauptungen beide falsch, jeweils aus einem anderen Grund. Die erste ist falsch, weil der Weg eines Geschosses mit langer Reichweite, z. B. eines interkontinentalen Geschosses, wenn es nach oben oder in horizontaler Richtung abgeschossen wird, auch nicht annähernd eine Parabel sein wird; er ist eine Ellipse. Er wird, annähernd, nur dann zu einer Parabel, wenn die Reichweite des Schusses, verglichen mit mit dem Erdradius, unendlich klein ist. Diese Feststellung wurde von Newton selbst gemacht, sowohl in den *Principia* als auch in seinem populären *System of the World*, wo er sie mit Hilfe der folgenden Figur illustriert.

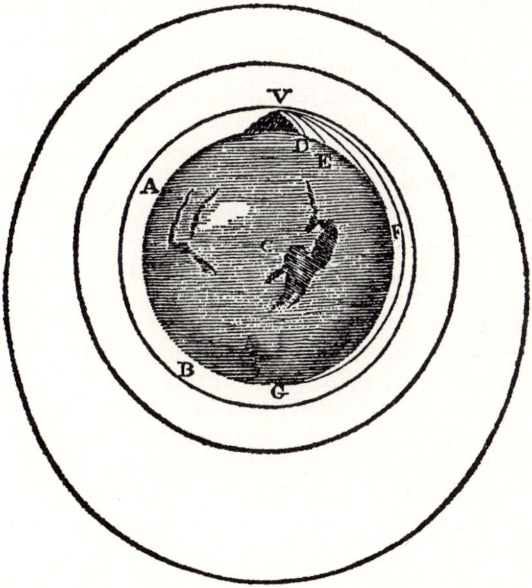

Newtons Figur illustriert seine Feststellung, daß mit Vergrößerung der Geschwindigkeit des Geschosses, und damit der Strecke seines Fluges, es „schließlich über die Grenzen der Erde hinausgehend, ... in den Raum übergehen wird, ohne weiterhin die Erde wieder zu berühren“[8].

8 Siehe *Newtons* Principia, Scholium am Ende des Abschnitts ii von Buch i, p. 55 der Ausgabe von 1934 (*Mottes* englische Übersetzung, revidiert von *Cajori*). Die Figur, aus The System of the World, und das ihr folgende Zitat finden sich auf p. 551 dieser Ausgabe.

Auf Erden bewegen sich also Geschosse in Ellipsen mit endlichen Exzentrizitäten. Natürlich wird, für genügend kurze Würfe, Galileis Parabel eine ausgezeichnete Annäherung sein; aber die parabelförmige Bahn ist nicht von Newtons Theorie ableitbar, es sei denn, wir fügen der letzteren eine tatsächlich *falsche* Anfangsbedingung hinzu (und eine, die überdies nach Newtons Theorie unrealisierbar ist, da sie zu absurden Konsequenzen führt), des Inhalts, daß der Erdradius unendlich ist. Wenn wir nur Annahmen zulassen, die uns *nicht als falsch bekannt* sind, dann erhalten wir immer eine Ellipse mit einer endlichen Exzentrizität, die Galileis Gesetz widerspricht, nach dem wir eine Parabel erhalten sollten.

Eine ganz ähnliche logische Situation ergibt sich im Zusammenhang mit dem zweiten Teil von Galileis Gesetz, der die Existenz einer *konstanten* Beschleunigung behauptet. Vom Standpunkt der Newtonschen Theorie aus ist die Beschleunigung frei fallender Körper niemals konstant; sie nimmt stets während des Falles zu, infolge der Tatsache, daß der Körper sich immer mehr dem Zentrum der Anziehungskraft nähert. Der Effekt ist sehr beträchtlich, wenn der Körper von einer großen Höhe fällt, aber er ist natürlich unendlich klein, wenn die Höhe, verglichen mit dem Erdradius, unendlich klein ist. In diesem Falle können wir Galileis Theorie aus der von Newton erhalten, wenn wir wieder die falsche Voraussetzung einführen, daß der Erdradius unendlich ist (oder die Höhe des Falles gleich Null).

Die beiden Widersprüche, die ich aufgezeigt habe, sind für Geschosse mit großer Schußweite keineswegs unbeträchtlich. Bei diesen können wir Newtons Theorie anwenden (mit Berücksichtigung des Luftwiderstandes), aber nicht die Galileis; diese führt einfach zu falschen Resultaten, wie mit Hilfe von Newtons Theorie leicht zu zeigen ist.

Wenn wir uns nun Keplers Gesetzen zuwenden, so finden wir eine ähnliche Situation. Es ist offensichtlich, daß, nach Newtons Theorie, Keplers Gesetze nur annhähernd gültig sind – das heißt ungültig –, wenn wir die gegenseitige Anziehung zwischen den Planeten berücksichtigen[9]. Aber es gibt tieferliegende Widersprüche zwischen den beiden Theorien als diese. Denn selbst wenn wir, als Zugeständnis an unsere Gegner, die gegenseitige

9 Siehe z. B. *P. Duhem*, The Aim and Structure of Physical Theory, 1905; English translation by *P. P. Wiener*, 1945, Part ii, chapter vi, section 4. Duhem sagt explizite, was in *Newtons* eigener Darlegung implizite enthalten ist (*Principia*, Buch i, proposition lxv, theorem xxv); denn *Newton* macht es ganz klar, daß für den Fall, daß sich mehr als zwei Körper gegenseitig beeinflussen, Keplers erste zwei Gesetze bestenfalls nur annähernd gültig sein werden, und selbst dies nur in ganz besonderen Fällen, von denen er zwei ausführlicher analysiert. Formel (1), unten, folgt unmittelbar aus Buch i, propos. lix, im Hinblick auf Buch i, propos. xv. (Siehe auch Buch iii, propos. xv.) Daher ist meine Analyse in *Newtons* implizite enthalten.

Anziehung zwischen den Planeten außer acht lassen, so kann Keplers drittes Gesetz, betrachtet vom Standpunkt der Dynamik Newtons, nicht mehr als eine Annäherung sein, die sich auf einen ganz besonderen Fall anwenden läßt – auf Planeten, deren Massen gleich oder, wenn ungleich, unendlich klein sind im Vergleich mit der Masse der Sonne. Da es nicht einmal annähernd anwendbar ist für zwei Planeten, von denen der eine sehr leicht ist, während der andere sehr schwer ist, so ist es klar, daß Keplers drittes Gesetz Newtons Theorie (einschließlich der des absoluten Raumes) in genau demselben Sinne widerspricht, wie Galileis Theorie.

Dies kann wie folgt leicht gezeigt werden. Newtons Theorie ergibt für ein Zweikörpersystem – ein binäres System – ein Gesetz, das Astronomen oft „Keplers Gesetz" nennen, da es Keplers drittem Gesetz eng verwand ist. Dieses sogenannte „Keplersche Gesetz" sagt folgendes: Wenn m_0 die Masse des einen der beiden Körper ist – der Sonne, sagen wir – und wenn m_1 die Masse des anderen Körpers ist – eines Planeten, sagen wir –, dann können wir, wenn wir die geeigneten Maßeinheiten wählen, von Newtons Theorie ableiten:

(1) $$a^3/T^2 = m_0 + m_1,$$

wobei a die mittlere Entfernung zwischen zwei Körpern ist und T die Zeit einer vollen Umdrehung. Nun behauptet aber Keplers eigenes drittes Gesetz, daß

(2) $$a^3/T^2 = \textit{konstant},$$

nämlich gleich derselben Konstante für *alle* Planeten unseres Sonnensystems ist. Es ist klar, daß wir dieses Gesetz aus (1) nur unter der Voraussetzung erhalten, daß $m_0 + m_1$ konstant ist, oder anders ausgedrückt, daß m_1 für alle Planeten dasselbe ist, oder, wenn dies falsch ist (wie es tatsächlich der Fall ist, da Jupiter einige Tausend Male größer ist als die kleineren Planetoiden), daß die Massen der Planeten *alle, verglichen mit derjenigen der* Sonne, *Null* sind, so daß wir $m_1 = 0$ *für alle Planeten* setzen können. Dies ist eine recht gute Annäherung vom Standpunkt der Newtonschen Theorie aus; aber gleichzeitig ist $m_1 = 0$ zu setzen nicht nur strenggenommen falsch, sondern auch vom Standpunkt Newtons aus nicht zu verwirklichen. (Ein Körper mit Nullmasse würde nicht länger Newtons Bewegungsgesetzen gehorchen.) Daher widerspricht, selbst wenn wir alles über die gegenseitige Anziehung zwischen den Planeten vergessen, Keplers drittes Gesetz (2) Newtons Theorie, die (1) ergibt.

Es ist wichtig zu beachten, daß wir von Galileis oder Keplers Theorien auch nicht den leisesten Hinweis dafür erhalten, wie diese Theorien abgeändert werden müßten – welche falschen Prämissen angenommen oder welche Bedingungen festgesetzt werden müßten –, um von ihnen zu einer anderen und allgemeiner gültigen Theorie wie der Newtons fortzuschreiten. *Erst nachdem wir im Besitz von Newtons Theorie sind, können wir herausfinden, daß und in welchem Sinne die älteren Theorien als Annäherungen an sie betrachtet werden können.* Diese Tatsache kann man folgendermaßen zusammenfassen: Obwohl, vom Standpunkt der Newtonschen Theorie aus, die Theorien Galileis und Keplers ausgezeichnete Annäherungen an gewisse Newtonsche Resultate sind, kann man, vom Standpunkt der beiden anderen Theorien aus, nicht von Newtons Theorie sagen, daß sie eine Annäherung an deren Resultate darstellt. All dies zeigt, daß die Logik unmöglich den Schritt, ob deduktiv oder induktiv, von diesen Theorien zu Newtons Dynamik tun kann[10]. Nur Erfindungsgabe kann einen solchen Schritt inspirieren.

Wenn aber dieser Schritt einmal gemacht worden ist (ohne Hilfe der Logik), dann können Galileis und Keplers Resultate logisch als Bestätigung der neuen Theorie interpretiert werden.

Hier jedoch bin ich nicht so sehr an der Unmöglichkeit der Induktion als vielmehr am *Problem der Tiefe von Theorien* interessiert. Und in bezug auf dieses Problem können wir in der Tat etwas aus unserem Beispiel lernen. Newtons Theorie vereinigt diejenigen Galileis und Keplers. Aber weit davon entfernt, nur eine Konjunktion dieser beiden Theorien zu sein – die die Rolle von *explicanda* für die Newtons spielen –, *berichtigt sie diese, indem sie sie erklärt.* Die ursprüngliche erklärende Aufgabe war die Deduktion der beiden älteren Theorien. Sie wird gelöst, nicht indem diese abgeleitet werden, sondern indem etwas Besseres an ihrer Stelle abgeleitet wird: neue Resultate, die, unter den besonderen Bedingungen der älteren Theorien, zahlenmäßig sehr nahe an diese älteren Theorien herankommen und sie gleichzeitig berichtigen. Daher läßt sich sagen, daß der empirische Erfolg der alten Theorie die neue Theorie bestätigt; und außerdem noch können die Berichtigungen geprüft und widerlegt oder bestätigt werden.

Was sich durch die logische Situation, die ich skizziert habe, deutlich erweist, ist die Tatsache, daß die neue Theorie unmöglich *ad hoc* oder zirkulär sein kann. Weit davon entfernt, ihr *explicandum* zu wiederholen, widerspricht ihm die neue Theorie und berichtigt es. Auf diese Weise wird sogar das Zeugnis des *explicandums* selbst zum *unabhängigen* Zeugnis für die neue Theorie. (Diese Analyse gestattet uns, *den Wert messender Theorien zu erklären*, und damit den des Messens; und sie hilft uns daher, den Fehler zu vermeiden, Messung und Genauigkeit als letzte wissenschaftliche Werte zu akzeptieren.)

Ich deutete an, daß, wenn in den empirischen Wissenschaften eine neue

10 Die Begriffe der Kraft (vgl. Fußnote 7, oben) und der Fernwirkung bringen weitere Schwierigkeiten mit sich.

Theorie auf einer höheren Stufe der Universalität mit Erfolg einige ältere Theorien erklärt, indem sie sie *berichtigt*, dies ein sicheres Zeichen dafür ist, daß die neue Theorie Tieferes ergründet hat als die alten. Die Forderung, daß eine neue Theorie die alte annähernd erhalten soll, für geeignete Werte der Parameter der neuen Theorie, mag (nach Bohr) das *Korrespondenzprinzip* genannt werden.

Erfüllung dieser Forderung ist eine hinreichende Bedingung für Tiefe, wie ich bereits gesagt habe. Daß sie nicht eine notwendige Bedingung ist, kann aus der Tatsache ersehen werden, daß *Maxwells* elektromagnetische Wellentheorie nicht, in diesem Sinne, *Fresnels* Theorie des Lichtes berichtigte. Sie bedeutet zweifellos eine Zunahme an Tiefe, aber in einem anderen Sinne: „Die alte Frage nach der Schwingungsrichtung des polarisierten Lichtes wurde gegenstandslos. Die Schwierigkeiten betreffend die Grenzbedingungen an der Grenze zweier Media ergaben sich aus dem Fundament der Theorie. Es bedurfte keiner willkürlichen Hypothese mehr, um longitudinale Lichtwellen anzuschließen. Der erst in neuerer Zeit konstatierte Lichtdruck, welcher in der Theorie der Strahlung eine so wichtige Rolle spielt, ergab sich als Konsequenz dieser Theorie[11]." Diese brillante Skizze (die wir Einstein verdanken) einiger der wichtigeren Ergebnisse von Maxwells Theorie im Vergleich zu Fresnels Theorie mag als ein Anzeichen dafür genommen werden, daß es andere hinreichende Bedingungen für Tiefe gibt, die durch meine Analyse noch nicht erfaßt sind.

Die Aufgabe der empirischen Wissenschaft, die, wie ich angedeutet habe, darin besteht, befriedigende Erklärungen zu finden, kann kaum verstanden werden, wenn wir nicht Realisten sind. Denn eine befriedigende Erklärung ist eine, die nicht *ad hoc* ist; und diese Idee – die Idee unabhängiger Zeugnisse – kann kaum verstanden werden ohne die Idee der Entdeckung, des Fortschreitens zu tieferen Schichten der Erklärung; ohne die Idee daher, daß es für uns etwas zu entdecken gibt und daß es etwas gibt, das kritisch diskutiert werden kann.

Und doch scheint es mir, daß wir in der *Methodologie* weder einen metaphysischen Realismus voraussetzen müssen noch irgendwelchen Nutzen aus ihm ziehen können, abgesehen davon, daß er uns intuitiv helfen kann.

---

11 *A. Einstein*, Physikalische Zeitschrift 10, 1909, S. 817 f. Die Verwerfung der Theorie eines materiellen Äthers (implizit in Maxwells Fehlschlag der Konstruktion eines zufriedenstellenden mechanischen Modells des Äthers) gibt *Maxwells* Theorie Tiefe (im ersten weiter oben analysierten Sinn), im Vergleich zu der *Fresnels;* und die scheint mir in dem Zitat aus *Einsteins* Abhandlungen implizit zu sein. Daher ist *Einsteins* Form der Theorie vielleicht nicht wirklich ein Beispiel für eine *andere* Bedeutung von „Tiefe". Aber *Maxwells* Originalform ist, wie ich glaube, ein solches Beispiel.

Denn nachdem uns einmal gesagt worden ist, daß es das Ziel der empirischen Wissenschaft ist zu erklären, und daß die befriedigendsten Erklärungen die am strengsten prüfbaren und am strengsten geprüften sind, ist uns alles gesagt worden, was wir als Methodologen brauchen. Daß das Ziel realisierbar ist, können wir nicht behaupten, weder mit noch ohne Hilfe des metaphysischen Realismus, der uns nur etwas intuitive Ermutigung, etwas Hoffnung, aber keine Sicherheit irgendwelcher Art geben kann. Und obwohl gesagt werden kann, daß eine rationale Entwicklung der Methodologie von einem vorausgesetzten – oder gemutmaßten – Ziel der empirischen Wissenschaft abhängt, so hängt sie sicherlich nicht von der metaphysischen und höchstwahrscheinlich falschen Annahme ab, daß die wahre strukturelle Theorie der Welt (falls es sie gibt) in menschlicher Sprache ausdrückbar sei.

Wenn das Bild der Welt, das die moderne Erfahrungswissenschaft entwirft, der Wahrheit irgendwie nahekommt – mit anderen Worten: wenn wir irgend etwas wie „erfahrungswissenschaftliche Erkenntnis" besitzen –, dann machen die Bedingungen, die fast überall im Universum herrschen, „erfahrungswissenschaftliche Erkenntnis", das heißt die Entdeckung struktureller Gesetze von der Art, wie wir sie suchen, fast überall unmöglich. Denn fast alle Gebiete des Universums sind von chaotischer Strahlung erfüllt und fast alle übrigen Gebiete von Materie in ähnlich chaotischem Zustand. Trotzdem ist die empirische Wissenschaft auf wunderbare Weise erfolgreich; erfolgreich im Sinne dessen, was ich als ihr Ziel zu betrachten vorschlage. Ich glaube nicht, daß wir diese seltsame Tatsache erklären können, ohne zuviel zu beweisen. Aber sie kann uns dazu ermutigen, dieses Ziel zu verfolgen – obwohl wir weder vom metaphysischen Realismus noch von irgendeiner anderen Quelle im Glauben ermutigt werden, daß wir es verwirklichen können.

Hans Albert

Aufklärung und Steuerung

*Gesellschaft, Wissenschaft und Politik in der Perspektive des kritischen Rationalismus**

Zwischen Philosophie und Politik – und das heißt: nicht nur zwischen philosophischen und politischen Auffassungen, sondern auch zwischen philosophischen Ideen und der Gestaltung des sozialen Lebens – gibt es Zusammenhänge, die nicht immer in der Form ausdrücklich formulierter inhaltlicher Thesen zum Ausdruck kommen[1]. Sie sind oft indirekter Natur und zeigen sich zum Beispiel in der Art, wie man an die Lösung von Problemen herangeht und wie man Problemlösungen beurteilt, also gewissermaßen im methodischen Stil des Problemlösungsverhaltens, der in den verschiedenen Bereichen praktiziert wird. In methodischer Hinsicht lassen sich die Erkenntnispraxis – etwa im Bereich der wissenschaftlichen Forschung und des philosophischen Denkens – und andere Arten sozialer Praxis – etwa in Recht, Wirtschaft und Politik – unter Umständen durchaus unter einem einheitlichen Gesichtspunkt begreifen, einem Gesichtspunkt, der damit zusammenhängen mag, welche fundamentalen Anschauungen über die Struktur und das Funktionieren des menschlichen Geistes – anders ausgedrückt: über die Möglichkeiten der menschlichen Vernunft – man vertritt. Je nachdem, ob man an die Unfehlbarkeit bestimmter sozialer Instanzen oder auch bestimmter Methoden, an die Sicherheit gewisser Quellen der Erkenntnis oder an die absolute Gewißheit irgendwelcher Einsichten glaubt oder ob man davon ausgeht, daß alle Instanzen und Methoden prinzipiell fehlbar sind und daß der Glaube an sichere Erkenntnisquellen und an absolut gewisse Einsichten einer Illusion über menschliche Möglichkeiten entspringt, wird man zu anderen Vorschlägen nicht nur über Prozeduren der wissenschaftlichen Forschung, sondern darüber hinaus auch über die in anderen Bereichen der Gesellschaft einzuschlagenden Verfahrensweisen und für die Gestaltung des gesellschaftlichen Lebens im ganzen gelangen. In viel stärkerem Maße, als die meisten Leute

* Wiederabdruck aus: Hamburger Jahrbuch für Wirtschafts- und Gesellschaftspolitik 17. Jg (1972), S. 11–30, mit freundlicher Genehmigung der Herausgeber.

1 Vgl. dazu etwa *John W. N. Watkins:* Erkenntnistheorie und Politik. In: Theorie u. Realität. Ausgewählte Aufsätze zur Wissenschaftslehre, 2. Aufl., Tübingen 1972.

wohl anzunehmen geneigt sind, ist die soziale Praxis in den verschiedenen Bereichen – von der Wissenschaft bis zur Wirtschaft – von philosophischen Ideen inspiriert, die sich allerdings mitunter den Anschein der Selbstverständlichkeit geben und daher leicht übersehen werden. Nun decken sich zwar solche Ideen nicht unbedingt mit den in der sogenannten Fachphilosophie – wie sie etwa auf den Universitäten gelehrt wird – vorherrschenden Auffassungen, aber es gibt doch mitunter interessante Beziehungen zu ihnen, und es ist jedenfalls nicht uninteressant, die Konsequenzen dieser Auffassungen für das soziale Leben zu betrachten. Ich will daher zunächst einmal, wenn auch notgedrungen ganz knapp und skizzenhaft, die verschiedenen philosophischen Richtungen charakterisieren, die man heute als dominierend ansehen kann, und den von ihnen her möglichen Zugang zur politischen Problematik, um dann meine Auffassung damit konfrontieren zu können: den kritischen Rationalismus.

I. *Philosophie und Politik im zeitgenössischen Denken*

Da gibt es einmal das *analytische* Denken – die sogenannte analytische Philosophie, die im angelsächsisch-skandinavischen Bereich seit langer Zeit dominiert, bei uns aber bisher nur in geringem Maße Einfluß gewinnen konnte und mitunter immer noch als „Positivismus" klassifiziert und gleichzeitig abqualifiziert wird. Es ist sehr schwer, diese heute sehr vielgestaltige und differenzierte Strömung auf einen einheitlichen Nenner zu bringen, um sie im ganzen zu beurteilen. Dennoch ist es wohl im großen und ganzen richtig, wenn man sagt, daß in ihr eine Tendenz besteht, Philosophie auf Erkenntnistheorie, Erkenntnistheorie wieder auf Wissenschaftslehre und letztere auf Sprachanalyse zu reduzieren, das heißt also: auf die logische Analyse der Produkte wissenschaftlicher Tätigkeit, der Begriffe, Aussagen und Theorien, die in den verschiedenen Wissenschaften produziert und verwendet werden. Es muß betont werden, daß die bedeutenden Vertreter dieser Richtung, wie zum Beispiel der große englische Philosoph *Bertrand Russell,* keineswegs dieser Tendenz erlegen sind und daß sich ihre Werke einer solchen Einordnung nicht ohne weiteres fügen. Aber die erwähnte Tendenz ist dennoch charakteristisch für diese Richtung, und wenn sie voll zur Auswirkung kommt, muß sie in eine Sackgasse führen[2], nämlich zu einer „reinen" Philo-

2 Sie führt nämlich im Extremfall zu einer auf die Analyse des faktischen Sprachgebrauchs beschränkten Kultursoziologie, die unter Umständen noch dazu impressionistisch verfährt, weil man ihren Charakter als einer Spezialwissenschaft nicht durchschaut; vgl. dazu meine Kritik in: Ethik und Meta-Ethik. Das Dilemma der

sophie, die zu den wichtigen Problemen der Wissenschaft, der Moral und der Politik keine wesentliche Beziehung mehr hat[3] und eine vollkommene Neutralisierung des Denkens mit sich bringt. Für die Beziehung zur Politik gibt es nichtsdestoweniger im analytischen Denken ein wichtiges Resultat, das charakteristischerweise der logischen Analyse entstammt: die Kritik am sogenannten naturalistischen Fehlschluß. Diese Kritik läßt sich schwerlich zurückweisen. Sie führt für die anderen philosophischen Richtungen zu einem schwierigen, bisher unbewältigten Problem. Es handelt sich dabei einfach darum, daß aus Sachaussagen keine Werturteile gefolgert werden können, so daß es nicht möglich ist, aus einer Erkenntnis eine Bewertung oder eine Forderung abzuleiten, wie das ja vielfach sogar in bestimmten Wissenschaften, wie etwa der Nationalökonomie, praktiziert wird[4]. In positiver Hinsicht kann man immerhin auf die im analytischen Denken akzentuierte Möglichkeit hinweisen, die Resultate der Wissenschaft technologisch für die Politik zu verwerten.

Das *hermeneutische* Denken, das zum Beispiel in der Lebensphilosophie und im Existentialismus der verschiedenen Schattierungen vorherrscht, hat dagegen die Tendenz einer entschiedenen Subjektivierung der Erkenntnis, wobei erkenntnistheoretische Fragestellungen zurücktreten und der methodische Stil der Naturwissenschaften nur für einen engen Bereich akzeptiert wird. Im Kontrast zu der für diesen Denkstil kennzeichnenden Sachorientierung wird hier die Bedeutung der irrationalen „existenziellen" Entscheidung betont sowie die einer persönlichen Wahrheit, für die Wissenschaft und objektive Analyse bedeutungslos sind. Ein am Modell der Deutung von Texten gewonnenes Erkenntnisideal und die mit ihm verbundene Methode des Verstehens wird hier, teilweise sogar als tieferdringend und daher zu wesentlicheren Einsichten führend, dem naturwissenschaftlichen Denkstil und der für ihn charakteristischen Methode des Erklärens entgegengesetzt. Auslegung der Tradition als „Einordnung in ein Überlieferungsgeschehen" einerseits und existenzielle Entscheidung ohne die Hilfe rationaler Analyse anderer-

---

analytischen Moralphilosophie, Archiv für Philosophie, 1961, abgedruckt in meinem Aufsatzband: Konstruktion und Kritik, München 1972. Eine politische Philosophie dieser Richtung muß sich auf die Analyse der politischen Sprache beschränken, wobei natürlich ein ideologiekritisches Motiv wirksam werden kann.

3 Zur Kritik vgl. *Karl Popper:* The Nature of Philosophical Problems and their Roots in Science, in seinem Aufsatzband: Conjectures and Refutations, London 1963.

4 Zur Kritik dieser Praxis vgl. etwa *Gunnar Myrdal:* Das politische Element in der nationalökonomischen Doktrinbildung (1932), 2. Aufl., Hannover 1963; siehe auch meine Schrift: Ökonomische Ideologie und politische Theorie (1954), 2. erweiterte Aufl., Göttingen 1972.

seits werden als zentral angesehen[5]. Von daher scheint dann in politischer Hinsicht ein Verhaltensmuster naheliegend zu sein, das man wohl am besten als „Politik am hermeneutischen Halteseil" bezeichnen könnte: eine Praxis nämlich, die ihre Entscheidungen als Erkenntnisse camoufliert, indem sie die „Auslegung" der Situation, die ihnen jeweils vorhergeht – auf Grund heiliger Texte oder auch ohne diese Stütze –, mit entsprechenden Vorentscheidungen infiziert, so daß der oben erwähnte naturalistische Fehlschluß maskiert oder umgangen wird, wenn man es nicht vorzieht, die „reine" Entscheidung selbst als schöpferischen Akt mit einer höheren Weihe zu versehen.

Im *dialektischen* Denken dagegen zeigt die Philosophie die Tendenz, in einer geschichtsphilosophisch inspirierten „kritischen Gesellschaftstheorie" unterzugehen, die von ihren Verfechtern zwar mit höheren Ansprüchen ausgestattet zu werden pflegt, als man sie im allgemeinen mit den in der Wissenschaft üblichen Theorien verbindet, deren Struktur aber bisher kaum geklärt werden konnte[6]. Ich denke hier vor allem an die verschiedenen Versionen des Marxismus, die natürlich ebensowenig ohne weiteres auf einen Nenner zu bringen sind wie die des analytischen und des hermeneutischen Denkens[7]. Immerhin kann man hier zumindest die Neigung zu einer bewußten Politisierung des Denkens konstatieren, die am deutlichsten in der vielfach erhobenen Forderung seiner Parteilichkeit und in den bekannten Angriffen gegen Objektivität oder Objektivismus, gegen Wertfreiheit und gegen die Neutralität der Wissenschaft zum Ausdruck kommt[8], sowie in der These der Klassengebundenheit der Erkenntnis und den heute sogar in den westlichen Ländern wieder zunehmend in Mode kommenden Angriffen gegen die sogenannte „bürgerliche" Wissenschaft. Hier hat die Politik zwar

5 Zur Kritik vgl. mein Buch: Traktat über kritische Vernunft, Tübingen 1968, 2. Aufl., 1969; sowie meinen Aufsatz: Hermeneutik und Realwissenschaft, in meinem Aufsatzband: Plädoyer für kritischen Rationalismus, München 1971.

6 Vgl. dazu etwa *Max Horkheimer:* Kritische Theorie. Eine Dokumentation, Hrsg. *Alfred Schmidt,* Bd. I und II, Frankfurt 1968, bes. etwa Bd. II, S. 137 ff. und S. 333 ff., wo eine solche Klärung versucht wird. Vgl. dagegen die Analyse *Werner Beckers* in seinem Buch: Idealistische und materialistische Dialektik, Stuttgart/Berlin/Köln/Mainz 1970, in der diese Tradition dialektischen Denkens einer gründlichen Kritik unterzogen wird.

7 Bestimmte Versionen, wie zum Beispiel die durch *Leszek Kolakowski* entwickelte — vgl. etwa sein Buch: Der Mensch ohne Alternative, München 1960 —, scheinen sogar der hier formulierten Darstellung überhaupt nicht zu entsprechen und daher auch der daran geknüpften Kritik zu entgehen.

8 Vgl. dazu etwa *Herbert Marcuses* Kritik an *Max Weber* in: Industrialisierung und Kapitalismus. In: Max Weber und die Soziologie heute, Hrsg. *Otto Stammer,* Tübingen 1965, S. 161 ff., sowie meine Kritik in: Wissenschaft und Verantwortung, abgedruckt in meinem in Anm. 5 genannten Aufsatzband.

unzweifelhaft ihren Platz – man könnte sagen: im Zentrum dieser Denkweise –, aber auf eine Art, die in ihrer Extremform auf Parteiliniendenken hinausläuft. Es treten Versuche auf, die eigenen politischen Ideale als sinngebende Kräfte in den Ablauf der Geschichte zu projizieren und bestimmte soziale Klassen oder Gruppen mit einem Erkenntnisprivileg und mit einem darauf gegründeten politischen Vorrang auszustatten, während gegen alle anderen – auch gegen ihre wissenschaftlichen Bemühungen – ein allgemeiner Ideologievorwurf erhoben wird. Dabei wird eine Argumentationsweise verwendet – die dialektische Methode –, die es offenbar mitunter erlaubt, die übliche Logik als irrelevant beiseite zu schieben[9].

II. *Kritischer Rationalismus als politische Philosophie*

Nach dieser skizzenhaften und daher notwendigerweise unzulänglichen Charakterisierung der herrschenden philosophischen Strömungen und ihres Verhältnisses zur politischen Problematik komme ich nun zum kritischen Rationalismus[10]. Er ist hervorgegangen aus einer Kritik des klassischen Modells der Rationalität, das letzten Endes am methodischen Prinzip einer absoluten Begründung orientiert war und daher darauf abzielte, Wahrheit und Gewißheit miteinander zu verschmelzen[11].

---

9 Vgl. dazu z. B. das in Anm. 6 erwähnte Buch von *Werner Becker,* in dem die mit dieser Methode verbundenen Tricks — etwa am Beispiel der von *Hegel* postulierten „Dialektik von Form und Materie“ — im einzelnen untersucht werden, wobei sich zeigt, daß es sich um folgenschwere logische Fehler handelt, die zu paradoxen Resultaten führen müssen; vgl. auch *Becker:* Dialektik als Ideologie: Hegel und Marx. Eine kritische Betrachtung über Zustandekommen, Sinn und Funktion der dialektischen Methode (erscheint demnächst), wo unter anderem auf die höchst fragwürdige Rolle der Dialektik im *Marx*schen Hauptwerk „Das Kapital“ eingegangen wird.

10 Die Bezeichnung stammt von dem aus Wien stammenden Philosophen *Karl Popper,* der seit langer Zeit an der London School of Economics lehrt und auf dessen Ideen diese philosophische Richtung zurückgeht; vgl. sein Buch: Die offene Gesellschaft und ihre Feinde (1944), Bd. I: Der Zauber Platons, Bern 1957, Bd. II: Falsche Propheten, Bern 1958, in dem seine Sozialphilosophie enthalten ist; sein erkenntnistheoretisches Hauptwerk: Logik der Forschung, Wien 1934, 4. Aufl., Tübingen 1971; vgl. auch seinen Aufsatzband: Conjectures and Refutations. The Growth of Scientific Knowledge, London 1963.

11 Vgl. dazu mein in Anm. 5 erwähntes Buch: Traktat über kritische Vernunft, sowie meinen Einleitungsaufsatz: Kritizismus und Naturalismus, zu: Konstruktion und Kritik, a.a.O. Für eine Analyse und Kritik der besonderen Art dieser Ver-

Um es kurz zu machen: Die klassische Lehre, die den Rückgang auf sichere und unanzweifelbare Gründe fordert und damit letzten Endes unterstellt, daß es irgendwelche unfehlbare Quellen oder Träger der Erkenntnis gibt, führt in letzter Konsequenz zur dogmatischen Rationalisierung, also: zur Immunisierung von Problemlösungen aller Art gegen Kritik, und zwar nicht nur von Theorien, die ja als Lösungen bestimmter Probleme der Erkenntnis aufzufassen sind, sondern auch von Lösungen praktischer Probleme. Das beruht darauf, daß es die geforderte absolute Sicherheit nicht geben kann – auch nicht etwa in der naturwissenschaftlichen Forschung –, daß man sich aber durch geeignete Verfahrensweisen die Illusion einer solchen Sicherheit, die subjektive Gewißheit der Richtigkeit einer Problemlösung, stets verschaffen kann. Die Immunität oder Abgeschirmtheit einer Problemlösung gegen jede denkbare Kritik, die man zunächst vielleicht geneigt wäre, positiv einzuschätzen, beruht also keineswegs auf guten Eigenschaften, die die betreffende Lösung objektiv unangreifbar machen würden – solche prinzipiell unangreifbaren Problemlösungen gibt es nicht –, sie ist nicht etwa eine „natürliche" Eigenschaft derartiger Lösungen, sondern sie kann durch geeignete Maßnahmen – „Immunisierungsstrategien" – hergestellt werden, wenigstens zur eigenen Zufriedenheit ihrer Verfechter, und die Tatsache, daß sie *stets* hergestellt werden kann, gleichgültig wie schlecht die betreffende Lösung auch sein mag, zeigt, daß eine solche Abschirmung gegen Kritik *objektiv* gesehen wertlos ist[12]. *Dogmatisierung* – so kann man die Herstellung solcher Kritikimmunität von Problemlösungen nennen, wenn man sich an den eingebürgerten Sprachgebrauch anlehnen will – ist dabei nicht auf bestimmte Bereiche beschränkt – etwa auf eine Disziplin wie die Theologie oder auf den Bereich der Erkenntnis überhaupt –, sie ist vielmehr *eine allgemeine Möglichkeit der sozialen Praxis,* von der Erkenntnispraxis der Wissenschaft bis etwa zur Praxis in Recht, Politik und Wirtschaft.

Aus der Kritik des klassischen Modells der Rationalität, das, wie gesagt, letzten Endes zu dogmatischer Rationalisierung führen muß, hat sich ein revidierter Rationalismus entwickelt, ein Kritizismus, der von der prinzipiellen Fehlbarkeit der menschlichen Vernunft und damit auch des menschlichen Problemlösungsverhaltens überhaupt – gleichgültig, um Probleme

---

schmelzung in der idealistischen Tradition, aus der sich unter anderem auch der Neomarxismus der Frankfurter Schule *(Horkheimer, Adorno, Habermas* usw.) speist, vgl. das in Anm. 6 erwähnte Buch von *Becker:* Idealistische und materialistische Dialektik.

12 *Karl Popper* hat in seinem oben erwähnten Buch „Logik der Forschung" z. B. gezeigt, daß man jede wissenschaftliche Theorie prinzipiell gegen Widerlegung schützen kann, daß sie aber gerade dadurch ihren Wert für die Erkenntnis verliert.

welcher Art es sich handelt – ausgeht, der die Forderung, auf ein sicheres Fundament zurückzugehen, als illusorisch zurückweist und daher das Prinzip der kritischen Prüfung an die Stelle des klassischen Prinzips der zureichenden – und das heißt: der absoluten und sicheren – Begründung setzt. Es kommt nicht darauf an, irgendwelche Problemlösungen durch Rekurs auf sichere Gründe zu rechtfertigen, sondern sie kritisch zu durchleuchten und nach Verbesserungsmöglichkeiten zu suchen, denn auch unsere besten Lösungen – zum Beispiel wissenschaftliche Theorien im Bereich der exakten Naturwissenschaften, von denen man mit Recht sagen kann, daß sie äußerst leistungsfähig und erfolgreich sind – leiden vermutlich an mehr oder weniger großen Schwächen, die aufzudecken und zu beseitigen sich lohnt. Das gilt aber natürlich nicht nur für die Wissenschaft, sondern auch, und zwar in nicht minder starkem Maße, für Recht, Wirtschaft und Politik, aber natürlich auch für Erziehung, Kunst und andere Bereiche. Für eine rationale Kritik ist aber die Konstruktion konkreter Alternativen von großer Bedeutung, damit ein Vergleich verschiedener Problemlösungen unter dem Gesichtspunkt ihrer Leistung und damit ihre komparative Beurteilung möglich wird, zum Beispiel der Vergleich wissenschaftlicher Theorien hinsichtlich ihrer Erklärungsleistung. Nicht die „Abstammung“ einer Problemlösung – ihre Herkunft aus einer guten Quelle, etwa aus der Erfahrung, der Intuition oder gar aus einem mehr oder weniger heiligen Text –, sondern vielmehr ihre vergleichsweise „Leistung“ ist relevant für ihre Beurteilung.

Dieses Modell der Rationalität wurde in der Wissenschaftslehre als theoretischer Pluralismus entwickelt und ist daher selbst als Alternative zu den bisher vorherrschenden Auffassungen – den monistischen Konzeptionen, die den Akzent auf die *eine* gute Lösung, die *eine* angeblich als wahr erwiesene Theorie etwa, legten – zu betrachten. Es geht nicht nur auf systematische Überlegungen zurück, sondern auch auf wissenschaftsgeschichtliche Betrachtungen. Es hat sich nämlich, wie schon erwähnt, herausgestellt, daß auch die besten Problemlösungen in diesem Bereich – nämlich naturwissenschaftliche Theorien mit großer Erklärungsleistung wie die Newtonsche Physik – stets mit gewissen Schwächen behaftet sind. Es gibt Ausnahmen, Anomalien, schwer zu deutende Erscheinungen, kurz: Fälle, die mit der betreffenden Theorie kaum zu vereinbaren sind, wenn man nicht zu logisch oder methodisch fragwürdigen Aushilfen greifen möchte[13], sogar mitunter Widersprüche

---

13 Vgl. dazu *Thomas Kuhn:* Die Struktur wissenschaftlicher Revolutionen, Frankfurt 1967, der allerdings eine etwas problematische Deutung dieses Tatbestandes anbietet. Es handelt sich hier um eines der in letzter Zeit meist diskutierten Bücher aus dem Bereich der Wissenschaftslehre; vgl. dazu *Imre Lakatos* und *Alan Musgrave* (Hrsg.): Criticism and the Growth of Knowledge, Cambridge 1970.

innerhalb des Systems. Nun wird aber erfahrungsgemäß eine solche Theorie kaum jemals aufgegeben, trotz aller dieser Schwächen, ehe eine konkrete, das heißt: ausgearbeitete, Alternative da ist, eine Konzeption nämlich, die mehr leistet – mehr und besser erklärt –, und nicht etwa nur ein Programm oder eine Skizze einer solchen Konzeption: Es gibt gewissermaßen kein theoretisches Vakuum. Theorien werden im allgemeinen, wenn sie überhaupt etwas leisten, nicht durch Aufweis ihrer Schwächen überwunden – so wichtig eine solche Kritik für ihre Überwindung auch sein mag –, sondern durch die Ausarbeitung besserer Theorien. Und das ist gut zu verstehen, wenn man ihre Funktion in Betracht zieht. Daher ist die Suche nach besseren konkreten Alternativen eine wichtige Bedingung des Erkenntnisfortschritts, auch da, wo man mit früheren Leistungen zufrieden sein zu können scheint. Weder die Dogmatisierung alter Problemlösungen noch ihre ersatzlose Eliminierung hilft weiter.

Diese Überlegungen müssen aber keineswegs auf den Bereich der Erkenntnis eingeschränkt werden. Sie sind so allgemeiner Natur, daß sie ohne weiteres für Problemlösungsverhalten in anderen Bereichen gelten, und damit auch: für die Politik. Auch da gibt es ja die Neigung zur Dogmatisierung bisheriger Problemlösungen und andererseits einen utopischen Radikalismus, der auf der Suche nach radikalen Lösungen bereit ist, zunächst ein soziales Vakuum zu schaffen, aus dem sich dann ein vollkommener Neuaufbau ergeben soll, ohne daß eine konkrete Alternative angeboten werden könnte, die sich hinsichtlich ihrer Leistung mit der bisher praktizierten Lösung vergleichen ließe. Es gibt ja sogar gute Beispiele dafür, daß beide Einstellungen, der konservative und der utopische Radikalismus, sich aus dem gleichen Ideenreservoir, aus der gleichen ideologischen Tradition, ergeben können. Sie bilden etwa die statische und die dynamische Version einer politischen Theologie, in der gewisse Wunscherfüllungsphantasmen, mit starken Motiven besetzte Wunschträume, im einen Falle „sterilisiert“ werden – indem sie auf das Jenseits oder auf eine fernere Zukunft verwiesen werden –, im anderen Falle aber „mobilisiert“ werden, so daß ihre Energie sich in unmittelbare Aktionen umsetzen läßt[14]. Es bedarf wohl keiner Erläuterung, daß eine politische Theologie dieser Art auch im Rahmen atheistischen Denkens möglich ist, wie die Rolle des Neomarxismus in der Studentenbewegung zeigt[15].

14 Vgl. dazu *Norman Cohn:* Das Ringen um das tausendjährige Reich, Bern und München 1961, wo diese Problematik im Zusammenhang mit den sogenannten millenarischen Bewegungen behandelt wird.

15 Vgl. dazu die interessante historische Analyse des Manichäismus bis zu *Herbert Marcuse* durch *Walter Kaufmann* in seinem Aufsatz: Black and White, Survey, No. 73, 1969; sowie meinen Beitrag: Politische Theologie im Gewande der Wis-

Wer bereit ist, den prinzipiellen *Kritizismus* und *Revisionismus*, der sich in den Wissenschaften herausgebildet hat, *in die politische Methodologie* zu übernehmen, der wird Heilslehren dieser Art, auch wenn sie eine ehrwürdige Abstammung zu haben scheinen, mit dem Mißtrauen begegnen, das sie verdienen, wenn man ihre Leistungen in Betracht zieht.

III. *Aufklärung und Steuerung: Revisionismus und Pluralismus als politische Methodologie*

Damit komme ich zur nächsten Frage, nämlich zur Frage nach der Rolle, die die Erkenntnis für die Lösung praktischer – und damit auch politischer – Probleme spielen kann. Auf welche Weise lassen sich Problemlösungen der Wissenschaft für die Lösung anderer Probleme verwerten? Will man diese Frage adäquat beantworten, dann ist zunächst zu beachten – und darauf haben die Vertreter des analytischen Denkens, wie schon erwähnt, mit Recht aufmerksam gemacht –, daß Entscheidungen nicht aus Erkenntnissen allein abgeleitet werden können, es sei denn, man nehme den schon erwähnten naturalistischen Fehlschluß in Kauf. Es ist natürlich ohne weiteres möglich, sie als Erkenntnisse zu maskieren, wie das tatsächlich auch häufig geschieht, um auf diese Weise den Eindruck hervorrufen zu können, man habe die Forderungen, die man vertreten möchte, unmittelbar aus der Wissenschaft gewonnen, aber diese Möglichkeit ist bestenfalls unter Propagandagesichtspunkten von Vorteil. Wenn man die Kritik an dem erwähnten Fehlschluß berücksichtigt, muß man also zu dem Schluß kommen, daß hier ein echtes *Überbrückungsproblem* besteht, das *Problem der Brücke zwischen Erkenntnis und Entscheidung* oder, wenn man so will, zwischen Theorie und Praxis, ein Problem, das gelöst werden muß, wenn die jeweils relevante Erkenntnis für die Politik fruchtbar gemacht werden soll. Dieses Problem läßt sich durch Einführung geeigneter Brückenprinzipien grundsätzlich lösen[16], von Prinzipien, die einerseits die Kritik an Wertorientierungen, Programmen und Maßnahmen aller Art, etwa unter dem Gesichtspunkt der Realisierbarkeit, ermöglichen, und zwar auf der Grundlage unseres theoretischen und historischen Wissens, und die andererseits die konstruktive Verwertung wissen-

---

senschaft. Zur Kritik der neuen deutschen Ideologie, Club Voltaire. Jahrbuch für kritische Aufklärung IV, Hrsg. *Gerhard Szczesny*, Reinbek 1970.

16 Für diese Problematik, auf die ich hier nicht näher eingehen kann, vgl. mein o. a. Buch: Traktat über kritische Vernunft, sowie meinen in Anm. 11 erwähnten Aufsatz: Kritizismus und Naturalismus.

schaftlicher Erkenntnisse für die Entwicklung praktischer Lösungen möglich machen. Darauf komme ich noch zurück.

Ganz abgesehen von der Möglichkeit, *Ergebnisse* der Wissenschaften für die Gestaltung der Praxis auszunutzen, einer Möglichkeit, die heute an sich von kaum einer Seite in Frage gestellt wird, führt aber die Übernahme des in der Praxis der Wissenschaften entwickelten Revisionismus in die politische Methodologie dazu, daß nun soziale Ordnungen, institutionelle Vorkehrungen und politische Maßnahmen selbst als Problemlösungen aufgefaßt werden, die prinzipiell „Hypothesen"-Charakter haben – die also nach Art wissenschaftlicher Hypothesen zu behandeln, also kritisierbar, revidierbar und bewährbar sind und daher weder dogmatisiert noch mit sakraler Weihe versehen werden sollten. Um ihre vergleichsweise Leistung und ihre relative Bewährung zu beurteilen, bedarf es nicht nur entsprechender Erkenntnisse – also etwa bestimmter Resultate wissenschaftlicher Forschung –, sondern darüber hinaus bestimmter Wertgesichtspunkte, die selbst wieder kritischer Analyse auf der Basis sachlicher Einsichten zugänglich gemacht werden können[17]. Bis zu einem gewissen Grade kann also das in der Wissenschaft entwickelte Modell kritischer Rationalität für die anderen Bereiche der Gesellschaft und damit auch für die Politik fruchtbar gemacht werden.

Was nun die Verwertung von Resultaten der Wissenschaft für die gesellschaftliche Praxis angeht, so möchte ich *zwei Weisen der Praxisorientierung* unterscheiden, die man *„Aufklärung"* und *„Steuerung"* nennen kann. Beide gehen von der Ausnutzung unseres theoretischen Wissens und seiner Anwendung auf die in Frage kommenden Tatbestände aus, das heißt: von der *Erklärung* auf *nomologischer* Grundlage[18].

Die Aufklärung, die ich hier meine, ist nicht etwa eine Ideologiekritik posi-

---

17 Auch für die Beurteilung wissenschaftlicher Theorien gibt es — das wird oft vergessen — solche Gesichtspunkte — etwa Kriterien der Bewährung —, die in Erkentnisidealen verankert sind. Gerade die Verfechter einer „wertfreien" Wissenschaft haben den normativen Hintergrund der Forschungspraxis analysiert und gezeigt, daß er nicht nur mit objektiver Erkenntnis vereinbar, sondern sogar eine Bedingung dafür ist. Die Wissenschaftslehre behandelt solche Fragen großenteils, ohne den Boden sachlicher Analyse zu verlassen. Rationale Diskussion und Wertkritik sind auch in diesem Bereich ohne weiteres möglich, und zwar auf sachlicher Grundlage. Das gleiche gilt für andere Bereiche, wie zum Beispiel: Recht, Wirtschaft oder Politik.

18 Sie fußen also darauf, daß man die Erscheinungen unserer natürlichen und sozialen Wirklichkeit auf der Basis von Gesetzmäßigkeiten erklären kann, einer Möglichkeit, die für manche Bereiche — vor allem für den der geschichtlich-gesellschaftlichen Wirklichkeit — nicht selten auch heute noch bestritten wird; vgl. dazu aber die in dem oben erwähnten Sammelband „Theorie und Realität" abgedruckten Arbeiten.

tivistischen Charakters, wie sie in extremer Form seinerzeit von *Theodor Geiger* ins Auge gefaßt wurde[19]. Sie ist kein bloßes „Sprachreinigungsunternehmen", wie das vom analytischen Gesichtspunkt her plausibel wäre, ein Unternehmen, bei dem es darauf ankäme, versteckte Werturteile in irgendwelchen Texten aufzudecken, um das *Max Weber*sche Wertfreiheitsprinzip etwa auch in Bereichen durchzusetzen, für die es nicht formuliert wurde. Sie ist auch nicht eine Ideologiekritik marxistischen Musters, die darauf abzielt, bestimmte Bewußtseinslagen durch Nachweis ihrer sozialen Verankerung, etwa ihrer Verwurzelung in einer Klassenlage, als „falsch" zu entlarven, um damit beide Tatbestände gleichzeitig als überholt deklarieren zu können. Es geht vielmehr darum, den Fortschritt der Erkenntnis für die Korrektur bestimmter Vorurteile fruchtbar zu machen, das heißt: die in der Gesellschaft vorherrschenden Auffassungen, vor allem auch insoweit sie für Einstellungen und Handlungen – zum Beispiel politisches Verhalten – bedeutsam sind, einer sachlich fundierten Kritik zu unterwerfen und auf diese Weise zu ihrer Revision – und damit auch einer entsprechenden Revision der Einstellungen und des Verhaltens – beizutragen. Dazu gehört auch die Vermittlung von Methoden rationalen Problemlösungsverhaltens – wie sie besonders in der Wissenschaft ausgebildet wurden – und die Förderung eines Denkstils, der dem oben skizzierten Modell kritischer Rationalität entspricht. Schließlich gehört dazu die Durchleuchtung sozialer Zusammenhänge auf wissenschaftlicher Grundlage, um das tatsächliche Funktionieren sozialer Mechanismen in der gegenwärtigen Gesellschaft erkennbar zu machen.

Eine Aufklärung dieser Art kann dazu dienen, der Dogmatisierung bestehender oder auch geforderter neuer Problemlösungen entgegenzuwirken, die sich auf Grund bestimmter sozialer Einflüsse – eines ständig wirksamen sozialen Trägheitsprinzips und des in den verschiedenen sozialen Gruppierungen wirksamen Konformitätsdrucks – immer wieder einstellt. Daß die Praxis einer solchen Aufklärung nicht in jeder Hinsicht mit den Methoden der Wissenschaft zu identifizieren ist, braucht kaum besonders betont zu werden. Vielfach wird die Vermittlung neuer Gesichtspunkte, Ideen und Ansätze sehr viel wirksamer mit künstlerischen Mitteln erreicht werden können.

Eine Aufklärung auf der Grundlage wissenschaftlicher Erkenntnisse wird nicht nur Klarkeit über Tatsachen, sondern vor allem auch über Zusammenhänge, über Möglichkeiten und damit auch über Beschränkungen zu schaffen

---

19 Damit soll keineswegs bestritten werden, daß *Geigers* Buch: Ideologie und Wahrheit, Stuttgart 1953, sehr interessante Analysen enthält. Ich habe an anderer Stelle zu zeigen versucht, daß das *Geiger*sche Programm in eine Sackgasse führen muß; vgl. meinen Beitrag zur König-Festschrift: Ideologie und Wahrheit. Theodor Geiger und das Problem der sozialen Verankerung des Denkens, abgedruckt in meinem schon erwähnten Aufsatzband: Konstruktion und Kritik.

suchen, denen das menschliche Handeln – und damit die soziale Praxis – unterworfen ist. Einer der wichtigsten Dienste, die die theoretischen Realwissenschaften von der Physik bis zur Ökonomik der Gesellschaft leisten können, besteht ja gerade darin, daß sie den *Spielraum menschlicher Wirkungsmöglichkeiten* aufzeigen können und damit auch die *Einschränkungen*, die man berücksichtigen muß, wenn es um die Lösung praktischer Probleme geht. Mit der kritischen Durchleuchtung sozialer Zusammenhänge – etwa auch: bestehender Herrschaftsstrukturen –, die als Aufgabe einer Aufklärung dieser Art angesehen werden kann, mit einer wissenschaftlich inspirierten Sozialkritik, ist also nicht nur Ideologiekritik, sondern vor allem auch Utopiekritik verbunden, die Kritik an utopischen Forderungen, die der Vorstellung entstammen, es gäbe keine Beschränkungen für die Erfüllung menschlicher Wünsche, wenn man nur die richtigen Maßnahmen ergreifen würde.

Damit sind wir schon bei der anderen Weise der Praxisorientierung angelangt, die ich „Steuerung“ genannt habe. Dabei habe ich an die konstruktive – oder „technische“ – Verwendung der Realwissenschaften für die soziale Praxis gedacht. Ihre Möglichkeit beruht darauf, daß man das „nomologische“ oder Gesetzeswissen, das in ihnen gewonnen wird, in eine Form bringen kann – seine technologische Form –, die erkennen läßt, welche Wirkungsmöglichkeiten für menschliches Handeln in bestimmter Hinsicht existieren. Einen Tatbestand *erklären* heißt gewissermaßen unter anderem auch: zeigen, wie man ihn prinzipiell *vermeiden* oder wie man ihn *herstellen* kann, wenn bestimmte Voraussetzungen erfüllt sind, das heißt: wenn bestimmte Eingriffe in das natürliche und das soziale Geschehen im Bereich des Möglichen liegen. Wenn es gelingt, das für die betreffende Problemlösung in Betracht kommende technologische Wissen auf Ansatzpunkte für menschliches Handeln zu beziehen, wie sie in der jeweiligen Situation vorliegen, dann läßt sich das Geschehen in dem betreffenden Bereich in Richtung auf bestimmte erwünschte Resultate steuern oder man hat zumindest Anhaltspunkte dafür, wie es zu steuern wäre.

Das muß nicht heißen, daß die betreffenden Geschehensabläufe in jeder Einzelheit vorherbestimmt werden. Es kann sich vielmehr um eine sehr grobe „Kanalisierung“ des Geschehens handeln, das ihm einen sehr großen Spielraum läßt. Steuerungsversuche dieser Art hat es nicht nur in der Technik, sondern auch im sozialen Leben immer schon gegeben, vielfach auf der Grundlage alltäglicher Erfahrung. Dabei sind mitunter soziale Mechanismen zustande gekommen, wie zum Beispiel die *Marktmechanismen* mit ihren Produktions-, Akkumulations-, Beschäftigungs- und Verteilungswirkungen, die in ihren Konsequenzen von niemandem völlig überschaut und vorausberechnet werden konnten. Ihre Erforschung bildet ja seit langer Zeit die zentrale Problematik der Nationalökonomie. – Nur wenn man die hinter solchen Mechanismen waltenden Gesetzmäßigkeiten erkannt hat, hat man eine brauchbare Grundlage zur Entwicklung wirksamer institutioneller Regelungen, die darauf abzielen, bisher unkontrollierbare Wirkungen, soweit das notwendig erscheint, in die Hand zu bekommen. Sehr viele, wenn nicht sogar die meisten Übelstände des sozialen Lebens sind nichts anderes als unbeabsichtigte, schwer vorhersehbare und daher auch nicht ohne weiteres – etwa mit genügend gutem Willen – kontrollierbare Konsequenzen institutioneller Regelungen, die nicht durch Anklage, Empörung oder Denunzierung des ganzen Systems beseitigt werden können, sondern nur durch Steuerungsmaßnahmen, durch planende Eingriffe politischer Instanzen, die dazu in der Lage sind, auf der Grundlage des vorhandenen Wissens. Weder die *Personalisierung* solcher Probleme – daß heißt letzten Endes: die Suche nach Sündenböcken – noch die heute vielfach übliche *totale Systemkritik* – die ohne adäquate Analyse der betreffenden Wirkungszusammenhänge auszukommen glaubt – kann da weiterhelfen. Eine rationale Politik muß sich auf eine *Analyse realisierbarer Alternativen* gründen, und eine solche Analyse wird nicht ohne das in den theoretischen Realwissenschaften gespeicherte Gesetzeswissen auskommen.

Es scheint nun nahezuliegen, die beiden Weisen der Praxisorientierung, die ich hier versucht habe zu charakterisieren, als *Freiheits-* und *Herrschaftsorientierung* mißzuverstehen, wie das auch tatsächlich schon geschehen ist: Die Aufklärung scheint auf die Befreiung – die Emanzipation – der Individuen abzuzielen, die Steuerung dagegen auf Herrschaft über sie. Das ist besonders naheliegend von einer Auffassung her, die das Wissen der theoretischen Realwissenschaft unter Vernachlässigung seiner Erklärungsfunktion von vornherein instrumentalistisch deutet, nämlich als bloßes Werkzeug praktischer Lebensbewältigung[20], und dabei die erste der von mir geschilderten praktischen Funktionen, die Aufklärung, überhaupt seiner Kompetenz entzieht[21]. Nun ist nicht nur diese instrumentalistische Deutung, die die theoretischen Realwissenschaften gewissermaßen weltanschaulich völlig sterilisieren würde – was sicherlich der Bedeutung von *Kopernikus, Galilei, Newton, Darwin* usw. in keiner Weise entspräche –, außerordentlich fragwürdig, sondern darüber hinaus ist auch die Charakterisierung ihres technologischen Gebrauchs – ihrer konstruktiven Funktion – als „herrschaftsorientiert" sehr irreführend, weil sie den Eindruck erweckt, es müsse dabei stets um Stabili-

---

20 Eine solche Deutung findet sich vor allem bei Denkern, die der Tradition des deutschen Idealismus nahestehen, etwa bei Verfechtern des Neomarxismus, die mit der Betonung der Herrschaftsorientierung dann eine negative Stellungnahme gegenüber der sogenannten „bürgerlichen" Wissenschaft verbinden.

21 Diese Funktion wird dann mitunter einer „Geschichtsphilosophie in praktischer Absicht" zugewiesen, deren Struktur offenbar schwer zu klären ist, wie etwa bei *Jürgen Habermas*. Zur Kritik vgl. meinen in Anm. 5 erwähnten Aufsatz.

sierung oder Stärkung von Herrschaft gehen. De facto kann es sich aber gerade um das Gegenteil – um institutionelle Regelungen zur Kontrolle von Herrschaft – handeln, auch wenn natürlich die Anwendung des betreffenden Wissens, um solche Regelungen durchzusetzen, nur von Positionen her ins Werk gesetzt werden kann, mit denen eine entsprechende Macht verbunden ist. Der Adressat der betreffenden Ratschläge ist daher sehr oft der Politiker, während sich die Aufklärung an alle Mitglieder einer Gesellschaft wenden kann. Aufklärung kann den Boden für eine Politik bereiten, die auf eine vernünftige Steuerung des sozialen Geschehens abzielt. Andererseits kann die Politik durch eine solche Steuerung auch dazu beitragen, daß sich die Chancen der Wirksamkeit von Aufklärung erhöhen – unter anderem durch entsprechende institutionelle Regulierungen im Erziehungswesen.

In dieser Hinsicht ist ein Zusammenhang von Realwissenschaft und Politik relevant, der von unseren Verfechtern kritischer Vernunft im allgemeinen vergessen zu werden pflegt. Wer nämlich das Maß an Rationalität in unserem sozialen Leben erhöhen will, tut gut daran, sich über die realen Bedingungen der Möglichkeit solcher Rationalität zu informieren, und die Erforschung dieser Bedingungen gehört in die theoretischen Realwissenschaften. Entsprechende Steuerungsmaßnahmen müssen sich also, wenn sie wirksam sein sollen, auf technologische Überlegungen stützen, in denen die in dieser Beziehung in Betracht kommenden Resultate dieser Wissenschaften verwertet sind. Um bestimmte Ideen zu verwirklichen, bedarf es einer Politik, die von einer Analyse der realen Bedingungen einer solchen Realisierung ausgeht, und die Frage der Realisierbarkeit ist ein Problem, für dessen Lösung nomologisches Wissen – das in den theoretischen Realwissenschaften gespeicherte Gesetzeswissen – vorausgesetzt wird. Die Leistung dieser Wissenschaften besteht ja darin, immer tiefer in die Beschaffenheit der Realität einzudringen durch Versuche der Erklärung auf theoretischer Grundlage, das heißt: durch die Erfindung, Entwicklung, Anwendung und Beurteilung erklärungskräftiger und damit gehaltvoller Theorien. Je größer deren Erklärungskraft, desto vielseitiger werden im allgemeinen die Möglichkeiten ihrer technologischen Verwertung und damit auch ihrer politischen Anwendung sein.

IV. *Zur Problematik der politischen Relevanz wissenschaftlicher Forschung und ihrer politischen Steuerung*

Hier ist es vielleicht angebracht, auf ein Problem einzugehen, das in letzter Zeit vor allem in der deutschen Diskussion große Beachtung gefunden hat: nämlich das Problem der politischen Relevanz wissenschaftlicher Forschungen und Fragestellungen. Dieses Problem wurde vorwiegend von Verfechtern einer neuen Wissenschaftsauffassung marxistischer Herkunft dramatisiert, die sich bemühten, die Unangemessenheit eines am Ideal reiner Wahrheitssuche orientierten Erkenntnisstrebens nachzuweisen. Unter Hinweis auf die schwerwiegenden sozialen Konsequenzen wissenschaftlicher Forschung wird in diesem Zusammenhang der Anspruch erhoben, diese Forschung einer Steuerung unter politischen Gesichtspunkten zu unterwerfen, damit sie sich an den für die Gesellschaft wichtigen Problemen orientiert und politisch relevante und annehmbare Lösungen produziert, Lösungen also, die zu günstigen sozialen Wirkungen führen.

Diese Auffassung mag auf den ersten Blick sehr plausibel klingen, vor allem, solange die Bewertungsgesichtspunkte, die hier eine Rolle spielen sollen, offengelassen werden. Sie zeugt nichtsdestoweniger von höchster Naivität hinsichtlich des Charakters der hier vorliegenden Probleme. Zunächst liegt ihr eine Wissenschaftskonzeption zugrunde, in der die Bedeutung umfassender und von der Bindung an spezielle Probleme der Alltagspraxis gelöster Theorien für die Entwicklung der Erkenntnis völlig verkannt wird. Gerade Theorien dieser Art haben sich später immer wieder als unentbehrliche Grundlage auch für die Lösung politisch relevanter sozialer Probleme erwiesen, und zwar: ohne daß man hätte vorhersehen können, welche Möglichkeiten der Verwertung es für sie geben würde. Das hängt vor allem damit zusammen, daß die Menge der Folgerungen aus solchen Theorien unübersehbar ist[22], und zwar auch dann, wenn die betreffenden Theorien ausgearbeitet vorliegen. Nun müßte man aber, wenn die hier kritisierte Auffassung brauchbar sein soll, die praktische Relevanz einer Theorie sogar schon

---

22 Es handelt sich hier um ein relativ triviales Resultat der Logik, das aber von unseren meist der Dialektik zuneigenden Kritikern sogenannter bürgerlicher Wissenschaft nichtsdestoweniger übersehen wird, obwohl die Argumentation der von der Dialektik her kommenden Gegner der formalen Logik in den bisherigen Kontroversen jedesmal Schiffbruch erlitten hat. — Der in unserem Zusammenhang interessante Sachverhalt läßt sich folgendermaßen formulieren: Die Folgerungsmenge jeder solchen Theorie ist an sich unendlich groß. Je allgemeiner und gehaltvoller sie aber ist, desto umfassender ist ihre Folgerungsmenge; denn auch zwischen unendlich großen Mengen kann man Teilmengenbeziehungen konstatieren.

vorher beurteilen können, etwa dadurch, daß man ein Ausgangsproblem für die Theoriebildung wählen würde, das von praktischen Alltagsgesichtspunkten her bedeutsam zu sein schiene. Die Naivität dieser Auffassung liegt nicht nur darin, daß sie eine solche Beurteilungsmöglichkeit voraussetzt, sondern darüber hinaus in der unter wissenschaftstheoretischen und wissenschaftshistorischen Gesichtspunkten höchst fragwürdigen Vorstellung, daß der Ausgang von einem noch so dringenden Alltagsproblem überhaupt zu einer relevanten Theorie führen würde. Die Idee des unmittelbaren Praxisbezugs, die sich in dieser marxistisch inspirierten Wissenschaftsauffassung durchgesetzt hat, führt offenbar zu schwerwiegenden Mißverständnissen methodologischen Charakters, die zudem wissenschaftspolitisch äußerst bedenklich sind.

Im übrigen sind auch die sozialen Wirkungen solcher Theorien nicht im voraus bestimmbar, zumal sie zusätzlich noch von gesellschaftlichen Konstellationen und von den Einstellungen derjenigen Mitglieder der Gesellschaft abhängen, die sie zu verwerten suchen[23]. Man hat sich also wohl mit dem für unsere Relevanzapostel unbequemen Tatbestand abzufinden, daß wissenschaftliche Theorien stets in moralisch-politischer Hinsicht ambivalent sind und daß sich daran auch durch noch so reine Gesinnung und noch so guten Willen nichts ändern läßt. Sie lassen eine prinzipiell unbegrenzte Menge technischer Verwendungen in den verschiedensten Richtungen zu, von denen stets einige als annehmbar, andere dagegen als fragwürdig erscheinen werden, wobei es – abgesehen von Extremfällen – ziemlich gleichgültig ist, von welchen Wertgesichtspunkten man für ihre Beurteilung ausgeht. Dasselbe gilt aber sogar für die technologischen Systeme, die man aus ihnen ableiten kann. Die Argumente für eine politische oder gar ideologische Steuerung der wissenschaftlichen Forschung, die von der hier kritisierten Lösung des Relevanzproblems ausgehen, haben also eine äußerst problematische Grundlage[24].

---

23 Vgl. dazu *Friedrich H. Tenbruck:* Die Funktionen der Wissenschaft. In: Was wird aus der Universität? Hrsg. *G. Schulz*, Tübingen 1969; vgl. auch *M. Rainer Lepsius:* Soziale Konsequenzen von technischen Fortschritten. In: Wirtschaftliche und gesellschaftliche Auswirkungen des technischen Fortschritts, Hrsg. VDI, Düsseldorf 1971. Neomarxistisch eingestellte Kritiker erwecken dagegen vielfach den Eindruck, solche Wirkungen seien von der politischen Einstellung der Forscher abhängig, die diese Theorien produzieren — eine soziologisch gesehen höchst merkwürdige Auffassung.

24 Vgl. dazu auch meinen Aufsatz: Wissenschaft, Technologie und Politik, abgedruckt in diesem Buch, S. 317 ff. Natürlich ist damit nichts gegen die politische Steuerung der technischen Anwendung gesagt.

V. *Die Rolle der Rationalität in der ordnungspolitischen Problematik*

Dem oben entwickelten Vorschlag entsprechend können wir davon ausgehen, daß es angebracht ist, den für den Bereich der Erkenntnis gültigen Stil des Problemlösungsverhaltens in seinen Grundzügen auch in anderen Bereichen zu praktizieren, also zum Beispiel zur Lösung politischer Probleme. Auch hier muß der Lösung von Problemen eine Analyse der Problemsituation vorangehen, in der bisherige Lösungsansätze miteinander verglichen und hinsichtlich ihrer vergleichsweisen Leistung und der mit ihnen verbundenen Schwierigkeiten und Schwächen beurteilt werden. Auch hier muß die Entwicklung neuer Lösungsansätze aus der konstruktiven und kritischen Auseinandersetzung mit anderen Auffassungen entspringen, die, ganz wie in der Wissenschaft, sozial „verkörpert" sind in verschiedenen Individuen und Gruppen. Hier wie dort wird deshalb aus der Alternativanalyse, aus der Problemlösungen hervorgehen sollen, eine intersubjektive Diskussion, denn solche Alternativen werden nicht selten von denjenigen am besten präsentiert, die sie wirklich vertreten. Es ist also angezeigt, in Auseinandersetzungen mit den Verfechtern anderer Auffassungen einzutreten, wenn man nach einer Verbesserung bisheriger Problemlösungen sucht. Der aus methodischen Gründen anzustrebende theoretische Pluralismus wird schon aus diesem Grunde zu einem sozialen und politischen Pluralismus werden müssen.

Schon daraus ergibt sich nun gleich ein Gesichtspunkt für die inhaltliche Lösung der ordnungspolitischen Problematik, des Problems der Gestaltung unserer Gesellschaftsordnung, nämlich der, daß es angebracht ist, unsere Institutionen unter anderem so zu gestalten, daß für die Lösung von Problemen jeweils verschiedene Auffassungen in Betracht gezogen werden können und daß die Vertreter dieser Auffassungen Gelegenheit haben, sie ungehindert auszuarbeiten und zur Geltung zu bringen, unter Umständen sie auch für sich selbst zu erproben, soweit nicht die Freiheit anderer dadurch beeinträchtigt wird. Rationalität im sozialen Leben muß also keineswegs Homogenität, Einheit und Zentralisierung – oder gar Gleichschaltung – bedeuten, im Gegenteil: Soweit das irgendwie vereinbar ist mit der Aufrechterhaltung einer sozialen Ordnung, die die Sicherung der Lebensbedürfnisse aller Mitglieder der Gesellschaft gewährleistet, muß kulturelle, soziale und politische Vielfalt und damit freie Entfaltung aller Individuen als eine der Grundbedingungen einer Gesellschaft angesehen werden, in der rationales Problemlösungsverhalten in allen Bereichen annähernd erreicht werden soll[25].

25 Diese Betonung der Bedeutung der Vielfalt findet man vor allem bei *John Stuart Mill,* und zwar in seinem Buch: On Liberty (1859), deutsch: Die Freiheit, Zürich

Wie im Bereich der Wissenschaft, so muß daher auch in anderen sozialen Bereichen ein solches Verhalten institutionell ermöglicht und gestützt werden, durch institutionell wirksame Garantien der Gedankenfreiheit, der Freiheit der Kommunikation, der Diskussion und der Publikation, sowie der Erprobung neuer Lebensmöglichkeiten, oder, wenn man so will: des existenziellen Experiments.

Die soziale Verankerung divergierender Auffassungen in bestimmten Macht- und Interessenkonstellationen mag in mancher Hinsicht als ein Hindernis für die Durchsetzung brauchbarer Problemlösungen angesehen werden, sie hat andererseits den Vorteil, daß die Existenz eines vitalen Interesses an bestimmten, unter Umständen jeweils verschiedenen, Aspekten der sozialen Gesamtsituation dazu führen kann, daß die Probleme von den verschiedensten Seiten beleuchtet und daß auf diese Weise gegenseitige Korrekturen möglich werden, was angesichts der Tatsache, daß es keine vollkommenen Lösungen gibt, als ein Positivum angesehen werden kann, zumal die verschiedenen Gruppierungen der Gesellschaft dazu neigen, für die Situationsanalyse relevante Erkenntnisse vor allem dann ins Spiel zu bringen, wenn sie dem eigenen – vom eigenen Interesse mitgeprägten – Standpunkt förderlich erscheinen. Die Aufdeckung für diesen Standpunkt unangenehmer Tatsachen und Zusammenhänge pflegt in den meisten Fällen Vertretern anders gerichteter Interessen überlassen zu bleiben. Mit der Existenz aus sozialstrukturellen oder anderen Ursachen entgegengesetzter Interessen und Wertungen muß aber in jeder Gesellschaft, vor allem in einer modernen komplexen Gesellschaft, immer gerechnet werden.

Das bedeutet aber unter anderem, daß die kommunistische Fiktion einer einheitlichen, von allen Mitgliedern der Gesellschaft akzeptierten und für alle akzeptablen Wertskala, von der her ein prinzipiell realisierbares „Gemeinwohl" mit den Mitteln der Erkenntnis bestimmbar und ein sich daran orientierender „Gemeinwille" herstellbar wäre, nicht mehr aufrechterhalten werden kann[26]. Versuche, einen gesellschaftlichen Konsens durch ideologische Konstruktion eines für alle akzeptablen Gemeinwohls quasi-theoretisch vorwegzunehmen sowie einen entsprechenden Gemeinwillen zu konstruieren und ihn dem Gesellschaftskörper als Ganzem zuzuschreiben, können heute als hoffnungslos kompromittiert angesehen werden. Solche Vorstellungen sind de facto immer nur als institutionell etablierte und sanktionierte Dog-

---

1945, vgl. S. 187 ff., wo u. a. auch darauf hingewiesen wird, wie nützlich es ist, „daß der Wert der verschiedenen Lebensweisen praktisch erprobt werden darf" (S. 188).

26 Eine solche Fiktion ist in vielen Sozialtheorien zu finden, auch z. B. im liberalen ökonomischen Denken; vgl. dazu das in Anm. 4 erwähnte Buch von *Myrdal* und meine ebenfalls dort erwähnte Schrift.

men durchsetzbar, als Offenbarungen einer zentralen Instanz, die über ein Deutungsmonopol verfügt und über die Gewaltmittel, die zu seiner Aufrechterhaltung erforderlich sind. Es gibt im sozialen Leben ebenso wenig wie in der Erkenntnis einen archimedischen Punkt, ein sicheres Fundament, von dem her sich eine für alle Mitglieder der Gesellschaft in gleicher Weise akzeptable Politik begründen ließe, so daß von daher ein absoluter Konsens herstellbar wäre. Vor allem darf man nicht erwarten, daß sich ein solcher Konsensus gerade über sogenannte letzte Werte oder Ziele herstellen läßt, wie vielfach, sogar von Sozialtheoretikern, behauptet wird[27]. Ein solcher Konsens ist aber auch gar nicht notwendig für die Aufrechterhaltung und das Funktionieren einer sozialen Ordnung, und zwar aus zwei Gründen: erstens stehen in diesem Zusammenhang letzte Werte oder Ziele im allgemeinen überhaupt nicht – oder zumindest nur sehr selten – zur Diskussion, und zweitens läßt sich oft ein partieller, relativer und provisorischer Konsens gerade über Tatbestände oder Wünschbarkeiten erzielen, die kaum jemand geneigt wäre, unter die erwähnten Begriffe zu subsumieren, die aber dennoch unter den verschiedensten Wertgesichtspunkten als erstrebenswert erscheinen. Ein solcher Konsens auf mittlerer Ebene, der überdies Kompromißcharakter hat, läßt sich sehr oft ohne weiteres herstellen und scheint auch nicht selten durchaus zu genügen. Nur weil es im allgemeinen um Einigungen dieser Art geht, haben Repräsentations- und Abstimmungsmechanismen eine so große Bedeutung für das Funktionieren komplexer Gesellschaften.
Das alles läuft natürlich darauf hinaus, daß es *keine ideale Sozialordnung* geben kann, eine Ordnung, die allen Bedürfnissen in optimaler Weise gerecht wird. Auch solche Ordnungen sind mit Mängeln behaftete – fehlbare – Problemlösungen[28]. Im übrigen muß jeder Versuch einer rationalen Lösung der ordnungspolitischen Problematik Rücksicht darauf nehmen, daß der Ausgangspunkt einer solchen Lösung niemals ein soziales Vakuum sein kann, in dem sich beliebige Ideale verwirklichen lassen. Jede politische Aktion ist vielmehr ein Eingriff in mehr oder weniger stark strukturierte soziale Situationen, so daß man, um erfolgreich zu sein, das institutionelle Gerüst berücksichtigen muß, das diese Situationen prägt, und zwar nicht etwa, weil derartige Tatbestände unabänderlich wären, sondern nur, weil sie den notwendigen Ausgangspunkt für alle Änderungsversuche bilden. Die Politik – auch da, wo sie eine Änderung der sozialen Ordnung erstrebt – hat prinzipiell

---

27 Dazu kritisch *Gösta Carlsson:* Betrachtungen zum Funktionalismus. In *Ernst Topitsch* (Hrsg.): Logik der Sozialwissenschaft, Köln/Berlin 1965.

28 Im ökonomischen Denken hat die Idee einer vollkommenen Ordnung, in der maximale Bedürfnisbefriedigung für alle Mitglieder der Gesellschaft garantiert ist, lange Zeit eine große Rolle gespielt; zur Kritik vgl. die in Anm. 4 genannte Literatur.

mit *zwei Arten von Einschränkungen* zu rechnen, deren Nicht-Berücksichtigung sie unrealistisch machen würde: erstens denjenigen Einschränkungen, die sich aus Gesetzmäßigkeiten aller Art ergeben und die in unserem theoretischen Wissen kodifiziert sind, und zweitens denjenigen, die sich aus der Beschaffenheit der jeweils gegebenen Situation ergeben und die im historischen Wissen – in einem sehr weiten Sinne des Wortes – erfaßt sind. Aus einer Anwendung des relevanten theoretischen Wissens auf die historische Situation ergibt sich jeweils die Lösung des Realisierbarkeitsproblems und damit gleichzeitig auch die Antwort auf die Frage, welche der angestrebten Änderungen und in welchem Maße sie real miteinander unvereinbar sind. Nicht alle Anforderungen, die man an politische Problemlösungen – auch hinsichtlich der Änderung einer sozialen Ordnung – stellen möchte, pflegen im allgemeinen ohne weiteres miteinander vereinbar zu sein; das heißt: die Realisierung bestimmter ordnungspolitischer Zielsetzungen kostet meist bestimmte ebenfalls erwünschte Eigenschaften der realisierbaren Ordnung, so daß die institutionelle Ausgestaltung dieser Ordnung den Charakter eines Kompromisses tragen muß. Es ist daher zweckmäßig, konkrete institutionell durchkomponierte Alternativen hinsichtlich ihrer Leistung in bezug auf die in Betracht kommenden Kriterien miteinander zu vergleichen und für die Ausarbeitung und Konstruktion dieser Alternativen auf das vorhandene sozialtechnologische und historische Wissen zurückzugreifen. Daß man hier weder mit Logik, noch mit historischem Wissen, noch mit Phantasie allein, noch auch mit einer Kombination dieser drei Faktoren auskommt, läßt sich sehr einfach zeigen[29]. Das ergibt sich nämlich schon aus der Tatsache, daß bei jeder solchen Analyse immer wieder Fragen der folgenden Art auftauchen müssen: Was würde geschehen, wenn man diese oder jene Maßnahme ergreifen würde? Unter welchen Bedingungen könnte diese oder jene Wirkung erzielt werden? Welche Nebenwirkungen dieser oder jener Art ließen sich nicht vermeiden, wenn man diese oder jene Zielkombination erreichen wollte? Die Antwort auf solche Fragen besteht in sogenannten subjunktiven Konditionalaussagen, die sich nur auf Grund von Gesetzeswissen ableiten lassen[30]. Je größer die Erklärungskraft der uns zur Verfügung stehenden Theorien ist, desto mehr Fragen dieser Art lassen sich mit ihrer Hilfe beantworten. Daß ohne eine adäquate Beantwortung derartiger Fragen eine rationale Politik nicht möglich ist, zeigt die große Bedeutung des Erkenntnisfortschrittes in den theoretischen Realwissenschaften für die Gestaltung des sozialen Lebens.

29 Es ist deshalb notwendig, darauf hinzuweisen, weil man in der Diskussion der ordnungspolitischen Problematik vielfach zu einem solchen Verfahren neigt; vgl. dazu die Kritik im Anhang 2 meiner in Anm. 4 genannten Schrift.

30 Man pflegt heute den nomologischen (d. h. Gesetzes-) Charakter von Hypothesen davon abhängig zu machen, ob Aussagen dieser Art aus ihnen deduzierbar sind.

Wer der rationalen Methode in der Politik Geltung verschaffen möchte, wird daher nicht nach einem Allheilmittel suchen und nicht nach einer Heilslehre, die die Eliminierung allen Übels durch Herstellung einer vollkommenen Gesellschaft verspricht, sondern er wird sich dafür einsetzen, daß unser unvollkommenes, mit Mängeln behaftetes Wissen in bestmöglicher Weise ausgenutzt wird für die Verbesserung der sozialen Zustände, und zwar durch Reformen, die schrittweise Veränderungen herbeiführen.

VI. *Revolution oder Reform?*

Im Rahmen einer sozialen Ordnung, die bis zu einem gewissen Grade den Charakter einer „offenen Gesellschaft" hat[31], deren politische Institutionen also die offene Diskussion von Änderungsvorschlägen, ihre Realisierung auf demokratischem Wege und vor allem einen geregelten und gewaltlosen Regierungswechsel zulassen, läßt sich eine solche rationale Politik der schrittweisen Umgestaltung, eine Politik der Reformen, betreiben, die auf Gewaltmittel verzichtet und weder von unangemessenen Voraussetzungen hinsichtlich des Wissens – vor allem: über die Konsequenzen bestimmter Maßnahmen – noch von solchen hinsichtlich der Macht – die notwendig ist, um solche Maßnahmen effektiv zu machen – ausgeht[32]. Daß man sich für eine solche Weise des Vorgehens entscheidet, ist allerdings keineswegs selbstverständlich. Man könnte zunächst der Ansicht sein, eine entscheidende Verbesserung sei nur möglich, wenn eine zentrale Instanz die Macht erhalte, unter Verwendung aller Hilfsquellen durch radikale Eingriffe nach einem einheitlichen Plan die Gesellschaft im ganzen umzugestalten. Es komme also zunächst nur darauf an, durch einen gut vorbereiteten gewaltsamen Umsturz, durch eine

---

31 Vgl. dazu *Karl Poppers* in Anm. 10 genanntes Buch: Die offene Gesellschaft und ihre Feinde.

32 Kritiker dieser Auffassung pflegen sich ihre selbstgestellte Aufgabe heute vielfach dadurch zu erleichtern, daß sie behaupten, sie sei deshalb unanwendbar und daher irrelevant, weil auch in der westlichen Welt keine solche „offene Gesellschaft" zu finden sei. Eine solche Behauptung ist aber nur dann möglich, wenn man diesen *Popper*schen Begriff als Bezeichnung eines utopischen Zustandes mißversteht, ihn also in einer Weise deutet, wie sie für den marxistischen Begriff der „klassenlosen Gesellschaft" angemessen ist. Charakteristischerweise neigen gerade unsere marxistisch inspirierten Vertreter einer totalen Kritik am heutigen „System" zu solchen Mißdeutungen und zeigen damit, daß sie den für sie selbst kennzeichnenden Alternativ-Radikalismus auch in Konzeptionen hineinzuprojizieren suchen, die sich bewußt von diesem Denkstil distanzieren.

Revolution, eine zu solchem Handeln bereite Elite an die Macht zu bringen und ihr Gelegenheit zu geben, ihre Pläne durchzuführen.
Die Erfahrungen, die mit solchen Versuchen gemacht wurden, sind allerdings alles andere als ermutigend. Zunächst ist die Unterstellung, daß eine mit derartigen Machtvollkommenheiten ausgestattete zentrale Instanz sich an den Interessen der von ihren Maßnahmen Betroffenen – das heißt also: an den Interessen aller Mitglieder der Gesellschaft – orientieren werde, schon aus dem Grunde illusorisch, weil die Interessenlage immer einer Interpretation bedarf und in einer so organisierten Gesellschaft die meisten Mitglieder keine ausreichenden Möglichkeiten mehr haben, ihre Deutungen der Situation zur Geltung zu bringen. Machtkonzentrationen der Art, wie sie für eine solche Totalplanung erforderlich sind, pflegen mit einer radikalen Schwächung der Kontrolle durch die der Herrschaft Unterworfenen verbunden zu sein und mit einem Abbau derjenigen Institutionen, die eine solche Kontrolle ermöglichen würden. Es hat sich aber gezeigt, daß die zentralen Instanzen so organisierter Gesellschaften sich, gerade weil sie kaum mehr solchen Kontrollen unterliegen, auf die Dauer in immer stärkerem Maße über die Bedürfnisse der von ihrer Planung Betroffenen hinwegzusetzen pflegen, wobei die Fiktion, daß sie im Sinne dieser Bedürfnisse handeln, durch eine geeignete Deutung der allgemeinen Interessenlage ohne weiteres aufrechterhalten werden kann, weil sie gleichzeitig über ein Interpretationsmonopol verfügen. Der Versuch, totale Visionen der vollkommenen Gesellschaft auf diese Weise in die Praxis umzusetzen, führt aus verständlichen Gründen zum Totalitarismus und darüber hinaus gerade deshalb zum Mißerfolg, weil die dazu erforderliche Machtkonzentration an der Spitze sich zu perpetuieren pflegt – und zwar im Eigeninteresse der Mitglieder des neu geschaffenen Machtapparates –, ganz abgesehen davon, daß sie trotz allem nicht dazu ausreichen würde, die utopische Zielsetzung zu realisieren.
Wir haben hier also ein Paradox der Machtkonzentration vor uns, aus dem sich die Irrationalität einer solchen Politik ergibt: Je größer die Machtkonzentration ist, die zur Realisierung der ursprünglichen Ziele herbeigeführt wird, in desto stärkerem Maße pflegt sie die Realisierung dieser Ziele zu erschweren, und zwar wegen der durch sie bewirkten Änderungen der Interessenlage, vor allem wegen der inzwischen in großem Maße erfolgten Investition neuer machtgestützter Interessen. Rationalität, Freiheit und Reformismus hängen eng miteinander zusammen. Die totale „Vernunft“ der Geschichtsphilosophen dagegen ist im Effekt letzten Endes immer irrational und repressiv: sie ist maskierte Unvernunft.
Der Einwand, der gegen eine Politik schrittweiser Reformen oft gemacht wird, daß sie immer systemerhaltend und daher abzulehnen sei, krankt daran, daß hier im allgemeinen mit einem völlig vagen Systembegriff gearbeitet wird, ganz abgesehen davon, daß er davon ausgeht, alle wesentlichen Übel

des jetzigen Zustandes der Gesellschaft seien dem „System als solchen“ zuzuschreiben, ohne daß die betreffenden Theoretiker das für eine solche Zuschreibung notwendige nomologische Wissen vorweisen könnten[33].
Der Alternativ-Radikalismus in der ordnungspolitischen Diskussion, der die Situation so charakterisiert, als ob es darum ginge, zwischen einer völlig freien Marktwirtschaft und einer totalen Planwirtschaft zu entscheiden, wobei idealtypische Hochstilisierungen bestimmter Elemente realer Sozialordnungen eine unheilvolle Rolle gespielt haben[34], kann heute als überholt gelten. Sowohl der dezentralisierte Steuerungsmechanismus des Marktes als auch der zentralisierte der Organisation sind Elemente möglicher Systeme sozialer Kontrolle, und wie sie im einzelnen zu kombinieren sind, um Resultate hervorzubringen, die unter dem Gesichtspunkt der Bedürfnisbefriedigung aller akzeptabel erscheinen, ist ein schwieriges sozialtechnologisches Problem, das nicht durch Rekurs auf dogmatische Prinzipien gelöst werden kann. Hier ist nicht eine Denunziation des Systems, sondern eine Analyse von Wirkungszusammenhängen am Platze, mit den Mitteln, die die modernen theoretischen Sozialwissenschaften zur Verfügung stellen.

33 Angesichts der Tatsache, daß hinter dieser Art von Kritik eine völlig unzureichende Methodologie steht, die ihre Schwächen durch eine lautstarke Propaganda für einen neuen Wissenschaftsbegriff zu kaschieren sucht, kann man das in ihr praktizierte Verfahren nur als eine ad hoc-Strategie zur Einschüchterung Ahnungsloser kennzeichnen.

34 Vgl. dazu kritisch: *Heinz-Dietrich Ortlieb* (Hrsg.): Wirtschaftsordnung und Wirtschaftspolitik ohne Dogma, Stuttgart/Düsseldorf 1954, sowie meine in Anmerkung 4 erwähnte Schrift.

Peter Clever

Kritischer Rationalismus und die Komplexität sozialer Systeme

1. Vorbemerkungen

Systemtheoretiker begründen die Überlegenheit ihres Forschungsansatzes gegenüber der kausalanalytischen Forschungsmethode des Kritischen Rationalismus unter anderem mit der Behauptung, letztere sei zumindest für die Untersuchung gesellschaftlicher Vorgänge deshalb ungeeignet, weil sie der Komplexität des sozialen Geschehens – im Gegensatz zur Systemtheorie – nicht gerecht werden könne[1]. Daher soll im folgenden die Frage untersucht werden, ob die Kausalforschungsmethode aus zwingenden Gründen vor der Komplexität des sozialen Geschehens kapitulieren muß. In engem Zusammenhang hiermit steht die Frage nach den Schwierigkeiten, welche die Offenheit sozialer Systeme der Kausalforschungsmethode bereitet.
Was „Komplexität" und „Offenheit" bedeuten, wird sich im Laufe der Untersuchung aus dem Zusammenhang ergeben. „System" soll hier als ein aus der Alltagssprache vertrauter Begriff behandelt werden. Er taucht z. B. in dem Schlagwort vom „Wettkampf der Systeme" auf, man spricht vom „Wirtschaftssystem", „Gesellschaftssystem", „Herrschaftssystem", auch vom „Verkehrssystem", „Verteidigungssystem", vom „Flußsystem" und„ Röhrensystem", vom „Zielsystem" der Unternehmung, von „systematisch" und von einer Handlungsweise, hinter der „System" steckt. In jedem Falle wird mit dem Begriff „System" etwas zusammengefaßt, das nach bestimmten, mehr oder weniger abstrakten Gesichtspunkten als zusammengehörig und in gewisser Weise geordnet oder strukturiert angesehen wird und gegenüber einer anders gearteten „Umwelt" (ebenfalls ein Begriff, der in der Sprache der Systemtheoretiker häufig vorkommt) abzugrenzen ist. „System" ist ein Ordnungsbegriff von großer Allgemeinheit und geringer Präzision. Er ist allgemein,

1 Vgl. *W. Ross Ashby*, An Introduction to Cybernetics. University Paperbacks, London 1965, S. 5; *Niklas Luhmann*, Funktion und Kausalität. In: *Niklas Luhmann*, Soziologische Aufklärung. Aufsätze zur Theorie sozialer Systeme. Köln und Opladen 1970, S. 16.

weil seine Anwendung keiner räumlichen oder zeitlichen Beschränkung unterliegt, er ist unpräzis, weil es nichts gibt, das man nicht unter irgendeinem Gesichtspunkt zu einem System zusammenfassen könnte. Dies entspricht durchaus der Intention der Systemtheoretiker, ein wissenschaftliches Aussagengerüst zu schaffen, das im Unterschied zur „beschränkten" Kausalforschungsmethode in *allen* Bereichen der Wissenschaft, also in der Sozialwissenschaft ebenso wie in der Naturwissenschaft oder in der Geisteswissenschaft, angewendet werden kann[2].
Auch dem Kritischen Rationalismus ist die Vorstellung von der Einheit der Wissenschaft nicht fremd[3], aber sie beruht nicht auf der universellen Anwendbarkeit von Begriffen, sondern auf der Tatsache, daß der allen Wissenschaften eigene Drang nach Erkenntnis etwas mit der Suche nach Erklärungen zu tun hat und auf der Vermutung, daß die Kausalforschungsmethode hierfür das geeignete Mittel darstellt.

2. *Die Kausalforschungsmethode*

„Ich möchte hier ausdrücklich darauf hinweisen, daß gerade durch den Beschluß, nach kausalen Erklärungen zu suchen, der Theoretiker sich sein besonderes Ziel setzt – das Ziel der theoretischen Wissenschaft überhaupt"[4]. Dieses Zitat kennzeichnet die Bedeutung, die der Kausalforschungsmethode nach Auffassung *Poppers* im Rahmen der theoretischen Wissenschaft zukommt; es bietet zugleich Anlaß zu Kritik, und zwar aus mindestens zwei Gründen: Zum einen, weil die historischen Wissenschaften mit dieser Fest-

---

2 Vgl hierzu z. B. *Wolf-Dieter Narr / Frieder Naschold*, Einführung in die moderne politische Theorie. Teil I: Theoriebegriffe und Systemtheorie. 3. Aufl., Stuttgart 1972, S. 89–95. Auf S. 90 wird dort *G. Gloege* mit folgendem Ausspruch zitiert: „Der Begriff (des Systems. Der Verf.) erweckt die Aussicht, das Begriffene in einem Kosmos der Wissenschaften darstellen zu können".

3 Siehe die Auffassung von der Sozialwissenschaft als einer „Stückwerk-Sozialtechnologie", die *Popper* in seinem „Elend des Historizismus" entwickelt und die auf eine Analogie zwischen den Methoden der Sozialwissenschaften und denen der Naturwissenschaften hinweist (*Karl Raimund Popper,* Das Elend des Historizismus. Zweite, unveränderte Aufl., Tübingen 1969, S. 47 ff.).

4 *Karl Raimund Popper*, Logik der Forschung. Dritte, vermehrte Aufl., Tübingen 1969, S. 33, Anm. 1; *derselbe,* Die Aufgabe der Wissenschaft. In diesem Band, S. 89 ff. In seinem „Elend des Historizismus" weist *Popper* ürigens darauf hin, daß die Sozialwissenschaft wie die Naturwissenschaft (*Popper* gebraucht die Begriffe „Soziologie" und „Physik" als Synonyme hierfür) zugleich theoretische und empirische Wissenschaften sind (a.a.O., S. 29).

stellung von vornherein aus dem Bereich der theoretischen Wissenschaften ausgeschlossen werden, denn Ziel der historischen Wissenschaften dürfte nicht die kausale Erklärung selbst, sondern die Feststellung der historischen Vorgänge *mit Hilfe* der kausalen Erklärung sein[5]. Zum andern ist das Zitat geeignet, den Eindruck zu erwecken, als sei die Beschäftigung mit theoretischer Wissenschaft ein Selbstzweck, denn ihre Zielsetzung weist nicht über die kausale Erklärung hinaus. Beide Eindrücke sind jedoch vordergründig. Sie werden von der Intention *Popper*s, die er im „Elend des Historizismus" und in der „Offenen Gesellschaft" entwickelt, nicht gedeckt. Hiernach geht es ihm nicht einfach um die Übertragung „naturwissenschaftlicher" Methoden auf andere Wissenschaftsbereiche, die sich diesen Methoden fügen oder zu fügen scheinen, sondern um eine Verbreitung der Idee der kritischen Vernunft, die er in den Dienst *nicht einer selbstgenügsamen Wissenschaft,* sondern *der weitgehend von Irrationalismus und naivem Rationalismus beherrschten Menschheit* stellt[6]. Von dieser Zielsetzung her betrachtet ist die Suche nach kausalen Erklärungen und ihre Verwendung (auch in den historischen Wissenschaften) nur der Ausdruck des rationalistischen Bemühens, dem Irrationalismus nicht kampflos das Feld zu überlassen. Die Problematik dieser Intention ist hier nicht zu diskutieren. Hier ist vielmehr, ausgehend von der Bedeutung des Kausalforschungsansatzes für die kritisch-rationale Methode, seine Angemessenheit zur wissenschaftlichen Durchdringung des komplexen gesellschaftlichen Geschehens zu untersuchen. Die Darstellung der Kausalforschungsmethode im vorliegenden Abschnitt nimmt deswegen verhältnismäßig breiten Raum ein, weil sie die Grundlage für die dann folgende Auseinandersetzung mit der Verwendbarkeit dieser Methode in der Sozialwissenschaft bildet.

Eine kausale Erklärung geht über die Konstatierung, Deskription und Klassifizierung konkreter Einzelerscheinungen der Erfahrungswirklichkeit hinaus[7]. Sie stellt zwischen den Einzelerscheinungen Ursache-Wirkungs-Zu-

---

5 Dies führt z. B. *Helmut Seiffert* in seiner „Einführung in die Wissenschaftstheorie", Band 2, sehr anschaulich vor: Mit Hilfe von kausalen Erklärungen wird gezeigt, daß das österreichische Freiheitsprivilegium, das sogenannte „Privilegium Maius", eine Fälschung ist (*Helmut Seiffert,* Einführung in die Wissenschaftstheorie. Band 2, Geisteswissenschaftliche Methoden: Phänomenologie, Hermeneutik und historische Methode, Dialektik. München 1971, S. 110 ff.). Daß *Seiffert* diese Methode nicht als Kausalforschungsmethode, sondern als Hermeneutik bezeichnet, steht auf einem anderen Blatt.

6 Vgl. *Karl Raimund Popper,* Die offene Gesellschaft und ihre Feinde. Band 2, Falsche Propheten. 2. Aufl., Bern 1970, insbesondere das 14. Kapitel: Die orakelnde Philosophie und der Aufstand gegen die Vernunft, S. 275 ff.

7 Vgl. *Herman O. A. Wold,* Causality in Econometrics. „Econometrica", Vol. 22 (1954), S. 162. *Wold* spricht zwar nicht von Konstatierung und Klassifizierung,

sammenhänge her. Die kausale Erklärung ist demzufolge ein Versuch, Ordnung in die Vielfalt des Geschehens zu bringen und sich im Chaos der Ereignisse zurechtzufinden. Dieser Ordnungsversuch müßte allerdings scheitern, wenn nur ad hoc-Verknüpfungen von Ereignissen möglich wären. Denn eine Verknüpfung zweier Ereignisse A und B, von denen das eine (A) als die Ursache, das andere (B) als die Wirkung bezeichnet wird, ist sofort folgenden beiden kritischen Fragen ausgesetzt:

1. Warum werden aus der Vielzahl der Ereignisse gerade diese beiden herausgefischt und in eine (Kausal-)Beziehung zueinander gebracht?
2. Warum wird gerade das eine (A) als Ursache und das andere (B) als Wirkung bezeichnet? Könnte das als Ursache bezeichnete Ereignis A nicht die Wirkung von B sein?

Eine ad hoc-Kausalverknüpfung beantwortet diese Fragen nicht und legitimiert sich demzufolge auch nicht als Besonderheit. Mit der gleichen Berechtigung wie A und B könnten auch alle anderen Ereignisse zueinander in Beziehung gesetzt und als Kausalerklärungen bezeichnet werden. Die Verknüpfung von Ereignissen durch eine Kausalbeziehung muß demnach gegenüber anderen möglichen ad hoc-Verknüpfungen in bestimmter Hinsicht als Kausalerklärung ausgezeichnet sein, es muß mit anderen Worten eine Antwort auf die obengenannten Fragen gefunden werden und zwar in Form einer nachprüfbaren, nicht willkürlichen Begründung dafür, weshalb gerade die Ereignisse A und B als Ursache und Wirkung eines Kausalablaufes miteinander in Beziehung gebracht werden.

Eine solche Begründung ist gegeben, wenn sich eine Regel auffinden läßt, die besagt, daß immer dann, wenn ein Ereignis der Sorte B eintritt, ein Ereignis der Sorte A vorangegangen sein muß. Diese Regel ist sehr strikt, denn sie behauptet die Notwendigkeit des Zusammenhanges. (Sie behauptet allerdings nicht, daß das Auftreten eines Ereignisses der Sorte A auch bereits eine hinreichende Bedingung für das Auftreten von Ereignissen der Sorte B ist. Sie behauptet nur, daß ohne Ereignisse der Sorte A Ereignisse der Sorte B nicht eintreten können.) Aber nur durch ihre strikte Formulierung ermöglichen es die Regeln dem Forscher, die Vielfalt der Ereignisse zu ordnen und sich in der Welt zurecht zu finden[8].

---

sondern von Formalismus: „... if scientific analysis were stripped of all terms with a causal content, nothing would remain but description and formalism", aber dies ist die Bedeutung von „Formalismus".

8 „Kein Rauch ohne Feuer; keine Vollbeschäftigung ohne Inflation; kein Wirtschaftswachstum ohne Investitionen" sind Beispiele für solche Regeln. Selbstverständlich kann ein konkretes Ereignis viele verschiedene konkrete Ursachen haben. Die allgemeinen Regeln sagen weder etwas über konkrete Ereignisse (sondern nur etwas über Sorten oder Arten von Ereignissen) noch über die

Verzicht auf Stringenz bedeutet hier einen Verlust von Orientierungsmöglichkeiten. Dies wird bei dem Versuch deutlich, die Zugehörigkeit bestimmter Ereignisse zu einer Kausalbeziehung mit einer „weicheren" Behauptung zu begründen, z. B. mit der Behauptung, daß Ereignisse der Sorte B zwar manchmal mit Ereignissen der Sorte A verknüpft sein können, manchmal aber auch nicht. Hiermit ist keine Orientierungshilfe gegeben: für den Versuch, Ordnung in die Vielfalt des Geschehens zu bringen, ist dieser Hinweis vollkommen nutzlos[9]. Man weiß nämlich dann, wenn Ereignisse beider Sorten auftreten, nicht, ob dies zufällig geschieht oder aufgrund eines Kausalzusammenhanges, oder ob dann, wenn das Ereignis B eintritt, damit gerechnet werden kann, daß vorher das Ereignis A stattgefunden hat. Erst die Rückführung der Verknüpfung konkreter Ereignisse auf eine allgemeine strikte Regel ermöglicht die Kausalerklärung und damit die Ordnung des sonst chaotisch anmutenden Geschehens.

Vollständigkeit der Erklärung aus. Vgl. hierzu weiter unten die Überlegungen zur Offenheit sozialer Systeme. Vgl. auch *Karl Raimund Popper,* Das Elend des Historizismus, a.a.O., S. 101, Anm. 88, und S. 120. –
Herman Wold gibt folgende Antwort auf die Frage, was unter „Kausalität" zu verstehen ist: „Zur Beantwortung bietet es sich an (it is natural), zunächst die Instrumente zu prüfen, die dem Wissenschaftler zur Feststellung einer Kausalbeziehung zur Verfügung stehen. Das wichtigste Instrument ist das *kontrollierte Experiment.* In knappen Worten geschildert: Unter der Kontrolle des Experimentators befinden sich eine oder mehrere Variablen; deren Werte ändert er in geeigneter Weise und beobachtet die sich daraufhin ergebenden Werte von einer oder mehreren anderen Variablen, für deren Veränderung er sich interessiert. Wenn das Experiment offenbart, daß sich eine beobachtete systematisch mit einer kontrollierten Variablen ändert, dann ist dieses Verhältnis ein typischer Fall einer Kausalbeziehung. Durch Wiederholung des Experiments kann die Kausalbeziehung durch andere Experimentatoren überprüft werden, und hierin liegt die Überlegenheit der experimentellen Methode." Übersetzt aus *Herman O. A. Wold,* a.a.O., S. 164 f. *Popper* definiert die Kausalerklärung so: „Einen Vorgang kausal erklären heißt, einen Satz, der ihn beschreibt, aus *Gesetzen und Randbedingungen* deduktiv ableiten" (*K. R. Popper,* Logik der Forschung, a.a.O., S. 31). – Zwar nicht ganz so strikt wie die im Text genannten Regeln, aber für die wissenschaftlichen Versuche der Weltorientierung fast noch wichtiger sind Regeln in der Form von Wahrscheinlichkeitsaussagen, in denen das Wort „immer" durch eine Wahrscheinlichkeitsangabe mit Konfidenzintervallen ersetzt ist.

9 Überraschenderweise ist tatsächlich die Auffassung vertreten worden, der Wissenschaft sei an solchen „schmiegsamen" (weil sie sich allen Gegebenheiten anschmiegen) nicht quantifizierten „Teils-Teils-Sätzen" gelegen. Vgl. hierzu *Helmut Seiffert,* Einführung in die Wissenschaftstheorie. Erster Band: Sprachanalyse – Deduktion – Induktion in Natur- und Sozialwissenschaften. 3. Aufl., München 1971, S. 237.

Eine Kausalerklärung ist daher durch folgende Charakteristika gekennzeichnet:

Es existiert ein bestimmter, durch einen oder mehrere Sätze beschriebener Vorgang B. Er soll erklärt werden. Man nennt ihn deshalb das „Explanandum“ (das zu Erklärende). Man kann ihn auch als die „Wirkung“ eines Vorganges A (der „Ursache“) bezeichnen, von dem aufgrund einer allgemeinen Regel vermutet wird, daß Vorgänge seiner Art Vorgängen der Sorte B stets vorangehen.

Zur Erklärung des Vorganges B reichen Vorgang A und jene allgemeine Regel (das wissenschaftliche Gesetz) aber noch nicht aus. Hierzu muß nämlich das Explanandum logisch aus den es erklärenden Sätzen (dem „Explanans“) folgen. Dies ist erst dann der Fall, wenn die Bedingungen angegeben sind, unter denen der Vorgang A den Vorgang B notwendig zur Folge hat. Zur Erklärung gehören deshalb neben dem Vorgang A und dem Gesetz, das den Vorgang A mit dem Vorgang B zu einer Kausalbeziehung verknüpft, sowohl Aussagen über Einflüsse von Vorgängen, die sich außer A ebenfalls auf B auswirken könnten, als auch Aussagen über die Umstände, unter denen überhaupt nur A seine Wirkung auf B ausüben kann. (Die Erhöhung von mit Notenbankkrediten finanzierten Staatsausgaben kann z. B. nur dann zu einem Beschäftigungsanstieg führen, wenn es unbeschäftigte Arbeitskräfte und freie Kapazitäten gibt.)

Erst wenn das Explanans auch solche Aussagen, die sogenannten „Randbedingungen“, enthält, geht A nicht nur als eine notwendige, sondern auch als eine hinreichende Bedingung in die Erklärung von B ein, erst dann ist es mit anderen Worten möglich, das Explanandum B aus der Konjunktion (dem Explanans) des allgemeinen Gesetzes mit der Anfangsbedingung oder Ursache A und den Randbedingungen logisch abzuleiten, das heißt: zu erklären. Anfangs- und Randbedingungen zusammen nennt man die „Anwendungsbedingungen“ eines Gesetzes[10]. Damit nämlich das Gesetz zur Erklärung des Vorganges B angewendet werden kann, muß ein Vorgang der Sorte A tatsächlich vorgefallen sein, es muß ferner sichergestellt sein, daß störende Einflüsse von sich ebenfalls auf B auswirkenden Vorgängen ausgeschaltet sind, und es müssen schließlich Bedingungen herrschen, unter denen eine Wirkung von A auf B überhaupt feststellbar ist.

Was eine Kausalerklärung eigentlich ist, beschreibt auch diese Charakterisierung nur sehr vage. Zwar gibt es in der Literatur Definitionsversuche, aber etwas anderes als eine mehr oder minder komplizierte Umschreibung

10 Vgl. zu der Unterteilung der Anwendungsbedingungen eines Gesetzes in Anfangs- und Randbedingungen *Gerd Fleischmann*, Nationalökonomie und sozialwissenschaftliche Integration. Tübingen 1966, S. 9 f.

bieten sie nicht[11]. Hier geht es auch gar nicht um eine Definition der Kausalität und der Kausalerklärung. Jeder weiß im Grunde, was das ist, aber wenn er es definieren soll, geht es ihm ähnlich wie *Joan Robinson* mit dem Elefanten: Man erkennt ihn, wenn man ihn sieht, man kann ihn beschreiben, aber definieren kann man ihn nicht[12]. Hier interessieren vielmehr die Anforderungen, die an Kausalerklärungen zu stellen sind und deren Kenntnis notwendig ist, wenn man die Anwendbarkeit der Kausalanalyse auf die Erforschung des Sozialgeschehens beurteilen will.

Die Kausalerklärung eines Vorganges B durch einen vorangegangenen Vorgang A beruht auf der Annahme der regelmäßigen zeitlichen Aufeinanderfolge von Vorgängen dieser beiden Arten. Hierbei ist das verursachende Ereignis stets das zeitlich vorangehende, das bewirkte Ereignis stets das zeitlich folgende. Kausalbeziehungen besitzen also eine zeitliche Richtung, dem Zeitablauf parallel. Aus der zeitlichen Reihenfolge der Ereignisse ergibt sich daher bereits, welches nur die Ursache und welches die Wirkung sein kann. Kann aber hinter *jeder* regelmäßigen zeitlichen Aufeinanderfolge von Ereignissen ein Kausalgesetz vermutet werden? Als Einwand hiergegen wird gelegentlich darauf verwiesen, die regelmäßige Aufeinanderfolge von Tag und Nacht werde wohl niemanden auf den Gedanken kommen lassen, das eine für die Ursache des anderen zu halten. *Moritz Schlick* weist diesen Einwand aber mit der Begründung zurück, „daß die Begriffe Ursache und Wirkung nur auf Vorgänge, auf Prozesse, nicht etwa auf Dinge anwendbar sind"[13]. Dieser Einwand und seine Entkräftung verdeutlichen noch einmal (wie bereits die bisherige Verwendung der Bezeichnungen, „Vorgang" und „Ereignis", wenn von den einzelnen Gliedern einer Kausalkette die Rede war), daß die Kausalbeziehungen Zusammenhänge zwischen *Veränderungen* herstellen, nicht zwischen *Zuständen.* Der Zustand spielt in Kausalerklärungen jedoch insofern eine Rolle, als er das Ergebnis von Veränderungen ist oder eine Randbedingung darstellt. Hierfür einige Beispiele:

Gerade in der Sozialforschung werden häufig Erklärungen für einen be-

---

11 Vgl. z.B. *Helmut Korch,* Das Problem der Kausalität. Berlin 1965, S. 26; *Herbert A. Simon,* On the definition of the causal relation. „The Journal of Philosophy", Vol. 49 (1952), S. 520; Vgl. auch die bereits angegebenen Definitionen von *Herman O. A. Wold* und *Karl Raimund Popper* in Anm. 8 oben; 1960 hat *Herman O. A. Wold* zusammen mit *Robert H. Strotz* eine weitere Definition der Kausalerklärung geliefert, vgl. *Robert H. Strotz* und *Herman O A. Wold,* Recursive versus nonrecursive systems. An attempt at synthesis. „Econometrica", Vol. 28 (1960), S. 418.

12 Vgl. *Joan Robinson,* Doktrinen der Wirtschaftswissenschaft. Eine Auseinandersetzung mit ihren Grundgedanken und Ideologien. Zweite, durchgesehene Aufl., München 1968, S. 8.

13 *Moritz Schlick,* Allgemeine Erkenntnislehre. Berlin 1918, S. 332.

stimmten *Zustand* gesucht, und zwar in anderen, begleitenden *Zuständen*. Dies ist etwa dann der Fall, wenn der augenblickliche Zustand von Drogenabhängigen mit den Zuständen im Elternhaus, in der Schule, am Arbeitsplatz und im gesamten sozial-kulturellen Milieu erklärt wird. Genaugenommen ist es allerdings nicht der Zustand, für den eine Erklärung gesucht wird, sondern der Wandel, der mit den Betroffenen vorgegangen ist und zu diesem Zustand hingeführt hat, denn sie wurden schließlich nicht schon als Drogenabhängige geboren, sondern sind erst dazu geworden.

Allerdings zeigt sich in diesem Beispiel bereits eine Schwierigkeit bei der Anwendung der Kausalanalyse auf das Sozialgeschehen, die sich in *Schlick*s an physikalischen Vorgängen orientierter Argumentation nicht zu erkennen gibt: Der Wandel der Betroffenen zur Drogenabhängigkeit kann seinen äußeren „Anlaß" nämlich vielleicht tatsächlich gerade im *Ausbleiben von Veränderungen* der Zustände gehabt haben, in denen sie ihr Leben verbringen, in der „tristen" Gleichförmigkeit des Alltags also. Die Schwierigkeit, von der soeben die Rede war, besteht darin, daß man den Menschen bei der Erklärung seines sozialen Verhaltens nicht wie ein physikalisches Ding, sondern wie ein Lebewesen behandeln muß, das eigene Wünsche entwickelt und hierdurch Veränderungen herbeiführt. Das Bedürfnis nach Abwechslung könnte sich im grauen Einerlei des Alltags derartig anstauen, daß jede Möglichkeit zur Veränderung, zu neuen Erlebnissen, gierig ergriffen wird. Drogen versprechen neue Erlebnisse.

Es erweist sich hier aber bereits, daß die Zustände allein den Wandel zur Drogenabhängigkeit noch nicht erklären können, denn sonst müßte jeder, der unter gleichförmigen Bedingungen lebt, drogensüchtig werden. Die „Zustände" sind sehr wichtige Randbedingungen, ohne deren Berücksichtigung eine befriedigende Erklärung nicht möglich ist, aber auslösend (verursachend) wirken einzelne Vorgänge, die durchaus in den Betroffenen selbst ablaufen können (aber nicht müssen).

Ich möchte hier nicht falsch verstanden werden: Es geht mir nicht um eine „Individualisierung" gesellschaftlicher Erscheinungen wie z. B. der massenhaften Drogenabhängigkeit. Sondern es geht mir darum zu zeigen, daß in eine Erklärung sowohl Zustände als auch Vorgänge eingehen. Wenn eine Kugel sich im labilen Gleichgewicht befindet, kann der leiseste Windhauch sie ins Rollen bringen. Auslösend wirkt hier der Windhauch, aber „schuld" an dem Rollen ist auch der labile Zustand, in dem sich die Kugel befindet.

Diese Überlegungen sind insofern wichtig, als in Kausalargumentationen gelegentlich das Gewicht einseitig nur auf die Anfangsbedingungen oder nur auf die Randbedingungen gelegt wird. So kann jeder Student der Wirtschaftswissenschaft nach dem Vordiplom zwar bis auf Stellen hinter dem Komma genau ausrechnen, wie stark sich das Volkseinkommen verändert, wenn die Investitionen unter der ceteris paribus-Annahme um einen bestimmten Betrag variiert werden, aber wie die cetera, die da paria bleiben sollen, eigentlich aussehen, vermögen sie selten anzugeben. Diese Denkweise hat z. B. auch in das Stabilitätsgesetz Eingang gefunden, worin die Gemeinden zwar aufgefordert werden, die Wirtschaftspolitik des Bundes zu unterstützen, aber nichts über die Bedingungen ausgesagt wird, unter denen sich diese Forderung durchsetzen kann. Auf der anderen Seite finden sich aber auch Argumentationen, in denen die Beantwortung der Frage nach den Ursachen für die allenthalben in unserer Gesellschaft festzustellenden Mißstände dadurch sehr vereinfacht ist, daß das „System“ (das kapitalistische Gesellschafts- und Wirtschaftssystem) dafür verantwortlich gemacht wird. Solche oberflächlichen Argumentationen sind geeignet, auch ernstzunehmende Versuche um die Herausarbeitung der Bedeutung der Randbedingung „kapitalistisches System“ für die Kausalerklärung bestimmter Vorgänge in Mißkredit zu bringen. So ist es z. B. nicht richtig, als Ursache für das Fischesterben im Main pauschal das kapitalistische System zu bezeichnen. Aber man kann wahrscheinlich davon ausgehen, daß dieses System für einen kriminellen Industriellen, der seine Produktionskosten durch Ableitung ungereinigter Abwässer in den Main zu vermindern versucht, eine das Gewissen entlastende Funktion besitzt, denn das System basiert im wesentlichen auf der liberalistischen Ideologie, die besagt, daß jeder dem Gemeinwohl am besten dadurch dient, daß er egoistisch nach Verwirklichung seiner eigenen Interessen strebt.

Nach diesem Versuch, die Bedeutung von Zuständen (oder, um wieder an *Schlick* anzuknüpfen, „Dingen“) und Vorgängen, oder anders ausgedrückt: von Randbedingungen und Anfangsbedingungen, für die Kausalerklärung zu unterscheiden, lassen sich auch die beiden noch offenen Fragen beantworten, ob hinter jeder regelmäßigen zeitlichen Aufeinanderfolge von Ereignissen Kausalgesetze zu vermuten sind und – wenn das der Fall ist – wie sich dies mit der Aufeinanderfolge von Tag und Nacht verträgt, von der niemand behaupten wird, daß das eine die Ursache des anderen sei. Die erste Frage ist für alle Ereignisfolgen, von denen man es nicht bereits besser weiß, mit „ja“ zu beantworten. Der Grund hierfür ist, daß die regelmäßige zeitliche Aufeinanderfolge von Ereignissen der einzige Anhaltspunkt für das Bestehen einer Kausalkette ist. Selbstverständlich stellt nicht jede regelmäßige zeitliche Aufeinanderfolge von Ereignissen eine Kausalbeziehung dar, aber solange dies noch nicht bekannt ist, wird ein Kausalgesetz *vermutet.* Weshalb dies geschieht, wird weiter unten erläutert. Aber bereits hier wird deutlich, daß ein Interesse daran besteht, die „echten“ Kausalbeziehungen unter den Ereignisketten herauszufinden, und daß deshalb die vermuteten Kausalrelationen, die probehalber aufgestellten Kausalgesetze, einer Prüfung unterzogen werden müssen. Hierauf wird gleich detaillierter einzugehen sein.

Ist aber auch hinter der Folge von Tag und Nacht ein solches Kausalgesetz zu vermuten? Die Antwort lautet „nein“, denn der Zustand „Tag“ oder der Umstand, daß es bis vor einer Stunde hell war, ist nicht die Ursache dafür, daß es jetzt dunkel ist bzw. der Zustand „Nacht“ herrscht. Der *Vorgang* des Überwechselns vom einen Zustand in den andern aber, der Übergang vom Tag zur Nacht, ist die Wirkung des *Vorgangs*, daß die Erde ihre Stellung zur Sonne verändert. Für diese Erklärung ist es ohne Belang, daß die Zustände von Tag und Nacht einander außerdem noch zyklisch durchschnittlich alle zwölf Stunden abwechseln. Dies ist nur für die Bewohner mittlerer Breiten eine gewohnte Erscheinung. Zwar ist es grundsätzlich möglich, hinter diesem Wechsel ein Naturgesetz zu vermuten, das etwa besagt: alle zwölf Stunden tritt immer und überall ein Wechsel zwischen den beiden Zuständen Tag und Nacht ein. Aber Berichte von Bewohnern der Polargegenden, welche Tag und Nacht azyklisch erleben, zeigen, daß dieses Gesetz nicht existiert.

Die soeben versuchsweise aufgestellte allgemeine Regel „Alle zwölf Stunden . . .“ hat zwar noch nicht einmal die Form eines Kausalgesetzes, denn sie liefert keine Erklärung durch Verknüpfung zweier verschiedener Vorgänge, aber sie erfüllt trotzdem ein wesentliches und bereits genanntes Erfordernis auch der Kausalgesetze: Sie ist unabhängig überprüfbar (und scheitert daran)[14]. Das Erfordernis der unabhängigen Überprüfbarkeit besagt, daß sich ein Gesetz gegenüber Ereignissen bewähren muß, die von denen verschieden sind, zu deren Erklärung es aufgestellt wurde[15]. Für die genannte Regel bedeutet dies: Wegen ihres Allgemeingültigkeitsanspruches hat sie sich nicht nur in Mitteleuropa, wo tatsächlich durchschnittlich alle zwölf Stunden ein Wechsel zwischen Tag und Nacht eintritt, sondern z. B. auch am Nordpol zu bewähren, wenn sie ein echtes (wahres) Gesetz ist. Da sie dieser Überprüfung nicht standhält, stellt die Regel *kein* Gesetz dar.

Damit sind die wichtigsten Anforderungen an die Gesetze als dem allgemeinen Teil der Erklärung von Kausalabhängigkeiten bereits genannt. Es treten noch einige logische Bedingungen hinzu, die mit den anderen im folgenden zusammengefaßt werden:

1. Die Gesetze müssen widerspruchsfrei sein. Hiermit ist gesagt, daß aus ihnen (zusammen mit den Anwendungsbedingungen) nicht jeder beliebige Satz, der einen Vorgang beschreibt, darf abgeleitet werden können (denn aus widerspruchsvollen Aussagen kann jeder beliebige Satz logisch einwandfrei abgeleitet werden[16]).

---

14 Vgl. *Karl Raimund Popper*, Die Aufgabe der Wissenschaft, in diesem Band, S. 90.

15 Vgl. ebenda.

16 Vgl. die ausführliche Begründung hierfür in *Karl Raimund Popper,* Was ist Dialektik? abgedruckt in diesem Band.

2. Die Gesetze müssen, damit sie Vorgänge der Wirklichkeit erklären können, synthetisch sein. Das bedeutet, daß sie nicht allein aus logischen Gründen unabhängig davon wahr sein dürfen, wie die Wirklichkeit beschaffen ist. Sie müssen mit anderen Worten den Spielraum des Geschehens einschränken[17].
3. Die Gesetze dürfen nicht metaphysisch sein, denn sie sollen Vorgänge der Wirklichkeit erklären. Es muß also der Spielraum des *wirklichen* Geschehens eingeschränkt werden. Nach der Auffassung des Kritischen Rationalismus erfüllen sie dieses Erfordernis dann, wenn sie grundsätzlich an der Erfahrung scheitern können, wenn sie m.a.W. dem Falsifizierbarkeitskriterium genügen[18].

Von Gegnern des Kritischen Rationalismus wird hiergegen manchmal eingewandt, es sei im Grunde ein unkritisches Kriterium, denn es setze die Annahme der Erfahrung als *wahre* Realität voraus und verhindere damit, daß die Erfahrung selbst infrage gestellt wird. Diese Kritik verkennt aber vollkommen die Intention des Kritischen Rationalismus, kritische Fragen nicht abzublocken, sondern im Gegenteil: zu eröffnen, wo immer sich eine Gelegenheit hierzu bietet. Und bei der Anwendung des Falsifizierbarkeitskriteriums bieten sich viele Gelegenheiten. Zwei der Fragen seien hier kurz behandelt.

Zunächst könnte man fragen, warum überhaupt die *Falsifizierbarkeit* zum Kriterium eines Satzes gemacht werde, der etwas über Kausalbeziehungen in der Wirklichkeit aussagen soll. Hierauf läßt sich unter Anknüpfung an bereits Gesagtes entgegnen, daß die regelmäßige zeitliche Aufeinanderfolge von Ereignissen noch nicht mit Sicherheit auf das Vorliegen eines Kausalgesetzes schließen läßt. Um die „echten" Kausalgesetze unter diesen Regelmäßigkeiten herauszufinden, müssen diese einer Überprüfung unterzogen werden. Aus diesem Grunde müssen aber die versuchsweise aufgestellten Regeln überhaupt erst einmal der Überprüfung zugänglich, also *überprüfbar* sein. Der Positivismus vertritt die Auffassung, daß sich die echten Gesetze in der Überprüfung als *wahr* erweisen müssen. Ein Wahrheitsbeweis ist aber wegen des Induktionsproblems nicht anzutreten[19]. Denn ob man eine einzelne Erfahrung beschreibt oder eine generelle Aussage über die Wirklichkeit trifft, stets verwendet man dabei Überlegungen, die nicht allein der Erfahrung entstammen und daher nicht restlos auf sie zurückgeführt werden können[20]. Außerdem liegt es in der Natur von Versuchen, die Wahr-

17 Vgl. zu dieser Formulierung *Gerd Fleischmann*, Nationalökonomie . . ., a.a.O., S. 12.
18 Vgl. *Karl Raimund Popper*, Logik der Forschung, a.a.O., S. 14 f.
19 Vgl. ebenda, S. 3 ff.
20 Vgl. zur Transzendenz der Darstellung ebenda, S. 60 ff., speziell S. 61.

heit von Aussagen zu beweisen, daß man sich bemüht, kritische Einwände zu entkräften und die Aussage vor der Gefahr des Scheiterns abzuschirmen. Ein solches Rechtfertigungsdenken ist aber der Intention des Kritischen Rationalismus genau entgegengesetzt: Es geht ihm nicht darum zu beweisen, daß die Wissenschaft gegenüber allen Einwänden, die aufgrund abweichender Vorgänge in der Wirklichkeit gegen ihre Aussagen erhoben werden, Recht behält, sondern es geht ihr darum, von der Wirklichkeit zu lernen, wie diese beschaffen ist. Da die Wirklichkeit wegen des Induktionsproblems auf die Fragen, die die Wissenschaft ihr bezüglich ihrer Beschaffenheit stellt, nicht mit „ja, so bin ich", sondern nur mit „nein, so bin ich nicht" antworten kann, kommt es darauf an, wissenschaftlichen Aussagen eine Form zu geben, die der Wirklichkeit ihr „Nein" nach Möglichkeit erleichtert. Daher muß der Wissenschaftler in seinen Aussagen möglichst präzise angeben, wie er sich die Beschaffenheit der Wirklichkeit vorstellt. Findet er in den einzelnen Überprüfungen, daß die Wirklichkeit hierbei diesen Vorstellungen nicht widerspricht, so kann er wegen des Induktionsproblems daraus allerdings nicht auf die Richtigkeit seiner Aussage schließen. Scheitert die Aussage aber in der Überprüfung, dann weiß der Wissenschaftler, daß die Wirklichkeit tatsächlich anders beschaffen ist, als er es sich vorgestellt hat. „Jedesmal, wenn es uns gelingt, eine Theorie . . . zu falsifizieren, machen wir eine neue wichtige Entdeckung. Denn diese Falsifizierungen sind höchst wichtig. Sie lehren uns das Unerwartete; und sie lehren uns wieder, daß unsere Theorien, obwohl sie von uns selbst aufgestellt wurden, obwohl sie unsere eigene Erfindung sind, dennoch echte Aussagen über die Welt sind; denn sie können mit etwas zusammenstoßen, sie können an etwas scheitern, das wir nicht selbst erfunden haben"[21]. Aus diesem Grunde wird für die Kausalgesetze die Falsifizierbarkeit gefordert.

Hieraus ergibt sich auch, weshalb der Kritische Rationalismus von Kausalgesetzen die Fähigkeit zum Scheitern an der *Erfahrung* verlangt. Metaphysische Aussagen, Werturteile, Ideologien, Weltanschauungen, Wünsche, Vorschriften – sie alle sind für das menschliche Leben höchst wichtig, das bestreitet der Kritische Rationalismus im Gegensatz zum Positivismus, der ihnen jeden Sinn abspricht, keineswegs[22]. Aber sie lassen sich nicht auf Wahrheit oder Unwahrheit überprüfen.

---

21 *Karl Raimund Popper*, Die Aufgabe der Wissenschaft, in diesem Band, S. 95.

22 Vgl. zur antimetaphysischen Einstellung des Wiener Kreises *Rudolf Carnap*, Logische Syntax der Sprache. Wien, New York 1968, S. 206; derselbe, Überwindung der Metaphysik durch logische Analyse der Sprache. „Erkenntnis" 2 (1932); *Ludwig Wittgenstein*, Tractatus logico-philosophicus. 7. Aufl., Frankfurt 1969, passim und letzter Satz, wo *Wittgenstein* nachzuweisen versucht, daß jede nicht-naturwissenschaftliche Aussage unsinnig ist, z. B. auch seine eigenen,

Dies wird weiter unten am Beispiel des sogenannten Kausalprinzips nachgewiesen. Ein anderes Beispiel ist die Aussage: Demokratischer Sozialismus ist besser als Ordoliberalismus. Zwar läßt sich untersuchen, welche Konsequenzen im einzelnen mit diesen beiden Konzeptionen z. B. für Mitbestimmung, Arbeitsplatzsicherheit, Umweltbelastung, prozentuale Einkommensverteilung usw. verbunden sind, und die hieraus resultierenden Urteile lassen sich daraufhin überprüfen, ob sie zutreffen oder nicht, aber ob (gemessen an ihren Konsequenzen) die eine oder die andere Konzeption besser „ist", muß jeder für sich selbst entscheiden; wahrheitsfähig ist diese Aussage jedenfalls nicht.

Metaphysische Aussagen bekunden, was sein *soll*, was sich derjenige wünscht, der sie verwendet, aber Auskunft darüber, was *ist*, geben sie nicht. Wenn man einen Wunsch verwirklichen will, dann genügt es jedoch nicht, dauernd diesen Wunsch zu wiederholen, sondern man muß handeln. Hierzu ist es notwendig zu wissen, wieweit die Wirklichkeit von diesem Wunsch entfernt ist und wo das Handeln ansetzen muß, um sie in der gewünschten Richtung zu verändern. Deshalb ist die Kenntnis dessen, was *ist*, erforderlich, und man muß ferner wissen, welche Handlungen zu welchen Veränderungen führen, man benötigt also Kenntnisse über Kausalgesetze, die nicht angeben, welche Erfolge man bestimmten Handlungen *wünscht*, sondern *welche Erfolge man tatsächlich von ihnen erwarten kann.* Aus diesem Grunde verlangt der Kritische Rationalismus von den Aussagen über die Wirklichkeit, also auch von den Kausalgesetzen, nicht, daß ihr Gültigkeitsanspruch den Wünschen, sondern daß er den durch Erfahrung vermittelten Tatsachen standhält[23].

---

philosophischen Äußerungen. Zur Einstellung des Kritischen Rationalismus zu Metaphysik und Irrationalismus vgl. hingegen *Karl Raimund Popper*, Die offene Gesellschaft und ihre Feinde, 2. Band, a.a.O., S. 275 ff. insbesondere S. 285, wo betont wird, daß die Annahme des Kritischen Rationalismus selbst auf einer irrationalen Entscheidung beruht, was die Bedeutung, die dem Irrationalismus vom Kritischen Rationalismus im Gegensatz zum Positivismus zugemessen wird, erkennen läßt. Man könnte den hier bestehenden Gegensatz des Kritischen Rationalismus zum Positivismus vielleicht auf die kurze Formel bringen (wobei die Gefahr aller Formeln entsteht, daß hierbei zu stark vereinfacht wird): Der Positivismus versucht, den Irrationalismus zu überwinden und zu vernichten; der Kritische Rationalismus erkennt die Tatsache und die Notwendigkeit, d. h.: Unverzichtbarkeit und Allgegenwart irrationaler Entscheidungen und bemüht sich, sie so weit wie möglich zu rationalisieren, indem er versucht, ihren Ursprüngen und Motivationen nachzugehen und sie zu kritisieren und ihre Konsequenzen aufzuzeigen.

23 Vgl. zum Problem der Falsifizierbarkeit *Karl Raimund Popper*, Logik der Forschung. IV. Kapitel: Falsifizierbarkeit, a.a.O., S. 47 ff.

Ein weiteres Argument, dem sich der Kritische Rationalismus stellen muß, ist der oben bereits genannte Einwand gegen das Falsifizierbarkeitskriterium, der besagt, dieses Kriterium setze die Annahme der Erfahrung als wahr voraus und verhindere damit ihre Infragestellung. Außerdem: Wenn sich herausstellt, daß eine Aussage diesem Kriterium genügt, so stehe für den Kritischen Rationalismus ihre Ideologiefreiheit fest, denn nach seiner Auffassung grenze dieses Kriterium zusammen mit den metaphysischen die ideologischen Aussagen von den „rein" wissenschaftlichen Wirklichkeitsaussagen ab. Ideologiekritik an falsifizierbaren Aussagen erübrige sich damit. Wird sie von Kritischen Rationalisten dennoch betrieben, so widerspreche das den an das Kriterium geknüpften Erwartungen und zeige, wie unzulänglich dieses Kriterium selbst in den Augen seiner Erfinder sei.
Dieser Einwand beruht auf dem Irrtum, der Kritische Rationalismus verlange und erhoffe sich von der Anwendung des Falsifizierbarkeitskriteriums endgültige Gewißheit. Dies würde wiederum seiner Intention widersprechen. Die Einsicht in die Unzulänglichkeit der menschlichen Vernunft führt ihn dazu, von den positivistischen Versuchen zur Rechtfertigung von Wahrheitsansprüchen abzulassen und sich zu dieser Unzulänglichkeit zu bekennen. Die Fehlerhaftigkeit des menschlichen Denkens wird nicht mehr als etwas Unangenehmes behandelt, das man am liebsten nicht wahrhaben möchte, sondern sie wird akzeptiert, und sie wird bewußt in Rechnung gestellt bei dem Bemühen, dennoch etwas über die Wirklichkeit in Erfahrung zu bringen. Deshalb sieht der Kritische Rationalismus nicht Verifizierbarkeit, sondern Falsifizierbarkeit als ein brauchbares Kriterium für Wirklichkeitsaussagen an. Es wäre nun einfach widersinnig, wollte man von der Anwendung des Falsifizierbarkeitskriteriums plötzlich *die* vollkommene Wissenschaft erwarten, deren Unerreichbarkeit erst zur Annahme dieses Kriteriums geführt hat. Mithin ist von der Anwendung des Falsifizierbarkeitskriteriums keineswegs Gewißheit darüber zu erwarten, daß die so gefundenen Aussagen ideologiefrei sind, zumal es gerade kennzeichnend für Ideologien ist, daß sie Fehlmeinungen im Gewande wissenschaftlicher Aussagen darstellen[24]. Demzufolge ist die Anwendung des Falsifizierbarkeitskriteriums kein einmaliger Akt, der endgültig über die Realwissenschaftlichkeit einer Aussage entscheidet, sondern ein nie endender Prozeß der kritischen Überprüfung, der Ideologiekritik nicht ausschließt, sondern enthält[25]. Auch die Erfahrung

24 Vgl. *Theodor Geiger*, Ideologie und Wahrheit. Eine soziologische Kritik des Denkens. 2. Aufl., Neuwied und Berlin 1968, S. 31 f.

25 In dem Artikel „Das Verhältnis des Kritischen Rationalismus zur Ideologiekritik. Eine Kritik der *Geiger*schen Position" im Jahrbuch für Sozialwissenschaft, Bd. 25 (1974), Heft 2, setzt sich der Verfasser ausführlicher mit den hier angeschnittenen Fragen auseinander.

kann hiernach gar nicht die sichere Basis sein, deren Zuverlässigkeit und Unbezweifelbarkeit anzunehmen dem Kritischen Rationalismus unterstellt wird. Dagegen spricht bereits die Undurchführbarkeit der Induktion. Aber auch die Tatsache, daß die Menschen ihre Erfahrungen „machen", warnt davor, Erfahrungen unkritisch als wirklichkeitsadäquat hinzunehmen[26]. Vielmehr ist immer anzunehmen, daß Erfahrungen Ausdruck vorgefaßter Meinungen sein können, und die Kritik hat die Aufgabe, solche Vorurteile sichtbar zu machen. Nicht von der Annahme der Vollkommenheit des Denkens in Wissenschaft und Alltag ist eine Rationalisierung irrationaler Entscheidungen zu erwarten, sondern von der Annahme seiner Unzulänglichkeit, seiner Fehlerhaftigkeit und seiner Befangenheit in versteckten Vorurteilen und Ideologien. Nur dann wird nämlich nach diesen Unzulänglichkeiten gesucht. Die Zusammenfassung der wichtigsten Anforderungen an Kausalgesetze ist hiermit jedoch noch nicht abgeschlossen.

4. Die Gesetze müssen invariant sein[27]. Sie werden durch die Forderung nach Invarianz definiert. Gerade ihre Invarianz gestattet die Erwartung, daß unter ähnlichen Umständen ähnliches geschieht.

5. Die Gesetze sollen allgemeingültig, nicht auf ein bestimmtes Raum-Zeit-Gebiet beschränkt sein. Dies ist Ausdruck der Forderung nach ihrer unabhängigen Überprüfbarkeit, der Forderung also, daß sie sich auch in anderen Fällen als denen, für deren Erklärung sie aufgestellt wurden, bewähren müssen, wenn sie ein „echtes" Kausalgesetz darstellen sollen und nicht nur die Beschreibung einer zufälligen Regelmäßigkeit. Das Allgemeingültigkeitskriterium wird allerdings in den Sozialwissenschaften häufig nicht erfüllt, (weshalb man hier auch von „Quasigesetzen" spricht[28]). Hierauf wird in dem Abschnitt über die analytische Kausalforschungsmethode und die Komplexität des sozialen Systems noch näher einzugehen sein.

Zum Abschluß des Abschnitts über die Kausalforschungsmethode soll noch über eine Frage gesprochen werden, die bisher nur angedeutet werden konn-

---

26 „Es darf ... nicht vergessen werden, daß der ‚man in the street' von der Realität einer ganzen Menge Sachen felsenfest überzeugt sein kann, die nie und nimmer existieren", *Gunnar Myrdal,* Das politische Element in der nationalökonomischen Doktrinbildung. Hannover 1963, S. 137.

27 Vgl. *Karl Raimund Popper,* Logik der Forschung, a.a.O., S. 200; ferner *Hans Albert,* Theorie und Prognose in den Sozialwissenschaften. In: *Ernst Topitsch* (Hrsg.), Logik der Sozialwissenschaften, a.a.O., S. 129. Invarianz bedeutet nach *Albert,* daß das Gesetz mehr oder weniger enge Grenzen für die Variationsbreite des von ihm zugelassenen Geschehens setzt.

28 Vgl. *Hans Albert,* Theorie und Prognose ..., a.a.O., S. 131 ff. Nach *Poppers* Unterscheidung sind Quasigesetze schon zu den singulären, also nicht-allgemeinen Sätzen zu zählen. Vgl. *Karl Raimund Popper,* Logik der Forschung, a.a.O., S. 35.

te, die Frage nämlich, welches die Grundlage für das Suchen nach Kausalzusammenhängen ist: Ein empirischer Kausalsatz oder ein metaphysischer Glaube an die Gesetzmäßigkeit unserer Welt?

In dem zu Beginn dieses Abschnitts angeführten Zitat sagt *Popper* ausdrücklich, daß es sich bei der Zielsetzung, nach Kausalerklärungen zu suchen, um einen *Beschluß* handele, um eine Festsetzung, eine Entscheidung oder Wertung. Sie leite sich ab aus dem „metaphysischen Glauben an das Bestehen von Gesetzmäßigkeiten in unserer Welt"[29]. Ohne solchen Glauben sei praktisches Handeln kaum vorstellbar. Denn dieses ist stets auf die Zukunft, nämlich auf einen bestimmten angestrebten Erfolg gerichtet (sofern man von einem blinden Aktionismus einmal absieht) und daher an die stillschweigende Voraussetzung gebunden, daß unter gleichen Bedingungen stets gleiches geschieht. Ohne diese Voraussetzung können Handlungen nicht in der Erwartung vorgenommen werden, daß sie zu bestimmten Erfolgen führen, und damit wäre jedes zielgerechte Handeln unmöglich[30]. Die Suche nach kausalen Erklärungen oder Gesetzen ist demnach identisch mit der Suche nach den Regelmäßigkeiten, nach denen sich die Menschen richten, wenn sie handeln.

Gegen die Auffassung, der Beschluß, nach kausalen Erklärungen zu suchen, beruhe auf einem metaphysischen Glauben, ist eingewendet worden, das Kausalprinzip sei empirisch und lasse sich demzufolge ebenso wie eine andere wissenschaftliche Gesetzeshypothese auf seine Stichhaltigkeit hin überprüfen[31], und es ist auch bereits die Widerlegung oder Relativierung des Kausalprinzips (auch Kausalsatz genannt) behauptet worden[32]. Da dies

---

29 *Karl Raimund Popper*, Logik der Forschung, a.a.O., S. 199.

30 Vgl. ebenda; ferner *Franz Eulenburg*, Naturgesetze und Soziale Gesetze. „Archiv für Sozialwissenschaft und Sozialpolitik", hrsg. von *Edgar Jaffé* i. Verb. mit *Werner Sombart* und *Max Weber*, Band 32, Tübingen 1911, S. 697 f., wo er schreibt: „Der letzte Grund für die Annahme sozialer Gesetze ist in unserer praktischen Orientierung über die Welt, in unserem aktiven Verhalten zu anderen Menschen und Dingen zu suchen. Unser ganzes persönliches Wirken in allen seinen Sphären ist auf eine nähere oder fernere Zukunft gerichtet. Diese Voraussicht ist aber nur dann möglich, wenn ein ähnliches oder gleichmäßiges Vorkommen des bisherigen Geschehens als wahrscheinlich auch für jene Zukunft zu erwarten steht. . . . Wir wären gar nicht imstande, Entscheidungen irgendwelcher Art zu treffen, ohne die Voraussetzung des Vorhandenseins solcher Regelmäßigkeit in allen Beziehungen".

31 Vgl. *Karl Raimund Popper*, Logik der Forschung, a.a.O., S. 195, Text und Anm. 1, wo er *Moritz Schlick* mit der *zweiten* Auflage seiner Allgemeinen Erkenntnislehre von 1925, S. 374, zitiert.

32 Vgl. zu den erkenntnistheoretischen Folgerungen aus den *Heisenberg*schen Unbestimmtheitsrelationen der Quantenmechanik das IX. Kapitel von *Poppers*

geeignet erscheint, Zweckmäßigkeit und Erfolgsaussichten der Kausalforschungsmethode infrage zu stellen und dem Gedanken an eine „Überwindung" dieser Methode durch eine neue Konzeption, etwa die Systemtheorie, Auftrieb zu verleihen, ist zu untersuchen, ob der Kausalsatz tatsächlich empirisch ist.

„Kausalsatz" nennt man die Behauptung, „daß jeder beliebige Vorgang ‚kausal erklärt', d. h. prognostiziert werden kann"[33]. Sie wäre nach Vorstellung des Kritischen Rationalismus dann empirisch, wenn sie dem Falsifizierbarkeitskriterium genügt, wenn sie also durch die Erfahrung widerlegbar ist. Eine den Kausalsatz widerlegende Erfahrung wäre die Entdeckung eines nicht kausal zu erklärenden Vorgangs.

Weil davon auszugehen ist, daß der Kausalsatz auch für solche Vorgänge Erklärbarkeit beansprucht, die bisher noch keine Erklärung gefunden haben, kann er nicht durch die Erfahrung falsifiziert werden, daß für einen bestimmten Vorgang *bisher* keine Erklärungen gefunden wurden, denn das schließt künftige Erklärungen keinesfalls aus. Die den Kausalsatz falsifizierende Aussage müßte demnach auch zukünftige Erklärungen ausschließen. Eine solche Feststellung kann aber kein singulärer Beobachtungssatz sein. Sie besitzt vielmehr die allgemeine Form: „Es gibt keine Erklärung für den Vorgang X".

Nun ist es zwar denkbar, daß die Wissenschaft aufgrund bisheriger erfolgloser Erklärungsbemühungen in einem beliebigen Falle „nach menschlichem Ermessen" und „nach allen Regeln der Wahrscheinlichkeit" zu einer solchen Feststellung gelangt, aber sie ist hierzu nicht berechtigt. Denn sie kann sich hierbei nur auf Erfahrungen aus der Vergangenheit stützen. Von künftigen Erklärungen bzw. von künftigen Ergebnissen der wissenschaftlichen Forschung hingegen kann sie nichts wissen, denn sonst besäße sie sie schon, was ihrer Zukünftigkeit widerspricht. Infolgedessen kann sie auch nicht wissen, ob jener Vorgang künftig eine Erklärung findet oder nicht. Um dies zu erfahren, gibt es nur eine Möglichkeit: danach zu suchen und nie von dieser Suche abzulassen.

Die Erklärbarkeit ist – wie die Falsifizierbarkeit – folglich nicht nur ein Kriterium der jeweils in Betracht stehenden Hypothese, sondern auch eine Verfahrens- oder Methodenfrage, nämlich das Resultat des eigenen Verhaltens der Wissenschaftler. Sie können jede Aussage dadurch nicht-falsifizierbar und unerklärbar machen, daß sie jeglichen Falsifizierungs- und Erklärungsversuch durch Beschluß einstellen. Daher sind Falsifizierbarkeit und Erklär-

---

Logik der Forschung, a.a.O., S. 167–197, sowie *Johannes Erich Heyde.* Entwertung der Kausalität? Für und wider den Positivismus. Stuttgart 1957.

33 *Karl Raimund Popper*, Logik der Forschung, a.a.O., S. 32.

barkeit an die Bedingung der nie endenden Widerlegungs- und Erklärungsversuche geknüpft, an methodologische Regeln also.

Aus diesem Grunde handelt es sich bei der Behauptung der Erklärbarkeit oder Nichterklärbarkeit eines bestimmten Vorganges nicht um eine empirische, d. h. widerlegbare Hypothese, sondern um einen methaphysischen Satz. Dies wird auch deutlich, wenn man folgenden Unterschied beachtet: Empirische Hypothesen behaupten *Tatsachen* und sind durch die Auffindung von (unerwarteten) Tatsachen zu falsifizieren. Zum Beispiel wird die Hypothese „Ohne Inflation keine Vollbeschäftigung" durch die Auffindung einer Vollbeschäftigungssituation ohne Inflation falsifiziert. Der Kausalsatz hingegen sagt etwas über *Möglichkeiten* aus, nicht über Tatsachen, und ist deswegen durch keine Tatsachenaussage zu falsifizieren[34]. Daher ist er nicht empirisch. Das gleiche gilt für die ihn prinzipiell widerlegende „Entdeckung" eines nicht zu erklärenden Vorganges: Auch sie behauptet etwas über Möglichkeiten – nämlich, daß es niemals möglich sein wird, einen bestimmten Vorgang kausal zu erklären –, nicht über Tatsachen. Auch sie ist demzufolge nicht empirisch. Beide sind Glaubenssätze mit erkenntnisfördernden oder -hemmenden Auswirkungen.

Nicht das Kausalprinzip als Glaubenssatz geht aber in die wissenschaftliche Forschung ein, sondern die aus ihm abgeleitete methodologische Regel, das Suchen nach Erklärungen niemals einzustellen[35]. Hieraus resultiert die Universalität der Kausalforschungsmethode. Denn diese methodologische Regel unterliegt ebensowenig einer Beschränkung auf Teilbereiche der Wissenschaft wie das Prinzip der überprüfenden Kritik, das *Popper* in die folgende „Spielregel" faßt: „Das Spiel Wissenschaft hat grundsätzlich kein Ende: wer eines Tages beschließt, die wissenschaftlichen Sätze nicht weiter zu überprüfen, sondern sie etwa als endgültig verifiziert zu betrachten, der tritt aus dem Spiel aus"[36]. Somit beanspruchen beide Regeln auch im Bereich der Sozialwissenschaften Beachtung. Gerade hier aber wirft ihre Beachtung Probleme auf, die die Universalität der beiden Regeln auf den ersten Blick wieder in Frage zu stellen scheinen.

---

34 Über Spekulationen läßt sich bekanntlich trefflich streiten; solange in diesem Streit nicht auf Tatsachen verwiesen werden kann, ist er nicht zu entscheiden.

35 *Karl Raimund Popper*, Logik der Forschung, a.a.O., S. 33.

36 *Karl Raimund Popper*, ebenda, S. 26.

3. *Die analytische Kausalforschungsmethode und die Komplexität des sozialen Geschehens*

Im vorangegangenen Kapitel sind die Kriterien des Kausalforschungsansatzes genannt, an denen sich die Kritik an seiner Anwendbarkeit in der Sozialwissenschaft am häufigsten zu entzünden pflegt. Hinter der Ansicht, das soziale Leben sei für eine wissenschaftliche Durchleuchtung mit Hilfe der Kausalanalyse zu komplex[37], verbirgt sich eine ganze Reihe unterschiedlicher Argumente. In seinem „Elend des Historizismus" hat *Popper* sich mit einigen dieser Argumente auseinandergesetzt. Er gliedert sie in die „antinaturalistischen Doktrinen" und die „pronaturalistischen Doktrinen des Historizismus". Sein Unterscheidungskriterium ist hierbei die in diesen Doktrinen ausgedrückte Einstellung gegenüber der Anwendbarkeit naturwissenschaftlicher Methoden in den Sozialwissenschaften[38]. Aufgrund der Tatsache, daß die kausalanalytische Methode in der Naturwissenschaft mit Erfolg verwendet wird, könnte man glauben, kritische Einwände gegen die Kausalanalyse in der Sozialwissenschaft allein unter den „antinaturalistischen Doktrinen" zu finden. So schematisch läßt sich eine solche Zuordnung jedoch nicht vornehmen. *Popper* zeigt vielmehr, daß sich aus der Kritik an der Übertragung der „naturwissenschaftlichen" Kausalforschungsmethode auf die Sozialwissenschaft Konsequenzen ergeben, die wiederum zur Annahme von – vermeintlich – naturwissenschaftlichen Methoden in der Sozialforschung führen. Dieser widersprüchlich erscheinende Gedankengang läßt sich zwar nicht kurzerhand *den* Kritikern einer kausalanalytischen Sozialwissenschaft zuschreiben, dazu sind sie untereinander in ihren Auffassungen viel zu heterogen. Aber das sollte nicht daran hindern, die Konsequenzen, die sich aus der Kritik wenigstens einiger der Gegner einer kausalanalytischen Sozialwissenschaft ergeben, zu Ende zu denken. Dies ist im Rahmen der vorliegenden Untersuchung deswegen von Bedeutung, weil jene Konsequenzen von der kritisch-rationalistischen Vorstellung über Planung und Durchführung sozialer Veränderungen ziemlich stark abweichen.

Die Kritik der Gegner einer Übertragung der Kausalforschungsmethode auf die Sozialwissenschaft setzt vor allem an folgenden, im vorigen Kapitel herausgestellten Anforderungen an eine Kausalerklärung an: An dem Erfordernis der Invariabilität und an dem Erfordernis der Allgemeinheit (die natürlich, wie gezeigt, eng untereinander und mit der Falsifizierbarkeit zusammenhängen) der verwendeten Kausalgesetze. Beide Erfordernisse zusammen entsprechen der Erwartung, daß immer und überall dort, wo ähnliche Bedingungen herrschen, ähnliches geschieht.

---

37 Vgl. die in Anm. 1 genannten Autoren.

38 Vgl. *Karl Raimund Popper*, Das Elend des Historizismus, a.a.O., S. 1 f.

Nach Auffassung der Gegner einer kausalanalytischen Sozialwissenschaft bedeutet die Übertragung dieser Erwartung auf die Sozialwissenschaft die Nichtberücksichtigung und Nichtanerkennung der Möglichkeit, daß sich die Gesellschaft verändert und weiterentwickelt und daß dadurch Regeln, die zu bestimmten Zeiten und in bestimmten Kulturen galten, außer Kraft gesetzt und durch andere ersetzt werden. Die Veränderung der Gesellschaft und ihrer Regeln aber sei möglich, weil sie nicht von Natur aus in einer bestimmten Form gegeben, sondern als das Resultat menschlicher Tätigkeit bewußter Umgestaltung zugänglich sind. Die Anwendung der Kausalforschungsmethode in der Sozialwissenschaft und die damit verbundene Erwartung, daß unter ähnlichen Bedingungen ähnliches geschieht, entspreche dagegen der Tendenz, das augenblicklich Bestehende zu verewigen, als Naturgesetzlichkeit zu konservieren und als etwas Unabänderliches der menschlichen Kontrolle für immer zu entziehen[39].

Selbst wenn die Wissenschaftler trotzdem in der Erwartung, daß im sozialen Bereich unter ähnlichen Bedingungen ähnliches geschieht, versuchen sollten, Kausalgesetzmäßigkeiten aufzuspüren und zu überprüfen, werde ihnen das – so wenden die Kritiker weiter ein – nicht gelingen. Denn während es die Naturwissenschaft mit geschlossenen oder halbgeschlossenen Systemen zu tun habe, seien soziale Systeme – der Gegenstand der Sozialwissenschaft – stets geöffnet.

Offene Systeme sind zu unterscheiden von geschlossenen und halbgeschlossenen. Geschlossen sind Systeme, deren Variablen nur voneinander abhängen. Ein Austausch von Energie oder Information mit der Umwelt findet nicht statt[40]. Ein Beispiel für ein geschlossenes System ist nach Ansicht mancher Autoren unser Sonnensystem[41], das „zufällig durch ungeheure

---

39 Vgl. ebenda, S. 6, 7.

40 Vgl. *P. Watzlawick, J. H. Beavin, D. D. Jackson,* Menschliche Kommunikation. Formen, Störungen, Paradoxien. Zweite, unveränderte Aufl., Bern, Stuttgart, Wien 1971, S. 117, wo zur Definition des Systems *A. D. Hall* und *R. E. Fagen* Definition of System „General Systems Yearbook", 1,18 (1956), S. 23 zitiert werden. Ferner *Wolf-Dieter Narr,* Einführung in die moderne politische Theorie. Teil I: Theoriebegriff und Systemtheorie, a.a.O., S. 116, wo sich allerdings überraschenderweise kaum mehr als ein Hinweis darauf findet, daß zwischen offenen und geschlossenen Systemen ein Unterschied besteht (von einem Buch, das das Wort „Systemtheorie" im Titel führt, erwartet man eigentlich eine etwas detailliertere Auskunft). Ferner *Gerd Fleischmann,* Nationalökonomie und sozialwissenschaftliche Integration, a.a.O., S. 39.

41 Dieses Beispiel verwendet *Popper* in seinem Aufsatz: Prognose und Prophetie in den Sozialwissenschaften. In: *Ernst Topitsch* (Hrsg.), Logik der Sozialwissenschaften. Vierte Aufl., Köln, Berlin 1967, S. 117; vgl. auch *Sidney Schoeffler,* The Failure of Economics: A Diagnostical Study. Cambridge 1955, S. 52.

Weiten leeren Raumes gegen Einflüsse seitens anderer mechanischer Systeme isoliert und deshalb relativ frei von exogenen Einwirkungen ist“[42]. Der Wissenschaftler, der den gegenwärtigen Zustand des geschlossenen Systems und die Zusammenhänge zwischen den Variablen kennt, kann hieraus alle zukünftigen und vergangenen Werte der Variablen exakt oder mit einer bekannten Häufigkeitsverteilung bestimmen[43]. Wenn es möglich ist, die Beziehungen der Variablen eines geschlossenen Systems zueinander in Gleichungsform zu bringen, dann bilden sie einen Satz von simultanen Gleichungen, die nur eine einzige mögliche Lösung besitzen[44].

Halbgeschlossene Systeme weisen neben den endogenen auch solche Variablen auf, die Einflüssen von außerhalb des Systems unterliegen. Kann der Wissenschaftler die exogenen Variablen kontrollieren, wie er es in naturwissenschaftlichen Experimenten versucht, so ist es ihm auch hier möglich, die Werte der endogenen Variablen je nach den Werten der kontrollierten Variation der exogenen Variablen genau zu ermitteln. Dem halbgeschlossenen System entspricht ein Satz von Funktionsgleichungen mit einem oder mehreren Freiheitsgraden, je nach der Zahl der exogenen Variablen[45].

Ein System ist offen, wenn alle seine Variablen nicht nur untereinander in Beziehung stehen, sondern auch mit der Umwelt Energie und Information austauschen[46]. In diesem Fall ist kein Aspekt ihres Verhaltens ausschließlich von Vorgängen und Beziehungen *innerhalb* des Systems bestimmt[47], und demzufolge bestehen nach Ansicht der Kritiker der Kausalanalyse „zwischen den Variablen des Systems keine Zusammenhänge, die sich durch ein allgemeines Gesetz formulieren lassen“[48].

Als eines der sozialen Systeme kann das *ökonomische* nach *Schoeffler* in der folgenden Weise definiert werden: Ein ökonomisches System ist irgendein Satz („set“) von „ökonomischen“ Variablen, wobei unter „ökonomischen“ Variablen Größen zu verstehen sind, die üblicherweise von Leuten untersucht werden, die man Ökonomen nennt[49]. Von derartigen ökonomischen

---

42 Ebenda.

43 Vgl. *Gerd Fleischmann,* Nationalökonomie . . ., a.a.O., S. 39.

44 Vgl. *Sidney Schoeffler,* The Failure of Economics, a.a.O., S. 50.

45 Vgl. *Sidney Schoeffler,* The Failure . . ., a.a.O., S. 50; vgl auch *Gerd Fleischmann,* Nationalökonomie . . ., a.a.O., S. 39.

46 Vgl. *P. Watzlawick* u. a., Menschliche Kommunikation, a.a.O., S. 117; ferner *Gerd Fleischmann,* Nationalökonomie . . ., a.a.O. S. 39 und *Sidney Schoeffler,* The Failure of Economics, a.a.O., S. 50.

47 Vgl. Sidney Schoeffler, The Failure of Economics, a.a.O., S. 50.

48 *Gerd Fleischmann,* Nationalökonomie . . ., a.a.O., S. 39. Es sei, um Mißverständnissen vorzubeugen, betont, daß *Fleischmann* diese systemtheoretische Ansicht (die er auf der hier mehrfach zitierten Seite referiert) keineswegs teilt.

49 *Sidney Schoeffler,* The Failure of Economics, a.a.O., S. 51.

Systemen behauptet *Schoeffler*: „Any economic system, aside from purely definitional variables, is always an essentially open system“[50]. Wenn es sich mit dem ökonomischen System tatsächlich so verhält, dann läßt sich darauf auch die oben hervorgehobene Behauptung anwenden, daß zwischen seinen Variablen keine gesetzmäßig erfaßbaren Beziehungen bestehen. Ein Sozialwissenschaftler, der trotzdem versuchen sollte, kausalgesetzliche Zusammenhänge zwischen ökonomischen Größen zu ermitteln, würde sich der systemtheoretischen Kritik aussetzen, daß er, um in Übertragung der Experimentiermethode von den Naturwissenschaften auf die Sozialwissenschaften kontrollierbare Versuchsbedingungen herzustellen, zwangsläufig von den Umweltbeziehungen der untersuchten Größen abstrahiert. Damit würden aber die ökonomischen Größen seiner Untersuchung andere sein als diejenigen des realen ökonomischen Systems, das „System“ seiner Untersuchung wäre ein künstliches, die wesentliche Eigenschaft des ökonomischen Systems, seine Offenheit, wäre eliminiert. Dies ist der Tenor der Kritik. Hierzu führt *Niklas Luhmann* im einzelnen aus[51]:

„Jede Kausalfeststellung impliziert in verschiedenen Richtungen Verweisungen ins Unendliche: Jede Wirkung hat unendlich viele Ursachen, jede Ursache unendlich viele Wirkungen“. Dieser Satz ist zwar metaphysisch, denn er ist nur eine andere leicht mystifizierende Formulierung des im vorigen Kapitel als nicht falsifizierbar erkannten Kausalsatzes, aber aus ihm läßt sich, wie gezeigt, die methodologische Regel ableiten, das Suchen nach Ursachen und Wirkungen in der Wissenschaft niemals einzustellen. „Dazu kommt, daß jede Ursache in unendlicher Weise mit anderen kombiniert oder durch andere ersetzt werden kann, woraus sich entsprechend vielfältige Unterschiede im Bereich der Wirkungen ergeben“. Das bedeutet wohl: Jedes Ereignis kann mit beliebig vielen anderen Ereignissen in einen Kausalzusammenhang gebracht werden. „Schließlich kann jeder Kausalprozeß sowohl in

---

50 Ebenda. *Fleischmann* referiert diese Ansicht auf S. 40 seines Buches, ohne seine eigene Meinung hierzu an dieser Stelle kundzutun. Dies wurde von *Peter Urban* als Zustimmung interpretiert und als Anlaß für den Vorwurf genommen, *Fleischmann* sei Anhänger eines „naiven Apriorismus“ in bezug auf die Frage der Offenheit sozialer Systeme (vgl. *Peter Urban*, Zur wissenschaftstheoretischen Problematik zeitraumüberwindender Prognosen. Bd. 28 der Untersuchungen des Instituts für Wirtschaftspolitik an der Universität zu Köln, Köln 1973, S. 109, Anm. 2). Der Verfasser hält diesen Vorwurf aber schon deshalb nicht für gerechtfertigt, da *Fleischmann* keineswegs, wie es bei Annahme der Vorstellung von der Offenheit der sozialen Systeme – nach Auffasung *Schoefflers* – konsequent wäre, die Suche nach sozialen Gesetzmäßigkeiten für sinnlos erachtet. Über die Frage, ob die Offenheit von Systemen als methodisches Prinzip oder als empirisches Phänomen anzusehen ist, siehe weiter unten im Text.

51 Vgl. zum Folgenden *Niklas Luhmann*, Funktion und Kausalität, a.a.O., S. 16.

sich selbst unendlich geteilt als auch in unendliche Fernen verfolgt werden". Etwas prosaischer ausgedrückt: Jede Kausalerklärung kann in beliebig viele Schritte zerlegt werden; außerdem ist der Untersuchung der Auswirkungen eines bestimmten Ereignisses keine Grenze gesetzt.

Na fein, denkt der Kausalforscher, wenn es so ist, dann steht der Kausalanalyse sozialer Vorgänge ja nichts im Wege. Weit gefehlt! *Luhmann* fährt nämlich fort: „Wenn man diese Problematik ins Auge faßt, verliert die ontologische Auslegung der Kausalität ihren Sinn. Es ist dann nicht mehr möglich, Ursache und Wirkung als bestimmte Seinszustände zu deuten und die Kausalität als invariante Beziehung zwischen einer Ursache und einer Wirkung festzustellen. Der Ausschluß aller anderen Ursachen und Wirkungen ist nicht zu rechtfertigen. Gewiß kann man mit Hilfe der Voraussetzungen ‚ceteris paribus', der ‚exculping phrase'[52] der Sozialwissenschaft, zu formal korrekten Aussagen kommen. Aber diese Aussagen besitzen keinen empirischen Wert, wenn die Ausschaltung aller anderen Kausalfaktoren faktisch nicht durchgeführt werden kann. Und das gelingt der Sozialwissenschaft typisch nicht".

Der Kausalforscher ist beeindruckt, aber er möchte doch gern wissen, was das heißt. Der zweite Teil des zweiten Satzes bedeutet: Ein bestimmtes Ereignis des Natur- und Sozialgeschehens ist nicht nur Ergebnis eines bestimmten Einzelvorgangs, sondern Resultat vieler verschiedener Ursachen und damit Glied in einer Vielzahl unterschiedlicher Kausalketten. Daß es (erster Teil des zweiten Satzes) *„nicht mehr* möglich" ist, das Ereignis als Ergebnis eines Einzelvorgangs „festzustellen" (sie als „Seins*zustände* zu deuten", war, wie oben bereits ausgeführt, *noch nie* korrekt), bedeutet, daß es vorher irgendwann doch möglich war, nämlich bevor die Forscher die von *Luhmann* entdeckte Problematik ins Auge gefaßt hatten. Ich vermute jedoch, daß es schon seit längerem Wissenschaftler gibt, die im Natur- und Sozialgeschehen das Ergebnis des Zusammenwirkens vieler verschiedener Ursachen sehen und trotzdem in der Lage sind, Kausalanalysen durchzuführen. Wenn diese sich auf Naturvorgänge beziehen, die außerhalb des naturwissenschaftlichen Versuchslabors ablaufen, so müssen die Wissenschaftler bemüht sein, *alle* Ursachen und Wirkungen zu untersuchen, deren Ergebnis diese Vorgänge sind, und es ist dann in der Tat nicht gerechtfertigt (dritter Satz), „alle anderen Ursachen und Wirkungen" *(soweit sie bekannt sind)* bis auf eine aus dieser Analyse auszuschließen. Weil eine solche Untersuchung aber selbst im nicht durch soziale Zusammenhänge komplizierten Bereich der Naturvorgänge sehr schwierig ist, sind die Naturwisschenschaftler daran interessiert, die Gesetze des Einwirkens eines bestimmten Vorganges auf den anderen unter den erleichter-

---

52 Hierzu zitiert *Luhmann* das Buch von *Robert L. Lynd,* Knowledge for What? Princetown, N. J., 1939, S. 16.

ten Bedingungen des Versuchslabors und nicht in der freien Natur zu studieren. Hier verfügen sie nämlich über größere Möglichkeiten, alle anderen Ursachen und Wirkungen auszuschließen, um einen bestimmten Kausalzusammenhang ungestört von Nebeneffekten herauszufiltern. Damit rechtfertigt sich in der Tat der Ausschluß aller anderen Ursachen und Wirkungen. Warum nicht? Hängt dies schon mit *Luhmanns* späteren Überlegungen zusammen? Allerdings wird mit ihnen eine andere Ebene betreten. Ging es bisher um die realen Bedingungen, unter denen Kausalabläufe zu studieren sind, so geht es nun um Vorbeugungsmaßnahmen für den Fall, daß eine über einen bestimmten Kausalzusammenhang aufgestellte Theorie an der Realität scheitert. Das ist etwas anderes. *Luhmann* trennt diese beiden Bereiche jedoch nicht. Es soll versucht werden, auch *Luhmanns* weiteren Gedankengang zu rekonstruieren:

Er beginnt mit der Feststellung, daß der Sozialforscher seine Untersuchungen nicht unter ähnlichen Laborbedingungen wie der Naturwissenschaftler durchführen kann. Er hat es demzufolge immer mit Vorgängen zu tun, die die Resultante einer Vielzahl sehr unterschiedlicher Kausalbeziehungen sind. Einen bestimmten Vorgang zu erklären, ist unter solchen Bedingungen verhältnismäßig kompliziert. Vor allem darf der Forscher dabei keine Ursachen und Wirkungen, die beim Zustandekommen dieses Ereignisses beteiligt waren, unberücksichtigt lassen. Weil das so schwierig ist, greift er zur ceteris paribus-Klausel und behauptet, daß dann, wenn das von ihm als Ergebnis eines monokausalen Zusammenhangs prognostizierte Ereignis nicht eintritt, die cetera eben nicht paria waren. Diese Aussage hat aber keinen empirischen Wert, wenn die cetera von dem Sozialwissenschaftler, der die Untersuchung durchführt, nicht tatsächlich pariter gehalten werden können, wenn er also bei seinen Sozialforschungen nicht unter ähnlichen Bedingungen arbeiten kann wie der naturwissenschaftliche Experimentator. „Und das gelingt dem Sozialwissenschaftler typisch nicht". Damit ist die Argumentation wieder beim Ausgangspunkt angelangt. Warum ihm das nicht gelingt, wird nicht mitgeteilt.

Unter anderem enthält das Gesagte die These, die Kausalanalyse sei nicht in der Lage, über die Wirklichkeit zu informieren, weil sie Neben- und Rückwirkungen von und zu anderen als den in Betracht stehenden Größen nicht berücksichtige. Nach meiner Ansicht liegt das dann aber an der jeweiligen Kausal*theorie* und nicht – wie *Luhmann* meint – an der Kausalforschungs*methode*. Denn wenn eine Kausaltheorie strikte Annahmen über die Nebenwirkungen eines Ereignisses enthält, etwa diejenige, daß derartige Nebenwirkungen nicht auftreten, dann offenbart sich dem Wissenschaftler der Informationsgehalt oder der Mangel an Informationsgehalt in dieser Theorie gerade bei dem Versuch, die Kausalforschungsmethode anzuwenden, und nicht etwa erst durch systemtheoretische Kritik. Er muß nämlich, um die

Theorie anwenden zu können, überprüfen können, ob die Anwendungsbedingungen erfüllt sind[53].

Zwar ist *Luhmanns* Aussage, die ceteris paribus-Klausel mindere den empirischen Gehalt einer Theorie, unter Umständen zuzustimmen, dann nämlich, wenn diese Klausel nicht im Sinne einer empirischen Hypothese, sondern zur Abschirmung der Theorie gegen die Gefahr der Falsifikation gebraucht wird, aber – es sei noch einmal gesagt – das ist kein Argument gegen die Kausalforschungsmethode, der es auf möglichst hohen Falsifizierbarkeitsgrad ankommt, sondern gegen die mißbräuchliche Anwendung der ceteris paribus-Klausel, und diese Kritik wird von den Anhängern der Kausalforschungsmethode geteilt[54].

So bleibt festzustellen, daß *Luhmanns* Kritik an der Kausalforschungsmethode und ihrer Anwendung in den Sozialwissenschaften durchaus wunde Punkte berührt, aber neue Argumente, die sich die Kausalanalytiker nicht schon selbst vorgehalten haben, nicht enthält.

Die hier diskutierte Behauptung, die Kausalforschungsmethode müsse in den Sozialwissenschaften versagen, weil ein gesellschaftlicher Vorgang das Ergebnis nicht nur einer einzelnen, sondern vieler verschiedener Ursachen ist, deren Einfluß sich nicht isolieren läßt, beruht auf der Annahme, daß soziale Experimente, also die Herstellung halbgeschlossener sozialer Systeme mit kontrollierbaren exogenen Variablen, nicht durchführbar sind. Zur Stützung dieser Annahme führen die Kritiker der kausalanalytischen Sozialwissenschaft verschiedene Argumente an.

Um makroökonomische Theorien unter Versuchsbedingungen zu testen, seien Experimente „großen Stils" erforderlich. Man müsse also, um z. B. die Wirkung einer Änderung des Diskontsatzes auf die Höhe des Volkseinkommens quantitativ exakt bestimmen zu können, den binnenländischen Geld- und Kapitalmarkt und damit auch den Markt für Güter und Dienst-

---

53 In diesem Falle handelt es sich um die Randbedingungen, nicht um die Anfangsbedingungen.

54 Zwei mögliche Verwendungsarten der ceteris paribus-Klausel wurden genannt: ceteris paribus-Klausel als empirische Hypothese und ceteris paribus-Klausel als Schutzbehauptung. *Fleischmann* weist auf eine dritte Verwendungsmöglichkeit hin: Ceteris paribus-Klausel als Notbehelf für den Fall, daß die Wissenschaft noch keine Theorien vorzuweisen hat, die sich in allen Anwendungsfällen bewähren. Er schreibt: „Wenn man nicht annehmen will, daß Nationalökonomen nur deshalb auf diese Klausel zurückgreifen, weil sie bestrebt sind, ihre Aussagen gegen mögliche Widerlegungen zu immunisieren, ist die Berufung auf die Nichterfüllung der ceteris paribus-Bedingung als Ausdruck für den Beschluß anzusehen, eine in vielen Fällen bewährte Theorie noch nicht aufzugeben – obwohl sie in einigen Fällen versagte –, bevor nicht eine bessere gefunden wurde." *Gerd Fleischmann*, Nationalökonomie . . ., a.a.O., S. 58.

leistungen hermetisch vom Ausland abriegeln, damit die Beziehung zwischen Diskontsatz und Volkseinkommen nicht durch außenwirtschaftliche Einflüsse gestört wird. Aber auch die Binnenwirtschaft müsse beträchtlichen Restriktionen unterworfen werden: Alle Aktionen des Staates müßten während der Dauer des Experimentes konjunkturneutral sein, d. h. von ihnen dürften keine besonderen kontraktiven oder expansiven Effekte ausgehen[55]. Ferner dürfe keine von der Entwicklung des Volkseinkommens unabhängige Änderung der gesamtwirtschaftlichen Konsumneigung eintreten, die Höhe der autonomen (von der Höhe des Zinssatzes unabhängigen) Investitionen dürfe sich nicht ändern, insbesondere dürften keine durch den technischen Fortschritt erforderlich werdenden Änderungen von Investitionsprogrammen durchgeführt werden, welche die Höhe der Investitionen beeinflussen, und die Investitionsneigung in Abhängigkeit von der Höhe des Zinssatzes müsse konstant bleiben. Wenn es tatsächlich Maßnahmen gäbe, um dies alles sicher zu stellen, so müßten sie auf jeden Fall außerordentlich einschneidend sein, so einschneidend, daß man mit Sicherheit davon ausgehen dürfe, daß sie die Wirtschaft beträchtlich verändern, wenn nicht gar zugrunde richten würden. Wirtschaft und Gesellschaft seien aber nicht dazu da, einigen Wissenschaftlern die Überprüfung ihrer Theorien über den Zusammenhang zwischen Diskontsatz und Volkseinkommen zu ermöglichen. Schon deswegen sei der Sozialwissenschaft der experimentelle Weg zur Erforschung des gesellschaftlichen Geschehens verschlossen[56].
Aber selbst wenn man hiervon einmal absieht, muß nach Auffassung ihrer Kritiker die experimentelle Methode in der Sozialwissenschaft scheitern, weil sich Sozialexperimente niemals unter gleichen oder ähnlichen Versuchsbedingungen wiederholen lassen. Denn die Durchführung des Experiments verändere die Gesellschaft, sie sei während und nach dem Experiment aufgrund des wissenschaftlichen Eingriffes nicht mehr dieselbe wie zu Beginn. Selbst wenn es gelingen sollte, die äußeren Bedingungen, d. h. alle in Betracht kommenden sozioökonomischen Größen, noch einmal herzustellen, seien doch die Menschen durch das erste Experiment verändert. Sie seien in bezug auf die Durchführung des Experimentes nun keine Neulinge mehr, sondern schon erfahren. Dies schaffe aber eine *neue* Versuchsbedingung, die bei dem ersten Experiment nicht vorhanden war und es auch nicht sein konnte. Demzufolge sei die „Wiederholung“ eines Experimentes stets etwas Neues. Das gelte für alle Versuche mit Organismen, die ein Gedächtnis besitzen. Wenn diese Organismen Menschen sind, dann brauchten es nicht einmal dieselben Menschen zu sein, mit denen der Versuch wiederholt werde, weil Erfahrungen durch

---

55 Vgl. Jahresgutachten 1968 des Sachverständigenrates zur Begutachtung der gesamtwirtschaftlichen Entwicklung, Ziffer 115.

56 Vgl. *Karl Raimund Popper,* Das Elend des Historizismus, a.a.O., S. 8.

Kommunikation an Unbeteiligte weitergegeben werden könnten[57]. Würden soziale Kausalgesetzmäßigkeiten durch ihre Invariabilität definiert, werde mit anderen Worten vom Vorliegen eines Gesetzes nur dann gesprochen, wenn unter ähnlichen Bedingungen ähnliches geschieht, so könne es mithin in der Sozialwissenschaft keine Kausalgesetze geben, weil ähnliche Bedingungen nicht reproduzierbar seien.

Zur Begründung der Behauptung, daß die experimentellen Methoden der Naturwissenschaft in der Sozialwissenschaft nicht anwendbar seien, nennen die Gegner einer kausalanalytischen Sozialwissenschaft noch einen weiteren Punkt. Sie behaupten, die Gesellschaft als Ganzes sei mehr als die Summe ihrer Teile. Man könne also nicht zum Zwecke der Analyse Teile von ihr isolieren und danach wieder Stück für Stück zusammensetzen in der Hoffnung, aus diesem Mosaik ergäbe sich ein Bild des Ganzen[58]. Ein häufig verwendetes Beispiel zur Illustration dessen, was mit dem Ausspruch „Das Ganze ist mehr als die Summe seiner Teile", gemeint ist, bildet die Melodie oder der Organismus: Eine Melodie sei, so wird behauptet, etwas anderes als die Summe ihrer einzelnen Töne, aus denen sie besteht; der Organismus sei mehr als eine Anhäufung, eine „Summe" seiner Zellen[59]. Ein Beispiel aus dem Bereich des Gesellschaftlichen ist das Fußballplatzphänomen: Der Einzelne verhält sich in der Menschenmasse anders, als wenn er allein wäre; das Verhalten einer Menschenmasse ist ein anderes als die Summe des Verhaltens, das jeder einzelne aus dieser Masse für sich allein an den Tag legen würde. Wenn Sozialwissenschaftler in Anwendung experimenteller Kausalforschungsmethoden trotzdem aus der Untersuchung isolierter Gesellschaftsbereiche auf das Verhalten der gesamten Gesellschaft Rückschlüsse ziehen wollten, gelangten sie notgedrungen zu falschen Ergebnissen, weil sie in ihren Untersuchungen nicht dem Eigenleben des Ganzen Rechnung trügen[60].

Das sind einige Argumente, die die Kritiker einer kausalanalytischen Sozialwissenschaft zur Stützung ihrer Behauptung anführen, den naturwissenschaftlichen analoge soziale Experimente seien undurchführbar. Hieraus schließen sie, die Gesellschaft müsse als Ganzes untersucht werden. Und auch hierzu sei die Kausalanalyse ungeeignet. Diese Behauptung stützt sich auf Überle-

---

57 Vgl. ebenda, S. 8 und 9.

58 Zur Auseinandersetzung mit Ganzheitsvorstellungen vgl. z. B. die drei Aufsätze von *Moritz Schlick, Ernest Nagel* und *Gösta Carlsson* in Logik der Sozialwissenschaften, a.a.O., S. 213 ff. *Moritz Schlick*, Über den Begriff der Ganzheit; *Ernest Nagel*, Über die Aussage: „Das Ganze ist mehr als die Summe seiner Teile"; *Gösta Carlsson*, Betrachtungen zum Funktionalismus.

59 Vgl. ebenda, S. 214, S. 227, S. 232 f., S. 238.

60 Vgl. auch die Darstellung der „ganzheitlichen" Betrachtungsweise in *Karl Raimund Popper*, Das Elend des Historizismus, a.a.O., S. 14 ff.

gungen, in denen die bereits erwähnte These der Offenheit des sozialen Systems weiter ausgeführt wird. Einige davon seien im folgenden genannt.
Da es nicht möglich sei, Sozialexperimente durchzuführen und mit ihrer Hilfe Hypothesen zu testen, die das Bestehen einer Kausalbeziehung zwischen einem bestimmten Vorgang B und einer oder wenigen Ursachen A unter kontrollierten konstanten Randbedingungen behaupten, müßten Ereignisse erklärt werden, die das Resultat sehr vieler verschiedener Ursachen sind, die einander in ihrer Wirkung teils verstärken, teils neutralisieren. Diese Erklärung muß nach *Schoeffler* „include in its formulation all variables which can possibly have an effect“[61]. Es sei jedoch ein vollkommen hoffnungsloses Unterfangen („a completely hopeless attempt“), den Versuch zu unternehmen, all diese Variablen in einem Satz von Hypothesen, einem Theoriensystem oder in einem ökonometrischen Modell vollständig zu erfassen[62]. Aus diesem Grunde sei es aber auch nicht möglich, die so gefundenen Theorien als Gesetze anzusehen, nach welchen unter ähnlichen Bedingungen ähnliches geschieht. Denn selbst wenn ähnliche Bedingungen eintreten, das heißt: wenn die im „Gesetz“ genannten Anwendungsbedingungen (Anfangs- und Randbedingungen) erfüllt sind, könnten immer eine oder mehrere der im „Gesetz“ nicht erfaßten Variablen das Geschehen so beeinflussen, daß das nach dem „Gesetz“ zu erwartende Ähnliche nicht geschieht[63].
Während *Schoeffler* aus den genannten Problemen den Schluß zieht, daß ökonomische Gesetze unmöglich seien[64], weil sie stets falsch sein müssen[65], meint *Grunberg*, daß man zwar Aussagen machen könne, die die Form von ökonomischen Gesetzen aufweisen, aber diesen Aussagen fehle etwas sehr wichtiges: die Falsifizierbarkeit. Er sagt: „Weil eine Beobachtung isolierter Variablen nicht möglich ist, werden die Gesetze der ökonomischen Theorie so formuliert, daß man sie einer unspezifizierten ceteris-paribus-Bedingung unterwirft. Wenn diese Bedingung weder von Natur aus erfüllt ist (wie im Sonnensystem) noch künstlich erfüllt werden kann (wie im Laboratoriums-

---

61 *Sidney Schoeffler*, The Failure of Economics, a.a.O., S. 129.
62 Vgl. ebenda, S. 117, Als Beispiel für die Unmöglichkeit, alle Variablen zu erfassen, führt *Schoeffler* die Konsumfunktion an: „The total number of influencing variables is so enormous – in the case of the consumption function, for example, the behavior of each consumer is governed by a separate, and very large, set of variables – that a very drastic simplification is necessary in all economic models“. Ebenda, S. 116. Siehe auch *Gerd Fleischmann*, Nationalökonomie . . ., S. 43, dessen *Schoeffler*-Zitaten der Verfasser nachgegangen ist.
63 Vgl. *Sidney Schoeffler*, The Failure of Economics, a.a.O., S. 117.
64 Vgl. ebenda.
65 Vgl. ebenda, S. 117 und S. 129, auch *Gerd Fleischmann*, Nationalökonomie . . ., a.a.O., S. 51.

experiment)[66], dann lassen sich die allgemeinen Gesetze nicht widerlegen. In diesem Fall führt die Tatsache, daß der vorausgesagte Wert einer oder mehrerer Variablen in einem bestimmten Raum-Zeit-Gebiet nicht beobachtet worden ist, keineswegs zur Verwerfung eines oder mehrerer der Gesetze, die der Vorhersage zugrunde gelegen haben: es ist hier immer möglich, die Diskrepanz zwischen dem vorhergesagten und dem tatsächlich beobachteten Ereignis damit zu erklären, daß die ceteris-paribus-Bedingung nicht erfüllt war"[67]. Dennoch sieht *Grunberg* eine Möglichkeit, doch noch zu widerlegbaren ökonomischen Gesetzen zu kommen. Dies scheint ihm durch den Umstand gewährleistet, daß „die ökonomische Theorie (...) sich mit einer willkürlich ausgewählten Klasse beobachtbarer menschlicher Handlungen (be-

66 Hierzu merkt *Grunberg* an (und dies ist insofern wichtig, weil diese Ausklammerung vom Standpunkt des Kritischen Rationalismus aus nicht gerechtfertigt ist): „Eine Erörterung der Schwierigkeiten, die sich hinter dem Ausdruck ‚künstlich' verbergen, geht über den Rahmen dieses Aufsatzes hinaus".

67 *Emile Grunberg*, Bemerkungen über die Verifizierbarkeit ökonomischer Gesetze. In: *Hans Albert* (Hrsg.), Theorie und Realität, a.a.O., S. 209. Interessanterweise verweist *Grunberg* im Anschluß hieran darauf, daß diese Argumentation auf einem logischen Schluß, dem modus tollens, beruht. In der Kritik der *Grunberg*schen Auffassung wird dargelegt werden, daß hierin ein Ansatzpunkt für die Zurückweisung dieser Auffasung liegt. – Eine der *Grunberg*schen voll entsprechende Ansicht vertritt *Peter Urban*. In seiner Deutung (II) führt er aus: „Weil nichts über solche Ereignisse, Störungen und Bedingungen gesagt wird, die nicht in der Gesetzesformulierung enthalten sind, dürfen sie bei der Überprüfung *nicht* auftreten, wenn ein Gesetz seine singulären Wirkungen zeigen soll. M.a.W.: Falls derartige störende Einflüsse vorhanden sind – und diese Möglichkeit ist aus methodologischen Gründen nie ganz auszuschließen – kann man vom Ausbleiben der prognostizierten singulären Effekte nicht ohne weiteres auf eine Widerlegung des jeweiligen Gesetzes schließen, was analog auch für die Bewährung zutrifft. Für eine *strenge* Überprüfung ist deshalb bei dieser zweiten Interpretationsmöglichkeit experimentelle Isolierung erforderlich. Das Experiment enthält aber stets ein Unsicherheitsmoment, weil es immer möglich ist, daß nicht erkannte und nicht berücksichtigte Einflüsse wirksam waren." *Peter Urban*, Zur wissenschaftstheoretischen Problematik zeitraumüberwindender Prognosen, a.a.O., S. 127 f. *Urban* fügt hinzu, daß er diese Deutung vorzieht. Seine Auffassung ist insofern bedeutsam, als er die These von der Offenheit sozialer Systeme als methodologisches Prinzip vertritt. *Urban* gelangt hinsichtlich der Möglichkeit zur Überprüfung von Gesetzen und zur Aufstellung von Prognosen zu einer der des Verfassers genau entgegengesetzten Schlußfolgerung, nämlich zu der Ansicht, daß eine methodologische korrekte Überprüfung und Prognose *nicht* durchführbar sei. Hierauf wird weiter unten im Text noch näher einzugehen sein.

faßt)"[68]. Das wirtschaftliche Handeln bildet nur einen Ausschnitt aus dem Gesamtbereich der menschlichen Handlungen und müsse sich demzufolge – so *Grunberg* – durch eine allgemeine Theorie des menschlichen Verhaltens erklären lassen. *Grunberg* ist der Ansicht, daß es im Bereich der Psychologie eher als in der Ökonomie möglich ist, zu überprüfbaren und widerlegbaren Aussagen zu gelangen. Er schließt auch eine noch weitergehende Reduktion der ökonomischen Theorie auf die Theorie der biologischen, chemischen und physikalischen Vorgänge, die beim Zustandekommen eines bestimmten Verhaltens im Menschen eine Rolle spielen, nicht aus[69]. Für *Grunberg* ist diese Reduktion der einzige Weg, um doch noch zu falsifizierbaren Aussagen über wirtschaftliche Zusammenhänge zu gelangen; es ist für ihn allerdings auch die einzige Alternative zur Flucht in den Irrationalismus[70].

Es gibt noch weitere Argumente, welche Kritiker einer kausalanalytischen Sozialwissenschaft gegen diese vortragen[71]. Die hier getroffene Auswahl erfolgte unter dem Gesichtspunkt a) der Begrenztheit des zur Verfügung stehenden Raumes, b) der Klarheit der Argumente und c) des für das Thema dieses Aufsatzes besonders wichtigen Argumentes der Offenheit sozialer Systeme.

Es sollen nun noch kurz die möglichen Konsequenzen genannt werden, die von den Gegnern der Kausalanalyse in der Sozialwissenschaft aus ihren kritischen Einwänden für die Gesellschaftspolitik gezogen werden können, und es soll dann gezeigt werden, mit welchen Entgegnungen sich der Kritische Rationalismus den genannten, aus der Komplexität des sozialen Geschehens erwachsenden Problemen stellt.

Wie aus der Kritik *Schoefflers* und *Grunbergs* ersichtlich wird, betrachten es die Gegner der kausalanalytischen Sozialwissenschaft als deren besonderen Mangel, daß sie nicht in der Lage ist, bestimmte, nicht aus ihrem sozialen und geschichtlichen Zusammenhang herausgelöste, also einmalige historische Ereignisse zu erklären und zu prognostizieren[72]. Wenn sie hier versagt, muß sie aber auch als methodische Grundlage für die Durchführung von Wirtschafts- und Sozialreformen versagen. Im Zusammenhang einer Untersuchung der Kausalforschungsmethode als Konzept für die Durchführung von Reformpolitik ist dies eine besonders schwerwiegende Behauptung. Sie soll

68 *Emile Grunberg*, Bemerkungen über die Verifizierbarkeit ökonomischer Gesetze, a.a.O., S. 216.

69 Vgl. ebenda, S. 217.

70 Vgl. ebenda.

71 Vgl. hierzu *Karl Raimund Popper*, Das Elend des Historizismus, a.a.O., S. 5–44, wo sich eine Zusammenstellung solcher Einwände findet.

72 Vgl. *Emile Grunberg*, Bemerkungen ..., a.a.O., S. 204 und 208.

daher, obwohl sie schon aus dem Vorhergesagten folgt, noch einmal kurz begründet werden.

Sozialreformen sind zukunftsgerichtetes Handeln. Soll es auch rationales, zweckmäßiges, zielgerichtetes Handeln sein, so muß es von der Vorstellung ausgehen, daß unter ähnlichen Bedingungen ähnliches geschieht. Es sei jedoch gezeigt worden, daß sich in der Gesellschaft nichts genau wiederholen kann (weil jede Wiederholung neue Randbedingungen erzeugt). Aber: „Wo sich nichts genau wiederholen kann, tritt notwendig immer wieder Neues auf“[73]. Wenn der Plan zur Sozialreform nun auf der Vorstellung beruhe, daß unter ähnlichen Bedingungen ähnliches geschieht, und auf einer Wissenschaft, die sich auf Erfahrungen und soziale Tatsachen, also nicht auf das zukünftige Neue bezieht, dann könne er mithin das Neue auch nicht enthalten; er ordne nur Bekanntes neu an. Demzufolge sei eine solche „Sozialreform“ nur eine Festschreibung des Bestehenden; wirklich Neues, eine neue Sozialstruktur, könne sie planvoll *nicht* verwirklichen[74].

Nun geht es einem Teil der Kritiker der kausalanalytischen Sozialwissenschaft keineswegs darum, das Wirken von Ursachen bei sozialen Vorgängen und Veränderungen zu leugnen. Allerdings müßten die hier waltenden Gesetze von etwas anderer Art sein als diejenigen der Kausalanalytiker, denen ja zum Gesetzsein alle entscheidenden Merkmale fehlten. Im Gegensatz zu den kausalanalytischen Sozialgesetzen müßten die richtigen gesellschaftlichen Gesetze wirklich allgemeingültig sein, und das heißt, daß sie für alle Regionen und Zeiten gelten müßten. Da „Gesetze“, die einen singulären historischen Vorgang erklären sollen, dieser Anforderung nicht genügen, kämen derartige Detailgesetze hierfür nicht in Betracht. Es müßten Gesetze sein, die die Tatsache der sozialen Entwicklung nicht einfach ignorieren, sondern explizit berücksichtigen. Dies täten *historische Entwicklungsgesetze*[75]. Die Kenntnis solcher Entwicklungsgesetze erlaube die unbedingte Prognose zukünftigen sozialen Wandels, denn diese Gesetze besäßen den Charakter der Notwendigkeit: Die Gesetze der sozialen Entwicklung gelten eben oder sie gelten nicht. Wenn sie gelten, dann tun sie das auch in der Zukunft, und ihre Gültigkeit erweist sich aus dem Studium der Vergangenheit, der Geschichte. Es handele sich bei diesen Tendenzen um Naturgesetze, die den

---

73 *Karl Raimund Popper*, Das Elend des Historizismus, a.a.O., S. 9.

74 Vgl. ebenda, S. 39.

75 Vgl. ebenda, S. 34. Solchen Entwicklungsgesetzen oder historisch-gesellschaftlichen Tendenzen gilt die Aufmerksamkeit mancher Kritiker kausalanalytisch orientierter Sozialwissenschaft, auch wenn sie gegenüber dem orthodoxen Marxismus eine distanzierte Haltung einnehmen. Vgl. z. B. *Joachim Hirsch*, Wissenschaftlich-technischer Fortschritt und politisches System. 2. Aufl., Frankfurt 1971, S. 8–9 und passim; *Claus Offe*, Strukturprobleme des kapitalistischen Staates. 2. Aufl., Frankfurt 1973, S. 7, 108 und passim.

gesamten Geschichtsablauf bestimmen und dem die Menschen nicht enrinnen können[76].

Das einzige, was die Menschen tun könnten, wenn sie diese Gesetze erkannt haben, sei, sich ihnen anzupassen und ihnen keinen bloß Kräfte verschleißenden Widerstand entgegenzusetzen, denn dadurch ließ sich ihr Wirken allenfalls verzögern, aber aufhalten ließe es sich nicht. Hierin allein sehen die Anhänger einer derartigen Geschichtsauffassung die Möglichkeit zu politischem Handeln, und zwar zu einer ganzheitlichen Gesellschaftsgestaltung oder Sozialreform, die nicht auf solch ‚unerfüllbaren' Voraussetzungen wie die kausalanalytische Sozialwissenschaft, sondern auf einer ‚realistischen' Gesellschaftstheorie beruhe.

Hier ist nun nicht der Ort zu einer Auseinandersetzung mit der marxistischen Gesellschaftstheorie. Es sollte nur gezeigt werden, daß die Ablehnung kausalanalytischer Sozialwissenschaft sehr leicht auch zur Ablehnung jeglicher auf kausalanalytischen Überlegungen beruhender detaillierter wirtschaftlicher und sozialer Reformpolitik führen kann. Der Kritische Rationalismus tritt aber mit großem Engagement gerade *für* eine solche Politik ein. Damit diese Politik aber nicht erheblich an Glaubwürdigkeit einbüßt, muß es ihm gelingen, die gegen ihn vorgetragenen ernsthaften Einwände wenn nicht gegenstandslos zu machen, so doch zu entkräften.

Die Entgegnung setzt bei dem letzten der von *Grunberg* erhobenen Einwände ein, kausalanalytische Sozialtheorien seien nicht falsifizierbar.

Grunberg begründet die Nichtfalsifizierbarkeit von Theorien über konkrete (nicht-experimentelle) soziale Vorgänge mit der Offenheit sozialer Systeme und der Unmöglichkeit, alle Faktoren, die einen bestimmten Vorgang beeinflussen, in einer Theorie zu berücksichtigen. Seine Kritik und sein utopischer Vorschlag, die Sozialwissenschaft auf Biologie, Physik und Chemie zurückzuführen (womit die in dieser Richtung tatsächlich unternommenen Versuche, auf die *Grunberg* verweist[77], keineswegs entwertet werden sollen), illustrieren aber nur noch einmal die Unzulänglichkeit des menschlichen Geistes, wenn es gilt, alles auf einmal zu erfassen und zu *verläßlichen*

76 Vgl. *Karl Marx*, Das Kapital. Kritik der politischen Ökonomie. Vorwort zur ersten Auflage. *Karl Marx, Friedrich Engels*, Werke, Band 23, Berlin 1968, S. 12, wo er von den Naturgesetzen der kapitalistischen Produktion spricht. „Es handelt sich um diese Gesetze selbst, um diese mit eherner Notwendigkeit wirkenden und sich durchsetzenden Tendenzen." S. 15 f.: „Auch wenn eine Gesellschaft dem Naturgesetz ihrer Bewegung auf die Spur gekommen ist – und es ist der letzte Endzweck dieses Werks, das ökonomische Bewegungsgesetz der modernen Gesellschaft zu enthüllen – kann sie naturgemäße Entwicklungsphasen weder überspringen noch wegdekretieren. Aber sie kann die Geburtswehen abkürzen und mildern".

77 Vgl. *Emile Grunberg*, Bemerkungen . . ., a.a.O., S. 217.

(gültigen oder wahren) Aussagen zu gelangen[78]. Im Grunde genommen empfindet *Grunberg* die Offenheit des sozialen Systems als etwas sehr störendes, das er am liebsten beseitigen möchte, eben durch Reduktion der Sozialwissenschaft auf die seiner Meinung nach verläßlichen naturwissenschaftlichen Disziplinen. Hier glaubt er es offenbar mit *geschlossenen* Systemen zu tun zuhaben. *Grunberg* verlangt von den sozialwissenschaftlichen Theorien eigentlich viel mehr als Falsifizierbarkeit, nämlich Wahrheit. Wenn man diesen Maßstab anlegt, ist gegen seine Kritik nichts einzuwenden. Allerdings ist dann auch das von ihm vorgeschlagene Vorgehen nicht geeignet, diesen Mangel zu beseitigen, denn in bezug auf dieses Kriterium ist auch die Naturwissenschaft keineswegs verläßlicher als die Sozialwissenschaft, denn auch hier scheitern Wahrheitsbeweise am Induktionsproblem[79]. *Peter Urban* weist überdies mit *May Brodbeck* darauf hin, daß die Geschlossenheit von Systemen gleichzusetzen ist mit der Vollständigkeit des hierüber erlangten Wissens. Und er fragt zu Recht, wie man erfährt, ob man es mit einem geschlossenen System zu tun hat bzw. woher man weiß, daß man alles weiß[80].

Diese Überlegungen weisen auf eine Verwandtschaft der Vorstellungen über die Systemzustände mit den scheinbar ganz anders gearteten und scheinbar einander entgegengesetzten Bestrebungen hin, die *Wahrheit* über die Wirklichkeit mit Aussagen zu finden, die *Falsifikations*versuchen zugänglich sind. Die Behauptung, es mit einem geschlossenen System zu tun zu haben, entspricht der Behauptung, vollständiges Wissen, also die Wahrheit über dieses System, gefunden zu haben. Und der Versuch zu zeigen, daß es doch nicht geschlossen ist, entspricht dem Bemühen, die über das System getroffenen Aussagen zu falsifizieren.

---

78 *Grunberg* verwendet in seinem Aufsatz mehrfach Begriffe wie „Vertrauen", das den Theorien entgegengebracht werden kann, und „Verifikation" oder „Verifizierbarkeit", was seinen Wunsch, in den sozialwissenschaftlichen Gesetzen „verläßliche" Aussagen erblicken zu können, unterstreicht.

79 *Gerd Fleischmann* weist ebenfalls darauf hin, daß *Grunberg,* indem er die strenge Falsifizierbarkeit von sozialwissenschaftlichen Gesetzen verlangt, in ihr eine Rechtfertigungsmöglichkeit für diese Gesetze sieht. Vgl. *Gerd Fleischmann,* Nationalökonomie . . ., a.a.O., S. 56 f.

80 Vgl. *Peter Urban,* Zur wissenschaftstheoretischen Problematik zeitraumüberwindender Prognosen, a.a.O., S. 112. Er führt zur Illustration *May Brodbecks* Beispiel von der Entdeckung des Planeten Neptun an, die zeigte, daß das Sonnensystem, das man bis dahin für geschlossen gehalten hatte, es tatsächlich nicht war, und er fügt hinzu, daß auch diese Entdeckung keineswegs die Annahme rechtfertigte, es nun aber wirklich mit einem geschlossenen System zu tun zu haben, denn es wurde später noch ein weiterer Planet entdeckt, nämlich Pluto.

Somit erweist sich die *Behauptung* der Geschlossenheit des Systems als ein methodologisches Erfordernis. Es entspricht der Behauptung, eine bestimmte Aussage sei wahr. Der Wissenschaftler muß eine solche Behauptung wagen, wenn er zu neuen Erkenntnissen gelangen will. Wenn nämlich ein Kritischer Rationalist in Kenntnis seiner Unfähigkeit, die Wahrheit einer empirischen Aussage zu beweisen, von vornherein darauf verzichten wollte, die Wahrheit dieser Aussage zu behaupten, dann bestünde kein Grund, sich mit einer solchen Aussage auch nur eine Minute länger zu beschäftigen. Wer von vornherein sagt, daß seine Behauptung vermutlich falsch ist, erhebt keinen Anspruch darauf, etwas wichtiges mitzuteilen. Tatsächlich läßt sich aus der Erkenntnis, daß Wahrheitsbeweise empirischer Aussagen undurchführbar sind, nichts über ihre Wahrheit oder Unwahrheit folgern. Aber nur dann, wenn man (versuchsweise) ihre Wahrheit behauptet, sind Kritiker zu Falsifikationsversuchen aufgefordert, und nur dann besitzt die Aussage eine Chance, gegenüber diesen Versuchen ihre Widerstandsfähigkeit zu erweisen. Je schärfer die Angriffe sind, die sie besteht, desto besser bewährt sich die Behauptung, die Aussage sei wahr.

Entsprechend verhält es sich bei der Behauptung bestimmter Systemzustände. Wenn man von vornherein die Offenheit des Systems behauptet, auf welches man seine kausalanalytischen Aussagen bezieht, dann entzieht man diesen Aussagen von Anfang an ihre Glaubwürdigkeit. Die Behauptung der Offenheit bedeutet nichts anderes als den Hinweis, daß es immer noch *unabsehbar* viele Faktoren gibt, die in irgendeiner unbekannten Weise die in den Hypothesen beschriebenen Zusammenhänge beeinflussen, so daß diese Hypothese entweder gar nicht richtig sein kann (*Schoeffler*) oder daß es reiner Zufall ist, wenn diese Hypothese die wirklichen Zusammenhänge (vollständig) beschreibt (*Grunberg*). Es ist offensichtlich, daß die Wissenschaft mit derartigen Behauptungen nicht viel anfangen kann und so nicht zu bewährungsfähigen Aussagen gelangt. Anders ist es, wenn die Wissenschaftler *behaupten*, mit ihren Aussagen die fraglichen Zusammenhänge vollständig beschrieben und damit das fragliche System geschlossen (oder halb geschlossen) zu haben. Dann nämlich kann der Versuch einsetzen, das Gegenteil zu beweisen. Er besteht in dem Bemühen, diejenigen Faktoren zu finden, die in dem Aussagebündel nicht erfaßt sind, von denen also indirekt behauptet wird, sie seien für das beschriebene Geschehen ohne Belang, und die entgegen dieser Ansicht doch einen Einfluß auf das Geschehen ausüben. Es ist m.a.W. der Versuch zu zeigen, daß das System, von dem behauptet wird, es sei geschlossen oder halb geschlossen, tatsächlich offen ist, und gleichzeitig das Bestreben, dieses System durch die Auffindung weiterer Einflußfaktoren zu vervollständigen, um von ihm auf einem höheren Entwicklungsniveau der Theorie erneut behaupten zu können, nun sei es aber wirklich geschlossen. (Was wieder die Kritik auf den Plan ruft usw.)

Wenn man die Sache so betrachtet – und ich bin der Ansicht, daß dies eine Konsequenz des kritisch-rationalistischen Versuches ist, die Unzulänglichkeit menschlichen Denkens in den Dienst der Informationsgewinnung über die Wirklichkeit zu stellen –, dann verlieren *Grunbergs* Bedenken ihr Gewicht. Einem Punkt in *Grunbergs* Argumentation sei jedoch noch besondere Aufmerksamkeit geschenkt. *Grunberg* behauptet, daß die mit einer unspezifizierten ceteris-paribus-Bedingung versehenen ökonomischen Gesetze nicht zu widerlegen seien. Denn in diesem Falle führe die Tatsache, daß der vorausgesagte Wert einer oder mehrerer Variablen in einem bestimmten Raum-Zeit-Gebiet nicht beobachtet worden ist, keineswegs zur Verwerfung eines oder mehrerer der Gesetze, die der Voraussage zugrundegelegen haben: Es sei hier immer möglich, die Diskrepanz zwischen dem vorhergesagten und dem tatsächlich beobachteten Ereignis damit zu erklären, daß die ceteris paribus-Bedingung nicht erfüllt war. Und er behauptet, daß diese Argumentation, da sie auf dem modus tollens beruhe, formal gültig sei[81].
Hier irrt *Grunberg*. Der modus tollens ist der Schluß von der Unwahrheit des Folgesatzes auf die Unwahrheit des bedingenden Satzes eines logischen Kalküls. Bezogen auf die zitierten Ausführungen *Grunbergs* bedeutet dies, daß von der Diskrepanz zwischen dem vorhergesagten und dem tatsächlich beobachteten Ereignis nur auf die Falsifikation des *gesamten* Systems von Aussagen geschlossen werden kann, aus dem die Vorhersage abgeleitet worden ist. In dieses Aussagebündel geht die ceteris paribus-Bedingung nur als eine Randbedingung ein. Unzutreffend können also nicht nur die ceteris paribus-Bedingung, sondern neben den übrigen Anwendungsbedingungen auch die verwendeten Gesetze sein. Ebensowenig, wie man aus der Falsifikation der Vorhersage auf die Falsifikation speziell der Gesetze schließen kann (hier hat *Grunberg* recht), ist ein Schluß auf die Widerlegung speziell der ceteris paribus-Bedingung möglich. Und sicher ist es nicht möglich, einen solchen Schluß aufgrund des modus tollens als formal gültig zu bezeichnen.
Diese formallogische Überlegung besitzt einen weiterreichenden Aspekt. Die unspezifizierte ceteris paribus-Bedingung enthält implizit die Behauptung, daß neben den in die Gesetze eingehenden Größen noch unbekannte weitere Faktoren auf den untersuchten Zusammenhang einwirken können und daß diese Wirkung nur dann ausbleibt, wenn diese Faktoren sich nicht verändern. Das Scheitern der aus dem Explanans abgeleiteten Vorhersage kann daher tatsächlich immer mit dem Hinweis auf die Änderung solcher unbekannten Faktoren „erklärt" werden und schützt so die im Explanans verwendeten Gesetze vor der Widerlegung. Die Verwendung der unspezifi-

81 Vgl. *Emile Grunberg*, Bemerkungen ..., a.a.O., S. 209.

zierten ceteris paribus-Bedingung entpuppt sich damit als eine konventionalistische Immunisierungsstrategie[82]. Diese Verwendungsweise entspricht vollkommen dem Hinweis auf die Offenheit des gesellschaftlichen Systems und auf die demzufolge immer bestehende Möglichkeit, das Versagen einer Prognose, die aus einem *nicht* mit ceteris paribus-Bedingungen versehenen Explanans abgeleitet wurde, mit dem Wirken bisher unbekannter Einflüsse zu entschuldigen[83]. So abgesicherte Hypothesen können zwar nie falsifiziert werden, aber deswegen sind sie auch nicht informativ und daher für die Erkenntnis der sozialen Wirklichkeit ungeeignet. Man kann – da ein solches Vorgehen immer möglich, aber (im Gegensatz zu *Grunbergs* Auffassung) nicht formallogisch zwingend ist – dieser Konsequenz nur dadurch entgehen, daß man *beschließt*, unspezifizierte ceteris paribus-Bedingungen nicht zu verwenden und Gesetze nicht durch den Hinweis auf die Offenheit des Systems vor der Widerlegung zu schützen. Positiv ausgedrückt: Dieser Konsequenz ist durch den Beschluß zu entgehen, realistische Anwendungsbedingungen zu verwenden und die Vorlage einer Hypothese oder eines Aussagenbündels durch einen Wissenschaftler als die Behauptung anzusehen, hiermit reale Zusammenhänge vollständig erfaßt zu haben, hiermit also ein geschlossenes oder halbgeschlossenes System beschrieben zu haben.
Wie steht es nun mit der Möglichkeit zur Durchführung sozialer Experimente? Natürlich kann es hierbei nicht darum gehen, Wirtschaft und Gesellschaft in den Dienst der Wissenschaft zu stellen und die bestehenden Verhältnisse den Anwendungsbedingungen sozialwissenschaftlicher Gesetze anzupassen. Der umgekehrte Weg ist zu beschreiten: Die Anwendungsbedingungen müssen den realen Gegebenheiten angepaßt werden. Daraus folgt, daß auch die sozialwissenschaftlichen Gesetze so gebildet sein müssen, daß ihre Anwendung unter realistischen Anwendungsbedingungen möglich ist. Ob Anwendungsbedingungen erfüllt, also realistisch sind, läßt sich ebenso durch Überprüfung entscheiden wie die Frage, ob eine aus dem Explanans deduzierte Vorhersage mit den tatsächlichen Ereignissen übereinstimmt. Ergibt die Überprüfung eine Nichtübereinstimmung zwischen dem Explanandum (der aus dem Explanans abgeleiteten Vorhersage) und den tatsächlichen Ereignissen und sind die Anwendungsbedingungen erfüllt, so kann hieraus die Widerlegung der verwendeten Gesetze erschlossen werden.
Nun lautet allerdings ein Einwand gegen die Anwendbarkeit der Kausalforschungsmethode auf die Untersuchung sozialer Systeme, daß gleiche oder ähnliche Bedingungen sich in der Gesellschaft nicht ein zweites Mal einstellen und daß deswegen eine Überprüfung der Kausalgesetze daraufhin,

---

82 Vgl. *Karl Raimund Popper*, Logik der Forschung, a.a.O., S. 45 ff.
83 Vgl. *Peter Urban*, Zur wissenschaftstheoretischen Problematik zeitraumüberwindender Prognosen, a.a.O., S. 218.

ob unter ähnlichen Bedingungen ähnliches geschieht, niemals durchführbar sei. Dieser Einwand enthält implizit die Vorstellung, daß man bei der Erklärung eines Ereignisses sämtliche möglichen Einflußfaktoren schon kennen und in den Anwendungsbedingungen berücksichtigen müsse. Es ist m.a.W. wieder der Hinweis auf die Offenheit sozialer Systeme, der hier als Einwand gegen die Kausalanalyse verwendet wird. Wenn aber nach dem oben geschilderten methodischen Prinzip verfahren wird, die *Geschlossenheit* des mit Hilfe des Explanans beschriebenen Systems zu *behaupten* und nach Anzeichen für seine *Offenheit* zu *suchen*, dann ist aus der Tatsache, daß das Wiedererkennen von früher schon einmal realisierten sozialen Bedingungen eine *neue* Bedingung darstellt, nicht die Unmöglichkeit der Wiederkehr der Anwendungsbedingungen sozialwissenschaftlicher Gesetze abzuleiten. Denn ob sich das veränderte Verhalten der Menschen gegenüber einer Wiederholung gleicher Umstände überhaupt auf den untersuchten und im Explanans beschriebenen Zusammenhang störend auswirkt, ist eine Frage, die nicht a priori positiv entschieden werden kann, wie es mit der Verneinung der Wiederholbarkeit von Experimenten geschieht[84]. Vielmehr geht die Behauptung, daß unter ähnlichen Bedingungen ähnliches geschieht, davon aus, daß dieses Geschehen durch die Anwendungsbedingungen und die zugrundegelegten Kausalgesetze vollständig determiniert sei und daß demzufolge die veränderte Einstellung der Menschen gegenüber Wiederholungen der Anwendungsbedingungen für dieses Geschehen gleichgültig sei. Wenn diese Behauptung falsch ist, dann erweist sich das bei ihrer wiederholten Überprüfung *unter jeweils gleichen Anwendungsbedingungen.* Sollte die Gewöhnung der Menschen an diese Wiederkehr der Ereignisse tatsächlich den untersuchten Zusammenhang beeinflussen, dann hat sich die bisherige gegenteilige Annahme damit als falsch erwiesen, und in eine neue Erklärung des untersuchten Zusammenhangs müßte eine Aussage etwa folgenden Inhalts aufgenommen werden: Die Gewöhnung der Menschen an die und die Ereignisse wirkt sich in der folgenden Weise auf den untersuchten Zusammenhang aus. Anwendungsbedingung für ein solches Gesetz wäre dann das wiederholte Eintreten bestimmter Umstände.

Auch der Einwand, daß die *Gesellschaft als Ganzes* mehr sei als die Summe ihrer Teile und daß demzufolge die selektive Kausalforschungsmethode nicht in der Lage sei, das Eigentümliche der Gesellschaft, nämlich ihre Ganzheit, zu erfassen, ist nur ein anderer Ausdruck für die Behauptung, daß das gesellschaftliche System offen und deswegen durch Kausalgesetze nicht zu beschreiben sei. Sehr deutlich wird dies in dem bereits erwähnten Buch „Menschliche Kommunikation" von *Watzlawick*, *Beavin* und *Jackson*, wo die ganzheitliche Betrachtungsweise auf offene menschliche Kommunika-

---

84 Vgl. *Karl Raimund Popper*, Das Elend des Historizismus, a.a.O., S. 74 f.

tionssysteme angewandt wird. Die Behauptung, das Verhalten des Einzelnen in der Gesellschaft sei nur in bezug zum Ganzen, eben der Gesellschaft, zu verstehen, deutet darauf hin, daß hier Wechselbeziehungen bestehen. Diese aufzudecken, ist aber gerade der Zweck der Aufstellung von Kausalgesetzen. Wenn das Bedenken geäußert wird, daß die Kausalforschungsmethode die Ganzheit der Gesellschaft nicht erfassen könne, weil sie eine selektive Betrachtungsweise impliziert, so wird dabei verkannt, daß jede Art der „Erfassung" der Wirklichkeit notwendig selektiv sein muß. „Wenn wir eine Sache studieren wollen, müssen wir stets bestimmte Aspekte an ihr auswählen. Es ist uns nicht möglich, ein ganzes Stück der Welt oder ein ganzes Stück der Natur zu beschreiben, ja nicht einmal das kleinste ganze Stück läßt sich so beschreiben, denn jede Beschreibung ist notwendig selektiv"[85]. Erst dadurch, daß die Gesetze aus der Vielfalt der Ereignisse bestimmte auswählen und *sie* als die für ein bestimmtes Geschehen verantwortlichen bezeichnen, wird die Beschreibung der Wirklichkeit informativ, denn sie setzt sich der Gefahr aus, an dem Nachweis zu scheitern, daß in Wirklichkeit *andere* Ereignisse als die vermuteten für dieses Geschehen verantwortlich sind.

Ähnliches gilt schließlich für den Einwand, die Anwendung kausalanalytischer Methoden auf die Sozialwissenschaft berücksichtige nicht den *gesellschaftlichen Wandel;* die Erwartung, die Kausalgesetze seien allgemeingültig, mißachte die Möglichkeit, daß jede Epoche ihre eigenen Regeln und Gesetzmäßigkeiten besitze. Auch hier findet wieder die Hypostasierung eines methodologischen Prinzips statt: die methodologische Regel, nach Hinweisen für die Offenheit eines für geschlossen oder halbgeschlossen erklärten sozialen Systems zu suchen, wird in die feststehende Tatsache der Offenheit sozialer Systeme umgemünzt. Es wird mit anderen Worten den Allgemeingültigkeit beanspruchenden Kausalgesetzen von vornherein unter Hinweis auf die in ständigem Wandel begriffene Gesellschaft jede Relevanz abgesprochen. *Wenn sich die Wissenschaft jedoch an diesen Einwand halten würde, wäre es ihr unmöglich festzustellen, ob sich der behauptete Wandel tatsächlich vollzieht.* Denn diese Feststellung gelingt nur durch den Nachweis, daß ein für eine bestimmte Epoche zutreffendes (d. h. bewährtes) Gesetz, das Allgemeingültigkeit beansprucht, in einer anderen Epoche nicht gilt, und durch die Suche nach den Veränderungen, die hierfür verantwortlich sind. „Trotz der Unmöglichkeit, uns ihrer Allgemeingültigkeit zu versichern, nehmen wir in unsere Formulierung der Naturgesetze keine zusätzliche Bedingung auf, die besagen würde, daß diese Gesetze nur für den Zeitabschnitt behauptet werden, in dem ihre Gültigkeit beobachtet wurde, oder vielleicht nur für ‚die gegenwärtige kosmologische Epoche'. Wollten wir eine solche

85 Ebenda, S. 61 f.

Bedingung hinzufügen, dann wäre das nicht ein Anzeichen löblicher wissenschaftlicher Vorsicht, sondern ein Zeichen dafür, daß wir die Arbeitsweise der Wissenschaft nicht verstehen. Denn ein wichtiges Postulat der wissenschaftlichen Methodik besagt, daß wir nach Gesetzen mit unbegrenztem Geltungsbereich suchen sollen. Würden wir Gesetze zulassen, die selbst Veränderungen unterliegen, dann könnten wir Veränderungen niemals durch Gesetze erklären. Dies käme dem Eingeständnis gleich, daß eine Veränderung einfach ein Wunder ist"[86].

Wenn sich nach allem die mit dem Hinweis auf die *Komplexität* des sozialen Systems begründete Ablehnung einer kausalanalytischen Sozialwissenschaft als ein Versuch konventionalistischer Immunisierungsstrategie oder einer Flucht in den Irrationalismus[87] entpuppt und wenn sich zudem herausstellt, daß die Behauptung der Invarianz und Allgemeinheit sozialwissenschaftlicher Gesetze und die Methode ihrer Überprüfung tatsächlich eine Möglichkeit zum Erkennen sozialer Veränderungen bietet, dann ist auch der Kritik an der Kausalanalyse als Grundlage der *Wirtschaftspolitik* der Boden entzogen. Es sei noch einmal auf das verwiesen, was bereits oben gesagt wurde: Praktisches Handeln ist ohne das Vertrauen darauf, daß unter ähnlichen Bedingungen ähnliches geschieht, nicht vorstellbar. Nicht die großen geschichtlichen Tendenzen sind für solches Handeln maßgebend, sondern relativ „konkrete" Gesetze, aus denen sich herleiten läßt, wie eine bestimmte schwierige Situation zu meistern ist. Das Ergebnis ist eine Wirtschafts- und Gesellschaftspolitik, die „gegen bestimmte Mißstände (kämpft), gegen konkrete Formen der Ungerechtigkeit oder Ausbeutung, gegen Leiden, die sich vermeiden lassen, wie etwa Armut und Arbeitslosigkeit"[88].

---

86 Ebenda, S. 81 f.

87 Vgl. *Emile Grunberg*, Bemerkungen . . ., a.a.O., S. 217.

88 *Karl Raimund Popper*, Das Elend des Historizismus, a.a.O., S. 73.

Karl R. Popper

Was ist Dialektik?*

> Aber ich hatte schon früher von der Scholastik gelernt, daß es unmöglich ist, sich etwas so Absurdes auszudenken, daß es nicht von diesem oder jenem Philosophen behauptet worden wäre.
>
> Descartes

1. *Die Idee der Dialektik*

Unser Motto (aus *Descartes*' Abhandlung über die Methode, ii) bezieht sich auf Philosophen und auf die Philosophie, aber es kann auf den gesamten Bereich menschlichen Denkens und Tuns, auf Wissenschaft, Technik und Politik ausgedehnt werden. Tatsächlich kann man die Tendenz, alles wenigstens einmal zu versuchen, in einem viel weiteren Bereich wiederfinden – in der erstaunlichen Vielfalt der Formen und Phänomene, die das Leben auf unserem Planeten hervorgebracht hat.

Wenn wir also zu erklären versuchen, warum das menschliche Denken geneigt ist, für jedes aufgeworfene Problem jede erdenkliche Lösung wenigstens einmal zu probieren, dann können wir uns auf eine Regelmäßigkeit recht allgemeiner Art berufen. Die Methode, mit der man sich an die Lösung heranarbeitet, ist in der Regel die gleiche: Es ist die *Methode von Versuch und Irrtum* (method of trial and error). Diese Methode des Versuchs und Irrtums wird auch von lebenden Organismen im Anpassungsprozeß angewendet. Offensichtlich aber hängt der Erfolg dieser Methode in sehr großem Maße von der Anzahl und Vielfalt der Versuche (trials) ab:

---

* Vom Verfasser 1975 revidierte Übersetzung zweier Seminarvorträge, gehalten im April 1937 in der Universität von Canterbury, Neuseeland, und zuerst veröffentlicht in 1940 (*Mind*, N. S. vol. 49). Wiederabgedruckt in des Verfassers Buch *Conjectures and Refutations*, 5. Aufl. 1974 (deutsche Übersetzung: Vermutungen und Widerlegungen, in Vorbereitung).

Je häufiger und verschiedenartiger die Versuche, desto wahrscheinlicher ist es, daß einer davon erfolgreich sein wird.

Die in der Entwicklung des menschlichen Denkens – und besonders auch in der Philosophie – verwendete Methode können wir als eine besondere Variante der *Methode von Versuch und Irrtum* bezeichnen. Die Menschen scheinen die Neigung zu haben, auf ein Problem entweder durch das Aufstellen einer Theorie zu reagieren, an der sie dann zäh festhalten (wenn sie falsch ist, werden sie lieber mit ihr zugrundegehen, als sie aufgeben[1]) oder, wenn sie einmal deren Schwächen erkannt haben, durch den Kampf gegen eine solche Theorie. Dieser Kampf der Ideen, der sich offenbar mit Hilfe der *Methode von Versuch und Irrtum* erklären läßt, scheint für die Gesamtheit dessen charakteristisch zu sein, was man als Entwicklung des menschlichen Denkens bezeichnen kann. Die Fälle, in denen ein solcher Kampf nicht stattfindet, sind in erster Linie dadurch gekennzeichnet, daß eine bestimmte Theorie oder ein System von Theorien über eine lange Zeitperiode hinweg dogmatisch aufrechterhalten wird; aber wenn überhaupt, dann werden sich nur wenige Beispiele für eine Entwicklung des Denkens finden, die sich langsam, stetig, kontinuierlich und durch sukzessive Fortschrittsstadien vollzieht und nicht durch Versuch und Irrtum und einen Kampf der Ideologien.

Wenn die *Methode von Versuch und Irrtum* immer bewußter entwickelt wird, beginnt sie, die charakteristischen Züge einer wissenschaftlichen Methode anzunehmen. Diese Methode[2] läßt sich kurz wie folgt beschreiben: Wenn ein Wissenschaftler einem *Problem* gegenübersteht, so wird er – versuchsweise – eine Lösung vorbringen: eine *Theorie*. Und diese Theorie wird die Wissenschaft, wenn überhaupt, nur *vorläufig* akzeptieren. Denn es ist äußerst charakteristisch für die wissenschaftliche Methode, daß die Wissenschaftler keine Mühe scheuen, die in Frage stehende Theorie zu kritisieren und zu *überprüfen*. Kritisieren und Prüfen gehen Hand in Hand; die Theorie wird von sehr verschiedenen Seiten kritisiert, um die Stellen herauszufinden, in denen sie sich als angreifbar erweisen könnte.

---

1 Die dogmatische Einstellung, die an einer Theorie so lange wie möglich festhält, ist von großer Bedeutung. Ohne diese Einstellung könnten wir niemals herausfinden, was in einer Theorie enthalten ist – wir würden sie aufgeben, bevor wir Gelegenheit zur Feststellung ihrer Stärke gehabt hätten; und folglich könnte keine Theorie jemals ihre Rolle spielen beim Ordnen der Welt, bei unserer Vorbereitung auf zukünftige Ereignisse, bei der Hinlenkung unserer Aufmerksamkeit auf Ereignisse, die wir ohne Theorie niemals beobachten würden.

2 Es ist keine Methode in dem Sinne, daß ihre Anwendung zum Erfolg führt oder daß sie im Falle des Mißerfolges nicht angewendet wurde; es handelt sich dabei nicht um einen definitiven Weg zum Erfolg. Eine Methode in diesem Sinne gibt es nicht.

Und die Prüfung einer Theorie vollzieht sich dadurch, daß man diese ihre schwachen Stellen einer möglichst strengen Prüfung unterzieht. Das ist natürlich wiederum eine Variante der *Methode von Versuch und Irrtum.* Theorien werden versuchsweise aufgestellt und ausprobiert. Wenn das Ergebnis einer Prüfung zeigt, daß die Theorie falsch ist, wird sie verworfen; die *Methode von Versuch und Irrtum* ist im wesentlichen eine Methode der Elimination, der negativen Auswahl, der Ausschließung. Ihr Erfolg hängt in erster Linie von drei Bedingungen ab: nämlich, daß genügend zahlreiche (und sinnreiche) Theorien aufgestellt werden, daß die aufgestellten Theorien hinlänglich verschieden sind und daß ausreichend strenge Prüfungen durchgeführt werden. Wenn diese Bedingungen erfüllt sind, dann können wir – wenn wir Glück haben – das Überleben der tauglichsten Theorie durch Ausschließung oder Elimination der weniger tauglichen sicherstellen[3].

Wenn diese Beschreibung der Entwicklung des menschlichen Denkens im allgemeinen und des wissenschaftlichen Denkens im besonderen als mehr oder weniger korrekt akzeptiert wird, dann kann sie uns verstehen helfen, was diejenigen meinen, die sagen, daß sich die Entwicklung des Denkens *dialektisch* vorwärtsbewege.

Dialektik (im modernen[4] Sinne, das heißt besonders in dem Sinne, in dem der Ausdruck seit Hegel gebraucht wird) ist eine Theorie, die behauptet, daß etwas – zum Beispiel das menschliche Denken – sich in einer Weise entwickelt, die durch den sogenannten dialektischen Dreischritt charakterisiert ist: *Thesis*, *Antithesis* und *Synthesis*. Zunächst gibt es eine

---

3 Eine eingehendere Diskussion findet sich in meinem Buch *Logik der Forschung* 1943; 5. Aufl. 1973. Die hier im Text gegebene Charakterisierung kann man folgendermaßen zusammenfassen:

Altes Problem → *Versuchsweise aufgestellte Theorie* → *Elimination von Fehlern* (durch systematische Kritik) → *Neues Problem*; oder

$$P_1 \rightarrow VT \rightarrow EF \rightarrow P_2$$

Siehe zu diesem Schema mein Buch *Objektive Erkenntnis* ²1974, insbesondere S. 315.

4 Der griechische Ausdruck *he dialektikē (technē)* kann übersetzt werden: „(die Kunst des) argumentativen Gebrauchs der Sprache“. Diese Bedeutung des Ausdruckes geht bis auf *Platon* zurück; er tritt aber auch bei *Platon* in verschiedenen Bedeutungen auf. Wenigstens eine ihrer antiken Bedeutungen kommt sehr nahe an das heran, was ich oben als die kritische Methode oder die *Methode von Versuch und Irrtum* beschrieben habe. Denn man verwendete ihn zur Beschreibung der Methode der Konstruktion erklärender Theorien sowie der Methode der kritischen Diskussion dieser Theorien, was die Frage einschließt, ob sie der empirischen Beobachtung entsprechen oder ob sie – in der alten Terminologie ausgedrückt – dem Grundsatz genügen „die Erscheinungen *zu bewahren*“.

Idee, eine Theorie oder eine Bewegung, die man als Thesis bezeichnen kann. Eine solche Thesis wird häufig Opposition hervorrufen, da sie, wie die meisten Dinge dieser Welt, von nur begrenztem Wert sein wird und ihre schwachen Seiten hat. Die Opposition oder Gegenbewegung wird als Antithesis bezeichnet, da sie gegen die erste, die Thesis, gerichtet ist. Der Kampf zwischen Thesis und Antithesis dauert nur solange, bis irgendeine Lösung zustande kommt, die in gewissem Sinne über Thesis und Antithesis hinausgeht, und zwar durch Anerkennung ihrer Vorteile und durch den Versuch, die Stärken beider zu bewahren und ihre Schwächen zu vermeiden. Diese Lösung – also der dritte Schritt – wird als *Synthesis* bezeichnet. Sobald nun diese Synthesis erreicht ist, kann sie ihrerseits zum ersten Schritt eines neuen dialektischen Dreischritts werden. Das wird geschehen, wenn die erreichte Synthesis sich als einseitig oder sonst als unbefriedigend erweist. Denn in diesem Falle wird wiederum Opposition provoziert werden; und das bedeutet, daß die Synthesis nunmehr als eine neue Thesis bezeichnet werden kann, die eine neue Antithesis hervorgebracht hat. Somit wird sich der dialektische Dreischritt auf einem höheren Niveau fortsetzen, und er kann ein drittes Niveau erreichen, nachdem eine zweite Synthesis zustande gekommen ist[5].

So viel über den sogenannten dialektischen Dreischritt. Nun läßt sich kaum bezweifeln, daß der dialektische Dreischritt recht gut bestimmte Schritte in der Geistesgeschichte beschreibt; insbesondere gewisse Entwicklungen von Ideen und Theorien sowie von sozialen Bewegungen, die auf Ideen oder Theorien begründet sind. Eine derartige dialektische Bewegung kann durch den Nachweis „erklärt“ werden, daß sie in Übereinstimmung mit der oben behandelten *Methode von Versuch und Irrtum* fortschreitet. Es muß jedoch eingeräumt werden, daß eine solche dialektische Entwicklung nicht genau das gleiche ist wie die oben beschriebene Entwicklung einer Theorie durch *Versuch und Irrtum.* Unsere Beschreibung dieser Methode bezog sich lediglich auf eine Idee und ihre Kritik oder, um die Terminologie der Dialektiker zu verwenden, auf den Kampf zwischen Thesis und Antithesis; ursprünglich haben wir keine Andeutungen über eine Weiterentwicklung gemacht, wir haben nicht impliziert, daß der Kampf zwischen einer Thesis und einer Antithesis zu einer Synthesis führt. Wir haben vielmehr vorgeschlagen, daß der Kampf zwischen einer Idee und ihrer Kritik, oder

5 In *Hegels* Denkweise werden sowohl Thesis als auch Antithesis durch die Synthesis (1) *zu bloßen Komponenten (der Synthesis) reduziert* und dabei (2) *aufgehoben* oder *negiert* und gleichzeitig (3) *bewahrt* (oder *aufbewahrt*) und (4) *aufgehoben* oder *auf ein höheres Niveau emporgehoben.* Die kursiv gesetzten Ausdrücke geben die vier Hauptbedeutungen des einen deutschen Wortes *„aufheben“* wieder, von dessen Vieldeutigkeit Hegel reichlichen Gebrauch macht.

zwischen einer Thesis und ihrer Antithesis, zur Elimination der Thesis (oder vielleicht der Antithesis) führt, falls sie sich als unbefriedigend erweist; und daß *die Konkurrenz zwischen den Theorien* nur dann zur Annahme neuer Theorien führt, wenn genügend Theorien verfügbar sind und einer Bewährungsprobe unterworfen werden.

Man kann also sagen, daß die Interpretation einer Entwicklung mit Hilfe der *Methode von Versuch und Irrtum* etwas allgemeiner ist, als die mit Hilfe der Dialektik. Sie ist nicht auf eine Situation beschränkt, in der anfänglich nur eine These verfügbar ist; so kann sie leicht auf Situationen angewandt werden, in denen von Anfang an mehrere verschiedene Thesen verfügbar sind, die voneinander unabhängig sind und nicht notwendigerweise durch Opposition auseinander hervorgegangen sein müssen. Aber zugegebenerweise geschieht es sehr häufig – vielleicht ist es die Regel –, daß die Entwicklung eines Bereiches des menschlichen Denkens mit einer einzigen Idee beginnt. Ist dies der Fall, so wird sich das dialektische Schema oft als anwendbar erweisen, da diese Thesis der Kritik ausgesetzt sein wird und auf diese Weise ihre Antithesis „hervorbringt" oder „erzeugt", wie Dialektiker zu sagen pflegen.

Die Dialektiker betonen noch einen weiteren Punkt, in dem die Dialektik geringfügig von dem allgemeineren Schema der *Methode von Versuch und Irrtum* abweichen kann. Denn die oben beschriebene Methode gibt sich damit zufrieden, daß eine unbefriedigende Ansicht widerlegt oder ausgeschieden werden kann. Der Dialektiker hingegen geht in seiner Behauptung weiter. Er betont, daß die in Betracht stehende Ansicht oder Theorie zwar widerlegt worden sein mag, daß sich aber höchstwahrscheinlich in ihr ein Element findet, welches wert ist, bewahrt oder „erhalten" oder „aufgehoben" zu werden; denn sonst wäre es ja unverständlich, daß sie jemals aufgestellt und ernst genommen wurde. Und dieses wertvolle Element der Thesis wird wahrscheinlich von denen deutlicher herausgestellt werden, die die These gegen die Angriffe ihrer Gegner, gegen die Verfechter der Antithese, verteidigen. Somit wird sich als einzig befriedigende Lösung des Kampfes eine Synthesis erweisen, also eine Theorie in der die besten Punkte sowohl der Thesis als auch der Antithesis bewahrt sind.

Es muß eingeräumt werden, daß eine derartige dialektische Interpretation der Geistesgeschichte oft recht befriedigend sein mag und daß sie wertvolle Details zur Interpretation mit Hilfe der *Methode von Versuch und Irrtum* beisteuern kann.

Als Beispiel wollen wir die Entwicklung der Physik heranziehen. Wir finden viele interessante Fälle, auf die das dialektische Schema paßt. Ein Beispiel ist Newtons Korpuskulartheorie des Lichtes, die zuerst von der Wellentheorie ersetzt wurde und die dennoch „bewahrt" bleibt in der Quantentheorie, die beide ersetzt. Um es genauer zu formulieren: Die alten

Formeln können vom Standpunkt der neuen aus in der Regel als Annäherungen bezeichnet werden, das heißt sie erweisen sich als nahezu korrekt, so daß wir sie anwenden können, wenn wir keine sehr hohen Anforderungen an die Exaktheit stellen, oder als völlig exakte Formeln, wenn wir uns auf ein bestimmtes begrenztes Anwendungsgebiet beschränken.

Alles das kann zugunsten der dialektischen Ansicht angeführt werden. Wir müssen uns jedoch hüten, zu viel zuzugestehen.

Wir müssen zum Beispiel vorsichtig umgehen mit einer Anzahl von Metaphern, die von den Dialektikern verwendet und oftmals viel zu ernst genommen werden. Ein Beispiel dafür bietet die dialektische Redewendung, daß die Thesis ihre Antithesis *„hervorbringt"*. Tatsächlich ist es lediglich *unsere kritische Einstellung*, die die Antithesis hervorbringt, und wo es an dieser Einstellung fehlt – was oft genug der Fall ist –, wird eben keine Antithesis hervorgebracht. In gleicher Weise müssen wir uns vor der Auffassung hüten, daß es der Streit, der *„Kampf"* zwischen Thesis und Antithesis ist, der die Synthesis „hervorbringt". Es ist ein Kampf des Denkens; und es ist das Denken, das Suchen, das die neuen Ideen hervorbringt.

Es gibt viele Beispiele für unfruchtbare Kämpfe in der Geschichte des menschlichen Denkens, für Kämpfe, die ergebnislos ausgefochten wurden. Und selbst wenn eine Synthesis erreicht wurde, wird sich die Behauptung, daß sie die besseren Teile sowohl der Thesis als auch der Antithesis *„bewahrt"*, als recht oberflächliche Beschreibung dieser Synthesis erweisen. Diese Beschreibung wird auch dann irreführend sein, wenn sie zutrifft; denn die Synthesis wird zusätzlich zu den alten Ideen, die sie „bewahrt", in jedem Falle auch eine neue Idee enthalten müssen, die nicht auf frühere Entwicklungsstadien zurückgeführt werden kann. Mit anderen Worten: Die Synthesis wird in der Regel viel mehr darstellen als eine Konstruktion aus dem von der Thesis und Antithesis bereitgestellten Material von Ideen. In Anbetracht alles dessen wird die dialektische Interpretation auch in den Fällen, in denen sie anwendbar sein mag, durch ihre Anregung, daß aus den in Thesis und Antithesis enthaltenen Ideen eine Synthesis konstruiert werden sollte, kaum jemals zur Entwicklung des Denkens – zur Auffindung der Synthesis – beitragen können. Das ist in der Tat ein Punkt, den einige Dialektiker selbst betont haben; und dennoch bleiben sie fast immer bei der Annahme, daß die Dialektik als eine Methode verwendet werden kann, die ihnen hilft, die zukünftige Entwicklung des Denkens zu fördern oder wenigstens im voraus zu beschreiben.

Die schwerwiegendsten Mißverständnisse und Verwechslungen entstehen jedoch aus der unklaren Weise, in der die Dialektiker von *Widersprüchen* sprechen.

Sie stellen völlig richtig fest, daß Widersprüche in der Geistesgeschichte von größter Bedeutung sind – genauso bedeutend wie die Kritik. Denn

Kritik besteht stets darin, daß ein Widerspruch aufgezeigt wird: entweder ein Widerspruch innerhalb der kritisierten Theorie, oder ein Widerspruch zwischen dieser Theorie und einer anderen, die wir aus irgendeinem Grunde akzeptieren wollen, oder ein Widerspruch zwischen einer Theorie und gewissen Tatsachen – oder genauer: zwischen einer Theorie und gewissen Tatsachen*aussagen*. Kritik kann niemals etwas anderes tun, als entweder irgendeinen solchen Widerspruch aufzudecken oder aber einfach der Theorie zu widersprechen (das heißt, die Kritik kann einfach die Aufstellung der Antithesis sein). Die Kritik ist aber in einem sehr wichtigen Sinne die eigentliche Triebkraft der geistigen Entwicklung. Ohne Widerspruch, ohne Krtik gäbe es kein vernünftiges Motiv für die Änderung unserer Theorien: es gäbe keinen geistigen Fortschritt.

Nachdem die Dialektiker nun richtig festgestellt haben, daß Widersprüche – besonders natürlich der Widerspruch zwischen einer Thesis und einer Antithesis, der den Fortschritt in der Form einer Synthesis „hervorbringt" – äußerst fruchtbar, ja tatsächlich die Triebkräfte jedweden Fortschritts des Denkens sind, schließen sie – fälschlicherweise, wie wir sehen werden –, daß keine Notwendigkeit zur Vermeidung dieser fruchtbaren Widersprüche besteht. Und sie behaupten sogar, daß Widersprüche nicht vermieden werden können, da sie überall in der Welt auftreten.

Eine derartige Behauptung läuft auf einen Angriff gegen den sogenannten *„Satz vom Widerspruch"* (oder vollständiger: das „Gesetz vom ausgeschlossenen Widerspruch") der traditionellen Logik hinaus; gegen ein Gesetz, welches besagt, daß zwei Aussagen, die sich widersprechen, niemals beide zugleich wahr sein können und daß eine Aussage, die aus einer Konjunktion zweier kontradiktorischer Aussagen besteht (oder eine solche Konjunktion impliziert), aus rein logischen Gründen als falsch verworfen und eliminiert werden muß. Wenn sich die Dialektiker nun auf die Fruchtbarkeit der Widersprüche berufen, so fordern sie die Aufgabe dieses Gesetzes der traditionellen Logik. Sie behaupten, daß die Dialektik auf diese Weise zu einer neuen Logik führt – zu einer dialektischen Logik. Die Dialektik, die ich bislang als eine bloße Geschichtslehre dargestellt habe – als eine Theorie der historischen Entwicklung des Denkens –, würde sich nunmehr als eine davon sehr verschiedene Doktrin erweisen: Sie würde gleichzeitig eine logische Theorie und (wie wir sehen werden) eine allgemeine Theorie der Welt sein.

Das sind gewaltige Ansprüche; sie entbehren jedoch jedweder Grundlage. Tatsächlich gründen sie sich auf nichts anderes als auf eine unklare Ausdrucksweise, die einen unausgereiften Gedankengang verdeckt.

Die Dialektiker behaupten, daß Widersprüche fruchtbar sind oder daß sie Fortschritt hervorbringen, und wir haben zugegeben, daß das in gewissem Sinne zutrifft. Es trifft jedoch nur solange zu, wie wir entschlossen sind, keine Widersprüche zu dulden und jede Theorie zu ändern, die Wider-

sprüche enthält; mit anderen Worten: Ein Widerspruch ist nur fruchtbar, solange wir entschlossen sind, niemals einen Widerspruch zu akzeptieren. Es ist lediglich in diesem unserem Entschluß begründet, daß Kritik, das heißt das Aufzeigen von Widersprüchen, uns zur Änderung unserer Theorien und damit zum Fortschritt veranlaßt.
Es kann nicht deutlich genug betont werden, daß Widersprüche sofort jede Art von Fruchtbarkeit verlieren müssen, sobald wir diesen Entschluß, diese Einstellung ändern und uns entschließen, Widersprüche zu dulden: Diese würden dann keinen intellektuellen Fortschritt hervorbringen. Denn wenn wir bereit sind, Widersprüche zu dulden, so kann die Entdeckung von Widersprüchen in unseren Theorien uns nicht länger veranlassen, diese abzuändern. Mit anderen Worten: Alle Kritik (die immer im Aufzeigen von Widersprüchen besteht) würde ihre Kraft verlieren. Auf jede Kritik könnte man dann antworten: „Und warum nicht?“ oder vielleicht sogar mit einem begeisterten „Das ist es ja eben!“ – das heißt mit einem Willkommensgruß für die Widersprüche, die uns aufgezeigt wurden.

Das aber bedeutet, daß die Kritik und damit jeder intellektuelle Fortschritt zum Stillstand kommen muß, falls wir bereit sind, Widersprüche zu dulden.
Wir müssen daher dem Dialektiker sagen, daß er nicht beides zugleich haben kann: Entweder er ist an Widersprüchen wegen ihrer Fruchtbarkeit interessiert, dann muß er sie ablehnen; oder er ist bereit, sie zu akzeptieren, dann werden sie sich als unfruchtbar erweisen, und vernünftige Kritik, Diskussion und intellektueller Fortschritt werden unmöglich.
Die einzige *„Kraft“*, die die dialektische Entwicklung vorwärtstreibt, ist also unser *Entschluß*, den Widerspruch zwischen Thesis und Antithesis nicht zu akzeptieren – oder nicht zu dulden. Es ist keine mysteriöse Kraft im Inneren dieser beiden Ideen, keine mysteriöse Spannung zwischen ihnen, die die Entwicklung vorwärtstreibt – es ist lediglich unsere Entscheidung, unser Entschluß, keine Widersprüche zuzulassen, wodurch wir veranlaßt werden, uns nach einem neuen Gesichtspunkt umzuschauen, der es uns ermöglicht, die Widersprüche zu vermeiden. Und dieser Entschluß ist völlig gerechtfertigt. Denn es läßt sich leicht zeigen, daß man jedwede Art wissenschaftlicher Tätigkeit aufgeben müßte, wenn man bereit wäre, Widersprüche zu akzeptieren: es würde den völligen Zusammenbruch der Wissenschaft bedeuten; das läßt sich dadurch zeigen, daß man nachweist, daß, *falls zwei sich gegenseitig widersprechende Aussagen zugelassen werden, jede beliebige Aussage zugelassen werden muß* – denn aus einem Paar kontradiktorischer Aussagen kann jede beliebige Aussage logisch gültig abgeleitet werden.

Dies wird nicht immer erkannt[6], weshalb es hier eingehend erklärt werden soll. Es handelt sich dabei um eine der wenigen Tatsachen der elementaren Logik, die nicht völlig trivial sind und die es verdienen, daß jeder denkende Mensch sie kennt und versteht. Sie läßt sich jenen Lesern leicht erklären, die gegen die Verwendung von Symbolen, die nach Mathematik aussehen, nichts einzuwenden haben; aber auch diejenigen, die derartige Symbole nicht lieben, können die Sache ohne Schwierigkeit verstehen, wenn sie nicht zu ungeduldig und bereit sind, diesem Punkt ein paar Minuten zu widmen.

Das logische Schließen vollzieht sich in Übereinstimmung mit bestimmten *Schlußregeln*. Es ist gültig, wenn die Schlußregel, auf die es sich gründet, gültig ist; und *eine Schlußregel ist immer dann gültig, wenn sie niemals von wahren Prämissen zu einem falschen Schlußsatz (Konklusion) führen kann;* oder mit anderen Worten, wenn sie die Wahrheit der Prämissen (vorausgesetzt, daß sie *alle* wahr sind) unfehlbar auf den Schluß überträgt.

Wir werden zwei solcher Schlußregeln benötigen. Um die erste und schwierigere von beiden zu erklären, führen wir die Vorstellung von einer *zusammengesetzten Aussage* ein, also von einer Aussage wie beispielsweise „Sokrates ist klug *und* Peter ist König“, oder vielleicht „Entweder Sokrates ist klug *oder* Peter ist König“ (aber nicht beides) oder vielleicht „Sokrates ist klug *und/oder* Peter ist König“. Die beiden Aussagen („Sokrates ist klug“ und „Peter ist König“), aus denen eine solche zusammengesetzte Aussage besteht, werden deren *Komponenten* genannt.

Nun gibt es eine Art von zusammengesetzter Aussage, die uns hier interessiert – es ist diejenige, die so konstruiert ist, daß *sie nur dann wahr ist, wenn wenigstens eine ihrer beiden Komponenten wahr ist.* Gerade der häßliche Ausdruck „*und/oder*“ erlaubt eine solche Zusammensetzung: Die Behauptung „Sokrates ist klug *und/oder* Peter ist König“ ist dann und nur dann wahr, wenn eine oder beide ihrer Komponenten wahr sind; und sie ist nur dann falsch, wenn beide ihrer Komponenten falsch sind.

In der Logik ist es üblich, den Ausdruck „*und/oder*“ durch das Symbol „V“ (gesprochen „vel“) zu ersetzen und Buchstaben wie „*p*“ und „*q*“ zur Darstellung irgendeiner beliebigen Aussage zu verwenden. So können wir

6 Vgl. beispielsweise *H. Jeffreys*, The Nature of Mathematics, *Philosophy of Science*, 5, 1938, S. 449, der schreibt: „Whether a contradiction entails any proposition is doubtfoul“. Vgl. auch *Jeffreys'* Antwort (auf meinen Aufsatz) in *Mind*, 51, 1942, S. 90 sowie meine Gegenantwort in *Mind*, 52, 1943, S. 47 ff. Die nachfolgenden Überlegungen waren tatsächlich bereits *Duns Scotus* (gest. 1308) bekannt, wie *Jan Lukasiewicz* in *Erkenntnis*, 5, S. 124, gezeigt hat.

sagen, daß eine Aussage der Form „$p \vee q$" wahr ist, wenn wenigstens eine ihrer beiden Komponenten p oder q wahr ist.
Nun sind wir in der Lage, unsere *erste Schlußregel* zu formulieren. Dies kann auf folgende Weise geschehen:

(1) Aus einer Prämisse p (zum Beispiel „Sokrates ist klug") kann jeder Schlußsatz der Form „$p \vee q$" (zum Beispiel: „Sokrates ist klug V Peter ist König") gültig abgeleitet werden.
Daß diese Regel gültig sein muß, wird sofort klar, wenn wir uns an die Bedeutung des „V" erinnern. Dieses Symbol bringt eine Zusammensetzung zustande, die wahr ist, wenn immer wenigstens eine ihrer Komponenten wahr ist. Wenn also p wahr ist, muß auch $p \vee q$ wahr sein (ebenso: wenn q wahr ist, muß auch $p \vee q$ wahr sein): Somit kann unsere erste Regel niemals von einer wahren Prämisse zu einem falschen Schluß führen; und das bedeutet, daß sie gültig ist.
Trotz ihrer Gültigkeit erscheint unsere erste Schlußregel oftmals denjenigen, die an derartige Dinge nicht gewöhnt sind, als recht seltsam. Und es handelt sich dabei tatsächlich um eine Regel, die im täglichen Leben nur selten gebraucht wird, da der Schlußsatz viel weniger Information enthält als die Prämisse. Gelegentlich wird sie aber doch verwendet, beispielsweise beim Wetten: Ich kann zum Beispiel ein Geldstück zweimal werfen und wetten, daß *wenigstens einmal „Kopf"* fällt. Das ist offensichtlich gleichbedeutend mit meiner Wette betreffend die Wahrheit der zusammengesetzten Aussage „Kopf fällt beim ersten Wurf V Kopf fällt beim zweiten Wurf". Die Wahrscheinlichkeit dieser Aussage ist $^3/_4$ (in Übereinstimmung mit den üblichen Berechnungen); sie unterscheidet sich somit von der Wahrscheinlichkeit der Aussage „Kopf fällt beim ersten Wurf *oder* Kopf fällt beim zweiten Wurf (aber nicht beides)", die $^1/_2$ beträgt. Nun wird jedermann zugeben, daß ich meine Wette gewonnen habe, falls Kopf wenigstens einmal, also zum Beispiel beim ersten Mal gefallen ist – mit anderen Worten, daß die zusammengesetzte Aussage, auf deren Wahrheit ich gewettet hatte, wahr sein muß, wenn sich ihre erste Komponente als wahr erweist. Das beweist, daß wir in Übereinstimmung mit unserer ersten Schlußregel argumentiert haben.
Wir können unsere erste Regel auch in folgender Weise formulieren:

$$\frac{p}{p \vee q}$$

die verbal formuliert lautet: „Aus der Prämisse p gelangen wir zu dem Schlußsatz $p \vee q$." Diese Regel gilt für jeden Satz p und für jeden Satz q.
Die *zweite Schlußregel*, die ich verwenden werde, ist bekannter als die

erste. Wenn wir die Negation von p mit „*nicht-p*“ bezeichnen, dann läßt sie sich in folgender Weise ausdrücken:

$$\frac{\dfrac{\textit{nicht} - p}{p \vee q}}{q}$$

was in Worten lautet:

(2) „Aus den beiden Prämissen *nicht-p* und $p \vee q$ gelangen wir zu dem Schluß q“. Die Gültigkeit dieser Regel kann nachgewiesen werden, wenn wir berücksichtigen, daß *nicht-p* eine Aussage ist, die dann wahr ist, wenn p falsch ist. Wenn demgemäß die erste Prämisse – *nicht-p* – wahr ist, dann ist die erste Komponente der zweiten Prämisse falsch; und wenn beide Prämissen wahr sind, muß auch die zweite Komponente der zweiten Prämisse wahr sein; daher muß q wahr sein, wenn immer die beiden Prämissen wahr sind. Bei der Überlegung, daß, falls *nicht-p* wahr ist, p falsch sein muß, haben wir das „*Gesetz vom Widerspruch*“ sozusagen implizite angewendet, welches besagt, daß *nicht-p* und p nicht gleichzeitig wahr sein können. Wenn es nun eine Aufgabe wäre, hier zugunsten des Gesetzes vom Widerspruch zu argumentieren, so müßten wir vorsichtiger sein. Aber hier versuche ich lediglich zu beweisen, daß wir *durch Anwendung gültiger Schlußregeln aus einem Paar von einander widersprechenden Prämissen jeden beliebigen Schluß ableiten können.*

Unter Anwendung unserer beiden Regeln können wir das tatsächlich beweisen. Angenommen, wir haben zwei kontradiktorische Prämissen – beispielsweise

(a) die Sonne scheint jetzt und

(b) die Sonne scheint jetzt nicht.

Aus diesen beiden Prämissen kann jede beliebige Aussage – zum Beispiel: „Cäsar war ein Verräter“ – wie folgt abgeleitet werden:

Aus der ersten Prämisse (a) können wir in Übereinstimmung mit Regel (1) folgenden Schluß ableiten:

(c) Die Sonne scheint jetzt V Cäsar war ein Verräter.

Wenn wir nun (b) und (c) als Prämissen einführen, können wir schließlich in Übereinstimmung mit Regel (2) deduzieren:

(d) Cäsar war ein Verräter.

Es ist klar, daß wir mit Hilfe der gleichen Methode jede beliebige und gewünschte Aussage hätten ableiten können: beispielsweise „Cäsar war kein Verräter“. Wir können auf diese Weise auch ableiten, daß „$2 + 2 = 5$“ und daß „$2 + 2 \neq 5$“ – also nicht nur jede beliebige Aussage, die wir wünschen, sondern auch deren Negation, die wir vielleicht nicht wünschen.

Wir sehen daraus, daß, falls eine Theorie einen Widerspruch enthält, alles aus ihr abgeleitet werden kann – und deshalb tatsächlich gar nichts. Eine Theorie, die zu jeder Information, die sie vermittelt, noch die Negation dieser Information hinzufügt, kann uns überhaupt keine Information vermitteln. Eine Theorie, die einen Widerspruch enthält, ist deshalb *als Theorie* völlig nutzlos.

In Anbetracht der Bedeutung der analysierten logischen Beziehungen möchte ich nun einige *weitere Schlußregeln* darstellen, die zum gleichen Ergebnis führen. Im Gegensatz zu Regel (1) bilden die nunmehr zu untersuchenden und anzuwendenden Regeln einen Teil der klassischen Theorie des Syllogismus – mit Ausnahme der Regel (3), die wir zuerst behandeln werden.

(3) aus zwei beliebigen Prämissen *p* und *q* können wir einen Schlußsatz ableiten, der mit einer von beiden identisch ist, zum Beispiel mit *p*; oder im Schema:

$$\frac{\begin{matrix} p \\ q \end{matrix}}{p}$$

Trotz ihrer Ungebräuchlichkeit und der Tatsache, daß einige Philosophen[7] sie nicht akzeptiert haben, ist diese Regel zweifellos *gültig*; denn sie muß unfehlbar zu einem *wahren Schlußsatz* führen, wenn immer die Prämissen wahr sind. Das ist offensichtlich und in der Tat trivial; und es ist eben diese Trivialität, die die Regel für den allgemeinen Gebrauch überflüssig macht; und das erklärt, warum sie uns intuitiv befremdlich vorkommen kann. Aber Überflüssigkeit bedeutet nicht Ungültigkeit.

Zusätzlich zu dieser Regel (3) benötigen wir noch eine weitere Regel, die ich als *„Regel der indirekten Reduktion"* bezeichnet habe (weil sie in der klassischen Theorie des Syllogismus implizite für die indirekte Reduktion der „unvollkommenen" Figuren auf die erste bzw. „vollkommene" Figur verwendet wird).

Angenommen, wir haben einen gültigen Syllogismus wie zum Beispiel:

(*a*) Alle Menschen sterblich sind
(*b*) Alle Athener sind Menschen

(*c*) Alle Athener sind sterblich.

Die Regel der indirekten Reduktion besagt nun:

(4) Wenn $\frac{\begin{matrix} a \\ b \end{matrix}}{c}$ ein gültiger Schluß ist, dann ist $\frac{\begin{matrix} a \\ \textit{nicht-}c \end{matrix}}{\textit{nicht-}b}$

7 Besonders *G. E. Moore.*

ebenfalls ein gültiger Schluß. So finden wir zum Beispiel infolge der Gültigkeit des Schlusses *(c)* aus den Prämissen *(a)* und *(b)*, daß der folgende Schluß ebenfalls gültig sein muß:

(a) Alle Menschen sind sterblich
(nicht-c) Nicht alle Athener sind sterblich

(nicht-b) Nicht alle Athener sind Menschen

Die Regel, die wir nun verwenden wollen, stellt eine geringfügige Abweichung von der soeben aufgestellten dar; es handelt sich dabei um folgende Regel:

(5) Wenn $\dfrac{\substack{a \\ \textit{nicht-b}}}{c}$ ein gültiger Schluß ist, dann ist $\dfrac{\substack{a \\ \textit{nicht-c}}}{b}$ ebenfalls ein gültiger Schluß.

Regel (5) läßt sich beispielsweise aus der Regel (4) in Verbindung mit dem Gesetz der doppelten Negation ableiten, das besagt, daß *b* aus *nicht-nicht-b* deduziert werden kann. Wenn nun Regel (5) gültig ist für alle beliebigen Aussagen *a, b, c,* (und nur dann ist sie gültig), dann muß sie auch gültig sein, wenn sich *c* als identisch mit *a* erweist; das heißt es muß folgende Ableitung gültig sein:

(6) Wenn $\dfrac{\substack{a \\ \textit{nicht-b}}}{a}$ ein gültiger Schluß ist, dann ist $\dfrac{\substack{a \\ \textit{nicht-a}}}{b}$

ebenfalls ein gültiger Schluß.

Aus (3) wissen wir aber, daß $\dfrac{\substack{a \\ \textit{nicht-b}}}{a}$ tatsächlich ein gültiger Schluß ist. Somit ergeben (6) und (3) gemeinsam: (7) $\dfrac{\substack{a \\ \textit{nicht-a}}}{b}$ ist ein gültiger Schluß, was immer die Aussagen *a* und *b* behaupten mögen. Somit besagt (7) genau das, was wir beweisen wollten, daß aus einem Paar kontradiktorischer Prämissen *jeder* Schluß abgeleitet werden kann.

Nun kann man die Frage aufwerfen, ob diese Situation in jedem logischen System gegeben ist oder ob wir ein System konstruieren können, in dem sich aus kontradiktorischen Aussagen *nicht* jede beliebige Aussage ergibt. Mit dieser Frage habe ich mich beschäftigt, und meine Antwort geht dahin, daß ein derartiges System konstruiert werden kann. Es erweist sich allerdings als ein außerordentlich schwaches System. Von den üblichen Schlußregeln bleiben nur sehr wenig übrig, nicht einmal der *modus ponens*, der besagt, daß wir aus einer Aussage der Form „Wenn *p* dann *q*" in Verbindung mit *p* zu dem Schlußsatz *q* gelangen können. Meiner Meinung nach ist ein solches System[8] für das logische Schließen nutzlos, obwohl es vielleicht von einigem Interesse für Forscher sein kann, die an der Konstruktion von formalen Systemen ein besonderes Interesse haben.

Es wurde manchmal behauptet, die Tatsache, daß aus einem Paar kontradiktorischer Aussagen alles Beliebige abgeleitet werden kann, beweise nicht die Nutzlosigkeit einer kontradiktorischen Theorie: Erstens kann die Theorie als solche trotz ihres Widerspruches interessant sein; sie kann zweitens zu Korrekturen Anlaß geben, die ihre Widerspruchsfreiheit herstellen; und schließlich können wir eine Methode entwickeln, auch wenn dies eine Ad-hoc-Methode ist (wie beispielsweise die Methode zur Vermeidung von Divergenzen in der Quantentheorie), die uns vor der Ableitung der falschen Schlüsse bewahrt, welche zugegebenermaßen aus der Theorie logisch folgen. Das alles ist ganz richtig; aber eine solche Theorie bringt alle die ernsten Gefahren mit sich, die wir oben behandelt haben: Wenn wir ernstlich beabsichtigen, uns mit einer solchen Theorie zufriedenzugeben, dann wird uns nichts veranlassen, nach einer besseren Theorie zu suchen; und umgekehrt: wenn wir uns nach einer besseren Theorie umschauen, dann tun wir dies in der Meinung, daß die betreffende Theorie untauglich ist, und zwar *wegen der in ihr enthaltenen Widersprüche*. Das Akzeptieren von Widersprüchen muß hier wie überall der Kritik ein Ende setzen und damit zum Zusammenbruch der Wissenschaft führen.

Man sieht hier die Gefahren der unklaren und metaphorischen Ausdrucksweise. Die Unklarheit der Behauptung der Dialektiker, daß Widersprüche unvermeidbar sind und daß ihre Vermeidung ihrer *Fruchtbarkeit* wegen nicht einmal wünschenswert ist, ist in gefährlicher Weise irreführend. Sie ist irreführend, weil, wie wir ja gesehen haben, die sogenannte Fruchtbarkeit

8 Das angedeutete Sytem ist der *„dual-intuitionistische Kalkül"*; vgl. meinen Aufsatz „On the Theory of Deduction I and II", *Proc. of the Royal Dutch Academy*, 51, Nr. 2 und 3, 1948, 3. 82 auf S. 182 und 4. 2 auf S. 322 sowie 5. 32, 5. 42 und auch Fußnote 15. *Joseph Kalman Cohen* hat das System eingehender entwickelt. Ich kann eine einfache Interpretation dieses Kalküls geben: Alle Aussagen können als modale Aussagen aufgefaßt werden, die *Möglichkeiten* behaupten. Aus „*p* ist möglich" und „‚wenn *p*, dann *q*' ist möglich" können wir „*q* ist möglich" tatsächlich nicht ableiten (denn falls *p* falsch ist, kann *q* eine unmögliche Aussage sein). Und in gleicher Weise könnnen wir aus „*p* ist möglich" und „*nicht-p* ist möglich" offensichtlich nicht die Möglichkeit aller Aussagen ableiten.

der Widersprüche lediglich das Resultat unserer Entscheidung ist, keine Widersprüche zu dulden (einer Einstellung, die dem Gesetz vom Widerspruch entspricht). Und sie ist deshalb gefährlich, weil die Behauptung, daß Widersprüche nicht immer vermieden werden müssen, oder vielleicht sogar, daß sie nicht vermieden werden können, zum Zusammenbruch der Wissenschaft und der Kritik führen muß, und damit des rationalen Denkens überhaupt. Daher kommen wir zu der Forderung, daß es für jeden Wissenschaftler, der Wahrheit und Aufklärung zu fördern wünscht, eine Notwendigkeit und sogar eine Pflicht sein sollte, sich in der Kunst zu üben, Dinge klar und eindeutig auszudrücken – auch wenn das den Verzicht auf gewisse metaphorische Feinheiten und brillante Mehrdeutigkeiten bedeutet.
Aus diesem Grunde ist es besser, gewisse Formulierungen zu vermeiden. Anstelle der von uns verwendeten Terminologie: Thesis, Antithesis und Synthesis, benutzen die Dialektiker zur Beschreibung des dialektischen Dreischritts oftmals die Ausdrücke „Negation (der Thesis)“ für „Antithesis“ und „Negation der Negation“ für „Synthesis“. Und sie verwenden gern den Ausdruck „Widerspruch“ in Fällen, in denen Ausdrücke wie „Konflikt“ oder vielleicht „Gegentendenz“ oder „Gegeninteresse“ usw. weniger irreführend wären. Ihre Terminologie würde keinen Schaden anrichten, wenn die Ausdrücke „Negation“ und „Negation der Negation“ (und in ähnlicher Weise der Ausdruck „Widerspruch“) nicht klare und recht bestimmte logische Bedeutungen hätten, die sich von denen der Dialektiker unterscheiden. Und tatsächlich hat der Mißbrauch dieser Ausdrücke beträchtlich zu der Verwechslung von Logik und Dialektik beigetragen, die in den Diskussionen der Dialektiker so oft zutage tritt. Häufig betrachten die Dialektiker die Dialektik als einen Teil – den besseren Teil – der Logik, oder als eine reformierte, modernisierte Logik. Die tiefer liegenden Gründe für eine derartige Einstellung werden weiter unten behandelt. An dieser Stelle möchte ich nur feststellen: Unsere Analyse führt nicht zu dem Schluß, daß die Dialektik irgendeine Ähnlichkeit mit der Logik hat. Denn die Logik läßt sich – vielleicht grob, aber gut genug für unsere Zwecke – als die Theorie der Deduktion beschreiben. Wir haben jedoch keinen Grund zu der Annahme, daß Dialektik irgend etwas mit Deduktion zu tun hat.
Nun wollen wir zusammenfassen: Was Dialektik ist – Dialektik in dem Sinne, in dem wir dem dialektischen Dreischritt eine klare Bedeutung beimessen können – läßt sich wie folgt beschreiben: Die Dialektik, oder genauer: die Theorie des dialektischen Dreischritts, behauptet, daß sich gewisse Entwicklungen oder gewisse Geschichtsabläufe in typischer Weise vollziehen. Sie ist deshalb eine empirisch-deskriptive Theorie, vergleichbar zum Beispiel mit der Theorie, die besagt, daß die meisten lebenden Organismen während eines Stadiums ihrer Entwicklung an Gewicht zunehmen, danach konstant bleiben und schließlich abnehmen, bis sie sterben; oder

mit der Theorie, die besagt, daß Ansichten zunächst dogmatisch vertreten werden, dann skeptisch und danach erst – in einem dritten Stadium – in wissenschaftlichem, das heißt kritischem Geiste. Ebenso wie diese Theorien ist auch die Dialektik nicht ausnahmslos anwendbar – es sei denn, daß wir die dialektische Interpretation erzwingen; und ebenso wie diese Theorien hat die Dialektik keine besonders enge Beziehung zur deduktiven Logik.

Eine weitere Gefahr der Dialektik liegt in ihrer *Vagheit*. Sie macht es nur allzu leicht, nicht nur allen Arten von *Entwicklungen*, sondern sogar verschiedenen physischen *Dingen* eine dialektische Interpretation aufzuzwingen. So finden wir beispielsweise eine dialektische Interpretation, die das Saatkorn mit der Thesis identifiziert, die sich daraus entwickelnde Pflanze mit der Antithesis und alle die Getreidekörner, die die Pflanze hervorbringt, mit der Synthesis. Daß eine derartige Anwendung die ohnehin schon zu vage Bedeutung des dialektischen Dreischritts in einer Weise erweitert, die seine Vagheit in gefährlichem Maße erhöht, ist offensichtlich; sie führt uns zu einem Punkt, an dem wir durch die Behauptung, daß eine Entwicklung dialektisch ist, nicht mehr Information vermitteln als durch die Behauptung, daß es sich um eine Entwicklung in Stadien handelt – womit nicht viel gesagt ist. Wenn man jedoch diese Entwicklung dahingehend interpretiert, daß das Keimen der Pflanze die Negation des Saatkorns ist, weil dieses aufhört zu existieren, wenn die Pflanze zu wachsen beginnt, und daß die Hervorbringung einer Menge neuer Saatkörner durch die Pflanze die Negation der Negation ist, und ein neuer Anfang auf einem höheren Niveau, so ist das offensichtlich ein bloßes Spielen mit Worten. (Ist das der Grund dafür, daß *Engels* von dem angeführten Beispiel sagte, jedes Kind könnte es verstehen?)

Die von den Dialektikern vorgebrachten Standardbeispiele aus dem Gebiet der Mathematik sind womöglich noch schlimmer. Wir wollen ein berühmtes Beispiel von *Engels* in der Kurzform zitieren, die ihm *Hecker*[9] verliehen hat: „Das Gesetz der höheren Synthesis ... wird in der Mathematik allgemein verwendet. Das Negative ($-a$) wird mit sich selbst multipliziert zu a^2, das heißt die Negation der Negation hat eine neue Synthesis herbeigeführt." Aber selbst wenn wir a als Thesis und $-a$ als ihre Antithesis oder Negation annehmen, so sollte man erwarten, daß die Negation der Negation $-(-a)$ wäre, also gleich a, was allerdings keine „höhere Synthesis", sondern mit der ursprünglichen Thesis identisch wäre. Mit anderen Worten: Warum sollte die Synthesis ausgerechnet durch Multiplikation der Antithesis mit sich selbst zustande kommen? Warum nicht beispielsweise durch

9 *J. F. Hecker, Moscow Dialogues*, London, 1936, S. 99. Das Beispiel ist dem *Anti-Dühring* entnommen.

Addition von Thesis und Antithesis (wobei Null herauskäme)? Oder durch Multiplikation von Thesis und Antithesis (was zum Resultat $-a^2$ anstelle von a^2 führen würde)? Und in welchem Sinne ist a^2 „höher" als a oder $-a$? (Sicherlich nicht in dem Sinne, daß es numerisch größer ist, denn wenn $a = 1/2$ ist, dann ist $a^2 = 1/4$). Dieses Beispiel zeigt die extreme Willkürlichkeit, mit der die vagen Ideen der Dialektik angewandt werden.

Eine Theorie wie die Logik kann man als fundamental bezeichnen um damit auszudrücken, daß sie dauernd von allen Wissenschaften verwendet wird, da sie eine Theorie aller Arten von Schlüssen darstellt. Wir können sagen, daß die Dialektik in dem Sinn, in dem wir sie vernünftig und anwendbar fanden, nicht eine fundamentale, sondern lediglich eine deskriptive Theorie ist. Die Dialektik als einen Teil der Logik anzusehen, oder als eine Höherentwicklung der Logik, ist deshalb ebenso unangemessen wie etwa eine entsprechende Ansicht von der Evolutionstheorie. Nur die schon vorher kritisierte vage, metaphorische und mehrdeutige Ausdrucksweise konnte den Anschein erwecken, die Dialektik sei eine Theorie zur Beschreibung gewisser typischer Entwicklungen sowie auch eine fundamentale Theorie wie die Logik.

Aus alledem geht, glaube ich, klar hervor, daß wir bei der Verwendung des Ausdrucks „dialektisch" sehr vorsichtig sein sollten. Am besten wäre es vielleicht, ihn überhaupt nicht zu verwenden. Wir können ja in jedem Fall die klarere Terminologie der *Methode von Versuch und Irrtum* verwenden. Ausnahmen sollten nur dort gemacht werden, wo keine Mißverständnisse möglich sind, und wo wir es mit einer Entwicklung von Theorien zu tun haben, die sich tatsächlich im Dreischritt vollzieht.

2. *Die Hegelsche Dialektik*

Bisher habe ich versucht, die Idee der Dialektik so darzustellen, daß sie verständlich ist, und ich habe mich bemüht, nicht ungerecht zu sein. In meinem Umriß wurde die Dialektik als ein Weg zur Beschreibung von Entwicklungen dargestellt; als ein Weg unter mehreren, nicht von grundsätzlicher Bedeutung, aber manchmal recht brauchbar. Im Gegensatz dazu wurde eine Theorie der Dialektik aufgestellt, insbesondere von *Hegel* und seiner Schule, die ihre Bedeutung übertreibt, und die in gefährlicher Weise irreführend ist.

Um *Hegels* Dialektik verständlich zu machen, mag es vorteilhaft sein, kurz auf ein Kapitel der Philosophiegeschichte zurückzugreifen – meiner Meinung nach ein nicht sehr rühmliches Kapitel.

Eine der großen Streitfragen in der Geschichte der modernen Philosophie ist der Gegensatz zwischen dem (in erster Linie kontinentalen) kartesischen Rationalismus einerseits und dem (in erster Linie englischen) Empirismus andererseits. Der Ausspruch des *Descartes*, den ich als Motto für diese Abhandlung gewählt habe, war von seinem Autor, dem Begründer der rationalistischen Schule, nicht so gemeint, wie ich ihn hier gebraucht habe. Er sollte kein Hinweis darauf sein, daß der menschliche Geist alles versuchen muß, um etwas zu erreichen – das heißt eine nützliche Lösung zu finden – sondern er war eher als eine feindselige Kritik an denen gemeint, die solche Absurditäten vorgebracht hatten. Was *Descartes* im Sinne hatte, die entscheidende Idee hinter seinem Ausspruch, ist, daß der wirkliche Philosoph alle jene absurden und albernen Ideen vermeiden sollte. Um die Wahrheit zu finden, soll er lediglich jene seltenen Ideen akzeptieren, die durch ihre Klarheit, ihre Deutlichkeit und ihre Bestimmtheit die Vernunft ansprechen; kurz gesagt, jene Ideen, die evident sind. Die kartesische These besteht darin, daß wir die erklärenden Theorien der Wissenschaften ohne jedweden Rückgriff auf die Erfahrung allein mit Hilfe des Lichtes unserer Vernunft konstruieren können; daß jeder vernünftige Lehrsatz (d. i. einer, der sich durch seine Klarheit und Bestimmtheit empfiehlt) eine *wahre* Beschreibung der Tatsachen ist. Das ist in wenigen Worten die Theorie, die die Philosophiegeschichte als „Rationalismus" bezeichnet hat. (Eine bessere Bezeichnung wäre „Intellektualismus".) Sie läßt sich, unter Verwendung einer Formulierung von *Hegel* (also aus einer viel späteren Epoche), in den Worten zusammenfassen: „Was vernünftig ist, ist wirklich."

Im Gegensatz zu dieser Theorie behauptet der Empirismus, daß wir nur im Lichte der Erfahrung über Wahrheit oder Falschheit einer wissenschaftlichen Theorie entscheiden können. Reines Denken allein kann nach Ansicht des Empirismus niemals die tatsächliche Wahrheit festsetzen: um Tatsachen festzustellen, müssen wir von Beobachtung und Experiment Gebrauch machen. Man kann ruhig sagen, daß der Empirismus in der einen oder deren Form – obwohl vielleicht nur in einer bescheidenen und modifizierten Form – die einzige Interpretation der wissenschaftlichen Methode ist, die heutzutage ernst genommen werden kann. Der Kampf zwischen den Rationalisten und Empiristen wurde eingehend von *Kant* behandelt, der versuchte, zu einer *Synthesis* – wie ein Dialektiker (aber nicht *Kant*) es nennen würde – der beiden gegensätzlichen Ansichten zu gelangen. *Kants* Synthesis war eine modifizierte Form des Empirismus. Sein hauptsächliches Ziel war es, den reinen Rationalismus zu widerlegen. In seiner *Kritik der reinen Vernunft* behauptet er, daß der Bereich unserer Erkenntnis auf das Gebiet der möglichen Erfahrung begrenzt ist, und daß spekulatives Denken jenseits dieses Gebietes – ein Aufbau eines metaphysischen Systems aus reiner Vernunft – nicht gerechtfertigt werden kann. Diese Kritik der reinen Vernunft wurde als ein schwerer Schlag gegen die Hoffnungen nahezu aller Philosophen des Kontinents empfunden. Doch die deutschen Philosophen überwanden diesen Schlag. Weit davon entfernt, von der Kantischen Kritik der Metaphysik überzeugt zu sein, beeilten sie sich, neue, auf „intellektuelle Anschauung" gegründete metaphysische Systeme aufzubauen. Dabei versuchten sie, Züge des Kantischen Systems zu übernehmen – in der Hoffnung, dadurch der Schlagkraft seiner Kritik zu entgehen. So entwickelte sich eine Schule, die gewöhnlich als die Schule der deutschen Idealisten bezeichnet wird. Sie erreichte ihren Höhepunkt in *Hegel*.

Zwei Aspekte der *Hegel*schen Philosophie müssen wir hier behandeln – seinen Idealismus und seine Dialektik. In beiden Fällen wurde *Hegel* von Kantischen Ideen beeinflußt, versuchte aber, darüber hinauszugehen. Um *Hegel* zu verstehen, müssen wir deshalb aufzeigen, in welcher Weise seine Theorie von der Theorie *Kants* Gebrauch machte.

Kant ging von der Tatsache aus, daß die Wissenschaft existiert. Und er wollte diese Tatsache erklären, das heißt, er wollte die Frage beantworten: „Wie ist Wissenschaft möglich?" oder „Wie ist die menschliche Vernunft fähig, Kenntnis von dieser Welt zu erlangen?" oder „Wie kann unser Intellekt die Welt erfassen?" (Die Frage können wir das epistemologische Problem nennen.)

Sein Argument lautet etwa folgendermaßen: Unser Geist kann die Welt erfassen – oder genauer: die Welt, wie sie uns erscheint –, weil diese Welt nicht völlig verschieden vom Intellekt ist – weil sie dem Intellekt ähnlich ist. Und sie ist es deshalb, weil der Intellekt im Prozeß der Erlangung von Erkenntnis oder des Erfassens der Welt alles Material, das ihm die Sinne zuführen, sozusagen aktiv verarbeitet. Er formt und bearbeitet dieses Material; er drückt ihm seine eigenen Formen oder Gesetze auf – die Formen oder Gesetze unseres Denkens. Was wir als „Natur" bezeichnen – die Welt, in der wir leben, die Welt, *wie sie uns erscheint* –, ist eine bereits verarbeitete Welt, eine von unserem Intellekt geformte Welt. Und da sie somit vom Intellekt assimiliert ist, ist sie dem Intellekt ähnlich.

Die Antwort: „Der Intellekt kann die Welt erfassen, weil die Welt, wie sie uns erscheint, dem Intellekt ähnlich ist", ist ein idealistisches Argument; denn was der Idealismus behauptet, ist eben, daß der Welt etwas vom Wesen des Intellekts oder des Geistes zukommt.

Ich beabsichtige nicht, für oder gegen diese Kantische Epistemologie zu argumentieren, und ich beabsichtige nicht, sie im Detail zu behandeln. Ich möchte aber darauf hinweisen, daß sie sicherlich nicht *rein* idealistisch ist. Sie ist, wie *Kant* selbst feststellt, eine Mischung oder eine *Synthesis* zwischen einer Art von Realismus und einer Art von Idealismus: Ihr realistisches Element besteht in der Behauptung, daß die Welt, wie sie uns erscheint, eine Art *Material* ist, das von unserem Intellekt geformt ist, während ihr idealistisches Element in der Behauptung besteht, daß sie eine Art Material ist, *das von unserem Intellekt geformt ist*.

So viel über *Kants* recht abstrakte, aber sicherlich geniale Epistemologie. Ehe ich nun zu *Hegel* übergehe, muß ich jene Leser (sie sind mir die liebsten), die keine Philosophen sind und die sich gewohnheitsmäßig auf ihren gesunden Menschenverstand verlassen, bitten, sich an den Ausspruch von *Descartes* zu erinnern, den ich als Motto für diesen Aufsatz gewählt habe; denn was sie jetzt hören werden, wird ihnen vielleicht – meiner Meinung nach völlig zu Recht – als absurd erscheinen.

Wie ich bereits feststellte, ging *Hegel* in seinem Idealismus über *Kant* hinaus. *Hegel* beschäftigte sich ebenfalls mit dem epistemologischen Problem: „Wie kann unser Geist (Intellekt, Vernunft) die Welt erfassen?" und wie die übrigen Idealisten antwortete auch er: „Weil die Welt geist-ähnlich ist." Seine Theorie war jedoch radikaler als die Kantische. Er sagte nicht, wie *Kant*, „weil der Intellekt die Welt *verarbeitet* oder *formt*". Er sagte, „weil der Geist, die Vernunft, die Welt *ist*"; oder in einer anderen Formulierung, „weil das Vernünftige das Wirkliche *ist*; weil Wirklichkeit und Vernunft identisch sind".

Das ist *Hegels* „Philosophie der Identität von Vernunft und Wirklichkeit", seine sogenannte „Identitätsphilosophie". Nebenbei sei bemerkt, daß zwischen *Kants* epistemologischer Antwort „weil der Intellekt die Welt formt" und *Hegels* Identitätsphilosophie „weil die Vernunft die Welt ist" historisch eine Brücke bestand – nämlich *Fichtes* Antwort: „Weil mein Geist die Welt erschafft"[10].

Hegels Identitätsphilosophie, „Das, was vernünftig ist, ist wirklich, und das, was wirklich ist, ist vernünftig, also sind Vernunft und Wirklichkeit identisch", war zweifellos ein Versuch zur Wiederherstellung des Rationalismus auf einer neuen Grundlage. Sie gestattete es dem Philosophen, aus dem reinen Denken eine Theorie der Welt zu konstruieren und zu behaupten, daß dies eine wahre Theorie der wirklichen Welt sein müsse. Somit ermöglichte sie genau das, was *Kant* für unmöglich erklärt hatte. Daher sah sich *Hegel* zu dem Versuch gezwungen, *Kants* Argumente gegen die Metaphysik zu widerlegen. Und das tat er mit Hilfe seiner Dialektik.

Um seine Dialektik zu verstehen, müssen wir wiederum auf *Kant* zurückgreifen. Um Einzelheiten zu vermeiden, möchte ich die triadische Konstruktion der Kantischen Kategorientafeln nicht behandeln, obwohl sie *Hegel* zweifellos inspiriert hat[11]. Ich muß jedoch auf *Kants* Methode der Ver-

---

10 Diese Antwort ist nicht einmal originell; *Kant* hatte sie vorher bereits in Betracht gezogen, aber natürlich verworfen.

11 *MacTaggart* hat diesen Punkt zum zentralen Thema seiner interessanten *Studies in Hegelican Dialectic* gemacht.

werfung des Rationalismus hinweisen. Oben habe ich bereits erwähnt, daß *Kant* behauptete, der Bereich unserer Erkenntnis sei auf das Gebiet der möglichen Erfahrung beschränkt, und reines Denken sei jenseits dieses Gebietes nicht gerechtfertigt. In einem Abschnitt seiner *Kritik*, den er mit „Transzendentale Dialektik" überschrieb, bewies er dies wie folgt: Wenn wir versuchen, ein theoretisches System aus der reinen Vernunft heraus zu konstruieren – beispielsweise wenn wir zu argumentieren versuchen, daß die Welt in der wir leben, unendlich ist (eine Vorstellung, die offensichtlich über die Grenzen möglicher Erfahrung hinausgeht) – so können wir dies tun; wir werden aber zu unserer Bestürzung feststellen, daß wir mit Hilfe analoger Argumente stets das gegensätzliche Resultat ebensogut beweisen können. Mit anderen Worten: Wenn wir eine derartige metaphysische Thesis betrachten, so können wir stets eine exakte Antithesis konstruieren und verteidigen; und für jedes Argument zugunsten der Thesis können wir unschwer sein Gegenargument zugunsten der Antithesis konstruieren. Und beide Argumente werden von ähnlicher Stärke und Überzeugungskraft sein – beide Argumente werden als gleich oder nahezu gleich vernünftig erscheinen. Auf diese Weise, so sagte *Kant*, ist die Vernunft gezwungen, gegen sich selbst zu argumentieren und sich selbst zu widersprechen, wenn sie jenseits der möglichen Erfahrung angewendet wird.

Wenn ich eine Art modernisierter Rekonstruktion oder Reinterpretation von *Kant* geben sollte, so würde ich – unter Abweichung von *Kants* eigener Ansicht über seine Leistung – sagen, *Kant* habe nachgewiesen, daß das metaphysische Prinzip der Vernünftigkeit oder Evidenz nicht eindeutig zu einem und nur einem Resultat und daher zu einer und nur einer Theorie führt. Es ist stets möglich, mit der gleichen scheinbaren Vernünftigkeit zugunsten mehrerer verschiedener, ja sogar gegensätzlicher Theorien zu argumentieren. Wenn wir also keine Hilfe von der Erfahrung erhalten, wenn wir keine Experimente und Beobachtungen machen können, die uns zum mindesten zur Eliminierung bestimmter Theorien veranlassen – nämlich jener, die zwar ganz vernünftig erscheinen, aber den beobachteten Tatsachen widersprechen –, dann verbleibt uns keine Hoffnung darauf, über die Ansprüche konkurrierender Theorien jemals entscheiden zu können.

Wie hat nun *Hegel* die Kantische Widerlegung des Rationalismus überwunden? Sehr einfach durch die Feststellung, daß ein logischer Widerspruch kein Einwand ist; denn Widersprüche müssen in der Entwicklung des Denkens und der Vernunft notwendigerweise auftauchen. Sie zeigen lediglich die Unzulänglichkeit einer Theorie auf, die die Tatsache nicht berücksichtigt, daß das Denken oder die Vernunft und damit (gemäß der Identitätsphilosophie) die Wirklichkeit nicht etwas ein für allemal Abge-

schlossenes ist, sondern sich entwickelt – daß wir in einer Welt der Evolution leben. *Kant*, so sagte *Hegel*, widerlegte die Metaphysik, nicht aber den Rationalismus. Denn was *Hegel* als „Metaphysik" im Gegensatz zur „Dialektik" bezeichnete, ist lediglich ein rationalistisches System, das Evolution, Bewegung und Entwicklung nicht berücksichtigt und somit versucht, die Wirklichkeit als etwas Stabiles, Unbewegtes und Widerspruchfreies zu begreifen. *Hegel* folgert gemäß seiner Identitätsphilosophie, daß, da sich die Vernunft entwickelt, sich auch die Welt entwickeln muß und daß, da die Entwicklung des Denkens oder der Vernunft eine dialektische ist, sich auch die Welt im dialektischen Dreischritt entwickeln muß.
So finden wir in *Hegels* Dialektik die folgenden drei Elemente:

(a) Einen Versuch, der Kantischen Widerlegung dessen, was *Kant* als „Dogmatismus" in der Metaphysik bezeichnete, zu entgehen. Diese Widerlegung betrachtete *Hegel* als gültig nur für Systeme, die metaphysisch im engeren Sinne sind, jedoch nicht für einen dialektischen Rationalismus, der die Entwicklung der Vernunft berücksichtigt und deshalb Widersprüche nicht zu fürchten braucht. Indem *Hegel* der Kantischen Kritik in dieser Weise ausweicht, stürzt er sich in ein äußerst gefährliches Abenteuer, das zur Katastrophe führen muß; denn er argumentiert etwa folgendermaßen: „*Kant* widerlegte den Rationalismus durch die Feststellung, er müsse zu Widersprüchen führen. Dies gebe ich zu. Aber es ist klar, daß dieses Argument seine Stärke aus dem Gesetz vom Widerspruch ableitet: es widerlegt nur solche Systeme, die dieses Gesetz akzeptieren, also solche, die versuchen, frei von Widersprüchen zu sein. Das Argument ist nicht gefährlich für ein System wie das meinige, das bereit ist, Widersprüche zu akzeptieren – also für ein dialektisches System." Es besteht kein Zweifel, daß *Hegels* Argument einen Dogmatismus von äußerst gefährlicher Art errichtet – einen Dogmatismus, der keinerlei Angriffe mehr zu fürchten braucht. Denn jeder Angriff, jede Kritik irgendeiner Theorie muß sich auf die Methode stützen, irgendeinen Widerspruch aufzuzeigen, entweder in der Theorie selbst oder zwischen der Theorie und irgendwelchen Tatsachen (wie ich bereits festgestellt habe). *Hegels* Methode, *Kant* zu überwinden, ist somit wirkungsvoll – aber leider zu wirkungsvoll. Sie schirmt sein System gegen jede Art von Kritik oder Angriff ab und ist daher dogmatisch in einem ganz besonderen Sinne, so daß ich sie als *„doppelt verschanzten Dogmatismus"* bezeichnen möchte. (Es sei noch bemerkt, daß ähnlich doppelt verschanzte Dogmatismen auch zur Stützung von anderen dogmatischen Systemen verwendet werden können.)

(b) Die dialektische Beschreibung der Entwicklung der Vernunft ist ein Element der *Hegel*schen Philosophie, das einige Plausibilität für sich hat.

Das wird deutlich, wenn wir uns erinnern, daß *Hegel* das Wort „Vernunft" (oder „Geist") nicht nur im subjektiven Sinne gebrauchte, in dem es eine bestimmte geistige Fähigkeit bezeichnet, sondern auch im objektiven Sinne, in dem es alle Arten von Theorien, Gedanken, Ideen usw. bezeichnete. *Hegel* vertrat die Ansicht, daß die Philosophie der höchste Ausdruck des Denkens ist, und er hatte in erster Linie die Entwicklung des philosophischen Denkens im Sinne, wenn er von der Entwicklung des Denkens sprach. Tatsächlich kann der dialektische Dreischritt kaum irgendwo erfolgreicher angewandt werden, als in Untersuchungen der Entwicklung philosophischer Theorien. Daher ist es nicht überraschend, daß *Hegels* erfolgreichster Versuch zur Anwendung seiner dialektischen Methode seine Geschichte der Philosophie ist.

Um die mit einem solchen Erfolg verknüpfte Gefahr zu verstehen, müssen wir bedenken, daß zu *Hegels* Zeit – und noch viel später – Logik üblicherweise als Theorie des Schließens und des *Denkens* bezeichnet und definiert wurde und daß demgemäß die fundamentalen Gesetze der Logik in der Regel als „*Denk*gesetze" bezeichnet wurden. Es ist daher völlig verständlich, daß *Hegel* in dem Glauben, die Dialektik sei die wahre Beschreibung des tatsächlichen Schluß- und Denkvorganges, zu der Ansicht gelangte, er müsse die Logik so abändern, daß die Dialektik zu einem wichtigen, wenn nicht zu dem wichtigsten Teil der Theorie der Logik wird. Daraus ergab sich die Notwendigkeit, den „Satz vom Widerspruch" zu beseitigen, da dieser offensichtlich ein ernsthaftes Hindernis auf dem Wege zur Dialektik darstellte. Hier stoßen wir auf den Ursprung der Ansicht, die Dialektik sei „fundamental" in dem Sinne, daß sie mit der Logik konkurrieren kann, daß sie eine Verbesserung der Logik ist. Ich habe diese Ansicht der Dialektik bereits kritisiert, und ich möchte lediglich wiederholen, daß jede Art logischen Schließens, ob vor oder nach *Hegel*, ob auf dem Gebiet der Naturwissenschaften oder der Mathematik oder einer wirklich rationalen Philosophie, stets auf den Satz vom Widerspruch gegründet ist. Aber *Hegel* schreibt (*System der Philosophie*, Erster Teil: Die Logik, sämtl. Werke, hrsg. von H. Glockner, Bd. 8, Stuttgart 1958, § 81 Zusatz 1, S. 190): „Das Dialektische gehörig aufzufassen und zu erkennen, ist von höchster Wichtigkeit. Es ist dasselbe überhaupt das Princip aller Bewegung, alles Lebens und aller Bethätigung in der Wirklichkeit. Ebenso ist das Dialektische auch die Seele alles wahrhaft wissenschaftlichen Erkennens."

Wenn *Hegel* aber unter dialektischem Schließen ein Schließen versteht, das den Satz vom Widerspruch verwirft, dann ist er sicherlich nicht in der Lage, ein Beispiel eines entsprechenden Schlusses auf dem Gebiet der Wissenschaft anzuführen. (Die vielen von Dialektikern angeführten Beispiele bewegen sich ohne Ausnahme auf dem Niveau der oben angeführten *Engels*schen Beispiele, vom Getreidekorn oder $(-a)^2 = a^2$, oder noch

schlimmer.) Es ist nicht das wissenschaftliche Schließen als solches, das auf die Dialektik gegründet ist; es sind lediglich die Geschichte und die Entwicklung wissenschaftlicher Theorien, die mit einigem Erfolg mit Hilfe der dialektischen Methode beschrieben werden können. Und wie wir gesehen haben, kann diese Tatsache die These, daß die Dialektik fundamental ist, nicht rechtfertigen, da die Theoriengeschichte auch im Rahmen der üblichen Logik erklärt werden kann, wenn wir uns an die Wirkungsweise der *Methode von Versuch und Irrtum* erinnern.
Wie ich bereits feststellte, besteht die Hauptgefahr einer solchen Verwechslung von Dialektik und Logik darin, daß sie die dogmatische Argumentation fördert. Denn wir finden nur zu oft, daß Dialektiker in logischen Schwierigkeiten ihre letzte Zuflucht darin suchen, daß sie ihren Gegnern sagen, ihre Kritik sei abwegig, da sie sich auf die übliche Logik und nicht auf die Dialektik gründe; wenn sie nur die Dialektik anwenden wollten, würden sie feststellen, daß die Widersprüche, die sie in irgendeinem Argument der Dialektiker gefunden haben, völlig zu Recht bestehen (nämlich vom Standpunkt der Dialektik).

(c) Ein drittes Element der *Hegel*schen Dialektik gründet sich auf seine *Identitätsphilosophie*. Wenn Vernunft und Wirklichkeit identisch sind und die Vernunft sich dialektisch entwickelt (wie es die Entwicklung des philosophischen Denkens so gut zeigt), dann muß sich auch die Wirklichkeit dialektisch entwickeln. Die Welt muß von den Gesetzen der dialektischen Logik beherrscht sein. (Diese Auffassung wurde als „Panlogismus" bezeichnet.) Somit müssen wir in der Welt der Tatsachen die gleichen Widersprüche finden, wie sie die dialektische Logik zuläßt. Und es ist gerade die Tatsache, daß die Welt voller Widersprüche ist, die uns von einem anderen Blickpunkt her zeigt, daß der Satz vom Widerspruch aufgegeben werden muß. Denn dieser Satz besagt, daß kein in sich widerspruchsvoller Satz oder kein Paar kontradiktorischer Sätze wahr sein können. Mit anderen Worten: daß in der Natur, das heißt in der Welt der Tatsachen, niemals Widersprüche vorkommen können und daß Tatsachen sich niemals widersprechen können. Aber auf der Grundlage der Philosophie der Identität von Vernunft und Wirklichkeit wird behauptet, daß Tatsachen einander widersprechen können, da Ideen dies tun, und daß Tatsachen sich durch Widersprüche entwickeln, wie die Ideen es tun; somit muß also der Satz vom Widerspruch aufgegeben werden.
Aber abgesehen von dem, was mir als die äußerste Absurdität der Identitätsphilosophie erscheint (worauf ich später noch zu sprechen kommen werde), finden wir bei näherer Betrachtung dieser angeblich kontradiktorischen Tatsachen, daß alle von den Dialektikern vorgebrachten Beispiele lediglich feststellen, daß die Welt, in der wir leben, manchmal eine

bestimmte Struktur aufweist, die sich vielleicht mit Hilfe des Wortes *„Polarität"* beschreiben läßt.

Ein Beispiel für eine solche Struktur wäre die Existenz positiver und negativer Elektrizität. Es wäre aber lediglich eine metaphorische und unklare Ausdrucksweise, zu sagen, daß sich positive und negative Elektrizität kontradiktorisch gegenüberstehen. Ein Beispiel für einen wahren Widerspruch würden die beiden folgenden Sätze bilden: „Dieser Körper hier wurde am 1. November 1938 zwischen 9 und 10 Uhr vormittags positiv geladen", und ein analoger Satz über den gleichen Körper, der aussagt, daß er zur gleichen Zeit *nicht* positiv geladen wurde.

Dies wäre ein Widerspruch zwischen zwei Sätzen, und die entsprechende kontradiktorische Tatsache bestünde darin, daß ein Körper in seiner Gesamtheit gleichzeitig positiv und nicht positiv geladen wäre und somit gleichzeitig gewisse negativ geladene Körper anziehen und auch nicht anziehen müßte. Es ist kaum nötig festzustellen, daß derartige kontradiktorische Fakten nicht existieren. (Eine tiefer gehende Analyse könnte zeigen, daß die Nichtexistenz solcher Tatsachen nicht ein Gesetz nach Art der Gesetze der Physik ist, sondern sich auf die Logik gründet – auf die Regeln, die den wissenschaftlichen Sprachgebrauch beherrschen.)

Wir können also dreierlei festhalten: (a) die dialektische Opposition gegen *Kants* Antirationalismus; sie führt zu einer Wiederherstellung des Rationalismus, gestützt durch einen doppelt verschanzten Dogmatismus; (b) die Verschmelzung von Dialektik und Logik, gegründet auf die Mehrdeutigkeit solcher Ausdrücke wie „Vernunft", „Denkgesetze" usw.; (c) die Anwendung der Dialektik auf die Welt der Tatsachen, gegründet auf *Hegels* Panlogismus und seine Identitätsphilosophie. Diese drei Punkte erscheinen mir als die Hauptelemente der *Hegel*schen Dialektik.

Ehe ich zu einer kurzen Darstellung des Schicksals der Dialektik nach *Hegel* übergehe, möchte ich noch meine persönliche Ansicht über *Hegels* Philosophie und besonders über seine Identitätsphilosophie formulieren. Ich bin der Ansicht, daß sie die übelste all jener absurden und unglaublichen philosophischen Theorien darstellt, auf die *Descartes* sich in seinem Ausspruch bezieht, den ich als Motto für diese Abhandlung gewählt habe. Nicht nur, daß die Identitätsphilosophie ohne jede ernsthafte Rechtfertigung dargeboten wird; auch das Problem, zu dessen Beantwortung sie erfunden wurde – die Frage „Wie kann unser Intellekt die Welt erfassen?" – scheint mir keineswegs klar formuliert zu sein. Und die idealistische Antwort, die von den verschiedenen idealistischen Philosophen zwar variiert wurde, aber grundsätzlich die gleiche geblieben ist, nämlich „weil die Welt dem Intellekt ähnlich ist", ist nur dem Anschein nach eine Antwort.

Wir können deutlich sehen, daß es keine wirkliche Antwort ist, wenn wir ein analoges Argument in Betracht ziehen, zum Beispiel: „Wie kann dieser

Spiegel mein Gesicht reflektieren?" – „Weil er dem Gesicht ähnlich ist." Obwohl ein solches Argument offensichtlich völlig unsinnig ist, ist es dennoch immer wieder vorgebracht worden. Wir finden es beispielsweise in unserer Zeit von *Jeans* etwa folgendermaßen formuliert: „Wie kann die Mathematik die Welt erfassen?" – „Weil die Welt der Mathematik ähnlich, also mathematikartig ist." Somit argumentiert er, daß die Wirklichkeit der Mathematik wesensgleich ist, daß die Welt ein mathematischer Gedanke (und deshalb ideell) ist. Dieses Argument ist offensichtlich nicht sinnvoller als das folgende: „Wie kann die Sprache die Welt beschreiben?" – „Weil die Welt der Sprache ähnlich ist: sie ist sprachartig linguistisch", oder das folgende: „Wie kann die englische Sprache die Welt beschreiben?" – „Weil die Welt wesentlich britisch ist." Daß das letzte Argument dem von *Jeans* vorgebrachten tatsächlichen analog ist, wird deutlich, wenn wir überlegen, daß die mathematische Beschreibung der Welt lediglich *eine bestimmte Art der Beschreibung* dieser Welt ist, und daß die Mathematik eine besonders reichhaltige Sprache ist.

Vielleicht läßt sich dies am leichtesten mit Hilfe eines trivialen Beispiels zeigen. Es gibt primitive Sprachen, die keine Zahlen verwenden, sondern versuchen, numerische Vorstellungen mit Hilfe von „eins", „zwei" und „viele" auszudrücken. Es ist klar, daß eine solche Sprache nicht in der Lage ist, kompliziertere Beziehungen zwischen bestimmten Gruppen von Objekten zu beschreiben, die sich mit Hilfe der numerischen Ausdrücke „drei", „vier", „fünf" usw. leicht beschreiben lassen. Eine primitive Sprache kann ausdrücken, daß *A* viele Schafe hat und daß er mehr Schafe hat als *B*; aber sie kann nicht ausdrücken, daß *A* neun Schafe hat, und daß er fünf Schafe mehr hat als *B*. Mit anderen Worten: Mathematische Symbole werden in die Sprache eingeführt, um gewisse kompliziertere Beziehungen zu beschreiben, die anderweitig nicht beschrieben werden können; eine Sprache, die die Arithmetik der natürlichen Zahlen enthält, ist einfach reicher als eine Sprache, der die entsprechenden Symbole fehlen. Und alles, was wir aus der Tatsache, daß wir zur Beschreibung der Welt eine mathematische Sprache verwenden müssen, über ihr Wesen schließen können, besteht darin, daß die Welt einen hohen Grad von Komplexität hat, so daß in ihr Beziehungen bestehen, die mit zu primitiven Mitteln nicht beschrieben werden können.

Jeans war offenbar von der Tatsache beunruhigt, daß unsere Welt zu mathematischen Formeln paßt, die ursprünglich von den *reinen* Mathematikern erfunden wurden, die nicht die Absicht hatten, ihre Formeln auf die Welt anzuwenden. Ursprünglich begann er anscheinend als „Induktivist"; das heißt, er war der Ansicht, daß Theorien durch ein mehr oder weniger einfaches Schlußverfahren aus der Erfahrung abgeleitet werden. Wenn man von einer solchen Position ausgeht, muß die Entdeckung Erstaunen auslösen, daß eine von reinen Mathematikern auf rein spekulative Weise formulierte Theorie sich nachträglich als auf die physische Welt anwendbar erweist. Für diejenigen, die keine Induktivisten sind, ist das keineswegs erstaunlich. Sie wissen, daß sich recht häufig eine ursprünglich als reine Spekulation, als bloße Möglichkeit aufgestellte Theorie später als empirisch anwendbar erweist. Sie wissen auch, daß es oftmals diese spekulative Antizipation ist, die den Weg für empirische Theorien ebnet. (Auf diese Weise ist das „Problem der Induktion", wie es gewöhnlich genannt wird, mit dem Problem des Idealismus verknüpft, mit welchem wir es hier zu tun haben.)

3. *Die Dialektik nach Hegel*

Hegels Philosophie der Identität von Vernunft und Wirklichkeit wird gelegentlich als „absoluter Idealismus" charakterisiert, weil sie behauptet, die Wirklichkeit sei dem Intellekt ähnlich oder ihrem Wesen nach vernünftig. Aber offensichtlich läßt sich eine derartige dialektische Identitätsphilosophie unschwer umkehren, so daß sie zu einer Art *Materialismus* wird. Die Verfechter dieses Materialismus argumentieren, daß die Wirklichkeit in ihrem Wesen materiell oder physisch ist, wie es dem naiven Denken entspricht. Und mit der Aussage, daß sie mit der Vernunft oder dem Geist identisch ist, würde sie dann implizieren, daß die Vernunft oder der Geist ebenfalls ein materielles oder physisches Phänomen ist – oder, um weniger radikal zu sein, daß, falls der Geist sich als irgendwie unterschiedlich von der materiellen Wirklichkeit erweisen sollte, dieser Unterschied nicht von großer Bedeutung sein könne.

Ein solcher Materialismus kann als Renaissance gewisser (durch Verknüpfung mit der Dialektik modifizierter) Aspekte des Kartesianismus betrachtet werden. Aber durch die Aufgabe ihrer ursprünglichen idealistischen Grundlage verliert die Dialektik alles, was sie plausibel und verständlich machte. Wir müssen uns nur daran erinnern, daß die besten Argumente zugunsten der Dialektik in ihrer Anwendbarkeit auf die Entwicklung des Denkens lagen, besonders des philosophischen Denkens. Nun aber stehen wir unmittelbar der Behauptung gegenüber, die physische Wirklichkeit entwickle sich dialektisch – eine äußerst dogmatische Behauptung mit so geringer wissenschaftlicher Untermauerung, daß die materialistischen Dialektiker sich gezwungen sehen, ausgiebige Verwendung von der von uns bereits beschriebenen Methode zu machen, die sich gegen jede Kritik (als „nicht dialektisch") doppelt verschanzt. So befindet sich der dialektische Materialismus in Übereinstimmung mit den oben diskutierten Punkten (a) und (b), ändert aber Punkt (c) beträchtlich ab; allerdings, so glaube ich, ohne Vorteile für seine dialektischen Züge. Wenn ich diese meine Ansicht ausspreche, möchte ich betonen, daß ich zwar kein Materialist bin, meine Kritik aber auch nicht gegen den Materialismus richte, den ich dem Idealismus vielleicht persönlich vorziehen würde, wenn ich zu wählen gezwungen wäre, zur Wahl zwischen beiden (was glücklicherweise nicht der Fall ist). Es ist lediglich die Kombination von Dialektik und Materialismus, die mir als noch übler erscheint als der dialektische Idealismus.

Diese Bemerkungen beziehen sich besonders auf den von *Marx* entwickelten *„Dialektischen Materialismus"*. Das materialistische Element dieser Theorie läßt sich relativ leicht derart umformulieren, daß sich dagegen keine ernsthaften Einwände erheben lassen. Soweit ich sehe, läßt sich der wichtigste Punkt wie folgt darstellen: Es besteht kein Grund für die Annahme, daß die Sozialwissenschaften einen idealistischen Unterbau *Hegel*scher Art brauchen, während die Naturwissenschaften sich auf der Grundlage der realistischen Anschauungen des normalen Menschen entwickeln können. Diese Annahme wurde in der Tat zur Zeit von *Karl Marx* (und auch heute) oft gemacht; sie wurde dadurch bestärkt, daß *Hegel* mit seiner idealistischen Staatstheorie die Sozialwissenschaften stark beeinflußte, ja vielleicht sogar förderte, während die Unfruchtbarkeit der von ihm vertretenen Ansichten auf dem Gebiet der Naturwissenschaften – zumindest für Naturwissenschaftler – nur zu offenkundig war[12]. Ich glaube, die Ideen von *Marx* und *Engels* richtig zu interpretieren, wenn ich vermute, daß einer ihrer Hauptgründe für ihre Betonung des Materialismus darin bestand, jede Theorie zu verwerfen, die unter Berufung auf das rationale oder spirituale Wesen des Menschen behauptet, daß die Soziologie auf eine idealistische oder spiritualistische Basis oder auf die Analyse der Vernunft gegründet werden muß. Im Gegensatz dazu betonten sie, daß die

12 Das sollte wenigstens all denen klar werden, die als Beispiel die folgende erstaunliche *Analyse des Wesens* der *Elektrizität* betrachten. (Siehe *G. W. F. Hegel, System der Philosophie,* zweiter Teil: Die Naturphilosophie, Sämtliche Werke hrsg. von H. Glockner, Bd. 9, Stuttgart 1958, § 323 Zusatz, S. 369.) Diese Stelle lautet im Original: „Die Elektrizität ist der reine Zweck der Gestalt, der sich von ihr befreit; die Gestalt, die ihre Gleichgültigkeit aufzuheben anfängt; denn die Elektrizität ist das unmittelbare Hervortreten, oder das noch von der Gestalt herkommende, noch durch sie bedingte Daseyn, – oder noch nicht die Auflösung der Gestalt selbst, sondern der oberflächliche Proceß, worin die Differenzen die Gestalt verlassen, aber sie zu ihrer Bedingung haben, und noch nicht an ihnen selbständig sind."
Vgl. auch zwei ähnliche Stellen über den Schall und über die Wärme, die ich in meinem Buch *The Open Society and its Enemies* 1945, 10/1973, (deutsch: *Die offene Gesellschaft und ihre Feinde*, 2 Bde., Bern 1957, 1958), Anm. 4 zu Kap. 12 zitiert habe, sowie den Text dieses Buches.

materielle Seite der menschlichen Natur – und insbesondere der Bedarf an Nahrungsmitteln und anderen materiellen Gütern – von grundsätzlicher Bedeutung für die Soziologie ist.

Diese Ansicht war zweifellos vernünftig; und ich bin der Meinung, daß die diesbezüglichen *Marx*schen Beiträge von wirklicher Bedeutung und anhaltendem Einfluß sind. Jedermann lernte von *Marx*, daß die Entwicklung selbst der Ideen nicht voll verstanden werden kann, wenn nur die Ideengeschichte als solche behandelt wird (obwohl eine solche Behandlung oftmals ihre großen Vorzüge haben kann), das heißt, ohne Analyse der Umstände ihres Ursprungs und der Problemsituation ihrer Begründer, also von Umständen, deren ökonomischer Aspekt von größter Bedeutung sein kann. Dennoch bin ich persönlich der Ansicht, daß der *Marx*sche *Ökonomismus* – seine Betonung des ökonomischen Hintergrundes als letzte Grundlage jeder Art von Entwicklung – einen Irrtum darstellt und tatsächlich unhaltbar ist. Ich glaube, daß die gesellschaftliche Erfahrung eindeutig zeigt, wie unter bestimmten Umständen der Einfluß von Ideen (vielleicht von Propaganda unterstützt) die ökonomischen Kräfte kompensieren und sogar überkompensieren kann. Und selbst wenn wir zugeben, daß es unmöglich ist, geistige Bewegungen ohne ihren ökonomischen Hintergrund voll zu verstehen, so ist es wenigstens ebenso unmöglich, ökonomische Entwicklungen voll zu verstehen ohne Verständnis der wissenschaftlichen oder religiösen Ideen.

Für unsere gegenwärtigen Zwecke ist es nicht so wichtig, den *Marx*schen Materialismus oder Ökonomismus zu analysieren, als vielmehr festzustellen, was in seinem System aus der Dialektik geworden ist. Zwei Punkte scheinen mir wichtig. Der eine betrifft die *Marx*sche Betonung der historischen Methode auf dem Gebiet der Soziologie, eine Tendenz, die ich als „*Historizismus*“ bezeichnet habe. Der zweite bezieht sich auf die antidogmatische Tendenz der *Marx*schen Dialektik.

Zum ersten Punkt müssen wir uns daran erinnern, daß *Hegel* einer der Begründer der historischen Methode war, ein Begründer jener Schule von Denkern, die glaubten, daß man eine Entwicklung durch ihre historische Beschreibung kausal erklärt habe. Diese Schule war der Ansicht, daß man beispielsweise bestimmte soziale Institutionen dadurch erklären könne, daß man aufzeigt, wie die Menschheit sie allmählich entwickelt hat. Heute wird oftmals anerkannt, daß die Bedeutung der historischen Methode für die Sozialtheorie überschätzt worden ist; der Glaube an diese Methode ist jedoch keineswegs erloschen. Ich habe an anderer Stelle versucht, diese Methode zu kritisieren (besonders in meinem Buch: *Das Elend des Historizismus*). Hier möchte ich lediglich betonen, daß die *Marxsche* Soziologie von *Hegel* nicht nur die Ansicht übernahm, daß ihre Methode eine historische sein müsse und daß Soziologie und Geschichte Theorien der sozialen Entwicklung werden müßten, sondern auch, daß diese Entwicklung dialektisch erklärt werden müsse. Die Geschichte war für *Hegel die Geschichte der Ideen. Marx* ließ diesen Idealismus fallen, behielt aber *Hegels* Lehre bei, daß die dialektischen „Widersprüche", „Negationen" und „Negationen der Negationen" die dynamischen Kräfte der geschichtlichen Entwicklung darstellen. In dieser Hinsicht hielten sich *Marx* und *Engels* tatsächlich sehr eng an *Hegel*, wie sich an Hand folgender Zitate zeigen läßt: *Hegel* sprach in seinem *System der Philosophie* (a. a. O., § 81 Zusatz 1, S. 193) von der Dialektik als von „der allgemeinen unwiderstehlichen Macht, vor welcher nichts, wie sicher und fest dasselbe sich auch dünken möge, zu bestehen vermag". Und in ähnlicher Weise schreibt *Engels* (*Anti-Dühring*, Teil I, Dialektik: Negation der Negation): „Was ist nun die Negation der Negation? Ein äußerst allgemeines ... Entwicklungsgesetz der Natur, der Geschichte und des Denkens; ein Gesetz, das ... gültig ist im tierischen und pflanzlichen Reich, in der Geologie, der Mathematik, der Geschichte und in der Philosophie."

Nach Ansicht von *Marx* ist es die Hauptaufgabe der Soziologie zu zeigen, wie diese dialektischen Kräfte in der Geschichte am Werke sind, und auf diese Weise den Geschichtsablauf vorauszusagen oder, wie er im Vorwort zum *Kapital* sagt, „es ist das letzte Ziel dieses Werkes, das ökonomische Bewegungsgesetz der modernen Gesellschaft aufzudecken". Und dieses dialektische Bewegungsgesetz, die Negation der Negation, bietet die Grundlage für die *Marx*sche Prophetie des bevorstehenden Zusammenbruchs des Kapitalismus (*Das Kapital*, I, Kap. 24): „Die kapitalistische Produktionsweise ... ist die erste Negation ... Aber der Kapitalismus erzeugt mit der Unausweichlichkeit eines Naturgesetzes seine eigene Negation. Es ist die Negation der Negation."

Eine Voraussage braucht sicherlich nicht unwissenschaftlich zu sein, wie Voraussagen von Sonnenfinsternissen und anderen astronomischen Ereignissen beweisen. Aber weder die *Hegel*sche Dialektik noch ihre materialistische Version können als eine vernünftige Grundlage für wissenschaftliche Voraussagen akzeptiert werden. („Aber alle Marxschen Prognosen haben sich erfüllt", pflegen die Marxisten zu antworten. Sie haben sich nicht erfüllt. Um ein Beispiel von vielen zu zitieren: Im *Kapital*, unmittelbar nach dem obigen Zitat, sagte *Marx*, daß der Übergang vom Kapitalismus zum Sozialismus natürlicherweise ein unvergleichlich weniger „langwieriger, heftiger und schwieriger" Prozeß sein müsse als die industrielle Revolution, und in einer Fußnote stützte er diese Prognose durch einen Hinweis auf die „unentschlossene und keinen Widerstand leistende Bourgeoisie". Heute, nach unseren Erfahrungen mit dem Faschismus, wird es nur wenige Marxisten geben, die behaupten, daß sich diese Prognosen erfüllt haben.)

Wenn auf die Dialektik gegründete Voraussagen ausgearbeitet werden, werden sich einige als wahr erweisen, andere nicht. Im letzteren Falle wird dann offensichtlich eine Situation entstehen, die nicht vorausgesehen worden war. Aber die Dialektik ist hinreichend vage und elastisch, um diese unvorhergesehene Situation ebenso zu interpretieren und zu erklären, wie sie jene Situation interpretiert und erklärt hatte, die sie vorausgesagt hatte und die auch eingetreten war. Jede beliebige Entwicklung paßt in das dialektische Schema; der Dialektiker braucht eine Widerlegung durch zukünftige Erfahrung niemals zu fürchten[13]. Wie bereits erwähnt, ist es weniger die dialektische Betrachtungsweise die falsch ist, als eigentlich vielmehr die Idee von einer Soziologie als Theorie der geschichtlichen Entwicklung – die Vorstellung, daß historische Voraussagen großen Stils das Ziel der wissenschaftlichen Soziologie darstellen. Das aber beschäftigt uns hier nicht.

Neben der Rolle, die die Dialektik in *Marx'* historischer Methode spielt, muß auch die antidogmatische Einstellung von *Marx* besprochen werden. *Marx* und *Engels* lehrten, daß die Wissenschaft nicht als Bestand endgültiger und wohlbegründeter Erkenntnis oder „ewiger Wahrheit" interpretiert werden dürfe, sondern vielmehr als etwas, das sich entwickelt, fortschreitet. Der Wissenschaftler ist nicht der Mann, der viel weiß, sondern der Mann, der entschlossen ist, die Suche nach Wahrheit niemals aufzugeben. Wissenschaftliche Systeme entwickeln sich, und sie entwickeln sich – nach *Marx* – dialektisch.

Diesem Punkt muß man im wesentlichen zustimmen – obgleich ich persönlich der Ansicht bin, daß die dialektische Beschreibung der Entwicklung der Wissenschaft nicht immer ohne Gewaltsamkeit durchführbar ist, und daß es besser ist, die wissenschaftliche Entwicklung in weniger ambitiöser und vieldeutiger Weise zu beschreiben, zum Beispiel mit Hilfe der *Methode von Versuch und Irrtum.* Doch bin ich bereit zuzugeben, daß diese Kritik nicht von großer Bedeutung ist. Wichtig ist aber, daß *Marx'* fortschrittliche und antidogmatische Ansicht von der Wissenschaft von orthodoxen Marxisten auf ihrem eigenen Tätigkeitsfeld niemals angewandt worden ist. Progressive, antidogmatische Wissenschaft ist kritisch – Kritik

---

13 In meinem Buch *Logik der Forschung*, a. a. O., habe ich zu zeigen versucht, daß der wissenschaftliche Gehalt einer Theorie um so größer ist, je mehr Information sie vermittelt, je mehr sie riskiert, je mehr sie sich der Widerlegung durch zukünftige Erfahrung aussetzt. Wenn sie keine derartigen Risiken eingeht, so hat sie keinen wissenschaftlichen Gehalt; sie ist metaphysisch. An dieser Norm gemessen, können wir sagen, daß die Dialektik als Theorie der Wirklichkeit (im Gegensatz zur Methode von Versuch und Irrtum) unwissenschaftlich ist: sie ist metaphysisch.

ist ihr eigentliches Leben. Aber Kritik am Marxismus, am dialektischen Materialismus, ist von Marxisten niemals geduldet worden.

Hegel war der Ansicht, daß sich die Philosophie entwickelt; sein eigenes System aber sollte, als letztes und höchstes Stadium dieser Entwicklung, als unübertroffen bestehen bleiben. Die Marxisten haben sich die gleiche Einstellung gegenüber dem *Marx*schen System zu eigen gemacht. Daher existiert die antidogmatische Einstellung von *Marx* nur in der Theorie und nicht in der Praxis des orthodoxen Marxismus, und die Dialektik wird von den Marxisten, in Nachahmung des von *Engels* im *Anti-Dühring* gegebenen Beispiels, in erster Linie zu apologetischen Zwecken verwendet – um das *Marx*sche System gegen jede Kritik zu verteidigen. In der Regel werden Kritiker mit der Bemerkung abgewiesen, daß sie die Dialektik oder die proletarische Wissenschaft nicht verstehen, oder mit dem Vorwurf des Verrats. Infolge der Dialektik ist die antidogmatische Einstellung verloren gegangen, und der Marxismus hat sich als ein Dogmatismus etabliert, der durch Verwendung der dialektischen Methode elastisch genug ist, jedem zukünftigen Angriff auszuweichen. Somit ist er zu dem geworden, was ich als einen *doppelt verschanzten Dogmatismus* bezeichnet habe.

Es gibt aber kein größeres Hindernis für den Fortschritt der Wissenschaft als einen derartigen doppelt verschanzten Dogmatismus. Ohne freie Konkurrenz der Gedanken kann es keine wissenschaftliche Entwicklung geben: das ist der harte Kern der von *Marx* und *Engels* einst so stark vertretenen antidogmatischen Haltung. Und ohne Gedankenfreiheit kann es keine freie Konkurrenz wissenschaftlicher Gedanken geben.

Die Dialektik hat also eine unglückselige Rolle gespielt, nicht nur in der Entwicklung der Philosophie, sondern auch in der Entwicklung der politischen Theorie. Ein volles Verständnis dieser unglückseligen Rolle wird leichter, wenn wir versuchen zu erfahren, wie *Marx* zur Entwicklung seiner Theorie kam. Dazu müssen wir die Situation in ihrer Gesamtheit in Betracht ziehen. *Marx* geriet als junger Mann mit progressivem, evolutionärem und sogar revolutionärem Denken unter den Einfluß *Hegel*s, des berühmtesten deutschen Philosophen. *Hegel* war ein Repräsentant der preußischen Reaktion; er benutzte sein Prinzip der Identität von Vernunft und Wirklichkeit zur Stützung der bestehenden Gewalten – denn was existiert, ist vernünftig – und zur Verteidigung der Idee der absoluten Staatsgewalt (einer Idee, die wir heute als „Totalitarismus" bezeichnen). *Marx* bewunderte *Hegel*, obwohl er ein sehr verschiedenes politisches Temperament hatte. Und er brauchte dringend eine Philosophie zur Begründung seiner eigenen politischen Ansichten. Das erklärt es, daß ihn die Entdeckung faszinierte, daß *Hegel*s dialektische Philosophie leicht gegen ihren Meister gewendet werden konnte und daß die Dialektik mehr zu einer revolutionären politischen Theorie paßt als zu einer konservativen

und apologetischen Theorie. Darüber hinaus entsprach die Dialektik ausgezeichnet seinem Bedarf nach einer Theorie, die nicht nur revolutionär, sondern auch optimistisch sein sollte, also einer Theorie, die den Fortschritt durch Betonung des Aufstieges von Schritt zu Schritt voraussagt.
Diese Entdeckung war zwar zweifellos faszinierend für einen Anhänger *Hegels*, und noch dazu in einer von *Hegel* beherrschten Ära; sie hat aber heute zusammen mit dem Hegelianismus alle Bedeutung verloren und kann kaum noch als mehr angesprochen werden, als eine kluge „*tour de force*" eines brillanten jungen Studenten, der in den Spekulationen seines unverdientermaßen berühmten Meisters eine Schwäche entdeckt hatte. Aber diese Entdeckung wurde zur theoretischen Grundlage des sogenannten „*wissenschaftlichen Marxismus*". Und sie trug zur Erstarrung des Marxismus zu einem dogmatischen System bei, indem sie die wissenschaftliche Entwicklung verhinderte, deren der Marxismus vielleicht fähig gewesen wäre. Somit hat der Marxismus jahrzehntelang seine dogmatische Einstellung aufrechterhalten und seinen Gegnern gegenüber stets die gleichen Argumente wiederholt, die ursprünglich von seinen Begründern gebraucht wurden. Es ist betrüblich, aber aufschlußreich, festzustellen, daß der orthodoxe Marxismus heute offiziell *Hegels Logik* als Grundlage für das Studium der wissenschaftlichen Methodologie empfiehlt – ein Buch also, das nicht nur veraltet, sondern typisch ist für vorwissenschaftliches und sogar vorlogisches Denken. Das ist viel schlimmer, als *Archimedes*' Mechanik als Grundlage für den modernen Maschinenbau zu empfehlen.
Die ganze Entwicklung der Dialektik sollte als Warnung vor den Gefahren dienen, die dem philosophischen Systembauen innewohnen. Sie sollte uns daran erinnern, daß die Philosophie nicht zur Grundlage für irgendwelche Spielarten wissenschaftlicher Systeme gemacht werden darf. Die Philosophen sollten in ihren Ansprüchen viel bescheidener sein. Eine nützliche Aufgabe, die sie vielleicht bewältigen könnten wäre es, die kritischen Methoden der Wissenschaft zu untersuchen.

Werner Becker

Zur Kritik der Marxschen Wertlehre und ihrer Dialektik*

Ohne Zweifel ist das ‚Kapital' von *Karl Marx* der hauptsächliche Kategorienlieferant für die politische Ökonomie der Gegenwart. Wo immer von ‚gesellschaftlichen Widersprüchen', von ‚Klassenantagonismen' bzw. ‚Klassengegensätzen' und der Notwendigkeit ihrer systemüberwindenden ‚Aufhebung' die Rede ist, kann man sicher sein, daß die politische Ökonomie von *Marx* die Argumentationsbasis dafür abgegeben hat. Für die Gegenwartsszene der Marxismusdiskussion gilt nun ein merkwürdiges Ungleichgewicht. Auf der einen Seite gibt es eine große und sich stets vermehrende Zahl von Arbeiten, die sich im Rahmen ökonomischer, soziologischer, geschichtsphilosophischer und allgemein gesellschaftskritischer Zusammenhänge der *Marxschen* Grundkategorien als der wesentlichen begrifflichen Instrumentarien von Darstellung und Kritik bedienen. Demgegenüber aber existieren kaum Versuche, die polit-ökonomischen Grundkategorien von *Marx* hinsichtlich ihres Aussagegehalts, ihrer begrifflichen Zusammensetzung und ihres begrifflich-methodischen Zustandekommens selber zu analysieren. Auf eine knappe Formel gebracht, kann man sagen, daß man im selben Maße, in dem man sich angewöhnt hat, in *Marxschen* Kategorien zu denken, sich das Nachdenken *über* Sinn und Bedeutung dieser Kategorien abgewöhnt hat.

Wenn aber die geschilderte Beobachtung etwas für sich hat, dann muß sie einen Kenner der politischen Ökonomie von *Karl Marx* deshalb merkwürdig anmuten, weil dieser selber die zentralen Kategorien seiner Lehre nicht als rein deskriptive Begriffe verstanden hat, die im Kontext theoretischer Aussagen über einen bestimmten Sachverhaltsbereich durch empirische Tests ohne weiteres zu verifizieren oder zu falsifizieren sind. Jeder, der sich etwas intensiver mit dem so entscheidend wichtigen ersten Band des ‚Kapitals' beschäftigt hat, wird zugeben, daß die Dinge bei *Marx* anders liegen. Wie sieht es nämlich bei ihm aus. Die – grob gesprochen – ersten 100 Seiten des 1. Bandes des ‚Kapitals' enthalten etwas, was man am ehesten noch als

---

* Zur Entstehung dieses Beitrages vgl. S. 211.

eine *Kategoriendeduktion* kennzeichnen kann. Es geht darin um eine begrifflich-methodische – *nicht* empirische – Herleitung oder Deduktion der Hauptbestimmungen der kapitalistischen Ware bzw. des Warentauschs. Solche Hauptbestimmungen sind: Gebrauchswert, Tauschwert und Wertgröße. *Marx* bringt diese Bestimmungen in einen ganz bestimmten Zusammenhang, und in diesem Zusammenhang bilden sie in Gestalt der sogenannten ‚Wertgleichung' die sogenannte ‚Warenform'.

Hielte man sich nun an das normale Theorieverständnis empirischer Wissenschaften, dann müßte man erwarten, daß Begriffe wie ‚Gebrauchswert' und ‚Tauschwert' im vergleichsweise vortheoretischen Sinn Grundbestimmungen des zu behandelnden und zu erforschenden Sachverhaltsbereichs – in unserem Zusammenhang des ökonomischen Warentauschs – kennzeichnen. So etwa kann man eine physikalische Atomtheorie dadurch charakterisieren, daß sie von der Vorstellung ausgeht, wonach die Materie aus kleinsten Teilchen bzw. Korpuskeln besteht, die im Raum in irgendeiner Weise geordnet sind und von denen man des weiteren annimmt, daß sie irgendwelche Wirkungen aufeinander ausüben. Wie die räumliche Ordnung dieser Atome faktisch beschaffen ist und welcher Art die Wirkungen sind, die die Teilchen aufeinander ausüben, das herauszufinden ist Sache des komplizierten Wechselspiels von theoretischer Hypothesenbildung und empirischen Tests. Überträgt man diesen die empirischen Wissenschaften wohl allgemein charakterisierenden Sachverhalt auf den ökonomischen Bereich, um den es bei *Marx* geht, so hätte man zu erwarten, daß *Marx* die Kategorien ‚Gebrauchswert' und ‚Tauschwert' als Grundbestimmungen des theoretischen Gegenstands, der Ware, ansieht, die zum Aufbau einer Hypothese verwandt werden, welche man in einem zweiten Schritt empirisch prüft. Mit Bezug auf den Grundbegriff, des als zentraler angesehenen Aspekts der Ware, hätte man denken können, daß *Marx* nach erfolgter begrifflicher Explikation seines Sinnes eine Theorie vorlegt, die z. B. erklärt, wie es unter bestimmten historisch-wirtschaftlichen Bedingungen zu einer ganz bestimmten Tauschwertbildung von Waren gekommen ist und etwa auch, wie der Tausch-

---

1 Zur wissenschaftstheoretischen Analyse des Begriffs der Hypothese und der wissenschaftlichen Erklärung allgemein vgl. das Standardwerk von *W. Stegmüller* Probleme und Resultate der Wissenschaftstheorie und Analytischen Philosophie, Berlin/Heidelberg/New York 1969, Bd. I Studienausgabe Teil 1 S. 72 ff. Für die wissenschaftstheoretische und wissenschaftswissenschaftliche Analyse speziell der sozialwissenschaftlichen Theoriebildung verweise ich auf die folgenden Arbeiten von *H. Albert* (z. B. ‚Theorie und Prognose in den Sozialwissenschaften' in: Logik der Sozialwissenschaften, hrsg. v. *E. Topitsch*, Köln/Berlin 1968 S. 126 ff.) Zur Analyse der historischen Erklärung vgl. die neue Untersuchung von *K. Acham:* Neuere angelsächsische Theorien zur Geschichte, in: Geschichte heute, hrsg. v. *G. Schulz*, Göttingen 1973, S. 190 ff.

wert der Waren sich kostenmäßig zusammensetzt[1]. Es ist klar, daß man dabei unter dem Tauschwert der Waren allein ihren relativen Marktpreis zu verstehen hätte. Nähme man die Sache so – und vom Begriff empirischer Wissenschaft her liegt es nahe, dies zu tun –, dann wären zwei Aspekte der Theoriebildung zu unterscheiden: auf der einen Seite stünde die Hypothesenbildung einschließlich der Explikation der Grundbegriffe des zu untersuchenden Gegenstandsbereichs und auf der anderen Seite das empirische Testen der Theorien. Im Hinblick auf die ökonomische Grundkategorie des Tauschwertes sähe es, um die hier interessierende Analogie herzustellen, etwa so aus, daß man zunächst klärt, wie man den Begriff des Tauschwerts – etwa im Unterschied zu dem des Gebrauchswertes – versteht und daß man im Anschluß an diese begriffliche Sinnexplikation z. B. eine Theorie über die kostenmäßige Zusammensetzung der Tauschwerte von Waren vorlegt. Die Richtigkeit der Theorie hinge davon ab, ob diese Theorie sich in empirischen Tests bewährt oder nicht. Jeder, der die Analysen des *Marxschen* ‚Kapitals', vor allem des ersten Bandes, kennt, wird sofort zugeben, daß es dort hinsichtlich der ökonomischen Grundkategorien ‚Tauschwert' und ‚Gebrauchswert' ganz und gar anders aussieht. Es kann keine Rede davon sein, daß *Marx* dort – z. B. in den zentralen Anfangskapiteln über die ‚Ware' – mit so etwas wie einer Sinnexplikation, einer Begriffsdefinition der ökonomischen Grundkategorien ‚Tauschwert' und ‚Gebrauchswert' beginnt, um dann zu empirisch überprüfbaren Erklärungshypothesen etwa über die kostenmäßige Zusammensetzung des Tauschwerts zu kommen. *Marx* unternimmt vielmehr etwas Außergewöhnliches, auf das man in der bisherigen *Marx*-Interpretation viel zu wenig aufmerksam gemacht hat[2]. Er macht das Folgende: er setzt an die Stelle, an der man so etwas wie eine Definition des Tauschwertbegriffs erwartet, eine bereits voll ausgeführte *Theorie* des Tauschwerts, nämlich diejenige ökonomische Kostentheorie, die man unter den Titeln ‚objektive Wertlehre' oder ‚Arbeitswertlehre' kennt. Kurz gesagt: *Marx* setzt an die Stelle der Tauschwertdefinition bereits eine ganz bestimmte Tauschwerttheorie (im 1. Kapitel des ‚Kapitals' über ‚die Ware'

2 Diese Bemerkung gilt hauptsächlich für die marxistische *Marx*-Deutung. Bei *E. v. Böhm-Bawerk* z. B., einem der ersten ‚bürgerlichen' *Marx*-Kritiker, spielt der Hinweis auf den ausschließlich logisch-deduktiven Charakter der *Marxschen* Wertlehre bereits eine zentrale Rolle (vgl. Zum Abschluß des Marxschen Systems, Festgaben für *Karl Knies,* Berlin 1896 bes. S. 148 ff.). Auf die Konsequenzen, die sich aus dem nichtempirischen deduktiven Apriorismus der *Marxschen* Theorie für die von dieser mitgelieferten geschichtsphilosophischen Utopie ergeben, hat *E. Topitsch* aufmerksam gemacht (vgl. sein neues Buch ‚Gottwerdung und Revolution', München 1973, S. 187 f.).

3 *K. Marx,* Das Kapital, Berlin 1959, S. 40 ff.

mit der Überschrift ‚Die zwei Faktoren der Ware: Gebrauchswert und Wert'[3]).
Dieses Verfahren wäre nicht weiter tragisch zu nehmen, da Definitionen derjenigen Grundbegriffe, die den jeweiligen Sachverhaltsbereich von theoretischen Hypothesen kennzeichnen, gewöhnlich ohne große Funktion mit Bezug auf die empirische Prüfung und Erprobung der entsprechenden Hypothesen sind. Bei *Marx* liegen die Dinge jedoch anders, und daß sie anders liegen, macht das *Marxsche* Verfahren zu einer höchst bedenklichen Angelegenheit. *Marx* versteht die objektive Werttheorie, die er an die Stelle der üblichen Bedeutungsanalyse der hauptsächlichen Gegenstandsbegriffe der Theorie setzt, eben *nicht* als eine theoretische Hypothese, deren Richtigkeit oder Falschheit von ihrer empirischen Erprobung abhängt. Er benutzt die objektive Wertlehre ausschließlich als das hauptsächliche Definitionsmerkmal des Tauschwertbegriffs; er verleiht der *Werttheorie* den Charakter einer *Definition.* Man kommt kaum um die Feststellung herum, daß ein solches Verfahren aus der Sicht des Methodenverständnisses neuzeitlicher Wissenschaft heraus nicht anders als *dogmatisch* genannt werden muß. *Marx* steht übrigens mit diesem Verfahren im Umkreis der politischen Ökonomie seiner Vorgänger auch allein. Weder *William Petty* noch *Adam Smith* noch *David Ricardo,* um nur die bedeutendsten auf der Arbeitswertlehre basierenden Vertreter der klassischen politischen Ökonomie zu erwähnen, haben die objektive Wertlehre auf definitorischem Weg mit dem Tauschwertbegriff zusammengebracht. *Smith* z. B. hat sie ganz sicher als empirische Hypothese betrachtet und sie nur für eine Zeit als unbeschränkt gültig angesehen, in der allein die Arbeit ein knapper Produktionskostenfaktor darstellt; und das war in historisch frühen Zeiten primitiver Tauschgesellschaften der Fall. Von *Ricardo* ist bekannt, daß er die pessimistische Bevölkerungstheorie von *Robert Malthus* zu Hilfe holte, um plausibel machen zu können, warum die Lohnkosten, der Geldausdruck der Arbeit, die Warenpreise und ihre Veränderungen ganz offensichtlich nicht erklärten.
Halten wir fest: die erste methodische Bedenklichkeit, welche die *Marx*sche Werttheorie sich von allem Anfang aussetzt, ist die *dogmatische* Einführung der objektiven Wertlehre in Gestalt ihrer rein definitorischen Verwendung bei der Sinnexplikation des Tauschwertbegriffs.
Auf eine noch viel gravierendere Bedenklichkeit der *Marxschen* Wertlehre komme ich im folgenden zu sprechen. Sie betrifft, ja, sie bildet das Zentrum der *Marxschen Methode;* denn sie bezeichnet den Punkt, wo diese *dialektisch* wird. Es handelt sich um die berühmte *Wertgleichung*, nach *Marx* das Grundmodell eines jeden Austauschverhältnisses zweier Waren. Der *Marx*schen Terminologie zufolge bilden die Elemente und Begriffsbestimmungen der Wertgleichung die sogenannte ‚Wertform' der Waren. Der Übersichtlichkeit und Verständlichkeit halber halte ich mich an *Marx*ens Modell der

‚einfachen Wertform'. Im Hinblick auf die systematische und methodische Bedeutung dieser Gleichung kann ich darauf hinweisen, daß das Textstück aus dem 1. Band des ‚Kapitals', welches die ‚Wertgleichung' und die sogenannte ‚Wertformanalyse' behandelt, einerseits zu den bekanntesten und berühmtesten Texten der *Marxschen* Theorie zählt, daß es aber – auch von seiten marxistischer Interpreten – nichtsdestoweniger stets als eine der verständnismäßig dunkelsten und kompliziertesten Schlüsselstellen dieser Theorie angesehen wurde.

Wir wissen, daß *Marx* den Tauschwert der Waren durch die Arbeitswertlehre definiert sein läßt, und zwar so, daß dieser Tauschwert sich durch dasjenige Quantum sogenannter ‚abstrakter Arbeit' bestimmt, welches zur Produktion dieser Waren jeweils aufgewandt wurde. Der Terminus ‚abstrakte Arbeit' ergibt sich nach *Marx* als diejenige Arbeit, die unter den Bedingungen der neuzeitlichen industriellen Produktionsweise ‚im gesellschaftlichen Durchschnitt' in die Güterherstellung investiert wird. Diese ‚abstrakte Arbeit' wird in Zeiteinheiten gemessen und bedingt dergestalt die ‚Wertgröße' der Waren. Ich zitiere nun die Wertgleichung anhand des *Marxschen* Textes und lasse dem ein längeres Zitat folgen, in dem *Marx* sagt, wie er die Wertgleichung verstanden sehen will. *Marxens* Formulierung der Wertgleichung lautet:

„x Ware A = y Ware B oder x Ware A ist y Ware B wert. (20 Ellen Leinwand = 1 Rock oder: 20 Ellen Leinwand sind 1 Rock wert)". Zur Interpretation fügt er an: „Das Geheimnis *aller* Wertform steckt in dieser *einfachen Wertform.* Ihre Analyse bietet daher die eigentliche Schwierigkeit. Es spielen hier zwei verschiedne Waren A und B, in unserem Beispiel Leinwand und Rock, offenbar zwei *verschiedne Rollen.* Die Leinwand drückt ihren Wert aus im Rock, der Rock dient zum Material des Wertausdrucks. Die erste Ware spielt eine aktive, die zweite ein passive Rolle. Der Wert der ersten Ware ist als relativer Wert dargestellt, oder sie befindet sich in relativer Wertform. Die zweite Ware funktioniert als Äquivalent oder befindet sich in Äquivalentform. Relative Wertform und Äquivalentform sind zueinander gehörige, sich wechselseitig bedingende, unzertrennliche Momente, aber zugleich einander ausschließende oder entgegengesetzte Extreme, d. h. Pole desselben Wertausdrucks; sie verteilen sich stets auf die verschiednen Waren, die der Wertausdruck aufeinander bezieht. Ich kann z. B. den Wert der Leinwand nicht in Leinwand ausdrücken ... Der Wert der Leinwand kann also nur relativ ausgedrückt werden, d. h. in andrer Ware. Die relative Wertform der Leinwand unterstellt daher, daß irgendeine andre Ware sich ihr gegenüber in der Äquivalentform befindet. Andrerseits, diese an-

4 *Marx*, a.a.O., S. 53.

dre Ware, die als Äquivalent figuriert, kann sich nicht gleichzeitig in relativer Wertform befinden. Nicht sie drückt ihren Wert aus. Sie liefert nur dem Wertausdruck andrer Ware das Material."[4]

Soweit *Marxens* Interpretation der Wertgleichung in Gestalt der einfachen Wertform. Ich glaube nicht zu übertreiben, wenn ich behaupte, die eben vorgetragenen Sätze gehörten zu den wichtigsten und vor allem folgenreichsten im gesamten ökonomischen Werk von *Karl Marx.* Bevor ich jedoch auf ihren Inhalt und die mit ihm verbundene Problematik eingehe, sind noch zwei häufig auftretende Mißverständnisse aus dem Weg zu räumen.

Das erste Mißverständnis ist trivial und resultiert aus der Tatsache, daß *Marx* die Beispiele für seine Wertgleichung nicht gerade glücklich gewählt hat: *Marx* hat kein *Produktionsverhältnis* von Waren im Auge, wenn er von der Wertgleichheit von 20 Ellen Leinwand und einem Rock spricht. Er will nicht sagen, daß ein Schneider etwa 20 Ellen Leinwand zur Herstellung eines Rockes benötigt. Es handelt sich in seinem Modellbeispiel vielmehr um die Wertgleichheit x-beliebiger Waren, und es geht vor allen Dingen um das Modell des *Austausches* x-beliebiger Waren.

Das zweite Mißverständnis ist ernsthafterer Natur und dementsprechend auch ernster zu nehmen. Es taucht in der gegenwärtigen Marxismusdebatte bei so prominenten Vertretern der *Marxschen* Theorie wie z. B. *E. Mandel* auf[5]. Die Autoren und Marxinterpreten, die diesem Mißverständnis erliegen, gehen in ihrer Deutung der *Marxschen* Wertgleichung davon aus, daß diese im vorgeführten Modus der ‚einfachen Wertform' noch nicht auf die ‚Wertgröße' im Sinn der ‚abstrakten Arbeit' Bezug nehme. Entsprechend einer gesamtmarxistischen Neigung zur Historisierung methodischer Kategorien meinen sie vielmehr, die Wertgleichung der ‚einfachen Wertform' sei die modellartige Rekonstruktion frühhistorischer Tauschverhältnisse, wo die Arbeit nur in ihrer qualitativen Besonderheit eine Rolle spiele. Das trifft für *Marx* an dieser Stelle jedoch nicht zu, und zwar schon deshalb nicht, weil er dann sicher andere Beispiele anstatt der relativ modernen Warenbezeichnungen ‚Rock' und ‚Leinwand' gewählt hätte. Nach *Marx* gilt eindeutig auch für die ‚einfache Wertform': „Der Körper der Waren, die zum Äquivalent dient, gilt stets als Verkörperung abstrakt menschlicher Arbeit und ist stets das Produkt einer bestimmten nützlichen, konkreten Arbeit[6]."

Was besagt nun die Wertgleichung in der oben angeführten und von *Marx* interpretierten Form? *Marx* setzt offensichtlich zwei Schreibweisen synonym: die Formulierung ‚20 Ellen Leinwand = 1 Rock' soll sachlich dasselbe bedeuten wie ‚20 Ellen Leinwand sind 1 Rock wert'. Das von ihm da-

---

5 *E. Mandel,* Marxistische Wirtschaftstheorie, Frankfurt 1971, hier besonders die ersten drei Kapitel.

6 *Marx,* a.a.O., S. 63.

zwischen geschaltete ‚oder' ist dementsprechend im Sinn logischer Äquivalenz zu lesen. Denn nur, wenn man das tut, kommt *Marxens* berühmte Warenbestimmung im Sinn eines ‚Gegensatzes von Gebrauchswert und Wert' zum Vorschein. Nur dann ergibt sich der Sachverhalt, den *Marx* meint, wenn er von ‚einander ausschließenden oder entgegengesetzten Extremen, d. h. Polen desselben Wertausdrucks' spricht. Wie muß *Marx* denken, damit es zu diesem ‚Gegensatz' kommen kann? Zum einen geht er davon aus, daß die Waren ‚20 Ellen Leinwand' und ‚1 Rock' die gleichen ‚Wertgrößen' besitzen, mit anderen Worten: daß in beiden die gleichen Quanta ‚gesellschaftlich notwendiger Arbeit' verkörpert sind. Dies gibt die Formulierung ‚20 Ellen Leinwand = 1 Rock' wieder. In ihrem Zusammenhang ist also der Maßstab der Gleichheit der Faktoren die ‚Wertgröße' – etwa 20 Stunden Arbeitszeit. Die zweite Formulierung bezieht sich jedoch, nimmt man sie streng, auf einen anderen Tatbestand. Sie lautet ‚20 Ellen Leinwand sind 1 Rock wert'. Hier bildet der Gebrauchswert ‚1 Rock' die Wertangabe für den anderen Gebrauchswert ‚20 Ellen Leinwand'. Es soll sich aber *Marx* zufolge in beiden Formulierungen um *dieselben* Gebrauchswerte handeln. Interessant ist nun vor allem die Struktur der Äquivalentform, die des einen Rocks. Der eine Rock ist sowohl entsprechend der ersten Formulierung ein durch die ‚Wertgröße' bewerteter Gebrauchswert als auch gemäß der zweiten Formulierung Bewertungsmaß bzw. Wertausdruck des anderen Gebrauchswerts, der 20 Ellen Leinwand. Vernünftigerweise könnte der Rock entweder nur das eine oder das andere sein. Entweder ist er – genauso wie die 20 Ellen Leinwand – ein Gebrauchswert, dessen Wertmaß und Wertausdruck irgendeine Wertgröße – etwa 20 Stunden ‚abstrakter Arbeit' – ist. Oder er ist als *Gebrauchswert* der Wertausdruck für andere Waren, so wie gemäß der älteren Nutzentheorie der Gebrauchswertaspekt der Waren ihren Tauschwert (im Sinn des relativen Marktpreises) erklären sollte. In diesem Fall ist selbstverständlich die Bezugnahme auf die Arbeit als Wertbemessungsgrundlage unangebracht.

Was ist das Fazit? Nach *Marx* sollen die beiden ohne Zweifel *gegensätzlichen* und in einem weiteren Sinn sich *widersprechenden* Formulierungen der Wertgleichung *denselben Sachverhalt*, die Struktur des Tausches zweier Gebrauchswerte, beschreiben. Wie hält es *Marx* damit? Er macht aus dem Gegensatz bzw. Widerspruch der beiden als synonym gedeuteten Formulierungen der Wertgleichung eine *objektive Eigenschaft* der Warenform, genau-

7 Theoretische Beschreibungen der *Marxschen* Warenform enthalten somit stets in sich widersprüchliche Formulierungen. Das wird von den marxistischen Theoretikern lediglich dadurch kaschiert, daß sie gemäß dem marxschen Vorbild den Widerspruch zur ‚Widersprüchlichkeit' der Sache umbiegen. Nichtsdestoweniger trifft aber auch auf sie die von *K. Popper* an der Dialektik generell geübte

er: der Äquivalentform, die auf diese Weise in der Tat zu einem *objektiven* ‚Gegensatz von Gebrauchswert und Wert' wird[7]. Aus ihm begründet sich letztlich die mittlerweile so geläufig gewordene marxistische Redeweise von ‚gesellschaftlichen Widersprüchen' und vom ‚Klassengegensatz.'

Diese Bestimmung des Warencharakters hat, wie man zu Genüge weiß, eine ungeheure Bedeutung für die meisten Haupttheoreme des ‚Kapitals': durch ihn definiert sich sowohl der vielbeschworene ‚Fetischcharakter der Ware' als auch das kritische und ‚systemüberwindende' Potential der *Marxschen* Mehrwerttheorie[8].

Auf diese Art und Weise passiert an einer dermaßen zentralen Stelle der *Marxschen* Ökonomie nicht weniger als dies, daß eine falsche, weil widersprüchliche theoretische Charakterisierung der Warenbestimmtheit auf den Gegenstand der Theorie, eben die Ware, übertragen wird. Eine falsche Theorie wird dadurch gerechtfertigt, daß diese ihre Falschheit in den Rang einer *objektiven* Eigenschaft des Gegenstands der Theorie erhoben wird. Aus der Falschheit der theoretischen Bestimmung wird eine objektiv vorhandene Falschheit des Sachverhalts. Rational wird man das dabei angewandte Projektionsverfahren kaum nennen können. Es bewirkt jedoch die von *Marx* vollzogene *Dialektisierung* der klassischen politischen Ökonomie[9].

Kritik zu, wonach aus Prämissen, die logisch widersprüchliche Formulierungen beinhalten, jeder beliebige Schluß, also Sinnloses, folgt. Vgl. *K. R. Popper,* Was ist Dialektik? in diesem Band S. 167 bis S. 199.

8 Vgl. hierzu die diesbezüglichen Passagen meines Buches: Kritik der *Marxschen* Wertlehre. Die methodische Irrationalität der ökonomischen Basistheorien des ‚Kapitals', Hamburg 1972.

9 *Marx* selber sah hierin die entscheidende Neuerung seiner Ökonomie gegenüber derjenigen der Klassiker. Durch sie ergibt sich der vielberedete ‚Doppelcharakter der Ware', der darin besteht, daß sowohl die Gebrauchswertfunktion als auch der Tauschwert im Sinn der ‚Wertgröße' in einem und zugleich zu Trägern des ‚Wertausdrucks' werden. In der geläufigen marxistischen Interpretation vergißt man in der Regel darauf hinzuweisen, daß dieser ‚Doppelcharakter' erheblich mehr beinhaltet als die theoretisch triviale und seit *Aristoteles* bekannte Eigenschaftsdifferenz von Tauschwert und Gebrauchswert. Man darf feststellen, daß Marx mit seinem dialektisierten Begriff der Äquivalentform das Kunststück fertigbringt, die feindlichen Brüder: objektive Wertlehre und die Nutzentheorie in einer rudimentären Gestalt, einem gemeinsamen Nenner unterzuordnen. In der ‚gegensätzlichen Einheit' der Äquivalentform soll ja die ‚abstrakte Arbeit' als ‚*Wertgröße*' mit der Gebrauchswertfunktion der Ware ‚Rock' als ‚*Wertausdruck*' zusammengefaßt werden. In diesem Tatbestand liegt das ‚dialektische' Geheimnis dafür, daß die marxistischen Ökonomen die Einwände der *Marx*-kritischen Nutzentheoretiker wie z. B. die *Böhm-Bawerks* zurecht mit dem Hinweis zurückweisen konnten, *Marx* habe mitnichten den Gebrauchswertaspekt der Waren bei der Wertbildung vernachlässigt.

Es ist jetzt kurz auf die theoretischen Motive einzugehen, die *Marx* dazu bewogen haben, die Irrationalität der Konstruktion dieses ‚Gegensatzes' zu übersehen. Sie liegen in der Problematik der Werttheorie der Klassiker. Bekanntlich hat die objektive Wertlehre oder Arbeitswertlehre – grob und vereinfachend gesprochen – das Ziel, den Wert, d. h. den Preis, der marktmäßig getauschten Güter durch die Arbeitskosten zu erklären. Der Verfolgung dieses Ziels stellten sich zwei Hauptschwierigkeiten in den Weg, die durch die Namen *Smith* und *Ricardo* angedeutet werden. Die eine dieser Schwierigkeiten liegt im realitätserklärenden Anspruch dieser Theorie. Am Ende des 18. Jahrhunderts stellte sich die besondere Knappheit an Investitionskapital heraus. Demgegenüber war ungelernte oder angelernte Arbeit ein relativ billiger Produktionsfaktor. Die historischen Gründe für diesen Tatbestand hat *Marx* selber eindrucksvoll im Kapitel über die ‚ursprüngliche Akkumulation des Kapitals' ausgeführt. Faktum blieb jedenfalls, daß die Lohnkosten in kein erklärendes Verhältnis zum Warenpreis zu bringen waren.

Im Sinne einer empirisch-hypothetischen Theorie ließen sich die Lohnkosten weder in Gestalt des Aufwands an Arbeitszeit noch gar als geldmäßig ausgedrückter Lohn heranziehen, um die Warenpreise abzuleiten. Als empirische Theorie war die Wertlehre nicht aufrechtzuerhalten. Das war auch *Marx* klar. Er bringt nun das Kunststück fertig, das Konzept vom Arbeitswert beizubehalten, ohne auf empirisch vorhandene Arbeitskostenverhältnisse Bezug nehmen zu müssen. Indem er den Arbeitswert aus jedem Zusammenhang mit empirischer Realität im Bereich der Arbeitskosten herausnimmt, gewinnt *Marx* zudem eine Position, von der aus er die Arbeit — nunmehr unter allen historisch-gesellschaftlichen Bedingungen — als die einzige Quelle der Wertschöpfung bezeichnen kann. Sein *nichtempirisches* Konzept des Arbeitswerts macht es möglich, daß er sich als der konsequenteste Vertreter der Arbeitswertlehre unter den Klassikern profilieren kann — konsequenter als *Smith* und konsequenter als *Ricardo*. Und was noch überraschender wirkt: Es gelingt ihm, die vergleichsweise ‚metaphysische' Größe ‚Arbeitswert' mit der Dimension des Preises in Verbindung zu bringen. Das Kunststück bringt er nun mit Hilfe der *dialektischen Argumentationsform* fertig. Wie sieht diese ‚dialektische' Verbindung bzw. Verknüpfung von Arbeitswert und Preis aus?

Man kann sie genau bezeichnen. Man muß durchaus nicht auf Scheinerklärungen hegelianisierender *Marx*-Interpreten ausweichen, die uns erzählen, *Marx* habe im ‚Kapital' den dialektischen Aufbau der *Hegel*schen ‚Wissenschaft der Logik' auf ‚materialistisch umgestülpter' realwissenschaftlicher Basis wiederholt. Der sachliche Grund für *Marx*ens Version dialektischer Argumentation liegt in der zentralen Problematik der klassischen Arbeitswertlehre, die oben geschildert wurde und die seit *Smith* und *Ricardo* ungelöst im Raum stand. Ich wiederhole das Problem noch einmal: Wie kann man die *Arbeit* als Wertbemessungsgrundlage mit dem *marktmäßigen* Tauschverhältnis der Waren, den relativen Marktpreisen also, in Beziehung setzen, ohne daß man dabei von einer empirisch nicht nachweisbaren Fiktion ausgeht? Genau dieses Problem hat Marx — dialektisch — gelöst. Denn was besagt der Sache nach der von ihm als Bestimmung der Äquivalentform — des einen Rocks — herausgearbeitete ‚Gegensatz von Wert und Gebrauchswert'? Er beinhaltet, daß jeder Gebrauchswert, der auf dem Markt gegen einen anderen Gebrauchswert getauscht wird, im Tausch eine gedoppelte Eigenschaft gewinnt: zum einen in einer ganz bestimmten Quantität — z. B. als 1 Rock — zum *Wertausdruck* eines anderen Gebrauchswerts — z. B. 20 Ellen Leinwand — zu werden, gegen den er getauscht wird; zum anderen jedoch zugleich und in derselben Hinsicht Träger einer *Wertgröße* – z. B. von 20 Stunden Arbeitszeit – zu sein. Die zweite Eigenschaft, Träger einer Wertgröße zu sein, steht nach *Marx* in *objektivem,* dem Gebrauchswert bzw. der Ware selber anhaftenden *‚Gegensatz'* zur ersten Eigenschaft, wonach ein Gebrauchswert Wertausdruck eines anderen Gebrauchswerts ist.

Gemäß der ersten Eigenschaft besitzt der Gebrauchswert *Preisfunktion:* er drückt aus, welchen Wert andere Gebrauchswerte haben, gegen die er getauscht werden kann. Gemäß der zweiten Eigenschaft soll derselbe Gebrauchswert zugleich *Arbeitswert* verkörpern. Er ist *Marx* zufolge Wertausdruck und Träger einer Wertgröße (‚abstrakter Arbeit' nach *Marxscher* Definition) in einem.

Man kann jetzt allgemein formulieren: jeder Tausch ist *Marx* zufolge eine ‚objektive' Verfälschung und Verzerrung des ‚wahren' Werts, der in der Arbeit liegt. Dieser ‚wahre' Wert, der Arbeitswert als ‚Wertgröße', erscheint stets in ‚gegensätzlich' bzw. ‚widerspruchsvoll' verzerrter Form in Gestalt einer Quantität eines bestimmten Gebrauchswerts (des ‚Wertausdrucks').

Damit hat *Marx* ganz klar folgendes erreicht: er hat den Arbeitswert mit dem Preis zusammengebracht, wenn auch in der Form, daß beide nunmehr als ‚entgegengesetzte' Eigenschaften der Ware zu gelten haben. Nichts anderes besagt *Marxens* Interpretation der Wertgleichung: einmal gibt die Arbeit den ‚inneren' Wert der Gleichheit der Tauschgüter an, zum anderen ist eins der Tauschgüter der Wertausdruck.

Diese dialektische Konstruktion klärt auch den häufig bemerkten merkwürdigen Sachverhalt auf, daß Marx in seiner Ökonomie die klassische Arbeitswerttheorie mit dem Angebot-Nachfrage-Aspekt, dem Prinzip der subjektiven Nutzenlehre, verbunden haben soll. Und in der Tat ist an dieser Ansicht etwas dran. *Marx* hat die feindlichen Brüder, objektive und subjektive Wertlehre, auf *dialektische* Weise versöhnt, allerdings so, daß ihr Gegensatz aus der Ebene der Theorie auf die Ware, den Gegenstand der Theorie, verlagert wurde.

Ich habe behauptet, *Marx* habe auf dialektische Weise das von den Klassikern nicht gelöste *Maßstabproblem* der Arbeitswertlehre bewältigt. Wie aber sieht diese dialektische Lösung aus? Sie besteht in nichts anderem als in der Übertragung der theoretischen Widersprüchlichkeit auf den Sachverhalt der Theorie. Präziser gesprochen: sie liegt in der Behauptung, der Warenaustausch sei *objektiv* durch die Unmöglichkeit gekennzeichnet, die Arbeit als die ‚wahre' Bemessungsgrundlage der Güter zum Ausdruck zu bringen. Dies ist der Inhalt des Marxschen ‚Gegensatzes von Wert und Gebrauchswert', der Quintessenz der *Marxschen* Tauschwerttheorie. In dieser Konzeption ist das *methodische* Geheimnis der zentralen Begriffe der Kapitalismus-Kritik von *Marx* zu sehen: der von ihm enthüllte ‚Gegensatz von Wert und Gebrauchswert' bezeichnet den berühmten ‚Fetischcharakter' der Ware. Dieser ‚Fetischcharakter', mithin der ‚Gegensatz von Wert und Gebrauchswert', kann nur beseitigt werden, wenn der Markttausch abgeschafft wird, denn der Tausch ist es, welcher objektiv verhindert, daß der Arbeitswert von einem ‚inneren', in verzerrter Gestalt gleichsam unterirdisch wirkenden Wert zur *offenbaren* alleinigen Wertbemessung der Produkte wird. Letzteres soll nach *Marx* erst im Sozialismus der Fall sein, wo nicht mehr getauscht, sondern nur noch nach Maßgabe der Arbeitswerte verteilt werden soll.

Der *Marxsche* Gedankengang, der zu diesen Schlußfolgerungen führt, beruht jedoch auf irrationalen Prämissen. Es ist gezeigt worden, daß die dialektische Methode, die dabei eine entscheidende Rolle spielt, nichts anderes ist als eine geschickte Rationalisierung – trivialer gesagt: Vertuschung – der Irrationalität der *Marxschen* Prämissen. Was damit allerdings nicht erklärt wurde, ist das Faktum, daß eine solch irrationale Theorie noch heutzutage den Ruf einer weltgeschichtlich wirkenden Wissenschaft genießt. Doch die Frage der historischen Wirksamkeit von Theorien ist keine Frage wissenschaftlicher Diskussion und des Problems von Wahrheit und Falschheit, sondern eine Sache der offensichtlichen Notwendigkeit von Ideologien und Weltanschauungen.

Werner Beckers Beitrag ist eine für diesen Band erheblich überarbeitete Fassung eines zuletzt in dem Buch „Marx und Marxismus heute“, hrsg. v. *G. Breitenburger* und *G. Schnitzler*, Hamburg 1974, erschienenen Aufsatzes, der hier mit freundlicher Genehmigung des Verlages Hoffmann und Campe verwandt wurde.

Thilo Sarrazin, Frithjof Spreer, Manfred Tietzel

Krise und Planung in marxistischer Sicht: Das Beispiel Habermas*

Daß „die kapitalistische Produktion ... mit der Notwendigkeit eines Naturprozesses ihre eigene Negation“ erzeugt[1], hat seit je zu den unverzichtbaren Glaubenswahrheiten eines jeden Marxisten gehört. Über die Frage allerdings, wann und wie sich der Prozeß der Umwälzung vollzieht, wie die Struktur der vorausgehenden krisenhaften Prozesse ist, gab und gibt es erbitterte Streitigkeiten.

Während die einen noch auf die große ökonomische Systemkrise warten, verschließen die anderen ihre Augen nicht vor der Tatsache, daß der angeblich faulige Stamm des Spätkapitalismus doch noch recht lebenskräftig ist und jedenfalls immer neue Blüten treibt, mögen dies auch in den Augen seiner Gegner Sumpfblüten sein.

Zur Erklärung dieses bei *Marx* nicht vorgesehenen Widerspruchs zwischen Prophezeiung und Wirklichkeit haben unzählige Theoretiker des Spätkapitalismus – beginnend mit *Lenins* Imperialismustheorie – die unterschiedlichsten Hilfshypothesen entwickelt, welche allesamt der Rettung und Immunisierung dieser Prophezeiung dienen sollen.

Eine große Gruppe dieser Hilfshypothesen fällt unter das Stichwort „Staatliche Planung und Systemkrise im Spätkapitalismus“; ihnen allen ist die Überlegung gemeinsam, dem kapitalistischen Staat sei es gelungen, die

* Wiederabdruck aus: Hamburger Jahrbuch für Wirtschafts- und Gesellschaftspolitik, herausgegeben von Heinz-Dietrich Ortlieb, Bruno Molitor und Werner Krone, 19. Jg. (1974), S. 293–318, mit freundlicher Genehmigung der Herausgeber. Das Manuskript entstand nach der Diskussion folgender Arbeiten der Verfasser: *F. Spreer:* Zur Wissenschaftstheorie der Wirtschaftsplanung, Bonn 1974; *T. Sarrazin:* Historische Analyse und Zukunftsplanung. In: *G. Lührs* (Hrsg.): Theoriediskussion, Bd. 2, Berlin, Bad Godesberg 1974; *M. Tietzel:* Systemerhaltung, Systemkonvergenz und Systemüberwindung – Gesellschaftspolitik zwischen Idealtypus und Prophezeiung, ebenda.

1 *K. Marx:* Geschichtliche Tendenz der kapitalistischen Akkumulation (Auszug aus dem 24. Kapitel des ersten Bandes des „Kapital“). In *Marx, Engels:* Ausgewählte Schriften, Bd. I, 21. Auflage, Berlin 1972, S. 430.

systemimmanenten Krisentendenzen durch ständig vermehrte staatliche Eingriffe ins System partiell abzudrängen, aufzuhalten oder zu verlagern. Es ist das Bemühen der Theoretiker der Systemkrise, einerseits Verschiebung und Wandel der Krisenphänomene zu analysieren, andererseits die immanente Krisenhaftigkeit des Systems jenseits aller Wandlungen nachzuweisen. Eine besonders differenzierte und gelungene Variante neomarxistischer Krisentheorie[2] stammt von *Habermas,* dargelegt in seinem neuen Buch „Legitimationsprobleme im Spätkapitalismus“[3], in dem er die *Marx*sche Krisentheorie mit der „erstaunlichen Lebenskraft des altgewordenen Kapitalismus“ *(Habermas)* zu versöhnen sucht.

Dieses Werk ist in doppelter Hinsicht exemplarisch: (1) Exemplarisch für die fast unbeschränkte Anpassungsfähigkeit marxistischer Erklärungsansätze, (2) exemplarisch für die marxistisch-dialektische Argumentationsweise, welche versucht, durch kritikverhindernde Immunisierung gegen die Realität den aprioristisch-dogmatischen Anspruch des Marxismus zu retten. Mit anderen Worten: *Habermas* entwickelt in seinem Buch eine Position, die anzugreifen sich lohnt.

Diesen Angriff wollen wir im folgenden unternehmen, wobei im Mittelpunkt unserer Kritik *Habermas'* Versuch steht, durch geschickte Neuformulierung die Krisentheorie so dicht abzuschotten, daß auch nicht mehr der leiseste Windhauch der Wirklichkeit Unordnung in das feine Spinngewebe der Theorie bringen kann.

Wir befassen uns zunächst mit dem von *Habermas* verwandten Krisenbegriff, sodann mit seiner Auffassung vom Zusammenhang zwischen Krise und Spätkapitalismus. Hierauf stoßen wir zum Kernpunkt der *Habermas*schen Argumentationskette vor, dem Zusammenhang zwischen staatlicher Planung und spätkapitalistischer Systemkrise, welcher schließlich auch die von *Habermas* favorisierte spätkapitalistische Legitimationskrise konstituiert.

---

2 Es gibt auch nicht-marxistische Krisentheorien (z. B. *Saint-Simon* und *Mannheim),* auf deren Darstellung wir jedoch mangels Aktualität verzichten. Vgl. dazu *N. Sombart:* Krise und Planung, Wien, Frankfurt, Zürich 1965 und *B. Schäfers:* Voraussetzungen und Prinzipien der Gesellschaftsplanung bei Saint-Simon und Mannheim. In: Zur Theorie der allgemeinen und der regionalen Planung, Bielefeld 1969, und die dort angegebene Literatur.

3 *J. Habermas:* Legitimationsprobleme im Spätkapitalismus, Frankfurt 1973. Der Leser möge die ungewöhnlich ausgiebige Zitierweise nachsehen. Es ist nämlich ein nicht selten gehörter marxistischer Vorwurf, man habe Zitate verfälscht oder aus dem Zusammenhang gerissen. Spezifisch für *Habermas'* Texte scheint uns darüber hinaus zu sein, daß eine indirekte Wiedergabe kaum möglich ist, was u. a. aus dem folgenden klarwerden soll.

I. *Habermas' Krisenbegriff*

Aufbauend auf der *Marx*schen Krisentheorie, sucht *Habermas* nach einem *„sozialwissenschaftlichen"* Begriff der Krise. Krisenhaft ist eine Entwicklung für ihn dann, wenn sie „widerspruchsvoll" ist. Soweit steht *Habermas* in gut dialektischer Tradition. Um die *Marx*sche Krisentheorie auch auf spätkapitalistische Phänomene anwenden zu können, will er einen „sozialwissenschaftlich brauchbaren Krisenbegriff systematisch einführen". Gegen den von *Jänicke* angebotenen systemtheoretischen Krisenbegriff[4] hat er Bedenken, weil sich insbesondere „strukturell angelegte Widersprüche", welche die „Identität des Systems" zerstören, nicht trennen ließen von solchen, die innerhalb des Systems überwunden werden könnten[5].

Der größte Mangel „systemtheoretischer Begriffsstrategie" bestehe darin, daß sie jedes Gesellschaftssystem von seinem Steuerungszentrum her konzipiert. „Die handlungstheoretische Begriffsstrategie entgeht diesen Schwächen, sie erzeugt jedoch eine Dichotomie zwischen normativen Strukturen und einschränkenden materiellen Bedingungen[6]." Der Zusammenhang zwischen normativer Struktur und Steuerungsproblemen müßte daher analysiert werden. Diese analytische Ebene glaubt *Habermas* „in einer *historisch* gerichteten Analyse von Gesellschaftssystemen" zu finden, „die uns erlaubt, jeweils den Toleranzbereich festzustellen, innerhalb dessen die Sollwerte eines gegebenen Systems schwanken dürfen, ohne daß dies bestandskritisch gefährdet wird. Grenzen dieses Variationsspielraums manifestieren sich als Grenzen geschichtlicher Kontinuität"[7]. Krisentheoretische Probleme könnten nur im Rahmen einer „Theorie der Evolution" erfaßt werden, wie sie etwa von *Marx* stamme.

Hier wird klar, daß der Marxist *Habermas* trotz aller Differenzierungen *Historizist* geblieben ist, wobei mit *K. R. Popper* unter „Historizismus" eine Geschichtsauffassung verstanden sei, welche nach *historischen Entwicklungsgesetzen* sucht, die den Übergang von einer Epoche zur anderen bestimmen[8]. Mit dem Nachweis *Poppers*, daß die historizistische Geschichtsauffassung bereits aus logischen Gründen unhaltbar ist, und mit dem offensichtlichen Scheitern der historischen Prophezeiung *Marx*ens ist die historizistische Orientierung der weitaus meisten Marxismus-Richtungen keineswegs unter-

---

4 Vgl. *M. Jänicke* (Hrsg.): Herrschaft und Krise, Opladen 1973 und *J. Habermas* und *N. Luhmann:* Theorie der Gesellschaft oder Sozialtechnologie, Frankfurt/Main 1971.

5 Vgl. *J. Habermas:* Legitimationsprobleme im Spätkapitalismus, a.a.O., S. 11.

6 Ebenda, S. 16.

7 Ebenda, S. 18.

8 Vgl. *K. R. Popper:* Das Elend des Historizismus, 3. Aufl., Tübingen 1971.

gegangen, aber ihr Historizismus äußert sich subtiler, versteckter. Das zähe Festhalten der meisten Marxismusvarianten an historizistischen Auffassungen erklärt sich aus der Tatsache, daß die Philosophie des Marxismus, der historische Materialismus, elementar historizistisch ist[9].

Habermas greift *Marx*ens Begriff der *Gesellschaftsformation* auf, welche jeweils „durch ein fundamentales Organisationsprinzip bestimmt" sei. Unter *Organisationsprinzipien* aber will er „hochabstrakte Regelungen, die in unwahrscheinlichen Evolutionsschüben (!) als emergente Eigenschaften entstehen und ein jeweils neues Entwicklungsniveau kennzeichnen", verstanden wissen[10]. Offensichtlich ist *Habermas* hier dem „dialektischen Prinzip" auf der Spur. Nach dieser Definition seien Steuerungsprobleme nur dann „krisenwirksam", wenn das Organisationsprinzip der Gesellschaft zu ihrer Lösung in irgendeiner Form nicht hinreiche. Seinen eigenartigen Begriff des Organisationsprinzips rechtfertigt *Habermas* mit Hilfe der von ihm erstellten „*Konstituentien*" gesellschaftlicher Systeme. Wir erfahren nämlich nebenbei (in einer Fußnote), daß die „Konstituentien gesellschaftlicher Systeme noch nicht genau genug erfaßt worden sind"[11]. Der Wert bisheriger Kapitalismuskritik müßte dann doch wohl in Zweifel gezogen werden. Wie auch immer – *Habermas* kennt drei „universale Eigenschaften von Gesellschaftssystemen":

„a) Der Austausch von Gesellschaftssystemen mit ihrer Umwelt läuft in Produktion (Aneignung der äußeren Natur) und Sozialisation (Aneignung der inneren Natur) über das Medium wahrheitsfähiger Äußerungen und rechtfertigungsbedürftiger Normen, d. h. über diskursive Geltungsansprüche; in beiden Dimensionen folgt die Entwicklung rational nachkonstruierbaren Mustern.

b) Gesellschaftssysteme verändern ihre Sollwerte in Abhängigkeit vom Stand der Produktivkräfte und vom Grad der Systemautonomie, aber die Variation der Sollwerte wird durch eine Entwicklungslogik von Weltbildern (!) beschränkt, auf die Imperative der Systemintegration keinen Einfluß haben; die vergesellschafteten Individuen bilden eine unter Steuerungsgesichtspunkten paradoxe innere Umwelt.

c) Das Entwicklungsniveau einer Gesellschaft bestimmt sich nach der institutionell zugelassenen Lernkapazität, im einzelnen danach . . ., ob diskursive Lernprozesse stattfinden können[12]."

---

9 Dies ist z. B. nachgewiesen bei *T. Sarrazin:* Historische Analyse und Zukunftsplanung. In *G. Lührs* (Hrsg.): Beiträge zur Theoriediskussion, Bd. 2, Bonn-Bad Godesberg, Berlin 1974.

10 *J. Habermas:* Legitimationsprobleme im Spätkapitalismus, a.a.O., S. 18.

11 Ebenda, S. 14, Fn. 10.

12 Ebenda, S. 19.

Habermas versteht die Charakterisierung dieser Konstituentien als „provisorisch". Er macht sie im folgenden mehr oder minder plausibel, wobei der Leser Mühe hat, das gewaltige Definitionssystem nicht aus den Augen zu verlieren. *Eucken* würde *Habermas'* Vorgehen als „Begriffssoziologie" bezeichnet haben. *Habermas* konstruiert vielfältige Zusammenhänge zwischen seinen Begriffen, wobei ihm allerdings auch einige unzulässige Existenzeinführungen[13] unterlaufen (z. B. durch mangelnde Trennung von Begriff und Urteil und durch Verkennung des hypothetischen Charakters einiger seiner Urteile).

Wie so viele Historizisten hält auch *Habermas* eine *Stufenlehre* bereit, welche freilich von der *Hegel*schen und der *Marx*schen abweicht. Kennzeichnend für den historizistischen Anspruch ist auch bei ihm, daß die Einteilung seiner „Gesellschaftsformationen" über die Gegenwart hinausgeht. Er gibt folgendes Schema:

Gesellschaftsformationen

vorhochkulturell
Klassengesellschaften: hochkulturell
- traditional
- modern
  - kapitalistisch
    - (Liberalkapitalismus)
    - (organisierter Kapitalismus)
  - postkapitalistisch

postmodern

Jede Gesellschaftsform sei durch ein spezifisches „Organisationsprinzip", durch bestimmte „Sozial- und Systemintegrationen" und durch einen bestimmten „Krisentypus" charakterisiert. Das *Habermas*sche Stufenschema beginnt und endet in einer klassenlosen Gesellschaft; die dem gegenwärtigen „organisierten Kapitalismus" folgende Stufe sei noch *Klassengesellschaft* (der Liberalkapitalismus, welcher *Marx'* Horizont bildete, war offensichtlich nicht die letzte); gleichwohl hat *Habermas* seinen Krisenbegriff so konstruiert, daß es ihm möglich ist, bereits dieser Gesellschaftsformation den Typus der *„Systemkrise"* zuzuordnen (die vorhochkulturelle Gesellschaft kannte den Typus der „extern ausgelösten Identitätskrise", die traditionale Gesellschaft den der „intern angelegten Identitätskrise")[14].

13 Vgl. dazu *W. Strombach:* Die Gesetze unseres Denkens, 2. Aufl., München 1971, S. 63.

14 Vgl. *J. Habermas:* Legitimationsprobleme im Spätkapitalismus, a.a.O., S. 40.

Von *„Systemkrise"* spricht *Habermas,* wenn „Steuerungsprobleme *unmittelbar* zu Bedrohungen der Identität (des Gesellschaftssystems; d. V.) werden können"[15]. „Im Liberalkapitalismus treten Krisen *in der Form* von ungelösten ökonomischen Steuerungsproblemen auf. Gefährdungen der Systemintegration *sind* unmittelbar Bedrohungen der Sozialintegration; das rechtfertigt die Rede von ökonomischen Krisen[16]." Allerdings hat *Habermas* im folgenden nur recht Vages, für manchen Ökonomen wohl auch Haarsträubendes zu ökonomischen Zusammenhängen zu sagen; er bleibt zwar im *Marx*schen Schema, verzichtet aber auf dessen präzise Diktion, um eigene krisentheoretische Begriffszusammenhänge auf *Marx'* Lehre anzuwenden. Ob das für die Analyse des liberalkapitalistischen Systems gelingt, lassen wir dahin gestellt; in unserem Zusammenhang ist aber die eigenartige *Habermas*sche Verwendung des marxistischen Schlüsselbegriffs „Widerspruch" von Interesse:

„Das ökonomische Wachstum vollzieht sich durch periodisch wiederkehrende Krisen hindurch, weil die ins ökonomische Steuerungssystem verlagerte Klassenstruktur den *Widerspruch der Klasseninteressen in einen Widerspruch von Systemimperativen* verwandelt hat." Der Leser erfährt dann, daß *Habermas* „den Begriff des Widerspruchs in zwei verschiedenen Theoriesprachen" verwendet. Weiter liest man: „Nach Hegel und Marx ... sind Konflikte nur die Erscheinungsform, die empirische Seite (!) eines zugrunde liegenden logischen(!) Widerspruchs." Ein Logiker kann nur staunen, wenn er folgendermaßen belehrt wird: „... die Tiefenstrukturen einer Gesellschaft sind nicht im engeren Sinne logische (!) Strukturen. Andererseits werden in Äußerungen stets propositionale Gehalte verwendet; die Logik (!), die die Rede von ‚gesellschaftlichen Widersprüchen' rechtfertigen könnte, müßte mithin eine Logik der Verwendung von propositionalen Gehalten in Sprechakten und Handlungen sein[17]."

Vom „Grundwiderspruch" einer Gesellschaftsformation spricht *Habermas* nur dann, „wenn aus dessen Organisationsprinzip die Notwendigkeit ab-

---

15 Ebenda, S. 39.

16 Ebenda, S. 41.

17 Ebenda, S. 43 f. Weitere Textproben verdeutlichen die eigenwillige *Habermas*sche *„Logik"*: „Wenn sich in einer gegebenen Umwelt mehr Probleme stellen, als die Steuerungskapazität eines Systems zu lösen gestattet, treten logisch (!) ableitbare Widersprüche auf ... Diese ‚Widersprüche' werden mit Bezugnahme auf Bestandserhaltungsprobleme eingeführt; sie sind daher nicht a limine, wie dialektische Widersprüche, auf kommunikative Beziehungen ... bezogen. Konflikte können auch im Rahmen der Systemtheorie als Ausdruck ungelöster Systemprobleme begriffen werden; aber der beibehaltene Terminus ‚Widerspruch' sollte die Unterschiede zwischen der Logik (!) selbstgeregelter Systeme und der

geleitet werden kann, daß sich in diesem System (immer wieder) Individuen und Gruppen mit (auf die Dauer) unvereinbaren Ansprüchen und Intentionen gegenübertreten"[18]. Man könnte meinen, daß unter diesen Umständen *jeder* Gesellschaftsform ein „Grundwiderspruch" zugrunde liegt, aber darauf geht *Habermas* nicht ein. Im Liberalkapitalismus stellt sich nach *Habermas* der „Grundwiderspruch" ökonomisch dar, woraus eine ökonomische Krise folgt:

„Weil die Produktion von Wert durch die private Aneignung von Mehrwert gesteuert wird, ergibt sich eine systemtheoretisch nachkonstruierbare Spirale von Widersprüchen. Die Akkumulation des Gesamtkapitals vollzieht sich über periodische Entwertungen von Kapitalbestandteilen; diese Verlaufsform ist der Krisenzyklus[19]." Nach *Marx* muß der Krisenzyklus durch eine Tendenz der fallenden Profitrate gekennzeichnet sein; mangelnde Investitionslust und Stagnation des Akkumulationsprozesses seien die unausbleiblichen Folgen. Bisher ist offensichtlich dergleichen nicht eingetreten[20].

War *Marx'* Krisentheorie falsch? Muß die große marxistische Hoffnung auf die kapitalistische Krise begraben werden? Kann man eine kapitalistische Krise provozieren? Zumindest die Hoffnung auf eine ökonomische Krise mag *Habermas* nicht eben stärken.

II. *Spätkapitalismus und Krise*

„Die ökonomische Krise (des Liberalkapitalismus; d. V.) ist das welthistorisch erste (und vielleicht einzige) Beispiel einer Systemkrise, die dadurch gekennzeichnet ist, daß sich der dialektische (!) Widerspruch zwischen Mitgliedern eines Interaktionszusammenhangs *in terms* von strukturell unlösbaren Systemwidersprüchen oder Steuerungsproblemen vollzieht[21]."

Wie konnte die ökonomische Krise des Kapitalismus überwunden werden?

Logik (!) umgangssprachlicher Kommunikation nicht verwischen. Konflikte, die unabhängig von Kommunikations- und Systemtheorien beschrieben werden, sind empirische Phänomene ohne Wahrheitsbezug (!). Erst nachdem wir solche Gegensätze kommunikations- und systemtheoretisch begreifen, erhalten diese Erscheinungen einen immanenten Bezug zu logischen (!) Kategorien." (Ebenda, S. 45).

18 Ebenda, S. 44.

19 Ebenda, S. 47.

20 Vgl. dazu *C. Rolshausen* (Hrsg.): Kapitalismus und Krise. Eine Kontroverse um das Gesetz des tendenziellen Falls der Profitrate, Wien, Frankfurt 1970.

21 *J. Habermas:* Legitimationsprobleme im Spätkapitalismus, a.a.O., S. 48.

Haben sich die „Widersprüche“ gar als nicht relevant herausgestellt? Zunächst muß natürlich *Marx* rehabilitiert werden, der die Möglichkeit eines Spätkapitalismus ja nicht explizit berücksichtigte: „Marx hält sich die Möglichkeit offen, die ökonomischen Vorgänge der Kapitalverwertung ... in die sozialen Vorgänge zwischen Klassen rückzuübersetzen ... Genau diese soziologische Rückübersetzung einer immanent ansetzenden ökonomischen Analyse macht unter den veränderten Bedingungen des organisierten Kapitalismus Schwierigkeiten[22].“ Diese Veränderungen und Schwierigkeiten interessieren nun insbesondere deswegen, weil der „organisierte Kapitalismus“ (Spätkapitalismus) durch staatliche Planung gekennzeichnet sei. Folgerichtig fragt *Habermas:* „Ist der Grundwiderspruch der kapitalistischen Gesellschaftsformation unter den Erscheinungsformen des organisierten Kapitalismus unverändert, oder hat sich die Logik (!) der Krise geändert? Ist der Kapitalismus gar in eine nachkapitalistische Gesellschaftsformation überführt worden, die die krisenhafte Verlaufsform des ökonomischen Wachstums überwunden hat[23]?“

Wir werden sehen, daß *Habermas* versucht, die Existenz und Überlebensfähigkeit des gesamten „spätkapitalistischen Systems“ mit allen seinen Auswirkungen holistisch-hermeneutisch, im „Gesamtzusammenhang“, zu erklären, dabei aber doch nicht anders kann, als auf eine prekäre (weil nicht explizierte und bisweilen wohl auch nicht bewußte) Aspekthaftigkeit einer eindimensionalen historischen Methode zu rekurrieren. *Habermas* geht essentialistisch-idealtypisch vor, wobei er offensichtlich den klassischen Fehler macht, seine Begriffe und Idealtypen (z. B. „Liberalkapitalismus“, „ökonomische Krise“, „Gesellschaftsformation“ usw.) für Theorien (etwa noch empirischen Gehaltes) zu halten[24].

Der *Marx*schen Prophezeiung zufolge war ein „Spätkapitalismus“ nicht zu erwarten; schon der Laissez-faire-Kapitalismus hätte an seinen „Grundwidersprüchen“ zugrundegehen müssen. *Habermas* versucht nun, durch nachträgliche Korrekturen, Modifikationen, Interpretationen der *Marx*schen Lehre, diese zumindest mit der tatsächlichen, womöglich aber auch noch mit der zukünftigen Entwicklung in Übereinstimmung zu bringen. Der ökonomische Aspekt, der für *Marx* die Grundlage aller Betrachtung war, verliert bei *Habermas* seine exklusive Bedeutung. Da eine ökonomische Krise offen-

---

22 *J. Habermas:* Legitimationsprobleme im Spätkapitalismus, a.a.O., S. 49.

23 Ebenda, S. 49.

24 Zur Kritik des Essentialismus vgl. etwa *K. R. Popper:* Die Aufgabe der Wissenschaft; im vorliegenden Band, S. 89 ff.; sowie weiterhin *W. Eucken:* Kritik der „Begriffsnationalökonomie“. In *Jochimsen, Knobel* (Hrsg.): Gegenstand und Methoden der Nationalökonomie, Köln 1971, S. 161 ff.

sichtlich nicht mehr zu erwarten ist, der „Grundwiderspruch" freilich dem Kapitalismus nach wie vor immanent sei, vermutet *Habermas* eine *Verschiebung der Krisentendenzen* ins politisch-administrative und ins „legitimatorische" (z. B. das „formaldemokratische") System. Seine Thesen sind respektabel, zumal er nichts weiter fordert, als eine „Argumentskizze" zu präsentieren, welche „selbstverständlich empirische (!) Untersuchungen nicht ersetzen"[25] könne.

Nach dem allmählichen Ende des liberalen Konkurrenzkapitalismus haben wir es – so *Habermas* – heute mit „organisiertem", „staatlich geregeltem" Kapitalismus zu tun, dessen ökonomische Kennzeichen hoher Konzentrations- und Marktorganisationsgrad und staatliche Global- bzw. Rahmenplanung seien. Freilich: „Eine politische Planung der Allokation knapper Ressourcen tritt solange nicht in Kraft, wie sich die gesamtgesellschaftlichen Prioritäten naturwüchsig, nämlich als Nebenfolgen privater Unternehmensstrategien, herausbilden[26]." Vielmehr reguliere der Staat mittels globaler Planung lediglich den gesamtwirtschaftlichen Kreislauf. Seine Maximen seien Krisenvermeidung einerseits und Sicherung des Privatismus andererseits. Die durch den „reaktiven Charakter von Vermeidungsstrategien" charakterisierte Globalplanung *manipuliere* die Randbedingungen der Unternehmerentscheidungen, „um den Marktmechanismus im Hinblick auf dysfunktionale Nebenfolgen zu korrigieren" und *ersetze* den Marktmechanismus „überall dort, wo er für überschüssig akkumuliertes Kapital Verwertungsbedingungen schafft und verbessert".

Die nach *Marx* im Kapitalismus „vereinfachten" *Klassengegensätze* werden nach *Habermas* entökonomisiert, wieder kompliziert und vor allem repolitisiert[28]. Diese Repolitisierung sei als „politische Anonymisierung der Klassenherrschaft" zu verstehen: „Die Strukturen des Spätkapitalismus lassen sich nämlich als Reaktionsbildungen gegen die endemische Krise verstehen. Zur Abwehr der Systemkrise lenken spätkapitalistische Gesellschaften alle sozialintegrativen Kräfte auf den Ort des strukturell wahrscheinlichsten Konflikts[29] . . ."

Jedenfalls ist es in neomarxistischer Sicht dem Kapitalismus bisher gelungen, die „Nebenfolgen der abgefangenen ökonomischen Krise breit zu filtern" durch die Zerstörung des „Klassenbewußtseins" und die nachfolgende Schaffung eines „Klassenkompromisses", welcher „(fast) alle zu Beteiligten und

25 *J. Habermas:* Legitimationsprobleme im Spätkapitalismus, a.a.O., S. 50.
26 Ebenda, S. 51.
27 Ebenda, S. 53.
28 Ebenda, S. 54 f.
29 Ebenda, S. 56 f.

Betroffenen in einer Person" macht, unterstützt durch die Konstruktion von „Quasigruppen"[30].

Die von *Habermas* angestrebte „Theorie des Spätkapitalismus", welche all dies umfassen und erklären soll, wäre, sollte sie je zustandekommen, ein Non-plus-ultra, denn sie würde das unfertige, schiefe und brüchige Gemäuer der Sozialwissenschaft, an dem Generationen von Ökonomen und Soziologen seit Jahrhunderten mit nur sehr bescheidenem, stückwerkhaftem Erfolg basteln, ersetzen durch einen Prachtbau wie aus einem Guß. Es ist aber anzumerken, daß *Habermas* auf den vorläufigen Charakter seiner Ausführungen hinweist, und daran tut er gut, denn bisher ist noch jede universale (holistische) Sozialtheorie gescheitert.

Solch eine Theorie kann überhaupt nur konstruiert werden bei einer Beschränkung auf ganz wenige erklärende Variable, wobei möglichst nur einer Größe bei der Erklärung eine Schlüsselrolle zukommt. Wie alle marxistischen Sozialtheoretiker, so kommt auch *Habermas* nicht umhin, sich mit dem permanenten, Monokausalität implizierenden Rekurs auf den „Grundwiderspruch" zu behelfen. So steht dann auch für *Habermas* völlig außer Zweifel, daß der Kapitalismus wegen des angeblichen „Grundwiderspruchs" in allen seinen Erscheinungsformen „widersprüchlich" und daher zumindest potentiell krisenhaft sei.

Wer aber meint, daß die These vom „Grundwiderspruch"[31], das Kernstück auch der *Habermas*schen Theorie des Spätkapitalismus, die Rolle einer empirisch überprüfbaren und empirisch zu überprüfenden Erklärungs*hypothese* spielt, oder daß auch nur klar wird, *welcher Art* der Widerspruch sein soll, der sieht sich getäuscht. Anstatt als empirisch überprüfbare und damit der kritischen Diskussion zugängliche Erklärungshypothese wird die These als aprioristisch-dogmatische Behauptung verwandt, und alle „Theorie" gerät lediglich zur weiteren Immunisierung des Dogmas, indem nämlich ständig nach (noch) nicht erfolglos kritisierten Bereichen gesucht wird, in denen solche „Widersprüche" sich manifestierten. Solches Vorgehen kennzeichnet die gesamte Geschichte des Marxismus und ist auch typisch für die *Habermas*sche Untersuchungsmethode, wie wir noch belegen wollen.

Eine „Theorie des Spätkapitalismus" ist für Marxisten allemal eine Theorie kapitalistischer Krisentendenzen. Eine solche Theorie hat laut *Habermas* folgende Fragen zu beantworten[32]:

---

30 Ebenda, S. 61 ff.

31 Sie wird i. d. R. (auch durch *Habermas*) als nicht-falsifizierbarer singulärer Es-gibt-Satz verwandt, also nicht als Theorie.

32 *J. Habermas:* Legitimationsprobleme im Spätkapitalismus, a.a.O., S. 59 f.

„*Zunächst:*
- bieten die Strukturen des Spätkapitalismus Raum für eine evolutionäre Selbstaufhebung des Widerspruchs einer vergesellschafteten Produktion für nicht verallgemeinerte Ziele?
- wenn ja, welche Entwicklungsdynamik führt in diese Richtung?
- wenn nein, welches sind die Krisentendenzen, in denen sich der temporär verdrängte, aber ungelöste Klassenantagonismus äußert?

Sodann:
- reichen die Strukturen des Spätkapitalismus aus, um die ökonomische Krise auf die Dauer abzufangen?
- wenn nein, führt die ökonomische Krise, wie Marx es erwartet hat, über die soziale Krise zur politischen, mit anderen Worten: kann es im Weltmaßstab einen revolutionären Klassenkampf geben?
- wenn nein, wohin wird die ökonomische Krise verschoben?

Schließlich:
- behält die verschobene Krise die Form einer Systemkrise, oder müssen wir mit verschiedenen Krisentendenzen rechnen, die zusammenwirken?
- wenn letzteres der Fall sein sollte, welche Krisentendenzen setzen sich bei welchen sozialen Gruppen in abweichendes Verhalten um?
- läßt das zu erwartende anome Potential zielgerichtetes politisches Handeln zu oder führt es eher zur ungerichteten Dysfunktionalisierung von Teilsystemen?"

Hier sehen wir den „klassischen" Mechanismus marxistischer Argumentationsweise wirken: Der ominöse „Widerspruch", dessen Vorhandensein anhand der Erfahrungswirklichkeit kritisch zu überprüfen die Hauptaufgabe einer „Theorie des Spätkapitalismus" wäre, sofern diese einen Anspruch auf empirischen Gehalt erhebt, dieser „Widerspruch" also wird *vorausgesetzt* und ist damit jeglicher Kritik apriorisch entzogen und zugleich nicht Gegenstand einer Theorie[33]. Die Suche nach allen nur denkbaren Krisenformen

33 Man könnte gleichwohl zumindest eine Quasitheorie einer solchen Krisenhaftigkeit konstruieren (Relativierung des „Krisengesetzes" auf bestimmte Strukturen). Offensichtlich scheut man die Falsifikation: Recht vage metaphorisch-deskriptive Theorien stammen von *E. Altvater:* Konjunkturtheorie als Analyse von Widersprüchen. In *R. Molitor* (Hrsg.): Kontaktstudium Ökonomie und Gesellschaft, Frankfurt/M. 1972, S. 67 ff.; *E. Mandel:* Die Deutsche Wirtschaftskrise, Frankfurt/M. 1969; 1969; *E. Varga:* Die Krise des Kapitalismus und ihre politischen Folgen, Frankfurt/M. 1969; *E. Mandel:* Die Marxsche Methode im Nachvollzug. In *R. Molitor* (Hrsg.): a.a.O., S. 55 f. — Diese Beiträge erreichen u. E. nicht die

scheint bereits durch den Entschluß determiniert, diese dem Spätkapitalismus als für ihn typisch anzulasten. *Die historizistische Grundkomponente* der konzipierten „Theorie" kommt bereits in der obigen Fragestellung klar zum Ausdruck: Es wird impliziert, dem Kapitalismus widerfahre ein historisches Lebensschicksal, welches von der Vergangenheit über die Gegenwart in die Zukunft hineinwirke; es gelte, diesem naturgesetzlichen Schicksal auf die Spur zu kommen, um seinen Ausgang leichter prophezeien zu können. Allerdings wird eine solche Prophezeiung dadurch erschwert, daß das gesamtkapitalistische *konspirative* Interesse (Konspirationstheorie) nicht müde wird, nach immer neuen und wirkungsvolleren Krisenvermeidungsstrategien zu forschen. Daher sieht *Habermas* „im Augenblick keine Möglichkeit, die Frage nach den Chancen der Selbsttransformierung des Spätkapitalismus mit triftigen Argumenten zu entscheiden. Aber ich schließe die Möglichkeit nicht aus, daß die ökonomische Krise auf die Dauer abgefangen werden kann, obgleich nur in der Weise, daß die kontradiktorischen Steuerungsimperative, die sich im Zwang zur Kapitalverwertung durchsetzen, eine Reihe anderer Krisentendenzen erzeugen. Die fortbestehende Tendenz zur Störung des kapitalistischen Wachstums kann administrativ verarbeitet und stufenweise über das politische ins sozio-kulturelle System verschoben werden"[34].

Habermas' Überblick über mögliche Krisentendenzen weist die von ihm vermutete Verschiebung der Konflikte vom ökonomischen ins politische und ins soziokulturelle System aus. Die Möglichkeit *ökonomischer Krisen* sei freilich immer noch gegeben. Sie müßten dann etwas mit dem Verhältnis von staatlicher und privater Planung zu tun haben, denn der Spätkapitalismus sei ja staatlich organisiert. Dies erinnert an die These von *Mandel, der Staat betreibe Fortsetzung der Politik des Kapitals mit anderen Mitteln*[35]. Staatliche Aktionen sind dann ebenso „als Tauschvorgänge spontan wirkenden ökonomischen Gesetzen (gemeint sind die von *Marx* dafür gehaltenen; d. V.) ... und so der Logik (!) der ökonomischen Krise, wie sie im Gesetz des tendenziellen Falls der Profitrate ausgedrückt ist, unterworfen ... Da aber die Krisentendenz nach wie vor durch das Wertgesetz bestimmt ist (wir meinen, daß das „Wertgesetz" eher aus gesetzten Werten besteht; d. V.), kann die Staatstätigkeit die Tendenz der fallenden Profitrate nicht kompen-

Originalität der Arbeit *Habermas'*. — Kritisch zum Thema z. B. *H. Vetter:* Kapitalismuskritik ohne Marxismus. In *R. Molitor* (Hrsg.): a.a.O., S. 77 ff. und *ders.:* Die Stellung des dialektischen Materialismus zum Prinzip des ausgeschlossenen Widerspruchs, Berlin 1962.

34 *J. Habermas:* Legitimationsprobleme im Spätkapitalismus, a.a.O., S. 60.

35 Vgl. z. B. *E. Mandel:* Der Spätkapitalismus, Frankfurt/M. 1972.

sieren ..."[36]. Einer zweiten marxistischen These – der *Agenturtheorie* – zufolge sind staatliche Aktionen und Planungen „nicht naturwüchsig der Logik (!) des Wertgesetzes"[37] unterworfen, vielmehr handelt der Staat als planender Agent kapitalistischer Interessen, so daß politische Planung die Akkumulation des Kapitals zum Inhalt hat.

Politische Krisen sind laut *Habermas* möglich als „Systemkrisen" („Rationalitätskrise" und/oder als „Identitätskrise", „Legimitationskrise"); sie werden bedingt durch staatliche planende Eingriffe zur Vermeidung einer ökonomischen Krise. Die *„Rationalitätskrise"* entsteht bei mangelnder Planrationalität, nämlich wenn es „dem administrativen System nicht (gelingt), die Steuerungsimperative, die es vom Wirtschaftssystem erhält, kompatibel zu machen und zu erfüllen"[38] (eine Formulierung, die allerdings ebenso auf andere Wirtschaftssysteme anwendbar ist). Wichtiger scheint *Habermas* die *„Legitimationskrise"*; „sie nimmt nicht den Weg über eine Gefährdung der Systemintegration, sondern ergibt sich daraus, daß die Erfüllung staatlicher Planungsaufgaben die Struktur der entpolitisierten Öffentlichkeit ... in Frage stellt".

Die These von der „Rationalitätskrise" wird in zwei Versionen vertreten, der *Anarchieversion*[39] und der *Entfremdungsversion*[40]. Nach der ersten Version führen einerseits der Widerspruch zwischen administrativer Planung und privater Verfügung und andererseits kontroverse kapitalistische Einzelinteressen zu Anarchie. Die andere Version der „Rationalitätskrise" behauptet, daß der Staat beim Ausgleich ökonomischer Krisentendenzen zunehmend in den Zwang gerate, „systemfremde Elemente" einzuführen. Die steigende Verschiebung von privaten zu staatlichen Aktivitäten könne krisenhafte Auswirkungen haben, eine These, die auch außerhalb des Marxismus – insbesondere bei Marktwirtschaftsideologen – häufig vertreten wird.

Soziokulturelle Krisen als „Motivationskrisen" können nach *Habermas* entstehen, weil „das politische System ... im Verlaufe der kapitalistischen Entwicklung seine Grenzen nicht nur in das ökonomische, sondern auch in das soziokulturelle System hinein verschoben" habe[41]. Hier kommt *Marx'* Theorie vom „Überbau" zum Vorschein. Die „Motivationskrise" wird im wesentlichen mit der für den Spätkapitalismus angeblich typischen „Erosion be-

36 *J. Habermas:* Legitimationsprobleme im Spätkapitalismus, a.a.O., S. 67.

37 Ebenda, S. 68.

38 Ebenda, S. 68.

39 Vertreten z. B. durch *J. Hirsch:* Wissenschaftlich-technischer Fortschritt und politisches System, Frankfurt/M. 1970.

40 Vertreten z. B. durch *C. Offe:* Tauschverhältnis und politische Steuerung. In: Strukturprobleme des kapitalistischen Staates, Frankfurt/M. 1972, S. 27 ff.

41 *J. Habermas:* Legitimationsprobleme im Spätkapitalismus, a.a.O., S. 70.

standswichtiger Traditionen" und durch die „Überforderung durch universalistische Wertsysteme (‚neue' Bedürfnisse)"[42] erklärt.
Nun führe „der Grundwiderspruch des kapitalistischen Systems ... dazu, daß ceteris paribus entweder

- das ökonomische System das erforderliche Maß an konsumierbaren Werten nicht erzeugt, oder
- das administrative System das erforderliche Maß an rationalen Entscheidungen nicht hervorbringt, oder
- das legitimatorische System das erforderliche Maß an generalisierten Motivationen nicht beschafft, oder
- das soziokulturelle System das erforderliche Maß an handlungsmotivierendem Sinn nicht generiert[43]."

Der „Grundwiderspruch" ist also das entscheidende Phänomen.

III. *Staatliche Planung und ökonomische Krise*

Marxisten gehen bekanntlich von der Grundthese aus, daß der Kapitalismus – sich selbst überlassen – zugrunde gehen müsse. Die „Grundwidersprüche" des Kapitalismus führten mit naturgesetzlicher Notwendigkeit zur ökonomischen Krise. Über das Verhältnis von staatlicher Wirtschaftsplanung und ökonomischer Krise im Kapitalismus gibt es *zwei kontroverse marxistische Thesen.* Die eine behauptet, der Staat – durch Revolution oder allmählichen Übergang in die Hände proletarischer Gruppen gekommen – könne die Wirtschaft über eine planwirtschaftlich-sozialistische Phase direkt in den Kommunismus führen (Marxismus-Leninismus). Diese These soll an dieser Stelle nicht besprochen werden. Die andere Auffassung geht davon aus, daß eine irgendwie geartete kapitalistische Krise die conditio sine qua non proletarischen Fortschritts sei. Innerhalb dieser zweiten Auffassung gibt es verschiedene Theorien zur Funktion staatlicher Eingriffe und Planungen im Kapitalismus (Krisentheorien). Freilich haben auch Vertreter des „östlichen" Marxismus in bezug auf den heutigen Kapitalismus Krisentheorien parat; eine solche Einstellung erscheint aber widersprüchlich, denn keiner der heutigen „sozialistischen" Staaten des Ostblocks ist aus einer kapitalistischen Krise hervorgegangen, vielmehr sind sie Produkte revolutionärer Umstürze in feudalen Systemen oder in irgendeiner Form Geschöpfe der Roten Armee[44].

---

42 Ebenda, S. 73.
43 Ebenda, S. 72.
44 Vgl. etwa *L. Singer:* Sowjetimperialismus, Stuttgart 1970.

Im folgenden wollen wir kurz auf einige Krisentheorien eingehen, die staatliche Planung im Kapitalismus mit in ihre Thesen einbeziehen.
Die Auffassung, daß der kapitalistische Staat durch ausgleichende und ergänzende Aktionen und Planungen dem Kapitalismus diene und so zumindest aktuelle Krisensituationen abwenden könne, geht auf *Marx* zurück[45]. Der Staat als ergänzendes Instrument kapitalistischer Interessen – diese These wird auch heute auf den Spätkapitalismus bezogen[46]. Was aber ergibt sich aus dieser „Krisenvermeidungsstrategie" in längerfristiger Sicht? Zumindest *orthodoxe Marxisten* glauben nicht an einen nachhaltigen Erfolg staatlicher Ausgleichsplanung. Von *Engels* bis *Altvater*[47] herrscht die Meinung vor, der Staat als „Gesamtkapitalist" werde durch seine scheinneutrale Position noch nicht von der Gültigkeit und Wirkung des „Wertgesetzes" befreit; vielmehr werde zumindest langfristig die ökonomische Krise durch staatliche Krisenvermeidungsaktionen noch *zugespitzt*.
„Der *Generaleinwand* gegen diese Auffassung geht dahin, daß die allein empirisch (!) zu beantwortende Frage, ob und gegebenenfalls wie sich die Klassenstruktur verändert hat, nicht auf analytischer (!) Ebene vorentschieden werden darf. Die Verabsolutierung der werttheoretischen Begriffsstrategie entzieht die ökonomische Krisentheorie einer möglichen empirischen Überprüfung[48]." Eine theoretische Vorentscheidung, wann und wie eine ökonomische Krise des Kapitalismus zustande komme, sei heute nicht mehr möglich, vielmehr hänge die Frage von „konkreten Machtkonstellationen" ab: „Heute muß der Staat Funktionen erfüllen, die weder mit Bezugnahme auf Bestandsvoraussetzungen der Produktionsweise erklärt noch aus der immanenten Bewegung des Kapitals abgeleitet werden können. Diese Bewegung vollzieht sich nicht mehr über den werttheoretisch erfaßbaren Marktmechanismus, sondern ist eine Resultante aus den immer noch wirksamen ökonomischen Antriebskräften und einer politischen Gegensteuerung, in der eine *Verschiebung der Produktionsverhältnisse* zum Ausdruck kommt[49]."
Diese Verschiebung der Produktionsverhältnisse versucht *Habermas* mit Hilfe einer „analytischen Unterscheidung von vier Kategorien der Staatstätigkeit" plausibel zu machen[50]:

---

45 Vgl. *K. Marx:* Der achtzehnte Brumaire des Louis Bonaparte. In *Marx, Engels:* Ausgewählte Schriften, Bd. I, a.a.O., S. 226—316.

46 Vgl. z. B. *E. Altvater:* Zu einigen Problemen des Staatsinterventionismus. In: *M. Jänicke* (Hrsg.): Herrschaft und Krise, Opladen 1973, S. 170 ff.

47 Vgl. *E. Altvater:* a.a.O., S. 181.

48 *J. Habermas:* Legitimationsprobleme im Spätkapitalismus, a.a.O., S. 76.

49 Ebenda, S. 77.

50 Ebenda, S. 77 f.

a) Staatstätigkeit zur Schaffung von Bestandsvoraussetzungen für die *Konstituierung der Produktionsweise.* Diese Voraussetzungen sollen das „Marktsystem vor selbst-destruktiven Nebenfolgen" schützen (z. B. Kartellgesetze, Währungspolitik, Verkehrspolitik, Handels- und Zollpolitik, Bildungspolitik). Der Staat „reproduziert sich selber durch militärische Aufrechterhaltung der nationalen Integrität nach außen und durch paramilitärische Unterdrückung systemfeindlicher Kräfte im Innern". (Der letzte Aspekt scheint uns nicht gerade auf kapitalistische Wirtschaftsverfassungen beschränkt zu sein!)
b) „*Marktkomplementäre* Anpassungen an einen Prozeß, auf dessen Dynamik er (der Staat; d. V.) keinen Einfluß ausübt, so daß sowohl das gesellschaftliche Organisationsprinzip als auch die Klassenstruktur unberührt bleiben."
c) *Marktsubstituierende Handlungen,* die „*in Reaktion auf die Schwächen* der ökonomischen Antriebskräfte die Fortsetzung eines seiner Eigendynamik nicht länger überlassenen Akkumulationsprozesses ermöglichen". Das „gesellschaftliche Organisationsprinzip" wird also berührt, der öffentliche Sektor ist „systemfremd".
d) „Schließlich *kompensiert* der Staat dysfunktionale Folgen des Akkumulationsprozesses" durch Übernahme sozialer Kosten im weitesten Sinne des Wortes.

Die ersten beiden Kategorien staatlicher Aktivitäten finden sich laut *Habermas* sowohl im „Liberalkapitalismus" als auch im „Spätkapitalismus", die beiden letzteren Kategorien ausschließlich im „Spätkapitalismus". Denn der spätkapitalistische Staat kann seine „Aufgaben nur erfüllen, indem und soweit er zugleich in Funktionslücken des Marktes einspringt, in den Akkumulationsprozeß eingreift und dessen politisch unerträgliche Folgen kompensiert"[51]. Nach *Habermas* sind für den „Spätkapitalismus" drei Entwicklungen charakteristisch: (1) „Eine veränderte Form der Mehrwertproduktion" durch die vermehrte staatliche Produktion von Kollektivgütern, welche der privaten Produktion dahingehend zugute kommt, daß eine „Erhöhung der Mehrwertrate" (!) möglich wird. (2) „Eine quasipolitische Lohnstruktur, die einen Klassenkompromiß zum Ausdruck bringt", und den „Gegensatz (!) zwischen Lohnarbeit und Kapital" entschärfe. (3) Ein steigender „Legitimationsbedarf des politischen Systems", denn „für administrative Planung muß legitime Macht zur Verfügung stehen"[52].

Bemerkenswert ist *Habermas'* Kritik des *dogmatischen Marxismus:* „Wiederum verfehlt eine dogmatische Begriffsstrategie, die die bürgerliche Demo-

51 *J. Habermas:* Legitimationsprobleme im Spätkapitalismus, a.a.O., S. 79.
52 Ebenda, S. 83.

kratie nur als Überbau der kapitalistischen Klassenherrschaft zuläßt, das spezifische Problem[53].“ Das neue „spätkapitalistische“ Legitimitätsproblem staatlicher Eingriffe sei ja gerade aus dem Mangel an „tragfähiger Ideologie“ entstanden. „Ein strukturell gesicherter staatsbürgerlicher Privatismus wird bestandsnotwendig, weil es für ihn keine funktionalen Äquivalente gibt. Damit entsteht eine neue Ebene der Krisenanfälligkeit, die von der orthodoxen Position aus nicht wahrgenommen werden kann[54].“

Als *revisionistische Version* wird die DDR-Krisentheorie[55] vom *„staatsmonopolistischen Kapitalismus“* bezeichnet, welche von der Annahme ausgehe, „daß der naturwüchsige Zusammenhang des kapitalistischen Reproduktionsprozesses durch staatsmonopolistische Planung durchbrochen worden ist. An die Stelle der spontanen Wirkung ökonomischer Gesetze tritt die zentrale Lenkung des Produktionsapparates“, freilich nicht wie angeblich in der DDR – im Dienste des Proletariats. Vielmehr „bildet sich ein gesamtkapitalistisches Interesse aus, das die vereinigten Monopole bewußt mit Hilfe des Staatsapparates durchsetzen. Dieser neuen Bewußtseinsstufe soll eine kapitalistische Planung entsprechen, die die Produktion des Mehrwertes in der Weise sichert, daß sie die Investitionsentscheidungen vom Marktmechanismus teilweise ‚loslöst‘“. Für die Vertreter dieser DDR-Agenturtheorie (auch *STAMOKAP-Theorie* genannt) muß es besonders schmerzlich erscheinen, daß „eine an sich fortschrittliche Organisationsform (nämlich die der zentralen Planung; d. V.) der Produktionslenkung der Zielfunktion der Kapitalverwertung verhaftet bleibt“[56].

Innerhalb der STAMOKAP-Theorie[57] gibt es wieder zwei Richtungen, eine, die solche Planung im Kapitalismus bekämpfen möchte, und eine andere, die den staatsmonopolistischen Einfluß im Kapitalismus stärken möchte, denn: „Die offene Repolitisierung des Klassenverhältnisses macht die staatsmonopolistische Herrschaft andererseits auch wieder anfällig für den politischen Druck, den die (nach dem Volksfrontmuster vereinigten) demokratischen Kräfte ausüben können[58].“ Ebenso wie *orthodoxe Marxisten* glauben also auch die STAMOKAP-Theoretiker an eine *Verschärfung* der „kapitalistischen Grundwidersprüche“ durch staatliche Wirtschaftsplanung.

Habermas mag sich den STAMOKAP-Argumenten offensichtlich nicht an-

---

53 Ebenda, S. 84.

54 Ebenda, S. 84.

55 Vgl. dazu: Politische Ökonomie des Sozialismus und ihre Anwendung in der DDR, Berlin 1969, S. 41 ff.

56 *J. Habermas:* Legitimationsprobleme im Spätkapitalismus, a.a.O., S. 85.

57 Vgl. etwa *R. Gündel* u. a.: Zur Theorie des staatsmonopolistischen Kapitalismus, Berlin 1967.

58 *J. Habermas:* Legitimationsprobleme im Spätkapitalismus, a.a.O., S. 85.

schließen. Er sympathisiert mit Gegenargumenten, die von *Wirth, Hirsch* und *Offe*[59] präsentiert wurden: „Erstens läßt sich die Annahme, daß der Staatsapparat, in wessen Interesse auch immer, aktiv planen, eine zentrale Wirtschaftsstrategie entwerfen und durchsetzen könne, empirisch (!) nicht belegen." Die STAMOKAP-Theorie verkenne „die Grenzen administrativer Planung im Spätkapitalismus". Ein stimmiger Gesamtplan existiert nicht, lediglich reaktive Krisenvermeidung sei die Strategie. Zweitens lasse sich die „Annahme, daß der Staat als Agent der vereinigten Monopolisten tätig wird" empirisch (!) nicht stützen[60]. Die beiden Einwände sind plausibel; sie wenden sich gegen die Unterstellung einer geradezu verschwörerischen Planrationalität des kapitalistischen Staates. Erstaunlich erscheint uns allerdings *Habermas*' unvermutete Bereitschaft, das Falsifizierbarkeitskriterium anzuerkennen.

IV. *Krisen der Planrationalität im kapitalistischen Staat*

„Die Funktionsweise des spätkapitalistischen Staates kann weder nach dem Modell des unbewußt agierenden Vollzugsorgans der nach wie vor wirksamen ökonomischen Gesetze noch nach dem Modell eines planmäßig handelnden Agenten der vereinigten Monopolkapitalisten angemessen begriffen werden. Der in den Reproduktionsprozeß einbezogene Staat hat die Determinanten des Verwertungsprozesses selbst verändert. Auf der Grundlage eines Klassenkompromisses gewinnt das administrative System eine begrenzte Planungskapazität, die im Rahmen der formal-demokratischen Beschaffung von Legitimation für Zwecke reaktiver Krisenvermeidung genutzt werden kann[61]." *Habermas* vermeidet allerdings die historizistische Prophezeiung, die Verlagerung der kapitalistischen Krisentendenzen auf die Stufe staatlicher Planung sei die letzte und endgültige, und der kapitalistische Staat werde nun unweigerlich an einer Krise der Planrationalität zugrunde gehen. Die staatliche Krisenvermeidungsplanung schaffe zwar „Ersatzphänomene" („Inflation und Dauerkrise der öffentlichen Finanzen"), aber: „Ob die Ersatzphänomene die erfolgreiche Beherrschung der ökonomischen Krise oder

59 Vgl. *M. Wirth:* Kapitalismustheorie in der DDR, Frankfurt/M. 1972; *J. Hirsch:* Funktionsveränderungen der Staatsverwaltung in spätkapitalistischen Industriegesellschaften. In: Blätter f. deutsche und internationale Politik 1969, S. 150 ff.; *C. Offe:* Politische Herrschaft und Klassenstrukturen. In *Kress, Senghaas* (Hrsg.): Politikwissenschaft, Frankfurt/M. 1969, S. 155 ff.

60 *J. Habermas:* Legitimationsprobleme im Spätkapitalismus, a.a.O., S. 86 f.

61 Ebenda, S. 87.

nur deren temporäre Verschiebung ins politische System anzeigen, ist eine empirische (!) Frage"[62], deren Lösung von der Möglichkeit nachhaltiger Produktivitätssteigerung durch unmittelbar „produktionsbezogene" staatliche Leistungen und die daraus folgende Sicherung einer „Massenloyalität" für das System abhänge.

An diese Argumentation nun koppelt *Habermas* seine „Theoreme der Rationalitätskrise" an. Aus unzureichender Krisenvermeidungsplanung durch den Staat könne ein „*Defizit an administrativer Rationalität*", aus unstimmigen „Prioritätenmustern" bei der Verwendung abgeschöpfter Mittel könne ein „*Legitimationsdefizit*" entstehen[63]. Damit freilich ist eine Hintertür für den Fall einer Fehlprognose gelassen: Geht der Kapitalismus nicht an einer Rationalitätskrise des Staates zugrunde, dann bleibt immer noch die Legitimationskrise, in die man die vermeintlichen kapitalistischen Grundwidersprüche verlagern kann. Diese historizistische Position wird nicht aufgegeben: Tatsächlich erscheint heute eine Rationalitätskrise wenig aktuell; so widmet dann *Habermas* sein Hauptinteresse den kapitalistischen Legitimationsproblemen, ohne auf die These von der Rationalitätskrise grundsätzlich zu verzichten. „Ein Rationalitätsdefizit kann sich ergeben, weil jene kontradiktorischen Steuerungsimperative, welche die Naturwüchsigkeit der anarchischen Warenproduktion und ihres krisenförmigen Wachstums verursachen, nun innerhalb des administrativen Systems wirksam werden." *Habermas* gesteht allerdings zu, die These habe lediglich „einen gewissen deskriptiven Wert, weil sich zeigen läßt, daß die Behörden bei geringer Perzeptions- und Planungskapazität und unzureichender Koordinierung untereinander häufig vom Informationsfluß ihrer Klientele abhängig werden ... So entstehen die einander widersprechenden Imperative, die Planungskapazität des Staates mit dem Ziel einer gesamtkapitalistischen Planung zu erweitern und doch genau diese Erweiterung, die den Bestand des Kapitalismus bedrohen würde, zu verhindern"[64]. Daraus folgt: „Rationalitätsdefizite sind das unvermeidliche Resultat einer Beziehungsfalle ...[65]."

Diese These erscheint vage; offensichtlich bemerkt *Habermas* das. So führt er gleich eine Reihe von Gegenargumenten an[66]:

a) Nach der Verlagerung des „kapitalistischen Grundwiderspruchs" vom ökonomischen ins administrative System müßten sich auch die „terms" ändern, mit deren Hilfe das Problem gefaßt werden könne. Dies ist ein

62 Ebenda, S. 88.
63 Ebenda, S. 89 (Hervorhebung durch die Verf.).
64 Ebenda, S. 89 f.
65 Ebenda, S. 90.
66 Ebenda, S. 90 ff. (Hervorhebungen sind weggelassen).

Vorwurf gegen den dogmatischen Marxismus. Im administrativen System nämlich „äußern sich die Widersprüche in irrationalen Entscheidungen". Dieser Allgemeinplatz macht es natürlich „schwer zu sagen, wo hier die Toleranzschwellen liegen".

b) „Der reaktive Bewegungsmodus von Vermeidungsstrategien ist Ausdruck der beschränkten Manövrierfähigkeit eines Staatsapparates ..."

c) Der kapitalistische Staat kann und will die Krisentendenzen gar nicht verbergen. „Die Unterscheidung zwischen naturwüchsig ablaufenden Prozessen und Planung ist nämlich für das Medium Machtausübung nicht mehr so ... trennscharf. Vielmehr wird Krisenvermeidung als Handlungsziel thematisiert." Der kapitalistische Staat gibt einen gewissen Widerstreit zwischen „Naturwüchsigkeit" und Planmäßigkeit zu, so daß er seine Aktionen als systemrationale, systemfunktionale Steuerungsleistungen rechtfertigen kann. „Darum besteht keine logisch (!) zwingende Unvereinbarkeit zwischen den Interessen an gesamtkapitalistischer Planung und Investitionsfreiheit, Planungsbedarf und Interventionsverzicht, Verselbständigung des Staatsapparates und Abhängigkeit von Einzelinteressen." Ein „Kompromißpfad" mit ausreichender „Organisationsrationalität" erscheint *Habermas* daher „nicht schon aus logischen Gründen ausgeschlossen", wobei er freilich offen läßt, welche „Logik"[67] er meint.

Bei Annahme einer hohen administrativen Eigenständigkeit und sogar eigener „Naturwüchsigkeit" kapitalistischer Planung gegenüber dem „ökonomischen System" könnte jedoch unter Berücksichtigung der angeführten Gegenargumente eine neuerliche These der Rationalitätskrise gestützt werden. Die „bürokratisch verselbständigte kapitalistische Planung" habe nämlich entscheidende Nachteile gegenüber dem von *Habermas* geschätzten „Typus einer mit diskursiver Willensbildung rückgekoppelten demokratischen Planung": Erstere sei im Gegensatz zur letzteren immer weniger imstande, die *Folgeprobleme* ihrer Wirtschaftsweise zu überschauen und zu bewältigen: „Soweit die ökonomischen Ressourcen nicht ausreichen, die kapitalistischen Opfer des kapitalistischen Wachstums voll zu eliminieren, entsteht das Dilemma, den Staat gegen solche Ansprüche zu immunisieren oder den Wachstumsprozeß zu lähmen[68]."

Habermas neigt „zu der Annahme, daß nicht *jeder* Inkrementalismus, also der Typus einer auf mittelfristige Horizonte beschränkten und für externe Anstöße sensiblen Planung, eo ipso die Rationalitätsdefizite einer überfor-

67 *Habermas* spricht mit Vorliebe von allerlei Arten der „Logik", vgl. dazu unsere Kritik am Ende des Aufsatzes.

68 *J. Habermas:* Legitimationsprobleme im Spätkapitalismus, a.a.O., S. 93.

derten Verwaltung spiegelt". Jedoch „die Langfristplanung in komplexen Gesellschaften stellt jedes administrative System, nicht nur das spätkapitalistische, vor strukturelle Schwierigkeiten ..."[69]. Dieser Sachverhalt ist ja auch zu offensichtlich[70], als daß man diese Probleme als spezifisch kapitalistisch bezeichnen könnte. Allerdings hilft *Habermas* sich anders: „Die spätkapitalistische Schranke der Rationalität besteht darin, daß der Typus der Planung, den man mit R. Funke demokratischen Inkrementalismus[71] nennen könnte, strukturell nicht zugelassen ist." Gemeint ist offensichtlich der „Typus einer mit diskursiver Willensbildung rückgekoppelten demokratischen Planung" (s. o.). Es ist allerdings kaum einzusehen – und von *Habermas* schließlich auch nicht begründet – warum eine solche Planung im Kapitalismus „strukturell nicht zugelassen" sein soll: Gerade in den USA und der Bundesrepublik sind Theorie und Praxis einer „diskursiven" Plankoordination bei dezentralen Entscheidungen – ein Typus, der dem *Habermas*schen Ideal sicherlich weit näher kommt als jede bisher praktizierte Form „sozialistischer" Planung – am weitesten fortgeschritten[72].

69 *J. Habermas:* Legitimationsprobleme im Spätkapitalismus, a.a.O., S. 93.

70 Vgl. *F. W. Scharpf:* Komplexität als Schranke der politischen Planung. In: PVJ, Sonderheft 4/1972, S. 168 ff.

71 Vgl. *R. Funke:* Organisationsstrukturen planender Verwaltung, Diss. Darmstadt 1973.

72 Angesichts der Tatsache, daß *Habermas* auch in anderen Veröffentlichungen die Unmöglichkeit einer „mit diskursiver Willensbildung rückgekoppelten demokratischen Planung" unter kapitalistischen Verhältnissen betont, sei ein kleiner Literaturüberblick über deutsche und angelsächsische Veröffentlichungen gegeben, welche sich mit dem von *Habermas* vage angedeuteten Idealtyp und seiner Anwendbarkeit auf kapitalistische Strukturen mit einem Erfolg beschäftigt haben, der den *Habermas*schen Vorwurf als unbegründet erscheinen lassen muß. *H. Bonus* gibt einen Überblick über demokratische Verfahren der Plankoordination zwischen und innerhalb amerikanischer öffentlicher Stellen (Nutzen-Kosten-Analyse in Stadtregionen. In: Jahrbuch für Sozialwissenschaft, Bd. 23 [1972], S. 16—31); er selbst entwickelt ein interessantes, dabei einfach anwendbares Diskursverfahren („organisierendes Konzept"), welches sich an die Delphi-Methode anlehnt. Früher hatte schon *Luhmann* ähnliche Gedanken gehabt (Funktionen und Folgen formaler Organisation, Berlin 1964); bei *Luhmann* übernehmen Konferenzen („nichthierarchische Koordinationsverfahren") und Kommunikationssysteme Koordinationsfunktionen. *H. K. Schneider* hat eine hervorragende Systematik verschiedener Koordinationsverfahren gegeben (Plankoordinierung in der Regionalpolitik. In *E. Schneider* (Hrsg.): Rationale Wirtschaftspolitik und Planung in der Wirtschaft von heute, Berlin 1967, S. 239—275); in einer weiteren Arbeit hat *H. K. Schneider* aus den Konsequenzen des demokratischen Pluralismus die Notwendigkeit und einige Formen der Plankoordination gefolgert (Zielbestimmung für die Wirtschaftspolitik in der pluralistischen Ge-

Weitere „Widersprüche“ kapitalistischer Planung leitet *Habermas* aus den von *Offe* analysierten Tendenzen[73] ab, „die die systemnotwendige Vermehrung systemwidriger Elemente belegen“. Diese Tendenzen seien: (1) Eher politisch als rein ökonomisch motivierte Entscheidungen des Managements; (2) Zunahme des Professionalismus in allen Bereichen der Gesellschaft, welcher sich von privatökonomischen Mustern und Marktmechanismen löst; (3) Zunahme der nicht oder kaum am Produktionsprozeß beteiligten Bevölkerung (Rentner, Studenten, Hausfrauen, Kranke usw.). Die drei Ten-

---

sellschaft. In *H. Besters* (Hrsg.): Theoretische und institutionelle Grundlagen der Wirtschaftspolitik, Berlin 1967). Schon das frühe (1935!) von *F. A. Hayek* herausgegebene Buch (Collectivist Economic Planning, Critical Studies on the Possibilities of Socialism, 6. Aufl., London 1963) hätte *Habermas* einige Anregungen geben können. Ein früher entscheidungstheoretischer „approach“ stammt von *G. Gäfgen* (Zur Theorie kollektiver Entscheidungen in der Wirtschaft. In: Jahrbuch für Nationalökonomie und Statistik, Bd. 173 [1961], S. 1—49). Die entscheidungs- und verhaltenstheoretische Seite des Dikursproblems betonen *A. Rapoport:* A Study of Human Control in a Stochastic Multistage Decision Task. In: Behavioral Science, Bd. II (1966), S. 18—32, und *D. L. Harnett:* A Level of Aspiration Model for Group Decision Making. In: Journal of Personality and Social Psychology, Bd. 5 (1967), S. 58—66. Eine neuere originelle Arbeit: *W. Duffy, E. Neuberger:* Toward a Decision-Theoretic Approach to the Study of Economic Systems. In: Jahrbuch der Wirtschaft Osteuropas, Bd. 3 (1972/I); über US-amerikanische Simulationsmodelle der Plankoordination bei dezentralen Entscheidungen *R. D. Duke:* Zur Anwendung von Planspielen und Simulationen in der Kommunalverwaltung. Beispiele aus den USA; in: Archiv für Kommunalwissenschaft, Bd. 7 (1968), S. 4—20. Grundlegende Arbeiten aus den USA: *E. Malinvaud:* Decentralized Procedures for Planning. In *ders.* und *M. O. L. Bacharach* (Hrsg.): Activity Analysis in the Theory of Growth and Planning, London, Melbourne, Toronto, New York 1967, S. 170–208. *A. Maass:* Public Investment Planning in the United States: Analysis and Critique. In: Water Spectrum 2, No. 1 (1970), S. 1—8; *L. Hurwicz:* Centralization and Decentralization in Economic Process. In: Jahrbuch der Wirtschaft Osteuropas, Bd. 3 (1972/I). — Die psychologisch-verhaltenstheoretische Seite des Problems behandeln z. B. *V. Sermat:* The Effect of an Initial Cooperative or Competitive Treatment upon a Subjects Response to Conditional Cooperation. In: Behavioral Science, Bd. 12 (1967), S. 301—313; *M. J. Rioch:* Gruppenmethoden. Das Tavistock-Washington-Modell. In: Gruppendynamik, Forschung und Praxis, Bd. 2 (1971); *R. Selten, K. G. Schuster:* Psychological Variables and Coalition-Forming Behavior. In *K. Borch, J. Mossin* (Hrsg.): Risk and Uncertainty, London, Melbourne, Toronto 1968, S. 221—240 und *dies.:* Psychologische Faktoren zur experimentellen Wirtschaftsforschung, Bd. II, Tübingen 1970, S. 99—135 (in dieser Pionierstudie wird u. a. der Vergleich empirischer Spielausgänge mit spieltheoretischen Vorhersagen und das „Koordinationsphänomen“ behandelt).

73 Vgl. *C. Offe:* Tauschverhältnis und politische Steuerung, a.a.O., S. 2, S. 27 ff.

denzen schaffen nach *Habermas* „‚Fremdkörper' im kapitalistischen Beschäftigungssystem", welche die administrative Planung restriktiv beeinflussen, da sie wegen ihrer schwachen „abstrakten Tauschwertorientierung" nicht mit den Steuerungsgrößen der Planung erfaßt werden können. „Die Folgeprobleme einer staatsinterventionistisch beschleunigten Vergesellschaftung der Produktion zerstören mithin die Anwendungsbedingungen für wichtige Instrumente der Staatsintervention selber[74]." Mit der Schwächung des Tauschmediums Markt steigt das Rationalitätsdefizit staatlicher Planung – ein durchaus plausibler Gedanke!

V. *Legitimationskrisen staatlicher Planung in kapitalistischen Systemen*

Wir sehen, daß *Habermas* wie einige andere marxistische Krisentheoretiker eine *ökonomische Krise* des Spätkapitalismus für wenig wahrscheinlich hält. Die Krisentendenzen haben sich dieser Ansicht zufolge zugunsten des kapitalistischen Systems verschoben und damit auf das „Plateau der Aufbringung und zweckrationalen Verausgabung der erforderlichen fiskalischen Mittel"[75]. Aus dieser Verschiebung resultiere die Möglichkeit einer *Rationalitätskrise.* Die Prophezeiung dieser Krise wird jedoch nicht gewagt, von einigen Marxisten wohl deshalb nicht, weil Probleme der Planrationalität offensichtlich nicht spezifisch für den Kapitalismus sind. „Aber eine *zwingende* Grenze könnte die Staatstätigkeit, wenn wir nicht auf ökonomische Krisentheoreme zurückgreifen wollen, doch nur an den verfügbaren Legitimationen finden[76]." Damit wird also die Möglichkeit einer *Legitimationskrise* virulent, quasi als letzter Rettungsanker der Hypothese einer kapitalistischen Systemkrise.
„Indem die ökonomische Krise aufgefangen und in eine systematische Überforderung der öffentlichen Haushalte transformiert worden ist, hat sie den Mantel des gesellschaftlichen Naturschicksals (!) abgelegt. Wenn das staatliche Krisenmanagement versagt, fällt es hinter *selbstgesetzte* programmatische Ansprüche zurück, worauf als Strafe Legitimationsentzug steht, so daß der Handlungsspielraum genau in den Augenblicken, wenn er drastisch erweitert werden müßte, zusammenschrumpft[77]." Mit diesem Gedankengang deutet *Habermas* die Möglichkeit der Legitimationskrise an. Die Klassenauseinandersetzungen seien zwar – im Gegensatz zur liberalkapitalistischen

74 *J. Habermas:* Legitimationsprobleme im Spätkapitalismus, a.a.O., S. 95.
75 Ebenda, S. 97.
76 Ebenda, S. 97.
77 Ebenda, S. 98.

Phase – unübersichtlicher, gleichzeitig aber auch „handgreiflicher" geworden, da die Folgekonflikte „nicht mehr mit der Objektivität (!) von Systemkrisen auftreten, sondern unmittelbar Legitimationsfragen provozieren. Daraus erklärt sich die funktionale Notwendigkeit, das administrative System soweit als möglich vom legitimatorischen System unabhängig zu machen"[78]. Das könne z. B. geschehen durch eine „legitimationswirksam hergestellte Öffentlichkeit". Aber: „Die Legitimationsbeschaffung ist selbstdestruktiv, sobald der Modus der ‚Beschaffung' durchschaut wird[79]."

Das alles muß noch nicht zur Krise führen; erst wenn zusätzlich gewährleistet ist, daß der Legitimationsbedarf stärker steigt als die planerische Tätigkeit des Staates, sei ein Krisenargument konstruierbar. Eine solche überproportionale Steigerung hält *Habermas* allerdings für wahrscheinlich, da im Zuge der kapitalistischen Entwicklung wegen planerischer Eingriffe des Staates „kulturelle Selbstverständlichkeiten" zunehmend in Frage gestellt würden. Die Bildungsplanung sei ein Beispiel für eine direkte Thematisierung und Zerstörung von Überlieferungsmustern. „Für die mittelbare Aufstörung kultureller Selbstverständlichkeiten bieten sich Beispiele aus der Regional- und Stadtplanung (Privatbesitz an Grund und Boden), der Planung des Gesundheitssystems (‚klassenloses Krankenhaus'), schließlich der Familienplanung und des Eherechts ..."[80] usw. All diese Aufstörungen seien mit Legitimationszwängen verbunden: „Auf allen Ebenen hat die administrative Planung nicht-intendierte Beunruhigungs- und Veröffentlichungseffekte, die das Rechtfertigungspotential der aus ihrer Naturwüchsigkeit aufgescheuchten Traditionen schwächen[81]." Eine allgemeine Politisierung und kritische Haltung gegenüber dem staatsbürgerlichen „Privatismus" sei die Folge. „Forderungen nach und Versuche mit partizipatorischer Planung" sowie Mitbestimmung überhaupt bedeuteten für die Administration ein „riskantes Mittel, um Legitimationsdefiziten zu begegnen"[82].

Es ist nun allerdings nicht im geringsten plausibel, wieso ausgerechnet der Spätkapitalismus oder die „latent gehaltene Klassenstruktur ... in letzter Instanz Ursache des Legitimationsdefizits"[83] sein soll. *Habermas* bringt dafür keine stichhaltigen Argumente. Sicherlich sind einige seiner Beispiele mehr oder minder „kapitalismusspezifisch", und im Prinzip ist seine Theorie von den Legitimationsdefiziten bei Aufstörungen überkommener Norm- und Wertmuster durch staatliche Planeingriffe wohl richtig. Diese Theorie um-

78 Ebenda, S. 98.
79 Ebenda, S. 99.
80 Ebenda, S. 101.
81 Ebenda, S. 102.
82 Ebenda, S .103.
83 Ebenda, S. 105.

schreibt jedoch so triviale Sachverhalte, daß ihre Aussagen immer und auf alle Wirtschaftssysteme zutreffen. Es wäre der Mühe wert, hier mehr Gegenargumente zu präsentieren, wenn *Habermas* dem kapitalistischen System eine Legitimationskrise prophezeit hätte. Allein, er differenziert: „Eine Legitimationskrise kann nur dann vorausgesagt werden, wenn systematisch Erwartungen erzeugt werden, die, sei es mit der disponiblen Wertmasse oder überhaupt mit systemkonformen Entschädigungen, nicht erfüllt werden können. Ihr muß also eine Motivationskrise zugrunde liegen, d. h. eine Diskrepanz zwischen dem Bedarf an Motiven, die der Staat, das Ausbildungs- und Beschäftigungssystem anmelden, einerseits und dem Motivationsangebot von seiten des soziokulturellen Systems andererseits[84]." Eine verbindliche Prophezeiung der Legitimationskrise erhalten wir also nicht, statt dessen wird die Krisenthese abermals auf eine neue Ebene verschoben: Wir können nunmehr mit der Möglichkeit einer *Motivationskrise* rechnen.
Allerdings wäre eine Legitimationskrise durchaus herbeizuschaffen: durch das Aufgeben einer wohlfahrtsstaatlichen Politik und die Einengung des „staatsbürgerlichen Privatismus": „Solange die wohlfahrtsstaatliche Programmatik in Verbindung mit einem verbreiteten technokratischen Gemeinbewußtsein, welches für Engpässe im Zweifelsfall unbeeinflußbare Systemzwänge verantwortlich macht, ein hinreichendes Maß an staatsbürgerlichem Privatismus aufrechthält, *müssen* sich die Legitimationsnöte *nicht* zur Krise zuspitzen[85]." Daraus kann umgekehrt gefolgert werden, daß das Krisenproblem virulent wird, falls diese Aufrechterhaltung unterbunden werden kann – eine Strategie staatlicher Eingriffe, die bei einigen „Systemüberwindern" hoch im Kurs steht. Dieser Gedanke wird allerdings von *Habermas* nicht weiter ausgebaut; ihm kommt es in erster Linie darauf an, die „naturwüchsige" Widersprüchlichkeit des kapitalistischen Systems in allen seinen Erscheinungsformen nachzuweisen, einen „Hebammen"-Aktivismus predigt er offenbar nicht.
Die *Motivationskrise* des Kapitalismus kommt nach *Habermas* über kurz oder lang ohnehin von selbst: Er versucht die Behauptung zu belegen, „daß das soziokulturelle System die bestandswichtigen privatistischen Syndrome auf die Dauer nicht wird reproduzieren können . . .[86]." Sein „Nachweis", den wir hier nur kurz skizzieren wollen, zielt bemerkenswerterweise nur darauf, „Argumente und Indikatoren zu sammeln, die die aufgestellte Hypothese für künftige empirische Nachprüfungen qualifizieren"[87]. *Damit ist offensicht-*

84 Ebenda, S. 105.
85 Ebenda, S. 104.
86 Ebenda, S. 111.
87 Ebenda, S. 111.

lich der Weg des Historizismus verlassen, wenn auch die Bemühungen eine historizistische Ausgangsbasis haben, welche sich in dem Glauben an den „Grundwiderspruch“ des Kapitalismus konzentriert. Seine Hypothese von der kommenden Motivationskrise möchte *Habermas* wie folgt plausibel machen[88]:

a) Der „vorbürgerliche Traditionsbestand“, der den Privatismus nähre, werde nicht regenerierbar abgebaut.
b) Besitzindividualismus und Leistungsorientierung werden durch Veränderung der Sozialstruktur untergraben.
c) Die solchermaßen „entblößte“ bürgerliche Kultur lasse „keine funktionalen Äquivalente für die zerstörten Motivationsmuster des Privatismus“; Kennzeichen dafür seien eine „kommunikative Moral“ und eine „postautonome Kunst“.
d) Eine von Sozialisationsprozessen abgetrennte bürgerliche Kultur sei dennoch für die Motivbildung relevant, durch solche Abtrennung könne also die Krise noch hinausgezögert werden.

All das versucht *Habermas* plausibel zu machen, indem er die „Logik (!) der Entwicklung normativer Strukturen“ und die „innere Logik (!) des Moral- und Wissenschaftssystems“ hermeneutisch-holistisch abklopft. Er glaubt fest daran, „daß die moralische ebenso wie die wissenschaftliche Evolution wahrheitsabhängig ist“[89]. Er argumentiert von der Leistungsideologie über politische Ethik, „Glaubwürdigkeit“, „Tauschwertorientierung“, Szientismus, Kunst, Moral usw. bis zur „pharmazeutisch ermöglichten Lockerung sexueller Verbote“ und zum aktivistischen Verhalten linker Gruppen in jüngster Zeit, denn z. B. kann „dieses breite Spektrum von Verhaltenspotentialen ... nicht unter Rekurs auf die in ökonomischen Krisentheorien unterstellten trivialen psychologischen Annahmen (...) erklärt werden“[90].
Soweit die Argumentation von *Habermas*. Der Leser seines Buches weiß nun zumindest eines: Die nächste (System-) Krise kommt bestimmt! Er darf wählen zwischen Rationalitäts-, Legitimations- und Motivationskrise.
Aber ist es *Habermas* gelungen, die Fülle seiner anspruchsvollen Gedanken in leicht verständlicher, volkstümlicher Weise dem Leser darzubieten und in eine Form zu gießen, welche eine kritisch-rationale Überprüfung anhand der Erfahrungswirklichkeit und damit verbunden eine fruchtbare rationale Diskussion erlaubt? Oder haben wir hier einen Fall von besonderer subtiler und perfekter Immunisierungsstrategie, welche die Theorie der Systemkrise dicht gegen den Windhauch der Realität abschotten soll?

88 Ebenda, S. 111 ff.
89 Ebenda, S. 106, 123.
90 Ebenda, S. 128.

VI. *Kritik des Habermasschen Ansatzes*

„Wenn man feststellen will, was sein soll, was man machen kann oder darf, so muß man zuerst wissen, was tatsächlich ist[91]." Offensichtlich ist es *Habermas* nicht gelungen, diese von *Georg Klaus* aufgezeigte Reihenfolge einzuhalten. Bei *Habermas* steht von vornherein allemal fest, was sein soll; er versucht dann durch tautologische Ableitungen aus einem gekünstelten Begriffssystem nachzuweisen, daß das, was sein soll, auch eintreten wird – wobei er allerdings den Fehler vermeidet, sich genauer festzulegen: nach seinen Feststellungen kann so ziemlich jedes empirische Ergebnis gerechtfertigt werden, sei es nun weiteres Überleben oder endgültiger Untergang des Kapitalismus. *Habermas'* Theorie des Spätkapitalismus ist entgegen ihrem Anspruch in keiner Weise empirisch relevant, sie hat keinen prognostischen Wert, da sie *jedes* mögliche Ereignis umfaßt. Damit aber ist die Theorie immun gegenüber einer Überprüfung an der Wirklichkeit.

Habermas betreibt „Begriffssoziologie". Ausgehend von einem für seine Zwecke passenden Krisenbegriff konstruiert *Habermas* ein umfangreiches Definitionssystem, welches sich besonders durch die Aufstellung Gegensätze implizierender Begriffe auszeichnet. Das so gewonnene Modell wird dann für die Realität genommen. Es werden nur die historischen Fakten betrachtet, welche ins Modell passen. Aus den künstlich konstruierten Gegensätzen werden sodann Schlüsse auf eine „widersprüchliche" und daher krisenhafte Realität gezogen. Die Bewunderung der „erstaunlichen Lebenskraft des altgewordenen Kapitalismus"[92] sagt bereits alles über Ausgang und Ergebnis der *Habermas*schen „Analyse", die Deskription und Präskription unentwirrbar verwischt: Der Kapitalismus ist „altgeworden", d. h., er muß früher oder später enden; freilich ist sein Alter erstaunlich, sagte doch schon *Marx* das Ende voraus, ein Spätkapitalismus war eigentlich gar nicht zu erwarten. Historische Erwartung der Krise ist denn auch die Triebfeder nicht nur der *Habermas*schen Untersuchung.

Möglicherweise läßt sich irgendwie sinnfällig der Begriff der Krise auf einige Erscheinungen des Spätkapitalismus anwenden. Wenn man aber aus einem Definitionssystem die Folgerung zieht, dieser Spätkapitalismus scheitere (nicht) wegen (trotz) seiner Krisenhaftigkeit, so ist diese Ableitung nichts als eine Tautologie, eine logisch richtige Ableitung ohne empirische Relevanz. Die Frage nach dem tatsächlichen Eintreten einer solchen Krise kann damit also nicht beantwortet werden – *Habermas'* Antwort läßt ja in der Tat

---

91 *G. Klaus:* Moderne Logik, Berlin (Ost) 1972, S. 61.

92 *J. Habermas:* Legitimationsprobleme im Spätkapitalismus, a.a.O., S. 31.

jedes Ergebnis offen! „Eine Methode, die alles erklärt, was überhaupt geschehen kann, erklärt jedoch gar nichts[93]."
Mit seinem neuen Buch versucht *Habermas* abermals, *Marx*ens Lehre zu immunisieren. Die *Marx*sche Theorie wird nicht geprüft, sondern vorausgesetzt. *Habermas* versucht primär, sie durch Begriffsmanipulationen mit der veränderten Welt nachträglich in Einklang zu bringen.
Es wird also nicht etwa die Welt „vorurteilsfrei" untersucht und modellhaft idealisiert, sondern ein fertiges Modell für die Realität genommen; die historischen Erscheinungen der Welt werden in Begriffe gefaßt, welche sich harmonisch in das Modell fügen, historische Idealtypen und Trends werden wie Gesetze behandelt. Ungereimtheiten kommen in dieser „Doktrin ..., daß alles historische Wissen relativ ist"[94], nicht vor.
Insbesondere zwei Thesen sind symptomatisch für dieses Vorgehen: die des kapitalistischen *„Grundwiderspruches"*, mit dessen unerschöpflicher Hilfe alle Ungereimtheiten der Theorie überdeckt werden können, und die der *Anpassungsfähigkeit* spätkapitalistischer Gesellschaften, dank derer „alle sozial integrativen Kräfte auf den Ort des strukturell wahrscheinlichsten Konfliktes" gelenkt werden können[95].
Die „Erklärung" praktisch aller heute feststellbaren ökonomischen Fehlentwicklungen mit dem „Grundwiderspruch" des Kapitalismus steht in der Tradition simplifizierender *Krisentheorien* über den Kapitalismus; der anspruchsvollere Ökonom kann sich anhand ausgewogenerer Abhandlungen[96] ein Bild von den verzweifelten Bemühungen einiger Marxisten machen, *Marx'* Krisenlehre doch in irgendeiner Form zu retten. In der Tat ist eine Zurückführung aller gesellschaftlichen Fehlentwicklungen auf einen „Grundwiderspruch" möglich, wenn dessen Definition nur allgemein und umfassend genug ist. Wir meinen, die *Habermas*sche Definition genügt diesem Allgemeinheitsanspruch. Nur ist die entsprechende „Erklärung" trivial, sicherlich aber nicht geeignet, kapitalismusspezifische Erkenntnisse zu gewinnen. Wir können auch *Habermas'* etwas naive Erklärung der „Folgeprobleme spätkapitalistischen Wachstums" (z. B. Gefährdung der ökologischen Balance) zurückweisen mit dem Hinweis auf die gerade in jüngster Zeit festgestellten Umweltschädigungen durch die nichtkapitalistische Sowjetindustrie[97].

---

93 *K. R. Popper:* Das Elend des Historizismus, a.a.O., S. 120.

94 *F. A. Hayek:* Scientism and the Study of Society, II. Teil. In: Economica, Bd. X, S. 55. *Hayek* kritisiert diese immunisierende Doktrin.

95 *J. Habermas:* Legitimationsprobleme im Spätkapitalismus, a.a.O., S. 57.

96 Vgl. etwa *C. Rolshausen* (Hrsg.): Kapitalismus und Krise, a.a.O.

Ohne die Fiktion des „Grundwiderspruches“ und seine exzessive metaphorische Verwendung wäre wohl auch dem letzten Dogmatiker die primitive Eindimensionalität der „Erklärung“ offenbar. Allein, der „Widerspruch“ ist ein dermaßen schwammiges und daher bequemes Mittel zur Immunisierung, daß er selbst nie zum Gegenstand kritischer Reflexion wird. *Die „Theorie des Spätkapitalismus“ setzt nämlich dessen Krisenhaftigkeit bereits voraus, sie liefert nicht ein Jota mehr als die unermüdliche Beschwörung ihrer Axiome!*

Das Axiom von der konspirativen Allmacht des „gesamtkapitalistischen Interesses“ führt mit Leichtigkeit zur „Erklärung“ der Anpassungsfähigkeit des Spätkapitalismus. Der Kapitalismus sei stets in der Lage, die „wahren“ Konflikte zu vernebeln und von ihnen abzulenken („Konspirationstheorie“). Eine ähnliche Meinung vertritt *Offe*[98]. Es ist jedoch wiederum nicht einzusehen, warum solche Ablenkungsmanöver dem Kapitalismus vorbehalten sein sollten; sicherlich lassen sie sich in kapitalistischen Systemen nachweisen, sie sind jedoch offensichtlich in allen Gesellschaftssystemen beliebt (zu erinnern wäre an panslawistische Appelle zur Erhaltung der Ostblockstruktur). Weiterhin bleibt unklar (und *Habermas* gibt nicht die geringste Begründung dafür an), wie aus der „Anonymisierung“ und „Externalisierung“ der Klassenkonflikte folgte:

a) Disparitäre Lohnentwicklung[99],
b) Dauerinflation[100],
c) „Dauerkrise der öffentlichen Finanzen mit öffentlicher Armut“,
d) überhaupt disproportionale wirtschaftliche Entwicklung[101].

„Grundwiderspruch“ und Anpassungsfähigkeit – diese beiden Axiome bestimmen Habermas' ganze „Theorie“. Es gelingt daher eine nahezu perfekte

---

97 Ebenso naiv *G. Kade:* Umwelt — Durch das Profitmotiv in die Katastrophe. In: *R. Molitor* (Hrsg.): a.a.O., S. 237 ff. Vgl. auch die darauffolgende Entgegnung von *R. Thoss:* Umwelt — Vom Nutzen der Theorie in der Politik; ebenda, S. 248 ff.

98 Vgl. *C. Offe:* Politische Herrschaft und Klassenstrukturen. In *Kress, Senghaas* (Hrsg.): Politikwissenschaft, Frankfurt/M. 1969, S. 155 ff.

99 Die finden wir z. B. ganz ausgeprägt in Jugoslawien. Für die BRD gilt eher die umgekehrte Entwicklung, Lohnegalisierung mittels Sockelbeträgen.

100 Richtig ist: *nur* in marktwirtschaftlichen Systemen kann sich das Symptom Inflation überhaupt zeigen. Dazu besteht in Planwirtschaften keine direkte (wohl indirekte!) Möglichkeit, weil die Nachfrage gar nicht autonom realisiert werden kann. Statt dessen erkennen wir den Geldüberhang an einem anderen Symptom, nämlich leeren Schaufenstern und Engpässen beim Alltäglichsten. Inflation entsteht übrigens, wenn das Wachstum der nachfragewirksamen Geldmenge das Wachstum der Güterproduktion übersteigt (und nicht aus „Klassenkonflikten“).

101 Vgl. *J. Habermas:* Legitimationsprobleme im Spätkapitalismus, a.a.O., S. 57 f.

Immunisierung gegen jegliche Art von Kritik[102]. Wird ein Mißstand, eine Fehlentwicklung, eine Konfliktsituation, eine Disproportionalität o. ä. festgestellt, so lautet das Zauberwort: „Grundwiderspruch". Konnten all diese Entwicklungen und Situationen wieder bereinigt werden, so ist dies eine Funktion der Anpassungsfähigkeit. Alles ist auf denkbar einfachste Weise erklärbar geworden: Die Krise verschiebt sich immer wieder in andere Bereiche, die Krisenhaftigkeit aber bleibt!

Sollte der voreilige Leser also vermuten, *Habermas* hätte die historizistische Verabsolutierung eines Entwicklungstrends oder eines Idealtypus aufgegeben, der angeblich durch „antagonistische Widersprüche" gekennzeichnet ist, so sieht er sich am Ende enttäuscht. *Habermas* vermag sich keine Bedingungen vorzustellen, die das Verschwinden des Trends bewirkten, denn der Historizist „glaubt fest an seinen Lieblingstrend, und Bedingungen, unter denen dieser verschwinden würde, sind für ihn undenkbar ... Er kann sich keinen Wandel in den Bedingungen des Wandels vorstellen"[103].

Wo bleibt die von ihm so oft geforderte „Überwindung des Unterschiedes von Theorie und Praxis", was haben seine Gedankenspiele überhaupt für praktische Relevanz? Offensichtlich hat *Neusüss* nach wie vor Recht: „Unzweifelhaft hat Habermas ja sehr progressive Positionen vertreten, solange es nur darauf ankam, die Umwelt verschieden zu interpretieren. Heute wird deutlich, daß der Begriff der Praxis bei ihm nie etwas anderes war als eine theoretische Kategorie. Versucht Theorie, wirklich praktisch zu werden, so wird sie ihm ein Ärgernis. Die Veränderung der Welt soll auf kontemplativem Wege vor sich gehen[104]." Was verlangt *Neusüss* auch? *Habermas* kann nicht anders, als die Grenzen der Wissenschaft akzeptieren, und die Dialektik wird abermals als untaugliches Mittel (der „Überwindung") offenbar.

Zum Schluß sei noch ein Wort zur *Habermas*schen Diktion gestattet. *Haber-*

102 „Der dialektische Prophet will nicht in nüchterner Abwägung der Fakten mehr oder minder wahrscheinliche Prognosen stellen, wobei er zunächst grundsätzlich von einer Wertung der vorhergesagten Ereignisse absieht, sondern er will um jeden Preis eine absolute Gewißheit der Verwirklichung dessen erwerben, was er voll Leidenschaft ersehnt. Allein, die Dialektik versagt als Mittel wissenschaftlicher Voraussagen. Zwar ist sie vage und elastisch genug, daß sie für jede fehlgeschlagene Prognose im Nachhinein eine dialektische Erklärung ermöglicht; wer sich aber auf ihre Voraussagen verläßt, verfällt einem Wunschdenken reinster Form ..." *E. Topitsch:* Das Verhältnis zwischen Sozial- und Naturwissenschaften. In *ders.* (Hrsg.): Logik der Sozialwissenschaften, 8. Aufl., Köln 1972, S. 64.

103 *K. R. Popper:* Das Elend des Historizismus, a.a.O., S. 102.

104 *A. Neusüss,* Beiträge in: Die Linke antwortet J. Habermas, Frankfurt/M. 1968, S. 57.

mas' gekünstelte Theoriesprache macht dem an die literarischen Qualitäten und sprachliche Redlichkeit eines *Bloch* oder *Horkheimer* gewöhnten Leser die Lektüre oft zur Qual. Wer *Habermas* liest, legt den Fremdwörterduden nicht mehr beiseite. Auffällig (und wohl auch etwas unredlich) ist seine verbale Verschleierungstaktik: Schwache Punkte in der Gedankenführung werden durch unglaublich komplizierte Wortkombinationen verschleiert, damit dem Leser dann sowieso evidente Gedanken, denen man zustimmen kann, umso leichter vermittelt werden können; der ungeübte *Habermas*-Leser mag so geneigt sein, die endlich einmal gefundene Evidenz und Plausibilität auf alle *Habermas*schen Gedankengänge zu übertragen. Weiterhin auffällig ist die bedenkenlose metaphorische Verwendung der formalen Logik entstammender Begriffe, besonders aber des Begriffs „Logik" selbst: *Habermas* kennt offensichtlich über zwanzig Arten oder Versionen der „Logik". *Habermas* bedient sich einer verschleiernden, metaphorischen, unterstellenden, oft auch unklaren Sprache, die dennoch kaum geeignet ist, mangelnde Stringenz der Theorie und fehlende Relevanz der Probleme zu vernebeln.

„... der Charakter der Redlichkeit, des gemeinschaftlichen Forschens mit dem Leser, welchen die Schriften aller früheren Philosophen tragen, ist hier verschwunden; nicht belehren, sondern betören will der Philosophaster dieser Zeit seinen Leser, davon zeugt jede Seite." *(Schopenhauer)*

Dieter Aldrup

Zu einer rationalen Theorie der Politik*

Kritischer Rationalismus und irrationale Theorie der Politik

1. Die Problemstellung

Als das *Grundproblem* aller herkömmlichen Theorie der Politik kann die Frage gelten: Wessen Wille kann oder soll gesellschaftlich dominieren? Ist diese autoritäre Frage[1] einmal aufgeworfen und als grundlegend für die Politik anerkannt worden, so liegt es sehr nahe, darauf verschiedenartige, ausnahmslos kontroverse Antworten zu geben, etwa: der Wille Gottes (‚Gottes Fügung'), der Wille der Geschichte (‚die geschichtliche Fügung'), der Wille des Staates (‚die staatliche Verfügung'), der Wille des Volkes, der Wille der Mehrheit, der Wille des Führers oder der Parteiführung (der Arbeiterklasse, der arischen Rasse) etc. Auch alle diese Antworten sind *autoritär* in dem Sinne, daß sie allenfalls ad hoc einen unwiderruflichen Führungsanspruch mystischer Instanzen oder von Individuen oder von Gruppen deklarieren können oder etablieren sollen. Sie sind außerdem im Kern *irrational* insoweit, als *jede* dieser Antworten unausrottbar den Keim der Widersprüchlichkeit in sich trägt[2]. *Einen* klaren und aufsehenerregenden Beweis dieser Widersprüchlichkeit hat ja auch *Kenneth Arrow* erbracht, der das auf *Condorcet* zurückgehende und von *Nansson* erstmals klar formu-

---

* Mit freundlicher Genehmigung der Herausgeber des Jahrbuchs für Sozialwissenschaft aus Band 21 (1970) übernommene, für die Zwecke des vorliegenden Sammelbandes aktualisierte Fassung eines Aufsatzes mit dem gleichen Titel.

1 Daß hier eine autoritäre, zu paradoxen Antworten unwiderstehlich einladende Fragestellung vorliegt, darauf hat erstmals *Karl R. Popper* aufmerksam gemacht. Er weist darauf hin, „daß *Platon* dadurch, daß er das Problem der Politik in Form der Frage stellte ‚Wer soll herrschen?' oder ‚Wessen Wille soll der höchste sein?', die politische Philosophie gründlich verwirrt hat." Vgl. dazu: *Popper, K. R.*, Die offene Gesellschaft und ihre Feinde, Band I, Der Zauber Platons, Bern 1957, S. 169. In dieser Untersuchung geht es uns nicht zuletzt darum, den deutlichen Spuren dieser Verwirrung auch in der zeitgenössischen Theorie der Politik kritisch nachzugehen und vielleicht ein wenig zu deren Beseitigung beizutragen.

2 Vgl. dazu *Popper, K. R.*, ebenda, S. 172 ff.

lierte Abstimmungsparadoxon in dieser Hinsicht überführte: demnach gibt es keine demokratische Majoritätsregel, die ‚dem Willen der Majorität' den Status der Rationalität (im Sinne der Widerspruchslosigkeit unabhängigen Wollens vieler Individuen) sichern könnte[3]. Nicht zuletzt sind alle vorerwähnten und ähnlichen Antworten aber auch im Kern *illiberal* insofern, als sie immer und überall nur zu berechtigtem Zweifel an der Respektabilität irgendeines höchsten politischen Willens (un)gewollt und jedenfalls uneingeschränkt dem Vorwurf der Sünde, der Geschichtslosigkeit, des Staatsverrats, der Illoyalität, der Häresie oder des Sektierertums aussetzen werden.

Eine Theorie der Politik, welche die vorstehende autoritäre Ausgangsfrage explizit ernst nimmt oder irgendeiner der auf sie erteilbaren paradoxen Antworten implizit Rechnung trägt, soll im folgenden ‚nicht-rational konzipiert' genannt werden. Da nun in der Tat meines Wissens alle bisherige Theorie der Politik mindestens einer der beiden vorstehenden Bedingungen genügt, stellt sich das Problem der Abgrenzung einer rationalen von einer nichtrationalen Theorie der Politik. Dieses Abgrenzungsproblem ist ein *anderes* und *ein grundlegenderes Problem* als es namentlich von Ökonomen regelmäßig in der (essentialistischen) Frage aufgeworfen zu werden pflegt: Was ist eine rationale (Wirtschafts- und Gesellschafts-)Politik?

Es scheint mir ein *anderes* Problem zu sein, nachdem ich anderenorts zu zeigen gesucht habe, daß die ökonomische, Entscheidungs- und Wohlfahrtstheoretikern geläufige, an die Indifferenzkurven-Analyse gekoppelte Rationalitätsdoktrin zwar (vergeblich) eine definitive Antwort auf eben jene essentialistische Frage zu geben sucht, dabei jedoch einer politischen Theorie Vorschub leistet, die einstweilen noch selbst zur Gänze als letztlich nicht-rational von ihren Erbauern konzipiert gelten muß und in deren theoretischem Bezugsrahmen daraufhin die Möglichkeit, rationale Entscheidungen von Aktoren belangvoll zu analysieren oder auch zu initiieren, kaum gegeben erscheint[4]. Die Lösung des vorerwähnten Abgrenzungsproblems scheint mithin gerade deshalb von *grundlegenderer* Bedeutung zu sein, weil wir nicht hoffen dürfen, ohne eine im Ansatz rational konzipierte Theorie der Politik den möglichen Einfluß der menschlichen Vernunft im gesellschaftlichen Raum realistisch beurteilen, angemessen bewerten oder auch wirksam erweitern zu können.

---

3 Vgl. *Arrow, K. J.*, Social Choice and Individual Values, New York, London, Sydney, 1951.

4 Vgl. dazu *Aldrup, D.*, Das Rationalitätsproblem in der Politischen Ökonomie — Methodenkritische Lösungsansätze, in: Die Einheit der Gesellschaftswissenschaften, Studien in den Grenzbereichen der Wirtschafts- und Sozialwissenschaften, hrsg. von *Erik Boettcher*, Bd 11, J. C. B. Mohr (Paul Siebeck), Tübingen 1971.

So wird denn nachstehend beiläufig auch die allenfalls anscheinend paradoxe These zu erhärten sein, daß die politische Praxis in Ost und West cum grano salis immerhin *noch* – oder besser: *bereits* – um einiges vernünftiger ist, als bestimmte orthodoxe und neuzeitliche theoretische Konstruktionen uns glauben machen wollen, mit deren Hilfe man hier wie dort im Namen der (politischen) Wissenschaft Argwohn oder Skepsis gegen die Möglichkeit fortschreitender Befreiung jener Praxis vom Irrationalismus entweder ungewollt hervorruft oder gewollt hervorzukehren sucht. Mit anderen Worten: die rationale Respektabilität verschiedener Theorien der Politik ist aus einer bestimmten kritisch-rationalen Methodensicht sicherlich um einige deutliche Grade niedriger einzustufen als die einer politischen Praxis, die nach Maßgabe eben jener Theorien ‚positiv' *erklärt*, ‚normativ' *bewertet* oder auch ‚praktisch' *gestaltet* werden soll. Gedacht ist dabei – ohne Anspruch auf Vollständigkeit – vor allem an Theorien, in denen

— die prinzipielle Schädlichkeit oder Ohnmacht aller Politik nachgewiesen (demonstriert) wird (laissez-faire-Liberalismus, Marxismus),
— die normativ-rationale Komponente aller politischen Entscheidungen bis auf eine Restkomponente irrational zu treffender ‚Grundentscheide' *ersetzt* wird durch umfassende Kalkulation zur Optimierung ihrer möglichen Konsequenzen (ökonomische Entscheidungs- und Wohlfahrtstheorie),
— faktisches politisches Wahlverhalten rationalisiert wird dadurch, daß dieses Verhalten motiviert erscheint ganz analog zu dem in der klassischen ökonomischen Tauschtheorie gebräuchlichen Rational-Schema des homo oeconomicus (ökonomische Theorie der Demokratie).

Wir werden zunächst diese (politischen) Theorien in den für unsere Problemstellung relevanten Grundzügen ihrer bisherigen Entwicklung darstellen, im Anschluß daran jenen kritisch-rationalen Methodenstandpunkt darlegen, der die Basis für deren graduell abgestufte Zuordnung zur Kategorie der nichtrationalen Theorien abgibt, und schließlich die Abstufung selbst vorzunehmen versuchen.

2. Liberalismus und Marxismus: Demonstrierte politische Passivität

Die Vertreter der klassischen Nationalökonomie – von *François Quesnay* und *Adam Smith* bis *John St. Mill* – können als die Begründer einer einflußreichen Tradition in der Politischen Ökonomie gelten, die dem Studium freier Märkte als einem sich selbst regulierenden System wirtschaftlicher Tauschbeziehungen unter dem politischen ‚simple system of natural liberty' (Smith) ihr besonderes Augenmerk zugewandt haben. Sie haben in diesem

Zusammenhang zur Hauptsache die gesellschaftlich vorteilhafte Arbeitsweise oder das sozial erwünschte Funktionieren dieses Systems zu demonstrieren (nachzuweisen) gesucht, wenngleich die Fragwürdigkeit dieser Absicht auch erst in den neoklassischen und namentlich wohlfahrtstheoretischen Ausläufern dieser Tradition vollends deutlich geworden ist.

Diese Bemühungen gipfelten bekanntlich zunächst bei *Walras* in der Aufstellung eines Maximum-Theorems, nämlich in der vermeintlich ‚wissenschaftlich-objektiv' als richtig zu erweisenden Behauptung, daß bei vollständiger Konkurrenz das Gewinnstreben aller Produzenten über deren intensive Produktionsanstrengungen zu einer maximalen Bedürfnisbefriedigung aller Konsumenten führt. – Nicht das dogmenhistorische Verdienst[5] oder auch die methodologische Fragwürdigkeit[6] dieses Nachweises soll hier jedoch nochmals erörtert, sondern ausschließlich geklärt werden, in welchem Sinne ein quasi-wissenschaftliches Demonstrationsbedürfnis dahinter seit eh und je als eine dominierende (metaphysische) Vorstellung politischer Ökonomen steht, und zwar *unbewußt-einheitlich* sowohl in der liberalen als auch in der marxistischen Orthodoxie dieser Wissensdisziplin.

Der vorerwähnte quasi-wissenschaftliche Demonstrationsansatz der klassischen Markttheorie tritt uns vage und noch einigermaßen verhüllt in *Adam Smith'* Ausgangsvorstellung der gesellschaftlichen wohltätigen Wirkungsweise einer ‚invisible hand' entgegen. Es soll ja diese bis in die Gegenwart filigran in der Wettbewerbsmechanik internalisierte Vorstellung eines nichtautoritären sozialen Beziehungsgeflechts zwischen Güterpreis- und -mengenbewegungen sein, die vor allem das Profitinteresse der Produzenten, von diesen ganz ungewollt, zwingend in Richtung auf ein Resultat lenkt, das dem Wunsch der Konsumenten nach individueller Bedürfnisbefriedigung nicht nur nicht zuwiderläuft, sondern kollektiv in einem Höchstmaß entgegenkommt. „Eine soziale Ordnung", so schreibt dazu kritisch *Albert*, „die ein solches Resultat garantiert, hat nach Auffassung vieler Vertreter des neoklassischen Denkens den Vorzug, der Rationalität zu genügen, und stellt daher eine ideale Ordnung dar, jedenfalls soweit der *ökonomische Aspekt* des sozialen Lebens in Frage kommt"[7].

Das nicht-ökonomische (traditionale) Komplement dieser rationalen Sozialordnung bildet eine liberale Gesellschaftsverfassung, durch die Politik im wesentlichen auf die notfalls auch gewaltsame Durchsetzung und Einhaltung

5 Vgl. dazu *Mitchell, W. C.*, Types of Economic Theory, ed. by *Joseph Dorfman*, volume I, New York 1967.

6 Vgl. dazu *Albert, H.*, Marktsoziologie und Entscheidungslogik, Soziologische Texte, Band 36, Neuwied und Berlin, 1967.

7 Vgl. dazu *Albert, H.*, Rationalität und Wirtschaftsordnung: Grundlagenprobleme einer rationalen Ordnungspolitik, ebenda, S. 207.

allgemein verbindlicher Regeln evolutorisch ausgereiften Zivil- und Strafrechts beschränkt wird, um so die ‚formale Freiheit' des einzelnen angesichts der potentiellen Neigungen seiner Mitmenschen aber auch des Staates zu ihrer gewaltsamen Unterdrückung wirksam zu schützen. Namentlich die Rolle des Staates bestimmt sich, eingedenk des vermeintlich vom Wettbewerbsmechanismus unter bestimmten Gleichgewichtsbedingungen *autonom* gesicherten maximalen Ergebnisses freiwilliger wirtschaftlicher Kooperation aller Individuen, allenfalls als jener parasitäre Teilhaber des ökonomischen Wettbewerbssystems, dessen wirtschaftspolitische Interventionen die immanente Tendenz dieses Systems zu maximaler Bedürfnisbefriedigung nur zu beeinträchtigen geeignet erscheinen. Als absolut wohlstandsfördernd erweist sich demzufolge die staatliche Enthaltsamkeit in bezug auf laufende Steuerungseingriffe in den wettbewerbsgesteuerten Wirtschaftsablauf: die wirtschaftspolitische Passivität des Nachtwächterstaates.
Gemäß dieser Konzeption verdient das individuelle Rationalverhalten von Politikern, Produzenten oder Konsumenten es also überhaupt nicht, sonderlich gewürdigt zu werden. Im Gegenteil: dieses sich in der Verfolgung des Selbstinteresses erschöpfende Verhalten kann und soll an der zielstrebigen Erfüllung dieses seines Selbstzwecks ja gerade durch die List der Vernunft des Wettbewerbssystems wirksam gehindert werden. Aufgrund der vom politisch oder wirtschaftlich handelnden Individuum nicht durchschauten und in jedem Fall unabänderlichen Arbeits- oder Funktionsweise jenes Systems soll nämlich stets unausweichlich ein gesellschaftliches Handlungsresultat – das ‚Sozialprodukt' – zustande kommen, dessen gütermäßige Zusammensetzung oder nutzenmäßige Größenordnung vom Einzelwillen der Beteiligten ganz und gar unbeabsichtigt und gleichwohl vom Standpunkt der gesellschaftlichen Bedürfnisbefriedigung höchst erwünscht ist. Die grundlegende Demonstrationsabsicht manifestiert sich mithin im Beweis der ‚natürlichen' Unausweichlichkeit oder Naturnotwendigkeit, mit der die freie Marktwirtschaft – unabhängig von den Absichten der in ihrem Tauschbeziehungsgeflecht agierenden Produzenten und Konsumenten – die gesellschaftliche Wohlfahrt fortschreitend fördert. Dieser zwingend erwartete Fortschritt soll aber auch, umgekehrt, der staatlicher Einflußnahme prinzipiell abholden Wettbewerbswirtschaft den ausschlaggebenden *Rechtfertigungsgrund,* die zentrale *Legitimation* liefern.
Nun ist die laissez-faire-Strategie klassischer Wirtschaftsordnungspolitik gerade bezüglich des ihr unausgesprochen zugrunde liegenden ‚Beweisanspruchs' seit langem durch unabweisbar-schwerwiegende Kritik in Frage gestellt worden. Sie ist vor allem in einem Maße als ‚harmoniegläubig' desavouiert worden, das es wissenschaftlichen Verfechtern und (un)politischen Vertretern einer freien Wirtschaftsordnung gegenwärtig überaus erschwert, wenn nicht unmöglich macht, ihre positive Einstellung zu dieser

Ordnung noch rational, das heißt intellektuell überzeugend zu vertreten. Zumindest die ökonomische Erfolgslegitimation des Wettbewerbssystems scheint dafür kaum mehr ernstlich in Betracht zu kommen, nachdem die ursprünglich unterstellte gesellschaftsdynamische und später nutzentheoretisch-statisch untermauerte *optimale* Funktionsweise des Marktmechanismus nacheinander im Lichte des Einkommensverteilungsarguments, des Arguments von der Nichtaddierbarkeit des Individualnutzens und des Arguments von den externen Effekten zunehmend an Beweiskraft eingebüßt haben. Die überlegene Theorie des unvollständigen Wettbewerbs und die das klassische Gleichgewichtsmodell unterlaufende *Keynessche* Beschäftigungs- und postkeynesianische Wachstumstheorie taten ein übriges zur fortschreitenden Aushöhlung des klassischen Dogmas, die beste sei die gar nicht erst angestrebte Wirtschafts- und Sozialpolitik, die in dieser Hinsicht *politische Passivität des Staates.* Dies zwang insbesondere die mit diesem Dogma gegenwärtig noch am stärksten sympathisierenden Vertreter des Neoliberalismus dazu, die Idee der Wirtschaftsfreiheit, die von den schottischen Liberalen noch als *Mittel zum Zweck* (der Förderung des gesellschaftlichen Fortschritts) befürwortet wurde, nun entweder in den Rang eines rational nicht ableitbaren *Selbstzwecks* zu erheben, oder ihren Fortschrittsglauben weiterhin unkritisch mit dem Wrack einer ‚reinen Markttheorie' zu verbinden, in der sich immer noch vornehmlich ein abgrundtiefes Mißtrauen gegen einen staatlichen Interventionismus im Bereich der Wirtschafts- und Gesellschaftspolitik spiegelt.

Soweit politische Ökonomen die vorstehend angedeutete Schwäche des klassischen Demonstationsversuches aber erkannten und Punkt für Punkt ernst nahmen, hatte sie bei Nichtmarxisten die immer vorbehaltlosere Befürwortung verstärkter Einschaltung des Staates in das arbeitsteilige Wirtschaftssystem zur Folge: vor allem eine aktive staatliche Einkommens (Redistributions)- und (antimonopolistische) Wettbewerbspolitik, aber auch eine entsprechende Konjunktur-, Wachstums- und Strukturpolitik sind von ihnen nach und nach als notwendig für ein ‚sozial zuträgliches Funktionieren' der dezentral gesteuerten Marktwirtschaft erkannt worden. In welcher Weise dabei die klassische Rationalitätskonzeption erstmals von *Jeremy Bentham* radikal in Frage gestellt und zu einer die staatliche Aktivität und richterliche Gesetzgebung einbegreifenden Konzeption erweitert wurde, wird im nächsten Abschnitt zu erörtern sein.

Hier soll zunächst jener Hauptrivale ins Auge gefaßt werden, welcher der auf *Adam Smith* zurückgehenden Harmonielehre auf dem Feld der Politischen Ökonomie in *Karl Marx'* Hauptwerk *Das Kapital* um die Mitte des vorigen Jahrhunderts entstanden ist. In diesem Werk distanziert sich sein Schöpfer ungleich eindrucksvoller und unwiderstehlicher von der klassisch-liberalen Lehre als dies bis in die Gegenwart ja auch kritische ‚Bürgerliche Ökonomen' eher zögernd und zaghaft getan haben.

Der von *Marx* angestrebte *wissenschaftliche Nachweis* innerer Widersprüche in der Funktionsweise eines auf der ,Vogelfreiheit' des arbeitenden Proletariats basierenden kapitalistischen Wirtschaftssystems, – eines Systems, das die ebenfalls nur scheinbar freien Unternehmer zur ökonomischen Ausbeutung und politischen Bevormundung der Arbeitermassen gleichermaßen befähigen und zwingen soll –, ist in einem imposant-ideenreichen und nicht zuletzt vom starken Mitgefühl für frühkapitalistisches Arbeitsleid bestimmten Gedankengebäude angesiedelt. Von diesem Gebäude hat sich gezeigt, daß es mindestens ebenso schwer durch Kritik zum Einsturz zu bringen ist wie das von seinem ,sozialistischen' Erbauer im Kern angefeindete ,bourgeoise' Ideengebäude mit seinem Hauptbewohner: der die gesellschaftliche Wohlfahrt zwingend begünstigende freie Wettbewerb.

Auch an dieser Stelle kann und soll wieder darauf verzichtet werden, das dogmenhistorische Verdienst[8], aber auch die methodologische Schwäche[9] der marxistischen Lehre nochmals zu erörtern. Denn wie oben bereits angedeutet, kommt es uns allein darauf an, zu zeigen, daß *Karl Marx* genauso unbewußt-unkritisch wie *Adam Smith* die Arbeitsweise des klassischen Konkurrenzmechanismus, wenn auch in ganz anderer Art, ,demonstriert', dabei nämlich lediglich das gesellschaftlich wohltätige, harmonische Resultat der Wirkungsweise dieses Mechanismus *nicht* dem historischen Aufstieg einer liberalen Wirtschafts- und Gesellschaftsordnung, *sondern* dem geschichtsnotwendigen Abstieg und Zusammenbruch des liberal-kapitalistischen Gesellschaftssystems beweisfähig zuzuschreiben sucht. Hatte die vormarxistische klassische Ökonomie den tiefwurzelnden zeitgenössischen Argwohn gegen die Funktionsfähigkeit einer freien Wirtschaft auf individualistischer Basis durch den Nachweis zerstreuen wollen, daß in einer wettbewerbsgesteuerten Wirtschaft automatisch zu keiner Zeit ein Antagonismus zwischen dem Profitinteresse der Produzenten und dem Konsuminteresse der Arbeiter auftreten kann, so wird in der *Marx*schen Lehre genau die Unausweichlichkeit, ja die automatische Verschärfung dieses Gegensatzes im Geschichtsablauf zum zentralen Beweiselement, das jenen Argwohn neuerlich kraftvoll nähren und auf den Sozialismus als den glücklichen Erben der vom Kapitalismus erstmals entfesselten und wirksam entwickelten gesellschaftlichen Produktivkräfte verweisen soll.

---

8 Vgl. dazu *Schumpeter, J. A.*, Kapitalismus, Sozialismus und Demokratie, Bern 1950. [Dogmenhistorischer Scharfblick scheint uns freilich bei *Schumpeter* nicht immer mit methodologischem Scharfsinn gepaart zu sein. Vergl. dazu: *Aldrup, D.*, Schumpeter und der Marxismus, in: Jahrbuch für Sozialwissenschaft, Bd. 22 (1971)].

9 Vgl. dazu *Popper. K. R.*, Die offene Gesellschaft und ihre Feinde, Bd. 2, Falsche Propheten, Bern 1958.

So ist es auch in der *Marx*schen Theorie die ‚klassische Konkurrenz', die *einerseits* alle Kapitalisten unablässig zur Kapitalakkumulation und zur Unternehmenskonzentration zwingt, *andererseits* der Arbeiterklasse keine andere Wahl läßt, als der Kapitalistenklasse ihre ganze Arbeitskraft zu Hungerlöhnen zu verkaufen, die – völlig ‚marktgerecht', das heißt jenseits böser Absichten jedes einzelnen Kapitalisten – nur die Reproduktionskosten der Arbeit decken. Zunehmender Reichtum auf seiten der sich durch konkurrenz-unterlegene Kapitalisten dezimierenden Kapitalistenklasse, wachsendes Elend auf Seiten der sich auch aus ausgeschiedenen Kapitalverwertern rekrutierenden Arbeiterklasse und sich verschärfende Wirtschaftskrisen, sollen dann bekanntlich zu einer klassenantagonistischen Situation führen, in der die kapitalistische Hülle revolutionär gesprengt wird, die Expropriation der Expropriateure erfolgt und der Advent einer staats- und klassenlosen kommunistischen Gesellschaft historisch gesichert ist.

Der Prozeß der individuellen Bedürfnisbefriedigung und dazu unerläßliche Produktionsanstrengungen sollen in der herrschaftsfrei-repressionslosen kommunistischen Gesellschaft – von *Marx* selbst allerdings nur vage antizipiert – ‚geschichtsnotwendig' in eine ähnliche soziale Harmonie einmünden, wie nach den Intentionen klassisch-vormarxistischer Ökonomen individualistisches Profit- und Konsuminteresse dies ‚funktionsnotwendig' auch in einer freien Marktwirtschaft tun. Und merkwürdig genug: *in beiden Fällen ist es der herrschaftslose Konkurrenzmechanismus, der dieses (un-) politische Wunder zwingend bewirken soll!* Funktions*notwendigkeit* hier und historische *Notwendigkeit* dort aber bilden nach unserer Auffassung das die klassische und die marxistische Orthodoxie verbindende ‚Demonstrationselement', bezüglich dessen allenfalls ein gradueller, aber kein prinzipieller Unterschied in der holistischen Auffassung und Interpretation[10] der Gesetzmäßigkeit dieses Geschehens durch bourgeoise Ökonomen einerseits und Marxisten andererseits konstatiert werden kann. *Notwendigkeit* impliziert auch in beiden Fällen die prinzipielle Schädlichkeit oder Ohnmacht aller Gesellschaftspolitik hinsichtlich einer wirksamen oder wünschenswerten Beeinflussung des Sozialgeschehens, insbesondere die wirtschaftspolitische Passivität rein adaptiv oder subsidiär einzusetzender Regierungsgewalt.

So war das jeweils richtige gesellschaftspolitische Programm ja bei den Altliberalen in der *natürlichen Ordnung* (repräsentiert durch ein absolut respektables Rule of Law und absolut erwünschtes Government under the Law) angelegt und folgte bei den Marxisten aus der unfehlbaren Einsicht in das *historische Bewegungsgesetz der kapitalistischen Gesellschaft* (der darauf basierenden wissenschaftlichen Prognose ihres auch politisch unausweich-

---

10 Vgl. dazu kritisch *Popper, K. R.*, Das Elend des Historizismus, Tübingen 1965.

lichen Untergangs). *Staatslose Gesellschaft* hier und *Nachtwächterstaat* dort entpuppen sich dabei als weitgehend analoge Fiktionen, einerseits historisch, andererseits funktional vom theoretischen Systemzusammenhang determiniert. Die grundsätzliche Analogie oder Parallelität des klassisch-liberalen und orthodox-marxistischen Demonstrationsversuches geht jedoch noch weiter. Denn insbesondere auch die Rolle materieller politischer Gewaltausübung wird einheitlich auf die im Prinzip auch entbehrliche *Stützung des ökonomischen Systems* zugeschnitten: so etwa bei *Smith* darauf

— „to provide a plentiful revenue or subsistence for the people or, more properly, to enable them to provide such a revenue or subsistence for themselves"[11] und allenfalls noch
— öffentlich zur Sparsamkeit zu ermahnen, das heißt eine Art gesellschaftliches *Sparbewußtsein* zu fördern;

oder auch bei *Marx darauf,*

— Politik auch in ihrer parlamentarischen Gesetzgebungsarbeit als ein absolut willfähriges Instrument der herrschenden Kapitalistenklasse auszuweisen, und allenfalls noch
— die beherrschte Arbeiterklasse auf die Entwicklung eines politischen *Klassenbewußtseins* zu verweisen. Dieses Bewußtsein impliziert die klare Einsicht *in* und den Stolz *auf* den historischen Auftrag der Arbeiterschaft in Verbindung mit der Gewißheit, daß das Arbeiterparadies auch bei der diesbezüglichen Enthaltung der Sozialisten von jeder aktiven Politik kommen wird.

Die Erziehung zum öffentlichen Klassenbewußtsein hier und die Förderung eines öffentlichen Sparbewußtseins dort bilden das einheitliche, wenn auch inhaltsverschiedene, in jedem Fall aber *nebensächliche* politische Amalgam des in der Hauptsache autonom arbeitenden Systems freier Märkte.

Der Vorstellung einer *rationalen* Beeinflussung des Sozialgeschehens durch eine umfassend-zielstrebige Wirtschafts- und Gesellschaftspolitik geben mithin weder die liberale noch die marxistische Lehre der Politischen Ökonomie Raum. ‚Soziales Bauen' in diesem Sinne wird ja von *Karl Marx* vor allem mit dem Blick auf umfassende sozialistische Gesellschaftskonstruktionen, die vor und zu seinen Lebzeiten im Schwange waren, ausdrücklich als ‚utopisch' verworfen, ein Verdikt, das *Adam Smith* ja auch indirekt, nämlich mit dem Blick auf die weithin dominierenden staatsmonopolistischen Wirtschaftseingriffe seiner Zeit, über die – auf einer Verwechslung von Geldbesitz und Reichtum beruhende – ‚Wohlfahrtsutopie' der Verfechter des Merkantilsystems ausgesprochen hatte.

So paradox es (vor allem angesichts der politischen Allmacht des Staates in dem von marxistisch-leninistischen Arbeiterparteien beherrschten modernen

11 Vgl. *Smith, A.*, The Wealth of Nations, Modern Library Edition, S. 397.

„sozialistischen" Ländern dieser Erde) klingen mag: die Demonstration sozialer Abläufe in der liberalen *und* in der marxistischen Orthodoxie impliziert die *einheitliche Grundvorstellung*, daß eine rationale Politik mit Rücksicht auf einen unbedingt wünschenswerten oder aber absolut unwiderstehlichen Trend zur Entfaltung der gesellschaftlichen Produktivkräfte *nur passiv* sein kann; passiv hinsichtlich der natürlich-funktionsgerechten *Ordnung* oder der unausweichlichen historischen *Entwicklung* im wesentlichen apolitisch-komplex determinierten gesamtgesellschaftlichen Wandels. Rationale Aktivitäten einzelner Individuen oder organisierter Gruppen, die auf eine bewußte Beeinflussung der ‚grundlegenden Kräfte' des gesellschaftlichen Wandels, etwa durch eine Politik sporadischer Schaffung oder erfolgskontrollierbarer Umgestaltung dafür geeignet erscheinender Institutionen, abzielen, kommen weder für die liberale noch für die marxistische Orthodoxie in Betracht. Daß diese orthodoxen Lehren in praxi ebensowenig zum dauerhaften Leitbild kapitalistischer wie kommunistischer staatlicher Wirtschaftspolitik werden konnten, kann wohl am wenigsten geleugnet und noch am ehesten bedauert werden in einer Zeit, in der der offensichtliche Mangel an sozialwissenschaftlich leistungsfähigen Entwicklungskonzeptionen für die Dritte Welt nur noch durch die rat- und rastlose Hektik vornehmlich rein *politischer Rivalitäten* kaschiert werden kann, die man in den im gesellschaftlichen Umbruch befindlichen Entwicklungsländern nicht zuletzt auch seitens der Regierungen der hochentwickelten Länder in Ost und West eher *fortschrittslähmend* als *fortschrittsbelebend* entfaltet.

Soweit jene orthodoxen Lehren den Grundstein zur ideologischen Geringschätzung der Möglichkeiten einer rationalen Wirtschafts- und Gesellschaftspolitik gelegt haben, soweit liegt es auch heute noch für Liberale und Marxisten nahe, die Besserung sozialer Verhältnisse allenthalben eher von politischen Wundern sich evolutionär oder aber revolutionär vollziehender Veränderungen in dieser Welt zu erwarten, als von einer durch Sozialwissenschaftler nach und nach ähnlich leistungsfähig zu gestaltenden *Sozialtechnik*[12], wie sie Naturwissenschaftler heute bereits auf den verschiedensten Gebieten der naturbearbeitenden Technik hervorgebracht haben. Beides steht denn auch mit den vorstehend aufgedeckten beiden Quellen jenes Wunderglaubens in der klassischen Ökonomie und in der marxistischen Orthodoxie durchaus im Einklang – mit Lehren, die ja richtige Politik ‚wissenschaftlich' gleichzusetzen suchen mit der einseitig-vollständigen Anpassung an einen automatisch über kurz oder lang sozial erwünschte Resultate produ-

12 Vgl. dazu *Popper, K. R.*, Der Zauber Platons, a.a.O., 9. Kap.; ders. Das Elend des Historizismus, a.a.O., III. Kap.; siehe auch *Aldrup, D.*, Das Rationalitätsproblem . . ., a.a.O., § 9.

zierenden Sozialmechanismus, und in denen mit ‚Beweisen' zu operieren versucht wird auf einem Forschungsgebiet, auf dem sich nichts Interessantes beweisen läßt[13].

3. *Politische Arithmetik: Kalkulierte politische Aktivität*

Seit mehr als hundert Jahren beschäftigt politische Ökonomen (un)ausgesprochen das Problem einer rationalen Wirtschafts- und Gesellschaftspolitik. Die Lösung dieses Problems wird seither durchgängig gesehen als die *im voraus kalkulierte Zweckmäßigkeit* einer Politik.
Bentham erdachte einen permanent-umfassenden Lust/Schmerz-Kalkül (felicific calculus) – eine Strategie, die es ermöglichen sollte, jederzeit rational verbindliche Empfehlungen für alle nur denkbaren gesellschaftspolitischen Aktivitäten, insbesondere für den mit der ‚art of legislation' befaßten Gesetzgeber mit dem Ziel auszusprechen, das größte Glück aller Gesellschaftsmitglieder zu gewährleisten. *J. St. Mill* schließt sich dieser individualpsychologistischen Kalkulationsvorstellung an, wünscht aber die nach seiner Ansicht zwei wesensverschiedenen Fundamente deutlich gegeneinander abzusetzen, auf die eine rationale Politik – ‚a complete teleology', wie er es nannte – zu gründen sei: die *empirischen Gesetzmäßigkeiten* der sogenannten ‚*science* of political economy' und die *normativen Regelungen* der sogenannten ‚*art* of political economy'. Dabei neigte er bekanntlich dazu, die Güterproduktionssphäre als von strikten Naturgesetzen (‚physical truth') beherrscht anzusehen im Gegensatz zur Güterverteilungssphäre, die normativ-strategischen Regelungen durch den Menschen als wesentlichem Beitrag zur Gewährleistung des größten Glücks der größten Zahl zugänglich sei.
In der neoklassischen Ökonomie und der älteren und neueren Wohlfahrtsökonomik manifestieren sich nachhaltige Versuche, das *Benthamsche* Programm (formal)wissenschaftlich auszuarbeiten und zu präzisieren. Neoklassische Ökonomen suchten dabei ihr Erkenntnisbemühen positivistisch auszuweisen, das heißt ihre marginalistischen Theorien unter Anknüpfung an *J. St. Mills* Unterscheidung als solche einer ‚science of political economy' auszugeben: eine mehr oder weniger ausgeprägte und gelegentlich auch deutlich ausgesprochene *Scheu vor jedem wirtschaftspolitischen Engagement*

13 Gültige Beweise lassen sich nur im Bereich der Formalwissenschaften (Logik und Mathematik) führen. Vgl. dazu *Popper, K. R.*, Der Zauber Platons, a.a.O., S. 20 und S. 358.

scheint ihnen angesichts der (erfahrungs)wissenschaftlichen Unbegründbarkeit von (politischen) Wertvorstellungen das unumgängliche Opfer zu sein, das den Vertretern der ‚positiven Sozialökonomik' um des Anspruchs ihrer Aussagen auf Wissenschaftlichkeit abzuverlangen sei[14]. Genau dieses Opfer wiederum erscheint den Verfechtern der älteren und neueren Wohlfahrtsökonomie zu hoch. Insbesondere hegen sie den Verdacht, daß die Protagonisten jeder im Sinne *Max Weber*s wertfreien Sozialwissenschaft und namentlich einer nicht-normativen Ökonomik für ihr erklärtes (wirtschafts) politisches Desinteresse einen unannehmbar hohen Preis zu entrichten haben, nämlich absolute praktische Einflußlosigkeit oder gar auch völlige moralisch-politische Verantwortungslosigkeit.

Gleichwohl sind Wohlfahrtstheoretiker nicht imstande gewesen, sich über die manifeste Scheu reiner Ökonomen vor einem vorbehaltlosen (wirtschafts)politischen Engagement unbedenklich mit ihrer latenten Bereitschaft zu eben solchem Engagement hinwegzusetzen – dies, eingedenk der auch von ihnen respektierten Grundauffassung, daß Werturteile im allgemeinen und politisch-programmatische Empfehlungen im besonderen mangels rationaler Begründbarkeit nicht Angelegenheit der Wissenschaft sein können.

Immerhin repräsentieren die ökonomische Entscheidungs- und Wohlfahrtstheorie diejenigen strategischen Handlungsschemata, deren grundlegende Bedeutung für rationales Handeln auch in der Wirtschafts- und Gesellschaftspolitik von einer Majorität politischer Ökonomen heute zumindest in der westlichen Welt mehr oder weniger vorbehaltlos und unabhängig davon anerkannt wird, ob sie ihr Forschungsinteresse ‚positivistisch' oder ‚normativistisch' ausweisen. Dieser Majorität scheint das Aufsuchen von Rationalkriterien oder rationalen Entscheidungsregeln die vordringliche und einzig lohnende Aufgabe entscheidungs- oder auch wohlfahrtstheoretischen Bemühens zu sein. Ihr geht es darum, mittels solcher Kriterien oder Regeln jeweils aus einer a priori vorgegebenen Menge von Entscheidungsalternativen die (wahrscheinlich) beste auszuwählen, indem Individuen oder Gruppen, ausgehend von klaren Möglichkeits- oder Nutzenvorstellungen, definitive

---

14 In diesem Sinne stellt z. B. *Schumpeter* fest: „Das Studium der Sozialwissenschaften verlangt von uns ein schweres Opfer. An ihrer Schwelle müssen wir ein Stück unseres Ichs zurücklassen, nämlich unsere sozialen Ideale, unsere Ansichten darüber, was gut und wünschenswert ist. ... Jeder hat seine eigene soziale Welt, seine eigenen sozialen Ideale, jeder entscheidet in seiner eigenen Brust, was er anbeten und was er in den Staub treten will. Da gibt es keine exakten Argumente, da hört die Wissenschaft als solche auf." (Vgl. *Schumpeter, J.*, Wie studiert man Sozialwissenschaft?, in: ders., Aufsätze zur ökonomischen Theorie, Tübingen 1952, S. 559.)

Handlungserfolge verbürgt oder Chancen zu solchen Erfolgen eröffnet werden.

Auf eine entsprechende *Vorkalkulation* stellen die Entscheidungsmodell-Bildung von der Neoklassik bis hin zur modernen (statistischen) Entscheidungstheorie, aber auch jene theoretischen Konstruktionen ab, die nach den Zielvorstellungen moderner Wohlfahrtstheoretiker und ihrer Vorläufer für die allgemeine Wirtschafts- und Gesellschaftspolitik entweder ‚rein ökonomische' Entscheidungskriterien oder aber (den Bereich jenseits von Angebot und Nachfrage einbeziehend) ‚soziale' Wohlfahrtsfunktionen liefern sollen. Ihr einheitlicher methodischer Ausgangspunkt: der Rekurs allen richtigen Handelns auf individuelle Bedürfnisse hat alle späteren Kontroversen um die ‚Meßbarkeit', ‚Vergleichbarkeit' und ‚Addierbarkeit' des individuellen Nutzens und selbst die Ansicht überdauert, daß – wie bereits angedeutet – politische Wert- oder Zielvorstellungen ‚wissenschaftlich unbegründbar' sein sollen.

Der zuletzt erwähnte Punkt ist von besonderer Bedeutung. In Verbindung mit ihm hat sich ein Schisma zwischen *richtigem* und *rationalem* Entscheidungsverhalten herausgebildet, wobei *Richtigkeit* letztlich nur durch irrational-willkürlich zu treffende Grundentscheidungen über ‚höchste Werte' verbürgt wird, *Rationalität* hingegen lediglich – relativ zur Richtigkeit – die Verwirklichung solcher höchsten Werte sicherstellen kann. Ich habe an anderer Stelle zu zeigen versucht, daß dieses Schisma rationales Wahlverhalten ab ovo zu unterbinden und rationalistisches Selbstverständnis ganz zu untergraben droht[15]. Niemand anderer als *Max Weber* hat aber gerade dieses Schisma politologisch in prägnanter Weise auszumünzen gesucht. „Seine berühmte Konfrontation der Beamtenherrschaft mit dem politischen Führertum", so kennzeichnet *Habermas* diesen Versuch, „dient der strikten Trennung zwischen den Funktionen des Sachverständigen und des Politikers. Dieser bedient sich des technischen Wissens, aber die Praxis von Selbstbehauptung und Herrschaft verlangt darüber hinaus die interessierte Durchsetzung eines dezidierten Willens. In letzter Instanz kann sich das politische Handeln nicht rational begründen, es realisiert vielmehr eine Entscheidung zwischen konkurrierenden Wertordnungen und Glaubensmächten, die zwingender Argumentation entraten und einer verbindlichen Diskussion unzugänglich bleiben[16]."

Dieses Zitat artikuliert nichts anderes als die politische Variante des oben erwähnten Schismas zwischen Richtigkeit und Rationalität im Handeln. Es

---

15 Vgl. dazu *Aldrup, D.*, Das Rationalitätsproblem ..., 1. Teil: Über das gestörte Verhältnis politischer Ökonomen zur Rationalität, a.a.O.

16 Vgl. *Habermas, J.*, Technik und Wissenschaft als ‚Ideologie', Frankfurt a. M. 1968, S. 121.

verschafft zugleich mit dem Hinweis auf entschieden zu befürwortende Wertordnungen und Glaubensmächte der Vorstellung von der jeweils logischen Überlegenheit eines irrationalen Dezisionismus des Politikers über den zweckrationalen Instrumentalismus des Sachverständigen Raum. „So sehr der Sachverstand des Fachmannes", so fährt denn auch *Habermas* in der Kennzeichnung der *Weber*schen Politologie fort, „die Techniken rationaler Verwaltung und militärischer Sicherung bestimmen und somit auch die Mittel der politischen Praxis nach wissenschaftlichen Regeln erzwingen kann, so wenig kann die praktische Entscheidung in konkreter Lage durch Vernunft *zureichend* legitimiert werden. Gerade die Rationalität der Mittelwahl geht zusammen mit der erklärten Irrationalität der Stellungnahme zu Werten, Zielen und Bedürfnissen. Erst die komplette Arbeitsteilung zwischen den sachlich informierten und technisch geschulten Generalstäben der Bürokratie und des Militärs auf der einen, den machtinstinktiven und willensintensiven Führern auf der anderen Seite soll, *Weber* zufolge, eine Verwissenschaftlichung der Politik ermöglichen[17]."

Was aber, so wäre zu fragen, mag *Weber* dazu berechtigen oder besser: verleiten, doch wenigstens den Sachverstand bürokratischer Verwaltung als ‚rational' auszugeben? Doch sicherlich allenfalls die erkenntniskritische Unterstellung, daß im Bereich der Mittel, die zur Erreichung beliebiger, politischer Ziele einsetzbar sind, absolut verbindliche objektive Regeln (z. B. der Erkenntnislogik) gelten, die jede Sachdiskussion via zwingender rationaler Argumente zu einem eindeutigen Ergebnis hinsichtlich mehr oder weniger guter Eignung von Mitteln für Zwecke führen. Wenn aber – und dies ist in der Tat erkenntnislogisch unausweichlich – rationale Argumente *unter keinen Umständen* (d. h. im Bereich von *Tatsachen*aussagen ebensowenig wie im Bereich von *Wert*aussagen) zwingend zu irgendeinem eindeutigen Ergebnis führen können, dann ist vorderhand nicht einzusehen, warum ‚Rationalität' (vornehmlich) im Bereich politischer Mittelentscheidungen und ‚Irrationalität' (vornehmlich) im Bereich politischer Wertentscheidungen angesiedelt sind oder warum über die Mitteleignungen von Bürokraten rational und über die Zielvorstellungen von Politikern irrational entschieden werden soll. Die *Webersche*, am herkömmlichen relativistischen Grundschema der Rationalität in der Politischen Ökonomie orientierte Politologie bricht jedenfalls in sich zusammen, sobald dieser kritisch-rational unabweisbare erkenntnislogische Einwand in Rechnung gestellt wird.

17 Vgl. dazu *Habermas, J.*, ebenda, der seine in diesem und im vorstehenden Zitat gegebene Kennzeichnung der *Weberschen* Position herleitet aus: *Weber, M.*, Politische Schriften, S. 308 ff.

4. Ökonomische Theorie der Demokratie: Rationalisierte demokratische Politik

Namhafte, in der neoklassischen ökonomischen Tradition stehende Vertreter der Politischen Wissenschaft schicken sich in jüngster Zeit verstärkt an, den klaren Rückstand dieser Fachdisziplin auf dem Feld der Theoriebildung dadurch abzubauen, daß sie bestimmte Erklärungsansätze der in dieser Hinsicht am weitesten fortgeschrittenen Sozialwissenschaft, nämlich einerseits der reinen Ökonomie, andererseits auch der Wohlfahrtsökonomik und der Ökonometrie, von *wirtschaftlichen* auf *politische* Prozesse zu übertragen und beide Prozesse womöglich zu integrieren suchen. Als bislang wichtigste Repräsentanten dieser Bestrebungen dürften *Anthony Downs* (Economic Theory of Democracy, 1957), *James Buchanan* und *Gordon Tullock* (The Calculus of Consent, 1962), *Jerome Rothenburg* (A Model of Economic and Political Decision Making, 1965) und *Martin Shubik* (A Two-Party System, General Equilibrium and the Voters Paradox, 1968) anzuführen sein.
Vor allem die beiden Beiträge der drei erstgenannten Autoren sollen im folgenden kurz analysiert werden. Darin wird, ausgehend von entsprechend unorthodoxen Untersuchungshypothesen für eine *ökonomische Theorie der Politik* – Hypothesen, die dem Kenner der *ökonomischen Theorie* freilich überaus orthodox und nicht erst seit gestern kritisch überholt erscheinen mögen! – sowohl von *Downs* wie auch von *Buchanan/Tullock* das Grundmodell einer rational funktionierenden politischen Entscheidungsmaschinerie zu entwickeln versucht: von dem einen das rationale Funktionsmodell einer wählerstimmenmaximierenden (Zwei-)Parteien-Demokratie, von den beiden anderen das rationale Funktionsmodell einer den Individualnutzen aller Bürger maximierenden demokratischen Staatsverfassung.
In *Downs'* Modell wird großes Gewicht auf die Trennung von Wählern und Regierungen sowie die jeweils unabhängige ‚rationale', sprich: individuell eigennützige Motivation der im Wahlvolk zusammengefaßten und in Parteien koalierenden Individuen gelegt und eher noch größeres Gewicht auf den Nachweis, wie die aus dem vorgegebenen demokratischen Wahlmodus resultierende Regierungstätigkeit dennoch in einen von den egoistischen Zielvorstellungen der Einzelwähler *und* einzelner Politiker eindeutig unterscheidbaren ‚sozialen Sinn' einmündet: in für die Mehrheit der Wähler möglichst attraktive Parteiprogramme.
Im Modell von *Buchanan/Tullock* wird weder der vorerwähnten Unterscheidung noch dem daran in der angedeuteten Weise anknüpfenden Nachweis Bedeutung beigemessen. Vielmehr wird auf der Basis einer strikt individualistischen Methode – das heißt der Annahme, das erwachsene Individuum sei der einzige relevante Entscheidungsträger in allen persönlichen und gesellschaftlichen Angelegenheiten – der von *Downs* als *gegeben* betrachtete

Wahlmodus zum Problem, genauer: zum *Verfassungs*problem erhoben. Dieses Verfassungsproblem wird dann in der wirklich ungewöhnlichen Frage aufgeworfen, wann es aus der puren Interessensicht der Individuen unter Berücksichtigung sogenannter Kosten der sozialen Interdependenz vorteilhaft erscheinen mag, den einen oder anderen von Menschen organisierten Betätigungsbereich von einer privaten zu einer öffentlichen Angelegenheit zu machen oder auch umgekehrt. Dabei wird davon ausgegangen, daß die Verfassungsentscheidung selbst eindeutig eine öffentliche Angelegenheit ist, über die nur kollektiv entschieden werden kann.

Um nun einen *sicheren Ausgangspunkt* für die aus individualistischer Sicht optimale Abgrenzung der alternativ privat oder politisch zu organisierenden Aktivitäten zu gewinnen, bedienen sich *Buchanan/Tullock* der (nach eigenem Eingeständnis) ganz unrealistischen Fiktion, daß alle Verfassungsentscheidungen selbst letzlich einstimmig getroffen werden sollen. Auf diese Weise hoffen sie einen von ihrer individualistischen Grundauffassung unanfechtbaren Maßstab zu gewinnen, „against which the individual persons decisions on constitutional issues may be analyzed. In examining the choice calculus of the single individual, as this calculus is constrained by the knowledge that all other individuals in the group must agree before ultimate action can be taken, we are able to discuss meaningfully ‚improvements' in the rules of choice making“[18]. Eingeführt wird damit die Theorie der Politik, die analytisch abgeklärte Vorstellung einer ‚*Pareto*-optimalen' beziehungsweise ‚*Pareto*-effizienten' demokratischen Verfassung, ein der Intention nach exaktes Kriterium, das es erlauben soll, eine bestimmte demokratische Verfassung *insgesamt* immer dann als nicht mehr verbesserungsfähig auszuzeichnen, wenn die Kosten der sozialen Interdependenz minimiert sind.

Beide vorstehend skizzierten Modelle sollen ausdrücklich eine spezifisch ökonomische Rationalbeziehung zwischen individuellen und kollektiven Entscheidungen im demokratischen Gesellschaftskontext herstellen, sind demnach Versuche einer ‚Rationalisierung' demokratischer Politik. Außerdem sollen sie einige der aus ihnen ableitbaren demokratischen Funktionselemente empirisch überprüfbar ausweisen. Den in dieser Hinsicht zentralen modus operandi der *Downs*schen Theorie der Demokratie bildet das in vorgegebenen Zeitabständen allgemein und frei ausgeübte Wahlrecht, welches die politischen Handlungsspielräume der um politische Wahlzusagen konkurrierenden Bürger und der um Wählerstimmen konkurrierenden Parteien zugleich kollektiv gegeneinander abgegrenzt und aufeinander ausrichtet.

---

18 *Buchanan, J. M.*, and *Tullock, G.*, The Calculus of Consent, Logical Foundations of Constitutional Democracy, Ann Arbor 1967[2], S. 6.

Dies, indem der ‚rationale' Wähler seine Wahlentscheidung und der ‚rationale' Politiker seine programmatischen Wahlversprechen jeweils im Selbstinteresse *möglichst effizient* zu gestalten sucht.

Die analoge Hervorhebung des Effizienzgesichtspunktes bei *Buchanan/Tullock* wurde bereits vorstehend angedeutet. Dabei bildet rational-umfassende Kalkulation der Kosten sozialer Interdependenz durch jeden einzelnen Bürger unter der restriktiven Bedingung, daß Verfassungsänderungen einstimmig gebilligt werden müssen, den theoretischen modus operandi des Calculus of Consent. In Zusammenhang mit diesem Kalkül wird der Nachweis geführt, daß über verschiedene kollektive Aktivitäten effizienzoptimal nur unter Beachtung von Abstimmungsregeln entschieden wird, die jeweils spezifische Majoritäten der zustimmenden Bürger erfordern. Stimmentausch (logrolling) ermöglicht dabei einerseits die Berücksichtigung verschiedener Präferenzintensitäten seitens der zustimmenden Bürger und erscheint namentlich als das wesentliche ‚empirische' Grundelement demokratisch-parlamentarischer Abstimmungspraxis.

Eben dieses analog zum privatwirtschaftlichen Tauschmechanismus konstruierte System des politischen Stimmentausches erlaubt es *Buchanan/Tullock* in Verbindung mit ihrem individualistischen Ansatz auch, dem von *Arrow* erbrachten Unmöglichkeitsbeweis (bezüglich der Existenz einer idealen Abstimmungsregel[19]) auszuweichen. Sie fordern im Gegensatz zu *Arrow* nämlich *nicht*, daß mit dem Calculus of consent ‚rationale' gesellschaftliche Abstimmungsergebnisse zustande kommen sollen, daß von ‚irrelevanten Entscheidungsalternativen' abzusehen sei und auch nicht, daß die zustande kommenden politischen Entscheidungen ‚nicht auferlegt' sein dürfen. Immerhin konzediert auch *Gordon Tullock*, daß „a person who believes in widespread government activities must at least be disappointed by irrationality in governmental decision-making processes. From the standpoint of the authors of this book, some irrational behaviour on the part of the government is inevitable under any feasible decision-making rule. ... Due to the predominance of processes in which votes are traded, where the particular type of irrationality decribed by *Arrow* is impossible, the basic irrationality of governmental decision-making becomes less important, but the impact of *Arrow's* work on people whose views of the proper rule of the government were more idealistic is readily understandable"[20].

Nun scheinen zu einer ersten kritischen Kennzeichnung der vorstehend skizzierten ökonomischen Funktionsmodelle der Demokratie folgende Hinweise angezeigt. In deren einheitlicher Auszeichnung abstimmungseffizient umge-

---

19 Vgl. dazu die Einleitung zu diesem Aufsatz. Text zu Fußnote 3.

20 Vgl. *Buchanan* und *Tullock*, a.a.O., S. 332.

setzter Wahl- oder Verfassungsentscheidungen von Individuen als jeweils funktionelle Teilaspekte der ‚ökonomischen Ratio des demokratischen Prozesses' kann eine vom unten darzulegenden kritisch-rationalen Methodenstandpunkt ebenso *unfruchtbare* wie *gefährliche Rationalisierung* eben dieses Prozesses erblickt werden. Diese ‚wertneutrale' Rationalisierung erweist sich als unfruchtbar, weil sich dafür theoretisch beliebig viele, letztlich willkürlich einzuschlagende Wege anbieten. Dies zeigt ja nicht nur der ganz unterschiedliche analytische Weg, den einerseits *Downs* und andererseits *Buchanan/Tullock* mit ihren theoretischen Modellen einschlagen. Einem weiteren grundverschiedenen Ansatz sind wir ja bereits oben bei *Max Weber* begegnet, der auf der Basis der ökonomischen Ziel-Mittel-Dichotomie den politischen Prozeß ‚dezisionistisch' zu rationalisieren versucht. Schließlich dürfte es auch keine Schwierigkeiten bereiten, die ‚naturalistischen' Lehren des klassischen Liberalismus und des orthodoxen Marxismus in die Reihe dieser Versuche einzuordnen, die, wie wir sahen, *auch* dem Typus gesamtgesellschaftlicher Funktionsanalysen zuzuordnen sind. Die soeben geschilderten Ansätze einer ökonomischen Theorie der Demokratie sind aber nicht nur unfruchtbar, sondern möglicherweise auch gefährlich, weil sie die Arbeitsweise der demokratischen Methode faktisch und normativ in einem höchst irreführenden Licht erscheinen lassen und – meines Erachtens weit schlimmer noch – eher einer zynischen Gegnerschaft als einer kritischen Anhängerschaft der Demokratie dienstbar zu machen sind.

5. Der kritisch-rationale Methodenstandpunkt in der Politik

Nunmehr ist – wie angekündigt – kurz der Standpunkt darzulegen, von dem aus politische Theorien als ‚nicht-rational konzipiert' einerseits und als ‚rational konzipiert' andererseits zu qualifizieren sind. Es ist dies der Methodenstandpunkt des von *Karl R. Popper* in die Erkenntnistheorie eingeführten *kritischen Rationalismus,* der auf das Verfahren der kritischen Prüfung rekurriert und von *William W. Bartley* erst unlängst als ein höchst origineller erkenntnistheoretischer Standpunkt ausgewiesen wurde[21]. *Bartley* weist (implizit) nach, daß die um *Poppers* oft mißverstandenes Falsifikationsprinzip gruppierten Spielregeln der Erfahrungswissenschaften erstmals in der (Wissenschafts-)Philosophie ein (psycho)logisch *unbegrenzt rationales Wahlverhalten* der Wissenschaftler hinsichtlich der Qualifikation irgendeiner

21 Vgl. dazu *Bartley, W. W.*, Flucht ins Engagement, Versuch einer Theorie des offenen Geistes, München 1964, insbes. Kap. V.

Theorie als empirisch mehr oder weniger bewährt ermöglicht; dies, *weil und nur weil* einerseits die konsequente Befolgung jener Spielregeln rational nicht zu bewerkstelligende Rechtfertigungsversuche (Verifikationen) für den einen oder anderen Theorienentwurf – und damit die Möglichkeit des Erwerbs absolut sicheren Wissens – methodologisch strikt ausschließt, *ohne* andererseits die Entscheidung über die größere Wahrheitsnähe zwischen konkurrierenden Theorien der persönlichen Entscheidungswillkür von Wissenschaftlern – einem heillosen Relativismus – zu überantworten. Empirische Theorien können und sollen daher von diesem rationalen Standpunkt niemals verifiziert werden, sondern lediglich im Lichte ihnen widersprechender Beobachtungen möglichst hart auf ihre mehr oder weniger große Unvereinbarkeit mit der Wirklichkeit geprüft werden, um so Wissenschaftlern durch intersubjektive Kritik ihrer Entwürfe immer jeweils nur vorläufige und vorbehaltliche Entscheidungen über deren empirische Haltbarkeit – den Grad ihrer zeitweiligen Bewährung – zu ermöglichen. Dabei im Gefolge bewährter falsifizierbarer Hypothesen notwendig werdende *Entscheidungsrevisionen* indizieren in nicht-willkürlicher und das heißt: kritisch-rationaler Weise Verbesserungsmöglichkeiten überlieferter theoretischer Entwürfe und initiieren damit den wissenschaftlichen Fortschritt[22].

Dies scheint mir die kürzest-mögliche Umschreibung des kritisch-rationalen Methodenstandpunktes in seiner Anwendung auf die erfahrungswissenschaftliche Erkenntnistätigkeit des Menschen zu sein. Seine Fruchtbarkeit und rational befreiende Kraft ist jedoch keinesfalls auf dieses relativ eng abzusteckende Tätigkeitsfeld beschränkt. Dies hat *Popper* in seinem gesamten sozialphilosophischen Werk unter Beweis gestellt und mag auch die nachstehend von jenem Standpunkt vorzutragende Kritik an der herkömmlichen Theorie der Politik zeigen. Diese Theorie kann ja nur bedingt, durch ein rein erfahrungswissenschaftliches Forschungsinteresse motiviert sein, wenngleich gerade auch dieser sozialwissenschaftlichen Disziplin ein kräftiger Schuß echten empirischen Forschungsdranges (zur Entdeckung soziologischer Gesetze als Basis bewußter Rekonstruktionsversuche sozialer Institutionen) sicherlich nur zum Vorteil ausschlagen könnte.

Nun entspricht meines Erachtens der rational nicht vertretbaren erkenntnislogischen Absicht, die absolute empirische Wahrheit irgendeines theoretischen Aussagensystems zu erweisen (Theorien zu verifizieren), die rational ebensowenig vertretbare politologische Absicht, die absolute moralische Respektabilität irgendeines politischen Systems zu erweisen (politische Herrschaftssysteme zu legitimieren). Beide Absichten korrespondieren zwar mit der

22 Vgl. dazu *Popper, K. R.*, Truth, Rationality, and the Growth of Scientific Knowledge, in: ders., Conjectures and Refutations, The Growth of Scientific Knowledge, London 1965.

‚autoritären' klassischen Rationalitätsnorm, rationale Glaubwürdigkeit oder Respektabilität solle nur das verdienen, was zweifelsfrei ‚beweisfähig', das heißt endgültig zu rechtfertigen sei. Gleichwohl kann *bewiesen* werden, daß die vorerwähnte oberste Norm selbst *nicht* rational glaubwürdig oder respektabel sein kann, eben weil sie ihrerseits nicht beweisfähig und mithin auch nicht zu rechtfertigen ist. Die vorbehaltlose Bindung des Rationalisten an jene Norm beschwört also ein offenbar paradoxes Resultat herauf, das geeignet erscheint, rationalistisches Selbstverständnis ab ovo zu untergraben und – weit schlimmer noch – dem Eingeständnis einer logischen (gleichsam ‚rationalen') Überlegenheit der Irrationalität über die Rationalität *den Anschein* zwingender Beweiskraft, das heißt den Status auch vom Rationalisten einzugestehender Unentrinnbarkeit zu verleihen.
Dieses grundlegende Rationalitätsdilemma hat nun auf der erkenntnislogischen und auf der politologischen Ebene vergleichbar fatale Konsequenzen. Auf der ersten Ebene diskreditiert seine vermeintliche Unentrinnbarkeit die Möglichkeit, alles von Menschen erworbene und angewandte Wissen einer rationalen Überprüfung hinsichtlich seines objektiven Wahrheitsgehaltes zu unterziehen. Denn für unter keinen Umständen verifizierbare, das heißt als *wahr zu erweisende Theoriensysteme, scheint* eo ipso *jede* objektiv-rationale Überprüfung ihres Wahrheitsgehaltes erkenntnislogisch unvertretbar zu sein. Auf der zweiten Ebene desavouiert es die analoge Möglichkeit, alle von Menschen erworbene und ausgeübte Macht einer wirksamen sozialen Kontrolle bezüglich ihres Gerechtigkeitsstellenwertes zu unterwerfen, denn für unter keinen Umständen legitimierbare, das heißt als absolut gerecht zu erweisende Herrschaftssysteme, *scheint* eo ipso *jede* politisch-rationale Kontrolle ihres Gerechtigkeitsgehaltes politologisch undurchführbar zu sein.
Umgekehrt aber begünstigt das vorerwähnte Rationalitätsdilemma einerseits im geistig-intellektuellen Raum entweder die irrationale Indoktrination personifizierter Weisheit im Philosophenkönig oder die heillose Relativierung allen persönlichen Wissens im Commonsense. Andererseits fördert seine (un-)eingestandene Ausweglosigkeit analog auch im politisch-institutionellen Raum entweder die irrationale Inthronisation diktatorisch-elitärer Herrschaft oder die anarchisch-egalitäre Zersplitterung aller Macht. – Und in der Tat: der Rationalist, der nicht bereit ist, diese wahrhaft verhängnisvollen Ambivalenzen auf der erkenntnislogischen *und* politologischen Ebene einfach hinzunehmen, sich mit ihnen abzufinden, der wird ernsthaft versuchen müssen, einen rationalen Ausweg aus dem vorerwähnten grundlegenden Rationalitätsdilemma zu suchen, um seinen radikal widersprüchlichen Konsequenzen – autoritärer Doktrinarismus (Macchiavellismus) oder heilloser Relativismus (Anarchismus) – zu entgehen.
Nun hat *Bartley* im Anschluß an *Popper* den rationalen Ausweg aus dem vorstehenden Rationalitätsdilemma gewiesen und damit gezeigt, wie *kriti-*

sche Rationalisten den erwähnten widersprüchlichen Konsequenzen dieses Dilemmas entgehen können. Letzteres ist möglich, wenn und nur wenn uneingeschränkt auf alle *Rechtfertigung* von (theoretischen) Aussagen über die Natur des Menschen oder die seiner (natürlich-sozialen) Umgebung verzichtet wird, und zwar zugunsten ernsthafter Bemühungen, solche Aussagen methodisch möglichst streng und unablässig auf ihre mutmaßliche Unwahrheit oder Unrichtigkeit zu überprüfen.

Diese methodenkritisch-rationale Konzeption des kritischen Rationalismus erweist nun meines Erachtens ihre früher angedeutete rational befreiende Kraft auch in entsprechender Anwendung auf die politische Theorie, und zwar unabhängig davon, ob in dieser Theorie präskriptive oder deskriptive Aussagenelemente in den Vordergrund der politischen Analyse oder in den Brennpunkt des politischen Interesses gerückt werden. Voraussetzung dafür ist hier ganz analog wie dort der konsequente Verzicht auf alle Versuche, menschliche Herrschaftsverhältnisse und deren Einbettung in das eine oder andere natürlich-soziale Milieu oder geschichtliche Beziehungsgeflecht mittels dafür geeigneter Aussagensysteme (un)ausgesprochen zu legitimieren. Wird hierauf nämlich strikt verzichtet zugunsten ernsthafter Bemühungen, alle auf eine Zeit überkommenen menschlichen Herrschafts- oder sozialen Machtkonstellationen unablässig auf ihre mutmaßliche Illegitimität oder potentielle Verführung zum Machtmißbrauch zu überprüfen, so (und vermutlich nur so) wird der Weg frei zur Aufstellung einer nicht bereits im Ansatz wiedersprüchlichen Theorie der Politik.

Aus einer solchen zumindest im Ansatz rationalen Theorie der Politik wäre mithin vorab die traditionell für grundlegend angesehene (namentlich auch: das *Arrow*-Problem auslösende) Frage zu eliminieren: Wessen Wille kann oder soll gesellschaftlich dominieren? An deren Stelle könnte etwa die ganz andere, politisch-moralisch – wie man leicht erkennt – hochbedeutsame Frage treten: ‚*Wie kann immer und überall der politischen Entscheidungswillkür von mit Machtbefugnissen auszustattenden Individuen oder Gruppen durch den Entwurf geeigneter, institutionell zu verankernder sozialer Kontrollmechanismen möglichst wirksam vorgebeugt und begegnet werden, ohne daß daraus die Ohnmacht aller Politik oder eine Lähmung des politischen Lebens resultiert?*‘ Es ist diese Frage, die in der herkömmlichen Theorie der Politik vermutlich eben wegen der vermeintlich zentralen Bedeutung der orthodoxen Alternativfrage nicht aufgeworfen worden ist. Es soll nunmehr versucht werden, ihre politologische Relevanz in Verbindung mit dem kritisch-rationalen Methodenstandpunkt in der Politik dem Verständnis des Lesers näherzubringen. Dabei wird nicht *mehr* behauptet, als daß sie zumindest frei von paradoxen Konsequenzen und mithin nicht von vorherein rational despektabel ist.

6. Rational despektable Theorien der Politik

Wir sind nun vorbereitet, die in den Abschnitten 2 bis 4 dieser Untersuchung geschilderten Ansätze orthodoxer und neuzeitlicher Theorie der Politik *methodenkritisch* auf ihre graduell abgestufte rationale Despektabilität zu durchleuchten. Wir werden zu diesem Zweck eine Reihe möglichst scharfer Thesen formulieren und diese in gebotener Kürze durch Argumente zu stützen suchen, die der kritischen Überprüfung offenstehen.

These 1: Orthodoxer Liberalismus und orthodoxer Marxismus implizieren eine im Ansatz paradoxe Theorie der Politik, die zu einer autoritären Verengung und Verzerrung der ‚politischen Perspektive' verführt. Indem der Liberale auf der absoluten Herrschaft des Gesetzes und der Marxist auf der absoluten Herrschaft einer Klasse insistiert, übersieht der eine, daß das Gesetz unter anderem auch die absolute Herrschaft eines einzelnen oder einer Klasse vorschreiben kann, und entgeht dem anderen, daß die absolute Herrschaft einer Klasse es dieser unter anderem auch freistellt, in einer Klassengesellschaft eine absolute Herrschaft des Gesetzes zu errichten oder in einer klassenlosen Gesellschaft die absolute Abschaffung aller Herrschaft (das Absterben des Staates) zu dekretieren.

Man kann die vorstehenden Theorien von ihrem paradoxen – sprich: nichtrationalen Charakter vordergründig befreien, indem höchsten Machthabern (dem Volk, dem Führer oder der Diktatur des Proletariats) zugestanden oder auch zugemutet wird, ihre politische Macht völlig willkürlich, das heißt ganz nach freiem Ermessen auszuüben, weil dies etwa dem Wesen aller Staatsmacht und auch ihren Möglichkeiten entspreche. Dieser Versuch, absoluter Herrschaft (dieser oder jener Form) eine rationale Entschuldigung zu verschaffen, ist allerdings zum Scheitern verurteilt, weil davon die absolute Willkür des Ausgangseingeständnisses unberührt bleibt, politische Herrschaft könne und solle (ihrem Wesen nach) absolut unkontrolliert oder souverän sein. Das aus diesem willkürlich-nichtrationalen Ausgangseingeständnis überhaupt erst notwendig resultierende *Paradoxon der Willkürherrschaft* ist mithin ‚rational' unüberwindbar, solange jenes Eingeständnis nicht ernsthaft überprüft und daraufhin eben wegen seiner paradoxen Konsequenzen zurückgezogen wird. Solange es namentlich auch in der Theorie der Demokratie auftritt, weil auch für diese Regierungsform etwa auf der Souveränität des Volkes oder absoluter Herrschaft einer Mehrheit bestanden wird, solange kann alle Theorie der Politik nur um autoritäre Fragen kreisen, etwa darum: ‚Wie gelangt man in Besitz der Machtmittel und damit jedweder Herrschaftschance, ‹innerhalb einer sozialen Beziehung den eigenen Willen auch gegen Widerstreben durchzusetzen?›' oder: ‚Was legitimiert Herrschaft in Gestalt ‹der Chance, für einen Befehl bestimmten Inhalts bei angebbaren Personen Gehorsam zu finden?›[23]'

Man kann von Glück sagen, daß diese und alle ähnlichen Fragen sowie darauf möglicherweise erteilbare Antworten einem paradoxen theoretischen Ansatz entspringen, dessen willkürlicher Ausgangspunkt nur für sie, nicht aber für andere vernünftige politische Fragestellungen Raum gibt. Zumindest der kritische Rationalist ist daher zu höchster Skepsis moralisch befugt und intellektuell nur zu berechtigt, indem er etwa rationale Respektabilität insonderheit nur solchen Regierungen zu bezeugen bereit ist, die möglichst weitgehend auf eine nichtwillkürliche Machtausübung sowie die fried-schiedliche Möglichkeit festgelegt sind, jederzeit (oder doch zumindest noch rechtzeitig[24]) von der Macht abgewählt zu werden. Diese Respektbezeugung ist *nicht,* wie ausdrücklich betont wird, eine vorbehaltlos-willkürliche, das heißt sie steht kritischer Revision jederzeit offen. Sie steht *lediglich* in Verbindung mit einer ,Grundfrage der politischen Theorie', die *nicht* bereits im Ansatz paradox, das heißt von vornherein rational despektabel ist, obgleich durchaus zugestanden wird, daß selbst eine irrationale politische Grundfragestellung auch nichtwidersprüchliche (sinnvolle) weitere Fragen anregen kann (wie soeben am Beispiel der Fragen aufgezeigt wurde, die auf Max *Weber*s Herrschafts- bzw. Machtbegriff Bezug nahmen).

These 2: Orthodoxer Liberalismus und orthodoxer Marxismus enthalten partiell Ansätze zu einer rationalen Theorie der Politik, insofern und nur insofern, als deren Vertreter sich in ihren Gesellschaftsanalysen *uneingestanden* über das widersprüchliche Dogma absoluter politischer Herrschaft *von* Menschen *über* Menschen hinweggesetzt haben.

Das große Verdienst der schottischen Liberalen liegt darin, daß sie zumindest implizit das *Problem der überpersönlichen Kontrolle aller sozialen Gewalten* klar erkannt haben. Sie haben aber das Problem nicht nur erkannt, sondern dafür auch eine *umfassende Lösung* aufzuzeigen gesucht, indem sie der sozial stets gegebenen Möglichkeit physischen, politischen oder auch ökonomischen Machtmißbrauchs *institutionell* zu steuern gedachten. Genau dieser Lösungsvorstellung – so irreal-übervereinfacht sie sich auch faktisch erwiesen hat – entsprach ja die ,natürliche' Regelung gesellschaftlicher Beziehungen *einerseits* durch ein Rule of the Law and the Government under the Law (das simple system of natural liberty, wie *Smith* dies nannte) und *andererseits* durch ein *System freier Märkte.*

Die eine Regelung sollte das ,Recht' des physisch Stärkeren und die politi-

---

23 Vgl. diesbezüglich die Definition von Herrschaft und Macht bei *Weber, M.,* Wirtschaft und Gesellschaft, 4. Auflage, Tübingen 1956, 1, S. 28.

24 So schlägt z. B. auch *Popper* vor, die Frage ,Wer soll regieren?' durch die neue Frage zu ersetzen: „Wie können wir politische Institutionen so organisieren, daß es schlechten oder inkompetenten Herrschern unmöglich ist, allzu großen Schaden anzurichten?", vgl. *Popper, K. R.,* Der Zauber Platons, a.a.O., S. 170.

sche Vorherrschaft von Regierungen, die andere die ökonomische Vorherrschaft von (staatlichen) Monopolen brechen. Beide Regelungen sollten (wie angedeutet) allerdings auch in einer absolut zwangsgewaltlich verstandenen *natürlichen Ordnung* angelegt sein, das heißt naturalistisch legitimiert erscheinen. „Gesellschaftspolitische Programmvorstellungen von Individuen oder Gruppen", so habe ich dies an anderer Stelle ausgedrückt, „werden auf diese Weise nicht explizit und intellektuell redlich als solche ausgegeben, sondern teleologisch in ‚das Naturgeschehen' zunächst hineinprojiziert, um dann ‚aus der gesellschaftlichen oder menschlichen Natur der Sache selbst' als absolut respektable Handlungs(enthaltungs)vorschriften zirkelförmig wieder hergeleitet zu werden, kurz: der Methoden-Naturalist verläßt sich blindlings darauf, daß die richtigen Urteile und Entscheidungen über Sozialprogramme in der natürlichen Ordnung oder Entwicklung der Dinge angelegt und als solche lediglich aus berufenem Munde zu offenbaren sind, um allgemeine Anerkennung zu finden[25]."
Nur in dieser naturalistischen Methodenhaltung liegt der neuralgische Punkt, der die etwas naiv-harmoniegläubigen gesellschaftstheoretischen Grundvorstellungen der schottischen Liberalen letztlich doch als von einer rational despektablen Ausgangsvorstellung beherrscht ausweist. Ihre Vorstellung eines natürlich-nichtautoritär geregelten privaten, politischen und wirtschaftlichen Zusammenlebens vieler Menschen setzt sich de facto nur vordergründig über das widersprüchliche Dogma absoluter politischer Herrschaft zunächst erfolgreich hinweg. Daß sie sich nicht *ausdrücklich* und *hintergründig-bewußt* (unter Berufung auf die klare Einsicht in dessen paradoxen Charakter) darüber hinweggesetzt haben (oder mangels jener Einsicht hinwegsetzen konnten), hat dazu geführt, daß ihre Nachfolger das Wesen der Demokratie in der *Volkssouveränität* und das Wesen der Wettbewerbswirtschaft in der *Konsumentensouveränität* doch nach wie vor autoritär festzustellen suchten. Dies warf die politische Theorie durch die Entdeckung des ‚Abstimmungsparadoxons' und die ökonomische Theorie durch die Entdekkung des ‚Konkurrenzparadoxons' auf ihren nicht-rationalen Ausgangspunkt zurück bzw. hielt beide in einem widersprüchlichen Ausgangsstadium fest, das der in These 1 erwähnten illiberalen Verengung und Verzerrung der (wirtschafts)politischen Perspektive nachhaltig Vorschub leistete und noch leistet. Symptomatisch für diese Verengung oder Verzerrung scheint mir z. B. die als Kritik an der ‚reinen Markttheorie' entwickelte Lehre von den externen Effekten zu sein, deren theoretisch ambivalenter Status die

---

25 Vgl. dazu *Aldrup, D.*, Das Rationalitätsproblem ..., a.a.O., S. 95; ferner: *Topitsch, E.*, Das Verhältnis zwischen Sozial- und Naturwissenschaften, in: Logik der Sozialwissenschaften, hrsg. von *Ernst Topitsch*, Köln—Berlin 1965, S. 59.

rationale Diskussion wirtschaftspolitischer Fragen eher zu verdunkeln als aufzuhellen geeignet erscheint[26].

Wir kommen nun zum Verdienst, das sich der Marxismus um eine rationale Theorie der Politik erworben hat. *Karl Marx* wählt als Ausgangspunkt seiner politischen Theorie die seiner materialistischen Geschichtsauffassung entsprechende Hypothese, daß die ökonomischen Bedingungen (die in historischer Entwicklungsgesetzlichkeit *autonom* auf eine Zeit überkommenen ‚Produktionsbedingungen') grundlegend für alles soziale Geschehen, insbesondere aber auch für alle Versuche seien, an diese Bedingungen anknüpfend, in dieses Geschehen aussichtsreich mit *wissenschaftlichen Erklärungen und Vorhersagen* einzudringen. Über den sich historisch unaufhaltsam entwickelnden materiellen Grundbedingungen wölben sich – abgestuft nach ihrer abnehmenden Bedeutung – das *Sozialsystem* antagonistischer Klassenbeziehungen und das nur den Interessen der herrschenden Klasse dienstbare *Legalsystem* juridisch-politischer Beziehungen jeweils als ein nichtautonomer, historisch vergänglicher ‚Überbau' mit dem für unsere Problemstellung wichtigen Ergebnis, daß insonderheit die politische Exekutive des kapitalistischen Staates „bloß ein Komitee zur Erledigung der ökonomischen Angelegenheiten der Bourgeoisie" und allgemein die „politische Gewalt im eigentlichen Sinn die organisierte Gewalt einer Klasse zur Unterdrückung einer anderen (ist)"[27].

Indem nun *Karl Marx* in der vorstehend angedeuteten Weise die Politik und das Legalsystem (einschließlich des Moralsystems) mit Rücksicht auf das Klassensystem und dieses im Hinblick auf die autonom überkommenen ‚Produktionsbedingungen' historisch relativiert, setzt auch er sich de facto – nur auf ganz andere Weise wie die schottischen Liberalen – über das widersprüchliche Dogma absoluter politischer Herrschaft *von* Menschen *über* Menschen hinweg. Sein theoretisches System ermöglicht es daraufhin, jeweils auf den ersten Blick vernünftig erscheinende Antworten auf die beiden früher erwähnten politischen Grundfragen zu geben, die an *Max Weber*s Herrschaftsdefinition angeknüpft wurden. Etwa: es ist das ökonomische System, das auf der Basis alleiniger Verfügungsgewalt über Produktionsmittel gestern der Kapitalistenklasse alle legalen Machtmittel und sonstigen moralischen Druckmittel an die Hand gab, ihr eigenes Interesse (was immer das sein mag) auch gegen das Interesse der Arbeiterklasse ‚repressiv' durchzusetzen. Oder: es ist die historisch inzwischen unausweichlich eingetretene Weiterentwicklung der Produktionsbedingungen, die heute ein führendes sozialistisches Regierungskomitee der herrschenden Arbeiterklasse in der „so-

---

26 Vgl. dazu *Kapp, K. W.*, The Social Costs of Private Enterprise, Cambridge 1950.

27 Vgl. *Marx, K.*, und *Engels, F.*, Das kommunistische Manifest, S. 16 und S. 25.

zialistischen" Staatenwelt legitimiert, für einen Befehl bestimmten Inhalts (etwa die *Breschnew*-Doktrin) bei angebbaren Personen (etwa den führenden tschechoslowakischen Kommunisten) Gehorsam zu finden.

Nun bin ich weit davon entfernt, die vorstehenden, aus der marxistischen Theorie ableitbaren Antworten auf *Max Webers* Fragen als vernünftig gelten zu lassen oder ihnen auch nur den geringsten politisch-moralischen Kredit zu geben. Letzteres ist auch der persönliche Grund, warum ich das moralische Verdienst des marxistischen Beitrages zur politischen Theorie deutlich hinter dem der schottischen Liberalen einzuordnen geneigt bin[28].

Immerhin dürfte die *rationale Despektabilität* der politischen Doktrin des Marxismus in ihrer partiellen Realistik sogar kleiner sein als die entsprechende von ihr verworfene unrealistische Gesellschaftsdoktrin des klassischen Liberalismus. Denn *Marx* hatte im Vergleich zu *Smith* und *J. St. Mill* doch wohl die soziologisch tiefere, das heißt überlegene Einsicht in die komplexe Funktionsdynamik des früh- oder auch hochkapitalistischen Prozesses – dessen *historisches Bewegungsgesetz* zu enthüllen ihm dennoch ganz versagt bleiben mußte[29]. Namentlich für die kritische Tatsache, daß die Altliberalen offenbar von allzu primitiv-optimistischen gesellschaftlichen Ordnungsvorstellungen für den wirtschaftlichen und politischen Raum ausgingen, dürfte allen Sozialwissenschaftlern keiner mehr den Blick geschärft haben als *Marx*. Daß er dabei die ‚bloß formale Freiheit' aller Menschen vor dem Gesetz und namentlich die entsprechende Freiheit aller Arbeitnehmer, sich ökonomisch nur durch individuell-einvernehmlichen Vertragsschluß mit Unternehmern auf Arbeitsverhältnisse einzulassen, als sozialen Fetisch zu entlarven bestrebt war, zeugt angesichts eines zeitweilig rücksichtslos aller Arbeits- und Sozialgesetzgebung widerstrebenden Manchester-Liberalismus im Mutterland des Kapitalismus recht eigentlich von der vorerwähnten tiefen Einsicht. Das gleiche gilt selbst für die Hypostasierung des sich in jenen Tagen dem kritischen Beobachter wohl unwiderstehlich aufdrängenden Eindrucks, der Staat fungiere via Gesetzgebung, Rechtsprechung

---

28 Es liegt mir völlig fern, mit dieser auf einen Teilaspekt bezogenen Feststellung die *Marxsche* Lehre insgesamt moralisch diskreditieren zu wollen. Hier schließe ich mich vielmehr dem positiven Urteil *Karl R. Poppers* (vgl. dazu: ders., Falsche Propheten, a.a.O., S. 103) voll und ganz an. Immerhin hat die marxistische Lehre den politisch-moralischen Schaden, den sie dadurch angerichtet hat, daß sie der realen politischen Gefahr der permanenten Klassendiktatur die ideologische Weihe zumindest für die historische Übergangsphase proletarischer Revolution nicht versagt, kaum wieder wettgemacht durch die ebenso vage wie irreale Verheißung, daß der Staat eines (fernen) Tages in der kommunistischen Gesellschaft absterben werde.

29 Vgl. dazu *Popper, K. R.,* Das Elend des Historizismus, a.a.O.

und politischer Verwaltung lediglich als Organ kapitalistischer Klassenherrschaft, nämlich der Unterdrückung der Arbeiter- durch die Kapitalistenklasse.

Damit hat *Karl Marx* – wenn auch vielleicht ungewollt – als erster Sozialwissenschaftler auf die zentrale Schwierigkeit aufmerksam gemacht, die absichtsvollem Handeln in Gestalt sich gesellschaftlich unvermeidlich einstellender ‚innerer Systemwidersprüche' *objektiv* entgegenstehen können. Diese Schwierigkeit aber besteht in der *soziotechnologischen Unmöglichkeit*, gewissermaßen in einem großen, in sich abgestimmten Wurf soziale Institutionen zu entwerfen, die reibungslos im Sinne der ihnen eindeutig zugedachten sozialen Ziele (etwa der altliberalen Gesellschaftszielvorstellung von ‚Freiheit und Wohlstand') arbeiten und also ahistorisch-unbedingt geeignet erscheinen, bestimmte soziale Grundübel (namentlich die ökonomische Ausbeutung des Menschen durch den Menschen) ein für allemal völlig zufriedenstellend zu beseitigen.

Kritische Rationalisten müssen sich gleichwohl hüten, den *grundsätzlich rational despektablen Charakter* auch der *Marxschen* Lehre zu verkennen. Denn unausgesprochen steht auch im Zentrum dieser gesellschaftskritischen Lehre die *historisch-faktische Legitimation* (Rechtfertigung) einerseits gegenwartsbezogen: der kapitalistischen Klassenherrschaftsverhältnisse etwa im Vergleich zu den zeitgenössisch-radikalen Reformvorstellungen ‚utopischer Sozialisten', und andererseits zukunftsbezogen: der sozialistischen Herrschaftsverhältnisse eben durch die unkritisch-vage Prophezeiung ihres völligen Zusammenbruchs in der klassen- und staatslosen kommunistischen Gesellschaft. Man kann auch sagen: zwischen *Karl Marx'* bestechendem Realismus seiner kapitalistischen Gegenwartsanalyse (um die Mitte des vorigen Jahrhunderts) und dem fragwürdigen Utopismus seiner kommunistischen Zukunftsvision besteht ein rational unaufhebbarer innerer Widerspruch in seiner Gesellschaftsanalyse, ein Widerspruch, der seinerseits mindestens ebenso schwer wiegt wie die Widersprüche des kapitalistischen Systems, die anhand der gesellschaftstheoretisch-ökonomischen Ausgangsvorstellungen des klassischen Liberalismus aufzudecken, ihm so sehr am Herzen lag.

So verwarf *Marx explizit* vom Standpunkt seiner Wissenschaftsauffassung das *implizit* von den Liberalen aufgeworfene und behandelte Grundproblem der Politik, das darin besteht, gesellschaftliche Institutionen und Spielregeln zu entwickeln, die zur überpersönlichen Kontrolle aller Träger potentieller Sozialgewalt geeignet sind. Dabei unterschätzten die Liberalen die große Schwierigkeit und Langwierigkeit der Lösung dieses Grundproblems ganz offensichtlich, zogen sich auf einen ‚spontanen Ordnungsevolutionismus'[30] zurück und entzogen sich damit der Aufgabe einer bewußt rationa-

30 Vgl. dazu etwa: *v. Hayek, F. A.*, Freiburger Studien, Tübingen 1969.

len Gestaltung der gesellschaftlichen Verhältnisse. Die Unumgänglichkeit einer realistischen Ordnungsanalyse aufgezeigt zu haben, ist eine ebenso wichtige wie richtige Erkenntnis, die *Marx* seinerseits dazu verführt haben mag, ihr durch die erhoffte Enthüllung des historischen Bewegungsgesetzes der Gesellschaft ‚wissenschaftlich' Ausdruck zu verleihen[30a], nämlich durch eine soziologische Determination der wandelbaren Herrschaftsverhältnisse in dieser Welt in Übereinstimmung mit jenem zu entdeckenden ‚unerbittlichem Gesetz'.

Gleichwohl zeigt sich gerade in dieser methodenunkritischen Ausgangsvorstellung, daß *Marxens Kritik* an der klassischen Politischen Ökonomie nicht nur nicht im geringsten zur Behebung der *politologischen Schwäche* der von ihm kritisierten liberalen Lehre beiträgt, sondern dieser Schwäche in seiner eigenen Lehre eher noch verschärft zum Durchbruch verhilft. Hatten die Liberalen immerhin noch die ‚natürliche' Möglichkeit des gewollten Abbaus einer gesellschaftsschädlichen Politik (z. B. des Merkantilismus) kritisch offengehalten, so entfällt diese Möglichkeit im *Marx*schen Theoriegebäude dadurch, daß in ihm die unkritische Annahme der ‚prinzipiellen Ohnmacht aller Politik' zum historizistischen Dogma erhoben wird[31]. Die oben erwähnte naturalistische Methodenhaltung, die schon den orthodoxen Liberalen den Weg zu einer im Ansatz rational konzipierten Theorie der Politik versperrte, tritt daraufhin auch im orthodoxen Marxismus in abgewandelter Form eher noch unverkennbarer hervor: die richtigen gesellschaftspolitischen Entscheidungen sind im Grunde überpersönlich und frei vom absichtsgeleiteten Gestaltungsdrang des Menschen im gesetzmäßig voranschreitenden Wandel der grundlegenden ökonomischen Lebensbedingungen soziologisch festgelegt. Sie liegen zwar nicht in der ‚natürlichen Ordnung' (der individuell fest verankerten Grundrechte des einzelnen), dafür aber in der ‚historischen (mit soziologischen Gesetzmäßigkeiten konformen) Entwicklung' des sozialen Geschehens beschlossen. Dies bedeutet aber lediglich: der ‚eigentliche' Souverän der Politik ist nicht ‚die menschliche Natur', sondern ‚die Menschheitsgeschichte'.

Auch hier resultiert wieder aus der unüberwundenen Souveränitätsfiktion ein den rationalen politologischen Wissensfortschritt hemmendes Paradoxon, auf das *Karl R. Popper* aufmerksam macht, indem er zu der implizit in der *Marx*schen Lehre enthaltenen These von der prinzipiellen Ohnmacht aller Politik feststellt: „Aber wenn wir uns überlegen, daß es nur wenige Bewegungen gibt, die das Interesse am politischen Handeln so sehr angeregt ha-

30a An dieser Stelle ist eine fehlerhafte Formulierung des Originaltextes vom Verf. korrigiert worden.

31 Vgl. dazu *Popper, K. R.* Falsche Propheten a.a.O., S. 155 ff.

ben wie der Marxismus, dann erscheint diese Theorie der grundsätzlichen Ohnmacht der Politik einigermaßen paradox. ... Es verdient festgestellt zu werden, daß nach der marxistischen Theorie die Arbeiterpartei kaum einen wichtigen politischen Fehler begehen kann, solange sie nur fortfährt, die ihr zugewiesene Rolle zu spielen und die Forderungen der Arbeiter energisch geltend zu machen. Denn politische Fehler können die aktuale Klassensituation nicht wesentlich beeinflussen und noch weniger die ökonomische Wirklichkeit, von der im Grund alles übrige abhängt[32]." Außerdem: Bezüglich der bis in die Gegenwart von Neoliberalen ‚antimarxistisch' hervorgekehrten Gegnerschaft gegen umfassende Wirtschaftsplanung oder eine den gesamten Gesellschaftsprozeß kanalisierende staatliche Wirtschafts- und Gesellschaftspolitik, sitzen paradoxerweise *orthodoxe* Liberale *und* Marxisten in einem Boot. Jede dieser beiden Orthodoxien ist – jedenfalls was die darin propagierten gesellschaftstheoretischen Grundvorstellungen bei aller Verschiedenheit angeht – *politologisch-faktisch inkompatibel* mit den politischen Lehren des modernen (Marxismus-)*Leninismus* – mit einer Lehre, in der die Herrschaft über alle wichtigen Gesellschaftsprozesse nicht der Geschichte überlassen, sondern einer allmächtigen Führungsschicht der ‚Arbeiterklasse' überantwortet wird[33]. Die Politik dieser Führungsschicht hat die ‚grundlegenden Produktionsbedingungen' in der sogenannten sozialistischen Staatenwelt in einem historisch bisher unbekannten Maße *aktiv bestimmt* und steht damit diametral im Gegensatz zur *Marx*schen These passiver Abhängigkeit dieser Politik von jenen Bedingungen.

These 3: Auf *J. Bentham* geht der erste Versuch zurück, den rationalen Grundstein für eine umfassende, via zweckentsprechend entworfener Institutionen transformierte wirtschafts- und gesellschaftspolitische Aktivität zu legen. Sein ‚felicific calculus' sollte die wissenschaftlich-exakte und sichere Erfolgsbasis vorausschauend kalkulierten maximalen individuellen und kollektiven Handlungserfolgs abgeben. Den festen Ausgangspunkt für ein entsprechendes Kalkül bilden immer und überall die individuellen Bedürfnisse des Menschen, ein autoritärer Ausgangspunkt, dessen Wahl es auch ihm verwehrte, den Durchbruch zu einer rationalen Theorie der Politik zu erzielen.

Der verdienstvolle Beitrag, den *Bentham* zu einer rationalen Theorie der Politik geleistet hat, liegt in dem von ihm erstmals entschieden propagierten Verzicht darauf, im Zusammenhang mit der Beurteilung oder Gestaltung des sozialen Geschehens auf irgendeinen ‚überindividuellen Sinnzusammenhang' etwa einen ‚ordre naturel' *(Quesnay)*, ein ‚simple system of natural liberty' *(Smith)* oder, wenn dessen Intentionen ihm bereits bekannt gewesen wären,

32 Vgl. *Popper, K. R.* Falsche Propheten a.a.O., S. 147 f.

33 Bezüglich der politologisch paradoxen Konsequenzen vgl. vorstehend These 1.

etwa auch auf ein ‚historisches Bewegungsgesetz der Gesellschaft' *(Marx)* – zu verweisen. Sein radikales Bekenntnis zu der Einsicht, daß gesellschaftlich-institutionelle Arrangements stets das Ergebnis menschlichen Handelns sind, mündet bei ihm unvermittelt in die ebenso radikale Forderung ein, alle gesellschaftlichen Institutionen von dazu berufenen Personen bewußt im Hinblick auf individuelle Bedürfnisse des Menschen planmäßig neu- oder umzugestalten.

Auf diese Weise ist dem Verständnis der klaren politisch-moralischen Verantwortung des Menschen für den Menschen in seiner ‚vernünftig' (durch ein politisches Kalkül) zu vermittelnden Zuständigkeit für eine bedürfnisgerechte (Um)Gestaltung der gesellschaftlichen Verhältnisse zum Durchbruch verholfen worden. Dazu bemerkt *Albert:* „Der Übergang ... zur politischen Arithmetik ist eine durchaus verständliche Konsequenz des Verzichts, auf Instanzen zurückzugreifen, die mit dem wissenschaftlichen Weltbild nichts zu tun haben. Sie eröffnet die Möglichkeit der Kritik an sozialen Ordnungen und Institutionen, an Normen und Idealen, an politischen Entscheidungen und Maßnahmen durch den Rekurs auf die individuellen Bedürfnisse der beteiligten Menschen, einer Kritik, die sich grundsätzlich der Resultate wissenschaftlichen Denkens bedienen kann[33a]."

Gleichwohl war es *Bentham* genau wie vor ihm *François Quesnay* und *Adam Smith* und nach ihm *Karl Marx* versagt, einer im Ansatz rationalen Theorie der Politik den Weg zu ebnen. Trotz des weiteren Durchbruchs, den er und *J. St. Mill* im Gegensatz zu den vorerwähnten Sozialanalytikern für die zunehmende Ausbreitung der individualistischen Methode[34] in den Sozialwissenschaften erzielte, widerstand auch er ebensowenig wie jene der Versuchung, einer das gesamte Sozialgeschehen beherrschenden Regieinstanz nachzuspüren, der jeder einzelne auf der privaten und öffentlichen Bühne des Lebens absoluten Respekt erweisen muß. Diese Instanz glaubt *Bentham* bekanntlich in ‚the governance of two souvereign masters, *pleasure* and *pain*' entdeckt zu haben – absoluten Beherrschern des hedonistischen Individuums, denen er das erfahrungswissenschaftliche Zepter seines felicific calculus zu weihen gedachte.

Hinter dieser Entdeckung steht der Wunsch, die Gesellschaft und ihre Institutionen im Namen jener Doppelherrschaftsinstanz als eine auch politisch möglichst wirksame Maschinerie zur Produktion menschlichen Glücks zu *legitimieren.* Und wieder verwickelt die Ausgangsvorstellung absoluter Herrschaft nun auch das *Benthamsche* politische Programm von vornherein in schwere innere Widersprüche, weil in ihnen die orthodoxe Frage der

33a Vgl. dazu *Albert, H.*, Traktat über kritische Vernunft, Tübingen 1968, S. 167.
34 Vgl. dazu die Ausführungen nachstehend zu These 5.

Theorie der Politik ‚Wessen Wille soll gesellschaftlich dominieren?' lediglich so abgeändert erscheint, daß darin nicht mehr auf den ‚Willen', sondern statt dessen auf ‚individuelle Bedürfnisse' rekurriert wird. Damit kommen wir zu unserer nächsten These.

These 4: Die politische Arithmetik und die aus ihr hervorgegangene Theorie der Wirtschaftspolitik, insbesondere die ältere und neuere Wohlfahrtstheorie, repräsentieren einen rational despektablen Theorietyp der Politik, solange die stattliche Reihe der diesem Typ inhärenten Widersprüche Legion ist und daraufhin von ihm, entgegen den erklärten Absichten seiner Protagonisten, eine belangvolle Analyse echter rationaler Entscheidungen in der Wirtschafts- und Gesellschaftspolitik eher gehemmt als gefördert wird.

Wir müssen und können uns hier auf eine Andeutung der wesentlichen Widersprüche und ihrer bedrohlichen Konsequenzen für das rationalistische Selbstverständnis in der Politischen Ökonomie mit dem Hinweis auf die dadurch psychologisch zwingend ausgelöste Tendenz beschränken, jenes Selbstverständnis säkular zu untergraben[35]. Da ist zunächst der bereits bei *Bentham* in seiner wohl berühmtesten Formulierung[36] enthaltene Widerspruch, daß sein teleologisches Lust/Schmerz-Prinzip gleichermaßen sowohl Aussagen zu machen erlauben soll darüber, wie ‚naturnotwendig' von Menschen gehandelt wird, als auch darüber, wie ‚richtigerweise' von Menschen gehandelt werden sollte. Darin zeigt sich deutlich, daß *Bentham* sich ebensowenig einem naturalistischen Fehlschluß zu entziehen wußte wie die Altväter der Nationalökonomie. Dieser Fehlschluß tritt bekanntlich immer dann auf, wenn versucht wird, Normen logisch auf Tatsachen zurückzuführen[37], das heißt erstere durch letztere zu rechtfertigen.

Dem vorerwähnten Widerspruch haben Politische Ökonomen (seit *J. St. Mill* und *N. W. Senior*) durch die Forderung zu entgehen versucht, zwischen Tatsachenaussagen und Wertaussagen klar zu unterscheiden und nur den ersteren den Charakter der ‚Wissenschaftlichkeit' zuzubilligen[38]. Als Folge zunehmender Respektierung dieser Forderung wiederum bildeten sich die

35 Vgl. dazu ausführlicher: *Aldrup, D.*, Das Rationalitätsproblem ..., a.a.O., § 1.

36 *Bentham* leitet seine Principles of Morals and Legislation mit den Worten ein: „Nature has placed mankind under the governance of two souvereign masters, *pain* and *pleasure*. It is for them alone to point out what we ought to do, as well as to determine what we shall do. On the one hand the standard of right and wrong, on the other the chain of causes and effects, are fastenend to their throne." Vgl. ders., The Works of Jeremy Bentham, ed. by *J. Bowring*, Edinburgh 1838—43, Vol. I, S. 1.

37 Vgl. dazu *Popper, K. R.*, Der Zauber Platons, a.a.O. Kap. 5.

38 Vgl. dazu *Hutchinson, T. W.*, ‚Positive' Economics and Policy Objectives, London 1964.

geläufigen Dichotomien von positiver und normativer Ökonomik, von Zielen und Mitteln in der Theorie der Wirtschaftspolitik und von Möglichkeits- und Nutzenfunktionen in der Entscheidungstheorie heraus. Und jeder Kenner der ökonomischen (Entscheidungs-)Theorie weiß, daß sich mit der Einführung der vorerwähnten Dichotomien die Zahl der jedem der soeben angesprochenen theoretischen Aussagensysteme inhärenten Widersprüche allenfalls so stark vermehrt hat, daß einige namhafte politische Ökonomen heute bereits wieder geneigt sind, zum Ausgangspunkt all dieser Schwierigkeiten, nämlich zur naturalistischen Methodenhaltung der Altväter ihrer Disziplin zurückzukehren[39].

Wir heben nur einige besonders markante der in Rede stehenden Widersprüche hervor, nämlich

— die Nichtaddierbarkeit individueller Nutzengrößen, an der das ökonomische Maximumtheorem nicht zuletzt in Verbindung mit dem unzulässigen Versuch scheiterte, den zentralen Einkommensverteilungsaspekt dabei *nicht* oder nur völlig *ad hoc* berücksichtigen zu können;

— die der Ziel/Mittel-Dichotomie methodologisch inhärente widersprüchliche Annahme, es gäbe zwar eine entscheidungsunabhängig-wertfreie rationale Methode zur objektiv-sicheren Bestimmung bestgeeigneter politischer Mittel bei vorgegebenen Zielen, nicht aber eine analoge Methode zu entsprechender Bestimmung höchst erwünschter politischer Ziele bei gegebenen Mitteln[40];

— die Unmöglichkeit, ‚rein ökonomische' Wohlfahrt ihrer Art und ihrem Grad nach aus der ‚allgemeinen gesellschaftlichen' Wohlfahrt auszusondern, was bekanntlich, beginnend mit *Bergson,* in der sogenannten New Welfare Economics zu dem mit *Arrows* Unmöglichkeitstheorem gescheiterten Versuch geführt hat, eine rationale soziale Wohlfahrtsfunktion zu konstruieren, und last not least

— die erstmals von *Milnor* (im Nachgang des für *Gruppenentscheidungen* gültigen *Arrow*schen Beweises) nachgewiesene Nichtexistenz eines Ra-

39 Vgl. dazu *Streeten, P.*, Programme und Prognosen. Einführung zu: *Myrdal, G.*, Das Wertproblem in der Sozialwissenschaft, Hannover 1965.

40 In Wirklichkeit gibt es *keinerlei* entscheidungsunabhängig-wertfreie rationale Methode, *weder* zu objektiv-sicherer Auszeichnung von mittelrelevanten Sachverhalten, insonderheit zur Entdeckung empirisch wahrer ökonomischer Theorien, *noch* zu ebensolcher Auszeichnung von zielrelevaten Normvorstellungen, etwa deren allgemeine Verankerung in einer individuellen Nutzen- oder kollektiven Wohlfahrtsfunktion. Dies seit langem klar erkannt und daraus die notwendigen erkenntnistheoretischen (keinesfalls desperaten!) Schlußfolgerungen gezogen zu haben, ist das unschätzbare Verdienst *Karl R. Poppers* (vgl. dazu ders., Logik der Forschung, 2., erw. Aufl., Tübingen 1966); siehe dazu auch *Aldrup, D.*, Das Rationalitätsproblem . . ., a.a.O., § 7.

tionalkriteriums für *individuelle Entscheidungen*, eines Kriteriums, das mit einer Reihe vermeintlich selbst vollkommen rationaler Adäquatheitsbedingungen vereinbar ist.

Alle diese ungelösten Widersprüche, die den theoretischen Ansatz der politischen Arithmetik vom selbstgewählten formallogisch-mathematischen Rationalitätsstandpunkt ihrer Verfechter gleichsam im vorhinein an der Entfaltung zu hindern geeignet sind, veranlassen *Suppes* und *Hempel* (mit dem besonderen Blick auf die Entscheidungstheorie), ihren rationalistischen Skrupeln nahezu übereinstimmend mit folgenden Worten Ausdruck zu geben: „Recent work in decision theory has shown", so schreibt *Suppes*, „... that there is no simple coherent set of principles capable of precise statement that corresponds to naive ideas of rationality. ... I mean by this not merely that we have no adequate general definition of rationality, but that, even for highly restricted circumstances, it turns out to be extremely difficult to characterize what we intuitively would want to mean by a rational choice among alternative courses of action[41]." Auch *Hempel* hat die gleichen Forschungsergebnisse wie *Suppes* im Auge, wenn er schreibt: „This result certainly must serve as a warning against the assumption that the idea of rationality, of the way to act in a given situation, is reasonably clear, and that the formulation of criteria which make the notion explicit is a basically trivial, though perhaps tedious, explicatory task[42]."

Und in der Tat: die Frage dürfte nicht leicht zu beantworten sein, welcher politische Theorietyp die politische Praxis stärker in ihrer rationalen Entfaltung gehemmt oder doch der irrationalen Verkennung des zu postulierenden rationalen Charakters jener Praxis am meisten Vorschub geleistet hat, orthodoxer Liberalismus, orthodoxer Marxismus oder entscheidungs-, beziehungsweise wohlfahrtstheoretischer Dezisionismus.

These 5: Auf dem Weg zu einer rationalen Theorie der Politik markieren die in neuerer Zeit entwickelten Modelle einer ökonomischen Theorie der Demokratie eine möglicherweise bedeutsame Etappe in der Entwicklung eines relativ rationalen politologischen Denkens.

Bei der Begründung dieser These ist zu bedenken, welche Art traditioneller Politologie im allgemeinen oder auch herkömmlicher wirtschaftspolitischer Rollenzuweisung an den Staat im besonderen die Vertreter der ökonomischen Theorie der Demokratie mit ihren Modellen abzulösen bestrebt sind. Hervorzuheben in diesem Zusammenhang ist zunächst einmal der Bruch mit gewissen Elementen der klassischen Theorie der Demokratie, der erstmals

---

41 Vgl. *Suppes, P.*, The Philosophical Relevance of Decision Theory, in: The Journal of Philosophy, Vol. 58, 1961, S. 607.

42 Vgl. *Hempel, C. G.*, Aspects of Scientific Explanation and other Essays in the Philosophy of Science, New York/London 1965, S. 469.

von *J. A. Schumpeter* durch die eindrucksvolle Kritik an der *Rousseau*schen Herrschaftsfiktion des ‚allgemeinen Volkswillens' vollzogen wurde. *Downs* kommt es mit *Schumpeter* entscheidend darauf an, gewisse illusionäre Vorstellungen abzubauen, etwa die, das Volk als Ganzes könne in irgendeinem konkreten Sinne unmittelbar den Gang der Regierungsgeschäfte bestimmen, oder auch die, das Resultat staatlicher Regierungstätigkeit *könne* faktisch auf die Erfüllung irgendeines höchsten gesellschaftlichen Zielsystems hinauslaufen oder *solle* daran doch zumindest nach dem Grad ihrer Erwünschtheit beurteilt werden.

Man kann freilich die Ansicht vertreten, daß *Buchanan/Tullock* der vorerwähnten Illusion teilweise eher in verschärfter Form erlegen sind, indem sie einer letzlich lediglich durch die Einstimmigkeitsregel bei Verfassungsentscheidungen sozial koordinierten Masse von im übrigen unabhängig agierenden Individuen zumuten, unmittelbar eine demokratische Verfassung hervorzubringen oder doch zumindest fortgesetzt über deren marginale Veränderung zum Besseren zu beschließen. Zu einem entsprechend problematischen theoretischen Ansatz[43] dürften sie durch ein schwerwiegendes Mißverständnis verleitet worden sein, dem sie als ‚methodologische Individualisten' – ganz ähnlich übrigens wie lange vor ihnen bereits *J. St. Mill*[44] – zum Opfer gefallen zu sein scheinen. Aus ihrer durchaus richtigen Kennzeichnung der individualistischen Methode – als der Forderung, „that all theorizing, all analysis, is resolved finally into considerations faced by the individual person as decision maker"[45] scheinen sie (hier wieder in merkwürdiger Übereinstimmung mit *Downs*[46]) den ganz unbegründeten Schluß gezogen zu haben, daß in jeder unter diesen methodischen Vorzeichen entworfenen Sozialtheorie individuelle Motivationen – etwa in Gestalt des Axioms, daß Individuen nur ihr ‚Selbstinteresse' verfolgen – notwendig der Rang ‚nicht weiter ableitbarer Erklärungsgründe' eingeräumt werden müsse[47].

---

43 Daß hier der problematischste Aspekt ihres Modells liegt, spricht *Buchanan* selbst aus. Vgl. dazu: *Buchanan* and *Tullock,* a.a.O., S. 312.

44 Vgl. dazu *Popper, K. R.,* Falsche Propheten, a.a.O., S. 116 ff.

45 Vgl. *Buchanan* and *Tullock,* a.a.O., S. 315.

46 Vgl. dazu: *Downs, A.,* a.a.O., S. 288.

47 Dieser Schluß wäre wohl allenfalls unausweichlich für eine individualistische Gesellschaftstheorie, die im Individualprinzip ‚den obersten Erklärungsgrund' für alle Sozialphänomene zu enthüllen sucht. Dies ist wahrscheinlich nicht die methodische Intention von *Buchanan/Tullock,* da *Buchanan* ausdrücklich die ‚empirical function' der ‚self-interest assumption' hervorhebt und damit doch wohl die empirische Widerlegbarkeit jener Annahme konzediert (vgl. dazu: *Buchanan* and *Tullock,* a.a.O., S. 315). Es scheint immerhin die unbeabsichtigte Konsequenz ihres grundlegenden Mißverständnisses der individualistischen Me-

In Wirklichkeit ist jedoch die psychologische Motivation (einschließlich des Bewußtseins) von Individuen – und das hat *Karl Marx* klar erkannt – empirisch weit eher von den sozialen Verhältnissen (z. B. auch den in einem Land zu einer bestimmten Zeit vorherrschenden gesellschaftlichen Traditionen und [un]demokratischen Institutionen) abhängig als etwa, umgekehrt, jene Verhältnisse von den Motiven der in ihnen lebenden Individuen. Dies kann jedoch glücklicherweise uneingeschränkt zugestanden werden, ohne daß dadurch der individualistische Methodenstandpunkt auch nur im geringsten an Wert einbüßt. Denn dessen Wert liegt ausschließlich in der regulativen Idee, daß *nur der einzelne Mensch* vornehmlich in der Diskussion mit anderen *Einzelmenschen* alle irgendwo und irgendwann vorherrschenden gesellschaftlichen Verhältnisse seines näheren und weiteren sozialen Milieus (einschließlich der ihnen inhärenten Motivationen – kritisch aufzudecken und gegebenenfalls auch eigenverantwortlich zu verändern suchen kann – letzteres, indem er sich zu diesem Zweck *als verantwortungsbewußtes Individuum mit anderen verantwortungsbewußten Individuen* auf eine Koalition einläßt, die in aller Regel in der Zeit, in der Sache und im Personenkreis begrenzt sein wird.

Die vorstehenden Überlegungen dürften immerhin geklärt haben, daß die individualistische Methode in der Sozialanalyse im allgemeinen und in der Politologie im besonderen *unvereinbar ist* mit jedweder ‚organischen Staatstheorie', deren Verfechter – als Anhänger einer kollektivistischen Methode – ihr Hauptaugenmerk der Formulierung der *gesellschaftlichen Pflichten* der einzelnen Staatsbürger gegenüber einem fingierten *Gemeinwohl* (Nationalgefühl oder auch Klassenbewußtsein) zugewandt haben. Und diese Konsequenz der Wahl des individualistischen Methodenstandpunktes wird von *Buchanan/Tullock* richtig gesehen, und sie begründen ausdrücklich ihre diesbezügliche Wahl stichhaltig mit der Ablehnung aller gesellschaftlichen Organtheorien. Deutlich unentschiedener in der erwähnten Wahl zeigt sich demgegenüber *Downs*, der eine Art gewogenes Mittel zwischen dem kollektivistischen und dem individualistischen Methodenstandpunkt anstrebt, indem er sein Modell der Parteiendemokratie (in der ‚kollektivistische Parteiprogramme' ja eine zentrale Rolle spielen) reichlich unklar sowohl von ‚der falschen Personifizierung des Staates' als auch von der Vorstellung ‚des übertriebenen Individualismus' (daß nur Individuen Zielstrukturen haben) freihalten möchte[48].

Auch bei *Downs* scheint dieser methodisch absolut unbefriedigende ‚Mittelweg' auf einer grundlegenden Verkennung der individualistischen Methode

---

thode zu sein, daß ihre theoretische Ansicht sich einer *essentialistischen* weit leichter als einer *empirischen Methodeninterpretation* erschließen dürfte.

48 Vgl. dazu *Downs, A.*, a.a.O., S. 15 ff.

zu beruhen. Denn mit der vorstehenden Kennzeichnung dieser Methode ist sein Funktionsmodell der Parteiendemokratie uneingeschränkt zu vereinbaren, sobald in Übereinstimmung mit ihr *konsequent* auf eine ‚falsche Personifizierung' sowohl des *Staates* als auch der ihn eventuell tragenden demokratischen *Parteien* strikt verzichtet wird.

Schließlich verdient ein weiterer Punkt hervorgehoben zu werden, in welchem die Vertreter einer ökonomischen Theorie der Demokratie mit gewissen im Ansatz nicht-rationalen Elementen herkömmlicher Politologie zu brechen suchen. Gedacht ist dabei an die bewußte Abkehr von der namentlich durch zeitgenössische Politische Ökonomen (Theoretiker der Wirtschaftspolitik und Wohlfahrtstheoretiker) bislang noch weithin stillschweigend oder ausdrücklich propagierten Vorstellung, der Staat könne oder solle eine über den Niederungen aller sozialen Konflikte schwebende höchste Instanz für ideale Anforderungen[49] – etwa die Maximierung der gesellschaftlichen Wohlfahrt – sein. Die institutionell-abstimmungsgeregelte Regierungstätigkeit der Demokratie wird dagegen sowohl von *Downs* als auch von *Buchanan/Tullock* im Zusammenhang gesellschaftlicher Arbeitsteilung und im Zeichen einer notwendigen Bemannung der Partei- und Regierungsmaschinerie mit Politikern gesehen, die auch jederzeit gesellschaftspolitisch in Rechnung zu stellende menschliche Schwächen haben. Implizit bedeutet dies die Verneinung der Existenz absolut reibungslos in einem eindeutig erwünschten Sinne arbeitender Institutionen und demgegenüber die Akzentuierung des Problems der institutionellen Kontrolle aller politischen Macht – des Prozesses ihres geregelten Erwerbs und ihrer regelrechten Ausübung in einem nichtautoritären beziehungsweise antitotalitären System politischer Institutionen.

These 6: Unbeschadet der Möglichkeit, eine bedeutsame Etappe in der Entwicklung eines *relativ rationalen* politologischen Denkens zu repräsentieren, markiert auch die ökonomische Theorie der Demokratie noch nicht den eigentlichen Durchbruch zu einer zumindest im Ansatz rationalen Theorie der Politik.

Der Hauptgrund dafür, daß mit der ökonomischen Theorie der Demokratie der in der vorstehenden These erwähnte Durchbruch *nicht* erzielt wird, liegt meines Erachtens in der verfänglichen Rationalitätskonzeption, die sowohl *Downs* als auch *Buchanan/Tullock* als Hauptvertreter dieser Theorie *unkritisch* in Gestalt der Fiktion des homo oeconomicus aus der ökonomischen Marginalanalyse beziehungsweise Entscheidungstheorie übernehmen. Der rationale Standpunkt, auf den ihre Modelle Bezug nehmen, deckt sich daraufhin einseitig und uneingeschränkt mit dem der sogenannten *ökono-*

---

49 Vgl. dazu *Albert, H.*, Politische Ökonomie und rationale Politik in: Theoretische und institutionelle Grundlagen der Wirtschaftspolitik, Berlin 1967, S. 83 f.; ferner: *Downs, A.*, a.a.O., S. 274 ff.

mischen Rationalität, das heißt mit einem Standpunkt individuell angestrebter ‚Effizienzmaximierung bei gegebenen Ziel- und Möglichkeitsvorstellungen'.

Dieser Rationalitätsstandpunkt ist – wie oben in unseren Ausführungen zu den Thesen 3 und 4 dargelegt wird – angesichts der ihm inhärenten zahlreichen Widersprüche einstweilen kaum selbst als rational respektabel auszuweisen. Das in diesen Thesen von uns formulierte *kritische Element* schlägt mithin auch hinsichtlich einer der zentralen Grundannahmen der ökonomischen Theorie der Demokratie voll durch, und dies um so mehr, als auf sie allein der vermeintliche Rationalitätsanspruch dieser Theorie zu gründen versucht wird. Gerade dieser Anspruch ist meines Erachtens wegen des offenkundig ‚scientistischen Charakters'[50] der ökonomischen Theorie der Demokratie *nicht* oder doch allenfalls in der Form aufrechtzuerhalten, daß darin die sozialwissenschaftlich unbefriedigende und sozialphilosophisch fragwürdige ‚Rationalisierung' eines politologischen Aussagesystems vorgenommen wird. Den in der Hauptsache ‚interpretativ-vagen Modellcharakter' seiner Analyse des demokratischen Prozesses gesteht denn auch *Downs* offen ein, wenn er schreibt: „Somit könnte unser Modell als eine Studie über politische Rationalität vom ökonomischen Standpunkt her beschrieben werden. Ein Vergleich zwischen dem Bild des rationalen Verhaltens, das sich aus dieser Studie ergibt, und dem bekannten tatsächlichen politischen Verhalten dürfte den Leser in die Lage versetzen, eine Reihe von interessanten Schlüssen über die Funktionsweise demokratischer Politik zu ziehen[51]."

Es soll hier nun nicht einmal die heuristische Nützlichkeit eines ökonomisch-demokratischen Funktionsmodells à la *Downs* oder *Buchanan/Tullock* in Abrede gestellt werden. Denn natürlich ist es für die Gegner und Anhänger der demokratischen Methode von großer Bedeutung, möglichst realistische Vorstellungen mit dieser politischen Methode zu verbinden – so etwa im Sinne ihrer berühmten ‚deskriptiven' Kennzeichnung durch *Schumpeter* als „Ordnung der Institutionen zur Erreichung politischer Entscheidungen, bei welcher einzelne die Entscheidungsbefugnis vermittels eines Konkurrenzkampfes um die Stimme des Volkes erwerben[52]."

‚Realistische Vorstellungen' bleiben nun allerdings meines Erachtens hinsichtlich der ökonomischen Theorie der Demokratie einstweilen noch ein weitgehend methodisch ungeklärtes und damit auch rational unerfüllbares

---

50 Der scientistische Charakter der ökonomischen Theorie der Demokratie resultiert aus der unkritischen Übertragung gewisser methodischer Grundelemente herkömmlicher ökonomischer Analyse auf den Bereich der Politologie. Vgl. dazu *Downs, A.*, a.a.O., S. 4 ff,; ferner *Buchanan* and *Tullock*, a.a.O., S. 17 ff.

51 Vgl. *Downs, A.*, a.a.O., S. 14.

52 Vgl. *Schumpeter, J. A.*, Kapitalismus, Sozialismus, Demokratie, a.a.O., S. 428.

Programm. Es dürfte z. B. kaum genügen, wenn *Downs* und *Buchanan/Tullock* ihr Erkenntnisbemühen in unkritischer Anlehnung an die klassische ökonomische Tauschtheorie kurzerhand ‚positivistisch' auszuweisen suchen, ohne dabei die in den dreißiger Jahren angebahnte und in den fünfziger Jahren auf einen gewissen Höhepunkt gelangte erkenntnistheoretische Diskussion um die Frage der Anwendbarkeit erfahrungswissenschaftlicher Methoden im Bereich der Sozialwissenschaft zu würdigen[53]. Soll beispielsweise eine Theorie der Demokratie, um ‚realistisch' zu sein, überhaupt jemals *allein* oder *in erster Linie* strikt erfahrungswissenschaftlichen Rationalitätsstandards (etwa dem Falsifikationskriterium der *Popper*schen Wissenschaftslehre) unterworfen werden, wie dies namentlich *Downs* (aber auch *Buchanan/Tullock*[54]) seinen kritischen Lesern nahezulegen scheint mit dem Ausweis ‚überprüfbarer' Sätze, die aus seiner Theorie ableitbar sind[55]? Diese Frage muß doch wohl grundsätzlich verneint werden, sobald mit *Bentham* klar erkannt wird, daß alle gesellschaftlichen und also auch demokratischen Institutionen bewußt oder unbewußt durch Menschen für den Menschen nach nicht ausschließlich empirisch festlegbaren gesellschaftspolitischen Zielvorstellungen *geschaffen* und *erhalten* oder auch *abgeändert* werden können. Mit anderen Worten: demokratische *und* undemokratische politische Institutionen können zwar einerseits im Lichte bestimmter explizit zu formulierender genereller gesellschaftspolitischer Normvorstellungen kritisch analysiert werden, sind aber andererseits in ihrer historisch-geographisch-individuellen ‚Funktionsweise' nicht allein durch empirische Gesetze – ahistorisch gültige universelle soziologische Gesetze *(Popper)* oder ein historisch gültiges allgemeines Bewegungsgesetz der Gesellschaft *(Marx)* – determiniert.

Von einer ‚realistischen Theorie der Demokratie' kann daher meines Erachtens allenfalls in Verbindung mit fortgesetzt-ernsthaften Versuchen gesprochen werden, im Lichte normativer demokratischer Verhaltensstandards den immer und überall möglichen sozialen Unzulänglichkeiten dieser politischen Methode mit dem Ziel auf die Spur zu kommen, diese Unzulänglichkeiten im Rahmen einer schrittweisen politischen Rekonstruktion der Gesellschaft zu eliminieren. In diesem *sozialphilosophischen*, aber auch in einem anderen, *methodologischen* Sinne sind die Theorien von *Downs* und *Buchanan/Tullock* höchst unrealistisch. Auf deren fundamentale methodologische Schwäche haben vor allem *Albert* und *Fleischmann* hingewiesen. So etwa *Albert*, indem er das von *Buchanan/Tullock* vernachlässigte Problem ‚realsoziologischer Transformierbarkeit' ihres theoretischen Aussagensystems mit

53 Vgl. dazu: Theorie und Realität, hrsg. von *Hans Albert*, Tübingen 1964.
54 Vgl. *Buchanan* and *Tullock*, a.a.O., S. 297 ff.
55 Vgl. *Downs, A.*, a.a.O., S. 289 ff.

den Worten moniert: „Auch das ... Buch von *Buchanan* und *Tullock* verlegt die fundamentale Wahl einer adäquaten Konstitution in eine Situation, die einem sozialen Vakuum gleichkommt, um den als erforderlich angesehenen vollkommenen Konsens (Einmütigkeitsregel) auf der Basis der Chancengleichheit für rationale Individuen erreichbar zu machen ... Ein solcher fiktiver Nullpunkt dürfte wenig Ähnlichkeit mit historischen Situationen haben, die zur Einführung bestimmter Verfassungen oder zur Verfassungsänderung geführt haben[56]." Oder auch *Fleischmann*, wenn er die von *Downs* und *Buchanan/Tullock* in ihren Modellen verdrängte ‚Bereitschaft zur Meinungsverschiedenheit' als ein unverzichtbares Element auch zum empirischen Verständnis der demokratischen Methode herausstellt und dabei namentlich zu *Downs'* Theorie der Demokratie kritisch vermerkt: „Es ist bedauerlich, daß in den ‚ökonomischen' Theorien der Demokratie, die den Konkurrenzkampf um die Wählerstimmen als Ausgangspunkt der Analyse gewählt haben, die Rolle argumentativer Kritik im politischen Prozeß nicht deutlich wird. In diesen Theorien sorgt die Konkurrenz politischer Programme dafür, daß größere Abweichungen der Regierungstätigkeit von den Interessen der Wähler verhindert werden, und es werden die Bedingungen aufgewiesen, von denen die mehr oder weniger gute Anpassung der Programme an die Interessen der Wähler abhängt. Erklärt werden gleichsam Oszillationen um einen stationären Zustand, das Phänomen des politischen Fortschritts, das vermutlich eng mit wirksamer politischer Kritik verknüpft ist, wird nicht zum Problem[57]."

Unverkennbar – und darauf soll mit dem Blick auf die einleitende Feststellung dieses Beitrages abschließend hingewiesen werden – ist auch das unbewußt-unkritische Festhalten von *Downs* und *Buchanan/Tullock* an der herkömmlichen autoritären Ausgangsfrage aller Theorie der Politik, nämlich implizit in ihrer spezifischen *Benthamschen* Variante. In ihrer ökonomischen Theorie der Demokratie fungieren nämlich die individuellen Bedürfnisse der Wähler als eine Art ‚oberste Berufungsinstanz' des demokratischen Prozesses, einerseits hinsichtlich der Wahl der Regierung, andererseits bezüglich der Wahl einer Verfassung. Und einmal mehr beschwört der Versuch der Etablierung einer solchen Instanz Widersprüche herauf – ein Umstand, der es uns auch in diesem wie in allen anderen vorstehend behandelten Fällen angezeigt erscheinen läßt, von einer im Ansatz nicht-rational konzipierten Theorie der Politik zu sprechen.

So kommen *Buchanan/Tullock* dem rational despektablen Charakter ihrer

56 Vgl. *Albert, H.*, Politische Ökonomie und rationale Politik, a.a.O., S. 86.

57 Vgl. *Fleischmann, G.*, Kritischer Rationalismus und Demokratie, im vorliegenden Band, S. 290 f.

‚logical foundations of constitutional democracy' selbst auf die Spur, ohne allerdings zu erkennen, daß ausschließlich ihr methodisch fragwürdiger Versuch, für Gruppenentscheidungen eine ‚ultimate decision-making authority' in Gestalt einer individuell absolut respektablen Abstimmungsregel zu etablieren, ihren theoretischen Ansatz einem keinesfalls ‚nur scheinbar ausweglosen methodologischen Dilemma' aussetzt. Erst die aus welchen Gründen auch immer für notwendig erachtete Wahl einer individuell-einstimmig gutzuheißenden Entscheidungsregel für Gruppenentscheidungen über vorzugsweise vom Staat öffentlich wahrzunehmende Gemeinschaftsaufgaben unterbindet nämlich gewaltsam einen multiplen infiniten Regreß in ihrer Analyse – eine von *Buchanan/Tullock* klar erkannte, rational unannehmbare Konsequenz, die sie allerdings nicht veranlaßt, ihren Ansatz aufzugeben (nach einem ‚rationalen' Ansatz zu suchen), sondern sie eben bei dem vorerwähnten ad-hoc-Postulat der ‚Einstimmigkeitsregel für Verfassungsentscheide' irrational-willkürlich Zuflucht suchen läßt[58]. Versucht man, diesem extrem individualistischen Postulat einen ‚sozialen Sinn' abzugewinnen, so doch allenfalls den, daß in Verfassungsfragen der Gesellschaft zwar *kein einzelner* wohl- oder übelwollender Diktator *aus einer Gruppe* seine persönliche Vorliebe durchsetzen können soll, dafür aber *jeder wohl- oder übelwollende einzelne in einer Gruppe* sich mit seiner persönlichen Vorliebe gegen die Regelung von Verfassungsfragen stemmen können soll. Was aber, so wäre zu fragen, soll geschehen, wenn irgendein eingefleischter, an den ‚Kosten sozialer Interdependenz' absolut desinteressierter Anarchist sich jeglicher Verfassungsregelung widersetzt? Allein die unbestreitbare Möglichkeit, diese Frage aufzuwerfen, enthüllt meines Erachtens den im Ansatz paradoxen, sprich: rational despektablen Charakter des Calculus of Consent.
Aber auch *Downs* sieht der rational despektablen Grundstruktur seines Modells mit einer erstaunlichen Unbefangenheit ins Auge, indem er seine Leser in verharmlosender Offenheit auf die *logische Zirkularität* der von ihm analysierten ‚Beziehungen zwischen Regierungsmaßnahmen und den Nutzenfunktionen der Wähler' hinweist. Mit anderen Worten: *Downs'* analytischer Ansatz greift im Funktionszusammenhang seines Modells einer Parteiendemokratie auf Funktionselemente zurück, die hinsichtlich der zu erklärenden Funktionsweise seines Modells *nicht unabhängig voneinander bestimmbar* sind – ein logisch unzulässiges und damit auch rational kaum akzeptables Verfahren. *Downs* schreibt: „Wir haben unsere Überlegungen in die Form von Gleichungen gebracht, um auf die Zirkularität unserer analytischen Struktur hinzuweisen: Die Stimmen hängen von den Aktionen ab und die Aktionen von den Stimmen. Die Variablen, durch welche die Ab-

58 Bgl. *Buchanan* and *Tullock,* a.a.O., S. 6.

hängigkeit zur Geltung kommt, sind in jedem Falle das Nutzeneinkommen der Individuen und die Strategien der Oppositionsparteien ... Da Regierungen ihre Maßnahmen mit dem Ziel planen, die Wähler zu befriedigen und die Wähler ihre Wahlentscheidung aufgrund der Regierungstätigkeit treffen, beruht das Funktionieren eines demokratischen Regierungssystems auf einer zirkulären Beziehung gegenseitiger Abhängigkeit[59]."

Diese Zirkularität des Modellansatzes wird freilich von *Downs* durch die Berücksichtigung des Informationsproblems überspielt, das ‚bei Unsicherheit' sowohl auf seiten der Regierenden als auch der Regierten auftritt. Der Einbau entsprechender Informationsannahmen in sein Modell erlaubt es ihm daraufhin, die Souveränitätsfiktion indivueller Wählerwünsche im demokratischen Prozeß stillschweigend aufzugeben und statt dessen der Manipulation des Wählers durch die zu Wählenden Tür und Tor zu öffnen. Immerhin ist auch hier wie in vergleichbaren früheren Fällen (vgl. oben These 2) anzumerken: erst die faktische Aufgabe der Vorstellung von ‚Wählerwünschen' als oberster gesellschaftspolitischer Berufungsinstanz bildet die entscheidende Voraussetzung dafür, daß die *Downs*sche ‚Rationalisierung des demokratischen Prozesses' sich überhaupt dazu eignet, gewisse ‚realistische Züge' dieses Prozesses in plausibler Weise aufzuhellen.

---

59 Vgl. *Downs, A.*, a.a.O., S. 71 f.

Gerd Fleischmann

Kritischer Rationalismus und Demokratie *

I. *Das Problem:*
Zusammenhänge zwischen Methoden von Wissenschaft und Politik

Die Zukunft der menschlichen Gesellschaft wird entscheidend von den Ergebnissen wissenschaftlicher Forschung geprägt sein. Immer drängender wird daher für Wissenschaftler die Frage, ob sie im Forschungsprozeß von diesen gesellschaftlichen Folgen absehen können: Tragen sie nicht – gewollt oder ungewollt – eine politische Verantwortung? Darf der Naturwissenschaftler davon absehen, daß mit seinen Theorien zwar die materielle Wohlfahrt der Menschen erheblich gesteigert, aber auch alles Leben vernichtet werden kann? Darf der Sozialwissenschaftler davon absehen, daß seine Theorien zu menschenwürdigen Institutionen, aber auch zu totaler Manipulation des Menschen führen können? So wichtig diese Fragen sind, sie bilden zwar den Hintergrund, aber nicht das eigentliche Thema der folgenden Ausführungen. Es geht nicht um die Frage, in welcher Beziehung die Forschungsergebnisse der Erfahrungswissenschaft zu den gesellschaftlichen Ergebnissen der Politik stehen, sondern darum, welche Beziehungen zwischen den Methoden der Wissenschaft und den Methoden der Politik bestehen.

Mancher mag sich zunächst darüber wundern, daß überhaupt die Frage nach dem Zusammenhang zwischen einem esoterischen Bereich wie der Wissenschaftstheorie und dem exoterischen Geschäft der Politik gestellt wird. Eine historische Analyse könnte nun wohl zeigen, daß ohne die methodische Neubesinnung der modernen Wissenschaft mit ihrer Abkehr von traditionellen wissenschaftlichen Autoritäten wie *Aristoteles* und Bibel die politischen Revolutionen der Neuzeit mit ihrer Abkehr von traditionellen gesellschaftlichen Autoritäten wie Könige und Priester kaum mög-

* Überarbeitete Fassung eines Aufsatzes, der im Hamburger Jahrbuch für Wirtschafts- und Gesellschaftspolitik, 13. Jg. (1968), unter dem Titel „Wissenschaftstheorie und Demokratie" erschienen ist.

lich gewesen wären. Aber um die Angemessenheit der Fragestellung plausibel zu machen, wollen wir lieber den Bezug zur Gegenwart wählen. Die Herrschenden in Ost und West erheben heute allgemein den Anspruch, eine rationale Politik zu betreiben, und als sichtbares Zeichen dieses Bemühens verweisen sie auf die Einbeziehung der Wissenschaft in die politischen Planungsstäbe. Nun verbürgt Verwissenschaftlichung der Politik noch nicht eine rationale Politik – faschistische Regimes mit ihrem irrationalen Grundkonzept der Politik machten sich auch die Wissenschaft dienstbar –, aber der bewußte Verweis auf die Einbeziehung der Wissenschaft darf als Zeichen dafür dienen, daß Rationalität als ein Grundwert der Politik angesehen wird. Das bedeutet sicher noch nicht, daß wir bereits eine wesentlich durch Rationalität geprägte Politik antreffen, aber immerhin kann heute der Nachweis der Verletzung der Rationalität als politisches Argument wirksam werden. Was aber als Verstoß gegen den rechten Gebrauch der Vernunft anzusehen ist, gehört zu den zentralen Fragen der Wissenschaftstheorie. Sofern Rationalität ein Orientierungspunkt des politischen Prozesses ist, dürfte also Wissenschaftstheorie von Bedeutung für die politische Methode sein. Man mag dagegen einwenden, daß es die Wissenschaftstheorie mit dem rechten Gebrauch der Vernunft bei der Suche nach Wahrheit zu tun hat, während es in einer rationalen Politik um den rechten Gebrauch der Vernunft beim Versuch der Verwirklichung sozialer Gerechtigkeit oder der guten Gesellschaft geht. Dieser Einwand ist zweifellos insofern angebracht, als er vor einer schlichten Übertragung von Methoden der Wissenschaft auf die Methoden der Politik warnt. Aber da und soweit Politik nicht nur Entscheiden, sondern auch Erkennen bedeutet, erscheint ein Methodenvergleich durchaus sinnvoll.

Die Ausführungen zu diesem Problem sind in drei Abschnitte gegliedert. Zunächst sei in Anlehnung an *Karl R. Popper* und *John W. N. Watkins*[1] gezeigt, daß der klassische Rationalismus und Empirismus, die am Anfang der modernen Wissenschaft stehen und die auch heute noch durchaus Einfluß haben, im Grunde jener demokratischen Methode widersprechen, die in den Institutionen des repräsentativen Staates angelegt ist. Während in diesem ersten Abschnitt die politischen Institutionen noch ein Datum bilden, werden sie vom nächsten Abschnitt an in Frage gestellt. In Anlehnung an *Ralf Dahrendorf*[2] sei gezeigt, welche Konsequenzen für

1 *Karl R. Popper:* On the Sources of Knowledge and of Ignorance. In *ders.:* Conjectures and Refutations, London 1963, S. 3–30; *J. W. N. Watkins:* Epistemology and Politics. In: Aristotelian Society, 1958, S. 71–102; übersetzt ins Deutsche in: Hans Albert (Hrsg.), Theorie und Realität, 2. veränderte Auflage, Tübingen 1972, S. 393–414.

2 *Ralf Dahrendorf:* Ungewißheit, Wissenschaft und Demokratie. In: Argumenta-

die Methoden von Wissenschaft und Politik zu ziehen sind, wenn wir von der Annahme ausgehen, daß Erkennen und Entscheiden stets im Horizont der Ungewißheit erfolgen. Im dritten Abschnitt wollen wir – mit *Karl R. Popper* und *William W. Bartley*[3] – fragen, ob denn die Annahme der Ungewißheit rational zu vertreten sei, unter welchen Bedingungen wir in der Wissenschaft am besten aus unseren Fehlern lernen und welche Konsequenzen daraus für die Methode der Politik zu ziehen sind. Im letzten Abschnitt soll gefragt werden, wie sich die politischen Parteien in der Bundesrepublik Deutschland zum kritischen Rationalismus verhalten und ob eine Institutionalisierung des kritischen Rationalismus wünschenswert sei.

II. *Meinungsverschiedenheiten in Demokratie und Wissenschaft*

Wir wollen mit *Schumpeter* unter Demokratie jene „Ordnung der Institutionen zur Erreichung politischer Entscheidungen [verstehen], bei welcher einzelne die Entscheidungsbefugnis vermittels eines Konkurrenzkampfes um die Stimmen des Volkes erwerben“[4]. Damit soll nicht behauptet werden, daß Demokratie im umfassenden Sinne des Wortes nur auf der staatlichen Ebene des Parlamentes realisierbar sei. Um die verschiedenen Formen der Demokratie jedoch nicht zu vermengen, soll der Name „Demokratie“ der erwähnten politischen Methode vorbehalten bleiben. Für die Teilhabe der Bürger in anderen Lebensbereichen beginnen sich andere Begriffe einzubürgern; im ökonomischen Bereich hat sich die Bezeichnung „Mitbestimmung“ durchgesetzt, während in anderen sozialen Bereichen die Bezeichnung „Partizipation“ üblich wird. Wie immer man zur Frage der Benennung stehen mag, es geht uns um jene politischen Institutionen, die durch Konkurrenzkampf um die Stimmen des Volkes gekennzeichnet sind, und unsere These ist, daß die klassische Wissenschaftstheorie antidemokratische Implikationen hat, weil sie Meinungsverschiedenheit und Irrtum moralisch disqualifiziert, während ein Konkurrenzkampf

---

tionen. Festschrift für Josef König, Hrsg. *Harald Delius* und *Günther Patzig*, Göttingen 1964, S. 43–66.

3 *Karl R. Popper:* Logik der Forschung, 2., erw. Aufl., Tübingen 1966; *ders.:* Die offene Gesellschaft und ihre Feinde, Bd. I Bern 1957; Bd. 2 Bern 1958 (Übersetzung aus dem Englischen); *William W. Bartley:* Flucht ins Engagement. Versuch einer Theorie des offenen Geistes, München 1962 (Übersetzung aus dem Amerikanischen).

4 *Joseph A. Schumpeter:* Kapitalismus, Sozialismus und Demokratie, Bern 1946, S. 428.

um Stimmen nur sinnvoll erscheint, wenn Meinungsverschiedenheit positiv gewertet wird.

Wenden wir uns zunächst dem letzten Teil der These zu, der Behauptung, daß ohne Anerkennung von Meinungsverschiedenheit die demokratische Methode sinnlos erscheint. Man könnte nun meinen, daß der ökonomische Terminus „Konkurrenzkampf" gerade nicht auf die Bedeutsamkeit von Meinungsverschiedenheit hinweist. Für die Konsumenten sind die Unterschiede der Produkte von konkurrierenden Unternehmen wichtig, nicht Meinungsunterschiede der Unternehmer. Sind nicht entsprechend für den Bürger die Taten der konkurrierenden Politiker wichtig und nicht ihre Kontroversen? Aber die Wahlsituation des Konsumenten unterscheidet sich in einem wichtigen Punkt von der Wahlsituation des Staatsbürgers: Während sich der Konsument ein Urteil auf Grund gegebener Produkte zu bilden vermag, kann sich der Bürger bei der Abwägung der Wahlversprechen der konkurrierenden Politiker auf gegebene Taten nur bei der Regierungsmannschaft stützen, die Oppositionspolitiker können lediglich Worte vorweisen. Ein wirksamer Konkurrenzkampf ist angesichts dieses Nachteils der Opposition offenbar nur möglich, wenn die Oppositionspolitiker den Taten der Regierung nicht nur Wahlversprechen entgegensetzen können, sondern auch eine Kritik der Taten der Regierung, die die Chance in sich birgt, die Wähler davon zu überzeugen, daß die Entscheidung nach dem Motto „keine Experimente" nicht unbedingt die beste ist. Aus der Logik der Situation des Konkurrenzkampfes um die Stimmen des Volkes folgt also offenbar, daß Kritik an der Regierung, daß der Aufweis von Irrtümern in ihren Entscheidungen notwendig zur Strategie der Opposition gehören muß, wenn nicht aus dem Konkurrenzkampf ein resignierendes Abfinden der Opposition mit ihrer Rolle als Dauerzustand oder ein Kartell der bisherigen Regierungs- und Oppositionsmannschaften werden soll. Wie zum Fußball der Wille der Spieler gehört, Tore zu schießen, und das Spiel seinen Sinn verliert, wenn die Akteure nur beabsichtigen, den Ball möglichst elegant zu bewegen, so gehört zur demokratischen Methode die Bereitschaft zur Meinungsverschiedenheit, zur gegenseitigen Kritik; sie verliert ihren Sinn, wenn Einmütigkeit zum erstrebenswerten Zustand wird.

Es ist bedauerlich, daß in den „ökonomischen" Theorien der Demokratie[5], die den Konkurrenzkampf um die Wählerstimmen als Ausgangspunkt der Analyse gewählt haben, die Rolle argumentativer Kritik im politischen Prozeß nicht deutlich wird. In diesen Theorien sorgt die Konkurrenz poli-

---

5 Vgl. vor allem *Anthony Downs:* An Economic Theory of Democracy, New York 1957, deutsche Übersetzung unter dem Titel: Ökonomische Theorie der Demokratie, Tübingen 1968.

tischer Programme dafür, daß größere Abweichungen der Regierungstätigkeit von den Interessen der Wähler verhindert werden, und es werden die Bedingungen aufgewiesen, von denen die mehr oder weniger gute Anpassung der Programme an die Interessen der Wähler abhängt. Erklärt werden gleichsam Oszillationen um einen stationären Zustand, das Phänomen des politischen Fortschritts, das vermutlich eng mit wirksamer politischer Kritik verknüpft ist, wird nicht zum Problem.

Welche Bedeutung kommt nun der Meinungsverschiedenheit in der Wissenschaft zu? *Popper* hat darauf aufmerksam gemacht[6], daß den optimistischen Erkenntnistheorien, die am Beginn der modernen Wissenschaft stehen und die eine wesentliche Rolle in den politischen Befreiungsbewegungen der Neuzeit spielen, eine Doktrin gemeinsam ist, nämlich die Auffassung, daß die Wahrheit manifest ist. Zwar mag es oft schwer sein, die Wahrheit zu entdecken, aber sobald einmal der Schleier weggezogen ist, vermag jeder Mensch die offenkundige Wahrheit zu sehen. Für den klassischen Rationalismus eines *Descartes* verbürgen die nach einem Prozeß systematischen Zweifels erreichten klaren und deutlichen Ideen Wahrheit, da Gott uns nicht irreführen wird. Und für den klassischen Empirismus eines *Bacon* gilt, daß uns unvoreingenommene Beobachtung der Natur sichere Erkenntnis vermittelt, daß die Natur uns nicht betrügt. Die Kehrseite dieser Theorie der offenbaren Wahrheit ist – wie *Popper* es nennt – eine Verschwörungstheorie des Nichtwissens. Ignoranz und Irrtum müssen eine besondere Ursache haben, wenn die Wahrheit im Grunde jedem offenbar sein kann. Die beharrliche Weigerung, Vorurteile aufzugeben und die Wahrheit zu erkennen, muß auf die Machenschaften derer zurückzuführen sein, die die Wahrheit zu fürchten haben, seien es Könige, Priester oder Kapitalisten.

Wenn sich die rivalisierenden Politiker von dieser Theorie der manifesten Wahrheit leiten lassen, wenn sie in den Irrtümern der gegnerischen Politiker nur den schuldhaften Mangel erblicken, sich um Wahrheit ernsthaft zu bemühen, ist der Konkurrenzkampf um Stimmen als Dauereinrichtung in Frage gestellt. Nach *Watkins* ist eine Auflösung der repräsentativen Institutionen zu erwarten, wenn die Meinungsgegensätze nicht mit gegenseitigem Vertrauen in die Loyalität zur demokratischen Verfassung verbunden sind. Die Manifestationstheorie veranlaßt aber dazu, im Irrtum des politischen Gegners seine moralische Verwerflichkeit zu erblicken. Dieses Mißtrauen in die moralische Integrität des politischen Gegners und damit das Mißtrauen in seine Verfassungstreue führe die Parteien in Versuchung, der befürchteten Unterminierung der demokratischen Institutionen durch

6 *Karl R. Popper:* On the Sources of Knowledge and of Ignorance, a. a. O., S. 5 ff

den politischen Gegner mit undemokratischen Methoden zu begegnen, also die freie Konkurrenz um die Stimmen aufzuheben[7].

Es ist zwar nicht zu leugnen, daß Mißtrauen in die moralische Integrität des konkurrierenden Politikers eine Gefährdung der demokratischen Methode darstellt. Aber andererseits hat sich der repräsentative Staat gerade in einer Zeit entwickelt, in der die Parteien tiefgreifende soziale Konflikte austrugen, und man darf wohl bezweifeln, daß es dabei selbst in den Ländern mit stabilen Demokratien ohne erhebliches gegenseitiges Mißtrauen abging. Hat nicht vielfach nur die Furcht vor den blutigen Konsequenzen einer Revolution die sich gegenseitig mißtrauenden Parteien veranlaßt, die Spielregeln der politischen Konkurrenz einzuhalten? Denn angesichts der Intensität der sozialen Konflikte konnte mit einer unblutigen Revolution von „oben“ oder „unten“ kaum gerechnet werden. Die abnehmende Intensität der sozialen Konflikte vermindert offenbar gegenwärtig auch das gegenseitige Mißtrauen der Parteien in den repräsentativen Staaten, und gerade unter diesen Umständen dürfte eine angewandte Manifestationstheorie der Wahrheit der demokratischen Methode gefährlich werden. Ließen früher die tiefen sozialen Gegensätze nur geringe Hoffnung, bald die verheißene Einmütigkeit aller in der Wahrheit zu erreichen, heute erscheint sie greifbar. Muß dem Anhänger der Manifestationstheorie, der in der Konkurrenz der Parteien früher noch einen ernsthaften Kampf sah, heute nicht die politische Auseinandersetzung als bloßes Parteigezänk erscheinen, als unnötige Abweichung von der einmütigen Herrschaft der Wahrheit? Verwissenschaftlichung der Politik ist für ihn nicht eine Form der Ausgestaltung der demokratischen Methode, sondern eine bessere Alternative.

Nachdem versucht wurde zu zeigen, daß die demokratische Methode und die Manifestationstheorie der Wahrheit nicht vereinbar sind, ist zu fragen, ob wir die Bedrohung der demokratischen Methode hinnehmen müssen, weil wir die Manifestationstheorie der Wahrheit zu akzeptieren haben. Das ist jedoch nicht der Fall, denn beide, der klassische Rationalismus und Empirismus sind falsch; weder sind klare und deutliche Ideen sichere Quellen der Erkenntnis, wie der Fehlschlag von *Descartes'* Physik zeigt, noch die Sinne, denn von Sinnestäuschungen abgesehen, sind unsere Beobachtungen stets schon immer Beobachtungen im Lichte bestimmter Theorien, wenn man will: bestimmter Vorurteile. Aber auch wer meint, daß sorgfältige Beobachtungen doch „praktisch“ gewiß seien, hat damit noch keine Sicherheit für Verallgemeinerungen aus diesen Beobachtungen, denn der Versuch der Begründung des Schlusses vom Individuellen auf das Generelle führt in einen

---

7 Vgl. *J. W. N. Watkins:* a. a. O., S. 83 f.

unendlichen Regreß[8]. Wenn also Wahrheit nicht offenbar ist, wenn sich unsere Theorien stets als falsch herausstellen können, welche Konsequenzen hat das für die Methoden von Wissenschaft und Politik?

III. *Das Prinzip der Ungewißheit in Wissenschaft und Politik*

Wir wollen zunächst von dem Problem absehen, ob denn die Behauptung, daß Wahrheit nicht manifest sei, sich damit rechtfertigen läßt, daß wir auf Widersprüche in Manifestationstheorien hinweisen, und zunächst mit *Dahrendorf* nur von der Annahme ausgehen, daß die Lage der Menschen tatsächlich durch prinzipielle Ungewißheit gekennzeichnet sei.

Für die Wissenschaft folgt aus dieser Annahme, daß eine dogmatische wissenschaftliche Aussage zwar nicht notwendig falsch sein muß, daß dieses Vorgehen aber stets eine Dogmatisierung des Irrtums bedeuten kann. Dieses Ergebnis aber kann unter denen, die die Suche nach Wahrheit zum Ziel haben, nicht gewollt sein, so daß die ständige kritische Überprüfung aller Aussagen notwendig ist. Dogmatisierung des Irrtums ist die äußerste Gefahr der Wissenschaft: „Gegenseitige Kritik ist daher das oberste Prinzip der Ethik der Forschung[9]."

An diesem Prinzip sind alle Institutionen der Forschung und alle Verhaltensweisen der Forscher zu messen, die Praxis der Forschung ist daraufhin zu befragen, ob sie Behinderungen oder Ermutigung der Kritik aufweist. Das sei an einigen Beispielen verdeutlicht. Als eine der höchsten ethischen Maximen des Forschers wird oft das Streben nach Objektivität angesehen, das Absehen von eigenen Interessen oder Vorlieben, das ständige Bemühen um Selbstkritik. Es ist nun zweifellos nicht zu leugnen, daß persönliche Wünsche und soziale Interessen eine Gefährdung der Forschung darstellen und daß ein selbstkritischer Forscher unsere Hochachtung verdient. Aber eine nachdrückliche Forderung nach Einübung in Objektivität stellt zugleich leicht eine Entmutigung für gegenseitige Kritik dar. Denn schließt nicht unter diesen Umständen Kritik an Aussagen eines anderen stillschweigend den Vorwurf mangelnder Selbskritik ein? Und wer möchte dem Kollegen schon einen moralischen Defekt vorwerfen? Wenn man davon ausgehen könnte, daß Selbstkritik genauso wirksam ist wie Fremdkritik, wäre die Entmutigung gegenseitiger Kritik kein Schaden, aber sehr vieles spricht dafür, daß diese Annahme falsch ist. Dann kommt es wesentlich darauf an, offen für die Kritik anderer und bereit zur Kritik an

8 Vgl. *Karl R. Popper:* Logik der Forschung, a. a. O., passim.
9 *Ralf Dahrendorf:* a. a. O., S. 53.

anderen zu sein. Diese Bereitschaft wird aber gefördert, wenn wir uns frei eingestehen, daß wir keineswegs sicher sind, ohne Vorurteile zu sein[10].
Als zweites Beispiel diene die verbreitete Neigung zur Monopolisierung von Problembereichen. Doktoranden werden vielfach gehalten, erst sehr sorgfältig zu prüfen, ob nicht bereits eine Dissertation mit dem gleichen Thema vorliegt, und während der Bearbeitung des Themas plagt sie die Furcht, ob nicht vielleicht inzwischen ein anderer mit dem gleichen Thema befaßt ist und vor ihnen fertig wird. Unter dem Gesichtspunkt der Schaffung von möglichst großen Chancen der Kritik wäre dagegen eher die genau entgegengesetzte Praxis angebracht. Eine der wirksamsten Möglichkeiten der Kritik an einer Theorie ist der Vergleich mit einer rivalisierenden Theorie, so daß man geradezu die Vergabe einer Doktorarbeit an die Bedingung knüpfen könnte, daß ein Zweiter das gleiche Thema wählt. Wer der Manifestationstheorie der Wahrheit anhängt, kann darin allerdings nur verfehlte Doppelarbeit erblicken, weil sich ja bei sorgfältigem, vorurteilslosem Forschen in beiden Fällen das gleiche Ergebnis, die offenbare Wahrheit, einstellen muß.
Was folgt aus dem Prinzip der Ungewißheit im politischen Prozeß? Zunächst können wir feststellen, daß die Annahme der prinzipiellen Ungewißheit grundsätzlich mit der demokratischen Methode der Konkurrenz um die Stimmen des Volkes vereinbar ist. Die gegenseitige Kritik, die mit einer freien und wirksamen Konkurrenz um die Stimmen notwendig verbunden ist, ohne die der Prozeß seinen Sinn verlöre, wird ja vom Prinzip der Ungewißheit gerade gefordert. Wenn niemand beanspruchen kann, sicheres Wissen über die gerechte Ordnung oder den Weg zur gerechten Ordnung der Gesellschaft zu haben, kommt es darauf an, eine Vielfalt von Ordnungsvorstellungen als Möglichkeit der gegenseitigen Kritik zu erhalten[11]. Da nun außer der Konkurrenz um Stimmen des Volkes bisher keine politische Methode ersonnen wurde, in der Meinungsverschiedenheit als regelmäßige Erscheinung des politischen Prozesses vorausgesetzt wird, ist die demokratische Methode nicht nur mit dem Prinzip der Ungewißheit vereinbar, die demokratische Methode wird durch das Prinzip der Ungewißheit vielmehr vor allen anderen ausgezeichnet.
Das Prinzip der Ungewißheit stellt aber zugleich die demokratische Methode insofern ständig in Frage, als auch die Dogmatisierung der Einrichtungen des repräsentativen Staates eine Dogmatisierung des Irrtums bedeuten kann. Konkurrenz um die Stimmen des Volkes verbürgt keineswegs, daß alle Programmpunkte und alle Handlungen der Parteien zum Gegenstand ge-

10 Vgl. *Karl R. Popper:* Die offene Gesellschaft und ihre Feinde, 2. Bd., a. a. O., Kap. 13.
11 Vgl. *Ralf Dahrendorf:* a. a. O., S. 61.

genseitiger Kritik werden können. Wirtschaftsunternehmen, die in fühlbarer Konkurrenz miteinander stehen, entwickeln regelmäßig eine starke Neigung, sich auf Spielregeln eines „fairen Wettbewerbs“ zu einigen, d. h. bestimmte Instrumente des Wettbewerbs nicht zu verwenden. Es wäre erstaunlich, wenn nicht auch zwischen konkurrierenden Parteien eine solche Tendenz bestünde. Nun können Spielregeln eines „fairen Wettbewerbs“ zwischen den Parteien durchaus die Chancen der Kritik erhöhen, etwa die Regel, daß den Oppositionsparteien die gleichen Chancen der Informationsgewinnung gegeben werden wie den Regierungsparteien. Aber solche Spielregeln können ebenfalls eine Beschränkung der Kritik zum Inhalt haben. So mag es im gegenseitigen Interesse der konkurrierenden Parteien liegen, keine Kritik an der innerparteilichen Demokratie zu üben, denn welche Partei könnte mit gutem Gewissen von sich selbst behaupten, diesen schwierigen Verfassungsauftrag bewältigt zu haben? Nicht nur Regeln des fairen Wettbewerbs können den Bereich möglicher Kritik einengen, auch weitgehende Übereinstimmung in den Ordnungsvorstellungen der Parteien kann zu diesem Ergebnis führen. Zweifellos hat das Ende der heftigen Weltanschauungskämpfe, das die weitgehende Übereinstimmung ermöglicht hat, auch bessere Chancen wirksamer Kritik gebracht, weil es die Bereitschaft, die Kritik des Gegners ernst zu nehmen, erhöht hat. Aber andererseits hat sich der Bereich, der einer wirksamen Kritik ausgesetzt ist, zugleich verengt.

Das Prinzip der Ungewißheit verlangt unter diesen Umständen nach Institutionen, die einer Beschränkung der Kritik entgegenwirken. Zu ihnen könnte eine politisch verantwortliche Universität gehören, nicht eine Universität, die utopische Pläne der Weltbeglückung oder des Weges zu ihr entwirft, sondern eine kritische Universität, die besonders das in Frage stellt, was in der Politik zu fragloser Selbstverständlichkeit geworden ist. Das sollte – von Ausnahmen abgesehen – nicht bedeuten, daß die Universität als Korporation politisch Stellung nimmt, sondern daß die Universität es den Mitgliedern erleichtert, ihre staatsbürgerliche Verpflichtung im doppelten Sinne des Wortes wahrzunehmen. Es ist zwar richtig, daß bei heftigen Weltanschauungskämpfen die politische Kritik des Wissenschaftlers wenig Gewicht hat, aber in unserer scheinbar nachideologischen Epoche bedeutet politische Kritik gerade vielfach nicht, daß man notwendig die Sache einer der Parteien betreibt und so in die parteipolitischen Fronten gerät. Allerdings impliziert die Forderung nach politischer Verantwortlichkeit des Wissenschaftlers nicht, daß die klare Unterscheidung zwischen erfahrungswissenschaftlichen Aussagen und Werturteilen aufzuheben sei. Eine Vermengung würde die Möglichkeit erfahrungswissenschaftlicher Kritik verringern und damit indirekt auch die Möglichkeit politischer Kritik.

Nachdem verschiedene Konsequenzen aus der Annahme der prinzipiellen

Ungewißheit für Wissenschaft und Politik aufgewiesen wurden, müssen wir uns der offengelassenen Frage nach der Geltung dieser Annahme zuwenden.

IV. *Rechtfertigungsfreie Kritik und Ethik der Argumentation*

Wenn wir das Prinzip der Ungewißheit nicht als Dogma betrachten wollen, wenn wir es der Kritik aussetzen wollen, um einem Selbstwiderspruch zu entgehen, müssen wir es dann nicht begründen, durch rationale Beweise rechtfertigen? Nun war rationale Kritik bis vor kurzer Zeit tatsächlich nur denkbar als Zurückführung des Behaupteten auf eine rationale Autorität, z. B. auf die schon angeführten klaren und deutlichen Ideen oder die Sinneserfahrungen. Aber die Deduktion der Annahme der grundsätzlichen Ungewißheit aus einer rationalen Autorität muß zu einem Widerspruch führen, denn das Prinzip der Ungewißheit behauptet ja gerade, daß es eine Autorität, eine letzte Instanz der Gewißheit, die über allen Zweifeln erhaben ist, nicht gibt. Ist also das Prinzip der Ungewißheit mit Rationalität unvereinbar, weil Rationalität nur Behauptungen gelten lassen kann, die durch Beweise gerechtfertigt werden können? Können wir uns nur durch persönliches Engagement für das Prinzip der Ungewißheit entscheiden, indem wir etwa mit *Dahrendorf* argumentieren, daß die Annahme der Ungewißheit für die würdigste ethische Position, für die Ethik der Freiheit, notwendig ist[12]? Aber Rationalität ist nicht notwendig mit der Forderung verbunden, daß nur Behauptungen gelten sollen, die durch Beweise gerechtfertigt sind. Im Gegenteil: Diese Forderung enthält einen inneren Widerspruch, da die Forderung selbst nicht beweisbar ist[13]. Wenn wir jemandem beweisen wollen, daß die Forderung nach Rechtfertigung aller Aussagen richtig ist, müssen wir voraussetzen, daß er Beweise anerkennt. Der Beweis ist sinnlos, wenn der andere Beweise nicht anerkennt. Zweifel an der Richtigkeit der Forderung lassen sich also nicht dadurch ausschalten, daß man sie beweist. Man könnte meinen, das Dilemma der Rationalität sei zu vermeiden, indem man einräumt, daß die Forderung nach Begründung selbst nicht rational zu rechtfertigen sei. Doch wenn man zugesteht, daß umfassende Rechtfertigung nicht möglich ist, gibt man denen, die bestimmte ihrer Auffassungen rationaler Kritik entziehen möchten, das Argument an die Hand, daß ja auch der rationalistische Standpunkt selbst der rationalen Kritik entzogen sei, da er sich nicht rechtfertigen lasse: daher „... sei die Wahl zwischen rivalisierenden

12 *Ralf Dahrendorf:* a. a. O., S. 65.

13 Vgl. *Karl R. Popper:* Die offene Gesellschaft und ihre Feinde, 2. Bd., a. a. O., Kap. 14, Abschn. II; *William W. Bartley:* a. a. O., S. 128.

bedingungslosen, absoluten Standpunkten oder Weltanschauungen willkürlich und beliebig"[14].

Die Konsequenzen dieses „Dilemmas des vorbehaltlosen Engagements" für den politischen Prozeß sind nicht gerade ermutigend. Was hilft das allgemeine Bekenntnis zu einer rationalen Politik, wenn bestimmte politische Auffassungen mit dem Hinweis der Kritik entzogen werden können, daß eine umfassende Rechtfertigung erwiesenermaßen gar nicht möglich sei. Es ist daher auch für eine rationale Politik von zentraler Bedeutung, daß mit *Poppers* Wissenschaftstheorie ein Konzept der Rationalität möglich geworden ist, das Kritik nicht mehr mit Rechtfertigung vermengt. Dieser kritische Rationalismus ist dadurch gekennzeichnet, daß er alle Ansichten für eine kritische Überprüfung offenhält, auch die Ansicht des kritischen Rationalismus selbst, daß er aber nicht beansprucht, alle Ansichten zu rechtfertigen. Gegen den kritischen Rationalismus ist der Einwand nicht mehr möglich, auch er müsse etwas unkritisch hinnehmen. Es kann nun niemand mehr einfach zugleich behaupten, er wolle eine rationale Politik, aber bestimmte politische Auffassungen dürften der Kritik nicht unterworfen werden.

Wie ist nun rechtfertigungsfreie Kritik möglich? Das sei am Beispiel erfahrungswissenschaftlicher Theorien verdeutlicht. Diese Theorien lassen sich durch Zurückführung auf Sinneserfahrungen nicht rechtfertigen, da – wie gesagt – der Schluß von der Wahrheit der Aussagen über einzelne Sinneserfahrungen auf die Wahrheit der Theorie nicht möglich ist. (Die Rechtfertigung mit Hilfe eines Induktionsprinzips führt zu einem unendlichen Regreß, und auch der Rückzug auf die Ermittlung eines Wahrscheinlichkeitsgrades der Theorie in bezug auf die Erfahrungsdaten bringt keine Lösung[15].) Aber erfahrungswissenschaftliche Theorien lassen sich kritisch überprüfen, da und insofern ihre Gesetze etwas verbieten. So verbietet die Relativitätstheorie auf Grund ihrer Behauptung, daß Lichtstrahlen von Gravitationsfeldern beeinflußt werden, daß ein Fixstern, den wir in Sonnennähe während einer Sonnenfinsternis beobachten, dieselbe scheinbare Position hat wie bei nächtlicher Beobachtung. Würden Aufnahmen zeigen, daß die scheinbare Position tatsächlich unverändert ist, wäre die Theorie widerlegt, denn aus der Falschheit einer Folge können wir auf die Falschheit der Voraussetzung schließen. Wird das vorausgesagte Ergebnis tatsächlich festgestellt, so hat sich damit die Theorie bewährt, sie ist aber nicht als wahr oder im bestimmten Grad als wahrscheinlich erwiesen.

Es liegt nun auf der Hand, daß eine ernsthafte Bewährung nur aus einer ernsthaften Prüfung folgen kann, denn für jede einigermaßen brauchbare

14 *William W. Bartley:* a. a. O., S. 134.
15 Vgl. *Karl R. Popper:* Logik der Forschung, a. a. O., passim.

Theorie lassen sich gewöhnlich viele bestätigende Fälle leicht anführen. Je größer der Anwendungsbereich einer Theorie ist – je allgemeiner sie ist – und je präziser die Prognosen sind, die sich aus ihr ableiten lassen, um so größer ist offenbar ihr Risiko, an der Wirklichkeit zu scheitern, um so ernsthafter kann auch die Prüfung sein. Der Fortschritt der Wissenschaft stellt sich somit nicht dar in der weit verbreiteten Vorstellung der immer größeren Anhäufung von einzelnen wahren Gesetzen, sondern in dem Entwurf von immer umfassenderen und präziseren Theorien, die der Prüfung standhalten. Die Widerlegung einer Theorie, die vielen Prüfungen bisher standgehalten hat, ist dabei kein Unglück. Im Gegenteil: Aus der Lokalisierung des Irrtums in der Theorie können wir lernen, wo Verbesserungen angebracht sind, die zu Theorien mit noch größerem empirischen Gehalt führen mögen.

Aus dieser Einsicht lassen sich gewisse Regeln für die Ethik des Argumentierens ableiten. Folgte aus dem Prinzip der Ungewißheit, daß kein Argument von der Kritik auszunehmen ist, so folgt darüber hinaus aus der Theorie der Nachprüfung und Bewährung, daß wir bei der Entwicklung unserer Argumente alles tun sollten, um der Kritik die Aufgabe zu erleichtern. Recht zu behalten ist kein Triumph, erst recht nicht, wenn die Argumente so vage und unklar waren, daß eine Widerlegung kaum zu erwarten war. Und der Kritik den Irrtum einzugestehen ist keine Schande, sondern im Gegenteil ein Verdienst, sofern man bemüht war, mögliche Ansätze zur Kritik aufzuweisen. So hat etwa *Bartley* darauf hingewiesen, daß der kritische Rationalismus zu widerlegen sei, wenn man ihm nachweisen könnte, daß „wenigstens einige der ungerechtfertigten und nicht zu rechtfertigenden kritischen Maßstäbe [wie z. B. der der Nachprüfbarkeit] ... sich über all ihre Unbelegbarkeit hinaus auch jeglicher Kritik entziehen“[16].

Diese Maximen der Ethik des Argumentierens werden sich sicher nicht leicht im Bereich der Politik verwirklichen lassen. Wenn aber der heute „herrschende“ Wert der Rationalität in der Politik zum herrschenden Wert der kritischen Rationalität wird, könnte das einen nicht unbedeutenden Wandel bewirken. *Marx* hat mit Recht darauf hingewiesen, daß gesellschaftliche Werte in der Regel herrschende Werte in dem Sinne sind, daß sie der Sicherung der Herrschaft der Herrschenden dienen. Eine Maxime aber, die nichts von der Kritik ausnimmt und zur Unterstützung der Kritik verpflichtet, könnte eine bedeutsame Ausnahme von dieser Regel werden.

16 *William W. Bartley:* a. a. O., S. 163.

V. *Kritischer Rationalismus und politische Parteien*

Wenn es richtig ist, daß die Anerkennung von Meinungsverschiedenheit, Ungewißheit und Kritik eine entscheidende Voraussetzung für die Funktionsfähigkeit der demokratischen Methode ist, und daß sich die vom kritischen Rationalismus entwickelte Methode der rechtfertigungsfreien Kritik auf alle Problemlösungen – und nicht nur auf wissenschaftliche – anwenden läßt, liegt es nahe zu fragen, wie es die politischen Parteien mit dem kritischen Rationalismus halten. Dabei hat es nun zunächst den Anschein, als ob von den Parteien in der Bundesrepublik Deutschland die CDU und die FDP eine engere Beziehung zum kritischen Rationalismus haben als die SPD. Diese engere Beziehung wird von vielen in einer nahen Verwandschaft des Konzepts der sozialen Marktwirtschaft, das in der Programmatik von CDU und FDP eine wichtige Rolle spielt, mit der Popperschen Sozialphilosophie der offenen Gesellschaft erblickt; Popper wird in einem Falle sogar als Vertreter des Programms der sozialen Marktwirtschaft bezeichnet[17]. Und da Popper seine Sozialphilosophie an vielen Stellen seines Werkes als eine Konsequenz seiner Wissenschaftstheorie auffaßt, kann man annehmen, daß CDU und FDP für den kritischen Rationalismus aufgeschlossen sind. In der SPD wird zwar der Markt auch als ein wichtiger wirtschaftlicher Steuerungsmechanismus betrachtet, aber nicht als ein schlechthin unersetzliches Instrument.

Die engere Verbindung zwischen den Parteien CDU und FDP und dem kritischen Rationalismus scheint nicht nur durch die positive Stellungnahme zur sozialen Marktwirtschaft hergestellt zu werden, sondern auch durch die gemeinsame negative Stellungnahme zum Marxismus. Die Philosophie der offenen Gesellschaft entwickelte Popper[18] als Antwort auf die Herausforderung der geschlossenen Gesellschaft des Nationalsozialismus und des Stalinismus. Wichtige geistige Ursprünge für die Idee der geschlossenen Gesellschaft fand Popper bei Plato, Hegel und Marx. Und angesichts der überragenden Bedeutung, die Marx für die Gesellschaften der Gegenwart hat, ist es nicht verwunderlich, daß die Marxismus-Kritik den größten Raum einnimmt. Der politische Aufstieg von CDU und FDP wurde begleitet und wohl auch wesentlich gefördert durch einen ausgeprägten Antimarxismus und Antikommunismus: die Bewältigung der eigenen totalitären Vergangenheit schien am einfachsten zu gelingen, in dem man sie in einem gegenwärtigen Feind bekämpfte. Die SPD hat sich in der Nach-

---

17 *Christian Watrin,* Ordoliberalismus und Marktwirtschaft, in: Landeszentrale für politische Bildung Nordrhein-Westfalen (Hrsg.), Unsere Wirtschaft – Basis, Dschungel, Dogma?, S. 41.

18 vgl. insbesondere seine „Offene Gesellschaft und ihre Feinde“, a. a. O.

kriegszeit zwar auch von ihrer marxistischen Tradition distanziert, aber ebenso wenig wie sie sich die soziale Marktwirtschaft zum politischen Leitbild wählte, so wenig hat die SPD den Marxismus zum politischen Hauptfeind gemacht.

Trotz der aufgeführten Berührungspunkte zwischen der Sozialphilosophie Poppers und den politischen Programmen von CDU und FDP ist damit jedoch noch nicht belegt, daß diese Parteien den methodischen Standpunkt des kritischen Rationalismus vertreten. Ein wichtiges Anzeichen spricht sogar eher dagegen; vor allem im Falle der CDU: sie weist offenbar ein vorbehaltloses Engagement für das Konzept der sozialen Marktwirtschaft auf. Es wird nicht mehr gefragt, welche Änderungen der Wirtschafts- und Gesellschaftsordnung den Hoffnungen und Bedürfnissen der Bürger besser entsprechen, sondern es wird vorausgesetzt, daß die soziale Marktwirtschaft unübertreffbar ist; sie gewinnt den Charakter eines unantastbaren Verfassungsgebots. Eine entsprechende Dogmatisierung einer Konzeption der Wirtschaftsordnung findet sich im Ordoliberalismus: Wenn einmal die Ordnung der Verkehrswirtschaft gewählt worden ist, sind nur noch marktkonforme Maßnahmen der Wirtschaftspolitik erlaubt, damit die Existenz der Verkehrswirtschaft gesichert wird[19]. Derartige Dogmatisierungen widersprechen jedoch Buchstaben und Geist des kritischen Rationalismus, nach dem keine Auffassung der Kritik entzogen werden sollte, weil Kritik eines der wichtigsten Mittel ist, Mängel und Verbesserungsmöglichkeiten einer Auffassung zu erkennen.

Andererseits weist die SPD trotz eines Mangels an offenkundigen Verbindungen zur Sozialphilosophie der offenen Gesellschaft einen zentralen programmatischen Grundsatz auf, der einem ebenso zentralen methodischen Grundsatz des kritischen Rationalismus entspricht. „Der demokratische Sozialismus ... will keine letzten Wahrheiten verkünden ...", heißt es im ersten Abschnitt des Godesberger Programms der SPD. Übereinstimmung herrsche bei den Mitgliedern zwar in Grundwerten und Zielen, sonst vertreten sie jedoch verschiedene Denkrichtungen. Und daß die SPD den Grundsatz des Theorienpluralismus ernst nimmt und ihn nicht zu einem „Monopolpluralismus"[20] verkümmern läßt, zeigt insbesondere die Auseinandersetzung zwischen Alt- und Jungsozialisten. Diese drei Elemente – Verzicht auf letzte Wahrheit, gemeinsame Ziele, Theorienpluralismus – gehören auch zum Kern der Wissenschaftstheorie des kritischen Rationalis-

19 vgl. dazu *Hajo Riese*, Ordnungsidee und Ordnungspolitik – Kritik einer wirtschaftspolitischen Konzeption, in: Kyklos, Vol. XXV (1972), S. 24–48.

20 vgl. zum Verhältnis von ernstgemeintem Theorienpluralismus und „Monopolpluralismus" *Helmut F. Spinner*, Pluralismus als Erkenntnismodell, Frankfurt a. M. 1974, S. 237 ff.

mus: Kein Wissenschaftler kann behaupten, er habe die wahre Theorie entdeckt, und dennoch ist es für die Wissenschaftler sinnvoll, gemeinsam das Ziel der Wahrheit zu verfolgen; die Annäherung an dieses Ziel erfolgt durch gegenseitige Kritik, die am tiefgreifendsten und damit lehrreichsten ist, wenn sie auf der Grundlage rivalisierender Theorien vorgenommen wird.

Sollte man nun CDU und FDP ermahnen, die Grundsätze des kritischen Rationalismus ernster zu nehmen und sollte man vielleicht das Demokratiegebot der Verfassung an die Parteien um ein Gebot zum kritischen Rationalismus erweitern? Eine darartige Forderung nach Institutionalisierung des kritischen Rationalismus wäre vom Standpunkt des kritischen Rationalismus aus ein innerer Widerspruch. Wenn Kritik auf der Grundlage rivalisierender Auffassungen ein Hauptweg ist, auf dem wir zu neuen Einsichten gelangen, dann muß er für alle Auffassungen, auch für die des kritischen Rationalismus selbst gelten. Ihn zu institutionalisieren hieße, ihn der Kritik zu entziehen und damit der Chance der Verbesserung. Ob Mitglieder der CDU dogmatisch am Konzept der sozialen Marktwirtschaft festhalten oder ob sich Jungsozialisten vorbehaltlos für die Aufhebung des Privateigentums engagieren, solange keine der beiden Gruppen oder sonst jemand in der Lage ist, Kritik zu unterbinden, kommt es nicht darauf an, ob sich die rivalisierenden Standpunkte am kritischen Rationalismus orientieren oder nicht. Obwohl die Methode der Demokratie und die Methode des kritischen Rationalismus geeignet sind, sich auf Grund der gemeinsamen Idee der Kritik gegenseitig zu stützen, folgt daraus nicht, daß der kritische Rationalismus zur Staatsphilosophie zu erheben ist. Im Gegenteil, der kritische Rationalismus läßt alle Staatsphilosophien als suspekt erscheinen. Entscheidend ist, daß die Freiheit der Kritik unangetastet ist und daß niemand daran gehindert wird, aus Kritik zu lernen.

Karl R. Popper

Utopie und Gewalt *

Es gibt viele, die die Anwendung von Gewalt hassen, und die überzeugt sind, daß es eine unserer wichtigsten und zugleich hoffnungvollsten Aufgaben ist, Aggression und Gewalt aus der Welt zu schaffen, oder zumindest ihre übelsten Formen zu unterdrücken. Ich gestehe, daß ich zu diesen hoffnungsvollen Gegnern der Gewalt gehöre. Nicht nur, daß ich die Gewalt hasse, sondern ich bin auch überzeugt, daß der Kampf gegen Gewalt und Aggression durchaus nicht aussichtslos ist. Natürlich weiß ich, daß die Aufgabe schwierig ist. Ich weiß auch, daß manches, das zunächst wie ein großer Erfolg im Kampf gegen die Gewalt erschien, später zu einer Niederlage führte. Ich weiß auch, daß das neue Zeitalter der Gewalt, welches durch die beiden Weltkriege eingeleitet wurde, keineswegs vorüber ist. Faschismus und Nationalsozialismus sind besiegt; aber das bedeutet nicht, daß Barbarei und Brutalität besiegt sind. Im Gegenteil: es wäre verfehlt, sich der Tatsache zu verschließen, daß diese verabscheuungswürdigen Ideen noch in ihrer Niederlage einen Sieg errungen haben. Ich muß zugeben, daß es Hitler gelang, die moralischen Maßstäbe des Abendlandes aufs Tiefste herabzusetzen, und daß die Welt heute mehr unter aggressiver Gewalt und brutaler Macht leidet als selbst im Jahrzehnt nach dem ersten Weltkrieg. Und wir müssen der Möglichkeit ins Auge sehen, daß unsere Zivilisation schließlich durch jene neuen Waffen zerstört werden kann, die das Hitlertum uns aufgezwungen hat, vielleicht sogar schon innerhalb des ersten Jahrzehnts[1] nach dem zweiten Weltkrieg. Denn zweifellos errang der Geist des Hitlertums seinen größten Sieg, als wir, *nach* seiner Niederlage, die Waffen verwendeten, zu deren Entwicklung uns die Bedrohung durch den

---

* Ein Vortrag gehalten im Institut des Arts in Brüssel, im Juni 1947; zuerst gedruckt 1948 (The *Hibbert Journal,* vol. 46). Wiederabgedruckt in meinem Buch *Conjectures and Refutations,* dessen deutsche Übersetzung in Vorbereitung ist.
 Die vom Verfasser revidierte und autorisierte Übersetzung besorgte *Frithjof Spreer.*

1 Dieser Vortrag wurde 1947 gehalten. Heute (1975) würde ich in dieser Passage lediglich das Wort „ersten" durch „dritten" ersetzen.

Nationalsozialismus veranlaßt hatte. Trotz alledem bin ich heute so hoffnungsvoll wie je, daß die Gewalt besiegt werden kann. Es ist unsere einzige Hoffnung; und lange Kapitel in der Geschichte der westlichen und der östlichen Zivilisation beweisen, daß es keine vergebliche Hoffnung zu sein braucht: daß die Gewalt gezähmt und unter die Kontrolle der Vernunft gebracht werden *kann*.

Das ist vielleicht der Grund, warum ich, wie viele andere, an die Vernunft glaube, und warum ich mich als einen Rationalisten bezeichne. Ich bin Rationalist, weil ich im Standpunkt der Vernunft die einzige Alternative zur Herrschaft der Gewalt sehe.

Wenn zwei Menschen uneins sind, dann sind sie es entweder, weil sie verschiedener Meinung sind, oder weil sie verschiedene Interessen haben, oder beides. Im gesellschaftlichen Leben gibt es viele Meinungsverschiedenheiten, die auf irgendeine Art entschieden werden *müssen*. Es gibt Fragen, die geklärt werden *müssen*, denn das Versäumnis, sie zu klären, kann zu neuen Schwierigkeiten führen, deren kumulativer Effekt eine unerträgliche Spannung verursachen kann; ein Beispiel wäre ein Zustand ständiger und intensivster Vorbereitung auf die endgültige Entscheidung. (Wettrüsten ist ein solches Beispiel.) Eine Entscheidung kann also unvermeidlich sein.

Wie kann man eine Entscheidung erreichen? Es gibt im wesentlichen zwei mögliche Wege: Das *Argument* (zum Beispiel vor einem Schiedsgericht oder einem internationalen Gerichtshof) oder die *Gewalt*. Wenn es gegensätzliche Interessen sind, die aufeinanderprallen, so sind die beiden wesentlichen Möglichkeiten entweder ein *vernünftiger Kompromiß*, oder aber ein Versuch, das gegnerische Interesse *gewaltsam zu vernichten*.

Ein Rationalist – in dem Sinne, in dem ich das Wort hier verwende – ist ein Mensch, der sich bemüht, Entscheidungen durch Argumente herbeizuführen, in gewissen Fällen durch Kompromisse, aber nicht durch Gewalt. Ein Rationalist ist ein Mensch, der lieber erfolglos bleibt bei seinem Versuch, einen anderen durch Argumente zu überzeugen, als erfolgreich darin, ihn durch Gewalt, durch Einschüchterung oder durch Drohung oder auch nur durch propagandistische Überredungskünste zu überwältigen.

Man wird besser verstehen, was ich mit dem Ausdruck „vernünftige Haltung" (oder „vernünftige Einstellung") meine, wenn man sich den Unterschied klar macht zwischen einem Versuch, jemanden durch Argumente zu überzeugen und einem Versuch, ihn durch Propaganda zu überreden.

Der Unterschied liegt nicht so sehr in der Verwendung von Argumenten: Die Propaganda benutzt auch oft Argumente. Der Unterschied liegt auch nicht in unserer Überzeugung, daß unsere Argumente schlüssig sind und von jedem vernünftigen Menschen als schlüssig anerkannt werden müssen. Eher ist er in einer Haltung der Gegenseitigkeit des Gebens und des Nehmens (give and take) begründet; in einer Bereitschaft, nicht ausschließlich den anderen überzeugen zu wollen, sondern vielleicht von ihm überzeugt zu werden. Was ich die vernünftige Haltung oder Einstellung nenne, kann durch die folgende Bemerkung charakterisiert werden: „Ich glaube wohl, daß ich recht habe; aber ich kann mich irren, und du magst recht haben. Auf jeden Fall wollen wir darüber vernünftig reden; denn so werden wir möglicherweise der Wahrheit näher kommen, als wenn jeder nur auf seinem Standpunkt beharrt." Man wird wohl sehen, daß jene Haltung, die ich als die vernünftige oder die rationale Haltung bezeichne, einen gewissen Grad von intellektueller Bescheidenheit voraussetzt. Es ist eine Haltung, zu der vielleicht nur die fähig sind, die wissen, daß sie manchmal unrecht haben, und die nicht ihre Fehler gewohnheitsmäßig vergessen.

Die rationale Haltung erwächst aus der Erkenntnis, daß wir nicht allwissend sind, und daß wir unser Wissen zum größten Teil anderen verdanken. Es ist eine Haltung, die die beiden Regeln der richterlichen Urteilsfindung so weit wie möglich auf das Gebiet der Urteile im allgemeinen überträgt: erstens, daß man immer beide Seiten hören soll; und zweitens, daß man kein guter Richter sein kann in einer Sache, in der man Partei ist.

Ich glaube, daß wir Gewalt nur dann vermeiden können, wenn wir der vernünftigen Haltung auch im sozialen Umgang treu bleiben. Jede andere Haltung führt leicht zur Anwendung von Gewalt – selbst ein Versuch, andere auf dem Wege gelinder, aber einseitiger Überredung umzustimmen und sie durch Argument und Beispiel für Einsichten zu gewinnen, auf die wir stolz sind und von deren Wahrheit wir überzeugt sind. Wir alle wissen, wie viele heilige Kriege für eine Religion der Liebe und Güte gefochten wurden; wie viele Menschen lebendig verbrannt wurden in der guten Absicht, ihre Seelen vor dem ewigen Feuer der Hölle zu retten. Nur wenn wir unsere autoritäre Haltung im Bereich der Meinungen aufgeben, nur wenn wir zu einer Haltung der Gegenseitigkeit des Gebens und Nehmens finden, nur wenn wir bereit sind, von anderen zu lernen, können wir hoffen, der Gewalttätigkeiten Herr zu werden, die durch die Frömmigkeit und das Pflichtgefühl inspiriert sind.

Der raschen Verbreitung einer vernünftigen Haltung stehen viele Schwierigkeiten im Wege. Eine der wesentlichen Schwierigkeiten ist, daß zwei dazu gehören, um eine Diskussion vernünftig zu machen. Beide Seiten müssen bereit sein, voneinander zu lernen. Mit einem, der lieber schießt, als sich überzeugen zu lassen, kann man keine rationale Diskussion führen: die vernünftige Haltung hat also ihre Grenzen. Mit der Toleranz ist es ebenso. Man darf nicht bedingungslos von dem Grundsatz ausgehen, auch alle die, die intolerant sind, zu tolerieren. Denn sonst vernichtet man nicht nur sich selbst, sondern auch die Toleranz.

(Das alles ist angedeutet in meiner Bemerkung, daß die vernünftige Haltung eine Haltung der Gegenseitigkeit des *Gebens und Nehmens* sein muß.)

Eine wichtige Folgerung ist, daß wir eine Verwischung des Unterschieds zwischen Angriff und Verteidigung nicht zulassen dürfen. Wir müssen auf dieser Unterscheidung bestehen und soziale Institutionen (nationale wie auch internationale) unterstützen und fördern, deren Aufgabe es ist, zwischen Aggression und Widerstand gegen Aggression zu unterscheiden, so scharf das eben möglich ist.

Ich hoffe, daß ich klar gemacht habe, was ich meine, wenn ich mich als einen Rationalisten bezeichne. Mein Rationalismus ist nicht dogmatisch. Ich gebe offen zu, daß ich meinen Rationalismus nicht rational begründen kann. Ich gestehe offen, daß ich den Rationalismus wähle, weil ich die Gewalt hasse, und ich gebe mich nicht der Täuschung hin, daß dieser Haß eine rationale Grundlage hat. Mit anderen Worten, mein Rationalismus ist nicht autonom, sondern er beruht auf einem irrationalen Glauben an die vernünftige Haltung.

Ich sehe nicht, wie wir darüber hinausgehen können. Vielleicht könnte man sagen, daß mein irrationaler Glaube an das gleiche und wechselseitige Recht, andere zu überzeugen und von anderen überzeugt zu werden, ein Glaube an die menschliche Vernunft ist; oder einfacher: daß ich an den Menschen glaube.

Wenn ich sage, daß ich an den Menschen glaube, dann meine ich den Menschen, wie er ist; und ich weiß natürlich, daß er nicht vollkommen rational sein kann. Ich glaube nicht, daß eine Frage wie etwa die, ob der Mensch mehr rational als emotional ist (oder umgekehrt) viel Sinn hat; eine solche Frage soll man lieber nicht stellen: es ist ja nicht möglich, solche Dinge abzuschätzen oder zu vergleichen. Ich neige dazu, gegen eine gewisse Überbetonung der Irrationalität des Menschen und der Gesellschaft (entstanden aus einer Vulgarisierung der Psychoanalyse) zu protestieren. Aber ich kenne nicht nur die Macht des Emotionalen im menschlichen Leben, sondern auch seinen Wert. Ich würde nie vorschlagen, daß das Erreichen einer vernünftigen Haltung das vorherrschende Ziel unseres Lebens werden soll. Ich möchte lediglich behaupten, daß die vernünftige Haltung niemals völlig fehlen sollte – nicht einmal in Beziehungen, die durch große Leidenschaften beherrscht werden, zum Beispiel durch Liebe[2].

Meine grundsätzliche Einstellung zum Problem von Vernunft und Gewalt dürfte nun klar sein; und ich hoffe, daß ich diese Einstellung mit einigen

2 Der Existentialist *Jaspers* schreibt: „Daher ist die Liebe grausam, rücksichtslos und wird von echt Liebenden auch nur geglaubt, wenn sie so ist."
So weit ich es verstehe, enthüllt diese Haltung eher eine Schwäche als die Stärke, die sie zeigen will. Sie verrät nicht so sehr ein Barbarentum, als vielmehr ein hysterisches Bemühen, den starken Mann zu spielen. (Vgl. die Anmerkung 89 auf S. 402/403 des 2. Bandes meiner *Offenen Gesellschaft*.)

meiner Leser und mit vielen anderen Menschen teile. Auf dieser Grundlage will ich nun das Problem des Utopismus diskutieren.

Man kann den Utopismus als eine Form des Rationalismus beschreiben, und ich werde zu zeigen versuchen, daß diese Form des Rationalismus grundverschieden ist von der, an die ich und viele andere glauben. Ich werde also versuchen zu zeigen, daß es mindestens zwei Formen des Rationalismus gibt, von denen ich die eine für falsch und die andere für richtig halte; und daß der falsche Rationalismus einer der Wege ist, die zum Utopismus führen.

Soweit ich sehe, ist der Utopismus das Ergebnis einer Denkweise, welche von vielen vertreten wird, die überrascht wären, zu hören, daß diese anscheinend gänzlich unvermeidliche und selbstverständliche Denkweise zu utopischen Resultaten führt. Diese scheinbar einleuchtende Denkweise kann vielleicht auf folgende Weise dargestellt werden:

Eine Handlung ist rational, so könnte man sagen, wenn sie von allen verfügbaren Mitteln den besten Gebrauch macht, um ein bestimmtes Ziel zu erreichen. Zugegeben, daß es vielleicht nicht möglich ist, das Ziel selbst rational zu bestimmen. Wie dem auch sei, eine Handlung kann nur in bezug auf ein gegebenes Ziel als rational beurteilt und als rational oder adäquat beschrieben werden: Nur wenn wir ein Ziel vor uns haben, und nur in bezug auf dieses Ziel, können wir sagen, daß wir rational handeln.

Nun wollen wir dieses Argument auf den Bereich der Politik anwenden. Alle Politik besteht aus Handlungen; und eine Handlung wird nur dann rational sein, wenn sie zielgerecht ist. Das Ziel des politischen Handelns eines Menschen mag die Vermehrung seiner eigenen Macht sein, oder seines eigenen Reichtums; oder es mag vielleicht die Verbesserung der Gesetze sein, oder die Änderung der Struktur des Staates oder der Gesellschaft.

Im letzteren Fall wird also die politische Handlung nur dann rational sein, wenn wir zuerst die Ziele der sozialen Änderung bestimmt haben, die wir herbeiführen wollen: Die Handlung wird rational sein nur in bezug auf gewisse Ideen darüber, wie der Staat oder die Gesellschaft beschaffen sein sollen. Es scheint also eine Voraussetzung jeder vernünftigen politischen Handlung zu sein, daß wir uns zuerst so weit wie möglich über unsere letzten politischen Ziele klar werden; zum Beispiel über die Struktur des Staates oder der Gesellschaft, die wir für die beste halten. Und erst wenn wir uns über das Ziel klar sind, können wir anfangen, über die Mittel nachzudenken, die am besten geeignet sind, um das Ziel zu verwirklichen; oder um ihm wenigstens langsam näher zu kommen, wobei wir das politische Ziel als Ziel eines historischen Prozesses ansehen können, den wir bis zu einem gewissen Grade beeinflussen oder auf das gewählte Ziel hinlenken können.

Diese Auffassung ist es, die ich Utopismus nenne. Jeder rationalen und uneigennützigen politischen Handlung muß nach dieser Auffassung eine Bestimmung unserer endgültigen Ziele vorausgehen, und nicht nur der Zwischen- oder Teilziele, die nur Schritte auf dem Wege zu unserem Endziel sind, und die daher nur als Mittel und nicht als Zwecke angesehen werden sollten. Rationales politisches Handeln muß sich daher auf eine mehr oder weniger deutliche und detaillierte Beschreibung oder einen Bauplan unseres idealen Staates gründen und auch auf einen Plan oder eine Skizze des historischen Weges, der zu diesem Ziel führt.

Ich halte diese Auffassung, die ich Utopismus nenne, für eine anziehende, ja allzu anziehende Theorie; denn ich halte sie für gefährlich und verderblich. Sie hebt sich, wie ich glaube, selbst auf; und sie führt zur Herrschaft der Gewalt.

Daß sie sich selbst aufhebt, hängt damit zusammen, daß es unmöglich ist, Ziele wissenschaftlich zu bestimmen. Es gibt keine wissenschaftliche Methode, zwischen zwei Zielen zu entscheiden. Einige Menschen verehren vielleicht die Gewalt: ein Leben ohne Gewalt ist für sie fade und inhaltslos. Andere, zu denen auch ich gehöre, hassen Gewalt. Das ist ein Streit um Ziele. Er läßt sich nicht wissenschaftlich entscheiden. Das bedeutet aber nicht, daß wir immer unsere Zeit vergeuden, wenn wir gegen die Gewalt argumentieren. Es bedeutet nur, daß es manchmal nicht möglich sein wird, mit einem Bewunderer der Gewalt zu argumentieren. Er hat eine Art, ein Argument mit einer Gewehrkugel zu beantworten, wenn er nicht mit der Drohung von Gegengewalt niedergehalten wird. Ist er bereit, Argumente anzuhören, ohne zu schießen, dann ist er vom Rationalismus zumindest angekränkelt und man kann ihn vielleicht überzeugen. Deshalb ist das Argumentieren keine Zeitvergeudung, jedenfalls so lange jemand bereit ist zuzuhören. Aber man kann niemanden mit Hilfe von Argumenten dazu zwingen, Argumente anzuhören. Und man kann mit Hilfe von Argumenten nicht die bekehren, denen alle Argumente verdächtig sind und die eine gewalttätige Entscheidung einer rationalen Entscheidung vorziehen. Man kann ihnen nicht beweisen, daß sie im Unrecht sind.

Aber das ist nur ein Sonderfall, der verallgemeinert werden kann: Durch *rein* rationale oder wissenschaftliche Mittel läßt sich keine Entscheidung über Ziele herbeiführen. Aber trotzdem können Argumente manchmal sehr dazu helfen, eine gewaltlose Entscheidung über Ziele zu erreichen.

Wenn wir das alles auf das Problem des Utopismus anwenden, so müssen wir uns zunächst darüber ganz klar sein, daß das Problem, einen utopischen Bauplan zu entwerfen, unmöglich mit den Mitteln der Wissenschaft allein gelöst werden kann. Wenigstens die Ziele müssen gegeben sein, bevor der Sozialwissenschaftler auch nur beginnen kann, einen Entwurf zu skizzieren. Die gleiche Situation finden wir in den Naturwissenschaften. Keine physikalischen Kenntnisse werden einem Wissenschaftler sagen, daß er das Richtige tut, wenn er einen Pflug oder ein Flugzeug oder eine Atombombe baut. Ziele müssen von ihm gewählt oder ihm vorgegeben werden; und alles, was er als *Wissenschaftler* tun kann, ist nur, die Werkzeuge zu schaffen, mit deren Hilfe diese Ziele verwirklicht werden können.

Wenn ich die Schwierigkeiten betone, zwischen verschiedenen utopischen Idealen mittels rationaler Argumente zu entscheiden, so möchte ich nicht den Eindruck erwecken, daß es einen Bereich gibt – etwa wie den Bereich der Ziele –, welcher gänzlich jenseits der Macht rationaler Kritik liegt (obgleich ich sicher sagen würde, daß der Bereich der Ziele zum großen Teil jenseits der Macht *wissenschaftlicher* Argumente liegt). Denn ich selbst versuche ja soeben, über diesen Bereich zu argumentieren; und wenn ich die Schwierigkeiten aufzeige, zwischen konkurrierenden utopischen Entwürfen zu entscheiden, so versuche ich, damit rational gegen die Aufstellung von solchen idealen Endzielen zu argumentieren. Ähnlich ist mein Versuch zu zeigen, daß diese Schwierigkeiten leicht zur Gewaltanwendung führen kann, als rationales Argument gemeint, auch wenn es nur jene ansprechen wird, die die Gewalt hassen.

Daß die utopische Methode, die eine ideale Gesellschaftsordnung als Ziel wählt, dem alle unsere politischen Handlungen dienen sollen, leicht zu Gewaltanwendung führen kann, läßt sich wie folgt zeigen: Da wir die letzten Ziele politischen Handelns nicht durch wissenschaftliche oder rein rationale Methoden bestimmen können, so können Meinungsverschiedenheiten darüber, wie die ideale Gesellschaftsform aussehen würde, nicht immer durch die Methode des Argumentierens ausgeglichen werden. Sie werden zumindest teilweise den Charakter religiöser Differenzen haben. Und zwischen den verschiedenen utopischen Religionen kann es kaum so etwas wie Toleranz geben. Denn utopische Ziele sind dazu bestimmt, als Basis des rationalen politischen Handelns und Diskutierens zu dienen; und solches Handeln scheint nur möglich, wenn über die Ziele endgültig entschieden wurde. Der Utopist muß daher versuchen, seine Konkurrenten, die nicht seine eigenen Ziele teilen und sich nicht zu seiner eigenen utopischen Religion bekennen, zu überreden und, wenn das nicht gelingt, mit Gewalt zu unterdrücken.

Aber er muß noch mehr tun. Er muß alle die ketzerischen und konkurrierenden Ansichten vom Grund auf ausmerzen und ausrotten. Denn der Weg zum utopischen Ziel ist lang. So erfordert die Rationalität des politischen Handelns, daß Maßnahmen getroffen werden, um das Ziel über einen langen Zeitraum konstant zu halten. Aber das kann nur erreicht werden, wenn man die konkurrierenden utopischen Religionen nicht nur unterdrückt, sondern so weit als möglich alle Erinnerung an sie erstickt.

Die Anwendung von gewaltsamen Methoden zur Unterdrückung kon-

kurrierender Zielsetzungen wird sogar noch dringlicher, wenn wir berücksichtigen, daß die Periode des utopischen Aufbaus eine Zeit von sozialen Umwälzungen sein muß. Aber in solchen Zeiten ändern sich auch die Ideen. Das, was zur Zeit der Entscheidung für den utopischen Entwurf vielen als wünschenswert scheinen möchte, mag daher zu einem späteren Zeitpunkt weniger wünschenswert erscheinen. Wenn das so ist, dann läuft das utopische Unternehmen Gefahr zusammenzubrechen. Denn ändern wir unsere letzten politischen Ziele während des Versuchs, uns ihnen zu nähern, so werden wir bald finden, daß wir uns im Kreis bewegen. Die ganze Methode, zuerst ein politisches Endziel zu setzen und dann zu versuchen, sich ihm zu nähern, wird hinfällig, wenn das Ziel während des Realisierungsprozesses verändert werden kann. Es könnte dann leicht vorkommen, daß die bisher unternommenen Schritte tatsächlich von dem neuen Endziel wegführen. Und wenn wir dann die Richtung im Einklang mit unseren neuen Zielen ändern, setzen wir uns dem gleichen Risiko aus. Trotz aller Opfer, die wir vielleicht gebracht haben, um sicher zu sein, daß wir rational handeln, könnten wir erreichen, genau nirgendwo hinzukommen – wenn auch nicht genau zu jenem „Nirgendwo", das mit dem Wort „Utopia" gemeint ist.
Wiederum scheint die Anwendung von Gewalt das einzige Mittel zu sein, solche Änderungen in der Zielsetzung zu verhindern; und das bedeutet die Anwendung von Propaganda, die Unterdrückung der Kritik und die Abschaffung jeglicher Opposition. Sie wird begleitet durch öffentliche Versicherungen der Weisheit und Voraussicht der utopischen Planer – der utopischen Technologen, die den utopischen Entwurf aufstellen und ausführen. So wird der utopische Technologe allwissend und allmächtig. Er wird zum Gott. Du sollst keine andern Götter haben neben ihm.
Der utopische Rationalismus ist also ein sich selbst aufhebender Rationalismus. Wie wohlwollend seine Ziele auch immer sein mögen, er bringt kein Glück hervor, sondern lediglich das wohlbekannte Unglück, zu einem Leben unter einer tyrannischen Herrschaft verdammt zu sein.
Es ist wichtig, daß diese Kritik richtig verstanden wird. Ich kritisiere nicht politische Ideale als solche; noch behaupte ich, daß politische Ideale niemals verwirklicht werden können. Das wäre keine stichhaltige Kritik. Es sind viele Ideale verwirklicht worden, die einst dogmatisch als unrealisierbar erklärt worden waren; zum Beispiel die Errichtung arbeitsfähiger und untyrannischer Institutionen zur Sicherung des inneren Friedens unter den Staatsbürgern: zur Bekämpfung von Verbrechen innerhalb des Staates. Und ich sehe keinen Grund, warum ein internationaler Gerichtshof und eine internationale Polizeistreitmacht keinen ähnlichen Erfolg haben sollte mit der Bekämpfung von internationalen Verbrechen, mit der Bekämpfung

nationaler Aggression und der Mißhandlung von Minoritäten oder vielleicht sogar von Majoritäten. Gegen den Versuch, solche Ideale zu verwirklichen, habe ich keinen Einwand.

Worin also liegt der Unterschied zwischen jenen wohlmeinenden utopischen Plänen, gegen die ich Einspruch erhebe, weil sie zu Gewalt führen, und jenen anderen, wichtigen und weitreichenden politischen Reformen, die ich zu empfehlen geneigt bin?

Wenn ich eine vereinfachte Formel, ein Rezept geben sollte zur Unterscheidung zwischen zulässigen Plänen für soziale Reformen und unzulässigen utopischen Entwürfen, so würde ich etwa sagen:

Arbeite lieber für die Beseitigung von konkreten Mißständen als für die Verwirklichung abstrakter Ideale.

Versuche es nicht, mit politischen Mitteln die Menschheit zu beglücken. Setze Dich stattdessen für die Behebung konkreter Mißstände ein. Oder, um es praktischer auszudrücken: kämpfe für die Beseitigung des Elends mit direkten Mitteln – zum Beispiel durch die Sicherstellung eines Mindesteinkommens für jedermann. Oder kämpfe gegen Epidemien und Krankheit durch den Bau von Krankenhäusern und medizinischen Lehranstalten. Bekämpfe Unwissenheit, wie du Verbrechen bekämpfst. Aber tu all dies mit direkten Mitteln. Entscheide, was du als das schlimmste Übel ansiehst in der Gesellschaft, in der du lebst, und versuche, die Leute geduldig zu überzeugen, daß und wie wir es loswerden können.

Aber versuche nicht, diese Ziele indirekt zu verwirklichen durch das Planen und Vorbereiten eines fernen Ideals, einer Gesellschaft, die vollkommen gut ist. Wie tief du auch der inspirierenden Vision dieses Ideals verpflichtet sein magst, glaube nicht, daß es deine Pflicht ist, für seine Verwirklichung zu sorgen; oder daß es deine Aufgabe ist, anderen die Augen für seine Schönheit zu öffnen. Erlaube deinen Träumen von einer wunderbar schönen Welt nicht, dich von den wirklichen Nöten der Menschen abzulenken, die heute in unserer Mitte leiden. Unsere Mitmenschen haben Anspruch auf unsere Hilfe; keine Generation darf zugunsten zukünftiger Generationen geopfert werden, zugunsten eines Ideals, das vielleicht nie erreicht wird. Kurz: Mein Vorschlag ist, daß vermeidbares menschliches Leid als das dringendste Problem der rationalen öffentlichen Politik anerkannt werden sollte, während die Förderung des Glücks nicht zu einem politischen Problem gemacht werden sollte: Das Suchen nach Glück sollte unserer privaten Initiative überlassen bleiben.

Es ist eine Tatsache, und nicht einmal sehr merkwürdig, daß es gar nicht so schwierig ist, durch Diskussion eine Einigung darüber zu erzielen, was die unerträglichsten Übel unserer Gesellschaft sind, und auch darüber, welche sozialen Reformen die dringlichsten sind. Es ist viel leichter, eine solche Einigung zu erreichen als eine Einigung über die ideale Form des sozialen Lebens. Denn die Übel finden wir hier und heute, in unserer Mitte. Sie sind oft sichtbar, sie können erfahren werden, und sie werden täglich durch viele Leute erfahren, die durch Armut, Arbeitslosigkeit, nationale Unterdrückung, Krieg und Krankheit ins Elend gekommen sind. Wer nicht selbst unter solcher Not leidet, trifft jeden Tag andere, die uns davon berichten können. Das ist es, was das Elend konkret macht. Das ist der Grund, warum wir etwas erreichen können, wenn wir darüber diskutieren; weshalb wir Nutzen aus der rationalen Haltung ziehen können. Wir können lernen, indem wir auf konkrete Ansprüche hören, und geduldig versuchen, sie so gerecht und unparteiisch wie möglich abzuwägen; und wir können nach Mitteln und Wegen suchen, die dringendsten Ansprüche zu erfüllen, ohne dabei schlimmere Übelstände zu verursachen.

Mit dem ideal Guten steht es ganz anders. Es ist abstrakt: Wir kennen es nur aus unseren Träumen und aus den Träumen unserer Dichter und Propheten. Solche Ideale können nicht diskutiert, sondern nur laut verkündigt werden. Sie verlangen nicht die kritische und rationale Haltung eines unparteiischen Richters, sondern die emotionale Haltung des leidenschaftlichen Apostels.

Die Haltung des Utopismus ist deshalb also der rationalen Haltung entgegengesetzt. Utopismus, auch wenn er in rationalistischer Verkleidung erscheint, ist nicht mehr als ein Pseudo-Rationalismus.

Was also ist falsch in der anscheinend rationalen Argumentation, die ich bei der Darlegung des utopischen Falles umrissen habe? Ich gebe zu, daß wir die Rationalität einer Handlung nur in bezug auf bestimmte Ziele oder Zwecke beurteilen können. Aber das bedeutet nicht, daß die Rationalität einer politischen Handlung nur im Hinblick auf ein positives und historisches Endziel beurteilt werden kann. Und es bedeutet sicher nicht, daß wir jede soziale oder politische Situation bloß vom Gesichtspunkt eines vorgefaßten historischen Ideals oder von dem eines angeblich letzten Ziels der geschichtlichen Entwicklung zu betrachten hätten. Im Gegenteil: Wenn unsere Ziele und Zwecke irgendetwas mit menschlichem Glück und Leid zu tun haben sollen, dann dürfen wir unsere Handlungen nicht nur auf den Beitrag hin beurteilen, den sie zum Glück oder zum Elend der Menschen einer fernen Zukunft machen sollen, sondern wir müssen auch ihre unmittelbaren Wirkungen in der Gegenwart beurteilen.

Wir dürfen in einer gegebenen sozialen Situation nie ein bloßes Mittel zum Zweck sehen oder uns damit trösten, daß es sich bloß um eine vorübergehende historische Situation handelt; denn alle Situationen sind vorübergehend. Ebensowenig dürfen wir argumentieren, daß das Leid einer Generation als bloßes Mittel zum Zweck der Sicherung dauernden Glücks einer späteren Generation (oder vieler späterer Generationen) angesehen werden kann. Dieses Argument wird weder durch das hohe Maß des versprochenen

Glücks noch durch die große Zahl der zukünftigen glücklichen Generationen verbessert. Alle Generationen sind vorübergehend. Alle haben das gleiche Recht, berücksichtigt zu werden. Aber unsere unmittelbaren Pflichten beziehen sich zweifellos auf die heutige Generation und auf die nächste. Überdies sollten wir niemals versuchen, das Elend des einen durch das Glück des anderen aufzuwiegen.

So lösen sich die scheinbar rationalen Argumente des Utopismus in Nichts auf. Der Zauber und der Reiz, den die Zukunft auf den Utopismus ausübt, hat nichts mit rationaler Voraussicht zu tun. In diesem Licht sieht die Herrschaft der Gewalt, die der Utopismus hervorbringt, eher aus wie der Amoklauf einer evolutionistischen Geschichtsphilosophie, eines hysterischen Historizismus, der erpicht ist, die Gegenwart der Herrlichkeit der Zukunft zu opfern; der verständnislos ist gegenüber der Tatsache, daß dieses Prinzip dazu führen würde, jede einzelne zukünftige Epoche für die zu opfern, die später kommen; und der verständnislos ist gegenüber der trivialen Wahrheit, daß die endgültige Zukunft des Menschen – was immer sein Schicksal sein mag – nichts Glanzvolleres sein kann als sein endgültiges Aussterben.

Die Anziehungskraft des Utopismus entspringt aus dem Versäumnis, sich klar zu machen, daß wir nicht den Himmel auf Erden schaffen können. Was wir nach meiner Ansicht stattdessen tun können, ist, das Leben in jeder Generation etwas weniger leidvoll und etwas weniger ungerecht zu machen. Viel kann auf diese Weise erreicht werden; und viel ist in den letzten hundert Jahren erreicht worden. Und mehr noch könnte unsere eigene Generation erreichen. Es gibt viele dringende Probleme, die wenigstens teilweise gelöst werden könnten; wie etwa den Schwachen und Kranken zu helfen und denen, die unter Ungerechtigkeit und Unterdrückung leiden; die Arbeitslosigkeit zu beseitigen; Chancengleichheit zu schaffen; und internationale Verbrechen zu verhüten, wie Erpressung und Krieg, angezettelt durch Menschen, Göttern gleich, durch allmächtige und allwissende Führer. Das alles könnten wir erreichen, wenn wir nur aufhören würden, von entfernten Idealen zu träumen und um unsere utopischen Entwürfe für eine neue Welt und für einen neuen Menschen zu streiten. Diejenigen von uns, die an den Menschen glauben, so wie er ist, und die daher nicht die Hoffnung begraben haben, Gewalt und Unvernunft zu besiegen, werden stattdessen fordern, daß jedermann das Recht haben soll, sein Leben selbst zu gestalten, soweit das vereinbar ist mit den gleichen Rechten der anderen.

Wir können hier sehen, daß das Problem des wahren und falschen Rationalismus ein Teil eines größeren Problems ist. Es ist letztlich das Problem einer vernünftigen und gesunden Einstellung zu unserer eigenen Existenz und deren Grenzen – genau das Problem, von dem jetzt die sogenannten

„Existentialisten", die Verkünder einer neuen Theologie ohne Gott, so viel Wesens machen. Es steckt, glaube ich, ein neurotisches, vielleicht sogar ein hysterisches Element in dieser übertriebenen Betonung der fundamentalen Einsamkeit des Menschen in einer entgötterten Welt und der daraus entstehenden Spannung zwischen dem Ich und der Welt.

Ich zweifle nicht daran, daß diese Hysterie eng verbunden ist mit dem utopischen Romantizismus und auch mit der Ethik der Heldenverehrung; mit einer Ethik, die das Leben durch den alternativen Imperativ „Sei Herr – oder sei Knecht" zu begreifen sucht. Und ich zweifle nicht daran, daß in dieser Hysterie das Geheimnis der starken Anziehungskraft dieser Ethik liegt.

Daß unser Problem ein Teil eines größeren Problems ist, kann man auch daran ersehen, daß sich eine deutliche Parallele zum Gegensatz zwischen dem wahren und dem falschen Rationalismus sogar auf dem Gebiet der Religion aufzeigen läßt – einem Gebiet, das dem Rationalismus anscheinend ganz fern liegt. Christliche Denker haben das Verhältnis zwischen Mensch und Gott auf zumindest zwei sehr verschiedene Weisen gedeutet. Die gesunde Deutung kann so ausgedrückt werden: „Vergiß nie, daß Menschen keine Götter sind; aber vergiß auch nie, daß ein göttlicher Funke in ihnen lebt." Die andere Deutung übertreibt die Spannung zwischen Mensch und Gott. Sie übertreibt die Niedrigkeit und Verächtlichkeit des Menschen ebenso wie die Höhen, die er erreichen kann. Sie überträgt die Ethik des „Sei Herr – oder sei Knecht" auf das Verhältnis zwischen Mensch und Gott. Ich weiß nicht, ob vielleicht bewußte oder unbewußte Träume von Gottähnlichkeit und Allmacht dieser Einstellung zugrunde liegen. Aber man kann wohl kaum übersehen, daß die Überbetonung dieser Spannung zwischen Mensch und Gott aus einer unausgeglichenen und unreifen Haltung zum Problem der Macht hervorgeht.

Diese unausgeglichene und unreife Haltung ist besessen vom Problem der Macht; nicht nur vom Problem der Macht über andere Menschen, sondern auch vom Problem der Macht über die Natur – über unsere Umwelt. Diese „falsche Religion" (wie ich sie in Analogie zum „falschen Rationalismus" nennen möchte) ist nicht nur fasziniert von der Macht Gottes über den Menschen, sondern auch von seiner Macht, eine Welt zu erschaffen. In ähnlicher Weise steht der falsche Rationalismus im Banne der Idee, riesige Maschinen und utopische soziale Welten zu erschaffen.

Bacons „Wissen ist Macht" und *Platons* „Herrschaft der Weisen" sind nur verschiedene Ausdrucksformen dieser Einstellung, die im Grunde ihren Anspruch auf Macht und auf den Besitz von überlegener Intelligenz basiert. Aber der wahre Rationalist wird immer wissen, wie wenig er weiß. Auch ist er sich der schlichten Tatsache bewußt, daß, was immer er an Vernunft besitzen mag, er dem gegenseitigen Gedankenaustausch mit anderen Menschen verdankt. Er ist deshalb geneigt, die Menschen grundsätzlich als gleichberechtigt zu betrachten und die menschliche Vernunft als ein Band, das die Menschen vereint. Vernunft ist für ihn das genaue Gegenteil eines Instruments der Macht und der Gewaltanwendung: er sieht in ihr ein Mittel, die Gewalt zu zähmen.

Hans Albert

Wissenschaft, Technologie und Politik

*Zur Problematik des Verhältnisses von Erkenntnis und Handeln**

I. *Theorie und Praxis: Die neomarxistische Herausforderung*

Das Problem des Verhältnisses von Theorie und Praxis, von Erkenntnis und Handeln, ist ein altes Thema des philosophischen Denkens. Wenn heute mitunter der Eindruck entsteht, es handle sich dabei um eine vollkommen neuartige Frage, die man leider bisher sträflich vernachlässigt habe, dann geht das darauf zurück, daß unter dem Einfluß einer politisch sehr wirksamen neomarxistischen Strömung in der Sozialphilosophie[1] alle bisher für brauchbar gehaltenen Lösungen dieses Problems radikal in Frage gestellt und als im Grunde genommen irrational denunziert wurden. In der dieser Kritik zugrunde liegenden Auffassung ist eine Deutung der positiven Wissenschaft enthalten, die für unser Thema von einigem Interesse sein dürfte, eine Deutung nämlich, die geeignet ist, die Idee unvoreingenommener Wahrheitssuche zu unterminieren, die bisher mit der wissenschaftlichen Erkenntnis und mit dem Erkenntnisfortschritt unlösbar verbunden war. Eine Wissenschaft, die sich wie die positive, durch den naturwissenschaftlichen Denkstil geprägte Wissenschaft den Anschein der Wertfreiheit gebe, habe, so wird behauptet, de facto den Charakter der Ideologie, des falschen Bewußtseins. Sie sei sich ihrer sozialen Einbettung nicht bewußt, lehne die Verantwortung für die

---

* Aus: *Hans Albert*, Konstruktion und Kritik, S. 74–93, Hoffmann und Campe Verlag, Hamburg 1972. Wiederabdruck mit freundlicher Genehmigung des Verlages.

1 Dabei ist vor allem zu denken an die durch *Max Horkheimer, Theodor W. Adorno, Herbert Marcuse* und *Jürgen Habermas* repräsentierte „Frankfurter Schule", deren Einfluß auf die Studentenbewegung allerdings im Abnehmen begriffen zu sein scheint. Die besonders aktiven Gruppen der sogenannten „Neuen Linken" scheinen in eine Form des orthodoxen Marxismus zurückgefallen zu sein, die sich als Instrument des politischen Kampfes und als ideologische Grundlage effizienter Organisation besser eignet als die teils für liberale, teils für anarchistische oder gar existentialistische Ideen anfälligen Konzeptionen der oben genannten Denker.

Konsequenzen ihrer Forschungen ab, gebe sich zu technischer Verwertung im Dienste beliebiger Zielsetzungen her und trage letzten Endes dazu bei, die gegebenen sozialen Zustände, das gegenwärtige System, aufrechtzuerhalten, an dessen fundamentaler Irrationalität sie somit Anteil habe. In dieser Sicht der Dinge erscheint bewußte Parteilichkeit des Denkens dann letzten Endes als eine Tugend, zumindest dann, wenn man sich dabei auf der richtigen Seite befindet, nämlich auf der Seite derjenigen, die den Sinn des geschichtlichen Geschehens durchschaut haben, wie das die Vertreter der betreffenden Geschichtsphilosophie für sich selbst in Anspruch nehmen. Eine wichtige Konsequenz dieser Auffassung besteht dann darin, daß es berechtigt erscheint, die Wissenschaft gänzlich und unmittelbar in den Dienst der Politk zu stellen[2]. Bewußte Steuerung unter ideologischen Gesichtspunkten, wie wir sie in verschiedenen Formen aus der Geschichte kennen, wird hier zum integrierenden Bestandteil einer Wissenschaftslehre, die sich im übrigen selbst als ideologiekritisch verstanden wissen möchte.

Ein wesentliches Element der Wissenschaftsauffassung, die in dieser philosophisch-politischen Strömung dominiert, ist die instrumentalistische Deutung der dem naturwissenschaftlichen Denkstil verpflichteten reinen Wissenschaft, eine Deutung, die die technische Verwertbarkeit wissenschaftlicher Theorien zur Grundlage ihrer Beurteilung macht und ihre Bedeutung für die Gestaltung unseres Weltbildes systematisch herunterspielt. Der Realismus, der für die wissenschaftliche Forschung eine mehr oder weniger adäquate Erfassung wirklicher Zusammenhänge in Anspruch nimmt, wird von Verfechtern solcher Auffassungen als naiv hingestellt, obwohl sie selbst bei Bedarf auf Thesen zurückgreifen, für die kaum eine andere Interpretation in Betracht kommt, wenn sie nicht ihre Relevanz einbüßen sollen[3]. Mit dieser

---

2 Aus einer derartigen Sicht der Dinge ist der Versuch von bestimmten Gruppen der „Neuen Linken", die Universität zum Instrument des Klassenkampfes umzufunktionieren, durchaus verständlich. Allerdings sollte man nicht vergessen, daß wir schon einmal in unserer Geschichte eine Politisierung der Wissenschaft erlebt haben, wenn auch unter anderen Vorzeichen; vgl. dazu *Ernst Topitsch,* Die reaktionäre Ideologie der „studentischen Revolution". Club Voltaire. Jahrbuch für kritische Aufklärung IV. Reinbek 1970. Zur Struktur des Denkens, das solchen Bewegungen zugrunde liegt, vgl. meinen Beitrag: Politische Theologie im Gewande der Wissenschaft. Zur Kritik der neuen deutschen Ideologie, in: Konstruktion und Kritik, a. a. O.

3 Zu diesem Naivitätsvorwurf vgl. u. a. *Nikolaus Lobkowicz,* Interesse und Objektivität. Philosophische Rundschau, Dezember 1969. Der Vorwurf mangelnder kritischer Selbstreflexion der eigenen Basis, den die Verfechter dieser Auffassungen ihren Gegnern permanent entgegenzuhalten pflegen, fällt, wie die gründliche Analyse *Werner Beckers* in seinem Buch, Idealistische und materialistische Dialektik, Stuttgart/Berlin/Köln/Mainz 1970, zeigt, auf sie selbst zurück.

instrumentalistischen Deutung ist im allgemeinen ein ontologischer und methodologischer Anti-Naturalismus verbunden, der – im Einklang mit gewissen, vor allem im deutschen Sprachbereich verwurzelten Denktraditionen – bestimmte Bereiche der realen Welt, nämlich die, die zur geschichtlich-gesellschaftlichen Wirklichkeit gehören, der Forschung nach naturwissenschaftlicher Methode entziehen und damit einen Autonomieanspruch für das geisteswissenschaftliche Denken legitimieren möchte. Im ganzen zielt die Argumentation dieser Richtung darauf ab, dem naturwissenschaftlichen Denken durch instrumentalistische Umdeutung und Abwertung einen relativ untergeordneten Stellenwert im Rahmen einer Gesamtauffassung zuzuweisen, die von einer quasitheologischen Geschichtsphilosophie mit absolutem Geltungsanspruch und normativer Funktion beherrscht wird, einer Geschichtsphilosophie, deren Fragwürdigkeit von ihren Verfechtern trotz der heute vorliegenden Kritik nicht bemerkt wird[4]. Mit dieser Herausforderung sind wir heute konfrontiert. Wir sind genötigt, uns damit auseinanderzusetzen, auch wenn wir angesichts der Grobheit und Kurzschlüssigkeit mancher Thesen und Argumente, mit denen da operiert wird, keinen besonderen Geschmack daran gewinnen mögen.

II. *Die reine Wissenschaft und das Problem des Erkenntnisfortschritts*

Was ist zu dieser an marxistischen Ideen orientierten neuen Wissenschaftslehre zu sagen? Auf der Basis einer kritischen Durchleuchtung dieser Auffassung muß zunächst einmal – allen gegenteiligen Behauptungen zum Trotz – festgestellt werden, daß die Idee einer reinen, die Erkenntnis der Wirklichkeit anstrebenden und daher dem Wahrheitsideal verpflichteten Wissen-

4 In den Sozialwissenschaften hat diese Auffassung schon an vielen Stellen eine breite Anhängerschaft gewonnen. Auch Nicht-Marxisten greifen oft bereitwillig auf Argumente zurück, denen sie zugrunde liegt. In der deutschen Psychologie beginnt sie sich gerade eben bemerkbar zu machen; vgl. dazu *Klaus Holzkamp*, Wissenschaftstheoretische Voraussetzungen kritisch-emanzipatorischer Psychologie. Zeitschrift für Sozialpsychologie, Band 1, 1970, Heft 1 und 2. *Holzkamp* stellt seine Eliminierung des Realismus und der Wahrheitsidee als selbstverständliche Konsequenz der wissenschaftstheoretischen Entwicklung dar und landet bei einer marxistisch unterbauten Wissenschaftsauffassung, in der ideologischer Steuerung und technologischer Redaktion das Wort geredet wird. Vgl. dazu meine Kritik in: Konstruktivismus oder Realismus? *Klaus Holzkamps* dialektische Überwindung der „bürgerlichen" Psychologie; in: Konstruktion und Kritik, a. a. O.

schaft keineswegs obsolet geworden ist, wie man uns glauben machen möchte[5]. Ohne Rückgriff auf die Idee einer Approximation an die Wahrheit dürfte es schwierig sein, dem Sinn der wissenschaftlichen Forschung überhaupt gerecht zu werden[6], auch nicht, soweit ihre Ergebnisse technisch verwertbar sind. Die Vorstellung, man könne der technischen Bedeutung dieser Ergebnisse nur dadurch Rechnung tragen, daß man ein gegenstandskonstitutives rein technisches Erkenntnisinteresse dahinter postuliert, durch das der schon erwähnte Instrumentalismus noch eine transzendentale Weihe erhält, ist ein typisches Hirngespinst deutschen idealistischen Philosophierens, das sich etwas darauf zugute hält, den naturwissenschaftlichen Denkstil „hinterfragt" zu haben, obwohl dabei kein einziges stichhaltiges Argument gegen einen kritischen Realismus und eine ihm entsprechende Deutung von Wissenschaft, Technologie und Technik zum Vorschein gekommen ist. Die relativ einfache These, daß die mehr oder weniger adäquate Erfassung realer Zusammenhänge konstitutiv sei für Technologie und Technik und daß ein tieferes Eindringen in die Struktur der Wirklichkeit auf dem Wege objektiver Erkenntnis auch Verbesserungen im technischen Bereich erlaube, die These vom Primat der Erkenntnis im Sinne des Realismus, ist von dieser Seite in keiner Weise zu Fall gebracht worden. Die Schwäche der einschlägigen Argumentation von seiten neo-marxistischer Theoretiker kann durch ein Ausweichen in weitschweifige, aber systematisch belanglose geistesgeschichtliche Untersuchungen bestenfalls kaschiert werden[7]. Im übrigen ist es einigermaßen überraschend, daß im Rahmen einer Auffassung, die sich uns als aufklärerisch zu präsentieren pflegt, eine Wissenschaftslehre Platz findet, die geeignet ist, die Resultate der naturwissenschaftlichen Forschung für den Aufbau un-

---

5 Vgl. dazu zum Beispiel meine Kritik an der *Habermas-Apelschen* Lehre in: Hermeneutik und Realwissenschaft, in meinem Aufsatzband: Plädoyer für kritischen Rationalismus. München 1971, S. 106 ff., sowie meine *Marcuse*-Kritik in: Wissenschaft und Verantwortung. *Max Weber*s Idee rationaler Praxis und die totale Vernunft der politischen Theologie, im o. a. Band, S. 76 ff.

6 Vgl. dazu etwa *Karl Popper,* Truth, Rationality and the Growth of Scientific Knowledge, in: *Popper,* Conjectures and Refutations. London 1963, und andere Arbeiten in diesm Band. Vgl. auch vom gleichen Autor: A Realist View of Logic, Physics and History, in: *Yourgrau-Breck* (Hrsg.), Physics, Logic and History. New York/London 1970.

7 Für das Buch von *Jürgen Habermas,* Erkenntnis und Interesse. Frankfurt 1968, das diesbezügliche Thesen untermauern sollte, hat das *Nikolaus Lobkowicz* in seiner schon erwähnten ausführlichen Rezension: Interesse und Objektivität (vgl. Anm. 3), mit wünschenswerter Deutlichkeit festgestellt.

seres Weltbildes zu sterilisieren[8]. Verständlich wird diese Tatsache allerdings dann, wenn man sich die Abstammung dieser Auffassung aus der Philosophie des deutschen Idealismus vor Augen führt, einer Philosophie, die man mit einigem Recht einmal als „Fortsetzung der Theologie mit anderen Mitteln" gekennzeichnet hat[9].

Wir können also – im Gegensatz zu solchen Auffassungen – ohne weiteres davon ausgehen, daß die Ergebnisse des Erkenntnisfortschritts in den Wissenschaften, gerade auch in den nach naturwissenschaftlicher Methode verfahrenden theoretischen Realwissenschaften, in erster Linie kritisch und konstruktiv zur Verbesserung unseres Weltbildes verwendet werden können, wie das auch tatsächlich seit der Entstehung der Wissenschaften immer geschehen ist, oft gegen den Widerstand von Mächten, die ein Interesse an der Aufrechterhaltung überholter Auffassungen hatten und diesem Interesse mit politischen und institutionellen Mitteln Geltung zu verschaffen suchten. Die Wissenschaft selbst als sozialer Tatbestand kann ja als ein institutionell einigermaßen – wenn auch nicht sehr genau – abgrenzbarer Bereich der modernen Gesellschaft angesehen werden, der großenteils gerade auf diesen Erkenntnisfortschritt hin organisiert ist, in dem also neue Ideen, neue Problemlösungen, aber auch neue Problemstellungen, soweit sie Aussicht auf einen solchen Fortschritt eröffnen, prämiiert werden. Dabei hat sich das naturwissenschaftliche Paradigma, in dem die Idee der theoretischen Erklärung auf nomologischer Grundlage, auf der Basis von Gesetzmäßigkeiten, eine hervorragende Rolle spielt, auf Grund der großen Erfolge in dieser Hinsicht, die mit ihm verbunden waren, in immer stärkerem Maße durchgesetzt, auch in Disziplinen, die früher methodische Autonomie beansprucht hatten, zum Beispiel in den Kultur- und Sozialwissenschaften.

Wenn die Leistung der theoretischen Realwissenschaften darin besteht, immer tiefer in die strukturelle Beschaffenheit der Realität durch Versuche der Er-

---

8 Man darf daran erinnern, daß die theologischen Kritiker der neuzeitlichen Wissenschaft im 16. und 17. Jahrhundert sich ähnlicher Mittel bedienten, um den Glauben gegen die neuen Erkenntnisse zu immunisieren; vgl. dazu z. B. *Benjamin Nelson,* The Early Modern Revolution in Science and Philosophy, Fictionalism, Probabilism, Fideism and Catholic „Prophetism", in: *R. S. Cohen – M. W. Wartofsky* (Hrsg.), Boston Studies in the Philosophy of Science, Vol. III. Dordrecht/Niederlande 1967.

9 Vgl. dazu z. B. *Karl Löwith,* Weltgeschichte und Heilsgeschehen. Die theologischen Voraussetzungen der Geschichtsphilosophie. Stuttgart 1953; derselbe, Gott, Mensch und Welt in der Metaphysik von *Descartes* bis *Nietzsche.* Göttingen 1967; sowie *Ernst Topitsch,* Marxismus und Gnosis; und: Entfremdung und Ideologie. Zur Entmythologisierung des Marxismus, beides in seinem Aufsatzband: Sozialphilosophie zwischen Ideologie und Wissenschaft. Neuwied/Berlin[2] 1966.

klärung auf nomologischer Grundlage einzudringen, dann bedeutet das unter anderem, daß die Erfindung, Entwicklung, Anwendung und Beurteilung erklärungskräftiger und damit gehaltvoller Theorien von zentraler Bedeutung für ihre Erkenntnispraxis ist. Die Gesichtspunkte, die für eine solche Tätigkeit maßgebend sind, scheinen mir durch die wissenschaftstheoretische und wissenschaftshistorische Forschung der letzten Zeit einigermaßen geklärt worden zu sein[10], so weit jedenfalls, daß sich daraus eine eindeutige Antwort auf moderne Versuche ergibt, durch Hochspielen der politischen Relevanzproblematik die relative Autonomie der wissenschaftlichen Forschung zu unterminieren. Eines der wichtigsten Ziele der neomarxistisch inspirierten Kritik an der üblichen Wissenschaftsauffassung, die diese Autonomie betont, ist das seinerzeit durch *Max Weber* formulierte Wertfreiheitsprinzip, demzufolge eine der Erkenntnis gewidmete Wissenschaft auf Werturteile in ihrem Aussagenzusammenhang verzichten kann und muß[11]. „Eine empirische Wissenschaft", sagt Weber an einer Stelle, „vermag niemanden zu lehren, was er *soll*, sondern nur, was er *kann* und – unter Umständen – was er will." Dieses Prinzip ist auf die verschiedenste Weise mißverstanden worden, und man kann wohl sagen, daß fast alle Kritiker *Max Webers* in dieser Hinsicht in ihrer Kritik von solchen Mißverständnissen ausgegangen sind[12]. *Weber* hat in seiner Lösung der komplexen Wertproblematik keineswegs geleugnet, daß normative Orientierungen und Wertgesichtspunkte für die Wissenschaft erhebliche Bedeutung haben, er wollte auch nicht, wie *Marcuse* behauptet hat, durch seine Lehre die Wissenschaft für exogene Wertungen frei machen, „für die Akzeptierung von verbindlichen Wertsetzungen", die ihr „von *außen* ... aufgetragen werden"[13]; er wollte vielmehr gerade ihre endogenen Wertungen, die mit der Zielsetzung der unvoreingenommenen Wahrheitssuche zusammenhängen, deutlich herausstellen und sie von exogenen Wertungen, zum Beispiel denen des politischen Tageskampfes, so unabhängig wie möglich machen, um ihre freie Entfaltung zu sichern. Wie die Wissenschaftsgeschichte zeigt, ist der Versuch, die wissenschaftliche Forschung einer Steuerung unter politischen Gesichtspunkten aus-

10 Vgl. dazu etwa *Karl Popper*, Die Aufgabe der Wissenschaft, im vorliegenden Band, S. 89 ff.

11 Vgl. dazu *Max Weber*, Die „Objektivität" sozialwissenschaftlicher und sozialpolitischer Erkenntnis, im vorliegenden Band S. 335 bis 348.

12 Vgl. dazu meinen Beitrag: Theorie und Praxis. *Max Weber* und das Problem der Wertfreiheit und der Rationalität, in: Konstruktion u. Kritik, a.a.O.; sowie meine Kritik an *Marcuse*, dessen Kritik an *Max Weber* den Stempel besonderer Fahrlässigkeit trägt, in meinem o. a. Aufsatz: Wissenschaft und Verantwortung.

13 Vgl. *Herbert Marcuse*, Industrialisierung und Kapitalismus, in: Otto Stammer (Hrsg.), *Max Weber* und die Soziologie heute. Tübingen 1965, S. 169 ff.

zusetzen, für den Fortschritt der Erkenntnis nur von negativer Bedeutung. Das gilt nicht nur für die Suche nach adäquaten Problemlösungen, sondern auch schon für die Wahl der Probleme selbst. Es ist eine Illusion zu glauben, man könne durch Geltendmachen praktisch-technischer oder gar moralisch-politischer Gesichtspunkte die Theoriebildung und den Erkenntnisfortschritt fördern und in eine bestimmte Richtung lenken. Wer das annimmt, verkennt die Bedeutung umfassender und von der Begrenzung auf spezielle Probleme der unmittelbaren Alltagspraxis losgelöster Theorien für die Entwicklung der Erkenntnis[14]. Gerade solche Theorien haben sich später immer wieder als ungeheuer bedeutsam auch für die Lösung praktisch-technischer Probleme erwiesen, ohne daß man die vielseitigen Möglichkeiten praktischer Verwertung hätte vorhersehen können. Das hängt unter anderem damit zusammen, daß die Menge der Folgerungen aus solchen Theorien unübersehbar ist[15]. Damit sind aber auch gleichzeitig die sozialen Wirkungen solcher Theorien nicht im voraus bestimmbar, zumal sie zusätzlich noch von gesellschaftlichen Konstellationen und von den Einstellungen derjenigen Menschen abhängen, die Kenntnis von ihnen erlangen und diese verwerten, also keineswegs von der moralisch-politischen Haltung der sie produzierenden Wissenschaftler, von der heute so viel Aufhebens gemacht wird[16]. Es ist also durchaus möglich, daß politisch-konservativ eingestellte Forscher Theorien produzieren, deren Wirkungen letzten Endes revolutionären Charakter haben[16a]. Andererseits kann eine revolutionäre Einstellung mit einer ausgesprochen exegetisch-dogmatischen Haltung gewissen Texten gegenüber verbunden sein, die für die Theoriebildung völlig unfruchtbar bleibt.

---

14 Vgl. dazu etwa *Alexandre Koyré*, Etudes Galiléennes. Paris 1966; derselbe, Newtonian Studies. London 1965; derselbe, Metaphysics and Measurement. Essays in Scientific Revolution, London 1968, und andere wissenschaftshistorische Arbeiten, die dem marxistischen Mythos des unmittelbaren Praxisbezugs der Wissenschaft den Garaus gemacht haben dürften.

15 Die Folgerungsmenge jeder derartigen Theorie ist an sich schon unendlich groß, aber je allgemeiner und gehaltvoller eine Theorie ist, desto umfassender ist ihre Folgerungsmenge. Nicht einmal, wenn die betreffende Theorie ausgearbeitet vorliegt, sind daher alle Konsequenzen zu übersehen. Der Glaube, man könne die praktische Relevanz einer Theorie schon vorher, etwa auf Grund eines von praktischen Gesichtspunkten her gewählten Ausgangsproblems, beurteilen, ist in höchstem Grade naiv, ganz abgesehen von der Fragwürdigkeit der Vorstellung, daß der Ausgang von einem solchen Problem zu einer relevanten Theorie führe.

16 Darauf hat *Friedrich H. Tenbruck* in seinem Aufsatz: Die Funktionen der Wissenschaft, in: *Gerhard Schulz* (Hrsg.), Was wird aus der Universität? Tübingen 1969, mit Nachdruck hingewiesen. Vgl. auch den instruktiven Aufsatz von *Hans Mohr*, Information und Utopie. Die Zukunft des Menschen aus der Sicht des

III. *Die praktische Anwendung von Erkenntnissen und die Problematik der Technologie*

Für das Problem einer rationalen Praxis ist die wertfreie wissenschaftliche Erkenntnis schon insofern von großer Bedeutung, als sie einen erheblichen Beitrag zur Beantwortung der wichtigen Frage leistet: Was können wir tun? Nun gibt es allerdings Auffassungen, die zumindest hier – im Bereich der sogenannten angewandten Wissenschaft – die explizite Einführung normativer Elemente in das wissenschaftliche Denken, die Aufstellung von Wertprämissen und ihre Benutzung für das Ziehen praktisch relevanter Konsequenzen, für unerläßlich halten. Unter dem Gesichtspunkt der praktischen Brauchbarkeit wird dabei der Aufbau einer normativen Sozialwissenschaft gefordert, von der her politische Entscheidungen wissenschaftlich gerechtfertigt werden können[17]. Diese Forderung beruht auf einer Kritik an ideologischen Konzeptionen, in denen versteckte Wertungen in der Maske erkenntnishaltiger Aussagen vorkommen, und andererseits an der Vorstellung einer für beliebige Zwecke verwendbaren wertfreien Technologie. Nun läßt sich zeigen, daß die Einführung von Wertprämissen auch in diesem Zusammenhang weder notwendig noch auch förderlich für die Entwicklung praktisch verwendbarer Aussagesysteme ist[18]. Aus Systemen mit nomologischem Gehalt, wie sie in der theoretischen Erkenntnis der reinen Realwissenschaften vorliegen, lassen sich nämlich ohne die Verwendung zusätzlicher Voraussetzungen auf deduktive Weise praktisch verwendbare technologische Systeme ableiten. Allerdings muß man sich darüber klar sein, daß die Gewinnung eines solchen Systems jeweils eine Selektion aus einer unendlichen Folgerungsmenge involviert und daß man, wie immer in solchen Fällen, Gesichtspunkte benötigt, die die Beurteilung der Relevanz der betreffenden Folgerungen

---

Naturwissenschaftlers. Freiburger Universitätsreden. Neue Folge, Heft 46. Freiburg 1969. *Karl Popper* hat aus der Unvorhersagbarkeit künftigen Wissens die Folgerung gezogen, daß auch der Gang der Geschichte im großen unvorhersagbar sei, im Gegensatz zu den Ansprüchen marxistischer und nicht-marxistischer Geschichtsphilosophen. Vgl. dazu *Popper*, Das Elend des Historizismus. Tübingen ^{2}1969.

16a Vgl. *H. Blumenberg*, Die kopernikanische Wende. Frankfurt 1965; sowie *A. Koestler*, Nachtwandler. Stuttgart/Zürich/Salzburg o. J.

17 Für das Programm einer solchen Wissenschaft vgl. *Gerhard Weisser*, Politik als System aus normativen Urteilen. Göttingen 1951; dazu kritisch mein Aufsatz: Wertfreiheit als methodisches Prinzip. Zur Frage der Notwendigkeit einer normativen Sozialwissenschaft, in: *E. von Beckerath — Herbert Giersch — Heinz Lampert* (Hrsg.), Probleme der normativen Ökonomik und der wirtschaftspolitischen Beratung. Berlin 1963.

18 Vgl. dazu meinen in Anm. 17 genannten Aufsatz.

ermöglichen, ganz abgesehen davon, daß die Lösung dieses Selektionsproblems eine praktisch orientierte schöpferische Phantasie voraussetzt.
Um zu bestimmen, worin die praktische Bedeutung solcher technologischer Systeme besteht, ist es zweckmäßig, sich zu verdeutlichen, daß die in wissenschaftlichen Theorien beschriebenen Gesetzmäßigkeiten den Charakter von Einschränkungen haben, von Spielräumen gewissermaßen, innerhalb deren das tatsächliche Geschehen abläuft. In ihrer Anwendung auf praktisch relevante Situationen ergibt sich aus ihnen die Einschränkung menschlicher Wirkungsmöglichkeiten. Man kann also sagen, daß in solchen technologischen Aussagensystemen der Spielraum menschlicher Handlungsmöglichkeiten festgelegt und damit eine jeweils situationsspezifische Antwort auf unsere Ausgangsfrage ermöglicht wird: Was können wir tun? Das geschieht dadurch, daß in ihnen das mögliche Geschehen auf mögliche Ansatzpunkte für menschliches Handeln bezogen wird[19]. Auch die Technologie braucht also keine Vorschriften zu enthalten, sondern nur informative Aussagen, nämlich solche über menschliche Handlungsmöglichkeiten. Der Informationsgehalt eines solchen Systems geht nicht über den seiner theoretischen Grundlage hinaus. Seine Bedeutung hängt nur von diesem Gehalt und seiner Relevanz für die Lösung der betreffenden praktischen Probleme ab. Im übrigen können Technologien auch dann noch nützlich sein, wenn ihre theoretische Grundlage strenggenommen falsch und unter Umständen schon durch den Erkenntnisfortschritt überholt ist. Das hängt mit dem einfachen Umstand zusammen, daß aus falschen Theorien unter anderem auch wahre Konsequenzen gezogen werden können[20]. Der Wahrheitsgehalt einer falschen Theorie kann dazu ausreichen, die zur Lösung eines praktischen Problems notwendigen Folgerungen abzuleiten. So ergeben sich etwa aus einer Technologie für das Schießen mit Geschützen, wie sie in der klassischen Artillerie üblich waren, einer Technologie, die der ballistischen Kurve die Form der Parabel zugrunde legte, auch dann brauchbare Resultate, wenn bekannt ist, daß eine

19 Wenn *Ernst Mach* in einem Kapitel über Sinn und Wert der Naturgesetze — in seinem Buch: Erkenntnis und Irrtum. Skizzen zur Psychologie der Forschung. Leipzig ³1917, S. 449 — sagt: *„Ihrem Ursprunge nach sind die ‚Naturgesetze' Einschränkungen, die wir unter Leitung der Erfahrung unserer Erwartung vorschreiben"*, so ist in dieser These diese praktisch bedeutsame Seite des nomologischen Denkens sehr gut charakterisiert.

20 Ein im Sinne der Logik gültiges deduktives Argument ermöglicht zwar den Transfer des positiven Wahrheitswertes — der Wahrheit — von der Prämissenmenge auf die Konklusion, aber dadurch ist nicht ausgeschlossen, daß aus einem System mit falschen Prämissen auch wahre Folgerungen gezogen werden können. Das ist sogar trivialerweise immer möglich, da zumindest logisch-wahre Aussagen aus beliebigen Systemen gefolgert werden können.

solche Kurve eigentlich die Form einer Ellipse hat. Beim Übergang zu Interkontinentalraketen allerdings dürfte eine solche Technologie nicht mehr ausreichend sein[21].

Nun aber zurück zur Problematik der Relevanz und der eventuellen Bedeutung von Werturteilen für die Konstruktion technologischer Aussagensysteme. Wie wir gesehen haben, ist die auf Erklärung wirklicher Zusammenhänge abzielende theoretische Realwissenschaft in ihrer Entwicklung kaum ohne Schaden von exogenen politisch-moralischen Gesichtspunkten abhängig zu machen. Sie ist im übrigen in praktischer Hinsicht prinzipiell ambivalent[22], da sie eine unbegrenzte Menge technischer Verwendungen in den verschiedensten Richtungen zuläßt, von denen unter einem jeweils gegebenen Wertgesichtspunkt stets einige als akzeptabel, andere dagegen als fragwürdig erscheinen werden. Was für ihre theoretische Grundlage gilt, ist aber in einem gewissen Ausmaß sogar für die technologischen Systeme selbst gültig. Auch sie sind in praktischer Hinsicht weitgehend ambivalent, da sie Anwendungen zu den verschiedensten Zwecken zulassen. Das gilt selbst für Systeme der Sozialtechnologie, über die nicht selten so argumentiert wird, als ob hier eindeutige politisch-moralische Beurteilungen selbstverständlich möglich seien. Um einen Extremfall zu nehmen: Selbst eine Technologie der Revolution ist schon deshalb praktisch ambivalent, weil je nach spezieller Situation auch unter dem gleichen Wertgesichtspunkt eine Revolution einmal als wünschenswert, ein anderes Mal aber als unerwünscht angesehen werden kann. Davon abgesehen werden sogar die Gegner von Revolutionen aus der Kenntnis einer solchen Technologie Nutzen ziehen können.

Wer also bestimmte technologische Systeme wegen ihrer Relevanz für die Lösung bestimmter Probleme positiv beurteilt, braucht sich damit noch lange nicht für eine bestimmte Verwendung und damit für eine bestimmte Politik auszusprechen. Es ist daher zweckmäßig, zwischen der Konstruktion eines solchen Aussagensystems und seiner Anwendung in bestimmten konkreten Situationen zu unterscheiden, was zum Beispiel die Verfechter einer normativen Sozialwissenschaft nicht immer in ausreichendem Maße getan haben, also einen Unterschied zwischen Technologie und Technik, zwischen Sozialtechnologie und Politik, zu machen. Bei der Anwendung wissenschaftlicher – auch technologischer – Aussagen in konkreten Situationen spielen natürlich Wertungen aller Art, auch solche politischen und moralischen Charakters,

---

21 Vgl. dazu *Karl Popper*, Die Aufgabe der Wissenschaft, a. a. O., S. 92 ff., wo dieses Beispiel, das von *Newton* selbst stammt, im Zusammenhang einer Diskussion der Beziehung zwischen der *Galileischen* und der *Newtonschen* Theorie erörtert wird.

22 Das haben vor allem *Friedrich H. Tenbruck* und *Hans Mohr* in ihren in Anm. 16 genannten Arbeiten mit wünschenswerter Deutlichkeit herausgestellt.

eine erhebliche Rolle. Das ist, soweit ich sehe, von niemandem geleugnet worden, sicherlich nicht von den Verfechtern des schon erwähnten Wertfreiheitsprinzips. Was allerdings geleugnet werden kann, ist die Zweckmäßigkeit von Konzeptionen, in denen versucht wird, die für konkrete Situationen in Betracht kommenden Wertungen durch Einführung expliziter Wertprämissen in die betreffenden Systeme vorwegzunehmen[23]. Ein großer Teil unserer heutigen Alltagspraxis ist technologisch – auch schon sozialtechnologisch – geprägt und damit von der Anwendung wissenschaftlicher Erkenntnis abhängig. Es wäre ein utopisches Unterfangen, der Vielfalt der in Betracht kommenden Zielsetzungen und Wertungen durch den Versuch einer solchen abstrakten Vorwegnahme Rechnung zu tragen.

Es ist vielleicht zweckmäßig, in diesem Zusammenhang noch auf ein Mißverständnis der Leistungen des technologischen Denkens einzugehen, das man nicht selten auch bei Wissenschaftlern findet. Dieses Mißverständnis kommt in der These zum Ausdruck, die Wissenschaft könne nur etwas über die Mittel, nicht aber über die Ziele oder Zwecke menschlichen Handelns sagen. Diese These entspringt, wenn man sie in bestimmter Weise deutet, dem sehr problematischen Glauben an die Neutralisierbarkeit eines Teiles der praktischen Problematik, der letzten Endes auf das Vorurteil hinausläuft, daß der Zweck die Mittel heiligt. Dieses Zweck-Mittel-Denken[24] involviert ein normatives Mißverständnis der Technologie, die de facto nur über Handlungsmöglichkeiten – also über mögliche Zwecksetzungen und mögliche Mittelverwendungen – informieren, aber keine der analysierten Alternativen vorschreiben und damit dem Handelnden weder die Entscheidungen über Zwecke noch die über Mittel abnehmen kann.

IV. *Wissenschaft, Politik und Gesellschaft*

Aus dem Bisherigen geht hervor, daß auch eine an der Idee der Wahrheitssuche und am Ziel des Erkenntnisfortschritts orientierte Wissenschaftsauffassung, die das Webersche Wertfreiheitsprinzip akzeptiert, die soziale Einbettung der Wissenschaft – die Tatsache, daß sie von sozialen Bedingungen abhängt und soziale Wirkungen entfaltet – nicht zu leugnen braucht. In der

23 Vgl. dazu meine Kritik in: Sozialwissenschaft und politische Praxis, in: Konstruktion und Kritik, a. a. O.

24 Für eine durchgreifende Kritik vgl. *Gunnar Myrdal*, Das Zweck-Mittel-Denken in der Nationalökonomie (1933), abgedruckt in seinem Aufsatzband: Das Wertproblem in den Sozialwissenschaften. Hannover 1964, der auch problematischere Beiträge enthält.

entwickelten industriellen Gesellschaft gehört die Wissenschaft und die auf ihrer Basis entwickelte Technik, wie jedermann weiß, zu den unentbehrlichen Grundlagen des täglichen Lebens. Ohne ihre Ergebnisse und Methoden wäre die heutige Zivilisation nicht aufrechtzuerhalten. Das bedeutet zunächst vor allem eines, nämlich daß in jeder Gesellschaft dieses Entwicklungsstandes ganz unabhängig von der jeweiligen sozialen Ordnung und der Gestaltung des politischen Lebens ein starkes Interesse daran besteht, die Leistungsfähigkeit dieses sozialen Bereichs aufrechtzuerhalten und seine Entwicklung zu fördern, damit alle Bereiche in den Genuß der Leistungen kommen können, die in ihm produzierbar und für ihr Funktionieren erforderlich sind. Dieses Interesse ist, so tief es auch an vielen Stellen eingewurzelt und institutionell verankert sein mag, doch nur eine von vielen Komponenten der jeweiligen sozialen Interessenkonstellation, die nicht selten mit anderen in Konflikt gerät und auf Kompromisse mit ihnen angewiesen ist.
Aus dieser Tatsache und aus dem Umstand, daß viele und starke gesellschaftliche Kräfte an der Wissenschaft nur insoweit interessiert sind, als ihre unmittelbare technische Verwertbarkeit in Frage kommt, ergibt sich die Konsequenz, daß man nicht ohne weiteres die Herstellung erkenntnisoptimaler Bedingungen in diesem Bereich des sozialen Lebens erwarten kann, ganz abgesehen davon, daß unsere Kenntnisse über die Beschaffenheit solcher Bedingungen noch nicht sehr entwickelt sind. Wir müssen durchaus damit rechnen, daß auch in neuzeitlichen Industriegesellschaften, die für ihre Existenz auf eine auf den Erkenntnisfortschritt hin orientierte Wissenschaft angewiesen sind, soziale Kräftekonstellationen entstehen, die auch ohne bewußte Absicht dafür sorgen, daß die sozialen Bedingungen für die Funktionsfähigkeit einer solchen Wissenschaft mehr oder weniger stark beeinträchtigt werden. Das kann nicht nur dadurch geschehen, daß ein totalitäres Regime dramatische Eingriffe in das wissenschaftliche Leben auf sich nimmt, um sein Interpretationsmonopol für die herrschende Ideologie aufrechtzuerhalten und diese Ideologie gegen die schleichende Erosion zu schützen, die mit der Verbreitung bestimmter wissenschaftlicher Erkenntnisse oft verbunden zu sein pflegt. Es kann sich auch um weit weniger auffallende Entwicklungen handeln, durch die etwa die Rekrutierung der für die Forschung notwendigen Kräfte, deren Ausbildung, die Alimentierung der Forschungen selbst und andere Funktionsbedingungen wissenschaftlicher Aktivitäten geschwächt und die sozialen Fundamente des Erkenntnisfortschritts unterminiert werden, Entwicklungen, die auf lange Sicht wirksam werden, auch wenn ihre kurzfristigen Wirkungen kaum zu bemerken sind.
Die Wissenschaft läßt sich keineswegs in einem sozialen Vakuum reproduzieren. Sie beruht auf jahrhundertealten Traditionen, deren Abbruch soziale Katastrophen ungeheuren Ausmaßes hervorrufen müßte. Insofern ist die Wissenschaft, gerade auch die der naturwissenschaftlichen Methode verpflich-

tete wertfreie Wissenschaft, natürlich ein Politikum ersten Ranges, aber das bedeutet keineswegs, daß man sie hinsichtlich ihrer Problemstellungen und Problemlösungen einer politischen Steuerung irgendwelcher Art unterwerfen müßte. Ideologien, die eine solche Steuerung in einem angeblich dazu verpflichtenden Gesamtinteresse rechtfertigen möchten, sind schon deshalb fragwürdig, weil sie dazu genötigt sind, außerwissenschaftlichen Instanzen ein Erkenntnisprivileg und darüber hinaus Kompetenzen zuzuerkennen, deren sinnvolle Handhabung weiterreichende Kenntnisse voraussetzen würde, als sie innerhalb des Bereichs der wissenschaftlichen Forschung vorhanden sind, wo gerade in wichtigen Fragen konkurrierende theoretische Auffassungen an der Tagesordnung sind. Die reine Wissenschaft, soweit sie in ihrer Forschungspraxis auf den Erkenntnisfortschritt abzielt, bedarf weder einer exogenen Lenkung, noch kann sie eine solche ohne negative Folgen für ihre Leistungsfähigkeit vertragen. Sie bedarf allerdings der Förderung mit geeigneten Mitteln: nicht nur durch Bereitstellung von Personal und Ausbildungs- und Forschungseinrichtungen, sondern auch durch institutionelle Vorkehrungen, die die Freiheit des Denkens und des Gedankenaustauschs, den Schutz der Forschung gegen Eingriffe und Störungen durch Inkompetente, die Entlastung der Forschenden von anderen – zum Beispiel von administrativen – Aufgaben und andere wichtige Vorbedingungen fruchtbarer Erkenntnispraxis sicherstellen[25]. Nicht politische Lenkung oder gar ideologische Steuerung, sondern institutionelle Stützung ist hier also am Platze, wenn man den Fortschritt der Erkenntnis nicht gefährden will.
Natürlich ist die Situation eine vollkommen andere, soweit es um die technische Verwertung wissenschaftlicher Erkenntnisse geht. Zwar ist der Erkenntnisfortschritt die unentbehrliche Grundlage des technischen Fortschritts – wenn dieser auch über die Vervollkommnung des Forschungsinstrumentariums, zum Beispiel der Meßinstrumente, auf jenen zurückwirkt –, aber für ihn haben die Erfordernisse des Alltags eine andere Bedeutung als für die reine Grundlagenforschung. Der technische Fortschritt unterliegt weitgehend politisch relevanten Richtungsentscheidungen, die sich auch auf die Formulierung der zu lösenden praktischen Probleme beziehen, und läßt sich daher kaum sinnvollerweise dem steuernden Einfluß politischer Instanzen entziehen. Die technologische Forschung ist ja unmittelbar an praktischen Ziel-

25 Reformen, die dazu führen, daß mit Aufgaben im Bereich der Erkenntnis betrautes Personal einen großen Teil seiner Arbeitszeit damit verbringen muß, in endlosen Sitzungen relativ triviale Entscheidungen administrativen Charakters zu treffen, sind nicht zu den institutionellen Mitteln einer solchen Förderung zu rechnen, auch wenn sie ideologisch legitimiert erscheinen. Wer bei der Umorganisation eines sozialen Gebildes die Frage des Zeitaufwands vernachlässigt, handelt irrational.

setzungen orientiert, sie ist ohnehin bis zu einem gewissen Grade exogen gesteuert und kann insoweit auch dem Einfluß der politischen Urteilsbildung kaum entzogen werden. Das bedeutet keineswegs, daß sich etwa der Staat laufend in den großen Bereich technologischer Forschung einschalten müßte, der in einer Gesellschaft mit großen marktwirtschaftlich organisierten Sektoren durch die autonomen Entscheidungen der Unternehmungen gesteuert wird. Die Zulassung solcher Marktbereiche entspringt selbst ordnungspolitischen Entscheidungen, aus denen sich eine solche Kompetenzregelung ergeben kann. Andererseits sind die zentralen politischen Instanzen einer modernen Industriegesellschaft genötigt, bestimmte Aufgaben, auch solche, die für ihre adäquate Erfüllung technologische Forschungen und technische Entwicklungen voraussetzen, selbst in Angriff zu nehmen und teilweise auch die Vorbedingungen für ihre Erfüllung selbst zu schaffen, man denke nur an die Probleme der Raum- und Verkehrsplanung, der Umweltverschmutzung, des Gesundheitsschutzes, der Ausbildung usw., kurz an Probleme, deren Lösung nicht ohne weiteres an autonome Marktinstanzen delegiert werden kann. Die Anwendung wissenschaftlicher Erkenntnisse in der Praxis des sozialen Lebens unterliegt, wie schon erwähnt, konkreten Wertungen aller Art, die mit den jeweiligen praktischen, unter anderem auch den politischen, Zielsetzungen zusammenhängen.

Mit der Frage nach der Möglichkeit und Zweckmäßigkeit politischer Steuerung oder institutioneller Förderung der wissenschaftlichen und technologischen Forschung und der praktischen Verwertung von Erkenntnissen ist aber nur ein Aspekt der Problematik der sozialen Einbettung der Wissenschaft behandelt. Ein anderer nicht weniger wichtiger Aspekt ergibt sich aus der Frage nach den möglichen Leistungen der Wissenschaft für die gesellschaftliche Praxis. Nach dem bisher Gesagten könnte es so aussehen, als ob hier im wesentlichen nur eine Art von Leistung in Betracht käme, nämlich diejenige, die sich aus der Möglichkeit technischer Verwertung ergibt. Aber das ist keineswegs der Fall. Ich habe schon zu Anfang in meiner Kritik des erkenntnistheoretischen Instrumentalismus auf die Bedeutung der wissenschaftlichen Erkenntnis für die Formung unseres Weltbildes hingewiesen. Damit ist nun nicht etwa nur eine esoterische Funktion der Wissenschaft angesprochen, die für die Alltagspraxis und damit auch für das politische Leben ohne Belang ist. Man muß vielmehr damit rechnen, daß die Fortschritte des wissenschaftlichen Denkens auch unabhängig von der Frage ihrer technischen Verwertbarkeit bis zu einem gewissen Grade ins allgemeine Bewußtsein übergehen und darin Wandlungen hervorrufen, die sich unter anderem letzten Endes auch auf politische Entscheidungen auswirken. Wenn dem nicht so wäre, dann wäre es nicht an der Tagesordnung, daß die zentralen politischen Instanzen autoritär oder totalitär organisierter Herrschaftsverbände bestrebt sind, die Verbreitung wissenschaftlicher Entdeckungen zu verhindern, aus denen sich fatale Konsequenzen für diejenige Ideologie ergeben, der sie jeweils ihre Legitimation verdanken. Der Erkenntnisfortschritt trägt zu Bewußtseinswandlungen bei, die unabhängig von der Möglichkeit technischer Anwendung das Denken und Handeln der Mitglieder einer Gesellschaft prägen und damit auch politisch wirksam werden.

Es ist daher berechtigt, zumindest zwei Arten der Praxisorientierung zu unterscheiden, denen wissenschaftliche Erkenntnisse zugrundeliegen. Man kann sie vielleicht am besten durch die beiden Ausdrücke „Aufklärung" und „Steuerung" umschreiben. In einem Falle werden die Produkte der wissenschaftlichen Forschung dazu benutzt, Vorurteile zu eliminieren, ideologische Verschleierungen durchschaubar zu machen, das Wissen über tatsächliche Zusammenhänge zu verbessern und auf diese Weise das Urteil und die Urteilskraft der Mitglieder der Gesellschaft zu läutern und zu stärken. Die wissenschaftliche Erkenntnis wird hier also kritisch verwertet, zur Kritik von mehr oder weniger fest verwurzelten Überzeugungen aller Art, auch von Wertorientierungen[26] und politischen Meinungen und schließlich auch zur Sozialkritik. Institutionelle Vorkehrungen aller Art können ja ähnlich wie etwa wissenschaftliche Theorien als Versuche der Problemlösung aufgefaßt und unter dem Gesichtspunkt ihrer Leistung beurteilt werden, wobei wieder die in Betracht kommenden wissenschaftlichen Theorien für diese Beurteilung heranzuziehen sind. Im anderen Falle, nämlich im Falle der Steuerung, geht es um die technologische Umsetzung und die technische Verwertung wissenschaftlicher Erkenntnisse, von denen schon öfter die Rede war, also um ihre konstruktive Verwendung.

In beiden Fällen haben wir es mit dem vom Neomarxismus ständig beschworenen Problem der Vermittlung von Theorie und Praxis zu tun, für das im Rahmen dieser philosophischen Konzeption allerdings kaum Lösungen zu finden sind. Unter Voraussetzung der hier vorgeschlagenen realistischen Interpretation der positiven Wissenschaften macht seine Lösung keine prinzipiellen Schwierigkeiten. Man muß nur davon ausgehen, daß in beiden Fällen die Erklärung der in Betracht kommenden Phänomene als grundlegend für die praktische Orientierung angesehen werden kann, ob sie nun konstruktiven oder kritischen Charakter hat. Einen Tatbestand erklären heißt unter anderem auch zeigen, wie er prinzipiell vermieden oder hervorgerufen werden könnte, natürlich unter der Voraussetzung, daß die entsprechenden Ansatzpunkte für menschliches Handeln vorhanden sind. Wer, wie das viele Verfechter einer Auffassung tun, die die Wissenschaft einer ideo-

26 Die Frage der Möglichkeit der Kritik an Wertüberzeugungen mit den Mitteln einer im Sinne *Max Webers* wertfreien Wissenschaft ist ein Sonderproblem, das ich hier nicht erörtern kann; vgl. dazu mein Buch: Traktat über kritische Vernunft, Tübingen ²1969, Kap. III: Erkenntnis und Entscheidung.

logischen Integration oder gar politischer Steuerung unterwerfen will, den Geltungsbereich der naturwissenschaftlichen Methode beschränken möchte, etwa so, daß die Sozialwissenschaften nicht in ihn einbezogen werden, der sollte sich darüber klar sein, daß er dadurch keineswegs die Rationalisierung der Politik fördert, sondern daß er vielmehr auf dem besten Weg ist, die Grundlagen einer rationalen Politik zu unterminieren. Ein wesentliches Merkmal der naturwissenschaftlichen Methode ist es nämlich, die Einschränkungen deutlich zu machen, unter denen bestimmte Probleme gelöst werden können, so daß eine nüchterne Beurteilung alternativer Problemlösungen im Lichte unseres Wissens möglich wird. Utopische Zielsetzungen und jene Art totaler Kritik, wie sie von solchen Zielsetzungen her gerechtfertigt erscheint, verfallen im Lichte dieser Methode dem Verdikt der Irrationalität. Probleme der Kompatibilität von Zielsetzungen und Mittelverwendungen und Probleme der Realisierbarkeit erhalten das Gewicht, das ihnen für eine rationale Gestaltung der Politik zukommt[27].

V. *Wissenschaft und Verantwortung*

Damit sind wir beim letzten der hier zu behandelnden Probleme angelangt, das man etwa in die folgenden Worte kleiden kann: Hat die Wissenschaft, oder vielleicht besser: haben die Wissenschaftler eine besondere moralisch-politische Verantwortung? Darf man von ihnen in dieser Hinsicht mehr erwarten als von anderen Mitgliedern der Gesellschaft? Mir scheint, eine pauschale Antwort auf diese Frage, wie man sie heute allenthalben zu hören gewohnt ist, läßt sich kaum vertreten.

Zunächst einmal ist festzustellen, daß mehr oder weniger wissenschaftlich und das heißt natürlich: in einer oder in mehreren Spezialdisziplinen, ausgebildete Personen sich in den verschiedensten Berufsrollen einer modernen Industriegesellschaft finden, in Rollen mit ganz verschiedenen Informationsvoraussetzungen und Entscheidungskompetenzen, und daß kaum etwas anderes möglich ist, als ihre Verantwortung jeweils in Einklang mit diesen verschiedenen Bedingungen auch verschieden zu bemessen. Es gibt heute eine ungeheure Zahl von Vermittlungsberufen, Berufen, deren Träger die Aufgabe übernommen haben, durch Verwertung wissenschaftlicher Resultate und

27 Vgl. dazu meinen Aufsatz: Wissenschaft und Politik. Zum Problem der Anwendbarkeit einer wertfreien Sozialwissenschaft, in: *Ernst Topitsch* (Hrsg.), Probleme der Wissenschaftstheorie. Festschrift für Viktor Kraft, Wien 1960, S. 223 ff., sowie das letzte Kapitel: Das Problem einer rationalen Politik, meines in Anm. 26 genannten Buches.

Methoden zwischen reiner Wissenschaft und Alltagspraxis zu vermitteln, wobei eine mehr oder weniger schöpferische Nutzung technischer Möglichkeiten nicht selten ist. Dazu gehören zum Beispiel die verschiedenen Berufsrollen des Ingenieurs und des Arztes. Es gibt außerdem eine Fülle von Beraterrollen zum Teil nebenamtlichen Charakters, die ebenfalls einer solchen Vermittlung dienen, vom Steuerberater oder Sachverständigen für Brückenbau oder für Ernährungsfragen bis zum außen- oder wirtschaftspolitischen Berater einer Regierung. Daß man die Verantwortung solcher Rollenträger nicht über einen Leisten schlagen kann, dürfte ziemlich offenkundig sein. Vielfach scheint sich aber die Vorstellung von einer besonderen moralisch-politischen Verantwortung der Wissenschaft auf diejenigen zu beziehen, die im Bereich der reinen Wissenschaft, in der Grundlagenforschung also, tätig sind, die sich also berufsmäßig damit beschäftigen, unsere Erkenntnis zu verbessern und voranzutreiben. Läßt sich für diese Leute ohne weiteres etwa ganz allgemein eine größere Verantwortung in politischen Fragen konstruieren als für die anderen Mitglieder der Gesellschaft? Mir scheint, eine solche Idee würde der grundlegenden Bedeutung der Arbeitsteilung für das Funktionieren moderner Gesellschaften nicht gerecht werden. Vor allem der Tatbestand wäre in ihr zu wenig berücksichtigt, daß der Erwerb einer Spezialkompetenz auf der Grundlage einer wissenschaftlichen Fachdisziplin noch keine hinreichende Bedingung dafür impliziert, daß die betreffende Person für soziale, politische oder moralische Fragen mehr Zuständigkeit besitzt als andere Mitglieder der Gesellschaft. Es wäre meines Erachtens ziemlich absurd, anzunehmen, daß zum Beispiel ein in der Grundlagenforschung arbeitender Biochemiker ohne weiteres kompetenter für die Beurteilung politischer Fragen sein müsse als vielleicht ein Kaufmann oder ein Journalist[27a]. Auch hier gibt es Kompatibilitätsprobleme, die nicht übersehen werden dürfen. Es dürfte im allgemeinen kaum jemandem möglich sein, sich intensiv mit Erkenntnisproblemen zu befassen und gleichzeitig mit ausreichender Information im konkreten politischen Tagesgeschäft mitzuwirken[28]. Ein gewisses Maß politischer Abstinenz wird man bei Forschern ebenso wie zum Beispiel bei Künstlern unter Umständen tolerieren müssen. Das klingt in einer Zeit, in der die Politisierung von Universitäten von vielen für selbstverständlich

27a Daß er allerdings unter Umständen auf Grund seiner wissenschaftlichen Kompetenz Veranlassung hat, auf Gefahren hinzuweisen, die mit bestimmten Anwendungen seiner Resultate verbunden sind, soll damit nicht bestritten werden.

28 Daß es hier gewisse Ausnahmen geben mag, zum Beispiel dann, wenn eine enge Beziehung zwischen diesen Tätigkeiten vorhanden ist, wie etwa im Falle der Politologie oder der Nationalökonomie, soll nicht geleugnet werden, aber auch hier scheinen mir Kompromisse nicht selten zu Lasten der Erkenntnispraxis zu gehen.

gehalten wird, vielleicht ein wenig absurd. Aber ich möchte annehmen, daß es genügend Beispiele für sterile Aufgeregtheit in Verbindung mit politischem Dilettantismus gibt, auch abgesehen von gewissen auf Abwege geratenen Lyrikern, als daß man es nötig hätte, die Bedeutung der Kompetenz auch für die Behandlung politischer Fragen einmal herauszustellen. Nur wer die Politik nicht ernst nimmt, wird sich einem solchen Argument gänzlich verschließen können.

Im übrigen muß im Zusammenhang mit unserem Problem wieder auf die Bedeutung des Erkenntnisfortschritts für die gesellschaftliche Entwicklung verwiesen werden, die der Tätigkeit des Forschers eine, wenn auch mittelbare, politische Bedeutung verschafft, die seine unmittelbare politische Betätigung kaum jemals erreichen dürfte. Nicht nur ist die Erkenntnispraxis der Wissenschaften paradigmatisch für rationales Problemlösungsverhalten überhaupt und daher von größter Bedeutung auch für die übrigen Bereiche der Gesellschaft, sondern ihre Produkte sind die Grundlage für eine Verbesserung der Praxis in diesen Bereichen und damit auch für die Rationalisierung der Politik.

Max Weber

Die „Objektivität“ sozialwissenschaftlicher und sozialpolitischer Erkenntnis*

I.

... Wir alle wissen, daß unsere Wissenschaft, wie mit Ausnahme vielleicht der politischen Geschichte jede Wissenschaft, deren Objekt menschliche Kulturinstitutionen und Kulturvorgänge sind, geschichtlich zuerst von *praktischen* Gesichtspunkten ausging. Werturteile über bestimmte wirtschaftspolitische Maßnahmen des Staates zu produzieren, war ihr nächster und zunächst einziger Zweck. Sie war „Technik“ etwa in dem Sinne, in welchem es auch die klinischen Disziplinen der medizinischen Wissenschaften sind. Es ist nun bekannt, wie diese Stellung sich allmählich veränderte, ohne daß doch eine *prinzipielle* Scheidung von Erkenntnis des „Seienden“ und des „Seinsollenden“ vollzogen wurde. Gegen diese Scheidung wirkte zunächst die Meinung, daß unabänderlich gleiche Naturgesetze, sodann die andere, daß ein eindeutiges Entwicklungsprinzip die wirtschaftlichen Vorgänge beherrsche und daß also das *Seinsollende* entweder – im ersten Falle – mit dem unabänderlich *Seienden,* oder – im zweiten Falle – mit dem unvermeidlich *Werdenden* zusammenfalle. Mit dem Erwachen des historischen Sinnes gewann dann in unserer Wissenschaft eine Kombination von ethischem Evolutionismus und historischem Relativismus die Herrschaft, welche versuchte, die ethischen Normen ihres formalen Charakters zu entkleiden, durch Hineinbeziehung der Gesamtheit der Kulturwerte in den Bereich des „Sittlichen“ dies letztere *inhaltlich* zu bestimmen und so die Nationalökonomie zur Dignität einer „ethischen Wissenschaft“ auf empirischer Grundlage zu erheben. Indem man die Gesamtheit aller möglichen Kulturideale mit dem Stempel

* Aus: Archiv für Sozialwissenschaft und Sozialpolitik, 19. Band, 1904. Dieser Beitrag *Max Webers* zur sozialwissenschaftlichen Theorie ist von den Herausgebern erheblich gekürzt. Es geht den Herausgebern bei der Wiedergabe dieses Artikels vor allem um den Nachweis der Kontinuität kritisch-rationalen Denkens in Deutschland. Für den vollständigen Text s. z. B. *Max Weber,* Gesammelte Aufsätze zur Wissenschaftslehre, herausgegeben von *Johannes Winkelmann,* 3. Aufl., Tübingen 1968.

des „Sittlichen“ versah, verflüchtigte man die spezifische Dignität der ethischen Imperative, ohne doch für die „Objektivität“ der Geltung jener Ideale irgend etwas zu gewinnen. Indessen kann und muß eine prinzipielle Auseinandersetzung damit hier beiseite bleiben: wir halten uns lediglich an die Tatsache, daß noch heute die unklare Ansicht nicht geschwunden, sondern besonders den Praktikern ganz begreiflicherweise geläufig ist, daß die Nationalökonomie *Werturteile* aus einer spezifisch „wirtschaftlichen Weltanschauung“ heraus produziere und zu produzieren habe.
... Wir sind der Meinung, daß es niemals Aufgabe einer Erfahrungswissenschaft sein kann, bindende Normen und Ideale zu ermitteln, um daraus für die Praxis Rezepte ableiten zu können.
Was folgt aber aus diesem Satz? Keineswegs, daß Werturteile deshalb, weil sie in letzter Instanz auf bestimmten Idealen fußen und daher „subjektiven“ Ursprungs sind, der wissenschaftlichen Diskussion überhaupt *entzogen* seien ... Die Kritik macht vor den Werturteilen nicht Halt. Die Frage ist vielmehr: Was bedeutet und bezweckt wissenschaftliche Kritik von Idealen und Werturteilen? ...
Jede denkende Besinnung auf die letzten Elemente sinnvollen menschlichen Handelns ist zunächst gebunden an die Kategorien „Zweck“ und „Mittel“. Wir wollen etwas in concreto entweder „um seines eigenen Wertes willen“ oder als Mittel im Dienste des in letzter Linie Gewollten. Der wissenschaftlichen Betrachtung zugänglich ist nun zunächst unbedingt die Frage der Geeignetheit der Mittel bei gegebenem Zwecke. Da wir (innerhalb der jeweiligen Grenzen unseres Wissens) gültig festzustellen vermögen, *welche* Mittel zu einem vorgestellten Zwecke zu führen geeignet oder ungeeignet sind, so können wir auf diesem Wege die Chancen, mit bestimmten zur Verfügung stehenden Mitteln einen bestimmten Zweck überhaupt zu erreichen, abwägen und mithin indirekt die Zwecksetzung selbst, auf Grund der jeweiligen historischen Situation, als praktisch sinnvoll oder aber als nach Lage der gegebenen Verhältnisse sinnlos kritisieren. Wir können weiter, *wenn* die Möglichkeit der Erreichung eines vorgestellten Zweckes gegeben erscheint, natürlich immer innerhalb der Grenzen unseres jeweiligen Wissens, die *Folgen* feststellen, welche die Anwendung der erforderlichen Mittel *neben* der eventuellen Erreichung des beabsichtigten Zweckes, infolge des Allzusammenhanges alles Geschehens, haben würde. Wir bieten alsdann dem Handelnden die Möglichkeit der Abwägung dieser ungewollten gegen die gewollten Folgen seines Handelns und damit die Antwort auf die Frage: was *„kostet“* die Erreichung des gewollten Zweckes in Gestalt der voraussichtlich eintretenden Verletzung *anderer* Werte? Da in der großen Überzahl aller Fälle jeder erstrebte Zweck in diesem Sinne etwas „kostet“ oder doch kosten kann, so kann an der Abwägung von Zweck und Folgen des Handelns gegeneinander keine Selbstbesinnung verantwortlich handelnder

Menschen vorbeigehen, und sie zu ermöglichen, ist eine der wesentlichsten Funktionen der *technischen Kritik,* welche wir bisher betrachtet haben. Jene Abwägung selbst nun aber zur Entscheidung zu bringen, ist freilich *nicht* mehr eine mögliche Aufgabe der Wissenschaft, sondern des wollenden Menschen: er wägt und wählt nach seinem eigenen Gewissen und seiner persönlichen Weltanschauung zwischen den Werten, um die es sich handelt. Die Wissenschaft kann ihm zu dem *Bewußtsein* verhelfen, daß *alles* Handeln, und natürlich auch, je nach den Umständen, das *Nicht*-Handeln, in seinen Konsequenzen eine *Parteinahme* zugunsten bestimmter Werte bedeutet, und damit – was heute so besonders gern verkannt wird – regelmäßig *gegen andere.* Die Wahl zu treffen, ist seine Sache.

Was wir ihm für diesen Entschluß nun noch weiter bieten können ist: *Kenntnis* der *Bedeutung* des Gewollten selbst. Wir können ihn die Zwecke nach Zusammenhang und Bedeutung kennen lehren, die er will, und zwischen denen er wählt, zunächst durch Aufzeigung und logisch zusammenhängende Entwicklung der „Ideen", die dem konkreten Zweck zugrunde liegen oder liegen können. Denn es ist selbstverständlich eine der wesentlichsten Aufgaben einer jeden Wissenschaft vom menschlichen Kulturleben, diese „Ideen", für welche teils wirklich, teils vermeintlich gekämpft worden ist und gekämpft wird, dem geistigen Verständnis zu erschließen. Das überschreitet nicht die Grenzen einer Wissenschaft, welche „denkende Ordnung der empirischen Wirklichkeit" erstrebt, so wenig die Mittel, die dieser Deutung geistiger Werte dienen, „Induktionen" im gewöhnlichen Sinne des Wortes sind. Allerdings fällt diese Aufgabe wenigstens teilweise aus dem Rahmen der ökonomischen Fachdisziplin in ihrer üblichen arbeitsteiligen Spezialisation heraus; es handelt sich um Aufgaben der *Sozialphilosophie* ...

Aber die wissenschaftliche Behandlung der Werturteile möchte nun weiter die gewollten Zwecke und die ihnen zugrunde liegenden Ideale nicht nur verstehen und nacherleben lassen, sondern vor allem auch kritisch „beurteilen" lehren. *Diese* Kritik freilich kann nur dialektischen Charakter haben, d. h. sie kann nur eine formal-logische Beurteilung des in den geschichtlich gegebenen Werturteilen und Ideen vorliegenden Materials, eine Prüfung der Ideale an dem Postulat der inneren *Widerspruchslosigkeit* des Gewollten sein. Sie kann, indem sie sich diesen Zweck setzt, dem Wollenden verhelfen zur Selbstbesinnung auf diejenigen letzten Axiome, welche dem Inhalt seines Wollens zugrunde liegen, auf die letzten Wertmaßstäbe, von denen er unbewußt ausgeht oder – um konsequent zu sein – ausgehen müßte. Diese letzten Maßstäbe, welche sich in dem konkreten Werturteil manifestieren, zum *Bewußtsein* zu bringen, ist nun allerdings das letzte, was sie, ohne den Boden der Spekulation zu betreten, leisten kann. Ob sich das urteilende Subjekt zu diesen letzten Maßstäben bekennen *soll,* ist seine persönlichste

Angelegenheit und eine Frage seines Wollens und Gewissens, nicht des Erfahrungswissens.
Eine empirische Wissenschaft vermag niemanden zu lehren, was er *soll*, sondern nur, was er *kann* und – unter Umständen – was er *will*. Richtig ist, daß die persönlichen Weltanschauungen auf dem Gebiet unserer Wissenschaften unausgesetzt hineinzuspielen pflegen auch in die wissenschaftliche Argumentation, sie immer wieder trüben, das Gewicht wissenschaftlicher Argumente auch auf dem Gebiet der Ermittlung einfacher kausaler Zusammenhänge von Tatsachen verschieden einschätzen lassen, je nachdem das Resultat die Chancen der persönlichen Ideale: die Möglichkeit, etwas Bestimmtes zu wollen, mindert oder steigert.... Aber von... menschlicher Schwäche ist es ein weiter Weg bis zu dem Glauben an eine „ethische" Wissenschaft der Nationalökonomie, welche aus ihrem Stoff Ideale oder durch Anwendung allgemeiner ethischer Imperative auf ihren Stoff konkrete Normen zu produzieren hätte. – Richtig ist noch etwas weiteres: gerade jene innersten Elemente der „Persönlichkeit", die höchsten und letzten Werturteile, die unser Handeln bestimmen und unserem Leben Sinn und Bedeutung geben, werden von uns als etwas *„objektiv"* Wertvolles empfunden....
Aber: die *Geltung* solcher Werte zu *beurteilen*, ist Sache des *Glaubens*, daneben *vielleicht* eine Aufgabe spekulativer Betrachtung und Deutung des Lebens und der Welt auf ihren Sinn hin, sicherlich aber *nicht* Gegenstand einer Erfahrungswissenschaft.... Für diese Scheidung fällt nicht – wie oft geglaubt wird – entscheidend ins Gewicht die empirisch erweisliche Tatsache, daß jene letzten Ziele historisch wandelbar und streitig sind. Denn auch die Erkenntnis der sichersten Sätze unseres theoretischen – etwa des exakt naturwissenschaftlichen oder mathematischen – Wissens ist, ebenso wie die Schärfung und Verfeinerung des Gewissens, erst Produkt der Kultur. Allein wenn wir speziell an die praktischen Probleme der Wirtschafts- und Sozialpolitik (im üblichen Wortsinn) denken, so zeigt sich zwar, daß es zahlreiche, ja unzählige praktische *Einzelfragen* gibt, bei deren Erörterung man in allseitiger Übereinstimmung von gewissen Zwecken als *selbstverständlich* gegeben ausgeht – man denke etwa an Notstandskredite, an konkrete Aufgaben der sozialen Hygiene, der Armenpflege, an Maßregeln wie die Fabrikinspektionen, die Gewerbegerichte, die Arbeitsnachweise, große Teile der Arbeiterschutzgesetzgebung –, bei denen also, wenigstens scheinbar, nur nach den *Mitteln* zur Ereichung des Zweckes gefragt wird. Aber selbst wenn wir hier – was die Wissenschaft niemals ungestraft tun würde – den Schein der Selbstverständlichkeit für Wahrheit nehmen und die Konflikte, in welche der Versuch der praktischen Durchführung alsbald hinein führt, für rein technische Fragen der Zweckmäßigkeit ansehen wollten – was recht oft irrig wäre –, so müßten wir doch bemerken, daß auch

dieser *Schein* der Selbstverständlichkeit der regulativen Wertmaßstäbe sofort verschwindet, wenn wir von den konkreten Problemen karitativ-polizeilicher Wohlfahrts- und Wirtschafts*pflege* aufsteigen zu den Fragen der Wirtschafts- und Sozial*politik*. Das Kennzeichen des sozial*politischen* Charakters eines Problems ist es ja geradezu, daß es *nicht* auf Grund bloß technischer Erwägungen aus feststehenden Zwecken heraus zu erledigen ist, daß um die regulativen Wertmaßstäbe selbst *gestritten* werden kann und *muß*, weil das Problem in die Region der allgemeinen *Kultur*fragen hineinragt. Und es wird gestritten nicht nur, wie wir heute so gern glauben, zwischen „Klasseninteressen", *sondern auch zwischen Weltanschauungen,* – wobei die Wahrheit natürlich vollkommen bestehen bleibt, daß dafür, welche Weltanschauung der Einzelne vertritt, neben manchem anderen auch und sicherlich in ganz hervorragendem Maße der Grad von Wahlverwandtschaft entscheidend zu werden pflegt, der sie mit seinem „Klasseninteresse" – wenn wir diesen nur scheinbar eindeutigen Begriffen hier einmal akzeptieren – verbindet. Sicher ist unter allen Umständen Eines: je „allgemeiner" das Problem ist, um das es sich handelt, d. h. aber hier: je weittragender seine Kultur*bedeutung*, desto weniger ist es einer eindeutigen Beantwortung aus dem Material des Erfahrungswissens heraus zugänglich, desto mehr spielen die letzten höchst persönlichen Axiome des Glaubens und der Wertideen hinein...

Die Schaffung eines praktischen Generalnenners für unsere Probleme in Gestalt allgemein gültiger letzter Ideale kann sicherlich weder ihre Aufgabe noch überhaupt die irgendeiner Erfahrungswissenschaft sein: sie wäre als solche nicht etwa nur praktisch unlösbar, sondern in sich widersinnig. Und wie immer Grund und Art der Verbindlichkeit ethischer Imperative gedeutet werden mag, sicher ist, daß aus ihnen, als aus Normen für das konkret bedingte Handeln des *Einzelnen,* nicht *Kulturinhalte* als gesollt eindeutig *deduzierbar* sind, und zwar um so weniger, je umfassender die Inhalte sind, um die es sich handelt. Nur positive Religionen – präziser ausgedrückt: dogmatisch gebundene *Sekten* – vermögen dem Inhalt von *Kulturwerten* die Dignität unbedingt gültiger *ethischer* Gebote zu verleihen. Außerhalb ihrer sind Kulturideale, die der Einzelne verwirklichen *will,* und ethische Pflichten, die er erfüllen *soll,* von prinzipiell verschiedener Dignität. Das Schicksal einer Kulturepoche, die vom Baum der Erkenntnis gegessen hat, ist es, wissen zu müssen, daß wir den *Sinn* des Weltgeschehens nicht aus dem noch so sehr vervollkommneten Ergebnis seiner Durchforschung ablesen können, sondern ihn selbst zu schaffen imstande sein müssen, daß „Weltanschauungen" niemals Produkt fortschreitenden Erfahrungswissens sein können, und daß also die höchsten Ideale, die uns am mächtigsten bewegen, für alle Zeit nur im Kampf mit anderen Idealen sich auswirken, die anderen ebenso heilig sind, wie uns die unseren.

... Es ist und bleibt – *darauf* kommt es für uns an – für alle Zeit ein unüberbrückbarer Unterschied, ob eine Argumentation sich an unser Gefühl und unsere Fähigkeit, für konkrete praktische Ziele oder für Kulturformen und Kulturinhalte uns zu begeistern, wendet, oder, wo einmal die Geltung ethischer Normen in Frage steht, an unser Gewissen, *oder* endlich an unser Vermögen und Bedürfnis, die empirische Wirklichkeit in einer Weise *denkend zu ordnen*, welche den Anspruch auf *Geltung* als Erfahrungswahrheit erhebt. Und dieser Satz bleibt richtig, trotzdem, wie sich noch zeigen wird, jene höchsten „Werte" des *praktischen* Interesses für die *Richtung*, welche die ordnende Tätigkeit des Denkens auf dem Gebiete der Kulturwissenschaften jeweils einschlägt, von entscheidender Bedeutung sind und immer bleiben werden. Denn es ist und bleibt wahr, daß eine methodisch korrekte wissenschaftliche Beweisführung auf dem Gebiete der Sozialwissenschaften, wenn sie ihren Zweck erreicht haben will, auch von einem Chinesen als richtig anerkannt werden muß oder – richtiger gesagt – daß sie dieses, vielleicht wegen Materialmangels nicht voll erreichbare Ziel jedenfalls *erstreben* muß, daß ferner auch die *logische* Analyse eines Ideals auf seinen Gehalt und auf seine letzten Axiome hin und die Aufzeigung der aus seiner Verfolgung sich logischer und praktischer Weise ergebenden Konsequenzen, wenn sie als gelungen gelten soll, auch für ihn gültig sein muß, – während ihm für unsere ethischen Imperative das „Gehör" fehlen kann, und während er das Ideal selbst und die daraus fließenden konkreten *Wertungen* ablehnen kann und sicherlich oft ablehnen wird, ohne dadurch dem wissenschaftlichen Wert jener denkenden *Analyse* irgend zu nahe zu treten. ...

Nicht die *„sachlichen"* Zusammenhänge der *„Dinge"*, sondern die *gedanklichen* Zusammenhänge der *Probleme* liegen den Arbeitsgebieten der Wissenschaften zugrunde: wo mit neuer Methode einem neuen Problem nachgegangen wird und dadurch Wahrheiten entdeckt werden, welche neue bedeutsame Gesichtspunkte eröffnen, da entsteht eine neue „Wissenschaft". –

Es ist nun kein Zufall, daß der Begriff des „Sozialen", der einen ganz allgemeinen Sinn zu haben scheint, sobald man ihn auf seine Verwendung hin kontrolliert, stets eine durchaus besondere, spezifisch gefärbte, wenn auch meist unbestimmte, Bedeutung an sich trägt; das „allgemeine" beruht bei ihm tatsächlich in nichts anderem als eben in seiner Unbestimmtheit. Er bietet eben, wenn man ihn in seiner „allgemeinen" Bedeutung nimmt, keinerlei spezifische *Gesichtspunkte,* unter denen man die *Bedeutung* bestimmter Kulturelemente beleuchten könnte.

Frei von dem veralteten Glauben, daß die Gesamtheit der Kulturerscheinungen sich als Produkt oder als Funktion „materieller" Interessenkonstellationen *deduzieren* lasse, glauben wir unsrerseits doch, daß die *Analyse der sozialen Erscheinungen und Kulturvorgänge* unter dem speziellen Gesichtspunkte ihrer *ökonomischen* Bedingtheit und Tragweite ein wissenschaftliches

Prinzip von schöpferischer Fruchtbarkeit war und, bei umsichtiger Anwendung und Freiheit von dogmatischer Befangenheit, auch in aller absehbarer Zeit noch bleiben wird. Die sogenannte „materialistische Geschichtsauffassung" als „*Weltanschauung*" oder als Generalnenner kausaler Erklärung der historischen Wirklichkeit ist auf das Bestimmteste abzulehnen. ... Das bedarf der näheren Erläuterung.

Die sogenannte „materialistische Geschichtsauffassung" in dem *alten* genial-primitiven Sinne etwa des kommunistischen Manifests beherrscht heute wohl nur noch die Köpfe von Laien und Dilettanten. Bei ihnen findet sich allerdings noch immer die eigentümliche Erscheinung verbreitet, daß ihrem Kausalbedürfnis bei der Erklärung einer historischen Erscheinung so lange nicht Genüge geschehen ist, als nicht irgendwie und irgendwo ökonomische Ursachen als mitspielend nachgewiesen sind (oder zu sein scheinen); ist dies aber der Fall, dann begnügen sie sich wiederum mit der fadenscheinigsten Hypothese und den allgemeinsten Redewendungen, weil nunmehr ihrem dogmatischen Bedürfnis, daß die ökonomischen „Triebkräfte" die „eigentlichen", einzig „wahren", in „letzter Instanz überall Ausschlag gebenden" seien, Genüge geschehen ist. Die Erscheinung ist ja nichts Einzigartiges. Es haben fast alle Wissenschaften, von der Philologie bis zur Biologie, gelegentlich den Anspruch erhoben, Produzenten nicht nur von Fachwissen, sondern auch von „Weltanschauungen" zu sein. Und unter dem Eindruck der gewaltigen Kulturbedeutung der *modernen* ökonomischen Umwälzungen und speziell der überragenden Tragweite der „Arbeiterfrage" glitt der unausrottbare monistische Zug jedes gegen sich selbst unkritischen Erkennens naturgemäß auf diesen Weg. ...

Wenn etwas dieser Forschung bisher geschadet hat, so ist es die Vorstellung eifriger Dilettanten, daß sie für die Erkenntnis der *Kultur* etwas spezifisch Anderes und Erheblicheres leisten könnte, als die Erweiterung der Möglichkeit sicherer Zurechnung einzelner *konkreter* Kulturvorgänge der historischen Wirklichkeit zu *konkreten historisch* gegebenen Ursachen durch Gewinnung *exakten*, unter spezifischen Gesichtspunkten erhobenen Beobachtungsmaterials.

... Wenn nach einer Periode grenzenloser Überschätzung heute beinahe die Gefahr besteht, daß sie in ihrer wissenschaftlichen Leistungsfähigkeit *unter*bewertet werde, so ist das die Folge der beispielslosen Unkritik, mit welcher die ökonomische Deutung der Wirklichkeit als „universelle" Methode in dem Sinne einer Deduktion aller Kulturerscheinungen – d. h. alles an ihnen für uns Wesentlichen – als in letzter Instanz ökonomisch bedingt verwendet wurde. Heute ist die logische Form, in der sie auftritt, nicht ganz einheitlich. Wo für die rein ökonomische Erklärung sich Schwierigkeiten ergeben, stehen verschiedene Mittel zur Verfügung, um ihre Allgemeingültigkeit als entscheidendes ursächliches Moment aufrecht zu erhalten. Entweder man behandelt alles das, was in der historischen Wirklichkeit *nicht* aus ökonomischen Motiven deduzierbar ist, als eben *deshalb* wissenschaftlich *bedeutungslose* „Zufälligkeit“. Oder man dehnt den Begriff des Ökonomischen bis zur Unkenntlichkeit, so daß alle menschlichen Interessen, welche irgendwie an äußere Mittel gebunden sind, in jenen Begriff einbezogen werden. Steht historisch fest, daß auf zwei in ökonomischer Hinsicht *gleiche* Situationen dennoch *verschieden* reagiert wurde – infolge der Differenzen der politischen und religiösen, klimatischen und der zahllosen anderen *nicht* ökonomischen Determinanten –, dann degradiert man um die Suprematie des Ökonomischen zu erhalten, alle diese Momente zu den historisch zufälligen „Bedingungen“, unter denen die ökonomischen Motive als „Ursachen“ wirken. Es versteht sich aber, daß alle jene für die ökonomische Betrachtung „zufälligen“ Momente ganz in demselben Sinne wie die ökonomischen je ihren eigenen Gesetzen folgen, und daß für eine Betrachtungsweise, welche *ihre* spezifische Bedeutung verfolgt, die jeweiligen *ökonomischen* „Bedingungen“ ganz in dem gleichen Sinne „historisch zufällig“ sind, wie umgekehrt. Ein beliebter Versuch, demgegenüber die überragende Bedeutung des Ökonomischen zu retten, besteht endlich darin, daß man das konstante Mit- und Aufeinanderwirken der einzelnen Elemente des Kulturlebens in eine kausale oder funktionelle *Abhängigkeit* des einen von den anderen oder vielmehr aller übrigen von einem: dem ökonomischen, deutet. Wo eine bestimmte einzelne *nicht* wirtschaftliche Institution historisch auch eine bestimmte „Funktion“ im Dienste von ökonomischen Klasseninteressen versehen hat, d. h. diesen dienstbar geworden ist, wo z. B. etwa bestimmte religiöse Institutionen als „schwarze Polizei“ sich verwenden lassen und verwendet werden, wird dann die ganze Institution entweder als für diese Funktion geschaffen, oder – ganz metaphysisch – als durch eine vom Ökonomischen ausgehende „Entwicklungstendenz“ geprägt, vorgestellt.

Es bedarf heute für keinen Fachmann mehr der Ausführung, daß *diese* Deutung des Zweckes der ökonomischen Kulturanalyse der Ausfluß teils einer bestimmten geschichtlichen Konstellation, die das wissenschaftliche Interesse bestimmten ökonomisch bedingten Kulturproblemen zuwendete, teils eines rabiaten wissenschaftlichen Ressortpatriotismus war und daß sie heute mindestens veraltet ist. Die Reduktion auf ökonomische Ursachen *allein* ist auf *keinem* Gebiete der Kulturerscheinungen je in irgend einem Sinn erschöpfend, auch nicht auf demjenigen der „wirtschaftlichen“ Vorgänge. Prinzipiell ist eine *Bank*geschichte irgend eines Volkes, die nur die ökonomischen Motive zur Erklärung heranziehen wollte, natürlich ganz ebenso unmöglich, wie es etwa eine „Erklärung“ der Sixtinischen Madonna aus den sozialökonomischen Grundlagen des Kulturlebens zur Zeit ihrer Entstehung sein würde, und sie ist in keiner Weise prinzipiell erschöpfender als es etwa die Ableitung des Kapitalismus aus gewissen Umgestaltungen religiöser Bewußtseinsinhalte, die bei der Genesis des kapitalistischen Geistes mitspielten, oder etwa irgend eines politischen Gebildes aus geographischen Bedingungen sein würden. In *allen* diesen Fällen ist für das Maß der Bedeutung, die wir ökonomischen Bedingungen beizumessen haben, entscheidend, welcher Klasse von Ursachen *diejenigen* spezifischen Elemente der betreffenden Erscheinung, denen wir im einzelnen Falle *Bedeutung* beilegen, auf die es uns ankommt, *zuzurechnen* sind. Das Recht der *einseitigen* Analyse der Kulturwirklichkeit unter spezifischen „Gesichtspunkten" aber – in unserem Falle dem ihrer ökonomischen Bedingtheit – ergibt sich zunächst rein methodisch aus dem Umstande, daß die Einschulung des Auges auf die Beobachtung der Wirkung qualitativ gleichartiger Ursachenkategorien und die stete Verwendung des gleichen begrifflich-methodischen Apparates alle Vorteile der Arbeitsteilung bietet. Sie ist so lange nicht „willkürlich", als der *Erfolg* für sie spricht, d. h. als sie Erkenntnis von Zusammenhängen liefert, welche für die kausale Zurechnung konkreter historischer Vorgänge sich als wertvoll erweisen. *Aber:* die *„Einseitigkeit"* und Unwirklichkeit der reinökonomischen Interpretation des Geschichtlichen ist überhaupt nur ein Spezialfall eines ganz allgemein für die wissenschaftliche Erkenntnis der Kulturwirklichkeit geltenden Prinzips. Dies in seinen logischen Grundlagen und in seinen allgemeinen methodischen Konsequenzen uns zu verdeutlichen, ist der wesentliche Zweck der weiteren Auseinandersetzungen.

Es *gibt keine* schlechthin „objektive" wissenschaftliche Analyse des Kulturlebens oder – was vielleicht etwas Engeres, für unsern Zweck aber sicher nichts wesentlich anderes bedeutet – der „sozialen Erscheinungen" *unabhängig* von speziellen und „einseitigen" Gesichtspunkten, nach denen sie – ausdrücklich oder stillschweigend, bewußt oder unbewußt – als Forschungsobjekt ausgewählt, analysiert und darstellend gegliedert werden. Der Grund liegt in der Eigenart des Erkenntnisziels einer jeden sozialwissenschaftlichen Arbeit, die über eine rein *formale* Betrachtung der *Normen* – rechtlichen oder konventionellen – des sozialen Beieinanderseins hinausgehen will.

... Alle Erkenntnis der Kulturwirklichkeit ist, ... stets eine Erkenntnis unter spezifisch *besonderen Gesichtspunkten.* Wenn wir von dem Historiker und Sozialforscher als elementare Voraussetzung verlangen, daß er Wichtiges von Unwichtigem unterscheiden könne, und daß er für diese Unterscheidung die erforderlichen „Gesichtspunkte" habe, so heißt das lediglich, daß er verstehen müsse, die Vorgänge der Wirklichkeit – bewußt oder unbewußt – auf universelle „Kulturwerte" zu beziehen und danach *die* Zusammenhänge herauszuheben, welche für uns bedeutsam sind. Wenn immer wieder die Meinung auftritt, jene Gesichtspunkte könnten dem „Stoff selbst entnommen" werden, so entspringt das der naiven Selbsttäuschung des Fachgelehrten, der nicht beachtet, daß er von vornherein kraft der Wertideen, mit denen er unbewußt an den Stoff herangegangen ist, aus einer absoluten Unendlichkeit einen winzigen Bestandteil als *das* herausgehoben hat, auf dessen Betrachtung es ihm allein *ankommt*. In dieser immer und überall bewußt oder unbewußt erfolgenden Auswahl *einzelner* spezieller „Seiten" des Geschehens waltet auch dasjenige Element kulturwissenschaftlicher Arbeit, welches jener oft gehörten Behauptung zugrunde liegt, daß das „Persönliche" eines wissenschaftlichen Werkes das eigentlich Wertvolle an ihm sei, daß sich in jedem Werk, solle es anders zu existieren wert sein, „eine Persönlichkeit" aussprechen müsse. Gewiß: ohne Wertideen des Forschers gäbe es kein Prinzip der Stoffauswahl und keine sinnvolle Erkenntnis des individuell Wirklichen, und wie ohne den *Glauben* des Forschers an die *Bedeutung* irgendwelcher Kulturinhalte jede Arbeit an der Erkenntnis der *individuellen* Wirklichkeit schlechthin sinnlos ist, so wird die Richtung seines persönlichen Glaubens, die Farbenbrechung der Werte im Spiegel seiner Seele, seiner Arbeit die Richtung weisen. Und die Werte, auf welche der wissenschaftliche Genius die Objekte seiner Forschung bezieht, werden die „Auffassung" einer ganzen Epoche zu bestimmen, d. h. entscheidend zu sein vermögen: nicht nur für das, was als „wertvoll", sondern auch für das, was als bedeutsam oder bedeutungslos, als „wichtig" und „unwichtig" an den Erscheinungen gilt.

Die kulturwissenschaftliche Erkenntnis in unserem Sinn ist also insofern an „subjektive" Voraussetzungen *gebunden*, als sie sich nur um diejenigen Bestandteile der Wirklichkeit kümmert, welche irgend eine – noch so indirekte – Beziehung zu Vorgängen haben, denen wir Kultur*bedeutung* beilegen. Sie ist trotzdem natürlich rein *kausale* Erkenntnis genau in dem gleichen Sinn wie die Erkenntnis bedeutsamer individueller Naturvorgänge, welche qualitativen Charakter haben. Neben die mancherlei Verirrungen, welche das Hinübergreifen formal-juristischen Denkens in die Sphäre der Kulturwissenschaften gezeitigt hat, ist neuerdings u. a. der Versuch getreten, die „materialistische Geschichtsauffassung" durch eine Reihe geistreicher Trugschlüsse prinzipiell zu „widerlegen", indem ausgeführt wurde, daß, da alles Wirtschaftsleben sich in rechtlich oder konventionell *geregelten Formen* abspielen müsse, alle ökonomische „Entwicklung" die Form von Bestrebungen zur Schaffung neuer *Rechtsformen* annehmen müsse, also nur aus *sittlichen* Maximen verständlich und *aus diesem Grunde* von jeder „natürlichen" Entwicklung dem Wesen nach verschieden sei. Die Erkenntnis der wirtschaftlichen Entwicklung sei daher „teleologischen" Charakters. Ohne hier die Bedeutung des vieldeutigen Begriffs der „Entwicklung" für die Sozialwissenschaft oder auch den logisch nicht minder vieldeutigen Begriff des „Teleologischen" erörtern zu wollen, sei demgegenüber hier nur festgestellt, daß sie jedenfalls nicht in *dem* Sinn „teleologisch" zu sein genötigt ist, wie diese Ansicht voraussetzt. Bei völliger formaler Identität der geltenden Rechtsnormen kann die Kultur*bedeutung* der normierten Rechts*verhältnisse* und damit auch der Normen selbst sich grundstürzend ändern. Ja, will man sich denn einmal in Zukunftsphantasien spintisierend vertiefen, so könnte jemand sich z. B. eine „Vergesellschaftung der Produktionsmittel" theoretisch als vollzogen denken, ohne daß irgend eine auf diesen Erfolg bewußt abzielende „Bestrebung" entstanden wäre und ohne daß irgend ein Paragraph unserer Gesetzgebung verschwände oder neu hinzuträte: das statistische Vorkommen der einzelnen rechtlich normierten Beziehungen freilich wäre von Grund aus geändert, bei vielen auf Null gesunken, ein großer Teil der Rechtsnormen *praktisch* bedeutungslos, ihre ganze Kulturbedeutung bis zur Unkenntlichkeit verändert. Erörterungen de lege ferenda konnte daher die „materialistische" Geschichtstheorie mit Recht ausscheiden, denn ihr zentraler Gesichtspunkt war gerade der unvermeidliche *Bedeutungs*wandel der Rechtsinstitutionen. Wem die schlichte Arbeit kausalen Verständnisses der historischen Wirklichkeit subaltern erscheint, der mag sie meiden, – sie durch irgend eine „Teleologie" zu ersetzen, ist unmöglich. „Zweck" ist für *unsere* Betrachtung die Vorstellung eines *Erfolges,* welche *Ursache* einer Handlung wird; wie *jede* Ursache, welche zu einem *bedeutungsvollen* Erfolg beiträgt oder beitragen kann, so berücksichtigen wir auch diese. Und ihre *spezifische* Bedeutung beruht nur darauf, daß wir menschliches Handeln nicht nur *konstatieren,* sondern *verstehen* können und wollen. –

Ohne alle Frage sind nun jene Wertideen „subjektiv". Zwischen dem „historischen" Interesse an einer Familienchronik und demjenigen an der Entwicklung der denkbar größten Kulturerscheinungen, welche einer Nation oder der Menschheit in langen Epochen gemeinsam waren und sind, besteht eine unendliche Stufenleiter der „Bedeutungen", deren Staffeln für jeden einzelnen von uns eine andere Reihenfolge haben werden. Und ebenso sind sie natürlich historisch wandelbar mit dem Charakter der Kultur und der die Menschen beherrschenden Gedanken selbst. Daraus folgt nun aber selbstverständlich *nicht,* daß auch die kulturwissenschaftliche *Forschung* nur *Ergebnisse* haben könne, die „subjektiv" in *dem* Sinne seien, daß sie für den einen *gelten* und für den andern nicht. Was wechselt, ist vielmehr der Grad, in dem sie den einen *interessieren* und den andern nicht. Mit anderen Worten: *was* Gegenstand der Untersuchung wird, und wie weit diese Untersuchung sich in die Unendlichkeit der Kausalzusammenhänge erstreckt, das bestimmen die den Forscher und seine Zeit beherrschenden Wertideen; – im Wie?, in der Methode der Forschung, ist der leitende „Gesichtspunkt" zwar – wie wir noch sehen werden – für die Bildung der begrifflichen Hilfsmittel, die er verwendet, bestimmend, in der Art ihrer Verwendung aber ist der Forscher selbstverständlich hier wie überall an die Normen unseres Denkens gebunden. Denn wissenschaftliche Wahrheit ist nur, was für alle gelten *will,* die Wahrheit *wollen.*

Aber allerdings folgt daraus eins: die Sinnlosigkeit des selbst die Historiker unseres Faches gelegentlich beherrschenden Gedankens, daß es das, wenn auch noch so ferne, Ziel der Kulturwissenschaften sein könne, ein geschlossenes System von Begriffen zu bilden, in dem die Wirklichkeit in einer in irgendeinem Sinne *endgültigen* Gliederung zusammengefaßt und aus dem heraus sie dann wieder deduziert werden könnte.

... Stets wiederholen sich die Versuche, den „eigentlichen", „wahren" Sinn historischer Begriffe festzustellen, und niemals gelangen sie zu Ende. Ganz regelmäßig bleiben infolgedessen die Synthesen, mit denen die Geschichte fortwährend arbeitet, entweder nur relativ bestimmte Begriffe, oder, sobald Eindeutigkeit des Begriffsinhaltes erzwungen werden soll, wird der Begriff zum abstrakten Idealtypus und enthüllt sich damit als ein theoretischer, also „einseitiger" Gesichtspunkt, unter dem die Wirklichkeit beleuchtet, auf den sie bezogen werden kann, der aber zum Schema, in das sie restlos *eingeordnet* werden könnte, sich selbstverständlich als ungeeignet erweist.

... Ganz hervorragend gefährlich aber kann nun die Unterlassung scharfer Begriffsbildung für praktische wirtschafts- und sozial*politische* Erörterungen werden.... Und zwar sind es hier vornehmlich die der Sprache des Lebens entnommenen *Kollektiv*begriffe, welche Unsegen stiften. Man nehme, um ein für den Laien möglichst durchsichtiges Schulbeispiel herauszugreifen, den Begriff „Landwirtschaft", wie er in der Wortverbindung „Interessen der Landwirtschaft" auftritt. Nehmen wir zunächst die „Interessen der Landwirtschaft" als die empirisch konstatierbaren mehr oder minder klaren *subjektiven* Vorstellungen der einzelnen wirtschaftenden Individuen von ihren Interessen, und sehen wir dabei ganz und gar von den unzähligen Konflikten der Interessen viehzüchtender, viehmästender, kornbauender, kornverfütternder, schnapsdestillierender usw. Landwirte hier ab, so kennt zwar nicht jeder Laie, aber doch jeder Fachmann das gewaltige Knäuel von durch- und gegeneinander laufenden Wertbeziehungen, das darunter unklar vorgestellt wird. Wir wollen hier nur einige wenige Aufzählen: Interessen von Landwirten, welche ihr Gut verkaufen wollen und deshalb lediglich an einer schnellen Hausse des Bodenpreises interessiert sind; – das gerade entgegengesetzte Interesse von solchen, die sich ankaufen, arrondieren oder pachten wollen; das Interesse derjenigen, die ein bestimmtes Gut ihren Nachfahren um sozialer Vorteile willen zu erhalten wünschen und deshalb an Stabilität des Bodenbesitzes interessiert sind; – das entgegengesetzte Interesse solcher, die in ihrem und ihrer Kinder Interesse Bewegung des Bodens in der Richtung zum besten Wirt oder – was nicht ohne weiteres dasselbe ist – zum kapitalkräftigsten Käufer wünschen; das rein ökonomische Interesse der im privatwirtschaftlichen Sinne „tüchtigsten Wirte" an ökonomischer Bewegungsfreiheit; – das damit im Konflikt stehende Interesse bestimmter herrschender Schichten an der Erhaltung der überkommenen sozialen und politischen Position des eigenen „Standes" und damit der eigenen

Nachkommen; das soziale Interesse der *nicht* herrschenden Schichten der Landwirte am Wegfall jener oberen, ihre eigene Position drückenden Schichten; – ihr unter Umständen damit kollidierendes Interesse, in jenen politische Führer zur Wahrung ihrer Erwerbsinteressen zu besitzen. – Die Liste könnte noch gewaltig vermehrt werden, ohne ein Ende zu finden, obwohl wir so summarisch und unpräzis wie nur möglich verfahren sind.Daß sich mit den mehr „egoistischen" Interessen dieser Art die verschiedensten rein idealen Werte mischen, verbinden, sie hemmen und ablenken können, übergehen wir, um uns vor allem zu erinnern, daß, wenn wir von „Interessen der Landwirtschaft" reden, wir regelmäßig *nicht nur* an jene materiellen und idealen Werte denken, auf welche die jeweiligen Landwirte selbst ihre „Interessen" beziehen, sondern daneben an die zum Teil ganz heterogenen Wertideen, auf welche *wir* die Landwirtschaft beziehen können, – beispielsweise: Produktionsinteressen, hergeleitet aus dem Interesse billiger und dem damit nicht immer zusammenfallenden Interesse qualitativ guter Ernährung der Bevölkerung, wobei die Interessen von Stadt und Land in den mannigfachsten Kollisionen liegen können, und wobei das Interesse der gegenwärtigen Generation mit den wahrscheinlichen Interessen künftiger Generationen keineswegs identisch sein muß; – populationistische Interessen: insbesondere Interesse an einer *zahlreichen* Landbevölkerung, hergeleitet, sei es aus Interessen „des Staates", machtpolitischen oder innerpolitischen oder aus anderen ideellen Interessen von unter sich verschiedener Art, z. B. an dem erwarteten Einfluß einer zahlreichen Landbevölkerung auf die Kultureigenart eines Landes; – dies populationistische Interesse kann mit den verschiedensten privatwirtschaftlichen Interessen aller Teile der Landbevölkerung, ja denkbarerweise mit allen Gegenwartsinteressen der Masse der Landbevölkerung kollidieren. Oder etwa das Interesse an einer bestimmten Art der sozialen *Gliederung* der Landbevölkerung wegen der Art der politischen oder Kultureinflüsse, die sich daraus ergeben: dies Interesse kann je nach seiner Richtung mit allen denkbaren, auch den dringlichsten Gegenwarts- und Zukunftsinteressen der einzelnen Landwirte sowohl wie „des Staates" kollidieren. Und – dies kompliziert die Sache weiter – der „Staat", auf dessen „Interesse" wir solche und zahlreiche andere ähnliche Einzelinteressen gern beziehen, ist uns dabei ja oft nur Deckadresse für ein in sich höchst verschlungenes Knäuel von Wertideen, auf die er seinerseits von uns im einzelnen Falle bezogen wird: rein militärische Sicherung nach außen; Sicherung der Herrscherstellung einer Dynastie oder bestimmter Klassen nach innen; Interesse an der Erhaltung und Erweiterung der formal-staatlichen Einheit der Nation, um ihrer selbst willen oder im Interesse der Erhaltung bestimmter objektiver, unter sich wieder sehr verschiedener Kulturwerte, die wir als staatlich geeintes Volk zu vertreten glauben; Umgestaltung des sozialen Charakters des Staates im Sinne bestimmter, wiederum sehr verschiedener

Kulturideale, – es würde zu weit führen, auch nur anzudeuten, was alles unter dem Sammelnamen „staatlicher Interessen“ läuft, auf die wir „die Landwirtschaft“ beziehen können. Das hier gewählte Beispiel und noch mehr unsere summarische Analyse sind plump und einfach. Der Laie möge sich nun einmal etwa den Begriff „Klasseninteresse der Arbeiter“ ähnlich (und gründlicher) analysieren, um zu sehen, welch widerspruchsvolles Knäuel teils von Interessen und Idealen der Arbeiter, teils von Idealen, unter denen *wir* die Arbeiter betrachten, dahintersteckt. Es ist unmöglich, die Schlagworte des Interessenkampfes durch rein empiristische Betonung ihrer „Relativität“ zu überwinden: klare, scharfe, begriffliche Feststellung der verschiedenen *möglichen* Gesichtspunkte ist der einzige Weg, der hier über die Unklarheit der Phrase hinausführt. Nur durch idealtypische Begriffsformeln werden die Gesichtspunkte, die im Einzelfalle in Betracht kommen, in ihrer Eigenart im Wege der *Konfrontierung* des Empirischen mit dem Idealtypus wirklich deutlich. Der Gebrauch der undifferenzierten Kollektivbegriffe, mit denen die Sprache des Alltags arbeitet, ist stets Deckmantel von Unklarheiten des Denkens oder Wollens, oft genug das Werkzeug bedenklicher Erschleichungen, immer aber ein Mittel, die Entwicklung der richtigen Problemstellung zu hemmen.

Wir sind am Ende dieser Ausführungen, die lediglich den Zweck verfolgen, die oft haarfeine Linie, welche Wissenschaft und Glauben scheidet, hervortreten und den *Sinn* sozialökonomischen Erkenntnisstrebens erkennen zu lassen. Die *objektive* Gültigkeit alles Erfahrungswissens beruht darauf und nur darauf, daß die gegebene Wirklichkeit nach Kategorien geordnet wird, welche in einem spezifischen Sinn *subjektiv*, nämlich die *Voraussetzung* unserer Erkenntnis darstellend, und an die Voraussetzung des *Wertes* derjenigen Wahrheit gebunden sind, die das Erfahrungswissen allein uns zu geben vermag. Wem diese Wahrheit nicht wertvoll ist – und der Glaube an den Wert wissenschaftlicher Wahrheit ist Produkt bestimmter Kulturen und nichts Naturgegebenes –, dem haben wir mit den Mitteln unserer Wissenschaft nichts zu bieten.

Horst Hinz

Wirtschaftstheorie an der „Galileischen Wende"*

Erklärungen und Theorien – wie sie sind und wie sie sein sollten

> „Indem Dühring von ‚Prinzipien' ausgeht statt von Tatsachen, ist er Ideolog und kann den Ideologen nur vertuschen, indem er die Sätze so allgemein und leer faßt, daß sie *axiomatisch*, platt erscheinen, wobei dann aber auch nichts herauszufolgern, sondern nur hereinzudeuten ist."
>
> Friedrich Engels (1820—1895)

> „Der gute Christ soll sich hüten vor den Mathematikern und allen denen, die leere Vorhersagungen zu machen pflegen, schon gar dann, wenn diese Vorhersagen zutreffen. Es besteht nämlich die Gefahr, daß die Mathematiker mit dem Teufel im Bund den Geist trüben und den Menschen in die Bande der Hölle verstricken."
>
> Augustinus (354—430)

Der Mensch macht in der „Entzauberung der Welt" (*Max Weber)* Fortschritte. Diese Feststellung schließt den Tatbestand eines breiten Stromes von (noch) nicht Erklärtem und Irrationalismen nicht aus. Eigentümlichkeit der Wissenschaft ist es, den Rationalisierungsprozeß voranzutreiben, indem die bis dahin vom menschlichen Geist nicht kontrollierten Phänomene der Realität im Zusammenwirken von *Real*wissenschaft (Natur- und Sozialwissenschaft) und *Formal*wissenschaft (Logik und Mathematik) so organisiert werden, daß Aussagen über die Realität intersubjektiv überprüfbar, nachvollziehbar und damit prognostizierbar sind.

---

* Wiederabdruck aus *Konjunkturpolitik* – Zeitschrift für angewandte Konjunkturforschung, 15. Jahrgang 1969, Heft 4, Seite 229–257, mit freundlicher Genehmigung des Verlages Duncker & Humblot, Berlin.

1 Dieser Beitrag ist eine Erweiterung meines Aufsatzes „Wirtschaftstheorie von morgen" in: Der Volkswirt Nr. 42, 1968.

Die Geschichte der Wissenschaft zeigt, daß der Rationalisierungsprozeß nicht kontinuierlich verläuft. Phasenverschiebungen („cultural lag") treten auf; sie dürften subjektiv auf Entmythologisierungs-Affekte, objektiv auf den Grad der Industrialisierung und auf Stand oder Klasse zurückzuführen sein, denen die betroffenen Personen angehören[2]. Das gilt für die Sozialwissenschaft ebenso wie für die Natur- und Formalwissenschaft[3].

Jede neue Wissenschaftsdisziplin trägt gegenüber den jeweils vorhandenen Disziplinen die Kennzeichen der Oppositionswissenschaft. Diese Merkmale gehen erst verloren, wenn eine größere Zahl der Vertreter der mehr oder weniger neuen Ideen zum „universitären Establishment" gehört bzw. die neuen Doktrinen Teil der „herrschenden Lehre" geworden sind. Solche Feststellung darf sicher mit dem Blick auf andere soziale Gruppen und Untergruppen verallgemeinert werden: Es handelt sich um ein „soziales Gesetz".

Die „revolutionäre Macht der ‚ratio'" (*Max Weber*) macht auch vor jener Wissenschaftsdisziplin nicht Halt, von der man gemeinhin annimmt, daß sie die Umstände zu untersuchen pflegt, unter denen es zur Bereitstellung der materiellen und immateriellen Subsistenzmittel kommt, die die Menschen – je nach dem Kulturkreis, in dem sie groß werden – benötigen oder zu benötigen glauben: vor der Wirtschaftstheorie.

Überträgt man der Wissenschaftsdisziplin „Nationalökonomie" als Problem die Suche nach den Mechanismen, die die Produktion und Verteilung der Subsistenzmittel steuern, dann wird die Frage legitim, inwieweit die „herrschende Lehre" der bürgerlichen Ökonomen, d. h. die neoklassische (und zum Teil auch die neokeynesianische) Theorie, dies Problem zu lösen in der Lage ist.

Die Antwort fällt recht negativ aus. Das Übel sitzt tief: „Wehret den Anfängen!" gilt leider auch hier. Denn es ist bereits der methodische Ansatz insbesondere der Neoklassik – die Fiktion nämlich der Möglichkeit einer soziologiefreien, „rein ökonomischen" Theorie und die Fiktion von der „zureichenden Begründbarkeit" ihrer Aussagen –, der die Problemlösung unmöglich macht[4]. Mehr und mehr wird allerdings den Ökonomen auch im

2 Vgl. *Erwin E. Scheuch:* Sozialer Wandel und Sozialforschung, Kölner Zeitschrift für Soziologie und Sozialpsychologie, 1965.

3 Vgl. *A. C. Crombie:* Von *Augustinus* bis *Galilei.* Die Emanzipation der Naturwissenschaft. Köln—Berlin 1966 (1959); *Thomas S. Kuhn:* Die Struktur wissenschaftlicher Revolutionen, Frankfurt/Main 1967 (1962); *Hans Albert:* Traktat über kritische Vernunft, Tübingen 1968.

4 Zur Frage nach Herkunft und Begründbarkeit bzw. nach dem Entstehungs- und dem Begründungszusammenhang der neoklassischen Fiktionen und Theoreme vgl. — aus der Sicht des Marxisten — *Fritz Behrens: Hermann Heinrich Gossen* oder die Geburt der „wissenschaftlichen Apologetik" des Kapitalismus.

deutschen Sprachbereich klar: Der methodologische Boden, auf dem die Natur- wie die Sozialwissenschaft stehen, ist – angesichts der Irrtumsfähigkeit und Begrenztheit menschlicher Erkenntnis sowie der Unendlichkeit der Fakten und des Wahrscheinlichkeitscharakters der Welt – das Produkt von bewußt gefällten Entscheidungen und der permanenten Überprüfungen der Stichhaltigkeit dieser Entscheidungen mittels Tests: „Die Wissenschaft baut nicht auf Felsengrund. Es ist eher ein Sumpfland, über dem sich die kühne Konstruktion ihrer Theorien erhebt; sie ist ein Pfeilerbau, dessen Pfeiler sich von oben her in den Sumpf senken – aber nicht bis zu einem natürlichen ‚gegebenen' Grund[5]."

Ökonomie — eine partielle Soziologie

Grundlage der neuen, methodologischen Tendenz ist die Einsicht, daß die der Ökonomie gestellten Probleme nicht durch „rein ökonomische" Analyse gelöst werden können. Die neoklassische Idee von der „Autonomie" der Nationalökonomie zerbricht vor der zentralen Fragestellung der Disziplin: ‚Erklärung der Marktphänomene und insbesondere der Preis- und Einkommensgestaltung im Rahmen eines bestimmten Sozialmilieus'.
Ökonomie erweist sich damit als der Versuch, bestimmte soziale – nämlich kommerzielle – Beziehungen zwischen Personen und Personengruppen zu erklären und nicht allein Proportionen zwischen Geld- und Gütermengen zu beschreiben. Der Preismechanismus ist allerdings in diesem Feld sozialer Handlungen nur ein – kybernetischer – „Sanktionsmechanismus" unter vielen anderen, die ebenfalls bei der Analyse kommerzieller Beziehungen relevant sind oder sein können, wie etwa der juridische und der fiskalische Sanktionsmechanismus, der Mechanismus demokratischer Wahlen oder andere Formen sozialer Kontrolle bzw. sozialer Rückkoppelung. Das Zusammenwirken dieser Rückkopplungssysteme gewährleistet die relative Konstanz des jeweiligen Sozialsystems. Ökonomie ist in dieser Perspektive die Lehre von der Wirkungsweise des ökonomischen kybernetischen Systems,

---

Leipzig 1949; und — aus der Sicht des kritischen Rationalisten — *Hans Albert:* Ökonomische Ideologie und politische Theorie. Das ökonomische Argument in der ordnungspolitischen Debatte. Göttingen 1954; 2. Aufl. 1972 (mit Anhang: 1. Politische Ökonomie und rationale Politik; 2. Rationalität und Wirtschaftsordnung) – *Hans Albert:* Traktat über kritische Vernunft, a.a.O., passim.

5 *Karl R. Popper:* Logik der Forschung. Tübingen 1966 (1934, 1959, 1966), S. 75 f.

also eine partielle Soziologie: die „Soziologie des Marktverhaltens" oder – wie die Klassiker der Ökonomie sagten – „politische Ökonomie".
Damit aber gerät in die Analyse jenes sozialen Verhaltens, das man – historisch zufällig und durchaus wandelbar – als „wirtschaftliches Handeln" zu bezeichnen pflegt, die Kategorie der „Macht" hinein. Denn sowohl in der Distributions- als auch in der Produktionssphäre vergrößert, vermindert oder stabilisiert die relative Verfügungsgewalt über materielle oder immaterielle „Güter" die „Chance, innerhalb eines sozialen Beziehungssystems den eigenen Willen auch gegen Widerstreben durchzusetzen"[6]. Oder: Mit der Verfügungsgewalt über Güter wächst die Chance, „soziale Prozesse im Sinne eigener Zielsetzungen zu beeinflussen ... In diesem Sinne dürfte es kaum eine schlechthin machtlose Gruppe geben" – zumal Leistungs- von Machteinkommen nicht zu trennen sind und daher – „jedes Einkommen als Ausfluß und als Symptom einer entsprechenden Machtposition seines Beziehers"[7] – basierend etwa auf Eigentum oder auf besonderen Fertigkeiten oder Kenntnissen – angesehen werden kann. „Macht" aber ist die zentrale Kategorie politischen Verhaltens.

Unhaltbarkeit der „herrschenden Lehre"

Das ökonomische Erkenntnisprogramm entstand nach dem Zerfall der alten Kosmosmetaphysik aus der Hinwendung zu einer anthropologisch orientierten Sozialphilosophie; auf ihrem Boden wächst das Grundthema der *klassischen* ökonomischen Theorie, die soziologische Idee vom Marktsystem als allgemeinem Sanktionsmechanismus. Man analysiert den Markt als Anreiz- und Steuerungssystem und seine akkumulativen, distributiven und allokativen Wirkungen. Die Schule *Benthams* ergänzt die marktsoziologische Problemstellung durch die Idee der Zurückführung aller sozialen Vorgänge auf die Bedürfnisse der Wirtschaftssubjekte (psychologischer Reduktionismus).
Doch der psychologische Ansatz wird nicht konsequent weiterverfolgt, sondern entartet in der neuen herrschenden Lehre, der *neoklassischen* ökonomischen Theorie (politisch: Neoliberalismus), zu einer hochstilisierten Nutzen-

6 „Macht" im Sinne von *Max Weber:* Wirtschaft und Gesellschaft. Köln—Berlin 1964, S. 30.

7 *Hans Albert:* Marktsoziologie und Entscheidungslogik. Ökonomische Probleme in soziologischer Perspektive. Neuwied am Rhein und Berlin 1967, S. 448 f. — Vgl. hierzu *Gerd Fleischmann:* Ungleichheit unter den Wählern. Zur ökonomischen Perspektive in der Soziologie. Hamburger Jahrbuch für Wirtschafts- und Gesellschaftspolitik, 1967, S. 124 ff.

metaphysik, die sich im letzten Drittel des 19. Jahrhunderts an den Universitäten etabliert; sie wird bestimmt durch die marginalistische Revolution, d. h. die Grenznutzen- bzw. Grenzproduktivitätstheorie.
Die Grenznutzentheorie erwies sich nicht nur theoretisch als höchst fragwürdig, sondern auch gesellschaftspolitisch als ein zweischneidiges Schwert[8]. Gemäß der konservativen Laissez-faire-Parole „Jeder sei sich selbst der Nächste" ergibt sich ein gesellschaftliches Nutzenmaximum bei vollkommenem Wettbewerb. Aber dessen Ausgangssituation sollte der Status quo der Verteilung sein; ihn beschrieb *Karl Marx* so: „Was allein hier herrscht, ist Freiheit, Gleichheit, Eigentum und *Bentham*[9]." Also blieb infolge des gütermäßigen, sprich: machtpolitischen Ungleichgewichts der Arme relativ arm und der Reiche relativ reich.
Anders die revolutionäre Variante der Nutzentheorie: Sie lud dazu ein, den Nutzen aller Mitglieder der Wirtschaftsgesellschaft gleichzeitig im Auge zu behalten und wurde von *Karl Marx* zum Ausgangspunkt seines Konzeptes gemacht, dessen grundlegende Intention, die Verbindung von praktischer Kritik und kritischer Praxis (*Karl Korsch,* 1923), immer wieder zum Rekurs auf den gesellschaftlichen Alltag zwang, wobei das herrschende Establishment unbarmherzig ins Scheinwerferlicht der Kritik gerückt wurde. Dies erkannten die neoklassischen Ökonomen zwar, doch um unbequemen Konsequenzen zu entgehen, die man aus individuellen Wertskalen und Interessengegensätzen hätte ziehen müssen, personifizierte man die Volkswirtschaft und erhielt so ein einheitliches Zurechnungssubjekt mit einheitlicher Wirtschaftsführung und Wertskala: Die Interessenharmonie oder die „kommunistische Fiktion" (*Gunnar Myrdal*[10]) – Merkmal einer integrierten, formier-

---

8 Vgl. *Gunnar Myrdal:* Das politische Element in der nationalökonomischen Doktrinbildung. Hannover 1963 (1932). Hinter diesem Verfahren steckt die Idee, man könne für *alle* Mitglieder einer Gruppe geltende „wahre" Interessen feststellen. Diese Zurechnung von individuellen Bedürfnissen und kollektiven Bewertungen hat quasi-induktiven Charakter und ist daher ähnlichen Einwänden ausgesetzt wie *jedes* für die theoretische Erkenntnis vorgeschlagene Induktionsverfahren; es führt zum „Münchhausen-Trilemma": Wenn man für *alles* eine Begründung verlangt, dann muß man auch die Begründung begründen. Das ergibt drei nicht akzeptable Möglichkeiten: 1. einen infiniten Regreß; 2. einen logischen Zirkel, wenn man auf bereits verwendete Gründe zurückgreift; 3. den willkürlichen Abbruch des Begründungsverfahrens unter Verzicht auf die postulierte zureichende Begründung, meist unter gleichzeitiger Berufung auf eine nicht mehr kritisierbare Autorität wie Intuition, Evidenz, Geschichte, Schicksal, Gott oder weltliche Instanzen. Vgl. *Hans Albert:* Traktat über kritische Vernunft, a.a.O., S. 13 und 24.
9 *Karl Marx:* Das Kapital, Ost-Berlin 1955, Bd. I, S. 184.
10 *Gunnar Myrdal:* Das politische Element . . ., a.a.O., S. 48.

ten, gleichgeschalteten Gesellschaft – war paratheoretisch gerechtfertigt. Gleichzeitig identifizierte man den gesellschaftlichen Nutzen mit dem Gütermaximum, einer *technischen* Kategorie[11], und hatte somit die moralische oder *politische* Seite der ökonomischen Vorgänge eskamotiert.

Wie „modern“ dies ökonomistische Vorgehen ist, erkennt man an den immer noch aktuellen Konzeptionen der Wachstums- und Produktionstheoretiker: Die zeitlich geordneten Beobachtungswerte (Zeitreihen) werden definitorisch in Komponenten zerlegt, in die sogenannten Produktionsfaktoren „Arbeit“, „Kapital“ und „technischer Fortschritt“, die dann wie technische – richtig: logische – Bedingungen des Wirtschaftswachstums behandelt werden, wobei man auch vor der *Kausal*interpretation der angeblichen Produktionsfunktionen (zumindest außerhalb der Einleitungen) nicht zurückschreckt. Soziale Konflikte, d. h. machtpolitische Auseinandersetzungen auf der Basis pluralistischer Werthaltungen und Interessengegensätze, finden in dieser „rein ökonomischen“ Welt nicht statt. Das „Optimum“ – wie auch immer definiert – ist permanent verwirklicht. Das „Golden Age“ ist hier schon nahe herbeigekommen.

Die heterodoxen Richtungen der Nationalökonomie: der Historismus, Institutionalismus usw., selbst die andere Hauptrichtung, die vom historischen Materialismus beeinflußte *marxistische* Ökonomie, gewannen im Westen – obwohl sie einer Soziologisierung ihrer Aussagen seit jeher offener gegenüberstanden als die Neoklassik – keine größere Bedeutung. Konkurrenz zwischen der neoklassischen und der marxistischen Theorie um den besseren Erklärungswert gab und gibt es praktisch nicht. Beide Hauptrichtungen knüpfen zwar an die klassische Tradition an, doch ist beim hier relevanten Fragenkreis insbesondere die Neoklassik entscheidenden inhaltlichen, methodischen und ideologiekritischen Einwänden ausgesetzt. Erst in neuester Zeit bahnen sich Änderungen an[12].

---

11 *Hans Albert:* Der Trugschluß in der Lehre vom Gütermaximum. Zeitschrift für Nationalökonomie, 1953, S. 90 ff.; wiederabgedruckt in *Hans Albert:* Marktsoziologie . . ., a.a.O., S. 75 ff. Der hiermit gegebenen Gefahr, aus der politisch-ökonomischen in die technokratische Perspektive hinüberzugleiten, scheint auch der Sachverständigenrat erlegen zu sein; vgl. *Siegfried Katterle:* Einkommenspolitik und Verteilungskonflikte in einer freiheitlichen Gesellschaft. Zur Kritik einer technokratischen Konzeption. In: Beiträge zur Wirtschafts- und Gesellschaftsgestaltung. Festschrift für *Bruno Gleitze* zum 65. Geburtstag, hrsg. von *Friedrich Lenz,* Berlin 1968, S. 303 ff.

12 Bemerkungen zu dem Faktum, daß die Theoretiker des Ostens ebenfalls zur unkritischen Übernahme der „kommunistischen Fiktion“ neigen, siehe z. B. bei *Horst Hinz:* Aus Theorie und Praxis der Planwirtschaft. Zu einem Buch von *Oskar Lange.* Konjunkturpolitik, 1965, S. 265 ff. — Eine wahre Renaissance der Neoklassik, verbunden mit einem auch in der Bundesrepublik um sich greifenden

Die „Autonomie" der Ökonomie — eine Fiktion

Der wunde Punkt der Neoklassik ist der Glaube an die Autonomie der Nationalökonomie. Drei Fragen sind zu unterscheiden, die nach der methodologischen, der logischen und der theoretischen Autonomie[13].

Der *methodologische* Autonomieanspruch geht auf die Idee einer objektgebundenen Methode zurück. Sie ist überholt, denn die Struktur von Theorien, die der Erklärung oder prognostischen oder technologischen Verwendung dienen, hat sich für alle empirischen Wissenschaften als dieselbe erwiesen. Als Abgrenzungskriterium gegenüber nicht-wissenschaftlichen Aussagen hat sich heute weitgehend die Falsifizierbarkeit von Hypothesen (Theorien) durchgesetzt: das sogenannte *Popper*-Kriterium[14].

Nach dieser Festsetzung ist eine wissenschaftliche Hypothese so zu formulieren, daß sie an den Tatsachen „scheitern", daß sie also widerlegt werden kann. Da „konforme" Fälle (Verifikation) für fast jede Theorie gefunden werden können, kommt eine Theorie ihrem Anspruch, universelle, d. h. gesetzmäßige Sachverhalte zu beschreiben, erst dann nach, wenn sie sich gegenüber ernsthaften Widerlegungsversuchen bewährt hat. Gerade die For-

---

Parameterinduktivismus der Ökonometriker, ist in der Tschechoslowakei festzustellen; vgl. dazu *Miroslaw Toms* und *Mojmir Hajek* (Prag): Der technische Fortschritt und das Wachstumsmodell. FUTURUM, 1968, S. 275 ff.; wie sicher man sich dabei seiner Sache ist, verrät z. B. dieses Zitat: „Zweifellos existiert unter der Mehrzahl der Ökonomen eine Übereinstimmung über die Hauptquellen des ökonomischen Wachstums" (S. 275). —
Erhebliche Zweifel an der Richtigkeit der Vermutung der Autoren, Determinanten des ökonomischen Wachstums tauchten in ihrer, der neoklassischen Theorie auf, werden bestärkt durch z. B. *David C. McClelland:* Die Leistungsgesellschaft. Psychologische Analyse der Voraussetzungen wirtschaftlicher Entwicklung. Stuttgart—Berlin—Köln—Mainz 1966 (1961); *Gottfried Bombach:* Artikel „Wirtschaftswachstum" im Handwörterbuch der Sozialwissenschaften; *Hans Dieter Heike* und *Gerhard Kade:* Methodologische Probleme makroökonomischer Theorien. Konjunkturpolitik, 1968, S. 291 ff.; und vor allem durch *Hans Albert:* Wachstumsmodelle und Realität: Jahrbücher für Nationalökonomie und Statistik, 1957, S. 120 ff., *ders.:* Modell-Platonismus: Der neoklassische Stil des ökonomischen Denkens in kritischer Beleuchtung. In: Sozialwissenschaft und Gesellschaftsgestaltung, Festschrift für *Gerhard Weisser*, hrsg. von *Friedrich Karrenberg* und *Hans Albert*, Berlin 1963, S. 45 ff.; die letzten beiden Aufsätze wieder abgedruckt in *Hans Albert:* Marktsoziologie . . ., a.a.O., S. 385 ff. und S. 331 ff.

13 *Hans Albert:* Marktsoziologie . . ., a.a.O., S. 474 ff.

14 Vgl. *Karl R. Popper:* Logik der Forschung, a.a.O., passim. — Zur Diskussion des Popper-Kriteriums vgl. *Wolfgang Stegmüller:* Hauptströmungen der Gegenwartsphilosophie. Eine kritische Einführung. Stuttgart 1965, 3. Auflage.

derung nach Falsifizierbarkeit wird nun vom neoklassischen „Modell-Platonismus“ (*Albert*) nicht erfüllt; sein methodisches Instrumentarium – Modellkonstruktion, Gedankenexperiment, abnehmende Abstraktion, Variationsmethode – ist auf die Illustration der Modelle an Hand konformer Fälle oder die – induktive – „numerische“ Ausfüllung ihrer definitorischen Leerformeln, also auf ihre „Verifikation“ hin angelegt.

Der *logische* Autonomieanspruch basiert auf der Vorstellung einer bereichsspezifischen Problematik der mit Hilfe des „ökonomischen Prinzips“ zu überwindenden „Knappheit der Güter und Unbegrenztheit der Bedürfnisse“. Folgerichtig kommt man hier zu einer Theorie des „rationalen“ Handelns, zu einer allverwendbaren Art „Entscheidungslogik“, bestehend aus „empty boxes“ (*Clapham*), nicht zu einer empirischen Wissenschaft.

Das klassische Programm – die Erklärung sämtlicher marktrelevanten Tauschvorgänge – wird auf rein finanzielle eingeengt: Die Grenz*produktivitäts*theorie ist ihrer Konstruktion nach eine Grenz*rentabilitäts*theorie (*Hans Albert*, 1955). Gleichzeitig wird mehr oder weniger implizit eine bestimmte institutionelle Situation, in die das untersuchte Tauschsystem eingebettet ist, vorausgesetzt: der kapitalistische Status quo. Bestimmungsgründe außerhalb des Finanziellen und die institutionelle Situation werden in den sogenannten Datenkranz verbannt, wo die anderen Disziplinen – Soziologie, Psychologie, Jurisprudenz usw. – als potentielle Lieferanten von Ursachen für ökonomische Phänomene auf ihre Entdeckung durch die Ökonomie warten. Das heißt, die von *Bentham* begonnene psychologische Reduktion und die Soziologisierung der Theorie unterbleiben. Statt zum Entwurf einer gehaltvollen (Sozial-)Psychologie und statt zur interdisziplinären Forschung greift man zur Entleerung der Begriffe von fast jedem Informationsgehalt und begnügt sich mit einem Formalismus, der die Güterbewegungen des kommerziell organisierten Bereichs als Ausfluß der Nutzenkalküle letzter Konsumenten erscheinen lassen soll. Auf eine operationale Definition dessen, was unter „Nutzen“ verstanden werden kann, wartet man vergebens. „Nutzen“ bleibt ein „metaphysischer Begriff“, der *Joan Robinson zu der warnend-skeptischen* Metapher animiert: „Die Nationalökonomie ist nicht nur ein Zweig der Theologie[15].“

Der gewonnene Formalismus wird dann – wie wenn man auf der Flucht

15 *Joan Robinson:* Doktrinen der Wirtschaftswissenschaft. Eine Auseinandersetzung mit ihren Grundgedanken und Ideologien. München 1965 (1962), S. 30 u. 60. – Allerdings rekurriert die neoklassische ökonomische Ideologie ebenso wie die demokratische nicht mehr auf eine göttliche Autorität, sondern auf die „Souveränität“ des Wählers bzw. des Konsumenten, wobei die Struktur der ökonomischen und der demokratischen Ideologie die gleiche ist; vgl. *Hans Albert:* Traktat über kritische Vernunft, a.a.O., S. 166 ff.

vor der Wirklichkeit wäre – durch im Hinblick auf Erkenntniszweck und Informationshorizont übersteigerte Anwendung der Mathematik immer komplizierter angeboten. Dennoch bleibt er – obwohl als Realwissenschaft „Ökonomie" ausgewiesen – ein nur in das Sprachgewand der Ökonomie gekleidetes logisches Exerzitium, eine „Logik der Wahl" (*Oskar Lange*), die *Anton Gramsci* in einer Bemerkung über die „reine Theorie" von *Pantaleoni* folgendermaßen ironisiert: „Der erste Teil des Buches, der vom hedonistischen Postulat handelt, würde besser als Einleitung zu einem raffinierten Handbuch der Kochkunst oder zu einer noch raffinierteren Abhandlung über Liebesstellungen passen. Schade, daß diejenigen, die die Kochkunst behandeln, nicht die reine Ökonomie studieren; (...) man könnte dasselbe sagen über jene viel diskretere und esoterischere wissenschaftliche Tätigkeit, die sich mit der Kunst des sexuellen Vergnügens beschäftigt[16]."

‚Wenn es eine bestimmte Abhängigkeit der Preise von den Kosten gibt und die Kosten steigen, dann werden die Preise gemäß der Abhängigkeit variieren' – von dieser rein logisch-konditionalen Art sind dann die Aussagen neoklassischer Ökonomen, wobei die Fragen

nach den tatsächlichen Ursachen des Preis- und Kostenverhaltens der Individuen und Gruppen,

nach den die Lage und Form der Preis- und Kostenkurven determinierenden Machtverhältnissen,

nach den Motivations-, Steuerungs- und Kontrolleffekten bestimmter Institutionalisierungen und Internalisierungen von Verhaltensweisen und Aktionsbereitschaften,

nach der Struktur des Sozial- und Kulturmilieus, wie sie etwa *Karl Marx*, *Ralf Dahrendorf* und *Stanislaw Ossowski* in ihren Klassentheorien, *Schumpeter* und *Anthony Downs* in ihren politisch-ökonomischen Theorien, *Max Weber* in seiner „Protestantischen Ethik" und neuerdings *David McClelland* in seiner „Leistungsgesellschaft" beschreiben, gar nicht erst auftauchen oder in pragmatisch orientierten Sprachspielen und mittels raffinierter Immunisierungsstrategien mehr oder weniger bewußt einfach umgangen werden. Und seltsam hilflos unterschlägt dann der Ökonom – obwohl als „Prognostiker" auftretend – die Beantwortung der Frage, *warum* denn etwas der Fall sein werde. Man suche z. B. die Begründungen insbesondere zu den „Ausblicken" in den Gemeinschaftsdiagnosen, die die deutschen wirt-

---

16 *Antonio Gramsci:* Il materialismo storcio e la filosofia di Benedetto Croce. Opere di *Antonio Gramsci,* Rom 1955, Bd. II, S. 268; zit. nach *Oskar Lange:* Kritik der subjektivistischen Ökonomik, aus *Oskar Lange:* Economie Politique, Tome Premier, Paris—Warszawa 1962, Kap. VI, S. 264—284; abgedruckt in: Theorie und Realität. Ausgewählte Aufsätze zur Wissenschaftslehre der Sozialwissenschaften. Hrsg. von *Hans Albert,* Tübingen 1964, S. 287 ff.

schaftswissenschaftlichen Forschungsinstitute zur konjunkturellen Situation veröffentlichen. Man wird sie selten finden. Dafür ein symptomatisches Beispiel:

„Die Interdependenz von Nachfrage- und Kosteninflation und der Einfluß der ‚administered prices' sind von der Theorie weitgehend durchleuchtet (?). Im konkreten Fall allerdings (!) gehen die Urteile zumeist darüber auseinander, ob die Ursache für Preissteigerungen in einer zu starken Expansion der Nachfrage zu suchen ist, ob Kostensteigerungen den Anstoß gegeben haben, oder ob nicht vielmehr der institutionell gesetzte Datenkranz zu Preiserhöhungen veranlaßt hat. Dennoch, oder auch gerade deshalb (?), ist es instruktiv, sich – ohne die Frage nach der auslösenden Ursache zu stellen (!) – einen Überblick über den Preistrend ... und die ihn begleitenden Faktoren zu verschaffen"[17].

Dem *theoretischen* Autonomieanspruch der Neoklassik liegt die Idee zugrunde, daß es einen isolierbaren wirtschaftlichen Bereich mit sogenannten Eigengesetzlichkeiten gäbe. „Die Auffassung, für die verschiedenen Bereiche der Gesellschaft (Recht, Staat, Wirtschaft, Familie usw.) müsse es unbedingt verschiedene Theorien oder gar Wissenschaften geben, ist aber wissenschaftslogisch ebenso absurd wie die Ansicht, für jede Gesteinsart müsse es eine andere Chemie, für jede Art von Lebewesen eine andere Biologie geben ... Man denke nur an die Möglichkeit, durch die gleiche physikalische Theorie den Fall eines Apfels vom Baum, die Planetenbewegungen um die Sonne, das Haften der Atmosphäre an der Erde sowie das Phänomen der Gezeiten zu erklären. Der Glaube an die Notwendigkeit verschiedener Wissenschaften für die ‚offenkundig' verschiedenen Bereiche des sozialen Lebens ist ... ein Aberglaube"[18].

Das Marktsystem ist kein geschlossenes System, das im Grenzfall vollkommen endogen erklärt werden könnte. Vielmehr „(ist) wirtschaftliches Verhalten, konkret gesehen, ein Aspekt des institutionellen Verhaltens", so daß „die ‚wirtschaftliche Motivierung' überhaupt keine eigentliche Kategorie der Motivierung auf tieferer Ebene darstellt, sondern eher einen Punkt bezeichnet, an dem unterschiedliche Motivierungen auf eine bestimmte Situation bezogen werden"[19]. Je nach der „Definition der Situation" (Anwendungsbedingungen) kann also ein und dieselbe z. B. auf Leistung „an sich" gerichtete Motivierung (Verhaltensgesetzlichkeit) den großen Erfolg eines Unternehmers, Politikers oder Schauspielers zur Folge haben. Und je nach der Beschaffenheit der Situation können unterschiedliche Motivationen dieselbe Wirkung zur Folge haben.

---

17 Zitat aus dem Konjunkturbericht eines wirtschaftswissenschaftlichen Forschungsinstituts; Interjektionen von mir.

18 *Hans Albert:* Marktsoziologie ..., a.a.O., S. 480 ff.

Die „Ursachen“ ökonomischer Phänomene liegen demnach – eventuell ausnahmslos – im außerwirtschaftlichen Bereich und sind in der den Datenkranz abbildenden, sogenannten ceteris-paribus-Klausel der Neoklassik, *ohne näher spezifiziert zu sein,* eingefroren. Das Fehlen der Spezifizierung aber bedeutet, daß „Ursachen“ willkürlich für die Erklärung ökonomischer Phänomene herangezogen werden können.
So können etwa die Ergebnisse („Wirkungen“) des hochentwickelten Theorien-Prüfungs-Instruments „volkswirtschaftliche Gesamtrechnung“ leicht als „gewollt“ interpretiert und damit jede praktizierte Politik ex post gerechtfertigt werden, da die Bestimmungsgrößen der Gesamtrechnungszahlen bei der Interpretation des Tableaus ja gar nicht – oder wie gewünscht „koloriert“ – auftauchen und auch außerhalb der Neoklassik bisher nur selten untersucht wurden. Der Apologie des jeweils herrschenden Establishments und seiner Politik ist damit Tür und Tor geöffnet, und zwar um so mehr, je umfassender das Interpretationsmonopol (z. B. in bezug auf die konjunkturelle Situation und die zu verfolgenden gesamtwirtschaftlichen Ziele) ist, das man besitzt oder das man zusammen mit anderen Oligarchen kontrolliert[20].

„Galileische Wende“ in der Sozialwissenschaft

Die Fehlentwicklungen der neoklassischen Theorie – die in vielem mit dem Keynesianismus identisch ist – liegen nicht nur den „modernen“ Wachstums-, Produktions- und (normativen) Wohlfahrtstheorien zugrunde, son-

---

19 *Talcott Parsons:* Die Motivierung des wirtschaftlichen Handelns. In: *Ders.:* Beiträge zur soziologischen Theorie. Neuwied und Berlin 1964 (1954), S. 139 ff. — Eine gewisse Verwandtschaft dieser Theorie mit dem soziologieorientierten „historischen Materialismus“ wird erkennbar: „Erlaubt“ es die historische Situation nicht, dann wird in der Sicht des bereits Integrierten aus dem Nicht-Angepaßten, z. B. dem nach Selbstbestätigung durch Leistung Strebenden, ein Abweichler, Außenseiter, ein Ketzer oder — bei Verschleierung sozialpsychologischer Gesetzmäßigkeiten durch psychologisierende Betrachtung des Einzelfalls — ein „neuro-pathologischer Sonderling“: Das Neuerertum und Andersdenken wird dabei als „Irrtum“ oder „Sünde“ oder „zersetzende Kritik“ diffamiert.

20 *Horst Hinz:* Konjunktur und Herrschaft. Zur politisch-ökonomischen Analyse des Stabilitätsgesetzes. Konjunkturpolitik, 1967, S. 320. — Zur Praxis der „konzertierten Aktion“, zur Orientierungsdaten- und Lohnleitlinienpolitik der Bundesregierung auf Basis der Gesamtrechnung vgl. *Rudolf Henschel:* Gewerkschaften am Scheideweg. Gerwerkschaftliche Monatshefte, 1969, S. 217: „An einem derartig geschlossenen Planungskonzept sind aber hinterher Teiländerun-

dern auch den offiziellen Konjunktur- und Wachstumsdiagnosen und -prognosen und der daraus abgeleiteten Politik, ja, selbst den Berichten der Forschungsinstitute, wenn deren Ökonometriker in letzter Zeit auch verstärkt zur Analyse empirischer Zeitreihen überzugehen geneigt sind; wobei sie allerdings zumeist in einen nicht weniger fragwürdigen Parameterinduktionismus geraten[21]. Sie gipfeln in der ordnungspolitischen Debatte im krypto-normativen, also ideologischen „Maximum-Theorem", d. h. in der – bis heute – unbewiesenen und dennoch von Alt- und Neuliberalen, von Neu-, Konkurrenz- und Kalkulationssozialisten gleichermaßen vertretenen Behauptung, der „Preismechanismus" des statischen Modells der vollkommenen Konkurrenz bewirke auf der Basis einer immanenten Rationalität so etwas wie ein – harmonisches! – makroökonomisches Gleichgewicht, das sich durch maximale oder optimale Produktion und Bedürfnisbefriedigung aller Wirtschaftssubjekte auszeichne[22].

Dies so fatale Urteil für die Neoklassik trifft u. a. folgende ihrer Varianten: Die Ansicht, Nationalökonomie sei eine apriorische Wissenschaft (*Ludwig von Mises*); die Meinung, logische Konsistenz genüge als Wahrheitsgarantie (*Walter Eucken*); die Lehre vom Datenkranz als Grenze einer erfahrungswissenschaftlichen Nationalökonomie (*Heinrich von Stackelberg, Walter Eucken, Erich Schneider*); die Vermutung, unrealistische (Als-ob-)Annahmen

---

gen kaum noch möglich." — Auch des öfteren von Bundeswirtschaftsminister *Karl Schiller* empfohlene Gegenstrategie: Ausweitung des Informationshorizontes, d. h. des Planungsstabs der Gewerkschaften; vgl. *Gerd Fleischmann:* Ungleichheit unter den Wählern ..., a.a.O., S. 134 f.

21 Vgl z. B. *Hans-Eberhard Heyke:* Über die Nützlichkeit fiktiver Produktionsfunktionen. Schmollers Jahrbuch, 1968, S. 153 ff.

22 *Hans Albert:* Rationalität und Wirtschaftsordnung: Grundlagenprobleme einer rationalen Ordnungspolitik. Jahrbuch für Sozialwissenschaft, 1963; wiederabgedruckt in *Hans Albert:* Marktsoziologie ..., a.a.O., S. 211 f.; und *ders.:* Politische Ökonomie und rationale Politik. Vom wohlfahrtsökonomischen Formalismus zur politischen Soziologie. In: Theoretische Grundlagen der Wirtschaftspolitik, *Theodor Wessels* zum 65. Geburtstag, hrsg. von *Hans Besters,* Berlin 1967. — Vgl. *Günter Menges* (in seiner Besprechung des Buches von *Oskar Morgenstern:* Spieltheorie und Wirtschaftswissenschaft. Wien und München 1963) in: Unternehmensforschung, Bd. 12, 1968, S. 295 f.: „Wie kann es eigentlich kommen, daß die Spieltheorie, obwohl keine prinzipiellen Einwendungen gegen sie vorgebracht werden konnten, nach 24 Jahren noch immer nur eine Nebenrolle in den Sozial- und Wirtschaftswissenschaften spielt, daß an unseren Universitäten größtenteils Wirtschaftswissenschaft auf eine Weise gelehrt wird, die die Entdeckungen von *J. v. Neumann* und *Morgenstern* ignoriert, daß der Gleichgewichtsgedanke, das Maximum- und das Marginalkonzept noch immer die bedeutende Rolle spielen, die ihnen erwiesenermaßen nicht zukommen?"

könnten durch die Bewährung ihrer Implikationen gerechtfertigt werden *(Lionel Robbins, Milton Friedman)*[23].

Die Analyse dieser Fehlentwicklungen und ihre Relevanz in Wissenschaft und Politik zwingen nach Meinung engagierter Wissenschaftler, die einen realitätsnahen „kritischen Rationalismus" bejahen, zu der Konsequenz, daß man (wie schon längst in der Naturwissenschaft) auch in der Sozialwissenschaft – will man am Konzept der Beschreibung und Erklärung der Realität festhalten – die Ergebnisse der modernen Wissenschaftstheorie rezipieren muß. „Hauptgewährsmann" der kritischen Rationalisten ist *Karl Raimund Popper,* Professor für Philosophie, Logik und Methodologie in London und Verfasser der „Logik der Forschung" (1934)[24].

Gemäß der Wissenschaftstheorie ist es Sache der empirischen oder Realwissenschaften (Natur- und Sozialwissenschaft), Informationen über die Realität zu vermitteln. Die von den Formalwissenschaften (Logik und Mathematik) entwickelten Denkformen – insbesondere die hypothetisch-deduktive Methode – dienen den Realwissenschaften vorwiegend instrumental. Die *Theorien* als – möglichst axiomatisch organisierte – Aussagensysteme etwa der Form *„Immer und überall wenn* bestimmte Ursachen . . ., *dann* ergeben sich bestimmte Wirkungen . . ." oder „Wenn $\rightarrow$ Dann" (lies: Wenn impliziert Dann) sind dabei „das Netz, das wir auswerfen, um ‚die Welt' einzufangen – sie zu rationalisieren, zu erklären und zu beherrschen. Wir arbeiten daran, die Maschen des Netzes immer enger zu machen" (*Popper*).

23 Vgl. dazu *Gerd Fleischmann:* Nationalökonomie und sozialwissenschaftliche Integration, Tübingen 1966. – Ganz im Bann der neoklassischen bzw. neoliberalen Ideologie (sog. Freiburger Schule) argumentiert mit stark harmonieorientiertem Akzent (die am häufigsten gebrauchten Worte sind „das Ganze" und „das Gemeinwohl" sowie deren Synonyme) der Ökonom und Jurist *Kurt Biedenkopf,* Generalsekretär der CDU und ehemals Henkels-Manager; *Biedenkopf* war 1969/70 Leiter der von der Bundesregierung bestellten Mitbestimmungskommission und dafür verantwortlich, daß die dem analytischen Teil des Mitbestimmungsgutachten nicht widersprechende Bejahung der paritätischen Mitbestimmung wider alle Logik nicht als Empfehlung formuliert wurde. *Biedenkopf* steuert den „starken Staat mit einer starken Wirtschaft" an und tendiert zur „kooperativen Marktwirtschaft" (*Arno Sölter*, 1973 Bundesverband der deutschen Industrie), einer Neuauflage der „formierten Gesellschaft" *Erhard*scher Provenienz mit – staatlicherseits abgesicherten – rein privaten gesamtwirtschaftlichen Planungs- und Investitionslenkungsinstanzen.

24 Vgl.: *Horst Hinz:* Zu Karl Poppers Wissenschaftslehre. Vierteljahreshefte zur Wirtschaftsforschung, 1967, S. 466 ff. — Zur Sozialphilosophie *Karl Raimund Poppers* siehe sein sozialphilosophisches Hauptwerk: Die offene Gesellschaft und ihre Feinde. Bd. I: Der Zauber Platons. Bern 1957 (1944), Bd. II: Falsche Propheten. Hegel, Marx und die Folgen Bern 1958 (1944).

Das Zusammenwirken von Formal- und Realwissenschaften wird im Gegensatz zu früheren Auffassungen und in Anlehnung an *Kants* Bild von der „Kopernikanischen Wendung" sowohl bei der Theoriebildung als auch bei der Beobachtung „aktivistisch" interpretiert: Das, was „Realität" genannt wird, ist nicht unabhängig vom Betrachter, sondern wird vom vorhandenen Erfahrungsschatz im weitesten Sinne, dem sogenannten institutionellen Apriori, vor-strukturiert; denn die so definierte Tradition bestimmt weitgehend die Perspektive des Betrachters, d. h. seinen Bezugsrahmen und seine Selektionsprinzipien gegenüber dem, was er für relevant und „bemerkenswert" hält. Ausgehend von der Basis tradierten Wissens werden auf der Suche nach Theorien – die (theoretisch) der Erklärung der Welt dienen und (praktisch) der Voraussage und technischen Anwendung – aus Zufall, schöpferischer Intuition heraus, aufgrund der Alltagserfahrung oder ganz bewußt mittels dialektischer Denkformen Hypothesen gewonnen. Die Hypothesen werden dann – der Entdeckung *Galileis* folgend, Experimente mit Messung und mathematischer Formulierung zu verbinden – an Hand der Erfahrung (etwa der Beobachtungsdaten der Statistik) überprüft. Methodologisch, nicht historisch-genetisch, völlig unabhängig von diesem Prozeß der Theorie-Entdeckung werden die als „Basissätze" formulierten Erfahrungsdaten – z. B. kann jeder Wert der volkswirtschaftlichen Gesamtrechnung als Basissatz formuliert werden –, da ihre „operationale Definition" ebenfalls universelle Aussagen (Gesetze) enthält, ihrerseits ständiger Überprüfung unterzogen, die dann gemäß Übereinkunft (vorläufig) beendet wird, wenn der dem gesamten Erklärungszusammenhang aufgegebene Zweck (vorläufig) ausreichend erfüllt ist: die überprüfte Theorie sich also unter bestimmten Bedingungen *bewährt hat. Weder bei den Theorien, noch bei den Basissätzen gibt es also so etwas wie „absolute Gewißheit" oder in absolutem Sinne „echte" oder „wahre" Daten. Es gibt nur die dünne Decke relativ gesicherter wissenschaftlicher Erkenntnis über dem „Sumpf" des (Noch-)Nicht-Wissens.*

Diese auf der „Idee der kritischen Prüfung" basierende Methodologie ist nicht wie die klassische am – eine vollständig verifizierbare Realität voraussetzenden – „Satz vom zureichenden Grunde" ausgerichtet, sondern an einer methodologischen Version des „Satzes vom ausgeschlossenen Widerspruch", die *Hans Albert* unter Berufung auf die Vorsokratiker und *Karl Popper* so formuliert:

„Suche stets nach relevanten Widersprüchen, um bisherige Überzeugungen dem Risiko des Scheiterns auszusetzen, so daß sie Gelegenheit haben, sich zu bewähren"[25].

25 *Hans Albert:* Traktat über kritische Vernunft . . ., a.a.O., S. 43.

Sinn dieses Vorgehens ist es, die Weiterentwicklung des Denkens zu erzwingen; denn relevante Widersprüche werden dazu veranlassen, alte Überzeugungen zu revidieren: Benutzt man das Prinzip der kritischen Prüfung in der angegebenen Weise, schreibt *Albert*, „so ergibt sich eine Methode, die man mit einigem Recht ‚*dialektisch*' nennen kann, und zwar in einem eindeutigen und klaren Sinn, der einer alten philosophischen Tradition entspricht ... Sie ist insofern eine *negative* Methode, als es in ihr nicht auf positive Begründbarkeit und entsprechende Begründungsbemühungen, sondern auf *Widerlegbarkeit* und Widerlegungsversuche ankommt, aus denen allerdings dann jeweils eine vorläufige Bewährung resultieren kann"[26].

Forschungsregeln

Unter „Erklärung" eines *individuellen* Phänomens im Sinne wissenschaftlicher Methodologie ist die logische Deduktion des zu erklärenden Sachverhaltes (Explanandum) aus dem erklärenden Sachverhalt (Explanans) zu verstehen. Das *Explanans* besteht aus allgemeinen (universellen) Gesetzen und den Anwendungsbedingungen. Die Anwendungsbedingungen, d. h. die singulären Anfangsbedingungen – meist „Ursachen" genannt – und die Randbedingungen, legen die Raum-Zeit-Koordinaten des zu erklärenden Phänomens fest; ein Gesetz gilt ja „immer und überall" und wird durch die raum-zeitlichen Umstände – sie sind Voraussetzung für die Anwendung der universellen Aussagen – nur in seinem Ablauf modifiziert. So gilt z. B.

---

26 *Hans Albert:* Traktat über kritische Vernunft ..., a.a.O., S. 42 f. – Vgl. hierzu auch *Hans Albert:* Tradition und Kritik. *Club Voltaire II*, Jahrbuch für kritische Aufklärung, hrsg. von *Gerhard Szczesny*, München 1965, S. 156 ff. – Vgl. *Karl R. Popper:* Was ist Dialektik? (engl. 1940), in: Logik der Sozialwissenschaften, hrsg. von *Ernst Topitsch*, Köln—Berlin 1965, S. 262 ff. Wiederabgedruckt in diesem Band S. 167 ff. – Die Kritik trifft nicht nur die Dialektiker von „links", sondern auch von „rechts"; vgl. dazu *Ernst Topitsch:* Die Sozialphilosophie *Hegels* als Heilslehre und Herrschaftsideologie. Neuwied—Berlin 1967, S. 94 f.: „Diese Überlieferungen reichen mit ihren Anfängen bis in das erste Dämmerlicht mythischer Frühzeit zurück und sind mit ihren letzten Ausläufern noch in jener restaurativen Establishment-Philosophie wirksam, die heute an den deutschsprachigen Universitäten vorherrscht und die man in Abwandlung eines bekannten Wortes als eine Fortsetzung der Theologie mit anderen Mitteln bezeichnen könnte ... Angesehene akademische Lehrer und einflußreiche Schulhäupter (haben) mit Hilfe dieser Methode die Demokratie verächtlich gemacht und das Dritte Reich als Verwirklichung der wahren Freiheit und Sittlichkeit verherrlicht."

das Fallgesetz überall, und dennoch kann eine Feder oder eine Rakete unter bestimmten Umständen „nach oben" fliegen. Oder: Grundsätzlich „verbessert" intensivere Interaktion und Information das Zusammenleben der Menschen, und dennoch kann die intensive Kommunikation in einer relativ geschlossenen Gesellschaft – also eine besondere Konstellation der Anwendungsbedingungen – das Dasein, vor allem für die „Sündenböcke" und „Blitzableiter", an denen man die aufgespeicherte Aggressionsneigung abreagiert, zur Hölle machen.

Aus den Elementen des Explanans, also den Bestandteilen des Wenn-Satzes, wird nach den Regeln der Logik oder der Mathematik das *Explanandum*, der Dann-Satz (Theorem) abgeleitet, d. h. singuläre Aussagen, die den zu erklärenden Sachverhalt abbilden. Ob die vorgeschlagene Erklärung zutreffend ist, ergibt sich bei der Konfrontation der Theoreme mit den unabhängig vom Ableitungs- oder Begründungszusammenhang gewonnenen Basissätzen. Widersprechen beide einander nicht – richtige Deduktion vorausgesetzt –, dann „stimmt" die Erklärung, die Gesetzeshypothese einschließlich der Anwendungsbedingungen hat sich (vorläufig) bewährt: *Der Bewährungsgrad der Hypothese steigt mit zunehmendem Falsifizierbarkeitsgrad,* mit erhöhtem Schwierigkeitsgrad der Prüfungsbedingungen und/oder wachsendem Informationsgehalt der nomologischen Hypothese.

Wenn dagegen das Theorem die Tests nicht besteht, dann findet – gemäß den Transformationsregeln der Logik – der Rücktransfer des negativen Wahrheitswertes des Theorems auf die Ausgangssätze statt: Das Explanans ist falsifiziert, die Gesetzeshypothese oder/und die Anwendungsbedingungen müssen reformuliert werden. Der Prozeß des Entwurfs von Hypothesen möglichst hoher Erklärungskraft und ihrer Überprüfung an der Realität beginnt von vorn.

Nun ist es weniger das Ziel der exakten Realwissenschaften, Erklärungen für individuelle Tatbestände zu liefern, als vielmehr, die zentralen Bestandteile solcher Erklärungsversuche, nämlich *generelle* empirische Hypothesen bzw. (Natur-)Gesetze zu finden. *Empirische Gesetze* (Theorien, Modelle, nomologische Hypothesen) bilden Regelmäßigkeiten, d. h. Invarianzen der Realität ab; sie sind empirisch gehaltvolle (synthetische) universelle Aussagen über die Struktur der Wirklichkeit und können daher an Hand von Tatsachen nachgeprüft werden. Die Erklärung einer Theorie geschieht durch ihre Ableitung allein aus Theorien höheren Niveaus; um sie dann testen zu können, bedarf es der Hinzufügung von Anwendungsbedingungen.

Empirische Theorien sind auch zentraler Bestandteil von *„Prognosen"*: Die logische Struktur der Ableitung des Explikandums bei Erklärungen ist die gleiche wie die Ableitung einer prognostizierten Situation. Das heißt, wissenschaftliche Prognosen haben *nie* „absoluten" Charakter, sondern erfordern im Wenn-Satz stets die Spezifizierung der Gesetze und Anwendungs-

Approximationsprozeß der Erkenntnis

- trial and error process; Rückkopplungsprozeß -

I. „Entdeckungs- oder Entstehungszusammenhang“
Jemand „erfindet“ eine Theorie (Theorie-Entwurf).
I. 1. Frage: Wie entstehen „neue Ideen“, „neue Theorien“?
I. 2. Antwort: Siehe die Begründungszusammenhänge der Psychologie, Soziologie usw. (Zufall, Intuition, Alltagserfahrung, dialektische Perspektive).

II. „Begründungszusammenhang“ (Wenn-Dann-Satz)
II. 1. **Rahmenbedingungen** (formuliert in der Metasprache).
II. 2. **Erklärung** (formuliert in der Objektsprache):

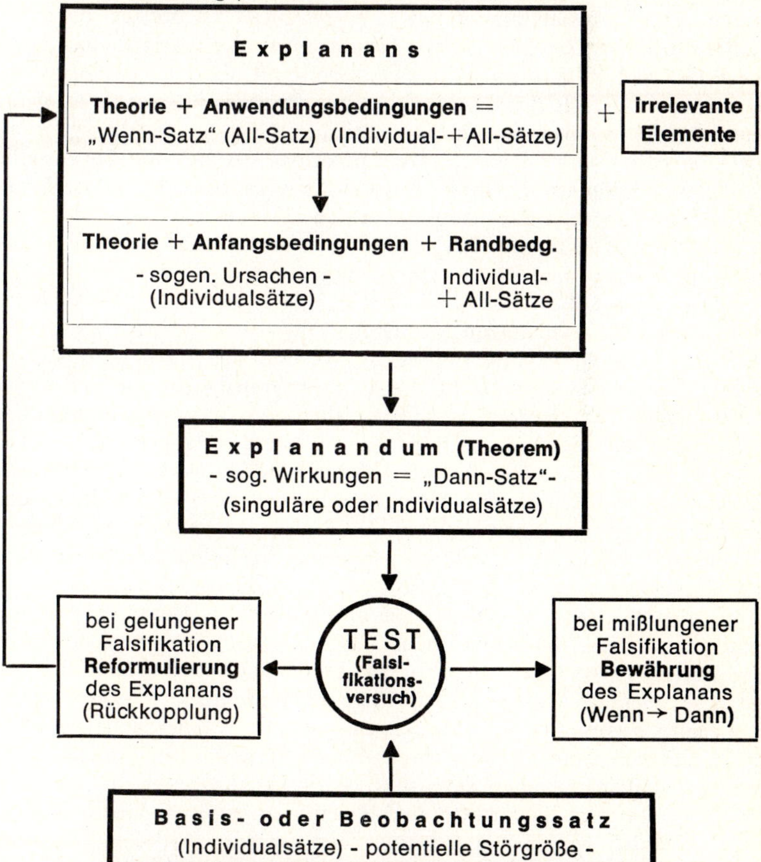

bedingungen der Ausgangssituation und wegen des Handlungsspielraums des Menschen die Angabe „realistischer“ Alternativprognosen. Zweckmäßig kann es sein, zwischen *nichttechnologischen* Prognosen, bei denen der Handelnde das Prognoseergebnis nicht beeinflussen kann, und *technologischen* Prognosen zu unterscheiden; bei letzteren spielen die Handlungsalternativen die Rolle kausalrelevanter Umstände, die als Theorien und Anwendungsbedingungen zu formulieren sind und in beeinflußbare (instrumentale) und nicht beeinflußbare (autonome) unterteilt werden können: *„Erklären“ heißt* also, bestimmte Wirkungen herbeiführen oder vermeiden können.
Verzichtet man freiwillig oder – z. B. durch Informationsmängel – gezwungen auf die spezifizierte Verwendung von Theorien und Anwendungsbedingungen, dann hat man es mit *„Projektionen“* zu tun, bei denen festgestellte Quasi-Invarianzen (ad-hoc-Hypothesen) als invariant angenommen werden. So stellt z. B. die – in der Ökonomie oft übliche – einfache Extrapolation eines Trends den Extremfall einer Projektion dar. Nicht weniger unzureichend – wenn auch aus pragmatischen Gründen (vorläufig) erlaubt – ist eine etwas kompliziertere Extrapolation, nämlich die Unterstellung eines quasi-konstanten Investitionszyklus, wie es deutsche wirtschaftswissenschaftliche Forschungsinstitute in ihren Gemeinschaftsdiagnosen vom Herbst 1968 und Frühjahr 1969 tun: „Das Wachstum der Ausrüstungsinvestitionen übersteigt nun schon mehr als ein Jahr den längerfristig erreichbaren Pfad beträchtlich. Das spricht dafür, daß in absehbarer Zeit eine entsprechende Verlangsamung im Wachstumstempo der Investitionen erfolgen wird. ... Ein weiterer unverminderter Anstieg der Investitionsnachfrage würde zu einer (Investitions- H.H.) Quote führen, wie sie in der Vergangenheit nie erreicht worden ist.“ Abgesehen von sonstigen Begründungsmängeln gilt auch hier: *„Trends sind keine Gesetze“ (Popper),* sie sind keine universellen Sätze, sondern singuläre historische Aussagen. Die einzelnen (diskreten) Raum-Zeit-Punkte eines Trends entstehen jeder für sich durch das Zusammenwirken einer Vielzahl von Gesetzen und ihrer Anwendungsbedingungen; sie muß man kennen, wenn man den Trend erklären und prognostizieren will.
Mit *„Prophetie“* kann die langfristige und unbedingte Voraussage einer geschichtlichen Entwicklung bezeichnet werden; sozialwissenschaftliche Theoien gestatten solche Voraussagen nicht. Dessenungeachtet kann die gesellschaftliche Wirkung derartiger Prophetien erheblich sein.
Zur Lösung bestimmter Probleme können (sozial-)wissenschaftliche Theorien in technologische Systeme transformiert werden: Ein (kausaler) Aussagezusammenhang über Ursachen und Wirkungen wird in ein (instrumentales) Aussagesystem über Mittel und Zwecke umgeformt: Was hier Mittel, ist dort Ursache; was hier Zweck oder Ziel, ist dort Wirkung. Das *sozialtechnologische System* informiert über Handlungsmöglichkeiten und deren

Konsequenzen. Die Entscheidung für ein bestimmtes Ziel-Mittel-Bündel führt zum *Programm,* einem sozialtechnologischen Sub-System mit normativem Akzent[27].

Empirische Theorien im hier beschriebenen Sinn dürfen mit den (normativen) Gesetzen der Ethik nicht verwechselt werden: Theorien bilden faktische Regelmäßigkeiten ab, ethische Normen dagegen sind Soll-Vorschriften, man muß sich nicht an sie halten. In einem bestimmten Sinn allerdings ist die Situation im ethischen Bereich genau die gleiche wie im wissenschaftlichen und politischen Bereich: Genau wie *Theorien* und *Programme* sind auch ethische *Normen und Werte* Vorschläge zur Lösung bestimmter Probleme, d. h. es geht um Erklärung, um Gestaltung und um Verhaltenssteuerung. In jedem Fall können die vorgeschlagenen Problemlösungen als *Hypothesen* interpretiert werden, die nur vorläufig gelten und morgen bereits durch „bessere", d. h. zweckmäßigere Vorschläge ersetzt sein können. In diesem Sinne entscheidender – gradueller – Unterschied zwischen *wissenschaftlichen* und *metaphysischen* bzw. ethischen Aussagen: ihr Kontrollierbarkeits- und Bewährungsgrad.

Empirische Theorien dürfen auch nicht mit den empirisch leeren – die analytische oder tautologische Umformung von Aussagen konventionalisierenden – Transformationsregeln der Logik und Mathematik verwechselt werden: „Alle Sätze der Logik sagen ... dasselbe. Nämlich Nichts" (*Wittgenstein,* 1921).

Die analytischen Sätze der Logik unterscheiden sich von den synthetischen Sätzen der Realwissenschaften durch die Weite ihres *logischen Spielraums.* Den totalen logischen Spielraum hat eine Aussage, die keine denkbare Möglichkeit ausschließt; sie hat die logische Wahrscheinlichkeit „Eins" wie z. B. das Prognose-Theorem: Morgen wird es regnen oder auch nicht. Diese Aussage ist zwar *logisch wahr,* doch ihr empirischer Informationsgehalt ist

---

27 Vgl. hierzu *Karl R. Popper:* Das Elend des Historizismus. Tübingen 1965 (1944/45). — *Hans Albert:* Probleme der Theoriebildung. Entwicklung, Struktur und Anwendung sozialwissenschaftlicher Theorien. In: Theorie und Realität ..., a.a.O., S. 61 ff. — *Karl R. Popper:* Naturgesetze und theoretische Systeme. In: Theorie und Realität ..., a.a.O., S. 87 ff. — *Robert K. Merton:* Die Eigendynamik gesellschaftlicher Voraussagen. In: Logik der Sozialwissenschaften, a.a.O., S. 144 ff. — *Oskar Morgenstern:* Der theoretische Unterbau der Wirtschaftspolitik. Köln—Opladen 1957. — *Charles E. Lindblom:* Zur Analyse-Methode in der staatlichen Wirtschaftspolitik. In: Grundlagen der Wirtschaftspolitik, hrsg. von *Gérard Gäfgen,* Köln und Berlin 1966, S. 320 ff. — *Paul Streeten:* Programm und Prognose: In: *Gunnar Myrdal:* Das Wertproblem in der Sozialwissenschaft. Hannover 1965, S. 18 ff. — *Gerhard Kade:* Wirtschaftsprogrammierung. In: Sozialökonomie in politischer Verantwortung. Festschrift für *J. Tiburtius,* hrsg. von *O. Triebenstein,* Berlin 1964, S. 139—179.

gleich Null; wir lernen nichts darüber, „welcher Fall wirklich vorliegt"[28]. Der Satz ist empirisch leer.

Durch Einschränkung des Spielraums steigt der Informationsgehalt der Prognose: Morgen wird es regnen. Weiter: Morgen wird es hier regnen; morgen wird es hier so oder so stark regnen; usf. Sätze, die etwas anderes behaupten, werden bei diesem Eliminierungsprozeß ausgeschlossen, sie werden verboten. Treten sie dennoch als Basissätze bei der Überprüfung des Prognosetheorems auf, dann falsifizieren sie (vorläufig) das Theorem.

Bei der Exaktifizierung einer Theorie erhält man im Zuge der Informationsvermehrung bzw. der Spielraumeinengung demnach zwei nicht-leere Teilmengen aller logisch möglichen Basis-Sätze: die Menge der mit ihr nicht kompatiblen Aussagen, der potentiellen Falsifikatoren. Je größer die Klasse der verbotenen Sätze, d. h. der potentiellen Falsifikatoren, desto kleiner der logische Spielraum und desto größer der Informationsgehalt der Theorie; desto kleiner also die Klasse der erlaubten Basissätze, das ist der „Spielraum, den ein Satz der Wirklichkeit läßt"[29]. Dieser Spielraum schrumpft um so mehr, je mehr eine empirische Theorie der Forderung nach möglichst großer Allgemeinheit und möglichst großer Bestimmtheit nachkommt.

Eine Konsequenz der Forderung nach Theorien von größtmöglicher Allgemeinheit und Bestimmtheit ist die (metaphysisch manchmal als Kausalsatz gedeutet) methodologische Forderung, nichts unerklärt zu lassen, d. h. immer wieder zu versuchen, theoretische Sätze auf allgemeinere Sätze, auf Aussagen, die mehr und besser erklären, auf *Theorien höheren Niveaus* zurückzuführen; sie kann auf die Forderung nach möglichst strenger Prüfbarkeit zurückgeführt werden[30].

---

28 *Rudolf Carnap:* Einführung in die symbolische Logik mit besonderer Berücksichtigung ihrer Anwendung. Wien 1960 (2. Aufl.), S. 15. — Vgl. das Zitat zur Anmerkung 17 dieses Aufsatzes. — Vgl. auch *Carl G. Hempel:* Typologische Methoden in den Sozialwissenschaften. In: Logik der Sozialwissenschaften, hrsg. von *Ernst Topitsch*, a.a.O., S. 85 ff.

29 *Karl Popper:* Logik der Forschung, a.a.O., S. 87 — Vgl. *Hans Albert:* Probleme der Theoriebildung. Entwicklung, Struktur und Anwendung sozialwissenschaftlicher Theorien. In: Theorie und Realität ..., a.a.O., S. 23 f. — Siehe auch *Hermann Vetter:* Wahrscheinlichkeit und logischer Spielraum. Eine Untersuchung zur induktiven Logik. Tübingen 1967, besonders 30 ff., wo *Vetter* auf die Kontroverse zwischen *Carnap* und *Popper* über die Explikation des Bewährungsgrades unter Berücksichtigung der statistischen Wahrscheinlichkeit einer Hypothese und der Induktionsverfahren der mathematischen Statistik eingeht. Ausgangspunkt der Kontroverse: „Tautologien werden immer die höchste Wahrscheinlichkeit haben" (*Popper*, a.a.O., S. 216). Tautologien aber sind leer.

30 *Karl Popper:* Logik der Forschung, a.a.O., S. 87. — Der auch in diesem Aufsatz übliche Gebrauch der Begriffe „kausal" und „Ursache—Wirkung" kommt der

Zwei Probleme sind scharf voneinander zu trennen, das Entstehungs- und das Begründungsproblem. Das *Entstehungsproblem* behandelt die Frage: Wie gelangt man überhaupt zu Theorien bzw. zu Theorien höheren Niveaus, zu „besseren“ Problemlösungen? Die Antwort wird in den Erklärungs- bzw. Begründungszusammenhängen der entsprechenden Fachdisziplinen oder interdisziplinär gegeben: durch Soziologie, (Sozial-)Psychologie, Anthropologie, Naturwissenschaften usw. Bei der Suche nach neuen Problemlösungen ist man auf nichts mehr angewiesen als auf die schöpferischen Fähigkeiten des Forschers: „Es muß vor allem eingesehen werden, daß die zukünftige Gesellschaft keine Konformisten braucht, sondern geistige Experimente. Das Ideenpotential einer Gesellschaft stellt in Zukunft ein größeres Vermögen dar als alle materiellen Ressourcen“[31]. Zweckmäßig ist es, bei der Suche nach neuen Ideen nicht auf Intuition oder Zufall zu warten, sondern die dialektische Perspektive im Sinne der Vorschläge in *Alberts* „Traktat“ ganz bewußt zu nutzen, ja, sie möglichst bereits ins Ausbildungsprogramm der Schulen aufzunehmen.

Methodologisch unabhängig von der Entstehung einer Theorie ist das *Be-*

Alltagssprache weitgehend entgegen, d. h. er ist höchst unkritisch. Doch soll die Verwendung der Alltagssprache hier nur das Verstehen der gemeinten Sachverhalte erleichtern. Eine strengere Definition des „Kausalgesetzes“ lautet: „Kausalgesetze sind quantitative, deterministische, mittels stetiger mathematischer Funktionen darstellbare Mikro-Sukzessions-Nahwirkungsgesetze, die sich auf ein homogenes und isotropes, von bestimmten Erhaltungsprinzipien beherrschtes Raum-Zeit-Kontinuum beziehen“; *Wolfgang Stegmüller:* Das Problem der Kausalität. In: Probleme der Wissenschaftstheorie, Festschrift für Viktor Kraft, hrsg. von *Ernst Topitsch,* Wien 1960, S. 183. Die Frage, ob es empirische Gesetze, die diesen strengen Bedingungen genügen, gibt, wird vom heutigen Forscher verneint. Erst wenn man zur physikalischen Makrostufe übergeht, die Definition also weiter faßt, kann man von Kausalgesetzen sprechen. Doch bleibt stets zu beachten: „Alle Gesetzesaussagen, mit denen man in den einzelnen Wissenschaften arbeitet, sind bloße hypothetische Annahmen. Niemals können wir auch nur eine einzige Gesetzesaussage definitiv verifizieren, gleichgültig ob es sich hierbei um Kausalgesetze handelt oder nicht“; *W. Stegmüller:* Das Problem der Kausalität . . ., a.a.O., S. 186.

31 *Karl Steinbuch:* Falsch programmiert. Über das Versagen unserer Gesellschaft in der Gegenwart und vor der Zukunft und was eigentlich geschehen müßte. Stuttgart 1968, S. 146. — Zu den Ableitbarkeitsbeziehungen zwischen Theorien verschiedenen Niveaus vgl. *Karl Popper:* Die Aufgabe der Wissenschaft; in diesem Band S. 89 ff. – Wie sehr schöpferische Phantasie, freie Kritik und realistische Problemlösungen einander bedingen siehe bei *Karl Popper:* Die offene Gesellschaft . . ., a.a.O., passim, und *William W. Bartley:* Flucht ins Engagement. München 1964, S. 146 ff. und passim.

gründungsproblem, d. h. die Frage, ob die Theorie als Prämisse, als Teil des Explanans, in einem bestimmten Begründungszusammenhang Geltung beanspruchen darf. Handelt es sich bei dem Explanandum ebenfalls um eine Theorie, dann enthält der Wenn-Satz eine oder mehrere Theorien höheren Niveaus – singuläre Aussagen fehlen hier also –, aus denen dann die nomologische Hypothese niederen Niveaus abgeleitet wird, um daraufhin auf ihren Bewährungsgrad getestet zu werden. Falsch ist es, innerhalb eines solchen Tests die Frage „cui bono?" zu stellen, wie es Vertreter wertender Gesellschaftslehren oft tun; denn mit der Frage, wem die Theorie wohl nütze, wird nach den Entstehungsgründen der Hypothesen, nicht aber nach ihrer Geltung innerhalb des diskutierten Begründungszusammenhangs geforscht. So ist z. B. die Frage nach den Voraussetzungen eines störungsfrei ablaufenden Marktmechanismus wertfrei und völlig unabhängig von der Frage zu beantworten, wem denn ein solcher Marktmechanismus nütze: Die Erfahrung zeigt, es können kapitalistische, es können aber auch sozialistische Gesellschaftssysteme sein; und warum das so ist, kann wieder in eigenen Begründungszusammenhängen expliziert werden.

Anstatt nun den logischen Spielraum der vorhandenen Theorien systematisch einzuschränken und die gewonnenen Hypothesen „fließbandmäßig" zu testen, geht die neoklassisch orientierte Wirtschaftstheorie den umgekehrten Weg: Durch Tautologisierung der Sätze, d. h. durch Konstruktion von *Leermodellen,* und die Verwendung von *Alibi-Formeln,* deren bekannteste die sogenannte ceteris-paribus-Klausel ist – andere sind Leerformeln wie „wohl", „schließlich", „bald", „auf lange Sicht", „letztendlich" oder der als Konjunktiv formulierte casus eventualis – immunisiert man die ökonomischen Aussagen gegenüber Widerlegungsversuchen und verhindert so die kontrollierte Eliminierung der (immer nur vorläufig) falsifizierten Theorien[32].

Begnügt man sich allein mit der logischen Konsistenz eines Erklärungssystems als Kriterium für die Brauchbarkeit einer Theorie, dann müßte man

32 Zu den Immunisierungsstrategien vgl. *Hans Albert:* Probleme der Theoriebildung . . ., a.a.O., S. 30 ff. — *Ernst Topitsch:* Sprachlogische Probleme der sozialwissenschaftlichen Theoriebildung; und *ders.:* Das Verhältnis zwischen Sozial- und Naturwissenschaften. Eine methodologisch-ideologiekritische Untersuchung. Beide Aufsätze in: Logik der Sozialwissenschaften . . ., a.a.O.. — *T. D. Weldon:* Kritik der politischen Sprache. Vom Sinn politischer Begriffe. Neuwied 1962 (1953). — Darauf, daß auch „didaktisch Leermodelle als Lehrmodelle keine Lernmodelle sein können", weist *Hans-Eberhard Heyke* hin: Über die Nützlichkeit fiktiver Produktionsfunktionen, a.a.O., S. 164. — Vgl. auch *Ernst Topitsch:* Über Leerformeln. Zur Pragmatik des Sprachgebrauchs in Philosophie und politischer Theorie. In: Probleme der Wissenschaftstheorie . . ., a.a.O., S. 233 ff.

zwei sachlich unvereinbare Theorien als „wahr“ anerkennen, wenn sie nur keinen logischen Widerspruch enthalten. Auch bloßer Realitätsbezug – hergestellt durch die Verwendung einer Fachsprache – beseitigt dies Dilemma nicht. Erst ihr Informationsgehalt, also die logische *und* empirische Wahrheit verschafft einer Theorie den Status einer strukturellen Aussage über die Realität.

Wertfreie oder normative Sozialwissenschaft?

Leider wird – insbesondere im deutschen Sprachbereich und insbesondere in den Sozialwissenschaften – immer noch nicht allgemein anerkannt, daß wissenschaftlich zu nennende Aussagen dem *Wertfreiheitsprinzip* i. S. *Max Webers* entsprechen müssen und können[33]. Immer noch meinen die Verfechter der wertenden Sozialwissenschaften, aus dem was ist, das ableiten zu können, was sein *soll;* immer noch pflegen sie praktische Empfehlungen – manche Konjunkturberichte etwa kann man schon aus diesem Grund kaum „wissenschaftlich“ nennen – als wissenschaftliche Erkenntnisse auszugeben. Verfolgt man die Zeitungen, dann scheint die Öffentlichkeit derartiges sogar z. B. von den wirtschaftswissenschaftlichen Forschungsinstituten zu erwarten. Dennoch bedeutete hier ein Nachgeben die Kapitulation der Wissenschaft vor der Politik! Das heißt, nicht die Internationale der Wissenschaftler stellte intersubjektiv kontrollierbar fest, was „wahr“ ist, sondern derjenige, der die Macht hat; und wechseln die Machthaber, dann wechselte – unter diesen Konventionen erlaubt – auch das, was „wahr“ genannt wird, und zwar mit den entsprechenden gesellschaftspolitischen Folgen. Denn *Werturteile* zeichnen einen Sachverhalt nicht nur positiv oder negativ aus, für sie wird auch überpersönliche Geltung und die Anerkennung von seiten des Adressaten beansprucht[34], wobei man eventuell beide unter Anwendung eines bestimmten Grades von Gewalt einzutreiben bereit ist.
Bei der Wertproblematik unterscheidet der Methodologe am besten drei Problemgruppen: 1. das Problem der Wertbasis einer Wissenschaft, 2. das

33 Vgl. *Horst Hinz:* Max-Weber-Renaissance? Zur Rezeption seines Werkes in Deutschland. Vierteljahreshefte zur Wirtschaftsforschung, Jg. 1966, S. 454 ff., und die dort angeführte Literatur.

34 Vgl. *Hans Albert:* Theorie und Praxis. *Max Weber* und das Problem der Wertfreiheit und der Rationalität. In: Die Philosophie und die Wissenschaften. *Simon Moser* zum 65. Geburtstag, hrsg. von *Ernst Oldemeyer,* Meisenheim am Glan 1967, S. 246 ff. — *Viktor Kraft:* Die Grundlagen einer wissenschaftlichen Wertlehre. Wien 1951 (2. Aufl.).

Problem der Wertungen im Objektbereich einer Wissenschaft und 3. das eigentliche Werturteilsproblem.

Ausgangspunkt der Überlegung sei die in der modernen Grundlagenforschung übliche Unterscheidung zwischen *Meta-* und *Objektsprache.* In der Objektsprache werden die Tatbestände des Objektbereiches einer Wissenschaft beschrieben; es ist die Objektsprache, in der die Analyse vollzogen wird. In der Metasprache werden die Bedingungen festgelegt, unter denen die objektsprachliche Analyse stattfinden soll; in der Metasprache wird also *über* den Objektbereich, nicht *in* ihm gesprochen.

Keine Forschung geschieht absolut voraussetzungslos[35]. Diese Voraussetzungen werden metasprachlich formuliert und festgelegt (Basisurteil). Zu den Voraussetzungen gehören z. B. Festsetzungen der Sprache, in der analysiert werden soll, der Methoden und Rahmenbedingungen, die beachtet und eingehalten werden sollen, gehören auch die (wertenden, d. h. politischen) Entscheidungen für die Wertfreiheit des objektsprachlichen Aussagezusammenhangs und für ein bestimmtes Untersuchungsobjekt. Da es eine wissenschaftliche Ethik (noch) nicht gibt, sollte das politische Engagement des Wissenschaftlers (Wertbasisurteil) bei der Auswahl des Untersuchungsobjekts bewußt und explizite zum Ausdruck kommen: Die Erfahrungen mit der Atombombe und den Konzentrationslagern, mit „gerechten" und „ungerechten" Kriegen sollten sämtliche „Elfenbeintürme" zum Abriß verdammt haben. Dabei ist stets zu berücksichtigen, daß Ethik und Vernunft in jeder Gestalt sozial-kulturelle Zuchtprodukte auf vitaler Grundlage sind: „Zwischen Bedürfnisstruktur, Struktur des Überzeugungssystems und dem individuellen Stil des Problemlösungsverhaltens bestehen offenbar Zusammenhänge, die auf die früher gemachten Erfahrungen bei der Lösung von Problemen zurückgehen. Vor allem die Dominanz von Erfahrungen der Angst scheint die Neigung zur Bildung geschlossener Überzeugungssysteme und damit die Dogmatisierung von wesentlichen Bestandteilen dieser Systeme zu begünstigen"[36].

Die *Wertung,* zu der der Wissenschaftler oder sonst jemand sich entschließt, kann selbstverständlich zum Gegenstand eines Erklärungszusammenhangs gemacht werden: Anerkennt man die Logik als Organon der Kritik im gesamten sozialen und nicht-sozialen Bereich (Basismoral), dann ist nicht einzusehen, warum nicht sämtliche Wertungen, Vorurteile, Selbstverständlich-

---

35 Vgl. *H. Albert,* Traktat über kritische Vernunft, a.a.O., S. 93. Siehe auch ebd. S. 97 sowie *Jürgen von Kempski:* „Voraussetzungslosigkeit". Eine Studie zur Geschichte eines Wortes. In seinem Aufsatzband: Brechungen. Kritische Versuche zur Philosophie der Gegenwart. Hamburg 1964, S. 140 ff.

36 *Hans Albert:* Traktat über kritische Vernunft ..., a.a.O., S. 93.

keiten und „letzte Axiome" im Sinne *Max Webers* rationaler Diskussion unterworfen werden sollten. Und nicht nur das:

„Jeder Bestandteil des tradierten Wissens und Glaubens, d. h. jeder (heuristische) Theorie-Entwurf, jedes logische und jedes Wert-Axiom, jede Definition, jede Selbstverständlichkeit usw., jedes Element also im von der Wissenschaft noch nicht kontrollierten (metaphysischen) Raum wird – ist es erst einmal sprachlich faßbar, formulierbar – den strengen Regeln des Begründungszusammenhanges unterworfen. Indem man also die ‚wissenschaftliche Neugier' oder den Glauben an ein ‚besseres Morgen' oder an die Vermeidbarkeit konstatierten Übels oder an das ‚Prinzip Hoffnung' (*Ernst Bloch*) jenseits des wissenschaftlichen Begründungszusammenhanges nach neuen Ansätzen, nach neuem Land für den Fuß des Wissenschaftlers auf die Suche schickt, wird der metaphysische Bereich als Reservoir von Erklärungsversuchen und ‚realen Utopien' permanent in Anspruch genommen, wird die sogenannte Grenze zwischen dem ‚Reich der Werte' und dem ‚Reich der Tatsachen' (*Hans Reichenbach)* ständig zur Diskussion gestellt"[37].

Der *Kern der Werturteilsdebatte* ist die Frage nach der Notwendigkeit und/oder Zweckmäßigkeit der Einführung von Wertungen in rein kognitive Begründungszusammenhänge. Oder spezieller: Braucht man eine normative Sozialwissenschaft (wie sie z. B. zumeist die „welfare economics" und die sogenannten Gleichgewichts- und Integrationstheorien darstellen)? Die Antwort hängt von der Zielsetzung ab: Will man nichts anderes als die – rein informative – Beschreibung und Erklärung der Realität, dann können Werturteile ohne Verlust an Informationsgehalt eliminiert werden. Will man dagegen offen oder versteckt Stellungnahmen provozieren, dann

37 *Horst Hinz:* Zu Karl Poppers Wissenschaftslehre, a.a.O., S. 477. – Autonomie-Thesen für den Bereich des Wissens bzw. Glaubens, wie sie in vielen Weltanschauungsgemeinschaften üblich sind, dienen der Immunisierung der Aussagen gegenüber kritischer Prüfung. Der Immunisierungsversuch wird zumeist begleitet von der moralischen Prämiierung des schlichten und naiven Glaubens, der keine Zweifel kennt, und der Diffamierung kritischen Denkens als unsittlich, zersetzend, unruhestiftend, parteischädigend oder zumindest als unangemessen; vgl. *Hans Albert:* Traktat über kritische Vernunft, a.a.O., Kapitel „Glaube und Wissen", S. 104 ff., und *William W. Bartley:* Flucht ins Engagement, a.a.O., passim, besonders zum von Theologen und anderen Ideologen vorgebrachten „Auch-Du"-Argument: Auch der Wissenschaftler gehe von irgendwelchen Voraussetzungen und Axiomen aus und sei daher in der gleichen Lage wie der Normativist. Unberücksichtigt bleibt bei dieser Argumentation, daß der Wissenschaftler seine sämtlichen Voraussetzungen — ohne Ausnahme — in Frage zu stellen bereit ist, sie also anzweifelt und seine Theoreme immer nur als „vorläufig wahr" ansieht. Gerade diesen Zweifel kennt der Normativist oder sonstige Gläubige — z. B. der Theologe bei „Gott" — nicht.

könnte man bestimmte, wertfrei ermittelte Faktenkonstellationen positiv oder negativ auszeichnen, etwa durch die Formulierung „geschichtlich bedingt, daher unausweichlich", „dem Geschichtsgesetz gehorchend", „natürlich verlaufend" oder „künstlich beeinflußt" oder ganz einfach nur durch „gut" oder „schlecht". Mit der Verwendung dieser – vielfach interpretierbaren – Leerformeln aber gerät man bereits ins Sprachspiel der Politik als Machtausübung bzw. Gestaltung öffentlicher Verhältnisse, bereitet Rechtfertigungsideologien den Boden und verwirft die Definition: *Wissenschaft ist wertfrei*[38].

Mit der Basisproblematik ist das *Relevanzproblem* verbunden, d. h. die Frage, ob der Wissenschaftler die „richtigen" Methoden, Elemente und Beziehungen zum Ausgangspunkt seiner Erklärung gemacht hat; ob er z. B. den richtigen Funktionstyp für die Abbildung einer Reihe von Beobachtungswerten gewählt hat oder ob der Ökonometriker wirklich nur irrelevante Elemente unberücksichtigt gelassen und so Autokorrelation der Residuen vermieden hat. Indikator für den Grad der „Richtigkeit" der vorgeschlagenen Erklärung ist der Erklärungswert bzw. Bewährungsgrad der Theorie; der *Erklärungswert* also ist die „letzte Instanz" für die Stichhaltigkeit der Basisentscheidung für bestimmte Rahmenbedingungen.

Außerordentliche Bedeutung kommt dabei der *Konkurrenz zwischen Theorien* zu. Voraussetzung dafür, daß sie stattfinden kann, ist der „öffentliche Charakter der wissenschaftlichen Methode" (*Popper*). Das impliziert die Veröffentlichung aller Informationen, die intersubjektive Überprüfbarkeit und Reproduzierbarkeit der Theorien und einen Gebrauch der Sprache, der soweit wie möglich an den Kriterien „Deutlichkeit", „Klarheit" und „Exaktheit" orientiert ist. Denn: *Objektivität entsteht im sozialen Prozeß.*

Anerkennt man „Wissenschaft" als eine bestimmte – rationale und öffentliche – *Art des Problemlösungsverhaltens* und definiert man „Probleme" als Fragen nach bisher unbekannten Ursache-Wirkungs-Zusammenhängen, nach Wenn-Dann-Sätzen oder anders: nach Erklärungen, Prognosen und (Sozial-) Technologien, dann müßten auch Probleme im nichtwissenschaftlichen Bereich, d. h. in der Politik, in der Ethik, in der Religion und im Alltagsleben, auf die gleiche „vernünftige" Weise gelöst werden können: *Wissenschaft in diesem Sinne als Methode oder Verfahrensweise interpretiert, bedeutet die Wahl einer bestimmten Lebensweise und sozialen Praxis: ein Akt von höchster moralisch-politischer Bedeutung,* der zu der Folgerung zwingt, daß es

38 Vgl. *Theodor Geiger:* Ideologie und Wahrheit. Eine soziologische Kritik des Denkens. Neuwied—Berlin 1968 (1953), — *Ernst Topitsch:* Sozialphilosophie zwischen Ideologie und Wissenschaft. Neuwied 1961. — *Leszek Kolakowski:* Der Mensch ohne Alternative. Von der Möglichkeit und Unmöglichkeit, Marxist zu sein. München 1960.

nicht so sehr auf die Vermittlung eines ständig variierenden Detailwissens ankommt, als vielmehr darauf, „die Methoden zu lehren, die es dem einzelnen ermöglichen, sich ein selbständiges Urteil zu bilden und damit auch Strategien der Immunisierung, der Verdunkelung, Vernebelung und Verklärung, also: dogmatische Verfahrensweisen, zu durchschauen“[39]. Genau in diesem Sinne interpretiert die Bundesassistentenkonferenz in ihrem „Kreuznacher Hochschulkonzept“ vom Oktober 1968 *wissenschaftliches Verhalten:*

„— Reflexion auf Voraussetzungen und Ziele, auf gesellschaftliche Implikationen und auf die praktische Anwendung des Gelernten: Vermittlung von Theorie und Praxis, gesellschaftliche Bedeutung und wissenschaftlicher Zweck.
— Fragehaltung: Motivation zu ständig erneutem Nachforschen und Befragen.
— Kreativität: Offenheit für Streben nach Veränderungen, nach neuen Begriffen und Einsichten; Variieren und Überschreiten der erreichten Positionen; schöpferische Tätigkeit.
— Beherrschung von Methoden und gleichzeitig methodenkritisches Bewußtsein, das sich auf die Zugänge zu bestimmten Gegenständen bzw. Bereichen, auf die Zuverlässigkeit und die Grenzen und Methoden, auf die Kriterien für die Stringenz von Beweisen und für die Aussagekraft von Datensammlungen erstreckt.
— Kontrolle und Kritik: Offenlegung der Fragestellungen und Interessen, des „Vorverständnisses“, der Methoden, Quellen bzw. Daten; ständige Überprüfung; Offenheit für Gegeninstanzen; Einsicht in die möglichen Argumentationszusammenhänge.
— Kommunikation: Fähigkeit zu angemessener sprachlicher oder symbolischer Darstellung, zur Unterscheidung von Aussage, Schlußfolgerung und Werturteil; kritsches Sprachbewußtsein; Bereitschaft und Fähigkeit zur Diskussion.
— Kooperation: Team-Work, Gruppenarbeit auch im überfachlichen Zusammenschluß; Einsicht in die Grenzen des eigenen Wissens einerseits, in die Verfahren, die Dynamik und die Grenzen von Gruppenarbeit andererseits.
— Ökonomie: Arbeitstechnik, -einteilung, -disziplin, -strategie.
— Spezifische Kenntnisse und Fertigkeiten, deren Kanon nur im einzelnen Fach festgesetzt werden kann.
— Mut zum erklärten Dilettantismus: informed guesses, Hypothesen auf der Grundlage begrenzter Information, Vermeidung von ‚Fachidiotentum‘ “[40].

---

39 *Hans Albert:* Traktat über kritische Vernunft, a.a.O., S. 88.
40 Veröffentlicht in: Wirtschaft und Wissen, 1969 (März/April), S. 26 ff.

Der Ablauf des Wissenschaftsprozesses muß *institutionell abgesichert* sein. Das bedingt die Bereitschaft der jeweils Herrschenden, diese Absicherung zumindest zuzulassen, eine Tatsache, die nicht ohne weiteres gegeben ist, da die Kritik ja auch vor den Strukturen des Herrschaftsapparates und der Herrschaftsausübung nicht halt macht. Schon aus diesem Grunde ist der kritische Rationalismus nicht politisch neutral (was nicht die Wertfreiheit wissenschaftlicher Aussagen im Objektbereich berührt).

Damit aber wird das Problem der *Realisierbarkeit* des gesetzten Zieles aufgeworfen. Zweckmäßig erscheint es, die Methode der kritischen Überprüfung hier in der Weise anzuwenden, daß man theoretisch unterbaute Wissenschafts- und Sozialkritik stets in Verbindung mit theoretisch fundierter Sozialtechnologie zur Realisierung des Zieles – z. B. „freier Wissenschaftsprozeß“ – eingesetzt. Wie in allen anderen Bereichen menschlichen Bemühens um Selbstverwirklichung verschafft uns diese Methode zwar auch hier keine Gewißheit, „aber sie gibt uns die Möglichkeit, aus unseren Irrtümern zu lernen und dabei die Hilfe unserer Mitmenschen, gerade auch wenn sie andere Gesichtspunkte, Ideen und Erfahrungen haben, nicht zurückzuweisen“[41].

Die angeführten methodologischen Prinzipien widersprechen den heute noch vorherrschenden platonistischen, alt- und neupositivistischen, dialektischen und naiv-empirischen Tendenzen diametral[42]. Der Grundzug der in dieser Weise praktizierten Forschung ist ein aufklärerischer *kritischer Rationalismus*, dessen Vertreter Theorie und Realität in ständig wechselseitiger Kontrolle zu ergänzen suchen: *eine Approximationstheorie der Erkenntnis, verbunden mit einer kritischen Methodologie.*

Erst die Anerkennung dieser Methodologie und die Anwendung ihrer Instrumente in Wirtschaftsforschung und -politik läßt leistungsfähige ökonomische Theorien im interdisziplinären Sinne der Klassiker erwarten. Von anderen Disziplinen – z. B. Soziologie, (Sozial-)Psychologie, Kybernetik[43] –

---

41 *Hans Albert:* Traktat über kritische Vernunft, a.a.O., S. 182.

42 Vgl. die außerordentlich informative Zusammenfassung der methodologischen Diskussion der Gegenwart von *Wolfgang Stegmüller:* Wissenschaftliche Erklärung und Begründung. Probleme und Resultate der Wissenschaftstheorie und analytischen Philosophie. Bd. I Heidelberg. 1969.

43 Vgl. u. a. *Theodore M. Newcomb:* Sozialpsychologie. Meisenheim am Glan 1959. — *René König:* Das Interview. Köln 1962 (3. Aufl.). — *René König* (Hrsg.): Beobachtung und Experiment in der Sozialforschung. Köln 1962 (2. Aufl.). — *René König*, unter Mitwirkung von *Heinz Maus* (Hrsg.): Handbuch der empirischen Sozialforschung. Stuttgart 1967, Bd. I (2. Aufl.) und 1969, Bd. II. — *Peter Atteslander:* Methoden der empirischen Sozialforschung. Berlin 1969 (Sammlung Göschen Bd. 1229/1229 a). — *Karl Steinbuch:* Automat und

ist das Feld vorbereitet. Im Zuge der Integration der Sozialwissenschaften wird sich die Fruchtbarkeit der klassischen politisch-ökonomischen Perspektive erweisen[44]. Die herrschende Schul-Ökonomie hat viel nachzuholen: Die „Galileische Wende“ in der Sozialwissenschaft ist bereits ein Faktum.

Mensch. Berlin—Göttingen—Heidelberg 1965 (3. Aufl.). — *Felix von Cube:* Was ist Kybernetik? Grundbegriffe, Methoden, Anwendungen. Bremen 1968 (2. Aufl.). — *Georg Klaus:* Wörterbuch der Kybernetik. (Ost-)Berlin 1968 (2. Aufl.). — *Rainer Thiel:* Quantität oder Begriff? Der heuristische Gebrauch mathematischer Begriffe in Analyse und Prognose gesellschaftlicher Prozesse. (Ost-)Berlin 1967. — *Gerhard Kade, Dirk Ipsen, Reinhard Hujer:* Modellanalyse ökonomischer Systeme. Regelung, Steuerung oder Automatismus? Jahrbücher für Nationalökonomie und Statistik, Bd. 128 1968, S. 1 ff. — *Oskar Morgenstern:* Spieltheorie und Wirtschaftswissenschaft. Wien—München 1963.

44 Vgl. z. B. *Hans Albert:* Zur Theorie der Konsumnachfrage. Jahrbuch für Sozialwissenschaft, 1965, S. 139 ff.; und *ders.:* Erwerbsprinzip und Sozialstruktur. Jahrbuch für Sozialwissenschaft, 1968, S. 1 ff. — *Horst Hinz:* Konjunktur und Herrschaft . . ., a.a.O. — *Gerd Fleischmann:* Ungleichheit unter den Wählern . . ., a.a.O. — *Gerhard Kade, Reinhard Hujer, Dirk Ipsen:* Kybernetik und Wirtschaftsplanung. Zeitschrift für die gesamte Staatswissenschaft, 1969 (125. Bd.), S. 17—55.

Horst Zimmermann

Wirtschaftspolitische Beratung unter Wertabstinenz*

Die Wissenschaftstheorie des kritischen Rationalismus, wie sie z. B. von *K. R. Popper* und *H. Albert* vertreten wird, ist weit entwickelt, sofern man nach den Möglichkeiten fragt, vergangene, gegenwärtige und zukünftige Zusammenhänge zu erfassen. Die Gewinnung von „gesicherter" empirischer Erkenntnis einschließlich der Prognosenmöglichkeiten wird seit längerem erforscht. Fragt man dagegen nach den Wegen, die einem Wissenschaftler offenstehen, der sich, aus welchen Gründen immer, für eine Beratung der Politik entschieden hat, so sind die Ergebnisse weniger reichhaltig. Am bekanntesten ist der Vorschlag, empirische Erkenntnisse in die Form technologischer Aussagen zu bringen und dieses Ergebnis dem Politiker zur Verfügung zu stellen. In dieser Technologie erscheinen dessen Ziele als unterstellt, während dem Wissenschaftler die Wahl der Mittel bleibt.

Wer über den sehr engen Rahmen, der durch dieses Modell vorgegeben

---

* Wiederabdruck aus: Zeitschrift für Nationalökonomie 28 (1968), S. 305—340, mit freundlicher Genehmigung des Springer-Verlages Wien.
Der Gedankengang dieses Aufsatzes wurde vom Verfasser Ende 1965 vor dem Post-Doctoral Research Seminar von Prof. *W. Isard* (University of Pennsylvania, Philadelphia) zum ersten Mal vorgetragen. Mit den dort angeregten Änderungen wurde das Manuskript in vorläufiger Form veröffentlicht unter: *H. Zimmermann:* The Treatment of Imprecise Goals: The Case of Regional Science, Preliminary Draft, Regional Science Research Institute Discussion Paper Series, No. 9, Philadelphia 1966. Für die kritische Durchsicht dieses Artikels dankt der Verfasser insbesondere *H. Albert, G. Colm, G. Engelhardt, R. A. Gakenheimer, K. H. Hansmeyer* und *G. Schmölders.* Eine der wichtigsten Anregungen bestand darin, den Anwendungsbereich vom speziellen Gegenstand der Regionalpolitik auf den allgemeinen Beratungsfall auszudehnen. Die Weiterführung des regionalpolitischen Aspekts, insbesondere der Zieldiskussion (s. u., §§2 und 3), findet sich in: *H. Zimmermann:* Öffentliche Ausgaben und regionale Wirtschaftsentwicklung, Veröffentlichung der List Gesellschaft, Bd. 61, Basel–Tübingen 1970.

wird, hinausgehen will und ein Verfahren sucht, das eine engere Zusammenarbeit zwischen Politiker und Wissenschaftler erlaubt, kann auf die Vorschläge zurückgreifen, die von Vertretern der sogenannten verstehenden und der sozialkritischen Richtung erarbeitet wurden. Bei beiden Verfahren werden jedoch die Postulate verletzt, die das oben erwähnte Programm für den Bereich der Gewinnung von Erkenntnissen aufgestellt hat. Selbst die Modelle von *K. R. Popper* und *C. E. Lindblom* (s. u.) sind hierfür nicht brauchbar, da sie beide einen Vorschlag für einen politischen Stil enthalten, nicht aber für eine bloße Beratung. Sofern jedoch daran gedacht wird, den Entscheidungsbereich des Politikers zu verändern, ist die Beschränkung auf wissenschaftliche Tätigkeit des Beraters fallengelassen worden.
Es wäre daher wünschenswert, ein Modell für eine effiziente Beratung für den Fall zu entwickeln, daß sich der Berater dem genannten Programm verbunden fühlt, zugleich aber nicht bereit ist, sich allein darauf zu beschränken, empirisches Wissen in Form technologischer Aussagen zur Verfügung zu stellen. Es müßte eine Form der Beratung sein, die die Zusammenarbeit zwischen Politiker und Wissenschaftler ähnlich eng gestaltet, wie dies z. B. im sogenannten pragmatischen Modell (*Habermas)* vorgesehen ist.
Im folgenden werden einige Elemente eines Beratungsmodells diskutiert, das zwischen den beiden Extremen steht, einerseits die Sphären des Politikers und des Wissenschaftlers zu vermischen und andererseits die Tätigkeit des Wissenschaftlers darauf zu beschränken, lediglich für vorgegebene Ziele technologische Information zu bieten.

I. Politische Ziele als Problem einer beratenden Wirtschaftswissenschaft

Das erklärte Ziel vieler wissenschaftlicher Arbeiten besteht darin, einen Beitrag zu den grundsätzlichen Fragestellungen oder den aktuellen Problemen eines Bereiches der Wirtschaftspolitik zu leisten. Die hier zu erörternden Probleme würden entfallen, wenn statt dieses Ziels das ganz anders geartete verfolgt würde: ohne auf spätere Verwendbarkeit der Ergebnisse für wirtschaftliche oder gar politische Zwecke Rücksicht zu nehmen, bisher unerklärten Vorgängen nachzugehen und zu versuchen, eine Erklärung für sie zu finden. So kann es z. B. im Bereich der Regionalforschung interessant sein zu erfahren, woher die regionalen Unterschiede in der Wirtschaftskraft rühren. Ergibt sich am Ende sorgfältiger wirtschaftshistorischer und -geographischer Studien, daß sie überwiegend historisch bedingt sind, so kann dieses Ergebnis der Wirtschaftspolitik kaum dienen, sicherlich aber der Vermehrung des gesicherten Wissens. Für eine solche zweckfreie Forschung wäre es lediglich erforderlich, den zu untersuchenden Sachverhalt genau zu beschreiben. Maßgrößen für den Zusammenhang zu entwickeln usf. Die Regeln für dieses Verfahren, zu gesicherter Erkenntnis über die soziale Umwelt zu kommen, können dem auf *K. R. Popper* basierenden Wissenschaftsprogramm entnommen werden[1], dessen Vorschlag im Bereich der Erforschung von Tatsachenzusammenhängen hier weitgehend akzeptiert wird.

Weit schwieriger gestaltet sich die Frage nach der zweckmäßigen Verfahrensweise für den Wissenschaftler jedoch, wenn er im Dienst der Politik tätig sein und deren Beratung übernehmen will. Solange die gewonnene empirische Information nur bereitgestellt wird, ändert sich nichts; ein Unterschied ergibt sich erst, wenn dem Wissenschaftler im Wege eines Beratungsauftrages die Rolle übertragen werden soll, die empirische Information für die politische Entscheidung aufzuarbeiten oder sogar am Entscheidungsprozeß selbst teilzunehmen[2].

In diesem Fall, der in jüngerer Zeit wieder von *Lompe* analysiert worden ist[3], tritt viel stärker als in der ersten Situation ein Konflikt zwischen dem Streben des Wissenschaftlers nach „Werturteilsfreiheit“ und seinem möglicherweise bestehenden Wunsch nach „maximalem Beratungserfolg“[4] auf. Die von *M. Weber* vorgeschlagene Lösung, die wertbeladene Sphäre des Politikers und die wertfreie des Wissenschaftlers durch eine Trennung von Zielen und Mitteln auseinanderzuhalten, ist spätestens seit *G. Myrdals* Aufsatz von

---

1 Vgl. z. B. die Zusammenfassung von *H. Albert:* Probleme der Wissenschaftslehre in der Sozialforschung, in: *R. König* (Hrsg.): Handbuch der empirischen Sozialforschung, Bd. 1, 2. Aufl., Stuttgart 1967, S. 38 ff.; sowie *ders.:* Probleme in der Theoriebildung. Entwicklung, Struktur und Anwendung sozialwissenschaftlicher Theorien, in: *H. Albert* (Hrsg.): Theorie und Realität, Ausgewählte Aufsätze zur Wissenschaftslehre der Sozialwissenschaften, Tübingen 1964, S. 3 ff.

2 Für den Bereich der Steuerpolitik findet sich eine ausführliche Diskussion des Beratungsproblems in: *G. Engelhardt:* Verhaltenslenkende Wirkungen der Einkommensteuer. Ein Beitrag zum Problem der wirtschaftspolitischen Beratung, Finanzwissenschaftliche Forschungsarbeiten, NF Bd. 38, Berlin 1968, §§ 1—3.

3 *K. Lompe:* Wissenschaftliche Beratung der Politik. Ein Beitrag zur Theorie anwendender Sozialwissenschaften, Wissenschaft und Gesellschaft, Bd. 2, Göttingen 1966.

4 Dieses Motiv steht bei *Lompe* offenbar im Vordergrund.

5 *G. Myrdal:* Das Zweck-Mittel-Denken in der Nationalökonomie, Zeitschrift für Nationalökonomie *IV* (1933), abgedruckt in: *G. Myrdal* Das Wertproblem in der Sozialwissenschaft, Schriftenreihe des Forschungsinstituts der Friedrich-Ebert-Stiftung, Hannover 1965, S. 213 ff. — Vgl. ergänzend: *H. Albert:* Wissenschaft und Politik. Zum Problem der Anwendbarkeit einer wertfreien Sozialwissenschaft, in: Probleme der Wissenschaftstheorie. Festschrift für Victor Kraft, hrsg. von *E. Topitsch,* Wien 1960, S. 216 f., sowie *G. Engelhardt:* Verhaltenslenkende Wirkungen der Einkommenssteuer, a.a.O., § 2.

1933[5] nicht mehr akzeptabel, in dem die Unmöglichkeit nachgewiesen wurde, Ziele und Mittel zu trennen bzw. hierarchisch zu ordnen. Dadurch stellt sich nunmehr die Frage, wie in dem verbleibenden Konglomerat von Zielen mit teilweisem Instrumentencharakter und von Instrumenten mit „Eigenwert" die Position des Beraters zu bestimmen ist.

1. Die erforderliche Grundentscheidung

Für die weitere Diskussion ist die Feststellung unerläßlich, daß hier nicht der „maximale Beratungserfolg", absolut genommen, im Vordergrund steht, sondern unter der Bedingung einer Minimierung der eigenen Werturteile. Wenn dann noch hinzugefügt wird, daß dennoch soweit wie möglich eine Beratung durchgeführt werden soll, so wird damit lediglich angedeutet, daß die in dieser Arbeit zugrunde gelegte methodologische Grundorientierung zwischen *H. Albert* und *G. Weisser* zu suchen ist; weder geht es um eine weitgehende Abstinenz von der Beratung[6] noch um eine Hinnahme von „Interpretationsversuchen" auf der Basis „verstehender" Operationen (s. u., III und IV). Der Wunsch nach minimalem Werturteil geht auf mehrere Motive zurück. Zunächst einmal geht es darum, bei der Vermittlung von empirisch gesichertem Wissen glaubhaft zu bleiben, sei es im akademischen Bereich, sei es im Beratungsprozeß; in gewissem Maße wird davon auch der Beratungserfolg abhängen, so daß Wertfreiheit und Beratungserfolg durchaus zusammenhängen dürften. Sosehr die weitergehende soziale und politische Einwirkungsmöglichkeit im Falle einer lockeren Handhabung des Wertfreiheitsprinzips[7] eingesehen wird, so groß ist andererseits das Bedenken, daß selbst bei bestem eigenem Willen, die Wertbasis der Empfehlungen, Zielinterpretationen usf. immer offenzulegen, auf der Empfängerseite doch auf die Dauer der Charakter der Wissenschaftlichkeit des Beraters nicht mehr voll anerkannt werden dürfte. Der Prüfstein für die wissenschaftliche Glaubwürdigkeit liegt da, wo auch der persönliche oder politische Gegner die Überzeugungskraft einer Argumentation anerkennt. Dazu aber gehört als Voraussetzung, daß die Argumentation überhaupt noch als wissenschaftlich angesehen und folglich

6 Dazu zählt auch eine mögliche Selbstbeschränkung auf dargebotene technologische Information, die durch tautologische Transformation aus explikativen Aussagen gewonnen wurde (vgl. *H. Albert:* Wissenschaft und Politik, a.a.O., S. 213).

7 Die Begriffe „Wertabstinenz", „Wertminimierung" und „Wertfreiheit" werden hier synonym verwendet, wiewohl im Begriff „Wertfreiheit" bzw. „Wertfreiheitsprinzip" ein nicht zu erfüllender — und auch wohl nie ernsthaft erhobener — Anspruch steckt, der es nahelegt, die beiden anderen Begriffe zu bevorzugen.

berücksichtigt wird. Eine langjährige Tätigkeit als vertrauter Berater, der bewußt deshalb herangezogen wurde, weil er mit dem Programm der Regierung weitgehend einig geht, dürfte diese Glaubwürdigkeit zumindest für seine Gegner in Frage stellen. Der redliche Versuch, Wertbasis und empirisch begründete Aussagen auseinanderzuhalten, dürfte bei der Vielzahl ideologisch verzerrter Aussagen, die bei ähnlichen institutionellen Regelungen zu vermerken sind, kaum bemerkt werden. Der betreffende Wissenschaftler ist vor sich selbst dann sicherlich gerechtfertigt, seine weitere Glaubwürdigkeit jedoch ist in Gefahr, und zwar möglicherweise ohne seine Absicht, worauf besonders hinzuweisen ist. In diesem Sinne wird das „Werturteilsverbot" keineswegs als Zumutung empfunden, sondern als willkommenes Hilfsmittel, um die maximale Wirksamkeit wissenschaftlicher Information zu sichern. Das Gebot der Wertabstinenz ist in diesem Sinne zunächst eine Zweckmäßigkeitsklausel, um den Fundus an wissenschaftlicher Erkenntnis in möglichst reiner und wirksamer Form in den politischen Prozeß eingehen zu lassen (vgl. auch IV).

Zugleich ist aber darauf zu verweisen, daß mit der Selbstbeschränkung auf Wertabstinenz keineswegs „die konsequente Realisierung der kritisch-rationalen Einstellung" bejaht wird, sofern sie mit der „Idee der Selbstbefreiung durch das Wissen" und einer „wissenschaftlich-philosophischen Weltorientierung"[8] verbunden wird. Das gilt nicht einmal für das zweite Motiv, aus dem heraus hier vom Postulat der Wertminimierung ausgegangen wird und das aus der „Zielsetzung der Erkenntnistätigkeit"[9] abgeleitet wird: „Das Werturteil hat sich in den Sozialwissenschaften als ein Einfallstor des dogmatischen Denkens erwiesen ... Der wissenschaftliche Fortschritt ist aber gerade davon abhängig, daß die Tradition der kritischen Diskussion aller Aussagen sich immer wieder dem Dogmatismus der natürlichen Denkhaltung gegenüber durchsetzt, eine Tradition, die in der Forderung nach intersubjektiver Überprüfbarkeit und Überprüfung zum Ausdruck kommt. Das Prinzip der Wertfreiheit kann als eine Konsequenz dieser Forderung, als eine methodische Regel aufgefaßt werden."[10] Diese Regel soll zu möglichst sicherer Erkenntnis führen, wobei hier die Tätigkeit des Beraters als die Rolle angesehen wird, durch die Erkenntnisse in den politischen Entscheidungsprozeß eingehen.

Hier wird deutlich, daß die beiden Motive für die Wahl des Wertfreiheitsprinzips – Glaubhaftigkeit des Beraters und sicherer Erkenntnis – eng zusammenhängen. Wenn der Berater glaubhaft sein will, muß er dafür sorgen,

---

8 *H. Albert:* Wissenschaft und Politik, a.a.O., S. 232.

9 *H. Albert:* Wertfreiheit als methodisches Prinzip, in: *E. Topitsch* (Hrsg.): Logik der Sozialwissenschaften, 3. Aufl., 1966, S. 187.

10 A.a.O., S. 182 f.

daß eine Information glaubhaft ist, und dies wiederum wird sich nach den Kriterien entscheiden, nach denen sie gewonnen wurde. Allerdings ist Wertfreiheit nicht nur als Instrument im Dienste des maximalen Beratungserfolges anzusehen, auch wenn eine Korrelation der beiden Größen dies nahelegen würde, sondern das Ziel der Wertminimierung ergibt sich bereits aus der kritischen Haltung des Wissenschaftlers, die er auch dann beibehalten möchte, wenn der Beratungserfolg auf diese Weise geringer wird. Der Gegenstand dieser Untersuchung läßt sich damit auch im Rahmen der sozialen Rollenverteilung definieren: Wieweit kann ein Wissenschaftler der beschriebenen Richtung beratend tätig sein, wenn er die Kriterien, die seinem Erkenntnisstreben zugrunde liegen, auch im Beratungsprozeß beibehalten will?
Aus alledem könnte nun der Eindruck entstehen, der so umschriebene Berater lasse sich im Dienst jeder Sache, auch der verwerflichsten, ohne weiteres einsetzen, sofern er nur sein methodisches Gewissen beruhigen könne, und das wäre nach den bisherigen Überlegungen der Fall, wenn er selbst keine „Werturteile innerhalb sozialwissenschaftlicher Aussagenzusammenhänge"[11] treffen muß. – Dabei würde aber übersehen, daß mit der Forderung nach Wertminimierung eine bestimmte Art von Wertungen keineswegs ausgeschlossen ist, nämlich die Werturteile im Basisbereich[12]. Sozialwissenschaftliche Aussagen gründen sich selbstverständlich auf Wertungen verschiedenster Art, die mit der Forschungstechnik zusammenhängen können (Wahl des „Sicherheitsgrades" bei stochastischen Problemen, Entscheidungen über die Wahl der Methode usf.), aber auch mit der Frage, ob man einen Beratungsauftrag annehmen will, wieweit man ihn durchführt, wieweit man sich an Geheimhaltungsvorschriften halten will usf. Diese letzten Entscheidungen ändern allesamt nicht den Inhalt der Aussage, sondern nur ihre Verwendung im politischen Bereich. „Insofern gilt, daß der werturteilsfrei Forschende sich durchaus nicht in den Dienst jedweder beliebiger Zielsetzungen stellen muß"[13], und eine wirtschaftspolitische Beratung degeneriert ebensowenig wie die ihr zugrunde liegende Wissenschaft „zur Lehre von den Mitteln für Ziele, über die sie selbst letztlich nicht befindet"[14]. Der Berater „befindet" sehr wohl über diese Ziele, indem er im Basisbereich entscheidet, ob

---

11 A.a.O., S. 189.

12 A.a.O., S. 188 ff.; ebenfalls sind „Wertungen im Objektbereich" (ebenda, S. 189) nicht ausgeschlossen, d. h. Werturteile können ohne weiteres zum Gegenstand wissenschaftlicher Forschung werden.

13 *W. Hofmann:* Universität, Ideologie, Gesellschaft. Beiträge zur Wissenschaftssoziologie, Edition Suhrkamp, Bd. 261, Frankfurt a. M. 1968, S. 69.

14 A.a.O., S. 70.

15 Vgl. die Diskussion bei: *A. Morkel:* Politik und Wissenschaft, Hamburg 1967, S. 114 ff.

er einen Beratungsauftrag, der der Erreichung dieser Ziele gewidmet ist, annehmen will oder ob die Ziele seinem persönlichen Wertsystem so stark zuwiderlaufen, daß er es vorzieht, den Auftrag abzulehnen. Inhaltliche Aussagen über die Ziele rühren allerdings an das bereits erwähnte erkenntnistheoretische Problem (vgl. auch IV); für die Abwendung der Gefahr, daß der Berater Knecht jedes Herrschers werden könne[15], sind sie aber ohnehin nicht erforderlich, denn dafür genügt die Basisentscheidung. So verstanden gibt es keine generelle Wertfreiheit, sondern nur eine Beschränkung der Werturteile auf den Basisbereich, gleich, ob es sich um „zweckfreie" Forschung handelt, wo es um die Auswahl des Projektes usw. geht, oder um wissenschaftliche Beratung. Diese Feststellung erlaubt es keinem Wissenschaftler mehr, sich mit dem Hinweis auf die – möglicherweise durchaus zutreffende – Wertfreiheit seines Aussagensystems moralisch zu exkulpieren[16], denn er muß wissen, daß die Anwendung der Ergebnisse Wertungen bedingt bzw. das bedenkenlose Zurverfügungstellen Wertungen impliziert.
Die Entscheidung für das Prinzip der Wertminimierung im Aussagenzusammenhang kann mit diesen Überlegungen nun zwar verständlich gemacht, aber nicht begründet werden. Es haftet ihr eine beträchtliche Wertung an, denn obwohl die beiden erwähnten Motive sie nahelegen, könnte eine „Entscheidung" auf Grund persönlicher Wertvorstellungen z. B. dann nicht vermieden werden, wenn es einen Konflikt zwischen „maximalem Beratungserfolg" und „Wertminderung" gäbe. Es wird sich zwar zeigen lassen, daß dieser Konflikt zumindest nicht in der behaupteten Schärfe existiert, doch lassen sich andere Gründe aufzeigen, die es nahelegen, auf den wertenden Charakter der Wahl des Wertfreiheitsprinzips, das für diese Untersuchung konstitutiv ist, hinzuweisen[17].

2. *Der unterstellte Tatbestand*

Für die weiteren Überlegungen zur Stellung des Beraters wird von *Myrdals* Kritik am „Zweck-Mittel-Denken in der Nationalökonomie" (s. o.) ausgegangen. Die Wirklichkeit stellt sich für den Berater danach als Konglomerat unendlich vieler Ziele mit Eigenwert und von Instrumenten mit mehr oder weniger starkem Zielcharakter dar, in dem sich zwar ständig einzelne Ziel-Mittel-Beziehungen finden, deren Ziel- bzw. Instrumenteneigenschaft aber je nach dem Zeitpunkt, der politischen Lage oder dem Standpunkt des Be-

16 Wertungen als Objekt der Forschung können hier vernachlässigt werden, da sie das hier angesprochene Problem gar nicht berühren.

17 Vgl. *H. Albert:* Wertfreiheit als methodisches Prinzip, a.a.O., passim.

trachters wechselt; keineswegs handelt es sich um eine Hierarchie von Zielen und Mitteln, bei denen man nur an einer Stelle zuzufassen braucht, um die ganze Kette mit ihren auf- und absteigenden Gliedern in der Hand zu halten.
Für den Augenblick können sich dem Betrachter allerdings durchaus Zweck-Mittel-Beziehungen begrenzten Umfanges darbieten. Dabei wird es sich immer nur um wenige Beziehungen dieser Art handeln, die zwar vom Politiker, Wähler usf. getrennt gesehen werden, bei genauerem Hinsehen aber in ein ganzes Geflecht von weiterführenden Beziehungen ähnlicher Art münden. Insbesondere ist jede instrumentelle Alternative, die sich für die Erreichung eines „Ziels" darbietet, geeignet, das gesamte Bild zu verändern, da die Instrumente Nebenziele zu tangieren pflegen und damit zu weiteren „Geflechten" führen. Daß diese Erkenntnis aber im Bereich der wissenschaftlichen Beratung keineswegs zur Resignation oder zu einem Verzicht auf Wertabstinenz führen muß, wird noch zu zeigen sein.
Die zweite Annahme bezieht sich darauf, wie der Politiker diese Beziehungen sieht. Es wird nicht angenommen, daß er die verschiedenen Variablen kraft seiner politischen Wertung simultan in eine hierarchische Ordnung bringt, daß er also eine Hierarchie von Zielen und Mitteln „in der Brust trägt", die es nur zu artikulieren gilt. Der Politiker hat lediglich gewisse grundsätzliche Entscheidungen für sich getroffen. So mag seine Stellungnahme zu Todesstrafe, Atomrüstung oder Wiedervereinigung vielleicht festliegen, so daß alle Probleme, die dazu in enger Verbindung stehen, von ihm bewertet und in eine Zweck-Mittel-Beziehung gebracht werden können. Das Vorhandensein einer weitergehenden, simultan bewerteten Hierarchie von Zielen und Mitteln in der Vorstellung des Politikers wird als unrealistisch außer acht gelassen[18].
Die meisten politischen Tagesfragen berühren diese Probleme nicht notwendigerweise. Mit den sogenannten Grundanliegen (*Weisser*) (s. u., III) hängen die Tagesprobleme insofern zusammen, als sich gedankliche Verbindungslinien ziehen lassen. Nur selten wird sich daraus jedoch eine eindeutige Bewertungstendenz zum Positiven oder Negativen ergeben, meist gibt es ein Für und Wider. Dann aber bedürfen diese widersprechenden Tendenzen wiederum der politischen Gewichtung.

---

18 Vgl. *C. E. Lindblom:* Decision-Making in Taxation and Expenditures, in: Public Finances: Needs, Sources, and Utilization, Princeton 1961, S. 300; er weist darauf hin, daß schon wegen der begrenzten Fähigkeiten des menschlichen

3. Das Beratungsproblem

Sucht ein Politiker in einer solchen Situation um Beratung nach, so steht der Wissenschaftler vor der Frage, bis zu welchem Punkt er in der Beratung gehen will. Auf Grund der getroffenen Grundentscheidung (s. o., 1) heißt die Frage: „Wie kann der Einfluß seiner persönlichen Wertungen im Beratungsprozeß minimiert werden, ohne die Beratung aufzugeben?"

Für diese Situation läßt sich ein Fall denken, der die Probleme auf ein Minimum reduziert. Der Politiker könnte um die Ansicht des Beraters zu einer sehr begrenzten Fragestellung nachsuchen und dabei zu erkennen geben, daß er alle grundsätzlichen Probleme des betroffenen Bereichs als für diesen Spezialfall gelöst bzw. irrelevant bezeichnet. In der Regel wird es sich bei diesen Fragen um technische Details handeln, deren Einbettung in größere Zusammenhänge auf diese Weise ausgeklammert wird. Abgesehen von fast ingenieurtechnischen Fragen wie der Trassenführung einer Straße innerhalb eines beschlossenen Verkehrsprogramms könnten dazu auch haushalts- bzw. ausgabentechnische Einzelprobleme gehören, etwa die Alternative, ein strukturpolitisches Ziel über Transfers entweder an Haushalte oder an Betriebe zu fördern. Obwohl bei beiden Möglichkeiten bereits Verhaltensweisen und sozialpolitische Maximen zu berücksichtigen sind, ist diese Frage gegenüber der großen, dann bereits als gelöst anzusehenden Frage „Strukturänderung oder nicht?" von so untergeordneter Bedeutung, daß man sich über sie möglicherweise auf Grund technischer und kostenmäßiger Überlegungen einigen kann.

Der Ablauf des Verfahrens entspräche dann weitgehend dem sogenannten dezisionistischen Modell; die „Trennung zwischen den Funktionen des Sachverständigen und des Politikers"[19] wäre mit der Trennung in „wertende" und „wertungsfreie" Sphäre weitgehend gewahrt. Das Wertmoment käme lediglich über eine „schwache" Wertung[20] in Form eines Auswahlproblems wieder hinein, z. B. bei der Frage, auf welche von der Entscheidung tangierten Nebenziele der Berater vielleicht doch noch glaubt hinweisen zu müssen.

Die meisten Beratungsfälle liegen aber komplizierter, da bei ihnen die von

---

Intellekts eine solche „umfassende Übersicht" nicht denkbar ist. — Zusätzlich ist zu bedenken, daß der Politiker in vielen Fällen nicht einmal bereit sein wird, diese Kapazität voll auszunützen. — Vgl. dazu *R. Jochimsen:* Strategie der wirtschaftspolitischen Entscheidung. Weltwirtschaftliches Archiv *99 II* (1967), S. 54 ff.

19 *J. Habermas:* Wissenschaft und Politik, Offene Welt, Jg. 1964, S. 413.

20 *G. Gäfgen:* Theorie der wirtschaftlichen Entscheidung. Untersuchungen zur Logik und ökonomischen Bedeutung des rationalen Handelns, Tübingen 1963, S. 91.

Myrdal aufgezeigte Mischung von Ziel- und Instrumentenkomponenten besteht. Man könne daraus den – je nach dem Standpunkt resignierenden oder frohlockenden – Schluß ziehen, daß der Berater in jedem Falle so viel werten müsse, daß es keinen Zweck habe, Beratungsprobleme unter dem Aspekt oder gar der Prämisse der Wertfreiheit zu diskutieren: „Wenn der Sozialwissenschaftler sich einem Politiker als Berater verdingt, hört er auf, ein objektiver Wissenschaftler zu sein."[21] Andererseits erscheint es auf Grund der hier eingenommenen Grundposition (s. o.) ebenfalls unerwünscht, dem Politiker bei der Suche nach dem „zuverlässigen geistigen Kompaß" (*Weisser*), der „geistigen Ordnung" (*Balke*) oder „Antenne in die Zukunft"(*von Knoeringen*) in unbegrenztem Maße behilflich zu sein[22], da bei einem solchen Verfahren die Wertbasis des Beraters nur zu leicht in das Ergebnis der Beratung einfließt.
Die wünschenswerte Form der Beratung liegt folglich zwischen der punktuellen Einzelinformation, die sich im Hinweis auf wissenschaftliche Ergebnisse erschöpfen kann, und der Zielklärung unter Zuhilfenahme der eigenen Wertbasis. Als Sicherungsvorkehrungen zur Minimierung des Werteinflusses von seiten des Beraters scheinen zwei Hilfsmittel geeignet zu sein. Zunächst einmal müßten alle Möglichkeiten ausgeschöpft werden, vorhandene und schlummernde Vorstellungen über Ziele und Instrumente zu artikulieren und dann zu verwenden (s. u., III); dazu scheint es von Nutzen zu sein, zunächst über mögliche Formen dieser Ziel- und Mittelvorstellungen zu diskutieren (s. folgenden Abschnitt). Ist diese Information ausgeschöpft, so liegt das zweite Hilfsmittel in der Auswahl des richtigen Beratungsmodus (s. u., IV).

II. Unterschiede im Genauigkeitsgrad von Zielvorstellungen

Der Begriff des „Ziels", so wie er hier und im folgenden Abschnitt (III) verwendet wird, steht in den meisten Fällen als pars pro toto für „Ziele und die Nebenwirkungen von Instrumenten". Während die Instrumente selbst und ihre technischen Eigenschaften noch am ehesten zum wissenschaftlichen Bereich zu zählen sind, gehört der „Eigenwert" (*Myrdal*) eines Instruments, d. h. der Anteil, der die Anwendung des Instruments um seiner selbst willen

21 Aus der Begründung eines ungenannten amerikanischen Sozialwissenschaftlers für die Empfehlung, Artikel über das Beratungsproblem, die auf dem Wertfreiheitspostulat basieren, nicht in das „Journal of the American Institute of Planners" aufzunehmen; zitiert nach einem Brief des Herausgebers dieser Zeitschrift vom 12. 2. 1967.

22 Zitiert nach *K. Lompe:* Wissenschaftliche Beratung der Politik, a.a.O., S. 126 f.

wünschenswert erscheinen läßt, sicherlich in den Bereich der Ziele, die insoweit, als sie zum Inhalt von Aussagen gemacht werden, von *Myrdal* als nichtwissenschaftlich angesehen werden.

Dieser „Eigenwert" der Instrumente, der sie partiell zu „Zielen" werden läßt, birgt nur eine Gefahr in sich; andernfalls könnte es mit diesem Hinweis sein Bewenden haben, und man könnte im folgenden immer von „Zielen" in dem erweiterten Sinne sprechen. Mit der Zunahme des Eigenwertes einer Maßnahme steigt jedoch die Gefahr der unbewußten normativen Aussage. Wird zur Erreichung eines vielleicht genau vorgegebenen Ziels ein Instrument vorgeschlagen, das zugleich einen beträchtlichen Einfluß auf ein anderes Ziel ausübt, so liegt die Gefahr nahe, daß unter alternativen Instrumenten vom Berater gerade dasjenige ausgewählt (vernachlässigt) wird, dessen Nebenwirkungen auf die von ihm persönlich geschätzten Ziele am stärksten (schwächsten) sind. Diese besondere Wahl kann durchaus unbewußt erfolgen; sie liegt umso näher, je größer die vermutliche Nebenwirkung ist. Eine Stabilisierung des Geldwertes z. B. mag in einer bestimmten Situation der Erhaltung der Konjunktur und des Beschäftigungsstandes dienen, ist aber zugleich für manchen ein in sich erstrebenswertes Ziel, das ohne Bezug zu anderen Zielen gewünscht wird. Möglicherweise wird es auch im Zusammenhang mit dem Sparerschutz gesehen, der unabhängig von der Konjunkturlage gefordert wird.

Wenn im folgenden unterschiedliche Grade der Präzision bei der Formulierung von Zielvorstellungen untersucht werden, so werden darunter „Ziele" in diesem erweiterten Sinne verstanden. Sie umfassen Merkmale wünschenswerter Situationen, wobei keineswegs ein vollständiges Bild dieser Situation vorhanden sein muß. Der Zielcharakter der Nebenwirkungen drückt sich darin aus, daß zugleich Wünsche über den Weg zur Erreichung dieser Situation bestehen. Häufig sind diese instrumentellen Vorstellungen genauer entwickelt als das Bild vom wünschenswerten Endzustand[23].

Die Tatsache, daß die im politischen Raum entwickelten Zielvorstellungen keineswegs immer umfassend sind, wirft die Frage auf, welche Ausprägungen sie haben können und was sich mit unterschiedlichen Genauigkeitsgraden anfangen läßt. Der Idealfall der *exakt quantifizierten Zielgröße,* die ohne weiteres in eine Zielfunktion einsetzbar ist[24], dürfte äußerst selten sein; er setzt eine Maßeinheit voraus, die sich auf empirische Größen er-

---

23 Als eines der bekanntesten Beispiele dürfte Karl Marx' Lehre gelten, die viel über das „Wie" der Erreichung der „klassenlosen Gesellschaft" aussagt, dagegen kaum etwas über die Beschaffenheit dieser Endsituation.

24 *E. S. Kirschen* u. a. sprechen hier von „absoluten Niveaus". — *E. S. Kirschen* u. a.: Ziele der praktischen Wirtschaftspolitik, in: *G. Gäfgen* (Hrsg): Grundlagen der Wirtschaftspolitik, Köln—Berlin 1966, S. 250 ff.

streckt. Ungeeignet sind Maßgrößen, wie Bedürfnisbefriedigung, Nutzenempfindlichkeit, Wohlbefinden usf., die vielleicht beim einzelnen Individuum meßbar sind, sich jedoch nach den bisherigen Erfahrungen nicht addieren lassen. Ziele dieser Art werden z. B. benötigt, falls ein Problem mit Hilfe der Linearen Programmierung angegangen werden soll. Wenn diese sich bisher weit stärker im betrieblichen als im volkswirtschaftlichen Bereich durchgesetzt hat, so vielleicht nicht zuletzt wegen dieser Anforderungen an die Präzision der Zielvorstellungen; im Betrieb werden die meisten Ziele in geldlich fixierten Größen wie Gewinn oder Kosten ausgedrückt.

Maßgrößen dieser Art müßten intersubjektiv anwendbar sein, d. h. wenn man sich auf sie geeinigt hat, muß jeder Meßvorgang, gleich welches Individuum an ihm beteiligt ist, dasselbe Ergebnis bringen, sofern man von technischen Meßfehlern absieht. Außerdem muß sie etwas über Erreichung oder Nichterreichung eines Zieles aussagen können, d. h. wenn man sich einmal auf sie und auf einen zu erreichenden Wert geeinigt hat, muß einwandfrei feststehen, ob nach Einsetzen des Instruments das Ziel erreicht ist oder nicht. In der Regel ist allerdings eine so formulierte Zielsetzung ohne weiteres als Erfolgsmaßstab anwendbar.

Statt des absoluten Niveaus der zu erreichenden Zielgröße können auch Änderungsraten vorgegeben sein, die „zu dem absoluten Niveau der gesuchten wirtschaftlichen Größe in einem gegebenen Ausgangszeitraum in Beziehung“ stehen[25]. Wichtig ist nur, daß ein numerischer Wert gegeben ist, sei es als Niveau, sei es als Änderungsrate.

Häufig werden solche Ziele jedoch als *Maximierungsforderungen* angegeben[26]: das höchstmögliche langfristige Wachstum, die größtmögliche zu versenkende Schiffstonnage oder der geringste Grad an Arbeitslosigkeit. Dabei ist natürlich zu beachten, daß der Zusatz „mit den geringsten Mitteln“ hieraus kein brauchbares Ziel macht, ja sogar zu ganz unerwünschten Ergebnissen führen kann[27]; jedoch genügt dafür der Zusatz „bei gegebenem Budget von ...“ oder „unter Einsatz von höchstens ...“, um das Konzept brauchbar zu machen[28]. In absoluten Zahlen vorgegebene und als

25 A.a.O., S. 253.

26 Vgl. auch *H. Giersch:* Allgemeine Wirtschaftspolitik, Bd. 1, Grundlagen, Wiesbaden 1960, S. 269 f., sowie *E. S. Kirschen* u. a.: Ziele der praktischen Wirtschaftspolitik, a.a.O., S 254 f.; statt Maximierungs- können selbstverständlich auch Minimierungsforderungen erhoben werden, z. B. in der Form der Kostenminimierung.

27 Vgl. das instruktive Beispiel bei *R. N. McKean:* Efficiency in Government Through Systems Analysis, New York—London—Sidney 1958, S. 38.

28 Vgl. *H. Giersch:* Grundlagen der Wirtschaftspolitik, a.a.O., S. 271 f.; sowie *R. N. McKean:* Efficiency in Government Through Systems Analysis, a.a.O., S. 34.

Maximalforderungen vorgegebene Ziele unterscheiden sich also, sofern sie in meßbaren Größen ausgedrückt sind, nur durch den Spielraum, den sie dem Planer lassen; seine Aufgabe ist in beiden Fällen – von Nebenwirkungen zunächst abgesehen – genau vorgegeben.
Solche Maximierungs- bzw. Minimierungsformulierungen finden sich, wie erwähnt, in den Zielfunktionen von LP-Programmen. Ein politisches Programm wäre also dann mit LP-Programm zu ermitteln, wenn die Zielgrößen als Minimum- bzw. Maximum-Forderungen ausgedrückt und die Nebenbedingungen in Ungleichungen mit numerischen Werten angegeben würden. Das Vorhandensein dieser und ähnlicher Rechenverfahren für den Entscheidungsprozeß läßt es wünschenswert erscheinen, möglichst viele Variablen in den beiden bisher genannten Formen der Quantifizierung zur Verfügung zu haben. Dieser Wunsch ist aber nur so weit realisierbar, als der Politiker in derart quantifizierten Größen denkt oder seine Ziele sich ohne Mühe in solche Größen verwandeln lassen. Auf keinen Fall kann man die Diskussion über diese Planungstechniken führen, ohne sich der unterschiedlichen Quantifizierungsmöglichkeiten bei einzelnen Zielen bewußt zu sein (s. u.)[29].
Etwas anders verhält es sich mit Maßgrößen, die nur *Tendenzen* vorschreiben, Richtungen, in die die Politik zu gehen wünscht, ohne dabei anzugeben, wie weit der Weg führen soll. „Das Pro-Kopf-Einkommen der Gruppe A ist zu erhöhen“ ist eine klare, in einer seit langem gebräuchlichen Maßeinheit formulierte Aussage, die bestimmte Handlungsweisen, die das Pro-Kopf-Einkommen stagnieren bzw. gar zurückgehen lassen, ausschließt. Steht diese Forderung für sich allein, so kann sie als Richtschnur nicht ausreichen, da sowohl der kleinste Ansatz als auch eine Anstrengung aller Kräfte diese Forderung erfüllen. Eine minimale Steigerung des Einkommens würde ihr ebenso genügen wie ein Programm, das unter Vernachlässigung aller übrigen Gruppen das Einkommen der Gruppe A vervielfacht. Sind andere Zielvorstellungen vorgegeben, so ist zu prüfen, ob alle zusammen einen klaren Maßstab ergeben. Wahrscheinlich wird eine Nebenbedingung lauten, daß für die übrigen Gruppen die bisherige Wachstumsrate erhalten bleiben muß; vielleicht sind auch Vorstellungen über das gewünschte Mindestmaß vorhanden, die einen Schluß auf das ungefähr angestrebte Maß zulassen. Ist das nicht der Fall, steht also nur die Tendenzaussage zur Verfügung, so können wiederum die Wege der zusätzlichen Information (s. u.) oder, je nach Einstellung des Beraters, der Interpretation beschritten werden. Festzuhalten ist jedoch, daß eine solche „Maßgröße“ für die politische Beratung zwar allein nicht ausreicht, mit anderen zusammen aber durchaus verwendbar sein kann.

29 Vgl. dagegen die Erörterungen bei *H. Brede* und *C. Ossorio-Capella:* Entscheidungsmodelle in der Regionalpolitik, in: Handwörterbuch der Raumforschung und Raumordnung, Hannover 1966, Sp. 352 f.

Bis zu diesem Punkt waren die Zielvorstellungen quantifiziert, wenn auch in unterschiedlichem Maße. Von Formen, die die Möglichkeit „einer numerischen Messung (wieviel mehr oder weniger)“ boten, führte die Überlegung zu „Aussagen über Größenunterschiede (mehr oder weniger)“[30] unter Einschluß von Tendenzaussagen (mehr und weniger, aber nur an der Zielgröße gemessen). *Kirschen* u. a. führen in ihren Betrachtungen über „Die formale Darstellung der Ziele“ sogar ausschließlich diese bisher behandelten Formen auf. Für eine auf die Formalisierung eingeschränkte Sicht mag sich keine andere Lösung anbieten, für das allgemeinere Problem der wirtschaftspolitischen Beratung dagegen muß der Kreis – jedenfalls zunächst – weiter gezogen werden.

Ungleich schwieriger als bei den bisherigen Fällen ist die Beurteilung bei einem Ziel, das zwar in einer brauchbaren Maßgröße, aber in der Höhe nur durch eine *Optimierungsforderung* gekennzeichnet ist, wie „eine Entwicklung des Sozialprodukts pro Kopf in wünschenswerter Höhe“, „der optimale Grad der Wasserreinhaltung“ usf. Eine solche Zielvorstellung vorzutragen, ist für den Politiker sehr verlockend, da er einerseits den Eindruck erweckt, er wisse genau, was er wolle, wenn er das Objekt so genau beschreibt, es andererseits aber vermeidet, sich festzulegen und sich damit Angriffen auszusetzen, wenn er den Umfang der gewünschten Tätigkeit nicht nennt, sondern eine leere Optimierungsformel an die Stelle setzt. Solche „Ziele bedeuten, wenn überhaupt etwas, dann nur, daß es schön wäre, ‚optimale‘ Kontrolle über Überschwemmungen, niedrige Kosten und ‚angemessene‘ Kontrolle über die Verschmutzung zu haben; auch daß es schön wäre, sie ‚so schnell wie möglich‘ zu haben“[31]. Sie haben also höchstens programmatischen Charakter im Sinne etwa einer Regierungserklärung, in der die Regierung feststellt, welchen Problemen sie sich in Zukunft zuwenden will. Als Maßstäbe für eine beratende Tätigkeit sind sie aber, im Gegensatz zu den genannten Tendenzaussagen, nicht einmal ergänzend zu gebrauchen, da auch ein ganzer Satz von zusätzlichen Zielvorstellungen ihnen nicht die Kraft verleihen kann, zwischen irgendwelchen möglichen Handlungsverläufen zu entscheiden oder gar eine Erfolgskontrolle auszufüllen, wie es bei Zielvorstellungen erforderlich ist.

Gelingt es, durch die Ermittlung weiterer Zielvorstellungen zu einem Maßstab zu kommen, so wird man sich die Optimierungsforderung wegdenken können, ohne daß die Aussagekraft des Systems sich dadurch verringert. Wenn die „optimale Wasserhöhe X und minimale Wasserhöhe Y“ präzisiert

---

30 *B. Molitor:* Theorie der Wirtschaftspolitik und Werturteil, in: Hamburger Jahrbuch für Wirtschafts- und Gesellschaftspolitik *8* (1963), S. 91.

31 *R. N. McKean:* Efficiency in Government Through Systems Analysis, a.a.O., S. 27 (Übersetzung des Verfassers).

ist, kann sie wegfallen. Sie hat dann möglicherweise als politisches Instrument zur Beeinflussung der Wähler, vielleicht sogar als Stimulus zur Klärung der Zielvorstellungen beim Politiker selbst gewirkt, ist aber für die beratende Tätigkeit überflüssig. Ein Versuch, solche Zielvorstellungen durch „Interpretation“ mit konkretem Inhalt zu füllen, ist sehr gefährlich, da ja immerhin eine akzeptable Maßgröße vorhanden ist und es daher „nur“ noch erforderlich ist, sich über die Höhe zu einigen. Gerade das aber ist das eigentlich politische Problem, da es unendlich viele Niveaus gibt, auf denen bestimmte Ziel-Mittel-Konstellationen möglich sind. Liegt das Niveau, etwa durch die Höhe einiger Parameter, fest, so kann der Wissenschaftler die Einwirkungen auf andere Ziele, vielleicht sogar gewisse „Optima“, feststellen. Die Bestimmungen des Niveaus, d. h. die Festlegung wichtiger Größen der Höhe nach, sollte er aber unter allen Umständen dem Politiker überlassen, da er sie nicht ohne sehr willkürliche Annahmen oder eigene Wertungen durchführen kann.

Die bisherige Skala unterschiedlich genauer Zielbestimmungen bezog sich ausschließlich auf Fälle, in denen das Ziel in einer brauchbaren Maßeinheit definiert war, jedoch das Niveau, also der konkrete Wert der Maßeinheit, unterschiedlich genau bestimmt war. Damit sind aber nicht alle möglichen Formen, in denen Zielsetzungen auftreten können, erfaßt. Es scheint jedoch gerechtfertigt, sie zunächst abzusondern, da sie erstens in der Wirklichkeit häufig vorkommen und zweitens methodisch deshalb bedeutsam sind, weil eine der Anforderungen, die brauchbare Maßgröße, immer erfüllt ist und nur die unterschiedlich genaue Bestimmung der Höhe eine unterschiedlich große Verwendbarkeit für Zwecke der wissenschaftlichen Beratung ergibt.

Daneben stehen jedoch Aussagen mit Zielcharakter, die, zunächst unabhängig von Größenordnungen, einen unterschiedlichen Grad an Präzision in den verwendeten Maßgrößen selbst aufweisen. Dabei läßt sich eine relativ leicht zu behandelnde Gruppe absondern. In vielen Fällen wird ein Problem angesprochen, sei als „Reinhaltung der Luft“, „Beseitigung von Verkehrsstauungen“, „Erhaltung des Geldwertes“ bezeichnet, das nicht sofort in Maßeinheiten definiert ist, aber für das zumindest Maßeinheiten bestehen, auf die man sich nur zu einigen braucht. Dieser Fall liegt also noch ganz in der Nähe der bisher behandelten; ist gar schon eine Größenvorstellung vorhanden, wie „verdoppeln“, „nicht zurückgehen lassen“, oder „steigern“, so bedarf es vielleicht nur eines konkreten Vorschlages, in welcher Einheit das Ziel definiert werden könnte, um einen brauchbaren Maßstab für die politische Beratung zu erhalten.

Die größten Schwierigkeiten, verglichen mit allem bisher behandelten Möglichkeiten, bereiten jedoch Zielvorstellungen, die, gleich welche Größenordnung für sie vielleicht vorgeschlagen wird, das Objekt der Politik nur in ungenauer Weise beschreiben und nicht ohne weiteres eine Umformung in annehmbare Maßeinheiten erlauben. Die Skala der Ungenauigkeit reicht von immerhin anschaulichen Zielen wie „wirtschaftlicher Entwicklung“ über die schwer zu handhabenden „Strukturziele“ (*Giersch*), wie „Produktionsstruktur“, „Einkommensverteilung“ usf.[32], bis zu leeren Begriffen wie „Zuordnung von Mensch und Raum“, für die sich nicht einmal ein „Mehr“ oder „Weniger“ als politische Aufgabe denken läßt. In allen diesen Fällen ist es zunächst ganz unerheblich, ob quantitative Angaben wie „erhöhen“ usf. benutzt werden, da es müßig ist, sich hierüber auszulassen, ehe geklärt ist, *was* „erhöht“ werden soll.

Sehr häufig werden auch in diesem Zusammenhang Optimierungsforderungen erhoben, in dem Sinne, daß eine „optimale Produktionsstruktur“ zu schaffen sei oder die „bestmögliche Zuordnung von Mensch und Raum“ angestrebt werden müsse. Eine Optimierungsforderung dieser Art sagt aber weiter nichts aus, als daß die genannten Objekte, oder vielleicht besser nur Eingriffsbereiche, in einer noch zu klärenden Weise beeinflußt werden sollen. Im besten Falle bezeichnen sie also wenigstens den Zielbereich, häufig aber nicht einmal das. Die Forderung nach einer „optimalen Produktionsstruktur“ drückt lediglich aus, daß der Produktionsbereich zur Debatte steht, im Gegensatz etwa zu Verteilungsproblemen, und daß der Träger der Politik in diesem Bereich tätig werden will. Für die Beratung reicht diese Angabe also nicht im entferntesten aus.

Überblickt man die Reihe der möglichen Zielformulierungen, so stellt sich die Frage, welche von ihnen für den hier angestrebten Beratungsprozeß verwendbar sind. Zunächst einmal eignen sich alle als Anfangsstufe eines weiterführenden Prozesses der Zielklärung (s. folgenden Abschnitt). Aus Gründen, die erst weiter unten erläutert werden können (IV), sind für die Beratung selbst, sofern sie unter dem Aspekt der Wertminderung vorgenommen werden soll, jedoch nur „quantifizierte“ Ziele (s. o.) brauchbar, wobei die Quantifizierung unterschiedlich weit gehen kann. Die Zielvorstellung muß in jedem Fall in der Lage sein, zwischen alternativen Instrumenten zu trennen, und zwar ohne wertende oder willkürliche Annahmen des Beraters. Dazu ist ein „objektiver“ Maßstab allerdings unerläßlich, denn „nur dort, wo Kriterien in objektiver Form festgelegt sind, können alternative Mittel zuverlässig verglichen werden, mit der Gewißheit, daß die gewählten Mittel auf dasselbe Ziel gerichtet sind“[33].

---

32 *H. Giersch:* Allgemeine Wirtschaftspolitik, a.a.O., S. 270 und S. 272 f.

33 *P. Davidoff* und *T. A. Reiner:* A Choice Theory of Planning, Journal of the American Institute of Planners *XXVIII* (1962), S. 110 (Übersetzung des Verfassers).

III. Die Ermittlung von Zielvorstellungen

Die nächste Frage, die sich ergibt, wenn man sich der Vielzahl möglicher Zielformulierungen bewußt geworden ist, lautet, wie sich fehlende oder nicht genügend präzise Zielvorstellungen so ergänzen lassen, daß sie sich für eine Beratung unter den erwähnten Vorzeichen eignen. Stärker noch als im vorhergehenden Abschnitt ist hier an die Gesamtheit der Ziel-Mittel-Beziehungen zu denken[34], die so weit vervollständigt werden soll, daß die Beratung mit minimaler „Wert-Beteiligung" des Beraters erfolgen kann.

Die erste Aufgabe dürfte es sein, alle erreichbaren Informationen über Ziele im politischen Bereich auszunützen; die Ermittlung vorhandener Zielsetzungen im größtmöglichen Umfange ist sicherlich eines der Hauptanliegen jedes Beraters. „Die Information über die empirisch vorgegebenen Ziele gehört im repräsentativen Staat zur Logik der politischen Situation und damit zu den Bedingungen des rationalen Verhaltens des Wirtschaftsministers, gleichviel wie die Maßnahmen ausfallen mögen, mit denen er reagiert"[35], d. h. gleich, ob er sich dann nach ihnen richtet oder nicht. Der „Gesellschaftsgestalter von Format" wird sich mit dieser Information sicherlich nicht begnügen, wenn er „die fehlende Sicherheit in den geistigen Grundlagen"[36] schaffen will; der auf Wertabstinenz bedachte Berater jedoch wird sich auf vorliegende empirische Information, allerdings unter Einschluß der Möglichkeit, sie zu ergänzen, beschränken müssen.

Die Frage lautet dann, wie der Berater vorgehen muß, der in seinem Auftrag ungenaue Zielvorstellungen vorfindet, die er durch zusätzliche Ermittlungen vervollständigen will. So einfach dieses Problem zunächst aussieht, wenn man lediglich an eine informelle Rückfrage beim Auftraggeber denkt, so bleibt doch eine Reihe von Problemen zu erörtern, von denen sich schon eines bei der Frage stellt, *wessen* Zielvorstellungen denn nun ermittelt werden sollen[37]. Wenn z. B. im Rahmen der Regionalpolitik die Entwicklung eines wirtschaftlich zurückgebliebenen Gebietes ins Auge gefaßt wird und so divergierende Mittel wie aktive oder passive Sanierung zur Verfügung stehen, läge es für den wissenschaftlichen Berater nahe, statt eine Entscheidung

---

34 Vgl. *C. C. Holt:* Quantitative Decision Analysis and National Policy: How Can We Bridge the Gap? In: *B. G. Hickman* (Hrsg.): Quantitative Planning of Economic Policy, Washington D. C., 1965, S. 257.

35 *B. Molitor:* Theorie der Wirtschaftspolitik und Werturteil, a.a.O., S. 90.

36 *K. Lompe:* Wissenschaftliche Beratung der Politik. a.a.O., S. 127.

37 Vgl. *E. Lauschmann:* Grundlagen, Grenzen und Entwicklungsmöglichkeiten der Welfare Economics, in: *E. v. Beckerath* und *H. Giersch* (Hrsg.): Probleme der normativen Ökonomik und der wirtschaftspolitischen Beratung, Schriften des Vereins für Socialpolitik, NF Bd. 29, Berlin 1963, S. 119.

des Politikers zu erzwingen, die Einstellung der betroffenen Bevölkerungsteile zu erheben und diese bei der Auswahl der Mittel zugrunde zu legen. Dieses Verfahren wird in den USA unter der Bezeichnung ‚client analysis' diskutiert und besteht darin, daß „bestehende öffentliche Programme untersucht und die verschiedenen Zielsetzungen einzelner Bereiche der Gemeinschaft vom Verhalten derjenigen Leute abgeleitet werden, die sich diesen Programmen gegenübersehen und die an ihnen teilhaben oder sie verwerfen"[38].

Die Anregung zu einem Vorgehen dieser Art kann vom Politiker kommen[39], könnte aber auch vom Berater selbst stammen. Gibt der Politiker sie, so steht dem Verfahren nichts im Wege; er gäbe damit nur einen Beweis einer sehr demokratischen Einstellung, wenngleich er Demokratie dann recht formal verstünde. Läßt der Berater selbst dagegen, ohne im Beratungsauftrag dazu autorisiert zu sein, die Entscheidung über mögliche Maßnahmen durch die Betroffenen treffen, sei es, daß er ihnen die Alternativen offen zur Wahl stellt, sei es, daß er die Alternativen nach den erhobenen Einstellungen bewertet, so ist dieses Vorgehen nicht unbedenklich. Auf die Frage, ob der Politiker eine solche Befragung wünsche, würde dieser nämlich möglicherweise die Befragung ablehnen und sich anheischig machen, die von ihm letztlich beschlossene Maßnahme, wenn sie unpopulär ist, entweder unmerklich durchzuführen oder sie mittels Aufklärungsarbeit und unter Hinweis auf positive Ergebnisse ex post auch vor den Betroffenen zu rechtfertigen. Für ihn ist also je nach seiner Staatsauffassung, neben dem plebiszitären Weg auch ein Weg entgegen der herrschenden Volksmeinung gangbar. Sucht der Berater auf eigene Faust den Weg der direkten Befragung, so nimmt er dem Politiker die Entscheidung zwischen dem mehr oder weniger demokratischen Weg unter Umständen vorweg, da die Alternativen nunmehr zum Politikum geworden sind.

Der Hinweis des Beraters auf die Aussagen der Verfassung, die dem Volkswillen zum Durchbruch verhelfen will, ist für eine solche Entscheidung nicht ausreichend, da zwar die Verfassung grundsätzlich ein demokratisches Verfahren und eine Politik zur Sicherung der Grundrechte vorschreibt, andererseits aber beide Wege für den Politiker offenläßt. Würde der Berater sich über eine Erhebung der Einstellungen in den betroffenen Gruppen eine Legitimation für die Wahl eines bestimmten Instrumentes verschaffen, so würde er politische Entscheidungen präjudizieren und sich damit selbst ein Ple-

38 *J. S. Reiner, E. Reimer* und *T. A. Reiner:* Client Analysis and the Planning of Public Programs, Journal of the American Institute of Planners *XXIX* (1963), S. 270 (Übersetzung des Verfassers).

39 Vgl. *C. C. Holt:* Quantitative Decision Analysis and National Policy, a.a.O., S. 257.

biszit für die Entscheidung verschaffen, statt sie dem Politiker zu überlassen. Im schlimmsten Fall kann sein Vorgehen eine subtile Methode sein, die den eigenen politischen Auffassungen näherstehende Mittelkombination durchzusetzen; im günstigsten Fall bedeutet sie immer noch die Vorwegnahme einer Entscheidung zwischen dem „populären" und „un-populären" Weg, die allein der Politiker zu treffen hat. Erscheint es erforderlich, Einstellungen, Wertschätzungen usw. jenseits der Sphäre zu erheben, in der die politischen Entscheidungen getroffen werden, so sollte dies nur im Einvernehmen mit dem Politiker erfolgen.

Als Beispiel mag wiederum die Alternative „Aktive oder passive Sanierung?" dienen. Beide Wege können zum erhöhten Wohl der betroffenen Individuen, zur freien Entfaltung ihrer Persönlichkeit usw. führen. Der Unterschied liegt vor allem im Erwartungshorizont. Er ist im Fall der aktiven Sanierung unter Umständen kleiner, wenn das Ziel darin besteht, heutige soziale Härten (Abwanderung, sinkende Einkommen pro Kopf usw.) auf jeden Fall zu vermeiden; dieser Weg wird von den betroffenen Bevölkerungsteilen mit großer Wahrscheinlichkeit vorgezogen werden. Die passive Sanierung kann dagegen wünschenswert sein, wenn die langfristige Entwicklungsmöglichkeit eines Gebietes negativ beurteilt wird und eine kurze Anpassungszeit mit sozialen Härten, die vielleicht nicht ganz ausgeglichen werden können, einer langen Periode erforderlicher Eingriffe vorgezogen wird. Der Politiker, der die Entscheidung zu treffen hat, ist vermutlich demokratisch gewählt worden und hat mit der Wahlperiode einen gewissen Handlungsspielraum eingeräumt bekommen, um auch kurzfristig unpopuläre Maßnahmen durchführen zu können, wenn er hoffen kann, sie im Laufe der Zeit vom Wähler „genehmigt" zu bekommen[40]. Der Weg mit sozialen Härten mag nun der persönlichen Auffassung des Beraters nicht entsprechen; dann kann er den Auftrag ablehnen oder eine Stellungnahme beifügen, in der seine persönlichen Wertschätzungen zum Ausdruck kommen. Die Entscheidung vorwegzunehmen, wäre dagegen in sich ein politischer Akt und mit der hier zugrunde gelegten Maxime nicht vereinbar.

In einer repräsentativen Demokratie ist also der Regress auf den Wählerwillen bei einzelnen Entscheidungen keineswegs immer erforderlich. Das bedeutet, daß der Ort, an dem unklare Zielvorstellungen durch weitere Ermittlungen präzisiert werden sollten, also der politische Raum ist, in dem diese

40 In diesem Zusammenhang äußerte *G. Colm*, er halte es für „eine Perversion der Demokratie, wenn man meint, daß politische Führer Entscheidungen auf Grund von Meinungsumfragen treffen könnten oder sollten. Es ist eine der Aufgaben der politischen Führer, dem Volk Vorstellungen über die Zukunft zu präsentieren und um seine Zustimmung nachzusuchen" (Brief an den Verfasser vom 29. 3. 1966; Übersetzung des Verfassers).

vorgegebenen Zielvorstellungen auch entstanden sind; dazu gehören die Träger der Politik, im weiteren Rahmen alle Teilnehmer am Willensbildungsprozeß[41]. In erster Linie kommt dafür natürlich der Auftraggeber in Betracht, der gebeten werden kann, seine Auffassungen genauer darzulegen. Handelt es sich um einen einzigen Entscheidungsträger wie den zuständigen Minister, der in eigener Verantwortlichkeit eine solche Korrektur, die ja oft erst das Wichtige bestimmt, vornehmen kann und der dazu bereit ist, so läßt sich leicht eine befriedigende Lösung finden. Häufig dürfte der Fall jedoch so liegen, daß Auftraggeber und letzte Entscheidungsträger nicht identisch sind und eine direkte Ermittlung nicht ohne weiteres möglich ist; zu denken ist etwa an eine untergeordnete Instanz, die für eine sich anbahnende Diskussion Argumente sammelt. Dann heißt es, die vermutlichen Ziele der Politiker so objektiv wie möglich auf anderen Wegen zu ermitteln.

Damit ist bereits das „*Wie*" der Zielermittlung angesprochen. Es mag sein, daß sich in Reden, Aufsätzen, Programmen usf. Hinweise finden[42], es kann aber auch sein, daß gerade diese mehr für die Öffentlichkeit bestimmten Zielvorstellungen noch vager sind als die im Auftrag angegebenen. Dann bietet sich noch die Möglichkeit, aus den etwas ungenaueren Zielangaben, dem ordnungspolitischen Standort des Politikers, den Wertvorstellungen, die er nach allgemeiner Vorstellung hegt, auf seine speziellen Zielvorstellungen in dem zur Diskussion stehenden Fall zu schließen. Dies leitet jedoch schon zu dem Problem über, ob bzw. inwieweit eine Interpretation fehlender Zielvorstellungen vertretbar erscheint (s. u.).

Neben der einfachen Rückfrage beim Auftraggeber und der Untersuchung von Äußerungen mit Zielcharakter bleibt noch der interessante Vorschlag zu erwähnen, zu diesem Zweck eine Diskussion unter den am Willensbildungsprozeß beteiligten Personen zu entfachen[43]. Der Vorschlag bezog sich zwar zunächst nur auf den Fall, daß mit Hilfe einer solchen Diskussion die Meinung der von den Maßnahmen betroffenen Bevölkerungsteile auf diese Weise erforscht werden sollte (client analysis, s. o.), läßt sich aber ohne weiteres auch auf die politische Sphäre übertragen. Es wird nicht immer leicht sein, eine solche Diskussion in Gang zu bringen, zumal, wenn es sich um wenig bekannte Maßnahmen handelt, doch kann schon der Hinweis auf Kon-

---

41 Ein gutes Beispiel dazu findet sich bei *B. H. Stevens* und *R. E. Coughlin:* Comprehensive Programming of Public Facilities: Research Plan Regional Science Research Institute, Mai 1964, als Manuskript vervielfältigt, S. 9 f.

42 Ein solcher Versuch wurde für die Ziele der „Raumordnung" unternommen; vgl. *H. Zimmermann:* Zielvorstellung in der Raumordnungspolitik des Bundes, Jahrbuch für Sozialwissenschaft *17* (1966), S. 225 ff.

43 *A. Altshuler:* The Goals of Comprehensive Planning, Journal of the American Institute of Planners *XXXI* (1965), S. 188 ff.

flikte, z. B. zwischen speziellen strukturpolitischen und anderen, seit langem verfolgten Zielen eine solche Klärung der in sich widersprüchlichen Vorstellungen einleiten. Der günstigste Weg dürfte der Weg in die Öffentlichkeit sein; tritt die Diskussion in diese Phase ein und kann sich eine öffentliche Meinung hierzu bilden, so können gleich mehrere Effekte erreicht werden, sofern sie wünschenswert erscheinen. Eine öffentliche Diskussion wird in der Regel mehr Variablen, Einwirkungen auf Ziele usf. in Betracht ziehen als eine Aussprache im kleinen Kreise; sie dürfte dadurch einen größeren Grad von Vollständigkeit erreichen. Ob man zugleich von einer größeren Rationalität sprechen will, da die Meinung des Individuums von der sich bildenden Gruppenmeinung modifiziert wird, ist wohl eine Frage der Wertung. Sicherlich aber wird durch die Beteiligung der Öffentlichkeit mit der Möglichkeit, daß jedes Individuum daran teilnehmen kann, der Prozeß der Zielbestimmung demokratischer. Schließlich ist zu berücksichtigen, daß mit diesem Prozeß, in dem Meinungen vorgebracht und gefiltert werden, der Widerstand der Teilnehmer mit abweichender Meinung gemildert wird, da sie bei einer Diskussion den Wert der gegnerischen Argumente abschätzen und anerkennen können, wogegen eine ohne vorhergehende Diskussion nur von wenigen getragene Entscheidung Widerstände hervorrufen kann. – Ist diese Diskussion einmal in Gang gekommen, so ist es eine Frage der Zweckmäßigkeit, wann ihre Ergebnisse als für die wissenschaftliche Beratung ausreichend angesehen werden. Solange noch ständig neue Argumente hinzutreten, wird man sicherlich warten wollen.

Für die Entscheidung, ob eine solche Diskussion angefacht werden soll oder nicht, gelten die gleichen Überlegungen wie im Fall der ‚client analysis‘: Ein selbständiges Vorgehen des Beraters schränkt den Bewegungsspielraum des Entscheidungsträgers in unzulässiger Weise ein. Ist die Diskussion jedoch „genehmigt“, so können solche Ergebnisse die Möglichkeit wissenschaftlicher Beratung in diesem Fall beträchtlich erweitern. In den USA haben Gremien, die vom Präsidenten zur Formulierung von Zielvorstellungen zusammengerufen wurden, beträchtliche Erfolge verzeichnet[44].

Bei der Entscheidung über eine Diskussion stellt sich, wie bei jeder Zielermittlung, die Frage, *wann* der „richtige“ Zeitpunkt ist, um Zielvorstellungen zu ermitteln. Stammen die ermittelten Zielvorstellungen aus einer weit zurückliegenden Zeit, so ist zu berücksichtigen, daß sich Wertstrukturen, insbe-

---

44 Zu nennen sind hier u. a. Präsident Eisenhowers Commission on National Goals und die von Präsident Johnson eingesetzten Task Forces (vgl. Committee for Economic Development, Budgeting for National Objectives, New York 1966, S. 27 f.); ferner ist die National Planning Association zu erwähnen, die sich häufig mit Zielen beschäftigt (vgl. z. B. National Planning Association, The Dollar Cost of our National Goals, Washington, D. C., 1965).

sondere die Einstellungen zu sehr speziellen Problemen, im Zeitablauf ändern[45]. Das gilt sowohl für die „allgemeine Meinung“ der Bevölkerung als auch für die Wertschätzungen der Träger der Willensbildung. In der letzten Gruppe dürften die Wandlungen schneller vor sich gehen, da die Wertschätzungen im Licht der zu treffenden Entscheidungen und der zu berücksichtigenden entgegengesetzten Auffassungen ständig bewußt gemacht werden.

Wenn das Ergebnis der wissenschaftlichen Hilfestellung in der politischen Sphäre also brauchbar sein soll, so ist eine ständige Überprüfung der Zielvorstellungen erforderlich, gleich, ob für ihre Ermittlung der Weg der Diskussion oder eine andere Methode gewählt wurde. In jedem Falle muß der Berater für ihre Ermittlung die jeweils neuesten Quellen ausschöpfen, auch wenn sie ungenauere Ergebnisse liefern als früheres, mittlerweile überholtes Material.

Trotz aller dieser Ermittlungen, die sich noch auf dem Boden empirisch-wissenschaftlicher Forschungsmethoden bewegen, kann der Zielkatalog sich als unzureichend für den speziellen Beratungsauftrag erweisen. Zwei weitere Wege, die dann noch offenstehen, sollen hier Erwähnung finden. Einmal kann ein Zug-um-Zug-Beratungsverfahren zur weiteren Zielklärung beitragen; die Beratung kann dann noch möglich werden, wenn nur eine begrenzte operationale Zielformulierung vorhanden ist, die für den gesamten Beratungsauftrag keineswegs ausreichen würde (s. u., IV).

Der zweite Weg führte zu der letzten, noch offenen Frage, *„wieweit“* eine Zielermittlung von seiten des Beraters gehen kann. Der strittige Punkt läßt sich mit dem Stichwort „Interpretation“ bezeichnen. Interpretation bezieht sich hier nicht auf die Erläuterung empirisch erarbeiteter Information, so wie sie sich in jedem Forschungsbericht findet; sie beschränkt sich also z. B. nicht auf die Erläuterung der Ergebnisse einer ‚client analysis‘. Die Befürworter einer weitergehenden „Interpretation“ geben sich mit „Information über die empirisch vorgegebenen Ziele“[46] nicht zufrieden. Ihre Bemühungen gehen dahin, „als Berater ... die vielfach nur im Gefühl bewußten Grundanliegen durch Subsumierung unter Begriffe nach Inhalt und Rang möglichst eindeutig bestimmen (interpretieren) und der Praxis die große Zahl der bei jeder Person zueinander in Spannung stehenden Anliegen be-

---

45 Vgl. *R. A. Dahl* und *C. E. Lindblom:* Politics, Economics, and Welfare, New York 1953, S. 82 f.

46 Als bekanntester Vertreter dieser Forderung nach „Interpretation“ dürfte *G. Weisser* gelten, dessen methodologisches Anliegen von *K. Lompe* in seiner Arbeit über die neuere Diskussion des Beratungsproblems weitgehend vertreten wird (*K. Lompe:* Wissenschaftliche Beratung der Politik, a.a.O.).

wußt machen" zu wollen[47]. Die Bemühungen sollen über eine Ideologiekritik, die ja auch dem empirischen Forscher offenstände, hinausgehen.
Schon bei der Fixierung des einzelnen Ziels entsteht also ein Konflikt mit dem Wertfreiheitspostulat, und zwar am schärfsten, wenn z. B. der Versuch gemacht wird, „unter Berücksichtigung der sozialen Situation das ‚Gemeinte' bestimmter vager Formeln aufzuhellen" und wenn „die aufgestellten Deutungshypothesen intersubjektiver Überprüfung nicht zugänglich sind"[48]; diese Methode ist weitgehend mit der Methode des „Verstehens" identisch[49].
Darüber hinaus ergibt sich jedoch noch ein zweiter Konflikt der genannten Art. Als „Grundanliegen" sollen „diejenigen positiven und negativen Interessen, deren Gegenstände um ihrer selbst willen geschätzt oder verabscheut werden, und innere Bindungen an Postulate und Desiderate gelten, die der Bejaher unmittelbar, ohne Ableitung aus anderen, im besonderen ohne äußeren Zwang, bejaht; sei es, daß er sich lediglich für seine Person gebunden fühlt, sei es, daß er von der Allgemeinverbindlichkeit überzeugt ist"[50]. Das zusätzliche Problem ergibt sich nun daraus, daß scharf getrennt werden soll „zwischen den Grundanliegen und denjenigen Interessen und Bindungen, die sich mittelbar aus der Anwendung von Grundanliegen auf die Tatsachen und ihre gesetzmäßigen Zusammenhänge ergeben"[51]. Mit anderen Worten, Grundanliegen haben nur Zielcharakter und sind von anderen Ziel-Mittel-Beziehungen streng zu trennen[52]. Selbst wenn sie inhaltlich genau be-

---

47 *G. Weisser:* Das Problem der systematischen Verknüpfung von Normen und von Aussagen der positiven Ökonomik in grundsätzlicher Betrachtung, in: *E. v. Beckerath* und *H. Giersch* (Hrsg.): Probleme der normativen Ökonomik und der wirtschaftspolitischen Beratung, a.a.O., S. 17.

48 *K. Lompe:* Wissenschaftliche Beratung der Politik, a.a.O., S. 129.

49 Für die hier anstehende Problematik ist insbesondere das Verhältnis der „verstehenden" Methode zu dem zuvor skizzierten Wissenschaftsprogramm von Bedeutung, das sich auf intersubjektiv überprüfbare Methoden beschränkt. Vgl. dazu *Theodore Abel:* „The operation of ‚Verstehen' does not ... add to our store of knowledge, because it consists of the application of knowledge already valiated by personal experience; nor does it serve as a means of verification." — „Still there is one positive function which the operation can perform in scientific investigations: It can serve as an aid in preliminary explorations of a subject" (*T. Abel:* The Operation Called Verstehen, in: *H. Albert* (Hrsg.): Theorie und Realität, a.a.O., S. 188 und 186).

50 *G. Weisser:* Das Problem der systematischen Verknüpfung von Normen und von Aussagen der positiven Ökonomik in grundsätzlicher Betrachtung, a.a.O., S. 17.

51 A.a.O., S. 18.

52 ‚Grundanliegen' entsprechen also den von *Gäfgen* so genannten „‚letzten Zwekken' ..., die nicht wiederum Mittel zur Erreichung höherer Zwecke darstellen" (*G. Gäfgen:* Theorie der wirtschaftlichen Entscheidung, a.a.O., S. 104).

stimmt sind[53], eignen sie sich also noch nicht für technologische Verfahren, bei denen der Berater aus vorgegebenen Zielen und „Eigenwertigkeiten" Handlungsalternativen aufbauen könnte; sie müssen mit den Problemen des Beratungsauftrags in irgendeiner Weise verknüpft werden, wenn sie überhaupt Bestandteil des Beratungsproblems werden sollen. Da sich die „interpretierten Grundanliegen" sicherlich auf einer Ebene sehr geringer Meßbarkeit befinden werden[54], kann diese Verknüpfung nur in seltenen Fällen logischer Art sein; ein solcher Fall kann vorliegen, wenn „Grundanliegen" und untergeordnete Zweck-Mittel-Beziehungen eindeutig in dieselbe Bewertungsrichtung zeigen. So könnte man sich den Fall denken, daß der Politiker aus einer liberalen Grundhaltung heraus das Unternehmertum fördern will und im Beratungsauftrag vorgegeben ist, die Möglichkeiten einer Rezessionsbekämpfung mittels ‚incentives' im Unternehmerbereich zu untersuchen. Auftrag und Grundanliegen dürften dann harmonieren; allerdings bleibt immer noch das Problem der Nebenwirkung auf andere Ziele und der „Eigenwertigkeit" der vorgeschlagenen Maßnahmen zu lösen.

In den meisten Fällen müßte jedoch eine Verknüpfung versucht werden, die sich wiederum einer Methode bedient, die dem „Interpretieren" nahekommt. Bei dieser Einordnung der Ziel-Mittel-Relationen in eine Hierarchie, an deren Spitze die „Grundanliegen" stehen, also sowohl bei der „Interpretation" der Grundanliegen als auch bei der Subsumtion der einzelnen Ziel-Mittel-Beziehungen unter die „interpretierten" Grundanliegen könnte es ohne massive Wertungen nicht abgehen; die Einhaltung der Werturteilsabstinenz wäre von vornherein unmöglich gemacht.

Versucht man nun, Beratung unter dem Aspekt der Wertfreiheit zu betreiben, so wird man hier vielleicht die Grenze der „Wissenschaftlichkeit", jedenfalls für sich selbst, setzen müssen. Jede Mühe, die der Klärung von Ziel-Mittel-Beziehungen dient, ist sicherlich von Nutzen. Wenn aber mit der „Interpretation" eine Methode übernommen werden soll, in der neben Deskription und logischer Analyse „notfalls Einfühlung in psychische Fakten"[55] zugelassen sein soll – und sie wird bei vielen „Grundanliegen" und den zugehörigen Versuchen einer Subsumtion unter sie der einzige Weg sein –, so kann auf Grund der hier getroffenen Grundentscheidung der Entschluß nur lauten, auf diesen Weg zu verzichten.

---

53 Zur Bestimmung können in sehr begrenztem Maße die Methoden der empirischen Sozialwissenschaft herangezogen werden; von den Befürwortern der „Interpretation" wird zusätzlich die Methode des „Verstehens" empfohlen (s. o.).

54 Vgl. z. B. die Gliederungsvorschläge in: *G. Weisser:* Das Problem der systematischen Verknüpfung von Normen und von Aussagen der positiven Ökonomik in grundsätzlicher Betrachtung, a.a.O., S. 20.

55 *K. Lompe:* Wissenschaftliche Beratung der Politik, a.a.O., S. 132.

Die Frage nach dem „Wieweit" der Zielermittlung würde sich hier also in der Form beantworten lassen, daß alle Möglichkeiten voll auszuschöpfen sind, die sich empirischer Methoden auf der Basis intersubjektiver Vergleichbarkeit bedienen, daß diese Methoden aber zugleich auch die Grenze des „Zulässigen" bezeichnen[56].

Am Ende der Ermittlungsbemühungen wird dann möglicherweise eine Bestandsaufnahme stehen, in der die im Auftrag vorgegebenen Ziele sowie die zusätzlich erhobenen Einstellungen zu Ziel- und Mittelrelationen zusammengefaßt werden. Sie läßt sich nach verschiedenen für die Beratung wichtigen Gesichtspunkten ordnen, u. a.:

a) Nach dem Grad der Operationalität (s. o., II)
Hieraus bestimmt sich bereits in erster Annäherung, wieweit eine Beratung ohne Wertung denkbar ist, so daß hier erneut eine Entscheidung über die Annahme des Beratungsauftrages erfolgen kann.

b) Nach der Entfernung von der Entscheidungssituation
Die erhobenen Tatbestände können sich unmittelbar auf alternative Handlungsabläufe, Instrumentenkombinationen usf. beziehen, können im Extremfall aber auch „letzte Werte" umfassen. Dieses Merkmal wird häufig mit dem der Operationalität korrelieren.

c) Nach überwiegendem Ziel- bzw. Mittelcharakter
Diese Entscheidung kann nur für begrenzte Bereiche getroffen werden; im größeren Zusammenhang gilt *Myrdals* Einwand. Je mehr spezielle Zielkomponenten enthalten sind, desto leichter fällt die Beratung. Ein Ziel mit starkem Zielcharakter muß nicht in der Nähe der „Grundanliegen" zu suchen sein, sondern kann sich aus dem Hinweis des Politikers ergeben, Wirkungen auf andere Ziele zu vernachlässigen und die Erreichung eines „Teilziels" zu maximieren. Als Beispiel diene die Senkung der Arbeitslosigkeit in der Depression.

d) Nach der Kompatibilität
Hier haben die sogenannten Zielbeziehungen ihren Platz[57], die allerdings an Bedeutung verlieren, wenn man das strenge Ziel-Mittel-Denken aufgibt. Dann ist wiederum zu unterscheiden zwischen begrenzten, vielleicht etwas willkürlich abgegrenzten Bereichen, in denen solche Konflikte präzise defi-

---

56 Auf die Konsequenzen dieser Abgrenzung für den Umfang der Beratungstätigkeit wird noch einzugehen sein (siehe folgenden Abschnitt).

57 Vgl. z. B. *W. A. Jöhr* und *H. W. Singer:* Die Nationalökonomie im Dienste der Wirtschaftspolitik, 2. Aufl., Göttingen 1964, S. 152 ff.

niert werden können, und größeren Zusammenhängen, bei denen nur im Falle eindeutiger tendenzieller Verläufe bei verschiedenen Zielen und Instrumenten ein Konflikt behauptet werden kann.

IV. Ziele und Instrumente als Gegenstand der Beratungstechnik

Die Ermittlung der Zielvorstellungen und gewünschten Mittel mußte unter den Einschränkungen, die sich aus Werturteilsabstinenz ergeben, zwangsläufig zu unvollständigen Zielkatalogen führen. Unter derselben Einschränkung und mit dem unvollständigen Arsenal „verfügbarer" Ziel-Mittel-Relationen soll nunmehr der maximale Beratungserfolg erreicht werden.
Die Tatsache dieser unvollständigen Zielkataloge hat nun bei der Frage, wie die Beratung ablaufen soll, also für die Beratungstechnik, zu unterschiedlichen Folgerungen geführt. Die erste Divergenz taucht auf, wenn man den Umfang der „wissenschaftlich zulässigen" Beratung festlegen will, die zweite bezieht sich auf den institutionellen Ablauf des Beratungsverfahrens.

1. Der Umfang der Beratung

a) Die Forderung nach Systemorientierung

Die Lückenhaftigkeit empirisch ermittelter Zielkataloge zeigt sich u. a. darin, daß es in den meisten Fällen unmöglich ist, zwischen ermittelten Grundlagen und vorhandenen Einzelproblemen Verbindungen zu ziehen, die dem Kriterium der intersubjektiven Überprüfbarkeit standhalten. Daraus kann man den Schluß ziehen, daß sich die wissenschaftliche Beratung auf Einzelprobleme beschränken muß. Dieser Schluß ist jedoch für manchen Betrachter sicherlich unbedriedigend und hat zu der Forderung geführt, die jeweiligen Einzelziele müßten mit den „Grundanliegen" zusammen in ein umfassendes „System" gebracht werden, innerhalb dessen das Einzelziel dann sein relatives Gewicht erhalte. Einige mögliche Gründe für diese Forderung nach einer Abstimmung mit den „Grundanliegen" seien daher erwähnt, und zwar geordnet nach den Gruppen, die sie vorbringen könnten:
Zunächst könnte der *Politiker* daran interessiert sein, da er in der politischen Sphäre eine Rangordnung der Ziele zugrunde legen möchte. Es ist für manchen Politiker sicherlich unbefriedigend, Einzelentscheidungen treffen zu müssen, ohne eine explizite Beziehung zu den gehegten Grundanliegen herstellen zu können. Bei einigen Problemen, wie Todesstrafe, Atomrüstung

usf., ist der Bezug zu Grundanliegen so eng, daß er vom Politiker selbst hergestellt werden kann. Die Mehrzahl der laufend zu bewältigenden Probleme hat jedoch keine so unmittelbare Verbindung zu Grundanliegen, so daß sich der Politiker häufig mit engeren Zielen zufrieden gibt. – Wenn der Berater mit einer solchen Situation nicht zufrieden ist, weil er eine „wertbewußtere“ Haltung des Politikers wünscht, so rührt dies wiederum an die Frage, wieweit er seine eigenen Wünsche in den Beratungsprozeß einfließen läßt. Es mag ihm durchaus gelingen, im Politiker ein Gefühl der Unzufriedenheit mit seinem „wenig rationalen“ Verhalten zu wecken, das zu einem Beratungsauftrag auch über Grundanliegen führt. Die Entscheidung für eine solche „Erziehung zu höherer Rationalität“ bis zu dem vom Berater erwünschten Grad kann nur aus wertender Position heraus getroffen werden.

Es ist jedoch auch denkbar, daß eine politische Entscheidung so eklatant gegen die akzeptierte Interpretation eines Grundanliegens verstößt, daß sich eine größere Zahl der *Betroffenen* hierzu äußern möchte, sei es in Form einer Volksabstimmung, eines Einflusses auf den zuständigen Abgeordneten oder auf die öffentliche Meinung. Vermutlich tritt dieser Fall nicht allzu oft ein; Beispiele könnten die Einführung der Wehrpflicht, eine Einschränkung der Pressefreiheit, vielleicht sogar ein Enteignungsgesetz sein. Sicherlich wäre aber in der Mehrzahl der Fälle für das Gros der Betroffenen kein Zusammenhang zwischen den doch weithin bekannten Grundanliegen und einer Einzelmaßnahme ersichtlich.

Als dritte Gruppe kämen die *Wissenschaftler*, die neutrale Instanz, in Frage; gerade sie erheben die Forderung, Grundanliegen zu ermitteln, um die Politik an ihnen ausrichten zu können. Auf welche Gründe läßt sich die Forderung nach einer Verbindung zwischen Einzelentscheidung und Grundanliegen stützen? Sicherlich scheidet die einfache Übertragung des persönlichen Rationalitätsstrebens auf die politische Entscheidung hier aus, da sie in dieser Form eine klare Wertung des Beraters wäre.

Der Berater kann jedoch anführen, daß er im Sinne aller Beteiligten zu handeln glaubt, wenn er eine durchgehende Zielskala verlangt. Wenn jedes Individuum, danach gefragt, für seine eigenen Handlungen Rationalität zu erstreben vorgibt und außerdem äußert, daß es eine solche Rationalität auch im politischen Bereich erwartet, so könnte man diese Ergebnisse bei oberflächlicher Betrachtung als Grundlage für eine solche Forderung nehmen. Es hieße jedoch das Ergebnis einer solchen Befragung zu einseitig zu interpretieren, wenn man die Zustimmung der Befragten zu einem Rationalitätspostulat in dieser Form akzeptieren würde. Die erfragten Werte, wie „rational handeln“, „keine Widersprüche zulassen“ usf. sind so eindeutig positiv zu beurteilen, daß aus der Antwort nicht abzulesen ist, wieweit der Befragte wirklich im Einzelfall rationales Handeln fordern würde. Es wäre Aufgabe einer empirischen Untersuchung zu erforschen, wieweit das Individuum sowohl für sich selbst als auch besonders für den politischen Bereich eine rationale Verknüpfung zwischen Tagesproblem und Oberziel sucht. Schon die Tatsache, daß es untergeordnete Ziele mit „Eigenwert" gibt bzw. daß viele Instrumente einen Eigenwert haben, läßt darauf schließen, daß bei vielen täglichen Entscheidungen die Lösung um ihrer selbst willen gesucht wird und nur in wenigen Fällen, besonders wenn umfassende Fragen behandelt werden, eine Verbindung zum Grundanliegen empfunden und dann artikuliert wird. Die einfache Frage an das Individuum, ob es rationales Handeln wünsche, ist suggestiv und schon deshalb unbrauchbar. Die Hypothese könnte vielmehr lauten, da das Individuum, jedenfalls solange es nicht auf die fehlende Rationalität hingewiesen oder zur höheren Rationalität erzogen wird, mit Lösungen zufrieden ist, ja sie sogar fordert, die vielleicht zu Oberzielen in Widerspruch stehen oder sie beeinträchtigen, auf jeden Fall aber gar nicht daraufhin untersucht werden[58]. Ob das Individuum allerdings, z. B. im Wege der erhöhten Information, auf Ungereimtheiten in seinen Wünschen hingewiesen werden soll, ob also eine Erziehung zur Rationalität erstrebt werden soll, ist eine kaum wertfrei zu beantwortende Frage. Dagegen spricht immerhin die Tatsache, daß auf diese Weise bisher latente Konflikte, die mit bestimmten Instrumenten überdeckt werden können, nunmehr offenbar werden und durch eine explizite Fundierung der individuellen Wünsche in Werturteilen eine militante Haltung an die Stelle des Zufriedenseins mit einer nicht als unrational empfundenen Welt setzen. Die Entscheidung, ob dieser Weg beschritten werden soll oder nicht, ist sicherlich politischer Natur.

b) Kritik der Systemorientierung

Dieser Gedankengang ist nun ohnehin nur für den Fall relevant, daß ein Zusammenhang zwischen dem Ergebnis der Einzelentscheidung und den übergeordneten Zielsetzungen deutlich ist[59]. Die Forderungen der Wissenschaftler, die mit dem Verzicht auf die Einbeziehung der Grundanliegen unzufrieden sind, gehen jedoch dahin, als Berater generell die Form der

58 Als Beispiel für konfligierende Wünsche ganzer Bevölkerungsteile vgl. *G. Schmölders:* Das Irrationale in der öffentlichen Finanzwirtschaft, Rowohlts Deutsche Enzyklopädie, Band 100, Hamburg 1960, S. 58 ff., wo der gleichzeitige Wunsch nach Ausgabenerhöhung und Steuersenkung bei den Befragten einer großen Interviewaktion nachgewiesen wurde.

59 Vgl. *R. C. Young:* Goals and Goal Setting, Journal of the American Institute of Planners *XXXII* (1966), S. 80.

„systematischen Beratung" zu wählen[60]. Diese „Systeme aus Empfehlungen und Warnungen"[61] sollen zwar „im jeweils erforderlichen Umfang die Ergebnisse empirischer Forschung heranziehen", bestehen aber sonst „aus Empfehlungen und Warnungen oder einfach wertender Kritik"[62]. Um die „präskriptiven" von den „explikativen" Aussagen, insbesondere für den Politiker, besser unterscheidbar zu machen, sollte der Berater seine „praktischen Axiome bekenntnismäßig einführen"[63]. Das Beratungsergebnis würde also aus wertenden und explikativen Bestandteilen zusammengesetzt sein, wobei diese Unterschiede sich schon in der Sprache ausdrücken sollen und die Reichweite der wertenden Teile zusätzlich durch die säuberliche Offenlegung der Wertprämissen des Beraters erkennbar gemacht werden soll.

Aus der hier gewählten Grundposition (s. o., I) dürfte es sich nun von selbst verstehen, daß eine solche Ausweitung des Beratungsverfahrens zum „systemorientierten Denken"[64] dieser Art nicht mehr angestrebt wird. Es sei an dieser Stelle aber vielleicht der Hinweis gestattet, daß bei der hier gewählten Position nicht unbedingt ein geringerer Beratungserfolg herauskommen muß. Es ist wohl noch nicht entschieden, ob der „wertende" oder der „wertabstinente" Wissenschaftler langfristig den größeren Erfolg hat, abgesehen davon, daß der hierfür erforderliche Erfolgsmaßstab sicherlich selbst ein noch offenes Wertungsproblem ersten Ranges ist[65]. Wenn der „wertende" Wissenschaftler mittels „Einfühlung in psychische Fakten" zusammen mit dem Politiker die „Grundanliegen" erhellt, könnte es durchaus sein, daß der solcherart beratene Politiker nach einiger Zeit das Gefühl empfindet, daß hier jemand „berate", der nicht unbedingt Wissenschaftler zu sein brauche, um zu beraten; jeder Mensch mit gutem Denkvermögen und den gleichen Grundanliegen im Herzen könnte diese Rolle ausfüllen. Taucht dann die Frage auf, wer der Lieferant der mehr technologischen Beratung (s. u.)

60 Als Beispiel mag für Deutschland wiederum *G. Weisser* dienen; zur weiteren Literatur vgl. *K. Lompe:* Wissenschaftliche Beratung der Politik, a.a.O., insbesondere S. 99 ff. und 178 ff.

61 *G. Weisser:* Zur Verknüpfung von Normen und von Aussagen der positiven Ökonomik in grundsätzlicher Betrachtung, a.a.O., S. 23.

62 A.a.O., S. 23.

63 A.a.O., S. 22.

64 Als „system-oriented approach" (*H. Zimmermann:* The Treatment of Imprecise Goals: The Case of Regional Science, a.a.O., S. 11 ff.) oder „Denken in Ordnungen" (ders.: Zielvorstellungen in der Raumordnungspolitik des Bundes, a.a.O., S. 240) hat der Verfasser diesen Ansatz zu kennzeichnen versucht.

65 Es ist sicherlich nur durch ein Werturteil zu entscheiden, ob die maximale Erreichung der gesellschaftspolitischen Vorstellungen und Grundanliegen des Beraters oder die maximale Zufriedenheit des zu Beratenden als Maßstab gelten soll.

sein soll, so könnte es durchaus sein, daß er sich dann an den „neutralen“ Wissenschaftler wendet, da ihm dessen Abstinenz von der Wertung im Beratungsprozeß eine Gewähr dafür sein könnte, daß er unverzerrte, alle Meinungen berücksichtigende Informationen erhält[66].

Die Frage nach dem zulässigen „Umfang“ des Beratungsverfahrens ist also eine Frage nach der zulässigen „Komplexität“ der untersuchten Ziel-Mittel-Beziehungen. Der Einwand richtet sich nicht gegen „große Probleme“ (s. u.), sondern gegen komplexe Probleme, und hier wiederum nicht gegen die bloße Anzahl, die bei Verfahren zur simultanen Behandlung vieler Variablen sehr groß sein kann, sondern gegen die Einbeziehung von Größen, die sich nur mit „lockeren“ Anforderungen an die Meßansprüche einbeziehen lassen[67]. Lediglich dann wird auch die Zahl der einbezogenen Größen zum Problem, wenn sie die wissenschaftlichen Bearbeitungsmethoden sprengt oder wenn sie zu Beratungsergebnissen führt, die für den Politiker zu komplex sind, um noch von Nutzen sein zu können[68]. Genau in diesem Punkt ist aber auch die Wahl des Beratungsverfahrens von Bedeutung, da das Verfahren u. U. die Variablen reduzieren kann.

2. Die Wahl des Beratungsverfahrens

a) Das dezisionistische Modell

Das Beratungsverfahren, mit dem die Sozialwissenschaft lange Zeit das Werturteilsproblem gelöst zu haben glaubte, wird von *J. Habermas* das „dezisionistische Modell“ genannt[69], das er auf *Max Weber* zurückführt; „seine berühmte Konfrontation der Beamtenherrschaft mit dem politischen Führertum dient der strikten Trennung zwischen den Funktionen des Sach-

---

66 Zusätzlich zu dem bisher behandelten Fall der bewußten Wertung ist auf die Ideologiegefahr beim „systemorientierten“ Vorgehen hinzuweisen. Sie steigt, „je weitere Sachbereiche und Zusammenhänge in Frage stehen ... Erkenntnis umfassender Seinszusammenhänge ist in höchstem Grade ideologisch bedroht“ (*T. Geiger:* Artikel „Ideologie“, Handwörterbuch der Sozialwissenschaften, Bd. 5, S. 184).

67 „Wenn der Wissenschaftler in konkreten Situationen einen Rat geben soll, wird es für ihn nützlicher sein, in Begriffen von *Verbesserungen* als in Begriffen von Idealen oder *Optima* zu denken“ (*P. Streeten:* Programme und Prognosen, in: *G. Myrdal:* Das Wertproblem in der Sozialwissenschaft, a.a.O., S. 26).

68 Zur Trennung dieser beiden Probleme der „complexity“ und der „values“ vgl. *C. E. Lindblom:* Decision-Making in Taxation and Expenditures, a.a.O., S. 305.

69 *J. Habermas:* Wissenschaft und Politik, a.a.O., S. 413.

verständigen und des Politikers“[70]. Der Weg dahin führt über die Trennung in „vorgegebene Ziele“ und „wertneutrale Mittel“; die einen sind vom Politiker zu stellen, die anderen liefert daraufhin der Berater. Diese Strategie hätte sich eigentlich für den wertabstinenten Berater bereits mit *Myrdals* Nachweis, daß Ziele und Mittel in dieser Weise nicht zu trennen sind, verbieten müssen. Daß es nicht geschah, lag vielleicht am Fehlen eines befriedigenden anderen Verfahrens.

b) Eine Modifizierung des pragmatischen Modells

Wenn dafür unter der hier zugrunde liegenden Entscheidung über das Werturteil im Beratungsverfahren das „pragmatische Modell“ vorgeschlagen wird, so wie es, ebenfalls von *Habermas,* entwickelt worden ist[71], dürfte das kaum allerseits Beifall finden. *Habermas* sah den Ablauf so, „daß einerseits wissenschaftliche Experten die Entscheidung fällenden Instanzen ‚beraten‘ und umgekehrt die Politiker die Wissenschaftler nach Bedürfnissen der Praxis ‚beauftragen‘“[72]. Institutionell würde sich das Verfahren in der Weise abwickeln, daß zunächst die Wissenschaftler „wissenschaftliche Informationen im Hinblick auf die praktischen Fragen ihrer Auftraggeber“ sammeln würden[73]. In diese Phase gehört die Ermittlung der Ziel-Mittel-Beziehungen, wie sie zuvor (s. o., III) erörtert wurde; die Grenze ergibt sich aus der methodologischen Position des Beraters[74]. Dabei werden Empfehlungen über „grob visierte Ziele“ entwickelt; hier hängen die Details des Verfahrens ebenfalls vom Beraterstandpunkt ab. Dann präzisieren die Politiker ihren Willen „im Hinblick auf das, was sie technisch können“; darauf folgen neuerlich Programme des Beraters, die wiederum vom Politiker begutachtet werden

70 A.a.O., S. 413. Wieweit sich dieses Modell tatsächlich auf *Max Weber* zurückführen läßt, bliebe zu untersuchen.

71 A.a.O., S. 413 ff.

72 A.a.O., S. 415.

73 A.a.O., S. 416.

74 Nach *Gäfgens* Einteilung in sieben Arten der Beratung würde es sich hier um das technologische Modell mit Ermittlung des Wertsystems handeln, dem er lediglich „schwache“ Werturteile zuschreibt. Abgesehen von dem Basisproblem, welcher Beratungsform man sich zuwendet, handelt es sich um die auch bei explikativen Aussagen zu treffenden Entscheidungen, „wann man ein Modell als empirisch falsifiziert ansieht und wann nicht“, usw. (*G. Gäfgen,* Theorie der wirtschaftlichen Entscheidung, a.a.O., S. 86 f. und 90 ff.).

usf.[75]. Das technische Interesse ist also ein Zug-um-Zug-Verfahren mit dem schrittweise ein Aktionsprogramm erarbeitet wird.

Die Berechtigung dazu, diesen technischen Ablauf unter der Bezeichnung „pragmatisches Modell" (*Habermas*) auch für die hier anstehenden Probleme zu übernehmen, wird daraus abgeleitet, daß „das pragmatische Modell ... zunächst vor allem auf eine fruchtbare Lösung der institutionellen Probleme abzielt"[76]. Es kann allerdings kein Zweifel daran bestehen, daß nach Auffassung seiner Verfechter mit diesem Verfahren auch solche Probleme in den Kreis der Beratung einbezogen werden sollten, die über die hier gezogenen Grenzen hinausgehen. *Habermas* kritisiert am „dezisionistischen Modell" denn auch, daß „die Rationalität der Mittelwahl ... mit der erklärten Irrationalität der Stellungnahme zu Werten, Zielen und Bedürfnissen" einhergehe[77], nicht etwa, daß sich die Trennung in Ziele und Instrumente nicht durchführen lasse. Das Anliegen bestand also darin, „an Stelle einer strikten Trennung zwischen der Funktion des Sachverständigen und des Politikers ... ein kritisches Wechselverhältnis" treten zu lassen[78].

Entnimmt man dem Vorschlag von *Habermas* lediglich die institutionellen Elemente des pragmatischen Modells, so zeigt sich große Ähnlichkeit mit dem ‚incrementalism' von *C. E. Lindblom*[79]. *Lindblom* kommt es jedoch weniger auf das Wertproblem an, und er vertritt die Methode nicht, um den Bezug zu „obersten Zielen" zu vermeiden, sondern um der „synoptic conception of problem solving" auszuweichen, dem Anspruch, große Zielsysteme im Stile *J. Tinbergens* zu behandeln[80], in denen aber längst vor den ‚Grundanliegen' haltgemacht wird, wie sie die deutsche Diskussion kennt. *Lindbloms* Inkrementalismus könnte in andere Beratungsverfahren übergehen, sobald es Methoden gibt, umfangreiche empirisch fundierte Ziel-Mittel-Systeme zu verarbeiten; die Technik der elektronischen Datenverarbeitung zu-

---

75 *J. Habermas:* Wissenschaft und Politik, a.a.O., S. 416.

76 *K. Lompe:* Wissenschaftliche Beratung der Politik, a.a.O., S. 119.

77 *J. Habermas:* Wissenschaft und Politik, a.a.O., S. 413.

78 A.a.O., S. 415. *Lompe* geht sogar so weit, im pragmatistischen Modell „eine gute organisatorische Grundlage für die Erfüllung eines Programms der Besinnung auf den Inhalt von Grundentscheidungen" zu sehen (Wissenschaftliche Beratung der Politik, a.a.O., S. 136).

79 Zuerst entwickelt in: *R. A. Dahl* und *C. E. Lindblohm:* Economics and Welfare, a.a.O., S. 82 ff.; in ausgebreiteter Form findet sich der Vorschlag später in: *D. Braybrooke* und *C. E. Lindblom:* A Strategy of Decision. Policy Evaluation as a Social Process, Glencoe—London 1963, S. 81; vgl. dazu *R. Jochimsen:* Strategie der wirtschaftspolitischen Entscheidung, a.a.O., S. 61.

80 *J. Tinbergen:* Economic Policy: Principles and Design, Amsterdam 1956, z. B. S. 8; zur Kritik vgl. *D. Braybrooke* und *C. E. Lindblom:* A Strategy of Decision, a.a.O., S. 37 ff.

sammen mit Verfahren zur simultanen Behandlung von umfangreichen Systemen von Variablen sowie zur Simulation von Vorgängen lassen diese Möglichkeit immerhin nicht völlig utopisch erscheinen. Die dann noch verbleibenden Begründungen *Lindbloms* für den Inkrementalismus sind z. T. weniger gewichtig. Die Anpassung an wechselnde Einstellungen von Politikern und Bevölkerung[81] ist mit dem technischen Aufwand der genannten Art durchaus gewährleistet; Programme können mit veränderten Zielvariablen leicht neu entworfen bzw. abgeändert werden. Daß empirische Theorien fehlen, um umfangreiche Beratungsvorhaben abzusichern[82], gilt für jeden Beratungsvorgang; die Entscheidung darüber kann nur im Einzelfall getroffen werden.

Wichtiger ist der Einwand, daß der Inkrementalismus keine großen Fehler machen kann, da er nur kleine, schnell zu korrigierende Schritte unternimmt[83]. Hier wird, ähnlich wie in *Poppers* ‚social piecemeal engineering', die „Politik der kleinen Schritte" vertreten, die nur zu winzigen Veränderungen in der Gesellschaft führt. Hier wird Großplanungen, großen Schritten, großen Programmen usf. generell abgeschworen, sie werden in den Bereich des ‚utopianism' verwiesen, da man sich nur über die Konsequenzen in sehr kleinen Teilbereichen des sozialen Lebens Klarheit verschaffen könne[84]. Diese Vorstellung besagt allerdings, daß alle gesellschaftliche Veränderung nur in kleinen Schritten vor sich gehen *soll;* sie ist nicht Kritik am Beratungsmodus, sondern an bestimmten Formen der Politik und gehört somit nicht in den Rahmen dieser Untersuchung.

Die Frage lautet hier vielmehr, welche Form der Beratung zu empfehlen ist, wenn der Einfluß der Werturteile des Beraters minimiert werden soll. Dabei ist es zunächst unerheblich, ob sich die Beratung auf große oder auf kleine Schritte beziehen soll. Die Entscheidung darüber trifft der Politiker. Allerdings kann es dann sein, daß der Wissenschaftler die Beratung bei Großobjekten eher einmal ablehnen muß als bei ‚piecemeal'-Objekten. Das liegt aber nicht primär an ihrer Größe, sondern an der Tatsache, daß für ihre Einbeziehung in die Beratung eher einmal die empirischen Theorien fehlen als bei kleinen Objekten.

Eignet sich das pragmatische Modell, um die Beratung über unterschiedlich große und unterschiedlich viele Objekte mit minimaler Beteiligung der Werturteile des Beraters durchführen zu können? Die Antwort lautet positiv, jedoch nur, wenn gewisse zusätzliche „Vorschriften" eingebaut werden.

---

81 *D. Braybrooke* und *C. E. Lindblom:* A Strategy of Decision, a.a.O., S. 121.
82 A.a.O., S. 117 f.
83 *R. A. Dahl* und *C. E. Lindblom:* Politics, Economics, and Welfare, a.a.O., S. 83.
84 A.a.O., S. 87.

c) Die einzelnen Ergänzungen

Die erste Vorschrift lautet, getreu der hier getroffenen Grundentscheidung, in allen Phasen des Zug-um-Zug-Verfahrens auf Wertabstinenz zu achten. Darunter wird selbstverständlich nur verstanden, daß keine Werturteile zum Inhalt von Aussagen gemacht werden; „über" Werturteile kann und muß dagegen gesprochen und „Basis"-Wertungen müssen laufend getroffen werden.
Die zweite Vorschrift ist ungewöhnlicher. Sie rührt aus der Überlegung her, daß auch dann Wertvorstellungen des Beraters zum Gegenstand der Politik werden können, wenn der Berater unbedingte Wertabstinenz üben will. Diese Gefahr liegt immer dann nahe, wenn der Politiker entweder keine Vorstellungen über den anzustrebenden Endzustand hat (Zielvakuum[85]) oder keine Stellung beziehen will.
Hier kann die Regionalpolitik als gutes Beispiel dienen. In ihrem Bereich gibt es zu vielen Problemen keine öffentliche Meinung und in vielen Fällen sicherlich auch keine feste Meinung der Politiker. Es könnte nun sein, und dieser Fall ist sicherlich nicht unrealistisch, daß sich zwar eine öffentliche und politische Meinung herausbildet, daß in einem bestimmten unterentwickelten Gebiet „etwas getan werden müsse", daß aber die Richtung dieser Aktivität keineswegs klar ist. Tatsache ist nur, daß aus dieser Region Klagen kommen, deren Ursachen es abzustellen gilt. In dieser Situation liegt es für den Politiker nahe, einen Beratungsauftrag zu vergeben. Es wird angenommen, daß eigene Zielvorstellungen des Politikers auch durch ausgiebige Diskussion nicht zu ermitteln sind und eine öffentliche Diskussion oder eine Befragung der betreffenden Bevölkerungsteile sich aus politischen, vielleicht wahltaktischen Gründen verbietet.
Legt der Berater in solchen und ähnlichen Situationen ein einziges geschlossenes Programm vor, dessen Ziele er vielleicht guten Gewissens der vermeintlichen Meinung der Betroffenen, vielleicht dem eigenen Werthorizont, vielleicht gar dem Fall des Würfels entnommen hat, so liegt die Gefahr nahe, daß der Politiker dieses Programm erleichtert in Empfang nimmt und sofort in allen Punkten zum Aktionsprogramm der Regierung erklärt. Sofern die eingesetzten Ziele nicht politisch völlig unannehmbar sind oder seine eigenen Grundanliegen eklatant verletzen, wird er keinen Grund sehen, warum er diese Zielvorstellungen nicht, mit dem Segen des ‚neutralen' Wissenschaftlers versehen, zum Gegenstand seiner Politik machen und damit sein Zielvakuum ausfüllen soll.
Um diese Gefahr zu vermeiden, die in allen Fällen besteht, in denen nicht

85 Vgl. *H. Zimmermann:* Öffentliche Ausgaben und regionale Wirtschaftsentwicklung, a.a.O., § 31.

Grundanliegen oder politisch artikulierte Wertvorstellungen direkt berührt werden, lautet die zweite empfohlene Vorschrift, außer bei ganz eindeutig vorgegebenen Ziel-Mittel-Präferenzen[86], immer nur Alternativvorschläge zu machen. Der Vorschlag bezieht sich sowohl auf losgelöste Zielvorstellungen als auch auf die – in der Praxis sicherlich häufiger – ‚Eigenwertigkeit' von Instrumenten.

Wenn der Politiker solche Alternativvorschläge, insbesondere im Fall des Zielvakuums, als zu beschwerlich zu behandeln zurückweist, so kann dies als erstes Indiz dafür genommen werden, daß er auch echte Zielvorstellungen in eindeutiger Form ohne den Zwang, zwischen alternativen Zielen wählen zu müssen, mitgeliefert bekommen haben wollte. Die Vorlage von Alternativen hätte dann bereits den gewünschten Effekt gehabt, das Hineinfließen der Wertvorstellungen des Beraters in die Beratung zu verhindern. Kommt dann keine weitere Beratung zustande, so ist das ein Zeichen, daß hier vielleicht ohnehin keine Beratung auf der Basis der Vorstellungen des Beraters möglich gewesen wäre.

Alternativvorschläge müßten, um ihre wertneutralisierende Wirkung voll ausüben zu können, weit genug voneinander entfernt sein, um wirklich eine Entscheidung des Politikers zu erzwingen. Diese Entscheidung ist das Wichtigste, denn sie zwingt den Politiker, sich seiner Wertungen, ‚Grundanliegen' usf. bewußt zu werden. Gerade damit schützt sich der Berater vor der Übernahme seiner eigenen Werturteile. Andererseits dürfen Alternativen nicht zu weit auseinanderliegen, wenn sie realistisch bleiben wollen[86a]. Es wird also eher darauf ankommen, daß sie inkompatibel sind.

Die Ausarbeitung von Alternativvorschlägen wird häufig teurer sein und Zeit kosten. Es ist aber auch möglich, daß die technologische Bearbeitung eines Beratungsauftrags ohnehin zu verschiedenen möglichen Strategien führt. Meist versucht der Berater dann, „die" eine geschlossene Konzeption vorzulegen und entscheidet sich vorweg für einen der möglichen Handlungsverläufe, vielleicht weil das empirische Material eine um ein Weniges höhere Erfolgschance verspricht. Dann dürfte es nicht schwerfallen, statt dessen mehrere Strategien auszuarbeiten, die die verschiedenen vorgegebenen Zielgrößen in unterschiedlichem Maße erreichen lassen, um auf diese Weise eine Konkretisierung sowohl der Ziel- als auch der eher instrumentellen Präferenzen zu erzwingen.

---

86 Dieser Fall dürfte nur bei sehr begrenzten Problemen denkbar sein und nähert sich dann den Alternativen des Technikers.

86a Vgl. dazu vor allem *H. Albert:* Politische Ökonomie und rationale Politik, in: Theoretische und institutionelle Grundlagen der Wirtschaftspolitik. *Theodor Wessels* zum 65. Geburtstag, Berlin 1967, S. 76.

d) Der Ablauf des Beratungsverfahrens

Ein solches „pragmatisches Modell mit Wertabstinenz" ist vom tatsächlichen Ablauf vieler Beratungsverfahren nicht einmal allzuweit entfernt[87]. Die erste Abstimmung über das Gewünschte und über die möglichen Verfahren findet oft schon vor der Erteilung des Beratungsauftrages statt. Als nächstes wird der Berater sich bemühen, empirisches Material über den zur Diskussion stehenden Ziel-Mittel-Bereich zu erhalten. Lediglich auf der folgenden Stufe scheiden sich die Geister und wird die Besonderheit des Zug-um-Zug-Verfahrens sichtbar. Während der Berater im dezisionistischen Modell sich in seine angeblich wertfreie Instrumentensphäre zurückziehen wird und glaubt, mit der Abgabe des fertigen Vorschlages seine Wertneutralität gewahrt zu haben, erhebt sich für denjenigen Berater, der sich des Ziel-Mittel-Kompositums bewußt ist, zwangsläufig die Forderung, die Erarbeitung des Vorschlages dem Zug-um-Zug-Verfahren anzuvertrauen. Er nimmt die zunächst vorfixierten Ziele und entwickelt alternative Strategien zu ihrer Erreichung[88]. In diesem Anfangsstadium werden die voneinander weit differierenden Strategien noch beträchtlichen „Eigenwert" enthalten, so daß die Alternativen sich weit genug voneinander unterscheiden müssen, um den Politiker zu Entscheidungen über den inhärenten Zielcharakter der „Instrumente" zu bewegen. Die Auswahl ist also keineswegs ein instrumentelles, wissenschaftlich „neutrales" Problem.

Sobald sich der Politiker zwischen diesen groß vorformulierten Strategien entschieden hat, können Vorschläge innerhalb dieser Strategie ausgearbeitet, eigene Zielvorstellungen des Politikers auch durch ausgiebige Diskussion nicht vorgelegt, noch der erneuten Entscheidung verfeinert werden usf. Je spezieller die Ziel-Mittel-Beziehungen werden, desto geringer wird der Zwang zur

---

87 Der äußere Verlauf vieler Beratungen entspricht weitgehend dem Inkrementalismus, der mit dem hier vorgeschlagenen Modell viele technische Einzelheiten gemeinsam hat. Vgl. *E. C. B. Schoettle:* The State of the Art in Policy Studies, S. 4, in: National Planning Association, Position Papers, Phase I, Washington, D. C., August 1965, als Manuskript vervielfältigt; ferner *C. E. Lindblom:* Decision-Making in Taxation and Expenditures, a.a.O., S. 306.

88 Eine ähnliche Anfangsstufe beschreibt *G. Colm:* „I believe that the social scientist who is called to advise those who have to develop goals or to participate in the process of goals determination will have to say something like the following: If I understand correctly your frame of values, then I would say that a reasonable goal to be achieved within a certain period of time for, let us say, education or health or regional development, would ... Thus the scientist starts with a very broad frame of values which reflects what he believes the people seeking his advice regard as desirable or undesirable" (*G. Colm* in einem Brief an den Verfasser vom 29. 3. 1966).

Erarbeitung von Alternativlösungen, da der Zielgehalt der Instrumente abnimmt und die Entscheidung z. B. unter Kostengesichtspunkten erfolgen kann. Am Ende steht dann ein detaillierter einzelner Plan für eine mögliche Strategie. Der Politiker hat auf vielen Stufen an der Erstellung mitgeholfen, so daß der Plan seiner Unterstützung sicher ist. Er enthält nur solche Verfahrensabläufe, die sich mit seinen Zielvorstellungen vereinbaren lassen; überdies hat noch nebenher eine genauere Bestimmung seiner Ziele stattgefunden, die er in dem Plan nun wiederfindet. Der Berater hat seinen maximalen Beratungserfolg erzielt, soweit dieser innerhalb seiner Wertprämissen möglich war. Sein Werturteil, das vielleicht unbewußt auf den einzelnen Stufen in die Vorschläge eingeflossen war, ist durch die alternativen Vorschläge und die Entscheidung des Politikers soweit wie möglich neutralisiert worden. Der Beratungserfolg dürfte groß sein, da die Zustimmung des Politikers Stufe um Stufe erreicht wurde und das Endergebnis zugleich auch unter dem Aspekt der Durchführbarkeit gewürdigt worden ist, da der Politiker ja Vorschläge, die er für undurchführbar oder zur Zeit „inopportun" hielt, ablehnen konnte.

e) Zur „Lokalisierung" der Beratung

Für die „Lokalisierung" der Beratung[89], also die Frage, wie nahe der Berater an die Exekutive heranrücken soll, ergibt sich hieraus zwingend die Folgerung, die Beratung möglichst in der Nähe der Entscheidungsträger anzusiedeln. Das Verfahren basiert auf der Annahme, daß ein ständiger Austausch zwischen Berater und Politiker möglich ist. Dafür wäre eine institutionelle Regelung, die das Beratungsgremium gewissermaßen zum Aufpasser über die Regierung macht oder es doch in eine sehr selbständige Stellung gegenüber der Regierung bringt, sicherlich nicht von Vorteil. Der ungehemmte Informationsfluß auf jeder Stufe der Beratung ist unabdingbare Voraussetzung für den Erfolg dieses Verfahrens, und jede Regelung, die den Berater als Antipoden der Regierung erscheinen läßt, hemmt diesen Austausch[90]. Damit ist allerdings nicht gesagt, daß diese Gremien gleich „ge-

89 Vgl. *H. K. Schneider* (Hrsg.): Grundsatzprobleme wirtschaftspolitischer Beratung. Das Beispiel der Stabilisierungspolitik, Schriften des Vereins für Socialpolitik, NF Band 49, Berlin 1968, S. 10 sowie passim.

90 In seinem Bericht über „Die wirtschaftspolitische Beratung in der Bundesrepublik Deutschland" kommt O. *Sievert* zu dem Schluß, daß bei der Beurteilung des „Sachverständigenrats zur Begutachtung der gesamtwirtschaftlichen Entwicklung" — als markantestes Beispiel für wirtschaftspolitische Beratung in der

mischte Beratungsgremien" sein sollten[91]. Es könnte durchaus sein, daß die Anwesenheit von Vertretern der Exekutive, deren Denken unmittelbar auf die Durchsetzung politischer Ziele gerichtet ist, dem Wissenschaftler die Einhaltung seiner Wertabstinenz erschwert. Die Information, die sie zu bieten haben, ist sicherlich auch ohne ihre Teilnahme am Beratungsgremium erhältlich, und die technologische Funktion soll ohnehin dem Wissenschaftler vorbehalten bleiben, der in der Regel ja zu eben diesem Zweck herangezogen worden ist.

f) Die Behandlung „großer" und „kleiner" Probleme

Es hatte sich zwar gezeigt, daß die „Systemorientierung" nach der hier gewählten Wertprämisse nicht als Gegenstand der Beratung akzeptiert werden kann. Mit Nachdruck ist aber nunmehr darauf hinzuweisen, daß dieser Verzicht keineswegs identisch ist mit der Beschränkung auf Kleinstprobleme, wie sie sich mit den Bezeichnungen „Inkrementalismus", „piecemeal social engineering"[92] usf. nur zu leicht assoziieren läßt[93]. Es wird mit diesem Verzicht lediglich ausgedrückt, daß vom Berater aus nur noch Handlungsverläufe vorgeschlagen werden, deren Zweck-Mittel-Beziehung durch die empirische Theorie abgesichert ist. „Große" Probleme aus der Konjunktur- und Wachstumspolitik können dann Gegenstand der Beratung werden, wenn die beiden Bedingungen erfüllt sind, die auch bei „kleinen" Problemen er-

---

BRD —, wenn „die staatliche Wirtschaftspolitik ... sein Hauptadressat bleiben [solle], ... das Kriterium der Effizienz der Beratung ... nach den Erfahrungen der vergangenen drei Jahre eindeutig dafür zu sprechen [scheine], den Rat stärker an die Regierung heranzurücken, d. h. seine Unabhängigkeit ganz oder teilweise aufzuheben". Dagegen würde „die Aufgabe, eine Art Revisionsinstanz für die Wirtschaftspolitik zu sein, Anwalt der breitesten Öffentlichkeit gleichsam im Dienste der Rationalität, ... wiederum für die bisherige Unabhängigkeit sprechen" (O. *Sievert:* Die wirtschaftspolitische Beratung in der Bundesrepublik Deutschland, in: *H. K. Schneider* [Hrsg.]: Grundsatzprobleme wirtschaftspolitischer Beratung, a.a.O., S. 38).

91 Dies wird in verschiedenen Länderberichten zu der obengenannten Tagung beschrieben.

92 *K. R. Popper:* The Open Society and Its Enemies, Bd. 1, London 1945, S. 139 ff.

93 Insbesondere dann wird solcher Eindruck erweckt, wenn als Beispiel für „Spezialistenrat" die Entscheidung des Technikers über die chemischen Einrichtungen der Milchkontrolle herangezogen und darauf folgend geklagt wird, es fehle „jeder Gesamtaspekt der Probleme, der den Politikern zur Entscheidung steht" (*K. Lompe:* Wissenschaftliche Beratung der Politik, a.a.O., S. 96).

füllt sein müssen: Einmal müssen die in Betracht kommenden, unmittelbar mit dem Problem verknüpften Zielvorstellungen auf „Eigenwertigkeiten“ von Instrumenten zu ermitteln sein. Zum zweiten müssen die instrumentellen Beziehungen, die der Berater heranzieht, ausreichend überprüft sein. Leider ist dieser Aspekt der Beratung zu komplexen „Großproblemen“ bisher von der Methodologie des kritischen Rationalismus zuwenig beachtet worden. Man kann ihn nicht unter die „umfassende normative Sozialwissenschaft“ subsumieren[94], sondern er stellt eine komplizierte Version der – ausreichend diskutierten – Einzelprobleme-Beratung auf der Basis empirischer Aussagen dar.

In der Praxis sind „Großprobleme“ folglich schwieriger zu behandeln. „Große“ Probleme der Wirtschaftspolitik sind in der Wirtschaftstheorie zunächst einmal Gegenstand der Makroökonomik. Die empirische Überprüfung übernimmt in der Regel die Ökonometrie, die sich statistischen Ex-post-Materials bedient, um die Aussagen der makroökonomischen Theorie zu überprüfen. Während die Methodologie der empirischen Überprüfung mikroökonomischer Theorien weit entwickelt ist, steht eine umfassende Kritik dieser Art an den ökonometrischen Versuchen noch aus. Im Maße wie deren Ergebnisse im oben beschriebenen Sinne „zulässig“ sind, könnten also auch umfangreiche Probleme, wie Beziehungen zwischen den Punkten der magischen Drei-, Vier- und Mehrecke, ohne weiteres in die Beratung aufgenommen werden[95].

Außer der Makroökonomik scheinen sich alle hier relevanten Wissenschaftszweige zunächst noch vorwiegend der Einzelproblemforschung zu widmen und umfangreichere, vor allem auch international vergleichende Studien erst zu beginnen. Insofern ist zu vermuten, daß die Verbreiterung der empirischen Basis stärker von „unten“ als von „oben“ erfolgen wird. Ob es einer Wissenschaft, die sich dem Popper-Kriterium unterwirft, allerdings jemals gelingen wird, auch „Grundanliegen“ in eine umfassende Theorie einzubeziehen, dürfte mehr als zweifelhaft sein; sie dürfte dieses Vorhaben als nicht mehr wissenschaftlich ansehen. Der Gegensatz zwischen dem „systemorien-

---

94 Vgl. die Diskussion bei *H. Albert:* Wertfreiheit als methodisches Prinzip, a.a.O., S. 196 f., wo nur „einzelne technologische Aussagen“ und die — nicht akzeptierte — „umfassende normative Sozialwissenschaft“ erörtert werden.

95 Vgl. dazu *R. Jochimsen:* Strategie der wirtschaftspolitischen Entscheidung, a.a.O., S. 64 ff., wo allerdings mehr die Arbeitsteilung zwischen Politik und Wissenschaft, weniger die Beratung erörtert wird. Es fragt sich dann auch, wieweit Beratung unter der hier angenommenen Maxime in den von *Jochimsen* skizzierten „Grundtypen der wirtschaftlichen Problemstellung“ möglich bzw. „zulässig“ wäre.

tierten Denken“ und der Forschung und Beratung unter dem Aspekt der Wertminimierung wird damit unauflösbar.

Eine weitere Schwierigkeit für Großprobleme, gleich, ob sie in den Bereich der Makroökonomik bzw. Ökonometrie fallen oder nicht, liegt darin, daß die Zielabstimmung bei „kleineren“ Problemen sehr viel einfacher ist als bei „großen“. Das geschieht zwar um den Preis des Verzichts auf einen Bezug zu den Grundanliegen, bedeutet aber nichtsdestoweniger eine praktische Erleichterung. Über die Ziele bei eher technischen Fragen läßt sich leichter Klarheit schaffen als über komplexe Probleme[96], die möglicherweise noch schwer artikulierbare Grundanliegen berühren. Dieser Unterschied ist zwar nur gradueller Natur, bedeutet aber für den Berater, daß er sich umso mehr vor dem Einfluß seiner Werturteile hüten muß, je gewichtiger und grundlegender ein Beratungsobjekt ist.

Diese Einschränkungen sind aber beide nicht prinzipieller Art. Der Umfang der verläßlichen empirischen Basis, auch im Makrobereich, wird ständig erweitert, so daß dieser Aspekt je länger, desto weniger relevant sein dürfte. Die Komplexität und Artikulierbarkeit der berührten Zielvorstellungen ist, mit Ausnahme der meisten Grundanliegen, nur gradueller Art. Erforderlich ist in jedem Fall lediglich, daß die vom Politiker und Berater unmittelbar mit dem ausgewählten Problem assoziierten Zielvorstellungen angesprochen und in der erwähnten Weise einbezogen werden.

g) Zusammenfassung

Die hier zugrunde gelegte Maxime, den Einfluß der Werturteile des Beraters zu minimieren, in diesem Rahmen jedoch den maximalen Beratungserfolg anzustreben, führt zu zwei Konsequenzen. Der Verzicht auf Werturteile erfordert es, auf „systemorientierte“ Beratung zu verzichten. Die Aufstellung einer Hierarchie von Zweck-Mittel-Beziehungen bis hin zu den Grundanliegen ist mit wissenschaftlichen Methoden, die dem Popper-Kriterium genügen, wahrscheinlich prinzipiell nicht möglich. Mit diesem Verzicht auf die Hereinnahme von Grundanliegen werden diese keineswegs geleugnet; lediglich ihre „wissenschaftliche“ Behandlung im Rahmen der Beratung wird abgelehnt. Überdies wird auf das Werturteil verzichtet, eine ständige Orientierung der Politik an diesen Grundanliegen zu verlangen; in gewichtigen Fäl-

96 Vgl. das Beispiel bei *D. Braybrooke* und *C. E. Lindblom:* A Strategy of Decision, a.a.O., S. 134, das sich zwar auf die Abstimmung zwischen „analysts“ bezieht, aber ohne weiteres auch auf diesen Fall angewendet werden kann.

len einer Berührung von Grundanliegen und Einzelproblem wird sich dies in den Reaktionen des Politikers während des beschriebenen Verfahrens äußern. Ebenso wird allerdings auch auf das Werturteil verzichtet, vom Politiker eine Politik der kleinen Schritte zu verlangen, wie sie den Konzepten des ‚piecemeal social engineering' und des „Inkrementalismus" zugrunde liegen. Weder das Durchsetzen einer „prinzipiell anti-revolutionären Haltung"[97], wie sie *Popper* nachgesagt wird, noch die Forderung nach systemorientiertem Denken, wie es dem Politiker im Wege des „Systems aus Empfehlungen und Warnungen" (s. o.) nahegebracht werden soll, sollten hier in die Ermittlung des geeigneten Beratungsverfahrens eingehen, da sie dem Durchsetzen politischer Wunschvorstellungen auf dem Umweg über die Beratung gleichkommen.
Die zweite Konsequenz der gewählten Wertprämisse liegt in der Auswahl eines bestimmten Beratungsverfahrens. Ein Zug-um-Zug-Verfahren mit Wertabstinenz und Alternativvorschlägen erzwingt zwar die Aufgabe der Position, bei der der Wissenschaftler den Beratungsauftrag mit einem angeblichen Zielkatalog entgegennimmt und dann das fertige Ergebnis vorlegt, sichert aber die maximale Trennung der „wertenden" und „wertabstinenten" Sphäre und führt zu Beratungsergebnissen, die dem Berater die Einhaltung seiner Prämisse gewährleisten und ihm zugleich einen guten Beratungserfolg sichern, da sie vom Politiker bereits im vorhinein akzeptiert sind. Die Verwendung der wissenschaftlichen Ergebnisse für die politische Arbeit in einer für beide Teile befriedigenden Weise ist damit gesichert.

97 *K. Lompe:* Wissenschaftliche Beratung der Politik, a.a.O., S. 73.

Christian Watrin

Ökonomische Theorien und wirtschaftspolitisches Handeln*

„... the ideas of economists and political philosophers, both when they are right and when they are wrong, are more powerful than is commonly understood. Indeed the world is ruled by little else. Practical men, who believe themselves to be quite exempt from any intellectual influences, are usually the slaves of some defunct economist. Madmen in authority, who hear voices in the air, are distilling their frenzy from some academic scribbler of few years back. I am sure that the power of vested interests is vastly exaggerated compared with the gradual encroachment of ideas. ... it is ideas, not vested interests, which are dangerous for good or evil."

J. M. Keynes

Konstitutiver Bestandteil des wirtschaftspolitischen Handelns ist die Frage, was getan werden kann. Charakteristisch für jede wirtschaftspolitische Diskussion aber ist die Beobachtung, daß die Antwort in jedem einzelnen Fall umstritten ist. Man kann verschiedene Vermutungen aufstellen über die Gründe, die zu alternativen Mittelempfehlungen führen. Zu den gängigsten zählen die offene oder verschleierte Absicht, das angestrebte Ziel durch Maßnahmen, die in die entgegengesetzte Richtung führen, zunichte zu machen, und die Annahme, verschiedene Interessengruppen versuchten, bei gleichem vordergründigen Bekenntnis zu denselben Zielen ihre jeweiligen machtpolitischen Absichten gegeneinander durchzusetzen. Eine weitere

---

* Aus: Theoretische und institutionelle Grundlagen der Wirtschaftspolitik. Theodor Wessels zum 65. Geburtstag, hrsg. von *Hans Besters*, Berlin 1967. Der Verfasser ist Herrn *D. Willi Meyer* (Nürnberg) für kritische Anregungen zu Dank verbunden. Wiederabgedruckt mit freundlicher Genehmigung des Verlages Duncker & Humblot.

Quelle des Dissenses, die durch *Keynes*'[1] bekannte Behauptung nahegelegt wird, können jedoch *verschiedene* ökonomische *Theorien* sein, auf denen die Kombattanten, seien es nun organisierte Gruppen wie Regierungen, Parteien und Verbände oder aber Personen wie Wissenschaftler, Praktiker und Gutachter, ihre jeweiligen Mittelempfehlungen aufbauen. Trifft es ferner noch zu – wie *Keynes*[2] behauptet –, daß sich wissenschaftliche Ideen erst mit einer zeitlichen Verzögerung in der Praxis durchsetzen[3], d.h. von wirtschaftspolitischen Entscheidungsträgern Theorien von gestern auf Probleme von heute angewendet werden, so bedeutet das: Wirtschaftspolitisches Handeln vollzieht sich nicht nur im Bereich konfligierender Wertsetzungen, sondern gleichzeitig auch im Bereich konkurrierender Theorien, es bestehen also bei wirtschaftspolitischen Problemen nicht nur Meinungsverschiedenheiten im Hinblick auf die „richtige" Nutzenfunktion, sondern es gehen auch die Auffassungen über die Möglichkeitsfunktionen (possibility function) auseinander.

Die folgenden Überlegungen wollen den zweiten Gesichtspunkt näher analysieren. Ausgehend von einer Analyse der Beziehungen zwischen ökonomischen Theorien und wirtschaftspolitischer Praxis (I) wird der Konkurrenzcharakter des ökonomischen Wissens (II) erörtert. Anschließend werden die Bedeutung und die Konsequenzen geprüft, die der wissenschaftliche Streit um Theorien – und damit auch um Mittel – für das Bestreben hat, wirtschaftspolitische Maßnahmen rational zu gestalten (III). Es soll also mit anderen Worten die Informationsbasis wirtschaftspolitischer Entscheidungen untersucht werden.

Bei der neueren Diskussion um das Rationalitätsproblem in der Wirtschaftspolitik ist dieser Gesichtspunkt möglicherweise zu kurz gekommen. Wenn man von den drei konstitutiven Bestandteilen rationalen Handelns, der Möglichkeitsfunktion, der Nutzenfunktion und der Entscheidungsmaxime ausgeht, so hat man in der neueren Entscheidungslogik vor allem die Betonung auf den zweiten und dritten Aspekt gelegt; die im technologischen Bereich auftretenden wissenschaftstheoretischen Probleme sind demgegenüber relativ vernachlässigt worden. Ihnen kommt nach der hier vertretenen Ansicht jedoch das gleiche Gewicht zu wie der normativen Komponente[4].

---

1 *J. M. Keynes*, The General Theory of Employment, Interest and Money, London 1957[2] (repr.), S. 383 f.

2 Vgl. ebd., S. 383 f.

3 Siehe hierzu auch: *Th. Wessels*, Zwischen Überbeschäftigung und Krise. Der Beitrag von John Maynard Keynes zur modernen Wirtschaftspolitik, Frankfurter Allgemeine Zeitung vom 30. 7. 1966, Nr. 174, S. 5.

Solange es eine anerkannte Position ist, daß die wirtschaftspolitischen Zielsetzungen gegeben sind oder „von außen geholt“ werden müssen, kann sich die Rationalitätsdiskussion im Bereich der Nutzenfunktion nur auf formale Gesichtspunkte des rationalen Wertens erstrecken[5], während im Hinblick auf die Wahl der Entscheidungsmaxime die aus der subjektiven Motivation des Akteurs folgenden Konsequenzen im Vordergrund stehen. Im Bereich der Mittelproblematik und damit – wie gezeigt werden soll – der *Mittelkonflikte* sind jedoch wesentlich andere Momente, vor allem methodologische, von Bedeutung, die besonders mit zwei Fragen zusammenhängen, erstens der Entscheidung über die Annahme oder Ablehnung von Theorien (III,1) und zweitens der Auswahl einer aus mehreren konkurrierenden Hypothesen, wenn die Argumente für und gegen die zur Diskussion stehenden Aussagesysteme noch umstritten sind (III,2).
Um Mißverständnissen vorzubeugen, sei darauf hingewiesen, daß es sich bei dem im folgenden vorgenommenen Versuch, den Mittelaspekt zu erörtern, nur um eine teilweise Explikation des Begriffs „rationale Wirtschaftspolitik“ handeln kann. Ferner bedeutet die Kennzeichnung einer Maßnahme als rational in keiner Weise, daß sie gleichzeitig im Sinne ethischer Überzeugungen „gut“ oder vorzugswürdig ist. Das genaue Gegenteil kann der Fall sein. Ferner sei darauf verwiesen, daß die verwendeten methodologischen Standards noch mehr als die Kriterien der optimalen Wahl[6] umstritten sind und nicht in erster Linie mit logischen Argumenten verteidigt werden können, sondern dem weniger gesicherten Bereich der Erkenntnislehre entstammen.

I. *Der Einfluß ökonomischer Theorien auf die Wirtschaftspolitik*

Bei der Analyse des Zusammenhangs zwischen Wirtschaftstheorie und -politik kann man zwei Aspekte unterscheiden: den *faktischen* Einfluß ökonomischer Theorien auf das tatsächliche Handeln und die *logischen* Beziehun-

---

4 Eine ähnliche Auffassung hat *Kosiol* in seinem Referat auf der Tagung des Vereins für Socialpolitik in Hannover (1966) im Hinblick auf die Betriebswirtschaftslehre vertreten. (Vgl. *E. Kosiol,* Zur Problematik der Planung in der Unternehmung, vervielf. Manuskript, S. 18 f.)

5 Das kommt besonders gut zum Ausdruck in dem Aufsatz von *D. Davidson, J. C. C. McKinsey, P. Suppes,* Outlines of a Formal Theory of Value, I, Philosophy of Science 22 (1955), S. 140 ff.

6 Zum Streit über die Entscheidungsregeln bei Risiko und Unsicherheit siehe die zusammenfassende Darstellung von *C. G. Hempel,* Aspects of Scientific Explanation, New York/London, o. J. (1965), S. 90, 467 ff.

gen, die zwischen theoretischen Aussagesystemen und wirtschaftspolitischen Empfehlungen bestehen.

1. Ökonomische Theorien und wirtschaftspolitische Praxis

Welchen Einfluß üben ökonomische Theorien auf die praktische Politik aus? Über die Beantwortung dieser Frage gehen die Meinungen erheblich auseinander. Neben *Keynes* betonen beispielsweise *Robbins*, *Calkins* und *Heilbronner*[7] nachdrücklich die Bedeutung von Theorien für das politische Handeln; letzterer ist der Auffassung, daß ihr Einfluß alle anderen Handlungen im politischen Raum an faktischer Bedeutung weit übertrifft. Tatsächlich hat es auch den Anschein, daß sich ohne Schwierigkeiten zahlreiche Beispiele[8] hierfür anführen lassen. So könnte man, beginnend mit der Geschichte der ökonomischen Theorien, argumentieren, daß schon mit den frühen Anfängen der Geldtheorie Versuche einhergehen, theoretische Konzeptionen in politische Maßnahmen umzusetzen. *Laws* Papiergeldexperimente wären als ein besonders ins Auge fallendes Beispiel zu nennen für die zahlreichen Versuche merkantilistischer Autoren, theoretische Aussagesysteme zu entwickeln, um damit dringenden Bedürfnissen der politischen Praxis entgegenzukommen und diese nach ihren Konzeptionen umzugestalten. Die Beobachtung, daß Theorienentwürfe das Resultat aktueller wirtschaftspolitischer Problemstellungen sind und auf diese zurückwirken, indem sie mögliche oder neue Handlungsalternativen aufweisen, zeichnet – so könnte man ergänzen – im übrigen nicht bloß den Bereich ökonomischer Theorien aus, sondern ist ein Merkmal vieler empirischer Wissenschaften[9].

---

7 *R. L. Heilbronner*, Wirtschaft und Wissen, Köln o. J. (1960), S. 7 ff.; *L. Robbins*, On the Relations between Politics and Economics, in: Politics and Economics, London 1963, S. 4 f.; *R. D. Calkins*, The Production and Use of Economic Knowledge. The American Economic Review, Papers and Proceedings, LVI (1967), S. 530 f.

8 Um Mißverständnissen vorzubeugen, sei bemerkt, daß alle in dieser Arbeit angeführten Beispiele nur in methodologischer Absicht vorgetragen werden. Es wird daher auch an keiner Stelle beabsichtigt, einen substantiellen Beitrag in dem Sinne zu liefern, daß die inhaltliche Wahrheit einer der umstrittenen Theorien festgestellt werden soll.

9 Auf den allgemeinen Zusammenhang zwischen Entstehung von Theorien und ihren Rückwirkungen auf das Handeln verweist *Popper* an verschiedenen Stellen seiner Schriften. Die Steuerung des Forschungsinteresses durch aktuelle wirtschaftspolitische Nöte impliziert allerdings zwei Gefahren, die Aufstellung von ad hoc

Die Liste der Einwirkung ökonomischer Theorien auf das wirtschaftspolitische Handeln ließe sich fortsetzen mit jenen merkantilistischen Außenhandelstheorien, die behaupten, daß der internationale Handel stets zur Schädigung einer der beteiligten Marktparteien führe und die daher den aufstrebenden Nationalstaaten empfehlen, sich die *einseitigen* Vorteile des Außenhandels durch die Aktivierung der politischen Bilanz und der Handelsbilanz mittels militärischer und kommerzieller Maßnahmen zu sichern. Diese Überzeugungen finden ihren Niederschlag in der expansiven Außenpolitik der auf die nationale Einheit bedachten Verwaltungs- und Territorialeinheiten, die einerseits die Zerstörung der die mittelalterliche Gesellschaft beeinflussenden Idee einer universellen Völkergemeinschaft bewirkt und andererseits eine Vielzahl von Handelskriegen im Gefolge hat[10].
Der Einfluß der ökonomischen Theorien der Klassiker, die in ihrer Tauschlehre im Gegensatz zu den merkantilistischen Autoren die *allseitige* Vorteilhaftigkeit des Handels behaupteten, auf die wirtschaftspolitischen Empfehlungen des Laissez-Faire-Liberalismus und die Ausgestaltung der Weltwirtschaftsordnung des vorigen Jahrhunderts sowie mit bestimmten Einschränkungen auch auf die der letzten zwanzig Jahre[11], sind ein weiteres Beispiel. In diesem Zusammenhang verdient die ricardianische Theorie der komparativen Kosten und der Einkommensverteilung für den Streit um die Abschaffung der Korngesetze in England noch besondere Erwähnung. Vorausgesetzt, daß *Ricardos* Theorien stimmen, konnten die Grundbesitzer nichts Besseres tun, als die Getreidegesetze zu verteidigen, um einen Rückgang ihrer Einkommen zu vermeiden, während umgekehrt für die Bezieher von Lohneinkommen aus der Abschaffung eine Realeinkommenssteigerung folgte. Schließlich könnte noch die aus der klassischen Tradition hervorgegangene

---

Theorien, um dem Wunsch der Politiker, schnelle Lösungen zu finden, Rechnung zu tragen, und das voreilige Aufgeben von theoretischen Entwürfen, weil andere, drängendere Fragen in den Vordergrund getreten sind. Das hat, wie *Schmookler* zeigen zu können glaubt, langfristig die Folge, daß das theoretische Wissen im Bereich der Wirtschaftswissenschaften langsamere Fortschritte macht als in Wissenszweigen, die nicht die sozial drängenden, sondern die wissenschaftlich ertragreichen Probleme in den Brennpunkt ihres Interesses rücken. Siehe *J. Schmookler*, Technological Change and Economic Theory, The American Economic Review, Papers and Proceedings, LV (1965), S. 339 f.

10 Siehe hierzu: *E. F. Heckscher*, Der Merkantilismus, Bd. 2, Jena 1932, S. 290 f.; *A. Burgin*, Merkantilismus, in: HdWS 7 (1961), S. 308 f.; *E. Salin*, Geschichte der Volkswirtschaftslehre, Bern/Tübingen 1951, S. 54; *A. Müller-Armack*, Religion und Wirtschaft, Stuttgart 1959, S. 104 f.

11 Siehe hierzu insbesondere die Untersuchung von *W. Y. Elliot*, Weltwirtschaft und Weltpolitik. Grundlagen und Grenzen der amerikanischen Außenwirtschaftspolitik, München o. J. (1956), passim.

Marxsche Theorie des Zerfalls des Kapitalismus mit ihrem noch in der Gegenwart beobachtbaren Einfluß auf das praktische politische Handeln[12] zur Vervollständigung des Bildes genannt werden.

Um die Liste der Beispiele nicht unnötig auszudehnen, seien nur noch wenige genannt: Der Einfluß der Lehren der Historischen Schule vom Kampf um die internationalen Absatzmärkte und vom Konflikt zwischen Gläubiger- und Schuldnernationen auf die Außenhandels-, speziell Großraumpolitik der mitteleuropäischen Staaten in den dreißiger Jahren; die Bedeutung der *Keynesschen* Beschäftigungstheorie für die Depressionsbekämpfung in den industrialisierten Staaten und ihr Einfluß auf die Vollbeschäftigungspolitik in England und den skandinavischen Ländern[13]; und schließlich die Rolle der Wirtschaftsordnungstheorie für die Wirtschaftspolitik in der Bundesrepublik. Selbst die den praktischen Problemen scheinbar so fern stehende allgemeine Gleichgewichtstheorie braucht in diesem Zusammenhang nicht ausgenommen zu werden; denn die in ihr besonders klar ausgearbeitete Idee des tâtonnement bildet in Verbindung mit der Hypothese, daß die Koordination der Wirtschaftspläne über die Märkte Fehlanpassungen hervorruft, die Grundlage für die Politik der mehr oder minder freiwilligen Koordination der Wirtschaftspläne im Rahmen der Programmierungsvorschläge, wie sie in Ländern des Gemeinsamen Marktes praktiziert oder diskutiert werden.

Wenn sich auch anhand von Beispielen der Einfluß ökonomischer Theorien auf das wirtschaftspolitische Handeln illustrieren läßt, so ist damit noch wenig über den tatsächlichen Grad der Abhängigkeit ausgesagt. Der von *Keynes, Heilbronner* und anderen aufgestellten Hypothese der Dominanz der Ideen über die Interessen und machtpolitischen Auseinandersetzungen wird nicht nur häufig widersprochen – z. B. ausdrücklich durch *Wilcox*[14]–, ihr lassen sich auch Fälle entgegenhalten, wo offenbar theoretische Überlegungen keine oder nur eine untergeordnete Rolle spielen oder sogar bei einzelnen drängenden aktuellen Problemen noch nicht einmal entwickelt waren und teilweise sogar erst erheblich später entstanden[15]. Es kommt in

12 Vgl. *K. Shibata,* Dynamic and Dialectic Theories of World Capitalism, Kyoto 1959, passim.

13 Siehe hierzu: *Th. Wessels,* a.a.O., S. 5; *Ders.,* Vollbeschäftigung, in: HdSW 11 (1961), S. 417 ff.

14 *C. Wilcox,* From Economic Theory to Public Policy, The American Economic Review, Papers and Proceedings, L (1960), S. 29 f. Unter den Ökonomen, die den tatsächlichen Einfluß von Theorien auf die Praxis gering einschätzen, ist ferner zu nennen: *G. J. Stigler,* The Economist and the State, The American Economic Review, LV (1965), S. 11.

15 Siehe hierzu auch die instruktiven Beispiele bei *F. A. Lutz,* Politische Überzeugungen und nationalökonomische Theorie, Ordo IX (1957), S. 12 f. So wurde z. B.

allen Fällen, wo Theorien auf die Wirtschaftspolitik einwirken, noch hinzu, daß sie zu ihrer Durchsetzung des politischen Einflusses bedürfen, d. h. von Gruppen oder Personen akzeptiert und gegen andersgerichtete Interessen und/oder theoretische Überzeugungen vertreten werden müssen. Im einzelnen ist es schwierig, die Interaktion zwischen sozialen Faktoren und wissenschaftlichen Ideen aufzuhellen, nicht zuletzt, wenn letztere zur nachträglichen Rationalisierung politischer Standpunkte herangezogen werden. So wird immer wieder darauf verwiesen, daß man die Freihandelsbewegung in England, die in der ricardianischen Theorie ihr wissenschaftliches Fundament sah, kaum in Isolation von der wachsenden städtischen Bevölkerung und der durch die Industrialisierung hervorgerufenen Änderung der Wirtschaftsstruktur betrachten könne und daß der politische Sieg dieser Richtung schließlich gegen die Interessen und den hartnäckigen Widerstand der Bodeneigentümer erstritten worden sei. Ebensowenig kann man im Hinblick auf die internationale Handels- und Währungsordnung des 19. Jahrhunderts und der Gegenwart von den unmittelbaren Interessen der beteiligten Regierungen, Korporationen und Verbände ohne weiteres abstrahieren. Und selbst das scheinbar klassische Beispiel der Einwirkung einer Theorie auf die Praxis, die *Keynessche* Lehre, ist nicht über alle Zweifel erhaben. So entbehrt die häufig aufgestellte Behauptung, daß sie erstmals in der New-Deal-Politik *Roosevelts* angewendet worden sei und daß in diesem Fall quasi ein Ursache-Wirkungsverhältnis zwischen Theorie und Politik bestanden habe, wahrscheinlich der historischen Grundlage. Nicht nur *Keynes* betrachtete die New-Deal-Politik kritisch, ihre Praktizierung vollzog sich außerdem in den ersten Jahren weitgehend ohne Beachtung, teils sogar ohne Kenntnis der *Keynesschen* Theorien[16]. Ferner scheint im Hinblick auf die Akzeptierung der *Keynesschen* Theorie eine charakteristische Voreingenommenheit zu bestehen. So neigten in der Nachkriegszeit offensichtlich sozialistische Parteien, die ihrer gesamten Orientierung nach der staatlichen Intervention ein größeres Vertrauen als der marktmäßigen Anpassung entgegenbringen, dazu, sich mit *Keynes*' politischem Programm zu identifizieren, während liberale Gruppierungen sich seinen Theorien gegenüber ausgesprochen ablehnend verhielten, obwohl sein Programm der Erhaltung der wirtschaftlichen Freiheit dienen wollte[17, 18].

---

die Theorie der volkswirtschaftlichen Planung erst in jüngerer Zeit in großem Stil in Angriff genommen, lange Zeit nachdem in unserem Jahrhundert Zentralverwaltungswirtschaften geschaffen wurden. Weitere Beispiele für das Nachhinken ökonomischer Theorien hinter aktuellen politischen Aufgabenstellungen finden sich bei *J. Schmookler,* a.a.O., S. 339 f.

16 Siehe hierzu die Ausführungen von *C. Wilcox,* a.a.O., S. 33.

17 Ergänzend sei auf *Lutz*' interessante Hinweise über die Zusammenhänge zwi-

2. Ökonomische Theorien und rationale Wirtschaftspolitik

Betrachtet man anstatt des faktischen den *logischen* Zusammenhang zwischen Theorie und Politik, so läßt sich im Gegensatz zur bisherigen Analyse die These vertreten, daß die theoretischen Mutmaßungen dem praktischen Handeln eindeutig vorausgehen. Eine wirtschaftspolitische Entscheidung setzt voraus, daß man Vorstellungen über die voraussichtlichen Konsequenzen der zur Diskussion stehenden wirtschaftspolitischen Maßnahmen entwickelt. Es müssen daher Vorhersagen entwickelt werden, wie eine Handlungsalternative die bestehende Situation verändert[19]. Derartige Prognosen sind aber nur mit Hilfe von *Theorien*[20] in wissenschaftlich befriedigender Weise möglich, und man kann daher die Frage, was zuerst kommt, die Theorie oder das Handeln, unter diesem Aspekt eindeutig entscheiden.

---

schen politischen Überzeugungen und lang- und kurzfristiger Betrachtungsweise hingewiesen. Nach seinen Beobachtungen neigen liberale Ökonomen dazu, die langfristigen Gesichtspunkte bei der Analyse wirtschaftspolitischer Probleme hervorzuheben, während ihre Opponenten in der Regel die kurzfristigen Aspekte betonen. Die erste Betrachtungsweise liefert dann nach *Lutz* häufig nur sehr begrenzt ein Argument für Interventionen, während es bei der zweiten umgekehrt ist. Siehe *F. A. Lutz,* a.a.O., S. 15.

18 Es läge hier nahe, auf die wissenssoziologische Theorie der sozialen Determination wissenschaftlicher Aussagesysteme zurückzugreifen. Siehe hierzu jedoch die Kritik von *K. R. Popper,* Die offene Gesellschaft und ihre Feinde, Bd. 2, Bern 1958, S. 261 ff.

19 Hierzu *W. A. Jöhr, F. Kneschaurek,* Die Prognose als Basis der Wirtschaftspolitik; Wiederabdruck in: *G. Gäfgen* (Hrsg.), Grundlagen der Wirtschaftspolitik. Neue wissenschaftliche Bibliothek, Bd. 11, Köln/Berlin o. J. (1966), S. 338 ff.

20 Auf die Einzelheiten der neueren Erörterungen um den empirischen Charakter ökonomischer Theorien kann im folgenden nicht eingegangen werden. Es sei lediglich bemerkt, daß hier der Begriff Theorie auf alle Arten von Aussagen angewendet wird, die den Anspruch erheben, die Realität zu erklären und über sie zu informieren, d. h. bezogen auf das politische Handeln, Vorhersagen über die mutmaßlichen Konsequenzen von Handlungsalternativen mittels nicht ad hoc konstruierter Aussagesysteme machen. Theorien im obigen Sinne sind also weder notwendig formalisierte Aussagesysteme, noch deckt sich ihr Bereich mit der klassisch-neoklassischen oder *Keynes*schen Tradition in der Wirtschaftstheorie. Die umstrittene Frage, ob vor allem die auf dem Boden der Neoklassik entstandenen Theorien empirischen Gehalt haben, kann hier ebenfalls nicht erörtert werden. Es scheint jedoch zulässig, die Auffassung zu vertreten, daß die einzelnen theoretischen Entwürfe größtenteils als Versuche zur Erklärung der Realität interpretiert werden können. Der häufig zu Recht erhobene Vorwurf der Tautologisierung richtet sich mehr gegen später teils überformalisierte Versionen der ursprünglichen Theorien, in denen nur noch die logische Konsistenz, nicht mehr dagegen die empirische Wahrheit im Mittelpunkt des Interesses steht.

Der logische Zusammenhang zwischen Theorien und Prognosen läßt sich kurz wie folgt beschreiben: Eine gültige Erklärung im wissenschaftlichen Sinne besteht in der Ableitung des zu erklärenden Phänomens (des Explanandum) aus gewissen Prämissen, die als Explanans bezeichnet werden können. Letzteres aber umfaßt wieder zwei Klassen von Aussagen, nämlich allgemeine Gesetze (Theorien oder Hypothesen) und singuläre Anfangsbedingungen, das sind Aussagen darüber, daß die Antezedensbedingungen der zugrunde gelegten Gesetze in einem bestimmten Raum-Zeitgebiet realisiert sind[21]. Wie im einzelnen hier nicht gezeigt werden kann, lassen sich zwei singuläre Ereignisse – etwa das Beobachten einer Überschußnachfrage auf einem bestimmten Markt zu einem bestimmten Zeitpunkt und die vorausgegangene Einführung eines Höchstpreises – nicht allein auf Grund der Tatsache, daß sie in zeitlicher Sukzession auftreten, in ein sogenanntes Ursache-Wirkungsverhältnis[22] zueinander bringen, sondern es bedarf dazu immer noch einer allgemeinen Theorie – hier der Preistheorie –, um das logische Band zwischen beiden Ereignissen herzustellen[23],[24].

---

21 Siehe hierzu neben den klassischen Arbeiten von *K. R. Popper* (Logik der Forschung, Tübingen 1966², S. 31 ff.) sowie *C. G. Hempel, P. Oppenheim* (The Logic of Explanation, in: Readings in the Philosophy of Science, hrsg. v. *H. Feigl, M. Brodbeck,* New York o. J. [1953], S. 322), z. B. die kurze Darstellung von *W. Leinfellner,* Einführung in die Erkenntnis- und Wissenschaftstheorie, Mannheim o. J. (1965), S. 150 f. — Zur Anwendung des *Hempel-Oppenheim* Schemas in den Wirtschaftswissenschaften siehe neben den Arbeiten von *Albert, Hutchison* und *Lipsey* den Aufsatz von *R. Richter,* Methodologie aus der Sicht des Wirtschaftstheoretikers, Weltwirtschaftliches Archiv 95/II (1965), S. 245.

22 Der Begriff Ursache wird hier synonym mit dem Begriff Explanans verwendet. Das traditionelle Ursache-Wirkungsschema ist allerdings anders aufgebaut; es leitet das Explanandum aus den singulären Anfangsbedingungen ab. Zu den Mängeln dieses Schemas siehe *W. Stegmüller,* Das Problem der Kausalität, in: Probleme der Wissenschaftstheorie, Festschrift für V. Kraft, hrsg. v. *E. Topitsch,* Wien 1960, S. 171 ff.

23 Eine Deduktion des Explanandum „Überschußnachfrage" könnte etwa wie folgt aussehen. Für alle Raum-Zeitpunkte gilt: Bei jedem Preis unterhalb des Gleichgewichtspreises divergieren die Wirtschaftspläne der Anbieter und Nachfrager auf einem Markt derart, daß die angebotene Menge kleiner ist als die nachgefragte (allgemeine Gesetzesaussage). Auf dem Markt x_1 ist zum Zeitpunkt t_1 ein Höchstpreis eingeführt worden (singuläre Anfangsbedingung). Aus diesen beiden Sätzen des Explanans läßt sich dann das obige Explanandum logisch ableiten. Voraussetzung ist dabei, daß die beiden Begriffe „Überschußnachfrage" und „Gleichgewichtspreis" *unabhängig* voneinander operational definiert werden. Würde keine Überschußnachfrage beobachtet, so wäre der Rückschluß zulässig, daß mindestens einer der beiden Sätze des Explanans, die singuläre Anfangs-

Das Vorhandensein einer generellen Hypothese im Explanans für die Ableitung des Explanandum ist aus logischen Gründen erforderlich, da aus einer singulären Aussage nur solche Aussagen abgeleitet werden können, die den gleichen oder einen geringeren Spielraum umfassen[25].
Zwischen der Erklärung eines vergangenen Ereignisses und der Prognose eines zukünftigen Geschehens aber besteht in formaler Hinsicht kein Unterschied. Erklärung und Prognosededuktion unterscheiden sich lediglich hinsichtlich ihrer pragmatischen Dimension; während im ersten Fall das Explanandum gegeben ist und ein passendes Explanans gesucht wird, sind im zweiten Fall die Theorie und die Anfangsbedingungen gegeben, und es wird nach den Konsequenzen gefragt[26]. Ohne theoretische Vermutungen über

---

bedingung oder die theoretische Aussage, falsch ist. Die Unwahrheit der Konklusion läßt sich also auf das Explanans zurückübertragen.

24 Die praktische Anwendung einer Theorie läßt sich immer als ein Prognoseproblem (Wirkungsprognose) auffassen. Daneben ist aber auch ein zweiter Weg gangbar, indem man einen bestimmten Zustand (Ziel) als Desiderat hinstellt. Dieser nimmt dann quasi die Stelle des Explanandum (bzw. der Prognose) ein. Gesucht werden technisch realisierbare Anfangsbedingungen (Mittel), die den gewünschten Zustand herbeiführen. Wenn etwa das Ziel die Senkung des langfristigen Zinssatzes ist, dann kann man unter Verwendung der theoretischen Aussage, daß eine Erhöhung der angebotenen Menge zur Preissenkung führt, die gegebene Situation analysieren. Stellt man fest, daß gesetzliche Vorschriften den Kapitalimport verbieten und gleichzeitig der inländische Zinssatz höher als der internationale ist, dann kann man unter zusätzlicher Verwendung der Theorie der Faktorwanderung deduzieren, daß die Liberalisierung des Kapitalverkehrs zur Senkung des inländischen Zinssatzes führt. Es kann dann zweckmäßig sein, die theoretischen Aussagen in technologische Handlungsanweisungen, die über abstrakte Handlungsmöglichkeiten und ihre Konsequenzen unterrichten, zu transformieren, etwa wie folgt: Wenn man eine Situation S_1 (nationale Kapitalmarktautarkie und Zinsgefälle zum Ausland) in die Situation S_2 (Öffnung des nationalen Kapitalmarktes) überführt, dann folgt Kapitalimport, d. h. eine Angebotserhöhung. Man leitet dann ab, daß der Zinssatz sinkt. Oder formalisiert: $p \rightarrow q$ (Gesetze); die Maßnahme x realisiert die in p beschriebenen Bedingungen; also folgt q. Die sog. wirtschaftspolitischen Instrumente lassen sich in diesem Zusammenhang als Handlungsmöglichkeiten auffassen, die es gestatten, eine bestehende Situation in eine andere zu transformieren, in der die Anwendungsbedingungen der jeweiligen Theorie realisiert sind.

25 Sowohl das Explanandum als auch die im Explanans enthaltenen Anfangsbedingungen beschreiben ja konkrete Phänomene, die in einem bestimmten Raum-Zeitgebiet auftreten. Erst die allgemeine Gesetzesaussage aber stellt die logische Verbindung zwischen beiden her, indem sie eine Koexistenz oder Sukzession zwischen beiden Ereignissen behauptet. Nur mit ihrer Hilfe läßt sich daher ein Ereignis aus dem anderen logisch herleiten.

26 Vgl. *K. R. Popper*, Naturgesetze und theoretische Systeme. Man kann daher

die voraussichtlichen Reaktionen der sozialen Umgebung ist daher rationales Handeln nicht möglich; eine Entscheidung für eine Handlungsalternative, über deren voraussichtliche Konsequenzen sich nichts aussagen läßt und an deren Wahl sich keine bestimmten Erwartungen – und seien sie im einzelnen noch so vage – knüpfen, wäre nichts anderes als *erratisches Handeln*[27].
Es genügt aber nicht, daß der Handelnde bestimmte Erwartungen über die mutmaßlichen Konsequenzen seiner Entscheidungen hegt, sondern darüber hinaus hängt der tatsächliche Erfolg einer Maßnahme davon ab, daß die objektive Beschaffenheit der Realität mit den Erwartungen übereinstimmt. Rationales Verhalten impliziert daher, daß die Umwelt in einer vorhersehbaren oder zumindest teilweise vorhersehbaren Art und Weise reagiert, gleichgültig, ob es dabei um Aktionen von Individuen oder Kollektiven mit privatem oder öffentlichem Charakter geht. Rationales Handeln setzt also auch eine *rationale Informationssuche,* den Versuch, das theoretische Wissen ständig zu erweitern, voraus. Ohne dieses Bemühen könnte keine der als relevant erachteten Handlungsalternativen auf Grund ihrer voraussichtlichen Wirkungen als unbrauchbar oder weniger geeignet ausgeschlossen werden; mit einer Handlung könnte man keine Erwartungen derart verbinden, ob das angestrebte Ziel erreicht oder in sein Gegenteil verkehrt wird. Die kritische Prüfung des Erfolges oder Mißerfolges einer Handlung wäre dann aus logischen Gründen nicht möglich, da etwa in zeitlicher Sukzession zu ihr stehende Ereignisse nicht in einen Kausalzusammenhang mit ihr gebracht werden können. Um ein einfaches Beispiel zu verwenden: Wenn sich mit der Einführung einer Diskontsatzerhöhung keine bestimmte theoretische Erwartung hinsichtlich der Reaktion der Geldnachfrage verbindet, so könnte ein beobachteter Nachfragerückgang auf dem Geldmarkt im weiteren Sinne nicht als Konsequenz des notenbankpolitischen Handelns aufgefaßt werden; das zweite Ereignis müßte vielmehr als ein in zeitlicher Sukzession stehendes Geschehen interpretiert werden, das ebensogut zufälligen Charakter haben wie durch die Intervention determiniert sein kann. Ebensowenig wäre es möglich, etwa die kritische Frage zu beantworten, ob die zentrale Behauptung der Preistheorie, daß beim Fehlen von staatlichen oder privaten Preisinterventionen auf allen Märkten stets Anpassungsbewegungen wirksam sind, die zur Übereinstimmung der Wirtschaftspläne der Anbieter und Nachfrager führen, falsch ist[28]. Und genauso offen müßte die Antwort auf die

---

eine wissenschaftliche Erklärung auch als „Prognose vergangener Ereignisse" auffassen.

27 Siehe hierzu: *K. R. Popper,* Towards a Rational Theory of Tradition, in: Conjectures and Refutations, London 1963, S. 131. Ähnlich auch: *W. A. Jöhr, F. Kneschaurek,* a.a.O., S. 338 ff.

28 Die Aussagen der Preistheorie sind trotz ihrer tagtäglichen Verwendung bisher

Frage bleiben, ob ein Höchstpreis ein geeignetes Mittel ist, um bisher vom Markt ausgeschlossene Nachfrager in den Genuß des betreffenden Gutes zu bringen.

---

nur selten überprüft worden. Das ist für eine Wissenschaft, die nach ihrem Selbstverständnis empirisch orientiert ist, überraschend. Die Vernachlässigung der Überprüfung anhand der Tatsachen hat verschiedene Gründe. Neben dem Fehlen einer kritischen Tradition im Hinblick auf Beobachtungsaussagen — siehe hierzu die Einwendungen von O. *Morgenstern* (Über die Genauigkeit wirtschaftlicher Beobachtungen, Wien/Würzburg 1965[2]) gegen die herrschende Forschungspraxis — spielt vor allem der Streit um die Ceteris-Paribus-Klausel und ihre empirische Interpretation eine wichtige Rolle. Spezifiziert man die „cetera", die bei der Prüfung „paria" sein müssen, nicht näher, so schränkt man die Widerlegbarkeit der betreffenden Aussage soweit ein, daß sie ohne empirischen Gehalt ist und damit analytischen Charakter erlangt. (Siehe hierzu: *T. W. Hutchison*, The Significance and Basis Postulats of Economic Theory, New York 1960, S. 42; *H. Albert* an verschiedenen Stellen seiner Schriften, u. a. seinen Aufsatz: Modell-Platonismus, in: Sozialwissenschaft und Gesellschaftsgestaltung, hrsg. von *F. Karrenberg, H. Albert*, Berlin o. J. (1963), S. 53 f.; *R. Richter*, a.a.O., S. 251, 257.) — Daraus folgt eine sehr weitreichende Kritik an der neoklassischen Wirtschaftstheorie, die nur noch als Sprachsystem *(Hutchison)* oder Vision *(Richter)* aufgefaßt werden kann. In neuerer Zeit hat *Streißler* versucht, die Ceteris-Paribus-Klausel mit dem Argument zu verteidigen, daß sie in den seltensten Fällen unspezifiziert im Sinne einer konventionalistischen Strategie vertreten werde, sondern daß mit ihrer Verwendung vielmehr die Absicht verfolgt werde, den stochastischen Charakter ökonomischer Gesetze zu kennzeichnen, m. a. W. also, daß man den Eintritt einer Konsequenz, die in einer ökonomischen Hypothese behauptet wird, nur „in der Regel", „gewöhnlich" oder „im allgemeinen" — wie die beliebten Zusätze lauten — erwarten dürfte. (Siehe *E. Streißler*, Wesen und Inhalt ökonomischer Gesetzmäßigkeiten, in: Das Gesetz in den Wissenschaften, hrsg. v. *R. Heiß*, Freiburg 1965, S. 114 f.) Wenn man die Aussagen der ökonomischen Theorie als Hypothesen über die Häufigkeit von Ereignissen auffassen will, dann ist jedoch im Interesse ihrer Überprüfung eine nähere Spezifikation erstrebenswert, worauf *Hutchison* schon früher hingewiesen hat (a.a.O., S. 42). Lediglich der allgemeine Hinweis, daß es sich um Wahrscheinlichkeitsurteile handele, reicht noch nicht aus. — Im übrigen braucht man nicht die pessimistische Erwartung zu hegen, daß die Preistheorie ohne Verwendung der Ceteris-Paribus-Klausel sofort zum Scheitern verurteilt sei. Siehe hierzu z. B. die Untersuchung von *Niehans* und *Bitterli*, die keine widersprechenden Ergebnisse gezeigt hat. *(J. Niehans, R. Bitterli*, Der Schweizerische Kreditmarkt und das Gesetz von Angebot und Nachfrage, Schweizerische Zeitschrift für Volkswirtschaft und Statistik 96 [1960], S. 12 ff.) Abschließend sei bemerkt, daß Mängel in der wissenschaftstheoretischen Formulierung einer Theorie nur dann ein hinreichender Grund sind, sie abzulehnen, wenn gezeigt werden kann, daß keine Reformulierung möglich ist, die den methodologischen Einwänden Rechnung trägt.

Die praktische Funktion wissenschaftlicher Theorien in allen Objektbereichen besteht aber darin, gleichsam eine „wahre“ Ordnung in das „Chaos“ sozialer und ökonomischer Interaktionen zu bringen, indem sie die mutmaßlichen Folgen des Handelns vorhersagbar machen. Rational kann man daher ein Handeln bezeichnen, das – unter möglichst weiter Verwendung des verfügbaren theoretischen Wissens – an den *tatsächlichen* Konsequenzen einer Aktion orientiert ist, oder anders ausgedrückt, rationales Handeln besteht u. a. in der Anwendung von möglichst gut überprüften *Theorien* auf praktische Probleme[29].

Die praktische Realisierung dieses Programms begegnet allerdings Schwierigkeiten, und die herrschende Prognosepraxis entspricht ihm nicht in vollem Umfang. Bei wirtschaftspolitischen Analysen werden in der Regel zwei Wege beschritten, die Anwendung von Extrapolationsverfahren und von ökonometrischen Entscheidungsmodellen. Erstere gehen von der Vorstellung aus, daß die in der Vergangenheit auf eine wirtschaftliche Größe einwirkenden Faktoren auch in der Zukunft wirksam bleiben, und projizieren den Trend durch einfache Extrapolation, wobei verschiedene Annahmen über die Veränderungsraten gemacht werden[30]. Man ist im allgemeinen bereit zuzugeben, daß es sich hier um eine Behelfskonstruktion handelt, deren ausgesprochener Mangel aus dem Fehlen theoretischer Kenntnisse resultiert[31]. Man hat bei derartigen historischen Verlaufsanalysen keine brauchbare Theorie über die Determinanten der jeweils zu prognostizierenden Größenveränderungen, und „selbst die beste Extrapolation bedeutet im Grunde nichts anderes als ein mechanisches Hinausprojizieren einer statistischen Zahlenreihe in die Zukunft“[32]. Sofern man bereit ist, diesen Mangel des Verfahrens zu beachten, ist gegen seine Verwendung, solange keine besseren Mittel verfügbar sind, nichts einzuwenden, und es ist sicherlich eine brauchbarere Basis für das wirtschaftspolitische Handeln als die unkontrollierte Spekulation. Wichtig hingegen ist die Frage, ob der zweite Weg, der der ökonometrischen Entscheidungsmodelle, zu besseren Ergebnissen führt.

Bei den ökonometrischen Entscheidungsmodellen gilt es bekanntlich, über

---

29 Der hier verwendete Rationalitätsbegriff stimmt nicht mit dem üblicherweise in der wirtschaftspolitischen Diskussion verwendeten überein. Während letzterer sich auf eine Maximierungsentscheidung, die Wahl der besten Alternative, bezieht, wird hier auf die Idee der kritischen Prüfung, wie sie insbesondere *Popper* entwickelt hat, abgestellt.

30 Vgl. die kurze zusammenfassende Darstellung bei *E. Streißler,* a.a.O., S. 117 f.

31 *E. Streißler,* ebd.; ferner *F. Kneschaurek,* Möglichkeiten und Grenzen der langfristigen Wirtschaftsprognosen, Schweizerische Zeitschrift für Volkswirtschaft und Statistik 96 (1960), S. 401.

32 *F. Kneschaurek,* a.a.O., S. 401.

die Instrumentenvariablen, die neben die Zielfunktion treten, unter Beachtung der vorausbestimmten und der zu prognostizierenden Variablen Vorhersagen zu machen[33]. Neben Definitionen, die die Bedeutung einzelner Ausdrücke festlegen, und technischen Beziehungen gelangen hier Verhaltens- oder Reaktionsfunktionen zur Verwendung, die empirische Aussagen über das Verhalten von einzelnen oder in Gruppen zusammengefaßten Wirtschaftssubjekten machen sollen. Es handelt sich um Sätze, die nicht nur Realitätsbezug haben, sondern die darüber hinaus den Anspruch erheben, die wirtschaftliche Wirklichkeit zu erklären, also um Aussagen, die Theorien oder generelle Hypothesen im wissenschaftslogischen Sinne sein wollen. Die praktische Handhabung und Interpretation der Verhaltensfunktionen in Entscheidungsmodellen entspricht jedoch mitunter nicht diesem Ziel. Einmal wird die Art der Abhängigkeit zwischen den verschiedenen Variablen in manchen Fällen nicht näher spezifiziert, also nicht ausgeführt, ob es sich um eine lineare, parabolische oder sonst eine Beziehung handelt. Daraus folgt, daß nur innerhalb sehr weiter Grenzen der ökonomischen Interpretation eine Aussage über das reale Geschehen gemacht wird[34]. Zum andern aber werden die in den Funktionen angeführten Konstanten meistens nicht im Sinne von Invarianzen des ökonomischen Geschehens, sondern als historisch

---

33 Vgl. *G. Bombach,* Über die Möglichkeit wirtschaftlicher Voraussagen, Kyklos 15 (1962), S. 35 ff.

34 Siehe hierzu: *J. Tinbergen,* Einführung in die Ökonometrie, Wien 1952, S. 28, 30; *E. Streißler,* Was ist Ökonometrie, was will sie und was hat sie bisher geleistet?, Allgemeines Statistisches Archiv 46 (1962), S. 365.

35 Der Ausdruck „historische Relativierung" wurde von *Albert* zur Kennzeichnung solcher Aussagesysteme vorgeschlagen, die keinen Anspruch auf Geltung für alle Raum-Zeitpunkte erheben. Der historisch relativierte Charakter von Parametern (unbestimmten Konstanten), wie sie in ökonometrischen Entscheidungsmodellen zum Einsatz gelangen, wird besonders deutlich bei *E. Streißler* (Was ist Ökonometrie . . ., a.a.O., S. 364) und bei *H. Stöwe* (Bemerkungen zur empirischen Basis makroökonomischer Untersuchungen, Allgemeines Statistisches Archiv 48 [1964], S. 114) hervorgehoben. Beide Autoren sind der Ansicht, daß Parameterschätzungen nur innerhalb homogener Milieus zulässig sind und daß ihre prognostische Verwendung nur solange möglich ist, wie sich der institutionelle Rahmen, die Wirtschaftstruktur usw. nicht wesentlich ändern. Sofern derartige Annahmen in den Anwendungsbedingungen einer Theorie explizit oder implizit genannt werden, wäre aus methodologischen Gründen dagegen nichts einzuwenden. Tatsächlich ist das jedoch meist nicht der Fall; die aufgestellten Verhaltensfunktionen werden in der Regel als raumzeitlich unabhängig formuliert. Man kann sich in diesem Zusammenhang nicht auf den generellen Vorbehalt der Ceteris-Paribus-Klausel berufen. Diese ist zuwenig spezifiziert und läßt ad hoc-Interpretationen einen sehr weiten Spielraum.

relativierte Größen[35] aufgefaßt, denen nur für jeweils nicht exakt im voraus bestimmte Zeiträume Gültigkeit zugemessen wird.
Dieses Vorgehen hat die Konsequenz, daß das bekannte Willkürelement im Hinblick auf die Schätzung der relevanten Größen in die wirtschaftspolitische Analyse gelangt[36]; man muß u. a. die zukünftigen Änderungen der Parameter schätzen, wobei den subjektiven Vorlieben ein weiter Spielraum gelassen wird. Vom methodologischen Standpunkt wünschenswert wäre es hingegen, wenn man über echte Theorien verfügte, die Invarianzen des ökonomischen Geschehens und damit empirischen Gehalt aufwiesen. Lediglich die *Messung* der Kovarianz von Größen und die *Beschreibung* ihrer Variationsbereiche vermag dieses Problem noch nicht zu lösen[37]. Solange man daher, aus welchen Gründen auch immer, wirtschaftspolitische Wirkungsprognosen auf Grund historischer Werte der Parameter und Verhaltensfunktionen, die keine echten nomologischen Hypothesen sind, aufstellt, verwendet man in der Sache ein Verfahren, das sich nicht grundsätzlich von dem der Trendextrapolation unterscheidet[38].

---

36 *C. Schotta* hat in seinem Aufsatz (Values in Economic Analysis: A Methodological Issue, Kyklos 19 [1966], S. 289 ff.) besonders auf die Rolle des subjektiven Urteils in diesem Zusammenhang verwiesen. — Der von ihm geforderten „Theorie der Theoriekonstruktion" wird man jedoch entgegenhalten, daß es sie im Sinne einer Theorie, die den Weg zu sicherem Wissen weist, aus logischen Gründen nicht geben kann. Es lassen sich lediglich im Rahmen der Methodologie als Meta-Wissenschaft Kriterien konstruieren, die Auskunft auf die Frage geben, wann eine Theorie den Zielsetzungen der Erfahrungswissenschaften entspricht.

37 Das schließt natürlich nicht aus, daß sich das Forschungsinteresse statt auf die Parameterschätzung auf die Entdeckung dauerhafter Strukturen richtet. Im übrigen kann man die bestehende Forschungspraxis recht gut mit dem Argument verteidigen, daß die angestrebte Arbeitsteilung zwischen der theoretischen Ökonomik und der Ökonometrie solange noch mangelhaft ist, wie die Theorie nicht die wissenschafts-theoretisch wünschenswerten Hypothesen liefert.

38 Nur am Rande sei erwähnt, daß das Verfahren der Parameterschätzung nicht, wie manchmal angenommen wird, besonders gut geeignet ist, ökonomische Theorien durch Beobachtungsaussagen zu widerlegen. Ein Konflikt zwischen einer Theorie und Beobachtungsaussagen kann ja nur entstehen, wenn die Theorie quasi a priori behauptet, daß die Klasse zulässiger Ereignisse nur in einem bestimmten Streubereich liegt; nur dann können gegenteilige Beobachtungen gemacht werden. Wenn man hingegen mit Hilfe ökonometrischer Messungen nur quantitative Vorstellungen über die Beziehung zwischen ökonomischen Größen ermittelt, ohne damit den Anspruch auf raumzeitliche Konstanz der Parameter zu stellen, so sind nur außerhalb weitgesteckter Grenzen widerlegende Beobachtungen möglich. Wenn man daneben noch die „zeitliche Homogenität" *(E. Streißler,* Was ist Ökonometrie ..., a.a.O., S. 364) als Gültigkeitsvoraussetzung anführt, so engt man den Bereich der Widerlegungsmöglichkeiten weiter ein.

II. *Der Konkurrenzcharakter des theoretischen Wissens*

Wenn man die Interaktion zwischen ökonomischen Theorien und praktischem Handeln analysiert, genügt es nicht, die Aufmerksamkeit auf die faktischen und logischen Zusammenhänge zu richten. Man muß einen zweiten wesentlichen Gesichtspunkt hinzufügen: Das theoretische Wissen, das zur Anwendung gelangt, ist häufig umstritten; verschiedene Theorien aber eröffnen auch verschiedene Handlungsmöglichkeiten. Mittel, die vom Standpunkt der einen Theorie keine Lösung eines Problems sind, drängen sich möglicherweise vom Standpunkt der anderen geradezu auf[39]. So ist eine restriktive Depressionsbekämpfung mittels Preis- und Einkommenssenkungen im Lichte der Keynesschen Lehre unbrauchbar, während einem Vertreter der Neoklassik die Therapie der Ausdehnung der monetären Gesamtnachfrage problematisch erscheint[40]. Gerade wenn es um die Erklärung konkreter Phänomene geht, werden jedoch konkurrierende Erklärungsversuche präsentiert, die häufig im Widerspruch zueinander stehen, manchmal allerdings auch unabhängig voneinander existieren. So stehen die Theorien der nachfrage- und der kosteninduzierten Inflation im Gegensatz zueinander; der Hypothese, daß Wirtschaftswachstum mit stabilen Preisen vereinbar sei, wird entgegengehalten, daß Wachstum nur bei steigenden Preisen möglich wäre. Der neoklassischen Theorie der internationalen Angleichung der Faktorpreise steht die Theorie der zunehmenden Faktorpreisunterschiede, die auf *Myrdal* zurückgeht, entgegen. Im Bereich der makroökonomischen Konsumtheorie rivalisieren die absolute, die relative und die permanente Einkommenshypothese miteinander. Weitere bekannte Beispiele für konkur-

39 Die Beziehung zwischen Zielen und Mitteln ist natürlich nicht eindeutig. Hier spielen vielmehr die jeweiligen Zielsetzungen eine entscheidende Rolle. Wie oben am Beispiel der ricardianischen Theorie zu zeigen versucht wurde, kann natürlich das gleiche Aussagesystem für die Verfolgung sich widersprechender Zwecke nutzbar gemacht werden, so wenn die Grundbesitzer für, die Lohneinkommensbezieher gegen die Beibehaltung der Korngesetze sind. Der Zusammenhang zwischen Theorien und Mitteln besteht daher nur in dem Sinne, daß eine Theorie einen bestimmten Kreis von Maßnahmen als anwendbar oder zweckdienlich im Lichte der von ihr betonten Aspekte der Realität erscheinen läßt, während andere Mittel quasi von Anfang an als unbrauchbar angesehen werden. Es gibt daher auch keine „wirtschaftspolitischen Schlußfolgerungen", wie sie gern als Ergebnis theoretischer Erörterungen präsentiert werden. Es handelt sich hier nicht um logisch zwingende Konsequenzen, sondern um mögliche, aber keineswegs einzig denkbare Maßnahmen. Im übrigen spielen bei derartigen „Schlußfolgerungen" persönliche Vorurteile und Ansichten eine große Rolle, wie *F. A. Lutz* (Politische Überzeugungen, a.a.O., S. 13) am Beispiel *Keynes*' zeigt.

40 Siehe hierzu: *Th. Wessels,* Vollbeschäftigung, a.a.O., S. 417.

rierende oder nebeneinander bestehende Theorien sind die Theorien des Investitionsverhaltens, des Angebots von Sparmitteln und der Determinanten der wirtschaftlichen Entwicklung[41].

Konkurrierende Theorien aber legen gleichzeitig auch verschiedene Mittelempfehlungen nahe; sie sind häufig nicht nur Vermutungen über Wirkungszusammenhänge, sondern scheinen mitunter ausdrücklich zu dem Zweck entworfen zu sein, für eine bestimmte Politik zu werben. So akzentuiert die *Keynessche* Lehre die Vollbeschäftigungspolitik; die *Marxsche* Theorie propagiert die Zerstörung des Kapitalismus mit dem Argument, daß eine Reformierung des Systems unmöglich sei. Ähnlich legen die Theorien der ökonomischen Klassiker eine liberale politische Ökonomie nahe, und Markttheorien, die die Rolle der Monopole im Wachstumsprozeß betonen, wie etwa diejenigen von *Schumpeter* und *Galbraith,* implizieren andere wettbewerbspolitische Maßnahmen als die statische Wettbewerbstheorie, die das Verschwendungsargument in der Monopoldebatte hervorhebt[42].

---

41 *Dürr* hat diesen Zusammenhang zwischen Theorien und Mitteln in seinen Untersuchungen zur monetären Konjunkturpolitik in neuerer Zeit besonders hervorgehoben. Er zeigt, wie die sich ändernden Auffassungen über die Geldmenge, den Zins und die Liquidität als Determinanten des konjunkturellen Geschehens zu Änderungen des konjunkturpolitischen Instrumentariums geführt haben und von welchen theoretischen Wandlungen dieser Prozeß begleitet war. Siehe *E. Dürr*, Wirkungsanalyse der monetären Konjunkturpolitik, Frankfurt/M. 1966, passim; *ders.*, Restriktive Kreditpolitik und Geldtheorie. Eine Untersuchung auf Grund geldtheoretischer Lehrmeinungen, in: Wirtschaft, Gesellschaft und Kultur, Festgabe für A. Müller-Armack, hrsg. v. *F. Greiß, F. W. Meyer,* Berlin 1961, S. 223, 228, 234, 238.

42 Gegen die Motivationsabsicht ökonomischer Theorien könnte man den Ideologievorwurf ins Feld führen. Der Nachweis der Verbindung eines theoretischen Aussagesystems mit bestimmten Interessenstandpunkten ist aber allein weder hinreichend noch notwendig, um eine Theorie zu widerlegen. Die Tatsache, daß eine Maßnahmengruppe vom Standpunkt einer Theorie anderen Handlungsalternativen vorgezogen wird, kann ihren Ursprung auch in den Theorieentwürfen selbst haben. Einem Keynesianer scheinen Maßnahmen zur Depressionsbekämpfung, die sich des *Keynes*schen Instrumentariums bedienen, sinnvoller als die traditionelle Therapie, und zwar u. a. deshalb, weil die von ihm bevorzugte Theorie andere Aspekte der Realität hervorhebt als etwa die eines Anhängers der nichtmonetären Theorie. Da verschiedene Theorien mitunter auch verschiedene Aspekte der Wirklichkeit akzentuieren, ergeben sich notwendigerweise unterschiedliche Betrachtungsweisen der Realität. Die Existenz divergierender Perspektiven liefert natürlich kein Argument dafür, daß beliebig viele zugelassen werden können. Die Überprüfung anhand der Fakten entscheidet letztlich darüber, ob die aus der einen oder anderen Perspektive entwickelte Theorie empirisch wahr ist oder verworfen werden muß. So kann z. B. die neuere Dis-

Der Betonung des Konkurrenzcharakters des Wissens steht allerdings die Vorstellung entgegen, daß sich der theoretische Fortschritt darstellt als eine Akkumulation des Wissens; danach vollzieht sich das Wachstum theoretischer Erkenntnisse wie das Wachstum einer Bibliothek durch kontinuierliches Hinzufügen neuer Bestandteile[43]. Aus der Perspektive der *additiven* Zunahme des Wissens folgt dann die gerne gebrauchte Wendung von den „gesicherten Ergebnissen der Wissenschaft“, die „leider von der Politik häufig mißachtet werden“. Verschiedene Auffassungen über die Relevanz einzelner Problemlösungen bieten sich von dieser Warte als ein „beklagenswertes chaotisches Gewirr sich widersprechender Meinungen“ dar; überspitzt ausgedrückt, Mittelkonflikte sind eine pathologische Erscheinung, die aus dem Bereich des wahren Wissens zu verbannen sind. Besonders dogmenhistorische Darstellungen[44] neigen dazu, den Prozeß der Theoriebildung evolutorisch zu deuten im Sinne einer kontinuierlichen Zunahme sicheren Wissens.

Der Standpunkt, daß es Aufgabe jeder Erfahrungswissenschaft sei, das theoretische Wissen zu verbessern, ist aber nicht notwendig mit einer Akkumulationstheorie des wissenschaftlichen Fortschrittes verbunden, sondern es spricht vieles für eine revolutionäre Deutung der Entwicklung der Erkenntnis[45]. Hierfür gibt es zwei Argumente. Zum ersten kann eine Theorie als Aussage über die Realität nie endgültige Wahrheit für sich beanspruchen. Sie gilt jeweils nur auf Abruf, solange keine widerlegenden Beobachtungen gemacht werden. Aus dem Falsifizierbarkeitskriterium aber folgt gleichzeitig, daß die Widerlegung einer Theorie stärkeres Gewicht hat als ihre Bestätigung, d. h. sicheres Wissen nur im Hinblick auf falsche, keineswegs aber auf wahre Theorien gewonnen werden kann[46]. Zum zweiten aber wider-

---

kussion über die Relevanz der Gleichgewichtsperspektive, der von *Myrdal* das Kumulationsprinzip entgegengesetzt wird, m. E. nur dadurch entschieden werden, daß man eine Antwort auf die Frage sucht, ob die aus der einen oder anderen Sicht entwickelten Hypothesen die Realität besser erklären oder nicht.

43 Zur Akkumulationstheorie des Wissens und zu ihrer Kritik siehe: *K. R. Popper*, Conjectures and Refutations, a.a.O., S. 129 ff.

44 So betont beispielsweise *J. A. Schumpeter* in seiner Dogmengeschichte die Idee der Einheitlichkeit des neoklassischen Theoriegebäudes, wobei er gleichzeitig den Streit der Meinungen als nebensächlich hinstellt. Vgl. seine Geschichte der ökonomischen Analyse, 2. Teilband, in: Grundriß der Sozialwissenschaft, begründet von *R. Schaeder*, Bd. 6, Göttingen 1965, S. 1157 ff.

45 Diese Position hat besonders *Popper* in seinen Schriften vertreten. Siehe z. B. *K. R. Popper*, Logik der Forschung, a.a.O., passim.

46 Siehe hierzu auch die Kritik von *Klappholz* und *Agassi* an *Friedmans* Auffassung, daß erfolglose Widerlegungsversuche quasi ein Beglaubigungsschreiben für eine Theorie seien und daß daher nicht widerlegte Theorien akzeptiert werden

spricht die evolutionäre Deutung des theoretischen Fortschritts dem tatsächlichen Charakter des Forschungsprozesses. Die wissenschaftliche Auseinandersetzung vollzieht sich über das Präsentieren neuer Lösungsvorschläge für bestehende Probleme, das Verwerfen akzeptierter Lösungen auf Grund widersprechender Beobachtungen und die Neuformulierung bestehender Theorien. Eine Erfahrung wie die amerikanische Zahlungsbilanzkrise der letzten Jahre entwertet sozusagen das akkumulierte Wissen über die strukturellen Ungleichgewichte und eine Vielzahl von Arbeiten, die die chronische Dollarknappheit der europäischen Staaten gegenüber den USA behaupteten. Die Beobachtung, daß Rezessionen mit steigenden Preisen verbunden sein können wie in den USA, stellt einen großen Teil der Konjunkturtheorie in Frage. Die Feststellung, daß kapitalreiche Länder statt kapitalintensiver Produkte arbeitsintensive Erzeugnisse exportieren, läßt Zweifel an der Gültigkeit der *Heckscher-Ohlinschen* Fassung der Außenhandelstheorie aufkommen. Ferner sind Angriffe mit neuen Theorieentwürfen auf bestehende theoretische Traditionen kaum weniger häufig. So war es keineswegs die Absicht der Klassiker, die merkantilistische Tauschtheorie fortzuführen, sie wollten sie vielmehr durch eine neue ersetzen. Ähnliches gilt im Hinblick auf das Verhältnis zwischen Historischer Schule und Klassik, der *Marxschen* Theorie und der Klassik, dem *Keynesschen* System und der Neoklassik, aber auch für Teilbereiche wie die Marktformenlehre, die Zinstheorie, die Theorien des Investitionsverhaltens, der Unternehmerentscheidungen u. a.[47]. Kritische Auseinandersetzungen über die Frage, ob ein Versuch zur Lösung eines Problems akzeptiert werden kann, sollten daher nicht unter dem Blickwinkel eines „chaotischen Gewirrs sich widersprechender Meinungen", sondern als Prozeß zur Förderung und Verbesserung theoretischen Wissens gesehen werden. Wenn auch die wissenschaftliche Kommunikation an vielen Stellen eines allerdings stets nur vorläufigen Konsensus bedarf – etwa im Hinblick auf die vorläufige Akzeptierung von Beobachtungsaussagen, von Meßoperationen usw. –, so ist doch ein zu hohes Maß

müssen (*K. Klappholz, J. Agassi,* Methodological Prescriptions in Economics, Economica XXVI [1959], S. 67 f.).

47 Gelegentlich wird die Auffassung vertreten, daß Theorien jeweils in ihrer Zeit gültig seien. Siehe z. B. die Argumentation von *L. Zimmermann* (Geschichte der theoretischen Volkswirtschaftslehre, Köln 1954, S. 251) in Anlehnung an *Strack.* Abgesehen davon, daß dieser Standpunkt die kritische Überprüfung und die Konfrontation mit den Fakten inhibiert, ist er dem Einwand ausgesetzt, daß er sachlich unzutreffend ist, da über die „gleiche Realität" stets sehr verschiedene Theorien aufgestellt worden sind (vgl. hierzu: *G. J. Stigler,* a.a.O., S. 37). Zur Kritik der Behauptung, daß wissenschaftliche Erkenntnisse sozial determiniert seien, siehe ferner: *K. R. Popper,* Die offene Gesellschaft und ihre Feinde, a.a.O., S. 261 ff.

an Orthodoxie und an Betonung der Kontinuität der Tradition eher ein Hemmnis denn ein Vehikel des wissenschaftlichen Fortschritts.

III. *Die Bedeutung bewährter Theorien für die Wirtschaftspolitik*

Wahre Theorien im Bereich ökonomischer Beziehungen befriedigen nicht nur das Erkenntnisinteresse, sie bieten gleichzeitig die Möglichkeit, den Versuch zu unternehmen, das Handeln rational in dem Sinne zu gestalten, daß die Erfolgsaussichten von Handlungen wachsen, je besser ein Akteur über die Beschaffenheit der Realität informiert ist. Man kann daher sagen, daß eine wichtige Komponente der rationalen Politik in der Auswahl möglichst brauchbarer Theorien besteht. Wenn die praktische Funktion ökonomischer Theorien in der Offenlegung von Orientierungsmöglichkeiten für das politische Handeln liegt, dann erfüllen sie diese Aufgabe um so besser, je zuverlässiger sie die Wirkungszusammenhänge erfassen.

Dem Bestreben, gleichsam die „beste" Theorie auszuwählen, steht die „Unsicherheit" des Wissens und das Risiko falscher Theorien entgegen. Für eine rationale Wirtschaftspolitik ergeben sich somit zwei Probleme: erstens die Elimination *falscher Theorien,* da diese nicht die erwarteten Ergebnisse, sondern unbeabsichtigte Wirkungen, wirtschaftspolitische Mißerfolge, hervorrufen, und zweitens die Frage der *Auswahl von Theorien,* wenn die Entscheidung, ob diese richtig oder falsch sind, nicht eindeutig getroffen werden kann.

1. Wirtschaftspolitisches Handeln und das Problem der Ausschaltung falscher Theorien

Wissenschaftliche Aussagesysteme können nicht nur bei der Erklärung, sondern ebenso bei der Prognose bzw. politischen (technischen) Anwendung scheitern, und zwar dann, wenn die in einen Mitteleinsatz gesetzten Erwartungen nicht erfüllt werden. Werden neue Theorien vorgeschlagen, die neue Lösungen für drängende wirtschaftspolitische Probleme empfehlen, dann gewinnt dieser Gesichtspunkt an Bedeutung. Eine an der kritischen Prüfung von Handlungen orientierte Wirtschaftspolitik muß daher stets versuchen, die Frage zu klären, wieweit das Nichterreichen von Zielen auf Mängeln der zugrunde gelegten Theorien beruht[48]; sie kann sich nicht mit dem

48 Falsche Theorien sind natürlich nicht die einzige Quelle wirtschaftspolitischer

Argument zufriedengeben, ihre Absichten seien von anderen Interessen oder machtpolitischen Aktionen durchkreuzt worden, d. h. das Opfer einer feindseligen Verschwörung[49].

Im einzelnen begegnet dieses Vorhaben, wie im folgenden gezeigt werden soll, allerdings mehreren praktischen Schwierigkeiten. Diese legen es nahe, für das politische Handeln die Empfehlung auszusprechen, nach Möglichkeit nur gut überprüfte Theorien, d. h. Aussagesysteme, die in verschiedenen ökonomischen Milieus bereits erprobt sind, zu verwenden. Keineswegs dürfen jedoch Schwierigkeiten der Überprüfung in politischen Handlungszusammenhängen zum Anlaß genommen werden, auf die kritische Analyse ganz zu verzichten; denn erstens können Theorien bei der praktischen Anwendung fehlschlagen, da bisherige Bewährung keine Versicherung gegen zukünftiges Scheitern impliziert. Zum zweiten aber würde ein Verzicht auf kritische Prüfung bei der Anwendung von Theorien auf wirtschaftspolitische Fragen bedeuten, daß man ein wichtiges Element der kritischen Diskussion eliminierte. Im Extremfall hieße das, man könnte die Frage nach der Eignung eines wirtschaftspolitischen Mittels nicht beantworten.

a) Die Rolle von Beobachtungsaussagen

Ob eine Theorie und auf ihr aufbauende Mittelempfehlungen als richtig angenommen werden können oder als falsch verworfen werden müssen, läßt sich nur auf dem Umweg über Beobachtungsaussagen entscheiden.

Auf die Argumente für die Akzeptierung des Kriteriums der „Widerlegung

---

Mißerfolge. Daneben können Zielsetzungen utopisch sein, d. h., es gibt keine faktisch realisierbaren Mittelkombinationen, die es gestatten, sie zu realisieren. Es kann aber auch der Fall vorliegen, daß in einer konkreten historischen Situation infolge institutioneller oder sonstiger Hemmnisse die Manipulierung der Anfangsbedingungen nicht in der erforderlichen Weise möglich ist, etwa wenn ein Zahlungsbilanzausgleich mit Aussicht auf Erfolg nur durch eine Wechselkursänderung erreichbar, diese aber aus „politischen" Gründen nicht realisierbar ist.

49 Es ist gerade ein Kennzeichen utopischer Einstellungen zu den Problemen der Politik, das sich in einer Verschwörungstheorie der Gesellschaft niederschlägt. Die Anhänger utopischer Technologien führen das Versagen ihrer Entwürfe nicht auf Fehler im verwendeten theoretischen Bezugssystem zurück, sondern interpretieren ihr Scheitern als Folge einer Verschwörung innerer und äußerer Feinde. Sie wollen durch dieses Vorgehen ihre Konzeptionen einer rationalen Kritik entziehen und sie gegen die Widerlegung immunisieren. Siehe hierzu auch: *K. R. Popper,* Die offene Gesellschaft . . ., a.a.O., Bd. 2, S. 120 ff.

durch Beobachtungsaussagen“ kann hier nicht näher eingegangen werden[50]; es sei lediglich vermerkt, daß das Verfahren an die Tradition des Empirismus anknüpft, der ja seit den Tagen der Klassiker das erklärte – wenn auch keineswegs immer praktizierte – Programm der Ökonomik als positiver Wissenschaft ist[51].

Die Idee der Konfrontation einer Theorie mit den Fakten und die Beantwortung der Frage, ob sie den Tatsachen standhält, kommt im Alltagsräsonnement in der Vorstellung von der „wirtschaftspolitischen Erfahrung“ zum Ausdruck, wenn Erfahrung nicht im Sinne des induktionslogischen Fehlschlusses der Ableitung von Theorien aus Beobachtungsaussagen verstanden wird, sondern in dem Sinne, daß durch sie Aussagesysteme überprüft werden.

Die letzten Überprüfungsinstanzen sind nach dem vorgeschlagenen Verfahren also die Beobachtungsaussagen, und die Aufgabe besteht darin, Hypothesen und Theorien mit der Erfahrung zu konfrontieren; der Status von Beobachtungsaussagen gewinnt damit zentrale Bedeutung. Die Schwierigkeit aber besteht darin, daß Beobachtungen niemals absolut rein und zuverlässig sind; im Gegenteil, jede Beobachtung ist von Theorien durchsetzt, ja Beobachtung an sich ist nicht möglich, sie ist vielmehr selektiv und von den Problemen, Aufgaben, Ansichten und Theorien des Beobachters abhängig. In der Theorie der Erfahrung hat man dieses Problem allerdings lange Zeit nicht gesehen und geglaubt, es auf dem Weg über einen naiven Empirismus durch den unreflektierten Rückgriff auf die unmittelbare Beobachtung lösen zu können. Daß diese Position unbefriedigend ist, läßt sich schon durch ein bekanntes simples Experiment demonstrieren, nämlich die Aufforderung an irgend jemand, einen Augenblick auf reine Beobachtung zu verwenden. Wenn man auf die Frage nach den Resultaten der Beobachtung die verblüffte Antwort erhält, *was* denn überhaupt beobachtet wer-

---

50 Die Frage, welche Kriterien für die Überprüfung wissenschaftlicher Theorien verwendet werden sollen, ist in den Wirtschaftswissenschaften gegenwärtig heftig umstritten. Sie kann nicht durch die Einführung eines Werturteils, sondern nur durch kritische Argumente beantwortet werden. Siehe zur oben eingenommenen Position neben den grundlegenden methodologischen Untersuchungen von *Popper* den Aufsatz von *W. W. Bartley,* a.a.O., S. 3 ff.

51 Wie jüngst *F. Jonas* (Das Selbstverständnis der ökonomischen Theorie, Volkswirtschaftliche Schriften, H. 73, Berlin o. J.) in einer interessanten dogmenhistorischen Untersuchung gezeigt hat, sind allerdings Zweifel an der Auffassung berechtigt, daß das empiristische Wissenschaftsprogramm, wie es sich bei *A. Smith* findet, wirklich in der Entwicklung der ökonomischen Theorie dominierend war. *Jonas* glaubt zeigen zu können, daß die durch *Ricardo* eingeführte rationalistische Erkenntnistheorie wesentlich das theoretische Denken geprägt hat. Siehe auch hierzu meine Besprechung in: Finanzarchiv **25** (1966), S. 125 f.

den soll, dann zeigt das, daß man bei jeder Beobachtung ein Ziel im Auge hat, also in einem sehr weiten Sinne mit Theorie belastet ist[52].

Diese Kanalisierung der Aufmerksamkeit spielt natürlich bei der Überprüfung von Theorien eine wichtige Rolle, da ja hier die Aufmerksamkeit auf einen ganz bestimmten Ausschnitt der Realität konzentriert ist, und es versteht sich quasi aus der Natur der Sache, daß Beobachtungsfehler, Voreingenommenheiten, Selbsttäuschung und Täuschung im praktischen Forschungsprozeß nicht unterschätzt werden dürfen.

Das Problem wird noch komplizierter, wenn man, worauf *Feyerabend*[53] aufmerksam macht, in Rechnung stellt, daß auch die „Erfahrung" nicht nur hinsichtlich der Präzision ihrer Aussagen, sondern auch inhaltlich im Forschungsprozeß uminterpretiert wird und neue Beobachtungen eingeführt werden, d. h. die vorhandene Erfahrung wird verworfen, sie ist keineswegs die unverändert bleibende Basis, die als letzte Überprüfungsinstanz für die Theorie anerkannt wird, sondern sie unterliegt wie jene der Veränderung. Beobachtungsaussagen, mit denen Theorien überprüft werden, beruhen mithin auf Festsetzungen; sie können, worauf *Popper*[54] hinweist, nicht empirisch zwingend gerechtfertigt werden, es muß vielmehr in jedem Fall ein Beschluß gefaßt werden, ob die Annahme einer Beobachtungsaussage (Basissatz) durch die Erfahrung ausreichend motiviert ist. Im Forschungsprozeß müssen die Beobachter, die sich um die Widerlegung einer Theorie bemühen, zu einem Konsensus, wenn auch vorläufiger und jederzeit widerruflicher Art gelangen, um über die Annahme der relevanten Beobachtungssätze entscheiden zu können. Diese Entscheidung aber kann in letzter Instanz weder logisch noch empirisch erzwungen werden.

Das Maß der Schwierigkeiten erhöht sich noch, wenn man beachtet, daß in der Regel jede Theorie zu jeder Zeit mit Vorgängen konfrontiert ist, die sie prima facie widerlegen. *Feyerabend*[55], der diesen Aspekt des Problems der empirischen Basis besonders hervorgehoben hat, bemerkt daher, daß die Regel, ein theoretisches Gesetz bereits dann als widerlegt anzusehen, wenn eine einzige widerlegende Beobachtung gemacht wird, zu einfach ist. Nach

---

52 *K. R. Popper*, Conjectures . . ., a.a.O., S. 128; *ders.*, Logik der Forschung, a.a.O., S. 60 ff., S. 339 ff. – Es läge nahe, die Selektivität der Beobachtung als Vorwand für einen totalen Skeptizismus zu verwenden. Daß dieser Schluß jedoch nicht zulässig ist, zeigt *T. W. Hutchison*, „Positive" Economics and Policy Objectives, London o. J. (1964), S. 81.

53 *P. K. Feyerabend*, Problems of Empiricism, in: Beyond the Edge of Certainty. Essays in Contemporary Science and Philosophy, Bd. 2, hrsg. v. *R. G. Colodny*, Englewood Cliffs 1965; *ders.*, Wissenschaftstheorie, in: HdSW 13 (1965) ,S. 332 f.

54 *K. R. Popper*, Logik der Forschung, a.a.O., S. 60 ff.

55 *P. K. Feyerabend*, Wissenschaftstheorie, a.a.O., S. 334 f.

seiner Auffassung würde das Prinzip, daß eine Theorie, welche Schwierigkeiten hat, aufgegeben werden muß, jegliche Theorie sofort eliminieren und zu einer vorschnellen Verurteilung von Theorien führen. Es sei daher durchaus im Sinne eines rationellen methodologischen Vorgehens, wenn man eine der Erfahrung scheinbar widersprechende Theorie zunächst beibehielte in der Hoffnung, daß die zukünftige Forschung die Schwierigkeit der Theorie aufklären wird.

b) Schwierigkeiten der Tatsachenfeststellung in wirtschaftspolitischen Handlungszusammenhängen

Bezieht man diese meta-wissenschaftlichen Überlegungen auf den Bereich des wirtschaftspolitischen Handelns, so ergeben sich zwei Berührungspunkte. Singuläre Aussagen, d. h. Beobachtungsaussagen, gelangen in den wirtschaftspolitischen Kalkül bei der Beschreibung der Ausgangssituation und der Endsituation oder, wenn man auf das Prognoseschema abstellt, bei den singulären Aussagen des Explanans (den sogenannten Anfangsbedingungen) und der eigentlichen Prognose, d. h. dem vorhergesagten Ereignis. Im ersten Zusammenhang steht u. a. die Beantwortung der Frage an, ob die Anwendungsbedingungen der Theorie, die die Grundlage der Prognose bzw. der Mittelanalyse bilden, realisiert sind[55a], während im zweiten zu ermitteln versucht wird, ob das Handeln „erfolgreich" war in dem Sinne, daß die vorhergesagten Konsequenzen eingetreten sind. Für die kritische Prüfung von Theorien sind beide Gesichtspunkte von Bedeutung.
Eine wichtige praktische Schwierigkeit, die sich gegenwärtig der systematischen kritischen Analyse von Tatsachenaussagen in den Wirtschaftswissenschaften entgegenstellt, liegt, wie *Morgenstern*[56] hervorgehoben hat, in der zu den Naturwissenschaften vergleichsweise geringen Aufmerksamkeit, die bisher der Prüfung von ökonomischen Beobachtungsaussagen entgegengebracht worden ist. Es fehlt trotz der erheblichen Produktion statistischer Daten noch weitgehend an systematischen Beobachtungen, die es z. B. gestatten, bei fehlgeschlagenen Prognosen die Frage zu entscheiden, ob die Nichtübereinstimmung mit der Realität einer Fehlerkumulation, einer falschen Theorie oder falschen Unterlagen über die Wirklichkeit zuzuschreiben

55a Wenn das nicht der Fall ist, dann kann der Nichteintritt der erwarteten Konsequenzen nicht als Argument gegen die Theorie verwendet werden. Die betroffene Theorie ist dann falsch angewendet worden, d. h. in einer Situation, in der sie nicht gilt.

56 O. *Morgenstern,* Über die Genauigkeit wirtschaftlicher Beobachtungen, Wien/Würzburg 1965², S. 94.

ist[57]. Die Wirtschaftswissenschaften können daher auch nicht auf einen ähnlich umfangreichen Erfahrungsschatz bezüglich der Durchführung von Beobachtungen und Messungen zurückblicken wie die Naturwissenschaften.

Die engbegrenzten Möglichkeiten, kontrollierte Experimente und damit auch präzise kontrollierbare Beobachtungsaussagen zu machen, sind für die kritische Beobachtung ein zweites praktisches Hemmnis, das im Bereich ökonomischer Gesetzesaussagen ein relativ großes Gewicht hat. In der Anwendung treten ökonomische Theorien in höchst komplexen Zusammenhängen auf, die Kontrolle der Anwendungsbedingungen läßt sich nur unvollkommen erreichen, und man muß stets davon ausgehen, daß viele unkontrollierte Faktoren einwirken. Gegenüber den Naturwissenschaften wird dadurch, wie *Friedman*[58] nachdrücklich betont, die Erzielung eines Konsensus im Hinblick auf die Akzeptierung von Beobachtungsaussagen ungemein erschwert. Die Aussonderung widerlegter Hypothesen und Theorien vollzieht sich daher sehr langsam und mühsam und ist selten von durchschlagendem Erfolg gekrönt. Das bedeutet nicht, daß man zu dem Schluß gezwungen wäre, einen totalen Skeptizismus in bezug auf den Prozeß der intersubjektiven Prüfung zu vertreten, wohl aber, daß der Optimismus, den etwa *Lange* oder *Schumpeter* hinsichtlich der Möglichkeiten hegen, zwischen Ökonomen Einmütigkeit bei Tatsachenfragen zu erzielen, nicht den tatsächlichen Schwierigkeiten ausreichend Rechnung trägt[59] – abgesehen davon, daß Einmütigkeit nur im Sinne einer vorläufigen und jederzeit revidierbaren Übereinstimmung erstrebenswert ist. Die Regeln des Wissenschaftsspiels bewirken keineswegs automatisch den Konsensus der Beteiligten, sie sind vielmehr sowohl auf die Widerlegung von Theorien als auch von Beobachtungsaussagen ausgerichtet.

Aus dem Fehlen einer kritischen Tradition im Hinblick auf Beobachtungsaussagen und den Schwierigkeiten einer ausreichenden experimentellen Kontrolle folgt natürlich nicht, daß im Objektbereich ökonomischer Theorien die methodologischen Regeln der strengen Wissenschaft nicht anwendbar seien, d. h. wissenschaftliche Objektivität prinzipiell ausgeschlossen wäre. Vernachlässigte Traditionen können verbessert werden, und fehlende Übereinstimmung im Hinblick auf Tatsachenaussagen kann durch Intensivierung der systematischen Beobachtung, wie z. B. durch auf verschiedene Raum-Zeitpunkte und sozialökonomische Milieus bezogene Analysen, beseitigt

57 Ähnlichen Vermutungen gibt *Ferber* in seiner kritischen Revision der empirischen Literatur zur Überprüfung von Konsumtheorien Ausdruck. Siehe *R. Ferber,* Research on Household Behavior, The American Economic Review LII (1962), S. 53 f.

58 *M. Friedman,* Essays in Positive Economics, 1953, S. 10 f.

59 Siehe hierzu: *T. W. Hutchison,* „Positive" Economics ..., a.a.O., S. 74 ff.

werden. Davon abgesehen aber gibt es möglicherweise andere Aspekte des Problems der Verläßlichkeit der Erfahrung, die neben den oben skizzierten Schwierigkeiten zu Zweifeln an der Brauchbarkeit von Beobachtungsaussagen als Mittel zur erfolgreichen Elimination falscher Theorien führen. Sie betreffen (1) das Erfassungs-, (2) das Auswahl-, (3) das Informationsproblem und (4) den sogenannten reflexiven Charakter ökonomischer Theorien.

(1) Die *Erfassung* von wirtschaftlichen Daten ist wie jede Beobachtung von einer Vielzahl bekannter Fehlerquellen begleitet. Sie vollzieht sich zudem häufig nicht in der direkten Absicht, kritisches Material zur Prüfung von Theorien zu liefern, sondern wird durch administrative, politische, juristische u. a. Überlegungen gelenkt. Handelt es sich um aggregierte Größen, so schließt die Datensammlung zahlreiche Entscheidungen ein, die etwa die Wahl der Gewichte betreffen. Die bekannten Probleme bei der Interpretation von Indizes bedürfen keiner näheren Erläuterung. Sämtliche im Bereich der Erfassung getroffenen Entscheidungen lassen sich jedoch zumindest prinzipiell kritisch überprüfen und korrigieren, so daß ein Dissens im Hinblick auf Beobachtungsaussagen beigelegt werden kann.

(2) Ähnlich verhält es sich mit dem engverwandten *Auswahlproblem*, das jede Datenerfassung begleitet. Da die meisten Institutionen, die theoretisch wichtige Beobachtungen liefern, nicht in erster Linie an der kritischen Frage nach der Bewährung eines wissenschaftlichen Aussagesystems interessiert sind, läßt sich eine einseitige Auswahl, die mit der jeweiligen offiziellen Meinung konvergiert, nicht ausschließen. Welche Komplikationen für die Interpretation der Beobachtungaussagen daraus im Einzelfall resultieren können, läßt sich leicht ermessen, wenn man an Verteilungskonflikte, wie sie etwa bei der Änderung relativer Marktpositionen auftreten, denkt. Schafft man etwa auf Grund preistheoretischer Überlegungen einen Höchstpreis ab in der Absicht, einen neuen Gleichgewichtspreis zustande kommen zu lassen, so werden durch die Veränderung der Austauschverhältnisse auch die Einkommen der einen und der anderen Marktpartei negativ bzw. positiv beeinflußt. Es ist nur zu verständlich, daß aus dem Blickwinkel der einen oder anderen Gruppe die Ergebnisse solcher politischen Handlungen verschieden gesehen werden und das Tatsachenmaterial, das für oder gegen die mit der speziellen Maßnahme verbundenen preistheoretischen Erwartungen spricht, verschieden interpretiert wird.

(3) Derartige Äußerungen haben solange keine übermäßige Bedeutung, wie die zugrunde liegenden Fakten einer allgemeinen Kontrolle zugänglich sind. Das ist jedoch nicht immer der Fall. Verbände, Regierungen, internationale

Behörden, Unternehmungen, Parteien u. a. verfügen mitunter über ein *Informationsmonopol* und sie entscheiden darüber, ob bestimmte Fakten einer breiteren Öffentlichkeit zugänglich werden oder nicht. Kritische Informationen gelangen somit in das Gebiet politischer Interessengegensätze und sind nicht mehr allein nach wissenschaftlichen Gesichtspunkten verfügbar. Um nur ein Anwendungsbeispiel zu nennen, sei auf die Theorien des internationalen Handels verwiesen. *Ohlins* stolzes Wort, daß es nur eine, nämlich die neoklassische Theorie gäbe, stimmte schon nicht zum Zeitpunkt, als es geäußert wurde; denn die Imperialismustheorie und die allerdings rudimentären Theorien der deutschen Historischen Schule waren im echten Sinne konkurrierende Aussagesysteme. Neuerdings gibt es aber zumindest einen rivalisierenden Entwurf, nämlich die von *Myrdal*, *Singer* und *Prebisch* vorgetragene Theorie, daß die Einkommensunterschiede sich international vergrößern, also die Faktoreinkommen sich nicht, wie die *Heckscher-Ohlin*-Theorie behauptet, einander angleichen, sondern daß das Gegenteil der Fall ist. Die kritische Überprüfung setzt internationale Einkommensstatistiken voraus, die angesichts der Praktiken mancher autoritär regierter Länder nur schwer zu beschaffen sind, ganz abgesehen von den statistischen Problemen des Findens geeigneter Indikatoren für die Wohlstandsmessung in unterentwickelten Gesellschaften und der Verläßlichkeit der Erfassung. Da das Ergebnis der statistischen Messung, wie die Welthandelskonferenz, wo das *Myrdal-Singer-Prebisch*-Argument die offizielle Theorie der Entwicklungsländer war, gezeigt hat, auch die Verhandlungsposition der Betroffenen tangiert, wird die kritische Überprüfung anhand von Tatsachenaussagen infolge dieser Symbiose von Theorien und politischen Interessen noch besonders schwierig[60],[61].

Angesichts einer solchen Problemsituation neigt man mitunter dazu, Infor-

---

60 Es gibt natürlich noch viele andere Möglichkeiten dafür, daß Beobachtungsaussagen in das Kreuzfeuer politischer Interessengegensätze gelangen. Wenn man etwa feststellt, daß Kleinbetriebe weder im Intra- noch im Interbranchenvergleich in der Regel arbeitsintensiv sind (so *Ch. Watrin*, *W. Meyer*, Untersuchung der Möglichkeiten des Ausgleichs der gegenwärtigen Belastung durch lohnbezogene Abgaben, Untersuchungen Nr. 16, hrsg. v. Institut für Wirtschaftspolitik an der Universität zu Köln, 1965, S. 56 ff.), so gerät damit die in der Mittelstandsdiskussion vertretene Position über die Produktionsfunktionen im kleinbetrieblichen Sektor in Gefahr. Ökonomische Beobachtungsaussagen haben daher häufig auch eine kritisch-politische Funktion.

61 Die Überprüfung speziell der *Myrdal*schen These ist nicht unbedingt an die Verfügbarkeit internationaler Einkommensstatistiken gebunden, sondern es wäre auch, wie *J. L. Stein*, *G. H. Borts* (Economic Growth in a Free Market, New York 1964) vorschlagen, möglich, sie auf einen großen Wirtschaftsraum wie die USA zu beziehen und zu überprüfen.

mationen, die von der einen oder anderen Seite vorgetragen werden, als Zweckmeldungen zu diskreditieren – ein Verfahren, das sich bis in die tägliche Wirtschaftsberichterstattung hinein beobachten läßt. Die ausgesprochene oder angedeutete Verdächtigung führt jedoch in vielen Fällen in die Irre, weil sie den Eindruck erweckt, daß Nachrichten und Informationen aus anderen Quellen einen höheren Grad an Dignität hätten, also in irgendeinem Sinne objektiver seien. Nun beruht aber die Objektivität der Wissenschaft in keiner Weise auf der Objektivität der mit ihr betrauten Personen, und sie hängt auch nicht vom subjektiven Zustand des Wissenschaftlers ab. Jene unterliegen wie alle Menschen dem Irrtum, ihre Perspektive ist selektiv und ihr Engagement für die eine oder andere Seite ist ihnen möglicherweise nicht einmal bewußt. Die wissenschaftliche Objektivität resultiert daher nicht aus den Personen, sondern aus dem Prozeß der kritischen Argumente, die miteinander konfrontiert werden[62]. Das gilt nicht nur im Hinblick auf die kritische Überprüfung von Theorien, sondern auch von Beobachtungen. Der Hinweis, daß bestimmte Beobachtungen bzw. Basisaussagen mit irgendeiner Interessenposition harmonieren, ist daher noch kein notwendiger und erst recht kein hinreichender Grund, um Beobachtungsaussagen abzulehnen oder als falsch zurückzuweisen.

(4) Die Methode der Auslese falscher Theorien oder wirtschaftspolitischer Maßnahmen durch die Konfrontation mit Beobachtungsaussagen begegnet nicht nur Ermittlungs-, Auswahl- und Erfassungsschwierigkeiten, von denen man im übrigen trotz aller Komplikationen im Einzelfall sagen kann, daß sie prinzipiell bewältigt werden können, sondern möglicherweise auch dem Einwand, daß sie angesichts des reflexiven Charakters ökonomischer und soziologischer Theorien grundsätzlich ungeeignet sei, falsche Aussagesysteme aufzudecken. Man könnte sich die Argumentation wie folgt aufgebaut denken: Im Gegensatz zu den Naturwissenschaften ist in den Wirtschafts- und Sozialwissenschaften eine scharfe Trennung zwischen dem Forschungsobjekt und dem Forschenden als Subjekt nicht möglich. Das bedingt den reflexiven Charakter vieler theoretischer Aussagesysteme in diesem Bereich. Da das Handeln von Menschen Gegenstand von Theorien ist und diese wiederum jenen bekannt sind, seien Subjekt und Objekt hier – anders als im naturwissenschaftlichen Bereich – miteinander identisch[63].

---

62 Diesen Gesichtspunkt hat besonders *Popper* häufig hervorgehoben.

63 Zur Analyse der Reflexivität soziologischer und ökonomischer Theorien siehe: *F. A. Lutz,* Das Problem der Wirtschaftsprognosen, Recht und Staat, H. 185, Tübingen 1955; *R. K. Merton,* Die Eigendynamik gesellschaftlicher Voraussagen, in: Logik der Sozialwissenschaften, hrsg. v. *E. Topitsch,* Köln/Berlin o. J. (1965), S. 144 ff. *E. Topitsch,* Sozialtheorie und Gesellschaftsgestaltung; Wiederabdruck

Die Subjekt-Objekt Beziehung kann, wie *Lutz, Merton und Topitsch* anhand der Prognoseproblematik zeigen, die Konsequenz haben, daß Vorhersagen, die aus einer Theorie abgeleitet werden, an sich richtig sind, wenn sie veröffentlicht und geglaubt werden, jedoch falsch werden, wie umgekehrt falsche Voraussagen wahr werden können. *Lutz* bezieht sich auf das bekannte Beispiel des sogenannten Schweinezyklus, d. h. auf die dynamische Preistheorie, die es möglich macht, aus den Bedingungen, die heute am Markt im Hinblick auf die angebotene Menge und den Preis herrschen, die zukünftige Preisentwicklung zu prognostizieren. Wenn nun z. B. in einer Situation niedriger Preise eine Prognose veröffentlicht wird, die in naher Zukunft hohe Erlöse verheißt, so kann das dazu führen, daß sich die Anbieter schon bei niedrigen Preisen zur Angebotsausdehnung entschließen mit der Konsequenz, daß ein Überangebot die Preise zum vorhergesagten Zeitpunkt niedrig bleiben läßt. Die der Theorie widersprechende Beobachtungsaussage, das Ausbleiben des Preisanstiegs, wäre dann nicht als widerlegendes Argument anzusehen. Allgemein ausgedrückt, wenn die Objekte einer Theorie Kenntnis von ihr erlangen, dann können Tatsachenfeststellungen nicht mehr ohne weiteres als die letzten Instanzen für die Annahme oder Verwerfung einer Theorie akzeptiert werden. Beobachtungsaussagen wären mithin ihrer Rolle als Auslesefaktoren beraubt.

Wenn die obige Argumentation zuträfe, dann hätte sie eine große Tragweite und man müßte in vielen Fällen an der Möglichkeit, ökonomische Theorien in der Anwendung zu prüfen, Zweifel hegen; das Gelingen oder Mißlingen einer wirtschaftspolitischen Maßnahme und damit die empirische Bestätigung oder Widerlegung einer Theorie könnte häufig darauf zurückgeführt werden, daß die Veröffentlichung einer Prognose in der einen oder anderen Richtung gewirkt hätte, die Theorie also trotz widersprechender Ergebnisse an sich richtig sei. In einer Welt, in der das Aufstellen von Vorhersagen zu den täglichen Selbstverständlichkeiten gehört, dürfte es kaum schwer sein, mit Hilfe dieses Arguments häufig ein Alibi für das Scheitern von theoretischen Erwartungen zu finden.

Gegen diese Argumentation läßt sich allerdings folgendes einwenden: Die sich selbst erfüllenden oder widerlegenden Theorien sind selbst wiederum ein erklärungsbedürftiges Phänomen, das nur von Theorien, die sich auf diesen Gegenstandsbereich beziehen, erklärt werden kann. Im übrigen führt ja nicht jede Vorhersage ihre eigene Erfüllung oder Widerlegung herbei, d. h. das Phänomen ist nicht in allen Fällen beobachtbar. Stellt man auf das Beispiel aus der Preistheorie ab, so gehört zu den Anwendungsbedingungen ganz offenbar die Bedingung, daß die veröffentlichten Voraussagen von den

in: *E. Topitsch*, Sozialphilosophie zwischen Ideologie und Wissenschaft, Neuwied 1961, S. 130 f.

Objekten der Theorie für wahr gehalten werden und daß sie die Motivation der Handelnden ändern. Damit gelangt man aber zu zwei verschiedenen Verhaltensweisen, die durch die bisherige Theorie nicht erklärt werden können. Man benötigt daher zwei verschiedene Theorien zur Erklärung der beobachteten Phänomene, eine, die Vorhersagen macht unter der Voraussetzung, daß die Betroffenen in Unkenntnis bleiben, und eine andere, die Prognosen aufstellt unter der Bedingung, daß das relevante Wissen bei den Objekten bekannt ist und respektiert wird[64]. Es handelt sich also um verschiedene Theorien, die zu verschiedenen Prognoseergebnissen führen und die unter den jeweiligen Anwendungsbedingungen geprüft werden müssen. Nur die ungenaue Formulierung der Anwendungsbedingungen vermag daher zu der oben skizzierten „Paradoxie" zu führen, und es ist nicht notwendig, die vorgeschlagene Auslesemethode wegen des obigen Einwandes fallen zu lassen.

2. Die Auswahl von Theorien

Man kann nicht erwarten, daß die Methode der kritischen Auslese von Theorien zu einer Situation führt, in der jeweils nur eine Theorie als vorläufig bewährt übrigbleibt. Dem steht einmal der wissenschaftliche Fortschritt, die Produktion neuer Hypothesen oder Beobachtungsaussagen entgegen, zum anderen aber wäre die Elimination aller Theorien bis auf eine kein erstrebenswertes Ziel, da Verbesserungen des Wissens nur dadurch erzielt werden, daß bestehende Aussagesysteme durch neue Entwürfe oder Erfahrungen in Zweifel gezogen werden[65]. Für das wirtschaftspolitische Handeln folgt daraus, daß in der Regel mehrere rivalisierende Hypothesen zur Diskussion stehen, d. h. im Hinblick auf die gleiche Zielsituation alternative Mittelempfehlungen vorliegen können[66]. Eine wirtschaftspolitische

---

64 Es wäre natürlich wünschenswert, daß man eine einzige Theorie, die beide Fälle erklärt, findet.

65 Siehe hierzu: *K. R. Popper*, Logik der Forschung, a.a.O., S. 373, und im Anschluß an ihn *G. Fleischmann*, Nationalökonomie und sozialwissenschaftliche Integration, Tübingen 1966, S. 22 ff. — Instruktive praktische Anwendungsfälle zu der hier eingenommenen Position finden sich in dem Buch von *D. C. McClelland*, The Achieving Society; gekürzte deutsche Fassung unter dem Titel: Die Leistungsgesellschaft, Stuttgart o. J. (1966), S. 41—79.

66 Als konkurrierend kann man in erster Annäherung solche Aussagesysteme bezeichnen, aus denen sich das gleiche Explanandum ableiten läßt. Wie allerdings *K. R. Popper* (Logik der Forschung, a.a.O., S. 77 ff.) zeigt, können zwischen Theorien, die den gleichen Objektbereich betreffen, sehr verschiedene Beziehungen bestehen; sie können sich u. a. im Hinblick auf Teilbereiche (einige Explananda) überschneiden, während das bei anderen nicht der Fall sein muß.

Entscheidung impliziert daher gleichzeitig auch ein Votum für die Annahme einer von mehreren konkurrierenden Hypothesen zu Lasten der übrigen.
Dieses Problem ist der in der Entscheidungslogik häufig diskutierten Frage der Auswahl einer „besten“ Alternative unter Ungewißheit quasi vorgelagert. Während es dort darum geht, zwischen mehreren Alternativen, über deren Konsequenzen sich keine Wahrscheinlichkeitsaussagen machen lassen, zu wählen, wobei die Ungewißheitspräferenz[67] des Entscheidungsträgers eine Rolle spielt, steht hier nicht zur Diskussion, ob unter gewissen Voraussetzungen (Entscheidungsmaximen) eine optimale Alternative gefunden werden kann, sondern der Möglichkeitsbereich des wirtschaftspolitischen Handelns selbst ist umstritten. Im Einzelfall kann das bedeuten, daß die Frage gestellt wird, ob bestimmte Alternativen überhaupt existieren. Wenn z. B. die Rolle der Beschäftigungspolitik für das langfristige Wirtschaftswachstum erörtert wird, lassen sich – grob gesprochen – zwei konkurrierende Auffassungen, deren Mittelempfehlungen sich weitgehend gegenseitig ausschließen, feststellen[68]. Nach der einen wirkt der Wettbewerb auf den Güter- und Faktormärkten am intensivsten, wenn die volkswirtschaftliche Kapazität nicht voll ausgelastet wird und die Beschäftigung nicht über 97% steigt, da dann keine Engpässe bei Faktoren und Gütern auftauchen und die Investitionsmittel zwischen schrumpfenden und expandierenden Branchen effizient verteilt werden. Die dadurch bewirkte höhere Effizienz der einzelnen Betriebe und der gesamten Volkswirtschaft soll daher, trotz der Nichtauslastung eines Teils des Produktionspotentials, eine langfristig höhere Wachstumsrate als in jeder anderen Situation bewirken. Die entgegengesetzte Position bestreitet die Gangbarkeit dieses Weges. Nach ihrer Ansicht bedingt eine latente Nichtbeschäftigung, vor allem der Arbeitskräfte, seitens der Unternehmer eine vorsichtige Verkaufsstrategie, die ihren Niederschlag findet in einer zurückhaltenden Investitionspolitik; bei den Arbeitnehmern aber ruft sie einen permanenten Widerstand gegen arbeitssparende Neuerungen im betrieblichen Produktionsprozeß hervor. Die Folge sei im schlimmsten Fall eine lang anhaltende Stagnation, bestenfalls ein langsameres Wirtschaftswachstum. Bei einem höheren Beschäftigungsgrad, dem etwa ein Arbeitslosenprozentsatz von nur 1% entspricht, treten hingen die nachteiligen Folgen nicht auf, da einerseits die Unternehmer infolge

67 Die Benutzung der Ungewißheitspräferenz für wirtschaftspolitische Entscheidungen wird sehr ausführlich bei *T. W. Hutchison* („Positive“ Economics . . ., a.a.O., S. 102 ff.) unter dem Titel „The ‚Selection‘ of Hypotheses“ erörtert. Es geht ihm allerdings nur darum zu zeigen, daß die Ungewißheitspräferenz ein Teil des Wertsystems des jeweiligen Entscheidungsträgers ist.

68 Zum folgenden Beispiel vgl.: *E. Devons*, Economists and the Public, Lloyds Bank Review 77 (1965), S. 26 ff.

optimistischer Markterwartungen expansive Märkte bevorzugen und angesichts der Knappheit der Arbeitskräfte neue arbeitssparende Maßnahmen erfinden, während umgekehrt die Arbeitskräfte infolge der vielfältigen Möglichkeiten, neue Beschäftigung zu finden, dem arbeitssparenden technischen Fortschritt keine Hemmnisse in den Weg legen und in die expansiven Bereiche mit steigenden Löhnen abwandern. Ein höherer Grad der Ausnutzung des volkswirtschaftlichen Produktionspotentials habe daher auch ein höheres langfristiges wirtschaftliches Wachstum zur Folge. Die Gegenantwort auf diese, unter dem Stichwort Nachfragedruckhypothese bekannt gewordene Konzeption lautet: Selbst wenn die Argumentation zuträfe – was in Wirklichkeit nicht der Fall sei –, so habe die hohe Beanspruchung der volkswirtschaftlichen Ressourcen die Folge, daß im Inland eine inflationäre Entwicklung entstehe, die dann zu Zahlungsbilanzschwierigkeiten führe. Diesem Einwand könnte wiederum seitens der Anhänger der gegenteiligen Meinung entgegengehalten werden, daß eine hohe Wachstumsrate und in Verbindung mit ihr ein hoher Anstieg der Arbeitsproduktivität die Möglichkeit eröffne, die Lohnentwicklung im Rahmen des Produktivitätszuwachses zu halten, und daß gerade dadurch sowohl eine inflationäre Entwicklung vermieden als auch eine ausgeglichene Zahlungsbilanz beibehalten werden könnte.
Beiden Positionen läßt sich entgegenhalten, daß sie auf wenig erprobten Theorien beruhen[69]. Bei konkurrierenden Hypothesen muß es sich natürlich nicht in jedem Fall um nicht oder kaum bewährte Theorien handeln, wenn auch diese Situation nach dem Urteil einiger Autoren angesichts des gegenwärtigen Standes der Wirtschaftswissenschaften vorherrschend ist. So ist *Richter*[70] der Meinung, daß die Qualität des theoretischen Wissens in der Ökonomik „strenggenommen den vorwissenschaftlichen visionären Bereich noch kaum verlassen" habe, und *Hutchison*[71] betont nachdrücklich den in hohem Maße unsicheren Charakter ökonomischer Hypothesen. Ähnlich argumentiert z. B. *Bhagwati*[72], wenn er die Auffassung vertritt, daß in einem Objektbereich, dem stets die besondere Aufmerksamkeit der Theoretiker gegolten hat, dem internationalen Handel, keine der verfügbaren älteren Theorien (*Ricardo, Heckscher-Ohlin*) der empirischen Überprüfung standgehalten habe und die neueren Entwürfe von *Linder* und *Kravis* noch im Vorstadium der Überprüfung seien[73]. Folgt man dieser Auffassung, so wäre

69 Ähnlich auch: *E. Devons*, Economists and the Public, a.a.O., S. 28.
70 *R. Richter*, a.a.O., S. 259.
71 *T. W. Hutchison*, „Positive" Economics . . ., a.a.O., S. 185.
72 *J. Bhagwati*, The Pure Theory of International Trade, The Economic Journal 74 (1964), S. 4 ff.
73 *Caves* ist in seiner Übersicht über die Theorien des internationalen Handels

man bei entsprechenden außenhandelspolitischen Maßnahmen in Ermangelung bewährter Theorien entweder auf die Verwendung wahrscheinlich falscher oder aber ungesicherter Theorien angewiesen[74].

Aber auch in Bereichen der ökonomischen Forschung, in denen die empirische Überprüfung von Theorien einen vergleichsweise hohen Stand hat, wie bei der Theorie der Konsumfunktionen, konkurrieren die Hypothesen erheblich miteinander, wenn auch die Unterschiede der Auffassungen nicht so weit auseinandergehen wie in anderen Bereichen. So wird die wichtige Rolle des Einkommens für die Determination der Spar- bzw. Konsumausgaben weitgehend anerkannt, wenn auch die Interpretation der relevanten Größe und die Struktur der einzelnen Hypothesen sehr verschieden sind. Wie *Ferber*[75] in seiner vergleichenden Darstellung feststellt, hat die absolute Einkommenshypothese vielen Testversuchen standgehalten, allerdings auch zu einigen bedeutsamen Fehlprognosen geführt; sie gerät jedoch vor allem in Schwierigkeit im Hinblick auf die zu beobachtende langfristige Konstanz der Sparquote in den USA. Hier erweist sich die relative Einkommenshypothese überlegen, ohne daß sich allerdings genau sagen läßt, ob die Tatsachen die absolute Einkommenshypothese widerlegen oder ob Interpretationsfehler vorliegen. Die permanente Einkommenshypothese, die gegenüber den beiden vorgenannten den Vorteil hat, alle Erklärungsschwierigkeiten der vorgenannten Theorien zu beseitigen, begegnet jedoch erheblichen Überprüfungsschwierigkeiten, so daß die Frage offenbleibt, ob sie vorläufig akzeptiert werden kann[76, 77].

---

etwas optimistischer. Nach seiner Auffassung hat die ricardianische Version der Theorie der komparativen Kosten der Überprüfung weitgehend standgehalten. Siehe *R. E. Caves,* Trade and Economic Structure, Cambridge/Mass. 1960, S. 268 f.

74 Die ricardianische und die *Heckscher-Ohlin*sche Fassung der Theorie der komparativen Kosten implizieren ebenfalls alternative wirtschaftspolitische Maßnahmen. Wenn z. B. ein Land etwa aus Gründen der Stabilisierung seiner Devisenerlöse eine Änderung seiner Außenhandelsstruktur als wünschenswert ansähe, so würde die *Heckscher-Ohlin*-Theorie Maßnahmen empfehlen, die zu einer entsprechenden Änderung der relativen Faktorausstattung führen (Kapitaleinfuhr, Einwanderung oder Abwanderung von Arbeitskräften), während die arbeitswerttheoretische Version zu Mitteln, die die Arbeitsproduktivität ändern, raten würde. – Vergleicht man die *Heckscher-Ohlin*sche und die *Myrdal*sche Theorie der internationalen Maßnahmen, so stößt man ebenfalls auf konfligierende Mittelempfehlungen. Während die eine den Abbau von Handelsmaßnahmen und die Ausweitung des internationalen Handels als Maßnahme zur Förderung der Entwicklungspolitik nahelegt, plädiert die andere für die Einführung von Handelsrestriktionen, Zollpräferenzen usw., um das gleiche Ziel zu erreichen.

75 *R. Ferber,* Research on Household Behavior, a.a.O., S. 24.

76 Vgl. ebd., S. 30 f.

Welche Hilfen aber kann die kritische Methode der Wissenschaft in Entscheidungssituationen bieten, in denen konkurrierende Theorien vorliegen, die dem empirischen Tatsachenmaterial mehr oder minder gut standhalten. Sicherlich wäre es unbefriedigend, wenn man alle konkurrierenden Hypothesen und die daraus ableitbaren Mittel als äquivalent ansehen wollte und eine Entscheidung durch Anwendung von Regeln über rationales Handeln bei unvollkommener Information versuchen würde. Das Verfahren würde bedeuten, daß man bereit sein müßte, miteinander nicht kompatible Theorien zu akzeptieren bzw. sich widersprechende Maßnahmen zuzulassen. Ebensowenig scheint die mitunter geforderte explizite Einführung von Werturteilen ein gangbarer Weg, da diese wegen ihres nichtkognitiven Charakters prinzipiell der kritischen Prüfung durch die Beobachtung entzogen sind. Die wissenschaftliche Diskussion zerfiele dann in eine Reihe sich bekämpfender Wertstandpunkte, zwischen denen die Kommunikation durch die jederzeit mögliche Berufung auf Wertpositionen abbrechen müßte. Erfolgversprechend scheint hingegen die Entwicklung von kritischen Standards zu sein, die den Vergleich von Theorien im Hinblick auf ihren Wahrheitsgehalt gestatten. So hat *Popper*[78] versucht, ausgehend von der regulativen Idee der Annäherung an die Wahrheit, derartige Kriterien zu konstruieren. Nach seiner Auffassung lassen sich Theorien hinsichtlich ihres verschiedenen Informationsgehaltes und damit ihres Prüfbarkeitsgrades miteinander vergleichen. Daraus ergibt sich dann die Möglichkeit, einzelne Aussagesysteme im Hinblick auf ihre Wahrheitsnähe (verisimilitude) miteinander zu vergleichen und die „bessere“ Theorie auszuwählen.
Eine detaillierte Darstellung dieser Überlegungen würde zu weit führen; im vorliegenden Zusammenhang ist lediglich die Feststellung von Bedeutung, daß dem Verfahren der kritischen Prüfung auch bei konkurrierenden Theorien keine prinzipiellen Grenzen gezogen sind, die es erforderlich machten, die Regeln der empirischen Wissenschaft zu verlassen. Sicher spielen bei der Auswahl von Hypothesen subjektive Elemente eine Rolle, sicher wird häufig der Fall eintreten, daß Theorien oder Beobachtungsaussagen wegen entgegenstehender politischer Überzeugungen angenommen oder verworfen wer-

77 Nur am Rande sei wieder auf die unterschiedlichen wirtschaftspolitischen Implikationen der obigen Hypothesen verwiesen. Das Ziel, die Sparquote zu erhöhen, müßte z. B. nach der auf *Keynes* zurückgehenden Version durch Maßnahmen, die die Haushaltseinkommen absolut erhöhen, verfolgt werden, während die von *Duesenberry* vorgeschlagene relative Einkommenshypothese u. a. Maßnahmen zur Änderung der Einkommensverteilung in Betracht ziehen könnte. Siehe ferner hierzu die Ausführungen v. *Th. Wessels,* Vollbeschäftigung, a.a.O., S. 421.

78 *K. R. Popper,* Logik der Forschung, a.a.O., S. 77 ff.; *ders.,* Conjectures and Refutations, a.a.O., S. 233 ff., 391 ff.

den; diese praktischen Schwierigkeiten schließen jedoch nicht aus, daß Fortschritte in der Verbesserung des Wissens möglich sind, mit anderen Worten, daß stets auch eine „bessere" Wirtschaftspolitik gemacht werden kann.

IV. *Kritische Methode und rationale Wirtschaftspolitik*

In der Diskussion um die rationale Gestaltung der Wirtschaftspolitik ist in neuerer Zeit vor allem Nachdruck auf die Erörterung von Konsistenzproblemen und von Regeln der rationalen Wahl zwischen verschiedenen Alternativen gelegt worden. Demgegenüber ist die Analyse der technologischen Problematik in den Hintergrund getreten, so daß der Eindruck entstehen konnte, als ob in der Mittelsphäre ein relativ gesichertes Wissen verfügbar und bei wirtschaftspolitischen Entscheidungen nur die Bewertung der Alternativen kontrovers sei. Das wirtschaftspolitische Handeln vollzieht sich jedoch nicht nur in einem Feld konfligierender Zielsetzungen, sondern gleichzeitig auch konkurriender Theorien, von denen oft nicht hinreichend genau gesagt werden kann, ob und inwieweit sie sich im einzelnen bisher bewährt haben; mit anderen Worten nicht nur miteinander streitende politische Interessengegensätze, sondern gleichzeitig auch Kontroversen über die inhaltliche Wahrheit der verwendeten Hypothesen und die Richtigkeit von Beobachtungsaussagen kennzeichnen wirtschaftspolitische Auseinandersetzungen.
Die Vorstellung, daß die Frage der Eignung eines Mittels in der Zuständigkeit der Wissenschaft *eindeutig* entschieden werden könne, entspringt einer autoritären Wissenschaftsauffassung, die in der Gegenüberstellung von wissenschaftlicher Wirtschaftspolitik und Machtpolitik ihren Ausdruck findet. Nach dieser besonders in der Tagesdiskussion weitverbreiteten Konzeption rühren viele Unzulänglichkeiten der praktischen Wirtschaftspolitik daher, daß „die Politiker" – aus welchen Gründen auch immer – nicht die seitens der Wissenschaft angebotenen „richtigen" Maßnahmen befolgen, sondern häufig aus mehr oder minder durchsichtigen Gründen zu wenig geeigneten, aber politisch opportunen Mitteln greifen. Der Theorie der Verschwörung der Politik gegen die Autorität der Wissenschaft steht jedoch der Konkurrenzcharakter des theoretischen Wissens gegenüber. Falsche Theorien und darauf aufgebaute falsche Empfehlungen lassen sich mit mehr oder minder großen Schwierigkeiten eliminieren. Damit ist jedoch noch keineswegs, wie zu zeigen versucht wurde, die Frage, welche Mittel zweckdienlich sind, entschieden. Was schließlich die Auswahl des besten Mittels unter mehreren möglichen angeht, so kann hierüber erst nach der Erörterung der Handlungsmöglichkeiten befunden werden.
Wenn man daher das Ziel, die Wirtschaftspolitik rational zu gestalten,

verfolgt, dann ergeben sich u. a. zwei Aufgaben. Die eine besteht darin, die aus dem Konkurrenzcharakter von Theorien folgenden wissenschaftstheoretischen und wirtschaftspolitischen Konsequenzen zu verdeutlichen und die auftretenden konkreten Schwierigkeiten zu analysieren. Die andere aber ergibt sich aus der Notwendigkeit, Kriterien zu entwickeln, die helfen, den Prozeß der Verbesserung des Wissens voranzutreiben; das aber bedeutet die Anwendung der kritischen Methoden der Wissenschaft sowohl auf die theoretischen Aussagesysteme als auch auf das politische Handeln. Dabei gilt es stets, die Verknüpfung von wirtschaftspolitischen Instrumenten mit den zugehörigen Theorien im Auge zu behalten. Mit der Änderung theoretischer Auffassungen über die relevanten Faktoren variieren auch die wirtschaftspolitischen Handlungsalternativen, da bisher vernachlässigte Aspekte nach vorne, andere dagegen zurücktreten.
Wirtschaftspolitische Instrumente schaffen potentielle Handlungsmöglichkeiten für die Entscheidungsträger, d. h. sie gestatten es, Situationen herbeizuführen, die vom Standpunkt der jeweiligen Theorie als relevant erachtet werden. Das bekannte Lage-Mittel-Ziel-Schema akzentuiert jedoch möglicherweise die Bindung jeder wirtschaftspolitischen Maßnahme an eine Theorie zu wenig, indem es den Eindruck erweckt, bei wirtschaftspolitischen Streitfragen ginge es in erster Linie darum, die beste Maßnahme zu wählen, wobei die Frage der Eignung alternativer Mittel implizite als weitgehend nicht kontrovers angesehen wird. Der Prozeß der Verbesserung der Wirtschaftspolitik vollzieht sich jedoch nicht auf dem Wege einer kontinuierlichen Umsetzung gesicherter wirtschaftswissenschaftlicher Erkenntnisse in praktisch anwendbare Maßnahmen, sondern im Zusammenhang mit der kritischen Erörterung und Überprüfung alter und neuer Theorien, der Eröffnung neuer und der Verwerfung bestehender Handlungsmöglichkeiten. Die Entscheidung darüber, welche Auffassungen als bewährt und welche als widerlegt angesehen werden müssen, ist dabei keine Frage des persönlichen Werturteils in dem weiten Sinne, wie *Myrdal* es in jüngerer Zeit behauptet hat, sondern sie wird durch die kritische Methode sichergestellt, von der man zwar keine schnellen Fortschritte erhoffen darf, die aber trotz aller Schwierigkeiten, die sowohl die Erfahrungsbasis als auch die Theorien selbst betreffen, insofern Verbesserungen erbringt, als falsche Theorien bzw. Mittelempfehlungen ausgesondert werden können und nur vorläufig bewährte Aussagesysteme erhalten bleiben. Alle auftauchenden Streitfragen in diesem Bereich aber sind grundsätzlich mit den Mitteln der empirischen Wissenschaft entscheidbar.

Gérard Gäfgen

Rechtfertigung, Relevanz und Erfahrung

*Zum Vernunftbegriff in der normativen Ökonomik**

I. *Zur Kritik an der normativen Handlungslehre*

Seit sich aus der Auffassung der Ökonomie als *der* Wissenschaft von der besten Allokation gegebener Ressourcen, also vom Handeln nach dem ökonomischen – oder Rationalprinzip, eine immer weiter verfeinerte Lehre von der Kunst rationaler Entscheidungen entwickelt hat, beobachten wir auch eine zunehmende Anwendung der entsprechenden entscheidungstheoretischen Kalküle auf Policy-Probleme, und dies nicht nur in der Wirtschaftspolitik oder der Unternehmensführung, sondern in allen möglichen Bereichen der Lebensgestaltung und der angewandten Wissenschaften. Beispielsweise wird in den Erziehungswissenschaften die Bildung von Lernzielen, in der Forschungspolitik die Setzung von Prioritäten für Projekte oft entscheidungstheoretisch formuliert. In der Wissenschaft von der Politik scheint sich eine Policy-Lehre auf dieser Grundlage herauszubilden, welche eine Kunst der Gestaltung und Planung entwickeln möchte[1].

Demgegenüber tritt die ursprüngliche Absicht ökonomischer und soziologischer Handlungslehren, wie sie durch Namen wie *Vilfredo Pareto* und *Max Weber* verkörpert werden, nämlich: Beschreibungskategorien und Erklärungen für soziales Handeln und soziale Prozesse zu liefern, stärker in den Hintergrund[2]. Selbst wenn wir einmal von dieser Vernachlässigung der deskriptiven Intentionen absehen, so mußte schon die Ausuferung der normativ-entscheidungslogischen Perspektive in vielfacher Weise zur Kritik Anlaß geben. Wir wollen versuchen, die Berechtigung dieser Kritik zu prüfen und einige durch sie aufgeworfene Probleme im Rahmen der normativen

* Wiederabdruck aus: Soziologie, René König zum 65. Geburtstag. Köln, Opladen 1973, mit freundlicher Genehmigung des Westdeutschen Verlages.

1 Politik wird dann als eine Art Kunst der Aufgabenerfüllung gesehen, so etwa bei *Th. Ellwein,* Politik und Planung, Stuttgart 1968.

2 Neuerdings scheint sich in den Vereinigten Staaten erneut die Richtung ökonomischen Denkens zu entwickeln, welche wieder die Rational*hypothese* in den Vordergrund stellt und aus ihr Erklärungen für verbreitete Verhaltensweisen und Institutionen in den verschiedensten Lebensbereichen ableitet.

Handlungslehre einer Lösung näherzubringen. Es wird sich zeigen, daß es sich dabei vorwiegend um Fragen der relevanten Problemwahl bei Entscheidungen und um solche der Verarbeitung von Erfahrungen handelt. Zuvor aber sollen die Hauptrichtungen und Ansatzpunkte der Kritik wenigstens kurz angedeutet werden.

Die Kritik setzt an bei dem utopischen, subjektivistischen und formalistischen Charakter der Entscheidungslehre. In der Tat beschreibt diese ja, wie bei gegebenem subjektivem Informationsstand eines Handlungssubjekts und bei gegebenen beliebigen, aber in sich konsistenten Wertungen eine optimale Handlungsmöglichkeit (einschl. nur informierender Handlungen) ermittelt werden kann. Sie ist schon von ihren Anfängen in der rationalistischen Philosophie des 18. Jahrhunderts her erweitert worden auf Konsensus-Kalküle für kollektive Entscheidungen, welche Zustände gesellschaftlicher Wohlfahrt definieren sollen. Lassen wir diese Wohlfahrtsökonomik außer Betracht, so kann die Lehre von den optimalen Entscheidungen die Form der *Maximierungstheorie* annehmen, welche Rationalität gleichsetzt mit der Maximierung einer Bewertungsfunktion und welche alle Zweige der mathematischen Programmierung und der Optimierungsrechnungen unter Nebenbedingungen umfaßt. Sie kann aber auch als Theorie binärer *Wahlakte* auftreten, welche konsistente (transitive) Vergleiche aller Elemente einer Menge von Handlungsalternativen verlangt. Beide Perspektiven werden verbunden durch die *Nutzentheorie,* welche die Möglichkeiten von Bewertungsfunktionen, welche ihrerseits binäre Wahlakte konsistent ordnen, untersucht. Die hier zu behandelnde Kritik richtet sich gegen alle diese Formen von Rationalitätskalkülen, obwohl diese Formen nicht immer äquivalent sind[3]. Versuchen wir die Kritiker in etwa zu gruppieren, so können wir unterscheiden: eine behavioristische, eine dialektische und eine kritisch-rationalistische Argumentation.

Die Kritik vieler Verhaltenswissenschaftler geht vom utopischen Charakter der Kalküle aus, welche die Fähigkeiten konkreter Handlungssubjekte einfach überfordern. Man beruft sich also auf die „empirischen Grenzen menschlicher Vernunft"[4], die psychologisch und historisch-soziologisch gegeben seien. Da sicher physiologisch präformierte Begrenzungen nicht gemeint sein können, besteht jedoch stets die Möglichkeit, durch organisatorische und tech-

3 Verschiedene Arbeiten über die notwendigen Bedingungen für die Existenz reellwertiger kontinuierlicher Bewertungsfunktionen haben die Nicht-Kongruenz von Präferenzen- und Wahlakttheorie erwiesen, beginnend etwa mit der Arbeit von *G. Debreu* in dem Sammelband von *R. M. Thrall, C. H. Coombs* und *R. L. Davis,* Hrsg., Decision Processes, New York-London 1954.

4 *H. A. Simon,* Rationality and Administrative Decision Making, in: *ders.,* Models of Man, London 1966, S. 198, spricht ausdrücklich von den empirischen Grenzen menschlicher Vernunft, denen Rechnung getragen werden müsse.

nische Vorkehrungen die Beobachtung und Informationsverarbeitung zu verbessern – worüber seinerseits rational entschieden werden müßte. Wenn also *faktisch* Entscheidungen des in der kritisierten Kunstlehre konstruierten Typs wenig oder gar nicht vorkommen, so ist damit nicht gesagt, daß man sie *normativ* nicht empfehlen kann. Ebenso wie Fähigkeiten erweitert werden können, so auch der von *D. Braybrooke* und *C. E. Lindblom* erwähnte begrenzte Stand des Wissens[5], nur daß beides eben Opportunitätskosten verursacht und somit das Entscheidungsproblem um zumindest eine Stufe erweitert. Daß dabei keine beliebige Erweiterung auf vorgeordnete Ebenen der Entscheidung über Entscheidungsvoraussetzungen möglich ist, ergibt sich aus der Knappheit der für die Gestaltung der Entscheidungsprozesse selbst einsetzbaren Ressourcen, insbesondere der Knappheit der für diese Prozesse verfügbaren Zeit. Dem kann man dadurch Rechnung tragen, daß man nicht nur *geordnete*, sondern auch *endliche* Denkprozesse bei der Ermittlung der optimalen Handlungsmöglichkeit fordert. Dieser Anforderung genügt die Formulierung eines Wahlproblems als mathematisches Programm (mit Algorithmus) oft eher als die allgemeine Formulierung als Menge binärer Vorzugsakte[6]. Die Vorschläge zur Hinnahme von Vernunftbegrenzungen, insbesondere Begrenzungen in der Bewertungsfähigkeit, können verschiedene Formen annehmen, so bei *Herbert Simon* als Prinzip der begrenzten Vernunft, welche in den Bewertungsakten nur befriedigende Zielniveaus, aber keine Optima zu formulieren hätte[7], und bei *Braybrooke* und *Lindblom* als Folge kleinster Entscheidungssequenzen mit nur „inkrementeller" Bewertung der und Information über die Handlungsfolgen[8]. Die Gefahr dieser resignierenden, an empirischen Verhaltensstudien orientierten Lösungsvorschläge liegt darin, daß hier weitere Bemühungen um Rationalität in den menschlichen Handlungen abgeschnitten werden.

In gewissermaßen völlig entgegengesetzte Richtung bewegt sich die Kritik derjenigen, die sich am formalen Charakter der Entscheidungslogik stoßen,

---

5 In ihrem Katalog von Hindernissen, die in den umfassenden Entscheidungskalkülen übersehen werden, nennen *D. Braybrooke* und *C. E. Lindblom*, A Strategy of Decision, 2. Aufl. London-New York 1967, ausdrücklich den begrenzten Wissensstand des Menschen.

6 Die Möglichkeit, daß die Formulierung eines Entscheidungsproblems als mathematisches Programmierungsproblem eher zu einem finiten Prozeß führt als die allgemeinere Vorstellung von binären Vergleichen von Alternativen, wird besonders hervorgehoben etwa bei *R. H. Day*, Rational Choice and Economic Behavior, in: Theory and Decision 1 (1971), S. 249.

7 Die Vorstellung von der Entscheidung unter begrenzter Rationalität wurde vor allem entwickelt in: *H. Simon*, a.a.O. Vgl. auch *ders.*, Rational Choice and the Environment, ebenda.

weil sie davon überzeugt sind, daß die Vernunft als eine totale auch den materialen Inhalt der Bewertungsfunktion in objektiver Weise festlegen könne. Die Beschränkung auf die Verwertung von Informationen über die Handlungssituation, auf die Verbesserung dieser Informationen und auf die Überprüfung der subjektiven Bewertungen hinsichtlich ihrer inneren Widerspruchsfreiheit führt nach dieser, u. a. von *Jürgen Habermas*[9] vertretenen Auffassung, nur zu einer Technologie niederer Stufe, die allenfalls im Dienste einer höheren, nicht nur formalen Vernunft stehen kann. Nach manchen Auffassungen steht sie sogar der Verwirklichung der wahren aufklärerischen Vernunft entgegen: Die Hinnahme beliebiger Wertungen bedeute auch die Hinnahme herrschender Zustände, welche diese Wertungen hervorbringen, und damit stelle sich die Handlungstechnologie geradezu in den Dienst antiemanzipatorischer Interessen. Letzteres könnte wissens-soziologisch der Fall sein, methodologisch ist es keineswegs zwangsläufig. Dieser Punkt gehört im übrigen zur marxistischen Positivismuskritik, da er für „bürgerliche" Wissenschaftskonzeptionen gleichermaßen gilt wie für die Bereitstellung formaler Entscheidungskalküle. Hierzu ist daher kaum Neues zu sagen. Es bleibt der Vorwurf der materialen Unvollständigkeit des verwendeten Vernunftbegriffs. Es ist jedoch nicht zu sehen, wie eine normative Handlungslehre einen Anspruch einlösen könnte, der zwar schon von vielen Verfechtern einer materialen Ethik erhoben wurde, jedoch nie beweiskräftig gerechtfertigt worden ist. Vom Standpunkt einer Handlungslogik kann man die große Hoffnung der Aufklärung und all der Denkweisen, die sie fortzusetzen und aufzuheben bemüht sind, sicher auch so interpretieren, daß es der Vernunft gelingen möge, technologisch verwertbare Erkenntnis und Erkenntnis der richtigen Ziele zu verschmelzen. Im Kontext praktischer Handlungsprobleme bedeutet das jedoch nur, daß jedes als Wert oder Zielgröße gesetzte Merkmal einer Handlungssituation seinerseits als in einem größeren Zusammenhang wiederum anderen Zielen dienend erkannt werden kann, bis man sozusagen alle Elemente, welche die Idee der Glückseligkeit ausmachen, beisammen hätte und damit – um in einer *Kant*schen Ausdrucksweise zu bleiben – nur noch Imperative der Geschicklichkeit zu benutzen hätte, modern gesprochen: für Entscheidungen keine subjektiven Wertungen, sondern nur noch objektivierbare Handlungstechnologie zu benutzen hätte. Nicht um-

8 Einen solchen „Inkrementalismus", der nur Bewertungen von und Informationen über kleine Schritte benutzt, stellt die gesamte Entscheidungsstrategie von *D. Braybrooke* und *C. E. Lindblom,* a.a.O., dar.

9 *J. Habermas* hat diesen niederen Status einer formalen Handlungstechnologie verschiedentlich betont, so u. a. in seinem Aufsatz: Dogmatismus, Vernunft und Entscheidung — Zur Theorie und Praxis in der verwissenschaftlichten Zivilisation, in: *ders.,* Theorie und Praxis, Neuwied und Berlin 1963.

sonst hat aber schon *Kant* gewußt, daß die auf Verfolgung des Glücks gerichteten Imperative der Klugheit de facto nicht mit denen der Geschicklichkeit in volle Übereinstimmung gebracht werden können – auch wenn er sie letztlich für empirisch gehaltvoll hielt[10]. Wer ihre Gleichsetzung erstrebt, muß immer breitere Systeme bis zu solchen der Welterkenntnis als handlungsrelevant heranziehen – und das kann er wiederum nur, wenn er an die Möglichkeit totaler Vernunft glaubt –, wie immer diese sich manifestieren möge. Man muß jedoch anerkennen, daß formale Vernunft in den subjektiven Zielsetzungen von Handelnden nicht ausschließen darf, daß ihre Zielsetzungen in Frage gestellt und objektiver Diskussion unterworfen werden können und sogar sollen, insbesondere dann, wenn die Zielsetzungen auf empirischer Kurzsichtigkeit beruhen, also wichtige weiterführende Zusammenhänge außer acht lassen. Das können sowohl solche sein, die für das Handlungssubjekt selbst zu späterer Zeit oder in anderen, zunächst nicht direkt tangierten Lebensbereichen von Bedeutung sind, als auch Auswirkungen auf andere Menschen oder auf gesellschaftliche Zustände. Zwar scheint damit die Verantwortlichkeit des jeweils Handelnden über das von ihm subjektiv Intendierte hinaus beschworen zu werden, da aber hier kein *System* von Verantwortlichkeiten konstruiert wird, geht es nur um die Forderung, daß die Möglichkeit der erweiterten Diskussion von je konkret gestellten Handlungsproblemen nicht abgeschnitten werden sollte. Damit ist nicht gesagt, daß eine normative Handlungslehre nicht in formaler Weise einiges zur Regelung von Verantwortlichkeiten beitragen könnte, da sie ja auch eine Kunst der Organisation kollektiver Handlungen umfaßt und da Verantwortung eine auf solche Handlungssysteme, nämlich auf Gesellschaften, bezogene Kategorie darstellt[11].

Auf eine ständige Revidierbarkeit von Entscheidungen und Programmen hebt besonders der kritische Rationalismus ab, für den die theoretischen Zusammenhänge, auf denen Handlungsprogramme basieren, jederzeit in Frage gestellt werden können. Er würde dabei zwar auch die Absolutsetzung subjektiver Zielsetzungen rügen, mehr jedoch noch die Hinnahme rein persönlicher Sachüberzeugungen bzw. bloßer empirischer Vorstellungen der Handlungssubjekte. Man mag die subjektivistischen Tendenzen der Entscheidungstheorie als Reaktion auf ursprünglich allzu optimistische Vorstellungen von manifesten Wahrheiten erklären, wie sie von dem älteren Rationalismus und

---

10 Wir beziehen uns in loser Weise auf *Kants* Grundlegung zur Metaphysik der Sitten von 1785.

11 Daß es sich hier um eine alte Erkenntnis der Soziologie handelt, ist in der deutschen Sozialwissenschaft nicht besonders geläufig, wurde jedoch verschiedentlich von *René König* unter Hinweis auf *P. Fauconnets* Arbeit von 1920 über die Verantwortung betont.

der klassischen Ökonomie gehegt wurden. Sie bedeuten jedoch nicht einen epistomologischen Skeptizismus schlechthin, wie er von *Karl R. Popper* als philosophische Krankheit unserer Zeit abgelehnt wurde[12]. Denn gemeint ist nur ein Ausgehen vom vorhandenen Informationszustand des Subjekts, der seinerseits wiederum nach subjektiv rationalen Kriterien zu vervollständigen ist – und wer würde leugnen, daß zur Rationalität die Verwertung ursprünglich bereits vorhandener Anhaltspunkte gehört? Daß diese Anhaltspunkte kritischer, intersubjektiv nachvollziehbarer Überprüfung möglichst standhalten sollten, wird leider in ausformulierten Entscheidungskalkülen nicht gesagt, womit zweierlei Interpretationen offenbleiben, die sich beide durch Zitate von Vertretern der Entscheidungstheorie würden stützen lassen: 1. Die Geltung wichtiger wissenschaftstheoretischer Grundsätze wird stillschweigend vorausgesetzt, oder 2. die Art der subjektiven Überzeugungen von Sachzusammenhängen wird als völlig beliebig angesehen[13]. Der kritische Rationalismus wendet sich zu Recht gegen die zweitgenannte Auffassung. Die zuerst genannte entspricht jedoch schon deshalb eher dem entscheidungstheoretischen Gesamtkonzept, weil dieses ja ein Programm zur praktischen Anwendung wissenschaftlicher Erkenntnisse sein will – sowohl nach seiner geistesgeschichtlichen Herkunft aus dem Utilitarismus als auch nach Vorschlägen der näheren Ausgestaltung des Konzepts etwa in Form einer „Theorie der Wirtschaftspolitik". Zweifellos wäre es jedoch besser, ausdrücklich in die Aussagen einer normativen Handlungslehre die Forderung aufzunehmen, daß empirische Erwartungen sich nicht irrational bzw. willkürlich herausbilden dürfen. Die Verwertung subjektiver Überzeugungen ist besonders deutlich da, wo mehrere Deutungen der Situation möglich, d. h. mit der vorliegenden Evidenz vereinbar sind – und wo diese Situation auch nicht durch immer weiter getriebene Informationssuche aufgehoben werden kann, da die Entscheidung eben dringlich ist und da prinzipiell vollkommenes Wissen nicht erreichbar ist. Hier zu fordern, daß eine Alternative nur auf Grund der Annahme *einer* objektiv überprüften Hypothese ausgewählt würde, wäre in der Tat nicht angebracht. Das Wissenschaftsprogramm des kritischen Rationalismus allein bietet hierfür wie für andere Aspekte von Handlungsproblemen keinerlei Handhabe, so daß nur subjektivistische Hilfen möglich

12 Vgl. *Poppers* Äußerung zum intellektuellen und moralischen Relativismus, in: *K. Popper*, The Open Society and Its Enemies, Bd. II, Addendum, 5. Aufl. London 1969, S. 369.

13 Während manche Entscheidungstheoretiker den Eindruck erwecken, als sei mit der Lehre von der Rationalen Aktion eine beliebige subjektive — auch eine irrationale — Überzeugung von empirischen Zusammenhängen verbunden, wird kaum ein Methodologe dem zustimmen. Vgl. etwa die Gegenargumente bei Q. *Gibson,* The Logic of Social Inquiry, London-New York 1960, insbesondere S. 43.

sind (subjektive Bewertungen einzugehender Risiken, subjektive Einschätzungen von Konfirmationsgraden konkurrierender Hypothesen). Was die ohnehin nichtempirischen subjektiven Elemente von Handlungsproblemen, nämlich die Zielsetzungen bzw. die Wertungen oder Präferenzen angeht, so haben wir bereits auf Grund der Kritik am formalen Charakter des verwendeten Vernunftbegriffs konzediert, daß sie jederzeit in Frage gestellt und auf Grund weiterführender Informationen verändert werden sollten. Es sollte also keine vorbehaltlose Bindungen an bestimmte Werte, kein nicht revidierbares Engagement geben. Das bedeutet, daß weder *Max Webers* tödlicher Kampf zwischen den Werten[14], also ein subjektiver Wertradikalismus, noch der darin zutagetretende objektive Wertrelativismus Grundlage einer normativen Handlungslehre sein können, sondern nur ein Wert*revisionismus*. Dieser hebt die Trennung von Werten und Fakten insofern auf, als angesichts des stets auch instrumentellen Charakters von Werten diese jederzeit durch neue objektive Erkenntnisse eine andere Bedeutung annehmen können.

II. *Die Rechtfertigung von Handlungsprinzipien*

Die angeblich vorbehaltlose Bindung von Handlungssubjekten durch eine Lehre von der nur subjektiven Rationalität kann sich aber nicht nur auf subjektive Wertungen und subjektive Sachüberzeugungen beziehen, sondern auch auf empfohlene Handlungsprinzipien. Erst diese determinieren die Auswahl einer Aktion auf Grund gegebener Wertungen und Informationen, so etwa das Prinzip, zunächst eine Klasse von Alternativen zu bestimmen, welche allen anderen vorgezogen wird, und aus dieser dann eine Zufallsauswahl zu treffen. Solche Handlungsprinzipien sind keineswegs direkte Implikate eines bestimmten Vernunftbegriffs, wie man bei oberflächlicher Betrachtung etwa des Verfahrens der Maximierung einer Bewertungsfunktion meinen sollte. Man denke nur an die Fälle, bei denen eine bestimmte Maßnahme in ihren Folgen unsicher ist, in denen also an Hand mehrerer möglicher Konsequenzen entschieden werden muß. Die Entwicklung von Maximen für solche Fälle, etwa Maximierung der mathematischen Erwartung des Nutzens, stützt sich darauf, daß die Maximen bestimmten Axiomen genügen bzw. als einzige mit einer bestimmten axiomatischen Struktur vereinbar sind. Das

14 *M. Weber*, Der Sinn der „Wertfreiheit" der soziologischen und ökonomischen Wissenschaften, in: *ders.*, Gesammelte Aufsätze zur Wissenschaftslehre, 3. Aufl. Tübingen 1968, S. 493 f.

aber bedeutet nichts anderes, als daß mit der axiomatischen Struktur erst ein bestimmter Begriff von formaler Rationalität festgelegt wird. Wiederum ist ein Element gefunden, daß völlig willkürliche endgültige Fixierung zu bedeuten scheint. Diese wäre aber nur gerechtfertigt, wenn in den Axiomen in der Tat eine ultima ratio aller Entscheidungen gefunden worden wäre. Die axiomatische Methode bedeutet: man rechtfertigt Entscheidungen durch Rekurs auf ein System von Axiomen, sieht sie also als rechtfertigungsbedürftig an; man kann dann aber nicht behaupten, daß die Axiome ihrerseits nicht der Rechtfertigung bedürften. Dieses, vor allem von *W. W. Bartley*[15] bloßgelegte Dilemma der ultima ratio, das in dem Zwang zum irrationalen Abbrechen der Rechtfertigungskette besteht, kann nur vermieden werden, wenn man die Denkfigur der Rechtfertigung, der Herleitung aus „zureichenden Gründen", überhaupt aufgibt zugunsten der stetigen kritischen Prüfung, wie sie von der *Popper*-Schule als methodisches Prinzip vorgeschlagen wird. Dieses Prinzip bedarf deshalb nicht der Rechtfertigung, weil es impliziert, daß es auch selbst in Frage gestellt werden kann. Geht man diesen Weg, so bleibt als Empfehlung für richtiges Handeln nicht mehr als ein ständiges Probieren und Revidieren, da der Versuch, subjektiv im voraus mögliche Erfolge zu kalkulieren und danach zu entscheiden, ja auf irrationale autoritär festgesetzte Grundentscheidungen rekurrieren muß. Solches muß von allen Versuchen gesagt werden, die mit Hilfe festgelegter Rationalkriterien vernünftiges Handeln fixieren wollen. Etwas weniger unglücklich wäre die Lage nur dann, wenn gezeigt werden könnte, daß es wenigstens ein Kriterium gibt, welches allen wichtigen bisher vorgeschlagenen Axiomen, welche „Rationalität" konstituieren sollen, genügt. Die immer stärker erweiterten Unmöglichkeitstheoreme, welche die Unmöglichkeit simultaner Erfüllung mehrerer wichtiger Axiome beweisen, haben diesen Weg versperrt[16]. Für viele Entscheidungsprobleme gibt es daher Lösungen verschiedenen Typs, so für Spielsituationen Lösungen des sogenannten „Kerns" und solche der *von*

15 *W. W. Bartley,* Rationality versus the Theory of Rationality, in: *M. Bunge,* Hrsg., The Critical Approach to Science and Philosophy, London 1964.

16 Die neuere Geschichte der Unvereinbarkeitsbeweise für Systeme aus Axiomen der Rationalität beginnt mit *Arrows* Unmöglichkeitstheorien für „vernünftige" Bedingungen kollektiver Rationalität (*K. J. Arrow,* Social Choice and Individual Values, New York 1951) und erweitert sich dann auf entsprechende Nachweise für verschiedene Axiomensysteme, besonders solche für Entscheidungen unter Ungewißheit, z. B. *J. Milnor,* Games against Nature, in: *R. M. Thrall, C. H. Coombs, R. L. Davis,* Hrsg., op. cit. Einige Schlußfolgerungen daraus bringt *P. Suppes,* The Philosophical Relevance of Decision Theory, in: *R. E. Macholl,* Hrsg., Information and Decision Processes, New York 1960; siehe zur Mehrdeutigkeit des Rationalitätsbegriffs besonders S. 607.

*Neumann-Morgenstern*schen Axiomatik; oder es wird nachgewiesen, daß für eine Problemklasse Lösungen eines bestimmten Typs nicht existieren[17]. Wenn ursprünglich ein Handeln nach dem Rationalprinzip als eindeutig bestimmbar und als eine Art Garantie für im voraus bestimmbaren bestmöglichen Erfolg (gemessen an subjektiven Zielen) angesehen worden war, so kann auf Grund der Einwände der *Popper*-Schule und der Ergebnisse der axiomatischen Untersuchungen der Entscheidungs- und Spieltheorie selbst dies schon lange nicht mehr der Sinn der Entscheidungstheorie sein. Die Rechtfertigung ist nicht mehr eine bloße Bezugnahme auf eine ohnehin schon evidente Vernunft, sondern in der Tat die Rückführung einer getroffenen Entscheidung auf gewisse ihr vorgelagerte Daten, die ihrerseits auch wieder aus anderen ableitbar sind. Gerade dieser Regreß aber bedeutet eine prinzipiell unbegrenzte Möglichkeit der Diskussion von Entscheidungsprämissen, deren subjektiver Gehalt dabei immer weiter objektiviert werden kann. Das gilt 1. für die subjektiven Vorstellungen von empirischen Zusammenhängen zwischen möglichen Handlungen und ihren Konsequenzen, 2. für die subjektiven Bewertungen von Handlungen und ihre Folgen und 3. selbst für die Prinzipien, mittels deren Handlungen ausgewählt werden. Bleiben wir zunächst noch bei den letzteren, so können diejenigen Axiome diskutiert werden, auf denen sie beruhen. Diese Diskussion mag sich erstrecken auf die logischen Implikationen der Axiome, auf ihre Annehmbarkeit im Sinne eines Konsensus der von der Entscheidung Betroffenen usw. Manche Maximen bedeuten beispielsweise eine bestimmte Haltung zum Risiko, etwa das Maximin-Kriterium, nach welchem bei unsicheren Konsequenzen immer nur die größte Sicherheit in Form der Alternative mit dem höchsten Minimalergebnis angestrebt werden sollte. Je nach Lebensbereich und möglichen Gefahren einer Entscheidung, etwa bei industriepolitischen Planungen, welche die Möglichkeit einer mehr oder minder begrenzten Umweltkatastrophe enthalten, wird eine solche Maxime angebracht sein oder nicht. Die Ableitbarkeit von Entscheidungen aus Prämissen und damit ihre Nachprüfbarkeit stellt eine Logik der Aktion dar, welche wohl als ein Bestandteil von Rationalität angesehen werden muß. Zwang zur Rechtfertigung bedeutet Zwang zu logisch einwandfreier Argumentation, zur Offenlegung von – bestreitbaren – Gründen, auch wenn damit Rationalität nur relativ, nämlich als logischer Bezug auf diese Gründe, gefaßt wird. Die Standards der formalen Vernunft im Handeln bestehen im verbesserten Bezug auf eine je gemeinte

17 Daß beispielsweise eine Lösung vom *v. Neumann-Morgenstern*-Typ (Sattelpunkt) für ein bestimmtes Zehnpersonen-Spiel nicht existiert, wurde nachgewiesen von *W. F. Lucas,* A Game with no Solution, Memorandum RM 5518-PR, RAND Corporation, Santa Monica, Calif., November 1967.

Moralität – die ihrerseits, wie noch zu zeigen sein wird, unter anderen auch empirische Bezüge hat. Die Entwicklung der Entscheidungstheorie hat also zur Aufgabe eines eindeutigen Begriffs von formal vernünftigem Handeln geführt, nicht aber zur Aufgabe der formalen Vernunft selbst, die sich gerade in den Rechtfertigungsketten zeigt. Daß die letzteren zu einem unendlichen Regreß führen, ist logisch nicht zu bestreiten, doch kommt dieser Regreß praxeologisch nicht zum Tragen: Die Rechtfertigung durch Axiome – ebenso wie die bei den anderen subjektiven Entscheidungsdaten – bewirkt bei weiterer Fortführung eine Reduktion auf immer „grundsätzlichere", d. h. weniger objektivier- und reduzierbare Haltungen bei zunehmenden Opportunitätskosten durch den Zeitverlust im Zuge des Entscheidungsprozesses. Damit werden die Probleme zwangsläufig zugespitzt etwa auf Wertkollisionen, was aber für jedes revisionistische Verfahren zur Aufstellung von Programmen ebenfalls gilt, da die Argumentation stets irgendwann abgebrochen werden muß. Für diesen Abbruch kann man auch gewisse Stoppregeln entwickeln, die den Vorzug haben, daß ihre Eigenschaften im voraus gründlich untersucht wurden. Damit ist ein weiterer Vorzug der Entscheidungskriterien erwähnt: Sie ersparen, da ihre Axiomatik bekannt ist, umständliche neue Überlegungen, wenngleich ihre Nachteile der willkürlichen Festlegung nur dadurch vermieden werden können, daß man mehrere Kriterien zur Wahl stellt und stets bereit ist, alle in Frage zu stellen. Viele Verfahren der Entscheidungshilfe stellen sogar nur noch darauf ab, die anstehenden Fragen deutlicher zu strukturieren, ohne sie vollständig zu lösen.

III. *Die Relevanz von Zielsetzungen und Ergebnisbeschreibungen*

Die subjektive Anschauung von einer Entscheidungssituation äußert sich besonders darin, daß bestimmte Merkmale von Handlungen und deren Folgen hervorgehoben werden, um an sie die Bewertung der Handlungen anzuknüpfen. Sind diese Merkmale quantifizierbar, so handelt es sich um Zielvariable („objectives"), an Hand deren ein Zustand daraufhin bewertet wird, ob er subjektiv besser oder schlechter als ein anderer ist. (Dies ist die allgemeinste Formulierung des quantitativen Bewertungsproblems in Handlungskontexten, da andere Formulierungen Sonderfälle davon sind; z. B. sind absolut zu erreichende Ziele ja bestimmte Werte solcher Variablen.) Die Spezifizierung solcher Wertdimensionen umfaßt strenggenommen den stochastischen oder in sonstiger Weise unsicheren Verlauf mehrerer Variablen über die Zeit hin, wobei die Wertungen abhängen nicht nur von der Höhe dieser Variablen, sondern auch vom Zeitpunkt, von ihrer Stabilität, ihrer Wahrscheinlichkeitsverteilung usw. Diese Wertungen müßten in einer zusammenfassenden Bewertungsfunktion und in einer Entscheidungsmaxime zum Ausdruck kommen, um vollständig auszudrücken, was ein Handlungssubjekt überhaupt erstrebt. Daß dies aber schon in der Spezifizierung der zugleich wertenden und beschreibenden Merkmale, welche die Handlungssituation wiedergeben sollen, präjudiziert wird, übersieht man leicht, denn zumeist setzt man stillschweigend voraus, daß es sich um die gelungene Beschreibung einer tatsächlich für das Subjekt *relevanten* Entscheidungssituation handelt.

Wie schwerwiegend das Problem ist, erkennt man an dem artifiziellen Charakter der Beispiele, die in den Lehrbüchern der Entscheidungstheorie angeführt werden. Da wird etwa für eine wirtschaftspolitische Entscheidungssituation als Zielgröße ein bestimmtes Niveau des Volkseinkommens $Z = Z^*$ angegeben; die daran anknüpfende Bewertungsfunktion sei das Quadrat der Abweichungen $Z - Z^*$ des Volkseinkommens von diesem Idealzustand, das in schöner Manier der Statistiker zu minimieren sei[18]. Das Modell der Handlungssituation enthält dann stets noch Aktionsparameter X, deren Höhe vom Subjekt zwecks Beeinflussung der Zielgrößen zu manipulieren sind, sowie exogen gegebene Größen und vielleicht intervenierende Variablen, die eliminiert werden können, um ein System zu erhalten, das nur noch Zielvariable und Handlungsparameter miteinander verknüpft. Dieses Situationsmodell bildet den subjektiven Informationsstand ab; in unserem Beispiel zeigt es, wie das Niveau Z des nominalen Volkseinkommens durch Variation einer wirtschaftspolitischen Variablen X, sagen wir der Staatsausgaben, beeinflußt und so auf sein Idealniveau gebracht werden kann. Im Rahmen unserer Problemstellung geht es nun um die Frage: wie läßt sich die vorgenommene Zielsetzung rechtfertigen? Offensichtlich braucht man dazu zusätzliche Informationen; im vorliegenden Falle würden diese etwa bestehen in der Zerlegung des nominalen Volkseinkommens Z in das Preisniveau P und das reale Produktionsvolumen R, die ihrerseits vom Beschäftigungsgrad N abhängig seien: $Z = P\,R = P\,(N)\,R\,(N)$, wobei $0 \leqq N \leqq 1$.

Diese zusätzliche Information ist sachlicher Art, da sie angibt, wieweit Erhöhungen von Z sich in Preisniveau- und in Produktionsänderungen niederschlagen. Sind nun N und 1/P übergeordnete Zielgrößen (hohe Beschäftigung, möglichst stabiler Geldwert), so stehen sie in einem empirisch begründeten Konflikt miteinander, der durch eine Bewertungsfunktion B (N, 1/P)

---

18 Das Beispiel wurde in vereinfachter Form entnommen aus dem Lehrbuch von *G. Menges*, Grundmodelle wirtschaftlicher Entscheidungen, Köln und Opladen 1969, S. 194 ff. Der Nachweis der Rechtfertigungsbedürftigkeit des darin unterstellten Zieles würde jedoch für *jedes* Beispiel in der einschlägigen Literatur geführt werden können.

zu einem Kompromiß geführt werden kann. Das entsprechende Entscheidungskalkül lautet dann: Maximiere B (N, 1/P) unter den Nebenbedingungen $P = P(N)$ und $0 \leqq N \leqq 1$. Als Lösung ergibt sich eine bestimmte Höhe von N und von P, damit auch von R und schließlich von Z, nämlich Z^*. Damit ist das zu rechtfertigende Idealniveau in der ursprünglichen Problemformulierung bestimmt, die sich somit als Teilproblem eines weitergesteckten Problems erweist, wobei ihre Zielformulierungen eben aus anderen Zielen „abgeleitete" Ziele darstellten.

Die Relevanz von Problemformulierungen und dabei verwandten Maßstäben läßt sich auf diese Weise stets überprüfen, wenn man zusätzliche Informationen und Wertungen heranziehen kann, also ein Meta-Modell zum Modell der ursprünglichen Entscheidungsformulierung konstruieren kann. Die Trennung von Fakten und Werten wird in dem Moment aufgehoben, wo zur Rechtfertigung von Wertungen zusätzliche faktische Zusammenhänge herangezogen werden; die scheinbar dezisionistischen und wertradikalen Formulierungen der Entscheidungstheorie erweisen sich als bloße Hilfskonstruktionen, die ein Problem kalkulierbar machen sollen – wobei die Problem*stellung* jederzeit revidierbar bleiben muß. Natürlich muß es auch hier praxeologische Grenzen geben, also Regelungen, welche eine vorläufige „letzte Instanz" für die gültige Problem- und Zielformulierung definieren. Bezeichnenderweise existieren in der Gesellschaft ja entsprechende institutionelle Konfigurationen, z. B. die Trennung zwischen dem bloßen Experten und dem letztlich die Aufgaben und Ziele formulierenden Politiker oder der Rekurs auf ein Gremium von „Weisen" bzw. auf eine zwischen Fachkundigen zu treffende Konvention. Daß dabei logisch ein „argumentum ad autoritatem" vorgebracht, also auf eine irrationale Quelle von Vernunft zurückgegriffen wird, zeigt wiederum den Unterschied zwischen einem unbegrenzten *Begriff* von Vernunft und dem finiten *Prozeß* der Anwendung von Vernunft im Handeln. Denn Konsensus garantiert nicht Richtigkeit, Berufung auf „Weisheit" verschiebt nur das Problem dahin, wie Weisheit denn bestimmbar sei, und die Figur des „Politikers" kann ja nur die eines vorläufig und unter steter Kontrolle Bevollmächtigten sein.

Wenngleich man nicht in den Fehler verfallen sollte, Probleme mit ihrer Konzeptualisierung schon als gelöst anzusehen, so kann doch die Verwendung scheinbar äquivalenter Merkmale zur Beschreibung von Handlungsproblemen zu wesentlichen Verschiebungen in der Beurteilung führen:

Oberflächlich betrachtet scheint es z. B. gleichgültig zu sein, in welchen Geldeinheiten man die Ergebnisse einer Entscheidung, Barreserven in inländischer oder ausländischer Währung zu halten, ausdrückt. Es bestehe z. B. ein Kurs 1 : 20 zwischen In- und Auslandswährung I und A; eine Aufwertung der Auslandswährung um 5 Prozent innerhalb der nächsten drei Monate werde für möglich gehalten; bei dreimonatiger Anlage von Geld im Inland könne eine Verzinsung von 8 Prozent p. a. erzielt werden, nicht dagegen bei Anlage im Ausland. Die Entscheidungssituation für die Anlage einer Geldeinheit Inlandsgeld sieht dann, in Inlandswährung beschrieben, folgendermaßen aus:

	Ergebnisse im Falle einer Aufwertung	Ergebnisse im anderen Falle
a) Anlage in A	~ 1,05	rund 1,00
b) Anlage in I	1,02	1,02

Die Handlungsweise a) kann das beste Ergebnis in Höhe von 1,05 bringen, ist aber riskant, da sie auch das schlechteste Ergebnis 1,00 zur Folge haben kann. In Auslandswährung beschrieben, sehen die gleichen Ergebnisse wie folgt aus:

	im Falle einer Aufwertung	im anderen Falle
a) Anlage in A	20,00	20,00
b) Anlage in I	~ 19,43	20,40

Jetzt erscheint nicht die Handlungsweise a), sondern b) als besonders verlockend, aber auch riskant. Obgleich im Grunde die gleichen Tatbestände beschrieben werden, sind die Aussagen darüber, was ein spekulatives und was ein auf Sicherheit gerichtetes Verhalten darstellt, völlig entgegengesetzt. Auch könnte die Anwendung von Handlungsmaximen, wie etwa des Maximin-Kriteriums, zu entgegengesetzten Entscheidungen führen. Also kann nur eine der Formulierungen oder eine dritte, auf welche beide zurückgeführt werden könnten, richtig sein. Im vorliegenden Falle wird es darauf ankommen, für welchen Zweck denn die anzulegenden Barreserven gehalten werden sollen, z. B. zur Wiederauffüllung eines Lagers an Importwaren – in welchem Falle die Anlage in Auslandsgeld die Erhaltung realer betrieblicher Substanz sicherstellt.

Derartige Fälle treten häufig auf, z. B. bei der Formulierung von Problemen der Vermögensanlage. Da mit der Formulierung also Vorentscheidungen verbunden sind, müssen auch Formulierungen revidierbar sein und vor allem wiederum von der „letzten Instanz“ stammen oder doch von ihr gebilligt werden. In der Praxis von Wirtschaft und Verwaltung verbergen sich hier viele Manipulationsmöglichkeiten, da die Anfertigung der Situationsbeschreibung fälschlich als bloße Entscheidungsvorbereitung angesehen und entsprechend organisiert wird.

Man sollte deshalb allerdings nicht in den Fehler verfallen, die Konzeptualisierung von Problemen mit ihrer Entscheidung gleichzusetzen. Das gilt vielmehr nur für Auffassungen, nach denen es nur *ein* realitätsadäquates Begriffsschema gibt, welches die Totalanalyse auch der weitestgehenden Zusammenhänge ermöglicht, damit die *eine* richtige Entscheidung schon impliziert und daher nicht gerechtfertigt werden muß. Wird solch ein Anspruch nicht erhoben, so ist die Spezifikation der Zielvariablen, welche mögliche Handlungsergebnisse in objektiv nachprüfbarer Weise beschreiben, zwar zu rechtfertigen, aber letztlich wiederum nur durch Rückführung auf Ermessen des Entscheidungssubjekts. Mit dieser Festlegung sind ja Komponenten einer Nutzenfunktion festgelegt, deren Gestalt dann zusammen mit den verfügbaren Informationen den Ausgang des Entscheidungsprozesses bestimmt. Das Gewicht einzelner Komponenten und deren Zusammenwirken in der Nutzenfunktion unterliegt natürlich den gleichen Diskussionsmöglichkeiten; denn stets kann gefragt werden, ob denn der Beitrag gewisser erreichter Zustände zur erstrebten *Kant*schen Glückseligkeit tatsächlich so hoch zu veranschlagen sei oder nicht. Eine Einschränkung der Nutzenvorstellungen ist dabei allerdings unverzichtbar: Die Definition formaler subjektiver Rationalität läßt nur konsistente und transitive (also widerspruchsfreie) Bewertungsrelationen von Präferenz und Äquivalenz zu. Es wird dabei weder behauptet, daß diese Eigenschaften zum Wesen jeder Wahlhandlung gehören, noch, daß sie in empirisch beobachteten Wahlhandlungen immer präsent seien, vielmehr wird nur ein Vorschlag zu einem rational zu nennenden Entscheidungsverfahren gemacht. Vom Entscheidungstheoretiker selbst kann seine Präferenz für eine solche Sprachregelung nicht wiederum in gleicher Weise als einzig „rational" im Sinne von widerspruchsfrei begründet werden, da es auch andere widerspruchsfreie Sprachregelungen zu Handlungsproblemen gibt. Auch hier stoßen wir also auf logische Willkür, da auch dieser Bestandteil des verwendeten Rationalitätsbegriffs – diese Präferenz der Entscheidungstheoretiker – sich selbst nicht mit der gleichen Rationalität rechtfertigt[19]. Auch hier wird jedoch praxeologischen Notwendigkeiten Rechnung getragen, da ohne widerspruchsfreie Wertungen ein Suchprozeß, der auf Bestlösungen oder doch Verbesserungen ausgerichtet ist, nicht erfunden werden kann; insbesondere erfordern alle Kalküle der Maximierungstheorie mindestens *ein* widerspruchsfrei skalierbares Bewertungsmerkmal. Die Begrenzungen in den für entscheidungsanalytische Zwecke sinnvoll einsetzbaren Ressourcen können allerdings bei sich nicht wiederholenden Entscheidungen der Entwicklung vollständiger Bewertungssysteme entgegenstehen, so daß einfachere Strukturen, z. B. Bildung von einigen wenigen Äquivalenzklassen,

19 Wenn auch die Annahme von Axiomensystemen nicht verlangt werden kann, so verlangt der Entscheidungstheoretiker dennoch stets Widerspruchsfreiheit, besonders des Axiomensystems selbst. So *W. Krelle*, Präferenz- und Entscheidungstheorie, Tübingen 1968, S. 167 f. Derartige Festlegungen sind jedoch keineswegs willkürlicher als die, welche jedes entwickelte System von Logik vornimmt.

benutzt werden müssen. In jedem Falle sind die Gesichtspunkte, die im Vollzug rationaler Aktionen angewandt werden, nicht mit diesen rationalen Aktionen identisch, sondern stellen ihr vorgeordnete Sachlagen sowie empirische und moralische Überzeugungen dar, darunter die Sachlage der Ressourcenknappheit und die Überzeugung von der Ordnungsbedürftigkeit des Entscheidungsprozesses. Auch Wissenschaft begründet sich ja z. B. nicht selbst, sondern nur als ein Verfahren im Dienste aller anderen Ziele[20].

IV. *Subjektivität und Erfahrung*

Der Vorwurf der Subjektivität richtet sich sowohl gegen die Willkürlichkeit der vorgenommenen Wertungen als auch gegen die Beliebigkeit der verarbeiteten Informationen. In der Tat scheint formale subjektive Rationalität es zuzulassen, daß eine Entscheidung auf Grund falscher empirischer Überzeugungen und auf Grund von auf solchen Überzeugungen gestützten Wertungen gefällt wird. Sobald man aber Anwendungen der Entscheidungstheorie auf sequentielle Probleme unter Ungewißheit studiert – und das sind Entscheidungen mit dauernd veränderter Information, darunter Prozesse des ausdrücklichen Sammelns von Informationen und solche der Verwertung der durch Zeitablauf verfügbar werdenden Informationen (Lernstrategien) –, bemerkt man, daß dabei auch die rationale Auswertung von Erfahrungen vorausgesetzt wird. Rationale Aktion darf also gar nicht als auf das isolierte Subjekt und seine Weltsicht bezogen aufgefaßt werden, vielmehr setzt sie die Annahme der regulativen Idee der objektiven Wahrheit voraus oder doch zumindest ihr Surrogat: die Überzeugung von der Notwendigkeit überprüfbarer empirischer Aussagen. Vorausgesetzt wird ja rationales Denken und damit auch rationale Inferenz von vorliegenden Beobachtungen auf „wahre" Weltzustände. Nun ist ein solcher Induktionsschluß umstritten und vermag oft konkurrierenden Hypothesen nur unterschiedliche Grade der Bestätigung zuzumessen oder – bei Fehlen einer logischen Kunstsprache[21] – deren subjektivistisches Äquivalent: subjektive Wahr-

---

20 Was allen Zielen dienlich ist, wie die Wissenschaft, braucht keine eigene Zielsetzung, demnach auch keine eigene Rechtfertigung. So etwa *R. B. Braithwaite*, Moral Principles and Inductive Policies, Proceedings of the British Academy 36 (1950). Wegen der Mehrdeutigkeit der formalen Rationalität (besonders bei Unsicherheit), die erst durch gewisse Wertungen präzisiert wird, gilt das nicht voll für die Theorie der rationalen Aktion.

21 Vgl. etwa *Carnaps* induktions- und wahrscheinlichkeitstheoretische Konzeption, u. a. in: *R. Carnap*, Logical Foundations of Probability, Chicago 1950.

scheinlichkeiten. In Situationen der Unsicherheit ist es wohl rational, solche Anhaltspunkte mitzuverwerten. Der Einwand, daß die maximale Wahrscheinlichkeit dann gegeben ist, wenn die Evidenz die Hypothese logisch impliziert[22], wäre dann zutreffend, wenn es nur um Entscheidungen über die Annahme oder Ablehnung von Hypothesen ginge und als Kriterium dafür die Maximierung des Bestätigungsgrades vorgeschlagen würde. Es geht aber um allerlei Entscheidungen unter Ungewißheit, und als Anhaltspunkte dienen nicht nur Wahrscheinlichkeiten, sondern auch der Nutzen, den im Falle der Wahrheit verschiedener Hypothesen die verschiedenen Aktionen abwerfen könnten.

Alle diese Anhaltspunkte, ja sämtliche Elemente der subjektiven Sicht einer Entscheidungssituation ändern sich mit der Erfahrung, also mit dem Vorliegen neuer Beobachtungen. Verändert werden die Vorstellungen 1. von den realisierbaren Aktionen, 2. von ihren möglichen Konsequenzen (beides zusammen oft als Vorstellung vom Feld des Machbaren, der feasibility, bezeichnet), 3. von der Wahrscheinlichkeit des Eintreffens der Konsequenzen je nach „wahrem" Zustand der Umwelt und damit vom Risiko der betreffenden Aktion, 4. vom Nutzen dieser Konsequenzen und 5. von der Tragbarkeit einzugehender Risiken (Risikopräferenz). Die verändernde neue Erfahrung kann bewußt gesucht werden, und diese informative Tätigkeit ist wiederum einem Entscheidungskalkül unterworfen; sie kann auch als Ergebnis sonstigen Handelns anfallen. In jedem Fall entsteht damit eine neue Situation, die eingeschätzt und in der wiederum entschieden werden muß[23]. In unserem Zusammenhang soll nicht auf die sich damit stellenden Probleme dynamischer Programmierung von Aktionen eingegangen werden, vielmehr interessiert daran hier nur der Aspekt der systematischen Auswertung von Erfahrungen. Über die Wirkung denkbarer neuer Erfahrungen auf die fünf oben genannten Vorstellungselemente existieren zu Beginn einer Sequenz von Aktionen gewisse subjektive Vorstellungen, die für die zu treffende erste Entscheidung mitherangezogen werden. Im nachhinein mögen sie sich als falsch erweisen und werden dann revidiert, womit eine neue Ausgangssituation geschaffen ist; aber selbst wenn diese Vorstellungen richtig waren, so war doch im voraus nicht bekannt, *was* sich Neues ergeben würde,

22 Die Einwendungen, welche gegen Kriterien der induktiven Erkenntnisgewinnung, darunter logische Wahrscheinlichkeiten, vorgebracht werden, müssen naturgemäß noch verstärkt werden, wenn subjektive Wahrscheinlichkeiten benutzt werden sollen.

23 Der schrittweise sequentielle Charakter von Informationsentscheidungen und ihre Lösung nach *Bayes*schen Prinzipien wird sehr klar dargestellt in dem Lehrbuch von *H. Raiffa,* Decision Analysis, Readings, Mass., Menlo Park, Calif., London, Don Mills, Ontario 1968.

ja es *konnte* gar nicht bekannt sein, da ja sonst neue Erfahrung gar nicht als Möglichkeit ins Auge gefaßt worden wäre. Bei der Konstruktion ökonomischer Modelle wird allzu leicht von der Antizipation der *Möglichkeiten* neuer Erfahrung auf eine ganz bestimmte Abhängigkeit des Erfahrungsstandes von künftigen Zuständen geschlossen. Eine im voraus genau spezifizierte Abhängigkeit des erworbenen Könnens vom realisierten Produktionsumfang beschreibt z. B. nur eine Art von „learning by doing"[24], nicht aber antizipiertes Lernen schlechthin. Diese Überlegungen mögen trivial anmuten, jedoch scheinen sie erforderlich, um die von vielen Entscheidungstheoretikern nicht ausdrücklich aufgeführten Prozesse der Verwertung von Erfahrung miteinzubeziehen und die von manchen Kritikern angenommene Willkür der Erwartungsbildung bei subjektiv rationalen Entscheidungen[25] zu widerlegen. Was das objektiv vorhandene Feld des Mach- und Erreichbaren angeht, so wird es durch Aktionen des Subjekts verändert; das Subjekt selbst prognostiziert diese im voraus nicht voll bekannten Veränderungen und wählt seine Aktion auf Grund solcher (mehrdeutiger) Prognosen. Die Erwartungen und Erfahrungen erstrecken sich also auch auf die Veränderung der Umweltzustände durch die Aktion selbst. Vom Subjekt wird das Bewußtsein gefordert, daß es sich selbst in immer neue Zustände hineinsteuert und daß es diese Möglichkeiten in seine Entscheidungen einkalkulieren soll. Bleiben wir jedoch bei einer passiveren Art von Erfahrungsverwertung, so ist eines der interessantesten Beispiele die Abhängigkeit der subjektiven Wertungen von den gemachten Erfahrungen. In die Wahlakttheorie ist dieser Zusammenhang bereits vor rund zwanzig Jahren durch *N. Georgescu-Roegen*[26] inkorporiert worden, nachdem in der Konsumtheorie Wirkungen vergangener Verbrauchsmuster und Konsumniveaus auf die Präferenzen des Verbrauchers seit langem bekannt waren. Nach dieser Vorstellung ändern sich Präferenzen dann, wenn realisierte Zustände außerhalb eines bisherigen Erfahrungsbereichs liegen. Eine wichtige Konsequenz davon ist die Abhängigkeit rationaler Wahlakte von dem historisch durchlaufenen Verhaltenspfad, ein Nebenergebnis ist die ausdrückliche Anerkennung des informationellen Be-

---

24 Eine solche Inkorporierung von vollkommen antizipierbaren Lerneffekten in gesamtwirtschaftliche Produktionsfunktionen findet sich bei *K. J. Arrow,* The Economic Implications of Learning by Doing, in: Review of Economic Studies 29 (1962).

25 *K. Popper,* Truth, Rationality and the Growth of Knowledge, in: *ders.,* Conjectures and Refutations, London 1965, S. 225, scheint das Ausgehen vom subjektiven Erfahrungsstand bzw. subjektiven Glauben gleichzusetzen mit der Anschauung von Erkenntnis oder Wahrheit als ebenfalls eine Art Glaubenssache. In der Tat wäre damit dem von ihm bekämpften völligen Subjektivismus die Bahn freigegeben.

zugs von Werten. Wir haben bereits betont, daß solche Lerneffekte sowohl in einer rationalen Auswertung der neuen Erfahrungen bestehen als auch in rationaler Weise vom Subjekt antizipiert werden sollten.
Auch die besondere subjektive Haltung gegenüber Risiken wird (als fünftes der erwähnten Elemente) stark von Erfahrungen geprägt. Risikoscheu oder Risikovorliebe müssen nicht als willkürliche Daten des Entscheidungsprozesses hingenommen werden, vielmehr kann ihre Genese aus bisherigen Erfahrungen durchaus begründet werden. Übrigens erweist sich die Begründung aus gemachter Erfahrung damit zugleich als eine besondere Form der weiter oben behandelten „Rechtfertigung" von Entscheidungskriterien und von Werthaltungen. Empfindungen der Unsicherheit werden um so ausgeprägter sein, je weiter sich eine erwogene Alternative vom bisherigen Erfahrungsbereich entfernt; durch Realisierung einer solch neuen Alternative werden Erfahrungen gesammelt, so daß das Subjekt die Konsequenzen dieser Alternative nun mit etwas größerer Sicherheit zu kennen glaubt – eine Überzeugung, die rational begründet ist etwa in statistischen Stichprobentheorien. Die Sicherheit, mit der ruinöse Folgen einer Aktion ausgeschlossen werden können, wird bei schon erprobten Alternativen und solchen, die sich nur wenig von diesen unterscheiden, am größten sein. Eine Maxime wie die der Nutzenmaximierung unter Einhaltung eines bestimmten Sicherheitsgrades bzw. der Minimierung der Ruinwahrscheinlichkeit (auch safety-first-principle genannt) wird daher nur eine begrenzte Zone von als zulässig angesehenen Handlungen eingrenzen, die um so enger sein wird, je eher bei Abweichungen vom Gewohnten Ruinmöglichkeiten befürchtet werden. Erfahrungen erweitern diese Zone, indem sie das Risiko*maß* für weiter ausgreifende Handlungen verkleinern; wo ein solches Risikomaß nicht definierbar ist, mag es ersetzt werden durch ein Maß, welches den Grad des Ungewohntseins mißt, also z. B. die Entfernung der Werte von Aktionsparametern von bisher schon erfahrenen Werten. Welches Ausmaß an solcher subjektiv empfundener, aber durchaus auch objektiv definierbarer Waghalsigkeit ein Handlungssubjekt auf sich zu nehmen bereit ist, ist mit der Messung des Ausmaßes von Risiken noch nicht gesagt, sondern hängt von dem scheinbar rein subjektivistischen Element der Risikopräferenzen ab. Die Beobachtung, daß ein Mensch durch Erfahrungen vorsichtiger oder wagemutiger wird, zeigt immerhin, daß auch dieses subjektive Moment ebenso einem Lernprozeß unterliegt wie andere subjektive Wertempfindungen und -haltungen. Wie Risikopräferenzen in Reaktion auf Erfahrungen geändert werden sollten, welche Lernstrategie ihnen gegenüber also am Platze ist, läßt sich wiederum

26 *N. Georgescu-Roegen,* The Theory of Choice and the Constancy of Economic Laws, in: Quarterly Journal of Economics 64 (1950), S. 125 ff.

rational diskutieren, wenngleich es hier noch kaum formalisierte Vorschläge gibt. Alles, was nachträglich rationalisiert werden, nämlich als vernünftiges Verhalten nachvollzogen und damit „verstanden“ werden kann, läßt sich auch im voraus rational gestalten und unterliegt demnach Erwägungen, welche zu einer normativen Handlungslehre gehören und welche nicht durch Rückgriff auf Subjektivismen an bestimmter Stelle abgebrochen werden müssen.

Diese letztere Erwägung macht den rationalen bzw. den ökonomisierenden Aspekt von menschlichen Handlungen allgegenwärtig. Dieser Aspekt kann daher den Handlungen nicht empirisch zugeschrieben werden, ohne daß man Handeln tautologisch als rational definiert; wohl aber kann alles Handeln als ökonomisierbar aufgefaßt werden. Daher steht auch jedes Verfahren, welches zu einer rationalen Auswahl von Handlungsalternativen angewandt wird, seinerseits wieder unter ökonomischen Restriktionen und ist dahingehend zu befragen, ob die durch es bewirkte Rationalisierung den Aufwand an Denkprozessen und Zeitverlusten lohnt. Die Prozesse, durch welche solche Verfahren entwickelt werden, müssen ihrerseits wiederum auf ihre Wirtschaftlichkeit hin befragt werden, so daß sich ein Regreß auf jene höhere Stufe ergibt, auf welcher eine Gesellschaft Ressourcen einsetzt für die Entwicklung von Verfahren verbesserter Information und Entscheidungsfindung. Zwar läßt sich eine normative Handlungslehre nicht aus sich selbst rechtfertigen, sondern nur aus den menschlichen Lebenszielen, denen sie dienen kann, sie kann aber wohl auf ihren eigenen praktischen Vollzug und auf den Prozeß ihrer eigenen Erfindung angewandt werden. Voraussetzung dazu aber ist, daß ihre impliziten Voraussetzungen deutlicher kenntlich gemacht werden und als explizite Bausteine in eine Kunstlehre praktikabler und vernünftiger Entscheidungen eingehen. Zu diesen oft vernachlässigten oder mißverstandenen Elementen gehören vor allem 1. die Offenheit des Entscheidungskalküls für eine Revision der angenommenen Handlungsmaximen, Wertungen und empirischen Überzeugungen, welche sich als jeweils relevant rechtfertigen müssen, 2. die systematische Auswertung von Erfahrungen über die formale Theorie sequentieller Informations- und Lernschritte hinaus. Formale Vernunft ohne organisierte Erfahrung würde sonst ein blindes Handeln zulassen, welches die Gestaltungsmöglichkeiten unserer Welt völlig verkennt[27].

---

27 Welcher Verlust an mühsam errungener empirischer Weltorientierung mit der Verkennung der realen Gestaltungsmöglichkeiten verbunden wäre, braucht wohl nicht eigens betont zu werden. Unter anderem würde der verbreiteten Sucht nach voreiligen Wertungen anstelle empirischer Analysen Vorschub geleistet. Vgl. den Nachweis bei *K. Brunner*, Knowledge, Values and the Choice of Economic Organizations, in: Kyklos 23 (1970), S. 558 ff.

Die Autoren

Hans *Albert*, geboren 1921 in Köln; dort Studium der Wirtschafts- und Sozialwissenschaften von 1947 bis 1952; Diplom-Kaufmann 1950; 1952 Promotion in Köln mit der Arbeit „Rationalität und Existenz"; Habilitation 1957, Privatdozent 1957 bis 1963 in Köln; 1963 apl. Professor in Köln; seit 1963 Ordinarius für Soziologie und Wissenschaftslehre an der Universität Mannheim. Veröffentlichungen u. a.: Ökonomische Ideologie und politische Theorie, Göttingen 1954, 2. Aufl. 1972; Marktsoziologie und Entscheidungslogik, Neuwied–Berlin 1967; Traktat über kritische Vernunft, Tübingen 1968, 2. Aufl. 1969; Der Positivismusstreit in der deutschen Soziologie, Darmstadt 1969, 3. Aufl. 1974 (mit Adorno u. a.); Plädoyer für Kritischen Rationalismus, München 1971, 4. Aufl. 1975; Konstruktion und Kritik, Hamburg 1972, sowie zahlreiche wissenschaftstheoretische Aufsätze.

Dieter *Aldrup*, geboren 1931 in Detmold; Studium der Volkswirtschaftslehre, 1958 Diplom-Volkswirt an der Freien Universität Berlin; 1960 Diplom für Höhere Europäische Studien der Universität des Saarlandes; Promotion 1962 an der Universität Münster, Habilitation 1970 an der Universität Hamburg (Volkswirtschaftslehre); Lehrstuhlvertretungen an der Universität Frankfurt/M. (1971) und an der Technischen Universität Berlin (1973/74); seit 1974 Wissenschaftlicher Rat und Professor an der Universität Hamburg.
Veröffentlichungen u. a.: Theorie der Straßenplanung, Göttingen 1963; Verkehrspolitik im Europäischen Integrationsraum (mit H. Jürgensen), Baden-Baden 1968; Das Rationalitätsproblem in der Politischen Ökonomie, Göttingen 1971, sowie zahlreiche Aufsätze.

Werner *Becker*, geboren 1937 in Lauterbach (Hessen); Studium der Philosophie, Soziologie, Germanistik und Geschichte an den Universitäten Frankfurt/M., Innsbruck und Wien; 1963 Promotion zum Dr. phil. mit einer Arbeit über Hegels „Logik" bei Adorno und Horkheimer; 1965 wissenschaftl. Assistent bei W. Cramer am philosophischen Seminar der Universität Frankfurt/M.; 1970 Habilitation, 1971 Professor für Philosophie an der Universität Frankfurt/M.; 1973/74 Dekan des Fachbereichs Philosophie. Veröffentlichungen u.a.: Hegels Begriff der Dialektik und das Prinzip des Idealismus, Stuttgart 1969; Idealistische und materialistische Dialektik, Stuttgart 1970, 2.Aufl. 1972; Hegels Phänomenologie des Geistes, Stuttgart 1971; Selbstbewußtsein und Spekulation, Freiburg 1972; Kritik der Marxschen Wertlehre, Hamburg 1972; Die Achillesferse des Marxismus: der Widerspruch von Kapital und Arbeit, Hamburg 1974.

Peter *Clever*, geboren 1939 in Magdeburg; Studium der Volkswirtschaftslehre in Bonn, Basel und Münster; nach dem Studium 1965 Tätigkeit am Institut für industriewirtschaftliche Forschung der Universität Münster, seit 1968 wissenschaftl. Mitarbeiter von Professor J. Kromphardt an der Universität Gießen; 1972 Promotion zum Dr. rer. pol. mit einer Arbeit „Über den Informationsgehalt sozialwissenschaftlicher Theorien", Bonn-Bad Godesberg 1973. Weitere Veröffentlichungen u.a.: Zur Zeitdauer gleichgewichtiger Anpassungsprozesse in neoklassischen Wachstumsmodellen (zusammen mit J. Kromphardt), in: Jahrbücher für Nationalökonomie und Statistik 1970; Mitarbeit an: Walther G. Hoffmann, Preis- und Produktivitätsentwicklung in Westdeutschland von 1953 bis 1964, sowie verschiedene wissenschaftstheoretische Aufsätze.

Gerd *Fleischmann*, geboren 1930 in Rotterdam; nach dem Studium der Volkswirtschaftslehre und Soziologie in Hamburg bis 1960 Tätigkeit an der Akademie für Gemeinwirtschaft; Assistentenzeit an der Landwirtschaftlichen Hochschule Hohenheim und an der Universität Münster; 1967/68 Vorsitzender der Landesassistenten-Konferenz Nordrhein-Westfalen; seit 1971 Professor für Wirtschaftliche Staatswissenschaften an der Universität Frankfurt/M.; Mitglied der Kommission für Wirtschaftlichen und Sozialen Wandel.
Veröffentlichungen u. a.: Nationalökonomie und sozialwissenschaftliche Integration, Tübingen 1966; Mitherausgeber der Reihen „Die Einheit der Gesellschaftswissenschaften" und „Schriften zur Kooperationsforschung"; Aufsätze über Wissenschaftstheorie, Prognoseprobleme, Wettbewerbstheorie und ökonomische Theorie der Politik.

Gérard *Gäfgen*, geboren 1925 in Luxemburg; Studium der Volkswirtschaftslehre und Soziologie, Diplom-Volkswirt 1953; Promotion zum Dr. rer. pol. 1955, Habilitation 1961; Dozent an der Universität Köln 1961; o. Professor 1962 an der TH Karlsruhe, 1965 an der Universität Hamburg, 1969 an der Universität Konstanz; Mitglied des Wissenschaftlichen Beirats beim Bundesministerium für Wirtschaft. Veröffentlichungen u. a.: Theorie der wirtschaftlichen Entscheidung, Tübingen 1963, 3. Aufl. 1974; Grundlagen der Wirtschaftspolitik, Köln 1966; Theorie der Wirtschaftspolitik, in: Kompendium der Volkswirtschaftslehre, 3. Aufl. Göttingen 1973, sowie zahlreiche Aufsätze in Sammelwerken und wissenschaftlichen Zeitschriften.

Horst *Hinz,* geboren 1926 in Königsberg (Ostpreußen); nach der Kriegsgefangenschaft in der UdSSR bis 1948 Industriearbeiter, Betriebsrat, Arbeitnehmervertreter im Aufsichtsrat; 1955 Studium der Volkswirtschaftslehre; nach dem Diplom Tätigkeit beim Senator für Wirtschaft in Berlin, 1964 bis 1969 Referent in der Konjunkturabteilung des Deutschen Instituts für Wirtschaftsforschung (DIW) in Berlin, anschließend Sekretär des Vorstands in der Wirtschaftsabteilung beim Vorstand der IG-Metall in Frankfurt/M.. Veröffentlichungen u. a.: Ansatzpunkt zur Diskussion der Einkommens- und Vermögensverteilung (1964); Zur Methodologie der Sozialwissenschaften (1965); Max-Weber-Renaissance? Zur Rezeption seines Werkes in Deutschland (1966); Konjunktur und Herrschaft (1967); Zu Karl Poppers Wissenschaftslehre (1967); Kapitalismus und Mehrwert (1972); Zur Kontrolle der multinationalen Unternehmen durch die Gewerkschaften (1974).

Georg *Lührs,* geboren 1941 in Königsberg (Ostpreußen); Studium der Volkswirtschaftslehre an der Universität Freiburg i. Br. 1963–1968; 1968 Tätigkeit am dortigen Institut für Entwicklungspolitik, 1969 bis 1974 am Forschungsinstitut der Friedrich-Ebert-Stiftung in Bonn-Bad Godesberg; seit 1975 Cheflektor bei den Verlagen Neue Gesellschaft GmbH und J. H. W. Dietz Nachf. GmbH; seit 1974 Lehrbeauftragter für sozialistische Gesellschaftstheorie und Wirtschaftstheorie an der Fachhochschule Niederrhein; Veröffentlichungen auf den Gebieten der Regionalplanung und der politischen Planung.

Bryan *Magee,* geboren 1930 in London; Studium der Geschichte, Philosophie, Politik und Ökonomie an der Universität Oxford; 1948/49 Nachrichtenoffizier in Österreich; 1953 bis 1954 Lehrtätigkeit in Schweden, anschließend 2 Jahre Studium der Philosophie an der Yale-University; 1956 ein Jahr Brauereiarbeiter, seit 1957 freier Journalist, Buchautor, Rundfunk- und Fernsehjournalist; seit 1970 Lehrtätigkeit in Philosophie an der Universität Oxford; 1974 Abgeordneter der Labourparty im britischen Unterhaus. Veröffentlichungen u. a.: Go West, Young Man, 1959; The New Radicalism, London 1962, deutsch: Revolution des Umdenkens. Der neue Radikalismus, Wien 1965; The Democratic Revolution, deutsch: Die demokratische Revolution. Freiheit, Gleichheit Wohlstand, Wien 1966; Modern British Philosophy, London 1971; Popper, London 1971, 3. Aufl. 1974 (deutsche Übersetzung in Vorbereitung), sowie politische, belletristische und philosophische Aufsätze.

Karl R. *Popper*, geboren 1902 in Wien; nach der Matura Schreinerlehre in Wien von 1922–1924; 1924/25 Sozialarbeiter („Horterzieher") bei behinderten Kindern in Wien; anschließend weitere fünf Jahre Studium an der Universität und am Pädagogischen Institut in Wien; 1928 Promotion zum Dr. phil. mit „Zur Methodenfrage der Denkpsychologie"; 1929 Lehrerexamen mit einer Arbeit über Axiome in der Geometrie; 1930 Schullehrer für Mathematik und Physik; seit dieser Zeit kritische Kontakte („offizielle Opposition") zum Wiener Kreis, 1934 Veröffentlichung seines antipositivistischen Buches „Logik der Forschung"; 1935/36 Gastvorlesungen in London, Cambridge und Oxford; 1937 Emigration nach Neuseeland, bis 1945 Senior Lecturer für Philosophie an der dortigen Universität; dort Fertigstellung der Bücher „Das Elend des Historizismus" und „Die offene Gesellschaft und ihre Feinde" in Reaktion auf Hitlers Machtpolitik; 1946–1949 Reader und 1949–1969 Professor für Logik und wissenschaftliche Methodenlehre an der Universität von London (London School of Economics); 1965 geadelt.
Hauptwerke: (Es sind nur die englischen bzw. deutschen Ersterscheinungen angegeben, die ihrerseits Grundlage zahlreicher, z. T. revidierter Neuauflagen und Übersetzungen waren.) Logik der Forschung, Wien 1934 und Tübingen 1966 (The Logic of Scientific Discovery, London u. New York 1959), The Poverty of Historicism, I–III, Economica Vol. 11 und 12, 1944/45 (Das Elend des Historizismus, Tübingen 1965); The Open Society and its Enemies I und II, London 1945 (Die offene Gesellschaft und ihre Feinde, I und II, Bern 1957/58); Conjectures and Refutations, London 1963 (Deutsche Ausgabe in Vorbereitung); Objective Knowledge, Oxford 1972 (Objektive Erkenntnis, Hamburg 1973).
(Die biographischen Daten wurden entnommen aus Poppers ausführlicher „Intellectual Autobiography" in: The Philosphy of Karl Popper, Band 1, hrsg. von P. A. Schilpp, in der Reihe The Library of Living Philosophers, Vol. XIV, La Salle/Illinois 1974. Die bibliographischen Angaben entstammen der umfangreichen Popper-Bibliographie von T. E. Hansen, die im zweiten Band von The Philosophy of Karl Popper erschienen ist.)

Thilo *Sarrazin*, geboren 1945 in Gera/Thüringen; 1967 bis 1971 Studium der Volkswirtschaftslehre an der Universitiät Bonn; 1971 bis 1973 Assistent am Institut für Industrie- und Verkehrspolitik der Universität Bonn; 1974 Promotion zum Dr. rer. pol. mit „Ökonomie und Logik der Historischen Erklärung: Zur Wissenschaftslogik der New Economic History", Bonn-Bad Godesberg 1974; 1973/74 am Forschungsinstitut der Friedrich-Ebert-Stiftung, Bonn-Bad Godesberg; 1975 im Bundesministerium der Finanzen. Veröffentlichungen auf wirtschaftswissenschaftlichen und methodologischen Gebieten.

Helmut *Schmidt*, geboren 1918 in Hamburg; nach Krieg und Gefangenschaft Studium der Volkswirtschaftslehre an der Universität Hamburg; 1949 bis 1953 in leitender Stellung beim Senator für Wirtschaft und Verkehr in Hamburg; 1953–1961 Mitglied des Bundestages; 1961 bis 1965 Innensenator in Hamburg; ab 1965 erneut Mitglied des Bundestages; 1967 bis 1969 Vorsitzender der Bundestagsfraktion der SPD; seit 1968 stellvertretender Vorsitzender der SPD; 1969 Bundesminister der Verteidigung; 1972 Bundesminister für Wirtschaft und Finanzen; 1973 Bundesminister der Finanzen; 1974 Bundeskanzler. Veröffentlichungen u. a.: Verteidigung oder Vergeltung, Stuttgart 1961, 5. erw. Auflage 1968 (Defence or Retaliation, London 1962, New York 1962); „Beiträge", Stuttgart 1968; Strategie des Gleichgewichts, Stuttgart 1969, 5. Aufl. 1970 (Balance of Power, London 1971); Bundestagsreden, Bonn 1971, 2. Aufl. 1975; Auf dem Fundament des Godesberger Programms, Bonn-Bad Godesberg 1973, 3. erw. Aufl. 1975, sowie zahlreiche Aufsätze.

Frithjof *Spreer*, geboren 1944 in Bernburg/Saale; 1967 bis 1971 Studium der Volkswirtschaftslehre an der Universität Bonn; 1971 bis 1974 Assistent am Institut für Industrie- und Verkehrspolitik der Universität Bonn; 1974 Promotion zum Dr. rer. pol. mit „Zur Wissenschaftstheorie der Wirtschaftsplanung", Bonn-Bad Godesberg 1974; seit 1974 im Forschungsinstitut der Friedrich-Ebert-Stiftung, Bonn-Bad Godesberg.
Veröffentlichungen auf wirtschaftswissenschaftlichen und wissenschaftstheoretischen Gebieten.

Manfred *Tietzel*, geboren 1946 in Krefeld; Studium der Volkswirtschaftslehre 1966 bis 1971 in Bonn; seit 1971 Assistent am Institut für Industrie- und Verkehrspolitik der Universität Bonn; 1973 Promotion zum Dr. rer. pol. mit „Die Effizienz staatlicher Investitionsentscheidungen im Verkehrssektor". Veröffentlichungen auf den Gebieten Wirtschaftswissenschaften und Politische Ökonomie.

Christian *Watrin*, geboren 1930 in Köln; Studium der Volkswirtschafts- und Betriebswirtschaftslehre; Dipl.-Kaufm. und Dipl.-Volksw.; Dr. rer. pol. 1957; Habilitation 1963; o. Professor Bochum 1965 bis 1970, seit 1970 Inhaber eines Lehrstuhls für wirtschaftliche Staatswissenschaften an der Universität zu Köln; Veröffentlichungen u. a.: verschiedene Aufsätze in Sammelwerken und Zeitschriften zu Grundlagenfragen der Wirtschaftspolitik und zur Wissenschaftstheorie; u. a. Herausgeber (zus. mit H. K. Schneider) von „Macht und ökonomisches Gesetz", 2 Bände, Berlin 1973.

Max *Weber*, geboren 1864 in Erfurt, gestorben 1920 in München; bedeutender Historiker, Sozialökonom und Soziologe; Begründer der deutschen Soziologie und Wegbereiter der Erkenntnistheorie der Sozialwissenschaften; Professor in Berlin, Freiburg i. Br., Heidelberg und München für Nationalökonomie, Jura und Soziologie; vor seiner wissenschaftlichen Tätigkeit kaufmännische Ausbildung und Industriepraxis. Hauptwerke: Gesammelte Aufsätze zur Religionssoziologie, 3 Bände, 1920/21 (Neuauflage 1971); Gesellschaftspolitische Schriften; 1921 (3. Auflage 1971); Wirtschaft und Gesellschaft, 2 Bände, 1922 (5. Auflage 1972); Gesammelte Aufsätze zur Wissenschaftslehre, 1923 (3. Auflage 1968); Wirtschaftsgeschichte, 1923 (3. Auflage 1958); Gesammelte Aufsätze zur Soziologie und Sozialpolitik, 1924; Gesammelte Aufsätze zur Sozial- und Wirtschaftsgeschichte, 1924.

Horst *Zimmermann*, geboren 1934 in Krefeld; Studium der Wirtschaftswissenschaften in Köln, München und Evanston/USA; 1961 Diplom-Kaufmann in Köln; 1963 Promotion zum Dr. rer. pol. in Köln; 1968 Habilitation in Köln; von 1960 bis 1969 Tätigkeit an der Universität Köln, zunächst als Assistent für Finanzwissenschaft, dann als Privatdozent; 1965 bis 1968 Forschungsaufenthalt an der University of Pennsylvania/USA; 1969 Ruf auf den Lehrstuhl für Volkswirtschaftslehre II (Finanzwissenschaft) der Philipps-Universität in Marburg; seit 1974 ordentliches Mitglied der Akademie für Raumordnung und Landesplanung in Hannover. Veröffentlichungen u. a.: Öffentliche Finanzhilfen an Entwicklungsländer, Berlin 1963; Öffentliche Ausgaben und regionale Wirtschaftsentwicklung, Basel/Tübingen 1970; Regionale Präferenzen (unter Mitarbeit von K. Anderseck u. a.), Bonn 1973; Finanzwissenschaft. Eine Einführung in die Lehre von der öffentlichen Finanzwirtschaft (mit K.-D. Henke), München 1975, sowie zahlreiche wissenschaftliche Aufsätze.